帝国兴盛万国朝 华夏运昌多英豪

汉武帝刘彻

（上）

刘清越 著

山西出版传媒集团 山西人民出版社

图书在版编目(CIP)数据

汉武帝刘彻 / 刘清越著. —太原 : 山西人民出版社, 2021.5

ISBN 978-7-203-11676-9

Ⅰ.①汉… Ⅱ.①刘… Ⅲ.汉武帝(前156－前87)－传记 Ⅳ.①K827＝341

中国版本图书馆CIP数据核字(2021)第044566号

汉武帝刘彻

著　　者：刘清越
责任编辑：陈俞江
复　　审：傅晓红
终　　审：秦继华
装帧设计：子不语

出 版 者：山西出版传媒集团·山西人民出版社
地　　址：太原市建设南路21号
邮　　编：030012
发行营销：0351-4922220　4955996　4956039　4922127(传真)
天猫官网：https://sxrmcbs.tmall.com　电　话：0351-4922159
E－mail：sxskcb@163.com　发行部
sxskcb@126.com　总编室
网　　址：www.sxskcb.com

经 销 者：山西出版传媒集团·山西人民出版社
承 印 厂：天津雅泽印刷有限公司

开　　本：710mm×1000mm　1/16
印　　张：40.25
字　　数：700千字
印　　数：1—5000套
版　　次：2021年5月　第1版
印　　次：2021年5月　第1次印刷
书　　号：ISBN 978-7-203-11676-9
定　　价：89.00元(上、下)

前　言

中国古代早期有两位开天辟地的帝王，一是秦始皇，一是汉武帝。特别是伟人毛泽东讲过“秦皇汉武”之后，这种说法更是占了主导。汉武帝的功过是非，迄今褒贬不一。褒誉者沿用正史之说，说他为开疆拓土的一代雄主，丰功伟绩足以傲视千古。贬毁者则重在批判他穷兵黩武，好大喜功，不恤民力，挥霍无度。

平心而论，这位被史学家班固称之为“雄才大略”的帝王，是一位战略和外交设计的天降奇才。这种天才使他能运筹帷幄而决胜千里，处庙堂之上而武功成就足以令西方汉尼拔、亚历山大、拿破仑等驰骋疆场的天才黯然失色。

汉武帝承前启后，文治武功令一般帝王难以望其项背。他的风流倜傥超群绝伦，他的想象力使政治成为艺术，他的机变和权谋令同时代的智者形同愚人，他胸怀宽广，既有容人之量更有鉴人之明。他开创制度，树立规模，推崇学术，酷爱文学艺术。他倡导以德立国，以法治国。平生知过而改，从善如流。为百代帝王树立了楷模。以至在后来的魏武帝、唐太宗、明太祖、清太祖和清圣祖等有作为的帝王身上，都能或多或少地看到他的影子。

汉武帝时代是中国历史上一个了不起的时代，四海承平、百姓富庶，南平百越，北荡匈奴。虽然边土兵戈连年，消耗大量财力，但终归是维护了国家的统一、强盛、繁荣、发展。

当然，他绝不是一个超俗绝世的完人，他嗜杀、好色、骄傲、虚荣、自私、迷信、奢侈享受、刚愎自用、行事偏执、好大喜功，普通人性所具有的一切弱点他几乎都具有。终武帝之世，前后 13 个丞相，其中被罢黜者 2 人，病死任上者 4 人，而被杀的竟有 6 人！他的亲娘舅田蚡若非病死，一定会被诛杀。这使时人竟然视相职为畏途，认为谁任丞相，谁便离死不远了。汉武帝极为好色，堪称“三日不食，不能一夕无妇人侍寝”。他虽爱美人，但与江山比起来更爱江山，以至于晚年立宠妃钩弋夫人所生的弗陵为太子，为了防止在自己身后太后专权，竟然将最受宠的钩弋夫人先送上了西天。

秦始皇和汉武帝，在很大程度上有很多相似之处。秦始皇结束了周代的分封诸侯制度,建立了中国历史上第一个中央集权大一统的帝国。汉武帝则是一位雄心勃勃、英气有为的帝王。他第一次确立了儒家在国家思想文化领域的主导地位,第一次实现了中西方大规模文化交流与融合。他所统治的50多年,是中国历史上第一次大规模的扩疆拓域时期,而且他所开拓的疆域,从闽粤琼崖直到川黔滇桂,从阿尔泰到黑吉辽,勾勒了日后两千年间中华的基本轮廓。对今天中国疆域的形成和国家的统一具有重大的影响。

秦始皇开创的中华第一帝国,只存在15年就灭亡了,而汉武帝尽管晚年出现了这样那样的社会矛盾、政治问题,但是却把政权平稳地过渡给了后继者。所以说。汉武帝有秦始皇之失而没有秦始皇之败,正如司马光在《资治通鉴》中所说:“孝武帝穷奢极欲,繁刑重敛,内侈宫室,外事四夷,信惑神怪,巡游无度,使百姓疲敝,起为盗贼,其所以异于秦始皇者无几矣。然秦以之亡,汉以之兴者,孝武能尊先王之道,知所统守,爱忠直之言恶人欺蔽。好贤不倦,诛赏严明,晚而改过,顾托得人。此其所以有亡秦之失而免亡秦之祸乎!”

汉武帝的一生,充满着矛盾。他爱民如子,同时杀人如麻。他用剑犹如用情,用情犹如用兵。在中国历史上不乏英雄、伟人、壮士、志士和圣者。但是,放置在任何人群中,他都会同样地引人注目,你不可能不钦佩他,也不可能不畏惧他——一个爱美人更爱江山的大汉武帝刘彻!

目　录

第一章　相士点拨　飞上枝头

汉文帝后元七年（公元前157年），汉文帝刘恒驾崩于未央宫，享年四十七岁。是时，太子刘启龙登九五，后来庙号景帝。太子妃蒋氏被立为皇后。

四年后，景帝颁下三道诏书：

第一道，立刘荣为太子。

第二道：拜魏其侯窦婴为太子太傅。

第三道：封刘德为河间王、刘馀为淮阳王、刘阏为临江王、刘非为汝南王、刘发为长沙王、刘彭祖为广川王、刘端为胶西王、刘胜为中山王、刘越为广川王、刘彻为胶东王、刘寄为广陵王、刘乘为清河王、刘舜为常山王。

此诏书一下，消息立马传到了绮兰宫，王美人乍一听到这个消息，只觉得天旋地转，闷哼一声，跌倒在地。她自知立后无望，可她怎甘心如此？她时刻都不能忘记来汉宫目的，更不会忘记她是如何来到这里的。

王美人就是王娡，其出身不高也不算低，父亲是长陵县田家集镇的一个普通平民，母亲则是项羽所封燕王藏荼的孙女，后家道中落。王娡是家中长女，长大后由母亲做主，嫁给一个普通农民金王孙，生有一女。谁承想王娡命运的转折竟是从一个卦摊开始的。

在田家集镇的南头，临街屋檐下，有一个卦摊，因日已近午，天气又热，竟没有一个顾客光临，相士心里烦躁，左顾右盼。来了，生意来了。

一个美艳的少妇，挎着一个野菜篮子，自南而北走了过来，只见她，年约二九，龙颜凤颈，肤如凝脂。少妇的身后还跟了一位少女，长得虽然不如少妇，却也是相当漂亮。

相士忽地站了起来，迎头拦住少妇。少妇吃了一惊，抬头朝相士望去，只见他四十来岁年纪，深目阔额，骨瘦如柴，一双鹤眼目不转睛地盯着自己，却不认识，脚跟左旋，欲绕道而去。不想这汉子竟开了腔：“大姐，你是不是姓王？”

少妇愕然，脱口问道：“先生怎么知道我姓王？”

汉子微微一笑，朝屋檐下一指说道：“大姐请看。”

少妇循指望去，只见那屋檐下摆了一张八仙桌，八仙桌的后方悬挂一个黄布幔，上书九个大字："许负先生高足姚定国。"

少妇轻轻颔首道："我知道了。"

汉子笑嘻嘻地问道："大姐知道了什么？"

"您是一个算卦的。"

汉子满面异彩道："大姐怎么知道我是一个算卦的？"

少妇纤手指着布幔，满面喜悦道："是许负先生告诉我的。"

许负已经死了，他的名字却刻在京都一带百姓心中。

许负是温县人，善于相面。薄太后再嫁之前，是魏王魏豹的一个妃子，许负受邀到魏王宫为众妃子相面，一看到薄太后便目瞪口呆，喘着气说道："此女贵不可言，将来定生天子。"当时，刘邦和项羽正在荥阳一带相持不下，天下还不知道姓刘姓项。魏豹站在汉王刘邦一边进攻楚王项羽，听了许负的话，心中暗自高兴，便背叛了汉王刘邦，宣布中立，并与项羽联合。刘邦派曹参率军进攻，俘虏了魏王豹，以魏国为郡，而将薄太后送到织室中做苦工。魏王豹死后，汉王刘邦到织室巡视，见到薄太后长得很美，便下诏将她纳入后宫，临幸了一次，再也不肯露面。一天，刘邦和他的两位美人管夫人、赵夫人在一起游园。这两个人原也是魏豹的妃子，跟薄太后很要好，三人曾在一起发誓，谁要是先富贵了，谁就要提携仍处于困境中的好友。如今，管、赵二人成了汉高祖刘邦的宠妃，富贵自不用说。这时她们想起了薄太后，想到了她的痛苦，想到了许负的话，想到了从前的誓言，甚觉好笑。这时，她俩地位变了，情感也变了，她们不是同情薄太后，而是讥笑她的寒酸，讥笑她的地位卑下。

刘邦见她俩笑得怪异，就问道："为什么这样高兴？"

两个美人只好如实相告，把许负如何相面，三人如何盟誓，而今薄太后如何受苦的情形说了一遍。

听了这一席话，刘邦半天不语，当天便召幸了薄太后。

自从那次召幸后，薄太后便怀孕了，生下一个男孩，取名刘恒，他便是汉朝第三位皇帝，史称汉文帝。

少妇关闭了回忆的闸门，仰脸瞅着汉子问道："姚先生，您既然是许负先生的高足，能不能为我看一看相？"

"能。不过……"姚定国环视一周围观者，小声说道，"此地人太杂，还是到你家去看吧。"言毕，收了卦摊，跟在少妇后边，七折八拐，来到了一个宽敞的农家小院。

少妇的母亲臧儿见相士光临，又是让座，又是倒水，一把手抓了五个鸡蛋，疾步走进厨房。待她端着鸡蛋出来，姚定国的左手正握着少妇的纤手，语气坚定地说道：“大小姐龙颜凤颈，肌如莹雪，掌若红棉，背厚而圆，此乃大贵之相，日后必生贵子，母仪天下。十年后，姚某此话若是不验，当剜目断舌……”

臧儿忙将他的话拦住，笑嘻嘻地说道：“先生不必起誓，我信您的话。只是，贱女已经嫁人，这便如何是好？”

相士道：“薄太后当年也嫁人了呀？”顿了顿又道：“每年八月，朝廷总要遣宫监到各地挑选良家美女，充实后宫，届时不妨让大小姐前去一试。”

臧儿道：“这法儿不错，只是贱女已经嫁人，且已生了一个闺女。听说朝廷选美，条件很苛刻，不只是长得好，还得是一个处子。”

相士略一思索说道：“处子之事，夫人且莫担忧，我这里有几个现成的法子。”

臧儿转忧为喜道：“先生既有这么好的法子，可速传给我儿。”

相士面有难色，欲言又止。

经臧儿一再催促，方才吞吞吐吐说道：“我的老师传我法子的时候，一再嘱我，不传六耳。”

臧儿对少女说道：“姁儿，咱俩避一避吧。”姁儿是少妇的妹子。

待二人离开之后，相士将“内视法”传于娡儿，并让娡儿欠他一个承诺，具体什么承诺，日后告知。

他道：“这法子能使腔内肌肉收缩，使你变成一个真正的处子。”

娡儿大喜，自当允诺相士所求。

送走了相士，娡儿就住在母亲家中，一天到晚练她的内视法，夫君金王孙几次来接，她也不回。她能回去吗？

今非昔比。昔日想的是相夫教子，老死乡间；今日想的是如何当上皇后，母仪天下！

她在期待中等待，偶尔也回一趟婆家，乃是冲着她的女儿，但很少在婆家过夜。

夏秋之际，从长安来了几个过路太监，住在长陵驿内，说是为皇宫挑选秀女，娡儿正在田里拔草，得了这个消息，喜滋滋地回到家中。径直走到娘的身边，满面喜悦地说道：“娘，好消息。”

臧儿正在喃喃念经，无暇和她说话，将手摆了一摆，示意她先出去。姁儿又气又急，将脚一跺，大声说道："娘，你念经重要，还是女儿的前程重要？"

臧儿听她如此一说，忙停住念经，满面赔笑道："当然是你的前程重要，我的儿，出了什么事？"姁儿便将听到的消息又复述一遍，把个臧儿喜得心花怒放，将腿啪地一拍道："走，娘这就带你去见那几个公公。"姁儿反过来向娘劝道："别急，就我这身穿戴，也配去见公公？"

臧儿抬头一看，见她上身穿了一件花格麻衫，下身穿了一条灰色麻裤，膝盖上打了两个碗口大的补丁。就这一身穿戴去见宫中的公公，确实有些不妥。她忙钻进卧室，打开箱子，想找出几件像样的衣服给女儿穿。谁知，找来找去，竟没找出一件合适的衣裳，不是太瘦，便是太肥，要么就是款式已经过时。她深深地长叹一声。

姁儿闻声说道："娘，您老人家不必翻了，我有一个办法。"

臧儿忙停下手来："你有什么办法？"

姁儿转身出了娘的卧房，回到自己卧房，拿出来一个翡翠戒指，对臧儿说道："娘，这戒指价值百金，咱当给当铺，换几个钱，定做一两身合适衣服，当是不成问题。"

臧儿双目突地一亮，双手接过戒指："我儿，这么贵重的东西，你从何处得来？"

姁儿那张俏脸，未语先红："娘，这事一会半会儿也说不清楚，您就不必问了。"

话说到这份上，臧儿不便再问，拿了戒指，疾步来到当铺，高声喊道："张掌柜，当一百金。"

掌柜正在柜台后喝水，闻声站了起来，接过戒指，仔细地鉴赏一遍。他明明知道，这是一个地道的翡翠戒指，当一百金并不算多。口中却道："嫂子，实话给你说，这戒指不是个正牌货，莫说一百金，连五缗钱也当不了。"

听了这话，臧儿有些急了，大声分辩道："这戒指是地道的正牌货，是我爷爷花了一百五十金从西域一个商人那里买来的。"

"一百五十金？"张掌柜哈哈大笑道，"你可真会说谎，这戒指莫说价值一百五十金，就是能卖上十金，把我这头割了当尿罐。"

臧儿不是没有见过世面的人，也不是没有来历的人，她的爷爷是汉初的大将，名叫臧荼，功封燕王，因不满刘邦的统治，起兵造反，兵败而死。那时，臧儿已经十五岁了，随母亲逃回故乡槐里，嫁给王仲为妻，生下一男二女，男名王信，女名王娡、王姁。十年前，王仲患病而亡，臧儿不甘寂寞，拖着油瓶，再嫁给田家集的田玉林，又生了两个男孩，长曰田蚡，幼曰田胜。她的身世长陵人几乎无人不晓，原以为只要打出她爷臧荼的旗号，那戒指便能当上一个好价钱。谁知……

她冷哼一声道："张掌柜，你可真敢压呀！我家有的是尿罐，要你那狗头也无用，你只须给我说一句实话，这戒指到底能当多少钱？"

他单手比了个六字。

"六十金？"

"不，六缗钱。"

她摇了摇头。

他又比了个七字："七缗钱怎么样？"

她又摇了摇头。

他狠了狠心，又比了个八字："八缗钱，一缗也不能再多了，你到底当不当？"

她急用钱，莫说八缗，五缗也是要当的，但她觉着这张掌柜太奸诈，想换一个当铺去当，正色回道："我不当。"

"好好，不当好。"张掌柜将戒指递了过来。她正要伸手去接，他又将手缩了回去，煮熟的鸭子就这样让它飞了吗？

他的脑瓜似风车般转动起来。

他忽然想起一个歌谣："一只翠戒易布匹，荒冢之旁委屈赤足妇，皇后勿自误！"暗自喜道，有办法了。

她不知那张掌柜想了些什么，只知道要她的戒指，将手一伸，催道："拿来吧。"

他把脸一沉说道："田大嫂，你给我说实话，你这个戒指到底是从哪里来的？"

她心中有些发虚。这时她想起娡儿那张俏脸，未语先红，"娘，这事一会半会儿也说不清，您就不必问了。"事到如今，只得硬着头皮说道："我这戒指是我祖上传下来的。"

"放屁，你这戒指是偷的！"

她吃了一惊："怪不得娡儿不告诉我戒指的来历。"她的腿肚微微有些发颤，继而一想："就是偷的，只要没有一把手抓住了，我也不能招认。"将头一昂说道："你莫要胡扯八道。"

"我不是胡扯八道，四个月前，辛亭长家丢了一只翡翠戒指，和你这只一模一样。走，我带你去见辛亭长。"

这一说她有些慌了，恳声说道："张掌柜，你别急，实话给你说，这只戒指是我闺女王娡的。"

"王娡的？"他反问一句道，"那你就叫王娡来一趟，把这件事说清楚。"

她一溜烟似的逃了出去。

王娡来了，是独自一人来的。臧儿也要跟，被她挡了回去。

他不只退还了她的戒指，又送她一盒胭脂，两块上等丝绸，一块是粉红色的，一块是银灰色的。

王娡拿着这布，裁了一身衣裳，穿在身上，又梳妆打扮一番，这才由母亲陪着，兴冲冲来到长陵驿站。臧儿让女儿站在一旁，笑嘻嘻地来到门前，向那守门的差役道了一个万福，问道："请问军爷，我的闺女王娡，想见一见住在此地的公公，可否代为传达？"

那班差役话未听完，便鼓起一双牯牛般的眼珠儿大声喝道："你这老乞婆，也不拿镜照一照自己，朝中的公公，是你轻易见的吗？"

臧儿吃了个闭门羹，怏怏地对女儿说道："娘老了，招人嫌，还是你自己上前碰碰运气。"娡儿点了点头，轻移金莲，来到差役面前，福了一福道："有劳军爷，替我传报一声，民女王娡，想求见李公公。"

那差役见娡儿长得宛如天仙一般，便嬉皮笑脸地答道："你这个女子，要见公公作甚？这里的几位公公，乃是过路客官，前往洛阳一带挑选秀女。此地并不开选，我们怎敢进去传报？"

娡儿大失所望，正要离去。忽听蹄声嘚嘚，外面奔来一匹高头大马，上边骑着一位姓李的内监，单名一个云字，那李云一边下马，一边打量王娡。娡儿灵机一动，扑的跪在李云的面前："民女王娡，想请公公带往都中，得为所选秀女们烧水煮饭，也是甘心。"

李云本已喜她美貌，又见她如此伶俐，心下大喜，点头说道："此地虽不开选，我就破个例儿，将你收下便是。"说罢，将手一挥，当下自有内监的卫士，将娡儿引进里面去了。

臧儿见大功告成，喜滋滋地返回家门，阖家聚在一起，举杯为娡儿庆贺，正饮到酒浓之时，金王孙来了。

"王娡呢？王娡哪里去了？"他一进门便大声嚷嚷道。

一家人你瞅瞅我，我瞅瞅你，不知如何回答。

姜还是老的辣。臧儿走上前去，一把拉住金王孙的袖子，满面带笑道："王孙，坐，坐下喝樽酒。"

金王孙不坐，口口声声要他的女人。

臧儿见瞒不住，只得如实说道，娡儿已经被选了秀女。

金王孙听了这话，气得眼珠子都鼓出来了，照着臧儿老脸，呸地啐了一口："你个老乞婆，贪图荣华富贵，活活拆散女儿姻缘！就是拼着掉了脑袋，我也不能让你如愿！"说罢，大踏步地出了田府，径奔驿站。

守卫驿站的差役，见来了一位其貌不扬的农夫，未等金王孙开口，便大声喝道："滚开，此地是你这等闲人能涉足的地方吗？滚，快滚开！"

他能滚吗？

他不能滚。

他是为他女人而来，不达目的，岂能罢休？

他趋前一步，赔着笑脸儿道："军爷，我叫金王孙，是秀女王娡的……"

他正说着话，不防身后来了一位差役，不问三七二十一，照着他的脸颊左右开弓，打了七八个耳光。

他掩了双颊，哭着问道："你为什么打我？"

那差役冷哼一声道："叫你滚开，为什么不滚开？"

"我来找我的老婆。"

"这是驿站，是接待达官贵人的地方，哪有你的老婆？"

"有，她叫王娡，今儿上午选了秀女。"

这话恰恰被跟踪而来的臧儿听见，她一屁股蹲在地上："妈呀，这一下可是彻底完了！"

长陵驿站的后院，一盏红烛，两壶清酒、四碟小菜，姚定国、李云相向而坐，且饮且谈。

"李公公，在下的相术您觉着怎么样？"

李云笑回道："这还用问吗？姚兄是许负先生的高足，素有姚神仙之称。"

姚定国饮了一大口酒说道："公公莫要奉承在下，在下只想听一听，前年公公盖房子，在下由那路过，在下观了您那一班匠人之面，皆为凶恶之相。在下说，您那房子进住之后，必出三件凶恶之事，不知是否应验？"

李云长叹一声道："悔不听仙师之言，房子竣工不久，舍弟溺水而亡；尸骨未寒，舍弟媳又死于难产；三月未过，家中又遭火灾，烧得一塌糊涂。唉，惨呐!”说到此处，双目已是泪光晶莹，几不能语了。

姚定国受到了感染，不由得发出一声长叹：“李公公，不是在下抱怨您，自令弟溺水之后，您就该找一找在下，在下好帮您下一个镇物，管保您一家平安无事。”

“找了，咋没找呢！我遣了三拨人马前去找你，有的说你去了西域，有的说你去了日南，连个准信儿都没得到。”

姚定国抱以歉意地一笑：“对不起，实在对不起，干我们这一行，就像那没尾巴的鹰，飘忽不定。不过，日南我曾去过一趟，那西域却未曾涉足。”

李云又是一声叹息：“算了，这件事就别提它了，人也死了，房也烧了，这个命我也就认了。”

姚定国要的就是这句话，顺杆子爬了上去：“公公所言极是，人的生死、福禄，皆是命中所定，人力很难改变。故而，依天命而行，天帝就会给他赐福；逆天命而行，天帝就会给他降祸。在下观公公天颏灰暗，双目无光，想是做了什么有违天道之事?”

“没，没有啊!”李内监连连摇手。

“没有?”姚定国反问道。

“真的没有，我敢向仙师起誓。”

姚定国摆了摆手：“您不必起誓。在下问您，您可认识一个叫王娡的女孩子?”

李云不假思索回道：“认识。”

“听说选了秀女?”

“我又将她退了回去。”

“为什么，是她长得不够美貌吗?”姚定国步步紧逼。

“非也。她龙颜凤颈，肌如莹雪，掌若红棉，是万里挑一的大美人儿。”

“美只是个表面现象，内在的东西公公怕是还没有看出来。”

“内在的东西是什么?”

“这是贵人之相，皇后之相，以后必当母仪天下。”

李云惊叫了一声，许久方道：“仙师说的可是实话?”

“公公信不过在下?”

李云连说三句“没有的事”。

“公公既信得过我姚某人，为什么还要逆天而行，把一个好端端的皇后逐出驿站大门，您这样做，难道不怕遭天谴吗?”

李云自盖房风波，对姚定国奉若神明，听了他的话，吓得腿肚子直打战，诚惶诚恐地说道："我怕，我李某人不敢逆天命而行。但话又说回来，选美是有条件的，除了美貌之外，还有两条，王娡都对不上，我李某人也是爱莫能助。"

姚定国微微一笑说道："公公先莫说爱莫能助的话。在下问你，那选美除了美貌之外，还有哪两条标准？"

李云不假思索道："这第一条，看她是否是一个良家女子？那王娡身为反王臧荼的重外孙女儿，生性又极为放荡，岂能称得上良家女子？"

姚定国没有直接回答李内监的话，兜了一个圈子问道："公公可识得当朝薄太后？"

"识得。"

"薄太后在未嫁汉高祖之前是谁的女人？"

"反王魏豹。"

"既然反王的女人可以嫁皇帝，反王的重外孙女儿为什么不可以做宫女？且是，就株连九族而言，也株连不到王娡头上。"

"这……"李云无词，无词了他也不愿就此认输，想了一想说道，"那王娡生性放荡，不配做秀女。"

姚定国哈哈一笑道："李公公只知其一，不知其二。谚曰，'女人不坏，男人不爱'。"他舔了舔嘴唇继续说道："一句玩话，不必当真。不过，在下问你，你可见过金王孙？"

"见过。"

"那金王孙是个什么模样？"

"又矮又胖，一脸鼻涕，猥猥琐琐。"

"若是让公公摊上这么一个男人，您能从一而终吗？"

"我……"

"所以，连我们自己都不能办到，我们为什么要苛求一个女子呢？且是，皇宫深似海，除了宫女，便是太监，那王娡入宫，又能如何呀？"

"这倒也是。"

"所以，公公所说的第一个理由不能成立。"

"好，良家女子这一条我不再多说，还有第二个条件，凡选为秀女的必得是处子。那王娡已嫁夫生子，岂能称得上是处子？"

姚定国哈哈大笑道："这您就多虑了，处子二字又没写在脸上。"

“没有写在脸上可以验嘛。”

“怎么验？”

“按皇宫的规矩，一旦选上秀女，就得引到密室，用细细的干木灰铺放在特制的木桶之内，教女子解了下衣，坐于桶上。用棉纸条塞入鼻中，要她打喷嚏，若是破过身的，上气泄，下气亦泄，干灰必然吹动；若是童身，其灰如旧。”

“那王娡若是经过检验，还是一个童身，公公该当如何？”

李云心中想道：“这检验童身的秘方，在皇宫里流传了几百年，百试百中，岂能到了王娡身上便失灵了！不可能，绝对不可能。既然不可能，我就卖他一个空头人情又有何妨？”想到此处，慢慢抬起头来，一字一顿地说道：“那王娡用宫中的方法经过检验，若还是一个童身，我便将她入选。”

姚定国正色说道：“咱君子口里无戏言。”

李云语气坚定地说道：“那是自然。”

姚定国当即出了驿站，来到王娡家中。那王娡正在家中自悲自叹，秀女之事失之交臂，做皇后成了泡影。“唉，我这命咋这么苦呢？”

姚定国来了，姚定国的到来并未给这一家人带来欢乐。

臧儿哭丧着脸道：“姚先生，很抱歉，娡儿的事让金王孙个龟孙给搅黄了。”

娡儿听了娘的话，一天来的委屈和悲愤一齐涌上心头，嚎的一声大哭起来。

她这一哭，引得一家人也跟着哭了起来。

姚定国轻咳一声说道：“诸位不要哭，诸位听在下说。有道是‘人的命，天造定。命中只有八合米，走遍天下不满升。’娡儿的皇后，乃命中注定，不是人力可以搅得黄的！”

听了这话，娡儿忙将哭声打住，泪眼婆娑地瞅着姚定国：“先生，你说的可是真话？不，你是在安慰我，你是在给我说宽心话。”一边说，一边抽泣起来。

姚定国照着王娡的香肩，轻轻一拍说道：“在下说的全是实话，在下和长陵驿的李公公是老相识了，他亲口答应在下，将你带入京都，荐给皇上。只是，还有一点小小的麻烦……”

娡儿、臧儿异口同声问道：“什么麻烦？”

姚定国避而不答，反问道：“在下教大小姐那个‘内视法’不知大小姐是否坚持练了下去？”姁儿娇脸微微一红回道：“自四月分手之后，小女子天天练，并无一日懈怠。”

姚定国连声说道：“这就好，这就好。”当即携着姁儿，来到长陵驿中，在李内监的亲自监督下，经过两番检验，任你棉纸条在姁儿鼻中如何搅动，喷嚏打得山响，那桶内的干木灰却是纹丝儿不动，李内监不由得大奇道：“奇人，真是一个奇人。”

姁儿入宫之事，本已被判了“死刑”，如今死而复生，对李云心存感激，扑的朝他脚下一跪，连磕了三个响头。李云慌忙将她搀起，说道：“这事应该感激仙师才对，若非仙师教诲，险些儿将您落选了。”

姁儿转身要给姚定国磕头，被他死死地拦住：“您是一个大贵人，您那叩头在下享受不起。且是，在下还有事情有求于您。您可记得答应我的承诺？”

这话姁儿分明听见了，却是有些不大相信，自个儿点着自个儿鼻尖问道：“自是记得，姚仙师有事求我？”

“对！”姚定国神情一肃回道，“在下三十年以后当有一场血光之灾，届时，请贵人施以援助之手，在下便是感激不尽了。”

姁儿见他说得如此真诚，也变得严肃起来，躬身一揖道：“仙师对小女子恩同再造。若是有用得着小女子的地方，小女子赴汤蹈火，万死不辞！”

“好，有贵人这句话，在下也就放心了。”姚定国从怀中摸出一部绢书，双手捧给姁儿，嘱曰，“此书您要好好读，牢记在心，对您荣登皇后宝座，将会大有裨益。”

王姁收了绢书，早有人领至后院侧房，安顿住下。次日，跟着那班太监，径至洛阳。未到半月，已经选了四五百名秀女。额既满足，出示停选。当下自有洛阳官吏，贡献秀女们的衣穿。那时，正是夏秋之交，单衣薄裳，容易置办，办齐之后，内监便率着这几百秀女，浩荡入都。恰值刘启被立为太子，兴建东宫，急需一批宫女入宫服役，姁儿应诏而入。也是她的福运已至。

一晚，她有事去太子处，事毕正拟退出，忽见太子抬起头来，向她身上扫了几眼。她暗自心喜：“他，他难道有情于我。就是无情于我，我王姁丢了丈夫，舍了女儿，来至深宫，为的什么？不就是为了应姚相士之言，出人头地，母仪天下！此刻这房中只有我和太子两人，这机会千载难逢，我何不献媚上去，讨得他的欢心，来个春风再度，生下一位龙子，即使当不上皇后，做他个妃子，也是福禄齐天。”

她这般想过之后，定了定神，把勾人的眼波，尽向太子的脸上，一瞄一瞄地递了上去。一则是她的福命，二则也是她长得太美，三则宫人虽多，哪个敢去勾引太子，若被太后、皇后查出，非但性命难保，还要诛族。

当下太子见她频送秋波，含情脉脉，心里一动，柔声问道："汝姓甚名谁，哪里人氏，何日进宫？"

娡儿见有此问，装作一副淑女的模样，轻啮手指，羞答答回道："奴婢姓王，名娡，小名姝儿，槐里人氏。自愿应选入宫，就是八月的这一批。"

太子见她言语伶俐，憨痴可爱，一把揽到怀中，勾着她的粉颈，调起情来。

娡儿是过来人，她告诉自己："我还是一个处子，尽管不是，但得让太子觉着我是，不能那么放荡。"

他们疯了半夜，直弄得皮软骨酥。太子枕着王娡臂弯，微喘着说道："这是我最美的一夜，也是最开心的一夜。"

王娡听罢，忽地心生一计，小嘴一撇，嘤嘤地哭了起来。

太子悚然一惊，扳过她的玉首问道："好端端的哭什么？"

她打了一个哽儿说道："奴婢这是高兴。奴婢原是一个村姑，丑陋不堪，却蒙殿下错爱，得以共度春风，实乃奴婢三生之幸。"

"既然这样你哭什么哭？"

"奴婢怕。奴婢作为一个下人，竟敢和殿下共度春风，这事若是让太后、皇后娘娘知道了，岂能与奴婢善罢甘休，这样一来，奴婢怕是再也见不到殿下了。"说着又哭了起来。

太子一边为娡儿擦泪，一边劝道："你不必害怕，明日我便面见父皇，将你封为我的美人。"

她一闻此言，当即跳下御榻，扑地跪在榻下，连给太子叩了三个响头。

次日，太子果然上殿，讨得一道圣旨，将王娡封为美人。

一个是壮年好色，喜得娇娃；一个是胸怀野心，格外巴结。男贪女爱，卿卿我我，一朵残花，居然压倒香国，不到一年，便已怀胎，产下一女，取名为燕。

王娡正在产中，不能侍寝。王娡暗中思道："照此下去我王娡岂不要失宠！倒不如把我妹妹姁儿引进宫来，一来让姁儿同享荣华富贵，二来也好固宠。"主意已定，乘太子探视的机会，盈盈说道："太子对奴婢恩重如山，奴婢在产中无以报答。奴婢家中现有一妹，名叫姁儿，小字樱儿，年方二八，说不上天姿国色，容貌尚也可人。倒不如将她召入宫中，代奴婢服侍殿下。"

太子听了，欢喜不尽，当即便令宫监，携带金珠，将姁儿接入宫中，侍奉左右。一度春风，姁儿竟然怀孕在身，十月期满，产下一男，取名为越。

娡儿一见其妹得子，哪肯甘休，不久又已有孕，谁知又是弄瓦之喜，害得她哭了几天。

她能不哭吗？她舍夫抛女，奔的乃是皇后，母仪天下，是时，太子已有十个儿子，长曰刘荣，次曰刘德，三曰刘阏，乃栗妃所生；四曰刘馀，五曰刘非，六曰刘端，乃程妃所生；七曰刘彭祖，八曰刘胜，乃贾妃所生；九曰刘发，乃唐妃所生。再加上刘越，整整十个。此时，莫说她没生儿子，就是生了儿子，也很难和栗妃她们抗衡。

正当她心灰意冷，几为绝望之时，姚定国来了。

“美人不必悲哀，第三胎在下一定能让你生一个漂亮男娃。”

她转忧为喜道：“真的吗？”

他轻轻点了点头。

她仍是有些不信：“仙师有何办法一定让我生男？”

姚定国未曾答话，先把眼睛四处一望。娡儿已知其意，对他说道：“这里没有外人，仙师但说无妨。”

定国听了，趋前两步，小声说道：“等您有了身孕，在下进宫为您推算推算，若是一男，千好万好，若是一女，只要不超过仨月，在下有法儿让你转女为男。”

“什么法儿？”

他又趋前一步，压低声音说道：“以雄黄半两衣中带之，抑或是以斧置你床下，系刃向下，勿令人知。”

“此事果验否？”

“百试百验。”

她长出了一口气：“果真如此，我就放心了。”

姚定国一脸严肃地说道：“美人不必高兴得太早，您的目标不仅是生一个男娃，传宗接代。您的目标是生一个太子，唯有如此您才可以母仪天下。”

王娡摇头苦笑道：“谈何容易，就是生个儿子，排行十一，我又不是皇后，太子怎能立到吾儿头上？”

“这就要你多动一下脑子哟！”

“怎么动？”

“从祥瑞方面做做文章。”他又趋前一步，贴着王娡耳朵，如此这般交代一番。说得王娡频频点头，面庞红润。

谚曰，“人该走运，跌个跟头还要拾块金”。汉文帝后元七年，也就是公元前157年，汉文帝驾崩前夕，王娡有了身孕，便照着姚定国所嘱告之太子：“殿下，奴婢夜里做了一个奇梦，梦见一位神女，手捧一轮红日，赠予奴婢，不知主何吉凶?”

太子微笑道：“此乃大吉之兆。太阳者，太空之主也，太阳入怀，主你要生贵子。”

口中如此说，心中并不为意。不想当天夜里，太子竟也做了一个好梦，梦见一头赤色肥猪从天而降，云雾迷离，直入崇芳阁中。次日醒来，尚见阁上青云环绕，俨然一条龙形，心下大奇。是日，恰值李云当值，太子随口问道：“天下相士，何人最为有名?”

李云跪回道：“许负高足姚定国。”

太子便命他召姚定国进宫，告之以梦。定国一听，忙屈身跪了下去：“恭喜太子，此梦大吉，必有奇胎，异日当为我大汉盛世之主。”

太子闻听大喜，进一步问道：“本殿下妃妾甚多，应在何人身上，仙师能预知否?”

定国道：“臣不敢妄揣，若引出众妃一见，亦能知之。”

太子点头称善，将薄妃、栗妃、程妃、贾妃、唐妃、王娡、王姁等数十名妃嫔尽行召到未央宫后殿中。姚定国装模作样地审视一遍，趋到太子身边，指着王娡，小声说道：“当应在此人身上。”

太子挥手斥退众妃，只留王娡一人，命她移居崇芳阁，并改崇芳阁为绮兰阁。胎满仨月之时，姚定国潜入绮兰阁，经过一番观察和推算，断定王娡所怀乃是一个男娃，王娡欢喜不尽。次年七夕佳朝，王美人果然生下一子，声音洪亮。是时，文帝刚刚升天，太子龙登九五，后来庙号为景帝，真可谓双喜临门，少不得隆隆重重地庆贺一番，因此儿乃梦赤猪而得，猪者彘也，景帝便把他取名为彘。嗣因彘字取名，究属难听，几年后乃改名为彻。按照《庄子》之解，彻，就是“心知”。说也奇怪，王美人自从生彘之后，竟不再孕。妹子姁儿又连生三子，取名为寄、为乘、为舜。只是命中福薄，生舜之时，遭遇难产，一命呜呼。

王美人自从生了刘彻，一门心思全用在儿子身上，当他牙牙学语之时，便教他认字读书，不到四岁，刘彻便将一部《道德经》背得滚瓜烂熟。美人心中比喝蜜还甜，总想着儿子降生之前有诸多瑞兆，且又如此聪明伶俐，这太子之位，非彻儿莫属。只要彻儿能当上太子，我这皇后的凤冠不就在手中提着么？

她高兴得有些早了。

在她入宫之前，景帝已有五位妃子。曰薄妃、曰栗妃、曰程妃、曰贾妃、曰唐妃。薄妃尽管相貌平平，无甚才智，且又未曾为景帝生下一男半女，只因她有一个好姑奶，也就是薄太后，不，文帝升天，景帝即位，薄太后已被尊为太皇太后。因太皇太后的关系，她荣登了皇后的宝座，为此，王美人难受了好几天。

其实，薄皇后并不可怕，真正可怕的是栗妃。在众妃中，除薄皇后之外，栗妃入宫最早，生子最多，论容论貌，还略胜王美人一筹呢。

美人选错了方向，唆使程妃、贾妃、唐妃攻击薄皇后，那栗妃更是不甘落后，赤膊上阵。也是薄皇后命运不济，正当节骨眼上，太皇太后一命归阴。尸骨未寒，景帝便寻她一个错处，将她废掉，打入冷宫。对此，美人、栗妃无不暗自欢喜，拼命巴结景帝，以图早日登上皇后宝座。谁知，景帝对此态度暧昧，薄皇后被废一年多了，也没有一个明确态度。

他也难啊！

在王美人未曾进宫之前，他已多次向栗妃承诺，等他荣登九五之后，便立长子刘荣为太子。可那彻儿，未曾降生之时，上天已显出种种瑞兆，且是姚相士红口白牙，亲口对他说道："此儿，异日当为盛世之主！"

要立皇后，不能不考虑太子。自古以来，没有儿子贵为太子，娘亲仍为皇妃的！也就是说，若要立栗妃为皇后，就得立刘荣为太子；若要立王美人为皇后，就得立刘彻为太子。难哪。

太难了。他索性暂不立后。

"皇后可以不立，太子呢？太子是国之皇储。天下的根本，父皇文帝即位不到四个月，便立了我刘启为太子。我刘启呢，即位已经四年多了，再不立太子怕是说不过去。"

他想起了魏其侯窦婴，窦婴是太后的侄儿，景帝的表兄，因平定吴楚七国之乱立了大功，被封为大将军，他刚直不阿，在朝廷中有很高的威望，何不听一听他的意见？

他召来了窦婴，话音刚落。窦婴便一脸严肃地说道："长幼有序，嫡庶有别，此乃春秋要义。皇子刘荣，身为长子，聪颖敦厚，一表人才，理应为国储君，这还有什么可犹豫的呢！"

他不再犹豫，当即颁旨三道。

第二章　金屋藏娇　密谋易储

次日，姚定国来了。他心知王美人心情烦闷，谨言道："娘娘，您要想开点，您入宫不到十年，皇上对您如此宠爱，您应该知足了。且是，因您之故，那栗妃的后冠就像煮熟的鸭子已经到手，突然飞了，您应该感到高兴才是。至于太子，皇上并非不想立彻儿，只是碍于春秋大义，大臣的舆论，违心地立了刘荣。"

他打住了话，四处望了望，宫里除了新拨来的太监李云，别无他人，方放下心来，继续劝道："栗妃您又不是不知道，生性傲慢，心地狭隘，口无遮拦，除了貌美之外，一无所长，据说，窦太后对她十分不满。说到窦太后，臣想提醒您一句，别看她是个瞎老婆子，却是个是非精儿，朝中大小事她都想插手，而皇上又是出了名的孝子，您要设法靠近她，抓住她，瞅准时机，扳倒栗妃，树根一刨，树还能活得下去吗？"

姚定国这番话，好像一把开心锁，句句说到王美人心里头。她忽地坐了起来，满面感激地说道："多谢仙师开导，我一定照着你说的去办！"

"抓住窦太后，死死地抓住！"姚定国叮嘱道。

她咬着嘴唇，使劲点了点头。

她正想如何抓住窦太后，一个女人把机会双手捧了过来。

这个女人叫刘嫖，史称长公主，是堂邑侯陈午的妻子、景帝的姐姐，窦太后的独生女儿，窦太后视她为掌上明珠。不只窦太后，景帝对她也很看重，言听计从，她出入皇宫就像进出厨房那么容易。

刘嫖下嫁陈午后，只生了一个女儿，取名阿娇。因为刘嫖没有其他的儿女，只有一个阿娇，自然娇生惯养，视作生命一样对待，一心一意地想要使独生女成为皇后。因此，她对后宫皇储之争是很关注的。长公主见栗妃在这场皇储之争中取得胜利，栗妃的皇儿刘荣被立为皇太子，便使人去栗妃那里示意，要将女儿阿娇许配给太子刘荣，使阿娇成为太子妃。她认为阿娇和刘荣的年龄相当，又是姑表之亲，以阿娇做太子妃合情合理，是顺理成章的婚配，谁料想却被栗妃断然回绝。这一下可激怒了长公主，她在宫内宫外，自认势力很大，何曾受过这样的羞辱，更主要的是如果女儿阿娇不能嫁给太子，那她让女儿成为皇后的野心就无法实现了。为此，长公主就要直接介入皇太子之事，与栗妃结仇而制造易太子事件。

栗妃为什么会回绝长公主的亲事呢？原来长公主经常出入宫闱，在众妃之间走动，经常帮助受冷落的妃子去接近景帝，而景帝对长公主的话几乎是有言必从。贾妃、程妃、唐妃，原来不过是一个个普普通通的宫女，因为她的帮助，才得以接近景帝，荣升为妃的。栗妃心胸狭窄，生性妒忌，一心一意要得到景帝的专宠，故而对长公主在后宫的所作所为很是愤恨。她见长公主不惜放下架子，托人来提亲，于是就不失时机地给长公主一次重重的打击，断然回绝了提亲之事。

消息传到绮兰阁，不，它已经改为宫了。刘启登上九五之尊不久，便把绮兰阁改为绮兰宫。王美人得到了消息，暗自喜道，天助我也。

她经过一番深思熟虑，觉着以长公主与景帝的姐弟关系，又有窦太后撑腰，长公主要使女儿阿娇成为皇后的野心很有可能实现，如果彻儿能与阿娇成为夫妻，那么长公主就可以帮助彻儿成为皇太子。她正算计着如何和长公主联姻，长公主就寻上门来。

长公主提亲受拒，对栗妃恨之入骨，便不厌其烦地到处诉说。当她带着女儿阿娇来到绮兰宫时，王美人就很热情地接待了她们母女。王美人假装不知长公主向栗妃提亲遭到回绝之事，拉着阿娇不住地夸赞说："阿娇长得真是福相，长大后准能做皇后。"只一句话就把个长公主说得心花怒放，一时忘了被栗妃羞辱之事，随口说道："那就把阿娇许配给彻儿做媳妇吧。"

长公主说出了王美人最想听到的话，正合她的机关，心中喜欢，口中却假意谦逊说："这怎么能行呢？彻儿又不是太子，又做不了皇帝。阿娇可是注定的皇后命，嫁给彻儿，岂不委屈了阿娇。"

这几句话马上就激起了长公主对栗妃的怨恨之心，愤愤地说："不是太子又怎么样，太子又不是皇帝。别看如今立了那荣儿为皇太子，岂不知古今废立太子的事很多吗？我看那呆头呆脑的荣儿就没个太子的样儿。彻儿额宽颈长，眉突口阔，声音洪亮，是大器之相，彻儿才像个皇太子呢。"王美人知事有望，便进一步唆使，见彻儿正和阿娇在一起玩，便过去问道："彻儿想不想要媳妇？"

彻儿只是个几岁的孩子，根本不知道媳妇是什么，就知道媳妇肯定很好玩，忙说："要，我要。"

王美人指着带他玩耍的两个宫女说："彻儿愿意娶哪位为媳妇？"

刘彻看了看两位宫女，摇头不语。

王美人又指着阿娇说："让阿娇姐姐做你媳妇好不好啊？"

阿娇比刘彻大三岁，表姐弟俩经常在一块儿玩耍。阿娇总是对彻儿呵护有加，彻儿也很喜欢阿娇，听了娘的话，马上闹着说："我就要阿娇姐姐做我媳妇。"

王美人进一步问道："彻儿若是娶了阿娇姐姐做媳妇，你将如何安置阿娇姐姐呢？"

这一说刘彻犯了难，搔着头皮儿自言自语地说道："是啊，我该怎样安置阿娇姐姐呢？"

小孩子都爱捉迷藏，刘彻也爱。他忽然想起了捉迷藏游戏，小手一拍道："有办法了，我要盖座金屋子，把阿娇姐姐藏进去。"说得王美人和长公主哈哈大笑。

王美人止住笑，对长公主说道："姐姐，有道是小孩嘴里掏实话，阿娇和彻儿的事就这么定了吧？"

长公主巴不得她说这句话，当即应道："就这么定了。"

尽管长公主答应得很干脆，王美人心里清楚，彻儿是皇子，皇子的婚姻，岂能由两个女子说了算。若是直接跟皇上讲呢，又怕他拒绝。皇上若是一拒绝，连退路都没有了。

长公主见美人突然沉默不语，大奇道："皇弟妹这是怎么了？"

王美人轻叹一声，说出了自己的担心。长公主仗着是皇帝姐姐，不以为然地说道："女人怎么了？有许多大事，就是女人操办的。远的且不说，就说惠帝皇伯父吧，他的婚姻大事，乃吕太后一手操办。"

王美人摇头说道："吕太后和高祖爷是患难夫妻，为大汉朝的创建和稳定建下了不世功勋，你我怎能和她相比？你我不是吕太后，皇上也不是高祖爷，彻儿的婚事还得皇上说了算。"

"如此说来，我这就去面见皇上。"刘嫖一边说一边站了起来。

"皇姐莫急，妹子的话还没说完呢！"

"那你就说吧。"

"阿娇和彻儿还是两个乳臭未干的娃娃，皇上会不会认为，现在谈论他们的婚事，为时有些过早？"

长公主蛮横地说道："早什么早？古往今来，指腹为婚的也不在少数，且莫说阿娇已经七岁了。”

王美人本想说，阿娇大彻儿三岁，话到口边改为“彻儿小阿娇三岁，年龄悬殊有些太大，皇上怕是……”

“这你就多虑了，女比男大几岁怕啥？你没听说过女大三抱金砖吗？”王美人故作恍然大悟的样子，笑嘻嘻地说道：“此话不谬也。皇姐这番开导，真令我茅塞顿开。不过，话又说回来，太后对阿娇和彻儿甚为溺爱，应该告诉她老人家一声，也好让她老人家高兴高兴。再说，儿女的婚姻大事，总得有个中间人，这中间人再没有比太后她老人家更合适的人选了。”

她口中虽如此说，心里却在打着自己的小算盘，是的，你刘嫖和皇上的关系非同一般，但毕竟只是姐弟关系，皇上可以听，也可以不听，但太后就不一样了，彼此是母子关系，而皇上又以大孝闻名于朝，为立太子之事，皇上没有征求太后意见，太后将皇上召到昭阳殿，发了顿脾气。彻儿和阿娇的婚事，若有太后出面，万无不允之理！

景帝挨训之事，王美人只是听说，长公主可是亲见，想不到温文尔雅的一个瞎老婆子，训起人来，一点儿情面也不讲，连皇帝也不例外，事隔两个多月，仍历历在目。

太后以杖击地说道：“皇上，你是要我叫你陛下呢，还是叫你皇上呢？”

景帝躬身回道：“孩儿是皇帝，更是母后的儿子，且永远是母后的儿子，母后见了孩儿，应该直呼其名。”

太后频频颔首说道：“好，你还不算十分狂妄，你还认我这个母亲。既是认我这个母亲，我便以母亲的名义教训教训你。你给我跪下！”

景帝乖乖地跪了下去。

太后声色俱厉地说道：“我问你，太子是什么？”

这话难不住景帝，当即回道：“太子是皇储，是天下的根本。”

“立储之事既然这么重要，为什么不和大臣们商量？还有我这老婆子，我眼瞎心不瞎。我历经四朝，好赖比你多吃了二十几年干饭！”

“孩儿知错，孩儿罪该万死！”景帝口中如此说，心里并不服气，说了这句话后，话锋一转又道，“对立储之事，孩儿尽管没有请教母亲，可孩儿也曾征求过几个大臣的意见。”

“谁？”

“魏其侯窦婴。”

一听窦婴二字，太后愈发恼怒起来，用手杖敲打着木板恶狠狠地说道：

“窦婴算个什么东西，先帝若不是看着我的老面，封一千个侯爷也封不到他的头上。要商量，你就应该找周亚夫、找许昌、找庄青翟、找石奋、找汲黯和郑当时……”

景帝无话可说，只有磕头认罪。

想到这里，长公主将记忆的闸门关闭起来，对王美人说道：“皇弟妹所言甚是，咱这就去面见太后。”

王美人不想把这事做得太明显，笑辞道：“我就不去了吧！太后对我再亲，毕竟是婆媳关系，哪像你们母女，想怎么说就怎么说。”

长公主一想也是，便不再勉强。欲要向王美人告辞，美人倒先开了腔：“皇姐去见太后，最好也把阿娇和彻儿带上。”

“你不说我差点儿忘了。”

“论智商，你我姑嫂二人，给太后拾鞋提衣也赶不上，说话时要婉转一些。”美人故意拍打着脑门，“彻儿那句话怎么说呀？”

“什么话？”

“他说是，若能娶阿娇姐姐做媳妇，怎么着呀？看我这记性。”

长公主笑道：“彻儿说，若能娶阿娇姐姐做媳妇，要盖一座金屋子把阿娇姐姐藏进去。”王美人使劲拍打着脑门儿说道：“对，就是这句话。一个乳毛未褪的四岁娃娃，便知道‘金屋藏娇’，这莫不是天意吗？”

“这正是天意。”

长公主说完这句话，便一手拉着一个孩子，乐滋滋地去了昭阳殿，见了窦太后，咯咯地笑个不停，笑得窦太后莫名其妙，娇声斥道：“有啥好笑的，讲出来也好叫母后听听。”

她这才收住了笑，抿着嘴问道：“母后，男女情窦初开，当在什么年龄？”

窦太后想了一想说道：“这没准，一般来讲，女孩子开窍早一些，男孩子开窍晚一些。”

“早一些当在什么年龄？”

“女孩子约在十二三岁，男孩子嘛，要比女孩子晚个一两年。”

“四岁孩子呢？”

“乳臭未干，懂个啥？”

长公主得意地大笑起来：“母后啊母后，你英明一世，洞察秋毫，也有看走眼的时候！”

太后翻动着一双白蜡眼瞅着长公主。长公主便将彻儿金屋藏娇的始末讲了一遍。

太后一脸惊诧地问道："竟有这等事。嫖儿，你是在给母后讲故事的吧？"

长公主收住笑，一脸认真地说道："母后，这不是故事，您老人家若是不信，可以问一问彻儿。"

听了这话，太后把手一招呼道："彻儿，来奶奶这儿。"

彻儿正在和阿娇拉着手玩，听了这话，瞅了长公主一眼，在长公主的示意下，挪动着两只小脚，走向太后。

太后把彻儿双手抱起，置于膝上，抚摸着他的头顶，柔声问道："彻儿，你皇长姑说的可是实话？"

彻儿嗯了一声，又点了点头，算是默认了。

太后追问道："彻儿若是娶了阿娇姐姐做媳妇，你将如何安置你的阿娇姐姐？"

彻儿比画着一双小手，稚声稚气地回道："我要盖一个大大的金屋子把阿娇姐姐藏起来。"

那憨态太后虽说无法儿看到，却也想象得到。扑哧一声笑了。她一边笑，一边拍着彻儿的头说："指甲盖般一个娃娃竟也知道娶媳妇，莫不是天生一个情种。好、好，奶奶成全你。"

当即命随侍太监，去未央宫前殿召宣景帝。

景帝来到后，向太后请过了安。长公主欲行君臣大礼，被他拦住了。

"母后召孩儿来，可有什么吩咐？"景帝毕恭毕敬地问道。

太后笑眯眯地回道："我今日遇到了一件鲜事，想道给你听听。"接着便将金屋藏娇之事讲了一遍。

景帝听了，也是半信半疑，拉过刘彻，仔细地考问了一番。啧啧赞道："奇事，奇事，千古奇事。"说着，双手把彻儿抱了起来，举过头顶，转了一圈。

太后笑吟吟地说道："皇儿，指甲盖大个孩子，竟然知道'金屋藏娇'，咱成全他吧！"

景帝频频颔首道："母后说得极是，孩儿这就昭告太史令，择一个黄道吉日，为他们搞一个订婚仪式。"说毕，将刘彻放了下去。不料那刘彻双脚刚一落地，突然冒出一句话："父皇，'父皇'两字孩儿会写了。"

景帝闻言，十分高兴，二次将他抱起，亲了亲他的小脸蛋说道："彻儿，你说的是真的吗？"

彻儿忙点了点头。

景帝大声说道："内侍，笔砚伺候。"

随侍太监不敢怠慢，不一刻儿便将笔砚办齐，放在几案之上。刘彻挣下怀抱，一蹭一蹭地来到几案旁，踮着脚，张着嘴，饱蘸浓墨，一笔一画，工工整整写下两个大字：父皇。把个景帝乐得合不住嘴，正要夸奖刘彻几句。忽听他稚声稚气地说道："父皇，孩儿还会写'天子'二字。"

景帝越发高兴，点头说道："那好，皇儿索性连'天子'二字也写了吧！"

刘彻又伏在几案上，把"天子"二字写了出来，额头上爬满了亮晶晶的汗珠。

长公主正要帮他去擦，他却把长公主拉到一旁，附着她的耳朵，小声嘀咕起来。长公主一边笑一边点头，扳住他的小手，用食指在掌心上比画着。

小刘彻使劲点了点头，疾步走了回去，在"父皇"与"天子"中间写了一个"是"字。把个景帝喜得，那嘴像裂开的小瓢，第三次将刘彻举了起来，使劲吻了一口说道："我儿，你真行！"

太后看不见，又很想知道，大声问道："皇儿，彻儿写些什么？"

长公主代答道："彻儿写的是，'父皇是天子'。"

太后喜道："这小家伙，简直是个人精。"

长公主笑道："彻儿如此聪明，这都是爷奶的积德，坟园的风脉，大汉的希望啊！"

听到"大汉的希望"这几个字，景帝心中一震，姚相士的话便在耳边响起："恭喜太子，此梦大吉，必有奇胎，异日当为我大汉盛世之主。"

好一个盛世之主！景帝照着彻儿脸蛋又吻了一口，笑嘻嘻地问道："彻儿，你想做大汉天子吗？"

话一出口又后悔了，想不想做天子的话能是随便问的吗？彻儿如果回他，想做天子，他该怎么说？若是一个物件，他可以收回来，这话一出口，能收回来吗？他后悔死了，以忐忑不安的心情瞅着彻儿。

"父皇！"彻儿奶声奶气地说，"我不想做天子。"

这话大出景帝意料，其实也是他最想听到的话，压在心上的一块石头扑通落地。但又觉着奇怪，彻儿既然知道金屋藏娇，不可能不知道做天子的妙处，既然知道，又不愿做，内中必有原因。止不住问道："彻儿，你说做天子好不好？"

彻儿扑闪着一对长睫毛回道："好。"

"既然好，你为什么不愿意做天子？"说完这句话，双目直直地盯着刘彻，看他如何回答。

小刘彻不慌不忙地回道："孩儿一做天子，父皇就得驾崩，孩儿不想要父皇驾崩，孩儿要父皇千岁万岁！"

啪啪啪，不知谁带了个头，大概是长公主吧，满屋的人全都鼓起掌来，把个景帝激动得热泪盈眶，照着彻儿的小脸蛋亲了又亲，喃喃说道："好孩子，你真是朕的好孩子。"

长公主把女儿许给刘彻，并不是只要想做一个王妃，她眼中盯的是皇后。但若不把彻儿推上皇帝的宝座，她的愿望就无法儿实现。但要彻儿做皇帝，不能绕过太子这个坎，今儿何不趁着皇上高兴，来一个旁敲侧击！

"唉，孩子好有什么用？他又不是太子，是好是孬对社稷无碍。"

太子是景帝立的，又是新立，他不想听人议论这件事儿。把彻儿轻轻往地上一放，对着太后躬身一揖说道："母后，孩儿还有几件要紧的奏折要看，孩儿告辞了。"

他回到了未央宫前殿，两眼看着奏折，心中却在想着太子之事："我选错了人吗？荣儿的智慧到底和彻儿有几许差距？奏折横竖是看不下去了，倒不如把荣儿叫来，考问一番。"

荣儿闻诏慌慌张张地前来见驾，行过了君臣大礼，战战兢兢地问道："父皇，孩儿前来见驾，可有什么训示？"

景帝示意他坐下，满面慈祥地问道："皇儿近来所习何书？"

刘荣忙起身回道："回父皇，儿臣所习乃贾谊先生的《过秦论》。"

景帝二次示意让刘荣坐下。

"皇儿以为秦朝二世而亡，最主要的原因是什么？"

"儿臣以为秦之所以失天下，最主要的是其'攻守不分'，即所谓'仁义不施而攻守之势异也'。"

"皇儿以为我大汉治国当采用何术？"

"儿臣以为我大汉治国可行黄老之术，与民休养生息，无为而治。"

景帝满意地点了点头。将话锋一转问道："当天子好不好？"

"好。"

"皇儿想不想做天子？"

"想。"

景帝最怕他这样回答，他偏偏这样回答了，恨不得上前掴他几个耳光。想了一想又忍住了。挥了挥手，半是厌恶，半是懊丧地说道：“你下去吧！”

斥退了太子，景帝独坐御椅之上，闭目叹息，忽听一个声音说道：“看起来，这太子立得过于仓促，倒不如废了吧！”这是他自己的声音。

另一个声音马上反驳道：“太子乃国家根本，立了还不到仨月，太子又没多大过失，怎能说废就废了呢？”这也是他自己的声音。

第一个声音立马跳了出来：“错矣，正因为太子是国家根本，故而应择贤而立。太子平庸无能，你千秋万岁之后，把国家交给这样的人你放得下心吗？”

第二个声音反驳道：“太子并非平庸，只是没有彻儿那么鬼精罢了。大汉开国五十余年，行的是无为而治，需要的是守业皇帝，就无为而治这个国策而言，太子为人宽厚仁慈，小心谨慎，做事不敢越雷池一步，当是皇帝最合适的人选。”

想着想着，他的心情渐渐平静下来。高声叫道：“摆驾绮兰宫。”

王美人闻听圣驾到了，忙对长公主说道：“皇姐，赶快迎接圣驾。”

长公主也不敢怠慢，一边跟着走一边说道：“皇弟妹，皇上虽说十分喜爱彻儿，但刘荣也是皇上骨血，且又没有什么过错，要皇上废刘荣而立彻儿，一时半会怕很难办到。咱不如把刀尖对准栗妃，杀她个落花流水。栗妃一倒，刘荣的太子还能保得住吗？”

王美人一边走一边点头，及至来到宫门，圣驾还没到，方松了一口气，驻足说道：“皇姐所言极是，今日便是一个机会。”

长公主道：“咱俩谁打头阵？”

王美人是个有心机的人，不想把自己摆在火山口上，便顺手送给长公主一顶高帽子，“皇姐经多见广，口才极佳，又和皇上是手足之情，当然由皇姐打头阵了。”

长公主最爱听奉承话，当即应道：“好，这个头阵姐姐打定了，届时皇弟妹可莫忘了为姐姐呐喊助威。”

王美人满口应道：“那是自然。”

姑嫂二人正说着话，圣驾到了，忙一齐迎了上去，扑的朝轿前一跪，口称：“臣妾迎接圣驾。”

景帝笑微微地下了御轿，在姑嫂二人的簇拥下步入大厅。几位宫女慌忙上前服侍，献上果品。

水果是常见的几种，景帝把二目盯在鲜梨上，那梨只有两个，还有些泛黄，比集市上的梨小一圈，眼睛突然一亮："西域梨。"顺手拿起，津津有味地吃了起来。

他擦了擦嘴，笑对王美人说道："这梨是西域进贡给朕的，朕把它分作三份，一份留下自用，一份送给了母后，余下的给了你们几个皇妃，大概是一人十个吧，你这九个全入了朕口，真是有些不好意思。"

王美人笑接道："陛下这话就有些见外了，连臣妾都是陛下的，还分什么你我？且是，这梨原本就是陛下的，取之于陛下，用之于陛下，有什么不可？"

这话，景帝听了很受用。他想起了栗妃，栗妃也分了十个梨，不到两天全用完了。一月前，他驾幸飞翔宫，栗妃哼哼唧唧地说道："陛下，那西域梨真好吃，酥甜酥甜的，一到嘴便化了。"

景帝道："进贡给朕的东西，不好能进吗？"

"臣妾还想吃那梨，能不能再赐臣妾几个？"

回到承明殿，忙遣一太监，又给飞翔宫送了十个。前天他去飞翔宫，有些口渴，想吃个西域梨。栗妃笑回道："那梨，十天前就吃完了。"而王美人只分了十个梨，全部拿出来招待了我，她一个也没舍得吃。

想到此处，拿起最后一个梨，一脸深情地对王美人说道："爱妃，这种梨真的是很好吃的，你就尝一尝吧！"

王美人忙摇头说道："臣妾有个胃酸的毛病，吃不得甜东西，这梨还是留给皇上吃吧！"

景帝故作生气的样子，板着脸说："什么胃酸，分明是不给朕面子。这个梨你若是不吃，朕这就起驾回宫。"

王美人听了这话，满脸赔笑道："陛下不必动怒，臣妾遵命也就是了。"说罢，双手恭恭敬敬地将梨接了过来，切为两半，将其中的一半捧给了长公主。

长公主笑拒道："皇弟妹不必客气，这梨我已经在太后那里尝过了，还是你自己吃吧。"

王美人笑吟吟地说道："既然这样妹妹就不客气了。"

她玉口微张，正要朝香梨上咬去，忽然停了下来，朝随侍的公公李云吩咐道："把这两瓣梨拿去让阿娇和彻儿吃吧。"

景帝心头一热，脱口说道："爱妃真是一个贤妻良母。"

长公主不失时机地吹捧道："皇上真是英明之极！姐也觉着在您这些嫔妃中，论德行，没有一个赶得上美人。今日下午，若非美人妹妹，增成宫非闹出人命不可！"

景帝一脸诧异地问道："增成宫，增成宫怎么了？"

"还不是因为那个栗妃！"

景帝愈发不解了："增成宫住的是程妃，与栗妃风马牛不相及，如何又怪着她来？"程妃与栗妃素来不和，到了她们的儿子却改了门风，栗妃的三孩临江王刘阏，与程妃的二孩汝南王刘非，泼皮胆大是出了名的。他二人是见不得，离不得，好时，恨不得穿一条裤子；恼时，打得头破血流。今日午后，刘阏来增成宫找刘非博弈。

博弈，即博戏、六博，是战国以来逐渐流行的一种文娱活动，在汉代尤为盛行。娱乐时，双方一方行道，另一方则阻之，不让其通过，所以往往容易造成争道上的矛盾。景帝做太子时，与吴王刘濞的儿子刘贤在玩这种游戏时便互相争道，加之又喝了几樽酒，互不相让，景帝一怒之下，提起棋局，砸向刘贤，将刘贤打死了。想不到老子的争道又在两位儿子之间发生了，打来打去，一个鼻破血流，一个手臂被咬去一块皮，鲜血淋淋。刘阏回到飞翔宫，栗妃见他脸色蜡黄，鼻孔里塞着棉絮，勃然大怒，立马带着两个内侍，去增成宫兴师问罪。程妃刚刚给儿子包扎好手臂，见栗妃到了，盛怒相待。三句话没说完，便打了起来。

男人打架，咚咚几拳便解决问题。女人打架，推推搡搡，撕撕抓抓，程妃抓住栗妃脖子，栗妃揪住程妃头发。若非王美人赶到，非出人命不可。

景帝越听越气，朝几案上啪地拍了一掌，咬牙切齿地骂道："这两个臭女人，恼上来朕将她二人打入冷宫。"

这话正中长公主下怀，极口赞道："好，就应该这么办，身为皇妃，闹成这个样子，不严惩何以正宫闱。"

景帝没有凑腔，端起几上杯子，咕咚咚一口气将蜜水喝下肚去。

长公主见了，频频向王美人使眼色，催她上阵助威。王美人故意把目光避开，皇上红口白牙说得明明白白，"恼上来朕将她二人打入冷宫"，不恼上来呢？看样子，皇上并没有要置栗妃于死地的打算，我若跟着长公主盲目地起哄，怕是要适得其反呢？倒不如假意为栗妃求个情儿，也显得我王娡宽宏大量。心念至此，微微一笑说道："陛下暂息雷霆之怒，且听臣妾一言。栗妃大闹增成宫，虽说有些不大像话，但也是舐犊情深。陛下您好好想一想，作为一个母亲，看到儿子一脸鲜血，若是无动于衷，还算是个母亲吗？”

她这话说得很有技巧，看似为栗妃求情，实乃往栗妃头上泼污水，明明是两个女人在增成宫大干一架，却说成是栗妃大闹增成宫。

长公主是个直筒子，哪知王美人这番心机，愤愤然想道：“好你个王美人，我这么起劲地攻击栗妃，不还是为了让你那宝贝儿子早一天当上太子吗？你倒好，关键时刻不说助我一臂之力，反倒作巧卖乖，装起好人来。哼！”她恶狠狠地白了王美人一眼。

王美人视而不见，继续为栗妃求情：“陛下，有道是，牙和舌头还有不合的时候，何况是两个人，两个活生生的人，您就放她们一马吧！”

长公主忍无可忍，又朝王美人白了一眼，转身对景帝说道：“陛下，天不早了，我和阿娇该回去了。”

她一把拉过阿娇，气呼呼地往外走，王美人想送一送她，被她赶了回来。

王美人冲着景帝苦笑一声，又摇了摇头：“长公主也是，那脾气烈得像火。”

景帝长叹一声道：“这也难怪，为阿娇和荣儿的事，大姐和栗妃结下了深仇。”

他忽然想起了什么，抬头盯着王美人：“爱妃，朕知道卿和栗妃向来也是不合的，卿为什么还要给她求情？”

王美人见问，满面深情地说道：“国者，家也；家者，国也。国即是家，家即是国，只不过大小而已。不是臣妾有意奉承陛下，陛下父子二人，把一个萧萧条条的大家，也就是贫穷落后的汉朝，治理成一个繁荣富强的人间天堂，京师之钱累巨万，贯朽而不可校；太仓之粟陈陈相因，充溢露积于外，至腐败不可食。当年周朝成康之治也不过如此。”

人，没有不愿听奉承话的，景帝也是如此，听了王美人这番赞颂之词，甭提有多受用了。他正在暗自乐哩，王美人把话锋一转说道：“古圣人言，不齐家无以治天下，这话诚不谬；但古圣人又说，‘为尊者讳，为亲者讳，为贤者讳’，栗妃、程妃，皆是陛下皇妃，称得上亲者了，特别是栗妃，又是太子之母，可称得上是尊者了，若是陛下把她们二人打入冷宫，二妃相殴之事，必要传将出去，岂不是自张其短，有悖古圣人之言。还有您这个皇帝，大家治理得这么好，小家却是一塌糊涂，让朝野怎么议您。臣妾哪里是在为栗妃和程妃求情，臣妾乃是为了陛下，为了这个小家，为了陛下的尊严。”

尽管王美人话音不高，却像一股春风，徐徐吹进景帝心田，“多好的一个皇妃呀，识大体，顾大局，处处为朕着想，唯独不想她自己！”

他有些激动了，情不自禁地将王美人揽到怀里，吻了又吻，说道：“朕的好爱妃，那栗妃的胸怀若是有卿的一半，朕也知足了。”

听他这么一说，王美人高兴得差点跳了起来。“我成功了，陛下亲口对我言讲，那栗妃的胸怀不及我王娡一半。且是，陛下对彻儿的宠爱，又大大超过了刘荣，那栗妃还能当得上皇后吗？”

送走了景帝，王美人胡乱用了些早膳，带着刘彻，乘坐玉辇，直奔麒麟街九号。也许是睡眠不足的缘故，刘彻一坐上玉辇便睡着了。将至麒麟街的时候，王美人将彻儿摇醒，叮咛道：“彻儿，你不要睡了，你听娘说，娘得罪了……”

刘彻不听她说，头一歪又睡着了，气得她拧住彻儿耳朵，转了一圈，疼得刘彻哇的一声大哭起来。她又是打又是吓唬，刘彻勉强不哭了。

“彻儿，你听着，娘得罪了你皇长姑，娘这会儿带着你向你皇长姑请罪。你皇长姑若是原谅了娘是再好也不过了，你皇长姑要是不原谅娘，你就给她跪下，为娘求情，她若还不原谅娘，你就哭，听见了没有？”

刘彻抽抽泣泣地回道：“听见了。”

长公主听说王美人来了，怒冲冲说道：“给我挡回去。”

王美人身为皇妃，铁了心来请罪，那阍者能挡得住吗？

王美人闯进客厅，长公主黑着脸，也不让座，也不说话。王美人趋前一步，满面赔笑道：“皇姐，小妹向您请罪来了！”说毕，深深施了一礼。

长公主冷哼一声，没有说话。

“皇姐，昨晚的事，小妹确实做得有些欠妥。不过，话又说回来，皇上并没有严惩栗妃之意……”

“哼，你大睁两眼说瞎话！皇上红口白牙，说得明明白白，要将栗妃和程妃打入冷宫，难道你耳聋了不成？”

王美人小声辩解道：“这话皇上确实说过，但说这话是有前提的，‘恼上来……’若是不恼上来呢？”

这话长公主没有留意，经王美人这么一提醒，她想起来了。暗自埋怨道：“我这人咋这么粗心呢！”

她生性高傲，岂能当场认输，强词夺理道：“什么前提不前提，有道是，‘皇帝嘴里无妄言’，皇上既是说出了要将栗妃打入冷宫的话，若不是你卖能，一而再再而三地为姓栗的求情，我在后边烧个底火，皇上不打也得打。”

“皇姐把问题看得过于简单了。在妹未进宫以前，姓栗的几乎独霸了皇上。就是妹进宫以后，皇上对姓栗的临幸并不比妹少，那情浓着呢！且不说姓栗的又是太子之母！姐曾亲口对妹说过，皇上眼下并无废掉太子之意，爱屋及乌，皇上能轻易把姓栗的打入冷宫吗？皇上既是不想废掉姓栗的，妹若一味地跟在姐的后边摇旗呐喊，大杀大砍，皇上怎么下台？”

王美人偷偷斜了长公主一眼，见她脸上的怒气已消去大半，知是自己的话起了作用，决计给她灌碗迷魂汤。

“皇姐，您和那姓栗的无冤无仇，为什么那么起劲地抨击她，还不是为了彻儿和我。姐的大恩大德，妹记着呢，彻儿也在记着呢！”

她把脸转向刘彻：“彻儿，娘说的对吗？”

刘彻真是个人精，听了娘的话连连点头。不知哪根神经起了作用，突然朝长公主一跪，磕了一个响头，说道：“谢谢皇长姑。”

有道是，“话是开心斧”。经王美人这么一解说，长公主心中那股怨气早已跑到爪哇国去了。她双手抱起刘彻，置于膝上，抚摸着他的头顶说：“彻儿你还小，有些事你不懂。正如你娘说的，皇长姑与姓栗的往日无冤，近日无仇，为什么那么起劲地抨击她，还不是想让你娘早一些儿登上皇后宝座，你好顺理成章地当太子，当天子。你娘可好，关键时刻把皇长姑给卖了。你说皇长姑该不该气呀？”

她的话，刘彻尽管似懂非懂，却讨好似的说道：“皇长姑该生气。”

长公主乐了，照着刘彻小脸蛋使劲吻了一口：“还是我们彻儿知我！”说罢，满目得意地瞅着王美人。

王美人并不认输，笑了笑说道：“皇姐不可太得意了，您说妹关键时刻把您卖了，这话妹不敢苟同。什么事都是这样，有正说的，有反说的，才招人爱听。昨晚，妹若是跟着您一样说，怕是要适得其反呢！”

长公主故意把脸一沉，娇斥道：“你生就一张巧嘴，姐说不过你，姐……”

王美人笑嘻嘻地说道：“姐不必生气，妹告诉姐一个好消息。”遂把长公主走后，景帝说的那番话一字不漏地道了出来。

长公主双掌一拍道：“太好了。皇上既然认为姓栗的胸怀难及你的一半，绝不会让那姓栗的当皇后。咱再寻她两个把柄攻上一攻，不愁攻不倒她姓栗的!”

王美人嘿嘿一笑说道：“妹这手中便有那姓栗的一个现成的把柄。”

她趋前两步，“咬着”长公主耳朵，很是嘀咕了一阵。说得长公主频频点头，猛地朝腿上拍了一掌：“这主意不错。看来姐得二次上阵……”

第三章　以牙还牙　险恶一刀

在洛水岸边，有一个不足十户的小村庄，名叫栗家庄，庄南第一家，墙上、树上，到处张贴着大红色的囍字。一阵震耳欲聋的鞭炮声响过，院门口落下一顶彩轿，花枝招展的新娘，由两个伴娘搀着，踏着红地毯，疾步走进院子，与高大黝黑的新郎并肩站在一起。

刚刚拜完天地，一身穿麻衣，脚蹬麻鞋，灰头灰脸的老乞丐匆匆忙忙赶了来。他也不管是否受人欢迎，掏出莲花落板，呱嗒呱嗒地打了起来，边打边唱：

一把扇子两面花，
情妹爱我我爱她；
情妹爱我会撒网，
我爱情妹会种花。
棵棵花，重七两，
网网鱼，十斤八；
我打鱼儿她种花，
门当户对好人家。

话音刚落，跑过来一个傧相，将一把铜钱递给乞丐："东沟才娃昨晚死了老娘，我就不留你吃午饭了，快去赶场子去吧！"

那乞丐连道两声谢谢，转身出了院门，正要往东沟赶路，忽听有人叫道："老表，请留步！"

他驻足回望，见唤他之人，年纪当在五旬开外，高高大大，白白胖胖，却不认识。

来人笑嘻嘻地说道："老表，你当真把我给忘了，我是李家沟你三老表李云。"

这一说乞丐想起来了，他有个姑奶，嫁到李家沟，膝下有三个孙儿，长孙叫李风，十几岁亡故了，老二叫李雨，在长安经商，李云排行老三。

来人笑眯眯地问道：“你想起来了吧？”

他道：“想起来了。”

人是想起来了，心中却是万分地诧异：“谚曰，‘穷在闹市无人问，富在深山有远亲。’我田玉亭混水了，靠乞讨度日，身为大内的太监头儿，为什么要来找我呢？”

还没等他理出个头绪，李云热情相邀道：“走，咱老表俩找个酒店喝几杯。”

乞丐一听说喝酒，涎水突地流了出来。他一生嗜酒如命。他是做丝绸生意的，攒了几千万钱的家私，就因为嗜酒，路上遭人暗算，钱被捋个精光，差一点儿丢了性命，可他屡教不改，一听说邀他喝酒，忙跟着李云朝两丈开外的一个小酒店走去。

没有客套话，也没有划拳声，不到两刻钟，偌大一壶酒，喝得一滴不剩。

乞丐满脸通红，结结巴巴地问道：“老表，我田玉亭混水了，亲戚邻居见了我如同躲避瘟疫一般，你为什么不躲？为什么还要请我喝……喝酒？”

李云一本正经地回道：“咱俩是老表呀，有道是‘灰不热是火’。”

“好一个灰不热是……是……是火！”田玉亭连连摇头，“我总觉着你……你有什么事才会找……找我。”

李云哈哈一笑道：“你猜得很对，我正是有事找你。”

“什……什么事？”

“我想送你一场大富贵。”

“什么？”田玉亭翻着一双醉眼说道，“你想送我一场大……大富贵？”

“正是。”

“请，请道其……其详。”

“云娘你可记得？”

“怎么不记得。唉！”乞丐翻了李云一眼，“我的家务事你又不是不知道，提她做甚？”

“她如今富贵了。”

“这我知道。”

“她做了娘娘。”

“这我知道。”

“她眼看就要做皇后了。”

“这我也知道。”

“既然知道你为何不去找她呢？”

“我，她还会认我吗？”

李云肯定地回道：“会的。她若不认你，岂不是自张其短吗？”

乞丐一边搔着头皮一边说：“这倒也是。”

他人虽说跟着李云走了，心中却像十五个吊桶打水——七上八下。

往事如烟。

三十年了。

三十年前，他去西域经商，一去便是三年。等他挣了一大笔钱归来，正撞上娇妻栗文英在坐月子，脑门上的火苗儿忽地蹿了上来。

他能不恼吗？出门三年，只在梦中和妻子打过两个照面，如今，她竟然为他生了个女婴，这不是野种是什么？

他一把揪住栗文英的头发，厉声喝问道：“这野种是谁的？”

文英抽抽泣泣地争辩道：“她不是野种。”

他一连扇了文英七八个耳光：“还犟呢，再犟老子把你往死里打。”

她不敢再犟，哭着哀告道：“你别打我，你听我说，她是月亮的野种。”

他举拳又打：“放你娘的屁，月亮还会和人干那号事？”

“它没和贱妾干那号事，只是做了一个梦。”

“做了一个梦？”

“十月前一个夜晚，月亮如镰。贱妾思念你到后院烧了三炷香，保佑你平安归来。回到屋里，刚躺下便做了一个梦，月亮从天上掉了下来，忙伸开双臂去接，不承想那月亮落入贱妾口中。继而怀孕，十个月后生下云娘。你若不信，扒开褥子看看，她左乳下有一个镰刀形的胎记。”

田玉亭正在气头上，如何肯信文英的话，一脚将她踹倒在地，抓起褥子里的云娘，要往尿罐里塞。

文英正坐在地上呻吟，见状噌的一声跳了起来，扑向田玉亭，将云娘夺了过来。

田玉亭愣了一愣，手指文英说道：“好好，算你厉害。我今天只问你一句话，你是要这个野种呢，还是要这个家呢？”

文英毫不犹豫地回道：“我要我的孩子！”

田玉亭气极反笑道：“好，好，你既然要这个野种，你现在就给我滚，滚得越远越好！”

文英咬了咬牙，抱着云娘，径直出了大门。将要出门的时候，止不住停下足来，回头张望。她多么希望田玉亭出面挽留一下。有道是“一日夫妻百日恩”，她和田玉亭何止一日，是五年，整整五年呀！

田玉亭终于露面了，但他没有片言相挽，反把手连连摆动着说道：“你不要痴心妄想，快滚，快滚！”

她彻底绝望了，一颗颗豆大的泪珠夺眶而出。但她又不想让田玉亭看见，一扭头，疾步出了大门，回到了生她养她的栗家庄，让云娘随了已姓，一把屎一把尿将她拉扯成人，直到云娘选上秀女，这才撒手归天。

田玉亭越走，那两条腿越重，将至京都的时候，突然停下了：“老表，这京都我还是不去的好。”

李云一脸惊诧地问道：“为什么？”

“那云娘明明不是我的女儿，我也没有抚养她一天，她会认我吗？”

“谁说不是你的女儿？”

“我离家三年而生云娘，能是我的女儿吗？”

“嫂子说了，她是梦月入口而怀孕。”

“梦见月亮会怀孕吗？”

“怎么不会？我的主子，也就是王美人，梦日入怀而生胶东王。”

田玉亭将信将疑道：“有此等奇事？”

李云嘿嘿一笑道：“这还不算奇，还有踏巨人足、梦神龙首而生子的。”

田玉亭彻底信了：“照老表这么说，那云娘真是我的孩子？”

李云点了点头。

“如此说来，我就大着胆子找她去了。”

“你尽管大着胆子去找她。”

这一说田玉亭来劲了，步行如飞，把个李云累得呼呼直喘。

一进京城。田玉亭又犹豫起来：“老表，人都说宫门深似海，我一个叫花子能进得去吗？”

“你人进不去，可以上书嘛。”

“谁替我传？”

“长公主。”

“乖乖，那不是当今皇上的胞姐吗，我央得动吗？”

“长公主心地善良，乐于助人，对于促成父女团圆这等大善之事，她不会袖手旁观。”

二人说着走着，约有半个时辰便来到了堂邑侯府，受到了长公主热情款待。田玉亭连夜给云娘写了一封书，双手呈给长公主。

长公主如获至宝，天一亮便乘车来到了未央宫，在宣室里见到了景帝，神秘兮兮地问道："皇弟，姐问您一个事，栗妃的小名是不是叫云娘？"

景帝漫不经心地回道："是叫个云娘，你问这干啥？"

长公主避而不答，接着已想好的话问了下去："栗妃的左乳下是不是有个镰刀形的胎记？"

景帝吃了一惊："是啊，这事姐怎么知道？"

长公主也不答话，从身上摸出一张绢书，双手递给景帝："请皇上先看完这封书，姐再回答您的话。"

景帝展开绢书，小声读道："云娘吾儿：爹当年千不该万不该，不该将你母女逐出家门，至今思之，悔不可言，真想自个儿扇自个儿几个耳光。"

"你如今贵了，爹不全是为了攀高结贵。世上哪有女儿贵为皇妃，女婿贵为天子，其父却流落街头，打莲花落儿的道理！世人固然要讥笑爹，爹老了，爹本身就是一个平民百姓，不怕讥笑。爹怕，爹怕因为自己不争气，给女儿，更给皇上脸上蒙羞……"

景帝将绢书啪的往御案上一放说道："这个栗妃，朕曾亲口问她，家中还有何人？她一口回绝道没有。如今，却冒出来一个打莲花落的老头儿！你叫朕如何处置？"

长公主心中暗喜，看起来这一状是告到点子上了，但又怕景帝说她幸灾乐祸，故意叹了口气说道："这件事确实有些棘手，皇上若是叫栗妃认下田玉亭，岂不是自张其短？你看看，大汉皇帝娶了个野种做皇妃，就这还想立为皇后呢！若是不叫栗妃认下田玉亭，大汉治国，素来以孝为先。难呐！"她轻轻摇了摇头。

景帝背剪双手，在宣室殿里踱来踱去。他突然停下足来，目露杀机道："行孝固然重要。大汉皇帝的脸面更重要，把那个田玉亭给朕宰了。"

长公主当即附和道："皇上说得对，这田玉亭确实该杀。不过，也得借这件事敲一敲栗妃，今天说这个皇妃出身低贱，明天说那个皇妃是个拖油瓶儿，好像只有她自己这个野种高贵！"

景帝点头说道："皇姐放心，朕一定借这事煞一煞栗妃的傲气。"

他确实煞了，当他将田玉亭的绢书摆在栗妃面前，栗妃的脸由红变紫，哆嗦着嘴唇说道："这一定是想陷害臣妾！陛下，您给臣妾说一说这书是怎么来的?"

景帝见她气成这样，不忍心过多责备，更不会出卖他的姐姐。

"你不说，我会猜，我会查。"三查两查，查到了长公主和王美人头上。愤愤然想道："你长公主是皇上胞姐，太后的掌上明珠，我一会半会儿，拿你没有办法。我就先拿王美人开刀。"随后，她派赵德伟去了田家集。

赵德伟这一趟长陵没有白跑，他不只把王美人的底细摸了个一清二楚，还把金王孙骗到了长安，安顿在玉龙客栈。兴冲冲地回宫报信去了，把个栗云娘喜得心花怒放，当即赏他二千缗钱，要他火速回玉龙客栈，看住金王孙。

送走了赵德伟，栗云娘手指绮兰宫的方向，咬牙切齿地说道："王娡呀王娡，你今日犯在老娘手里，叫你有死无生!"

睡了一夜，冷静下来一想，要置王娡于死地，并非那么容易。一来皇上正宠着她；二来她生了个鬼精鬼精的儿子，皇上爱若至宝；三来她和长公主既然结了儿女亲家，长公主不会袖手旁观；四来皇上又是个出了名的软耳朵。

依靠皇上不行，依靠太后呢？行！太后别看眼瞎，眼里却容不得半点儿灰星。

主意已决，当即命人备轿，直奔昭阳殿。

太后闻听栗妃到了，心中颇感诧异。要说是请安，昨日刚刚请过，就是要请安，皇上也得来呀，怎么是她独自一人?

既然来了，又是自家儿媳，太子之母，总不能拒之门外吧！少不得说了一声请字。

栗妃拜过太后，顺手拉了一把椅子坐在太后对面。她东扯葫芦西扯瓢，拉了一会家常，尔后才说道："太后，您老人家统领后宫。臣媳有一件事关皇宫声誉的机密事儿，不知道该不该向您禀报?"

太后半闭着一双瞎眼，面无表情地说道："你认为该，你就说，你认为不该就不说。"

"臣媳认为该说。"

"那你就说吧。"

栗妃调整了一下自己情绪，尽量把话说得温柔一些："王美人不只是个拖油瓶儿，进宫之前还是个有夫之妇。"

这话不亚于晴天一声雷，太后翻着一双白眼，吃惊地瞅着栗妃。

"她的丈夫叫金王孙。"

太后反问了一句："金王孙?"

“对，叫金王孙，她还生了一个女儿，叫金俗，今年十六岁。”

太后把头摇得像个拨浪鼓：“我不信，我不信！”

太后的脑瓜子里乱哄哄的，好似万马奔腾。不信吧，栗妃说得有鼻子有眼。且是，这件事事关皇家声誉，谅她姓栗的也不敢信口开河。信吧，那王娡进宫，得经几个关口，别的且不说，检验处女这一关，她就逃不过去。

栗妃见太后久久不语，又将了她小小的一军：“太后，该说的话臣媳已经说过了。您老人家要不要见一见金王孙？”

太后明明什么也看不见，却抬起头来，盯着栗妃问道：“他在哪？”

“在玉龙客栈。太后若是要见，儿媳这就遣人把他召来。”

“这……别急，你容我想想。”

栗妃想：“想就想吧，大汉皇帝，娶了个有夫之妇，还是个破鞋，这口恶气，量你瞎老婆子也咽不下去。”

栗妃见好就收，朝太后敛衽一拜，退出了昭阳殿。

栗妃一路走一路想：“王娡呀王娡，你千不该，万不该，不该拿着奶奶我的‘野种’做文章，奶奶这孩子是有来历的，是梦月入口而生，若说奶奶的是‘野种’，你那儿子呢？他可是梦日入怀而生的呀！还有先皇文帝，是太皇太后梦苍龙扑腹而生的！故而，你拿野种这一条拱不倒奶奶，要倒的只能是你自己。这就叫‘天作孽犹可恕，自作孽不可活’。”

栗妃越想越高兴，止不住哼起了未出嫁时常哼的一支民歌《十二月小调》：

正月里是新年，郎在姐家玩，珠粉胭脂买四两，哥呀嗨！过个快活年。

二月里雪花飘，郎哥坐大轿，奴在房中“突儿”笑，哥呀嗨！盼你你来了。

三月里一清明，郎哥去踏青，隔山喊郎郎不应，哥呀嗨！咋会不应声？

…………

她高兴得有些早了，事情远远没有她想象得那么乐观。

赵德伟头脚走，王信和田蚡便后脚来到了长安城。

王美人乍一听说，脸色吓得苍白，白得如同送葬的白纸钱，她一屁股坐在椅子上，许久没发一言。

王信、田蚡慌了，一齐上前相劝，王美人好似没有听见，坐在椅子上一个劲地发呆。

李云来了。

李云只说了一句话，只这一句话便说到了点子上。

王美人如同溺水的孩童抓到了一根救命稻草，一跃而起道："对，李公公说得对，应该把金王孙干掉，一了百了。"

干掉金王孙，并非十分难办的事情。关键是由谁来干，干掉之后皇上一旦追查下来又该咋办。

田蚡把胸脯拍得山响："由我来干，天大的事情我一人承担！"

王美人苦笑一声，摇了摇头："不妥不妥！你我是一母同胞，金王孙若是一死，即使没有姐的授意，别人也会怀疑到姐的头上。"

沉默。

死一般的沉默。

忽有太监来报，姚相士求见。

王美人双目突地一亮，天不灭姝儿，他来得正好！

姚定国正是为这事来的，他已经为王美人设计了一套完整的方案："杀人的事应该让长公主来干。长公主是皇上胞姐，事情一旦败露，皇上顶多抱怨她几句，岂奈她何！"

王美人有些犹豫，"此事干系重大，长公主会为我蹚这个浑水吗？"

姚相士胸有成竹道："会的，她会的。娘娘没有想一想，姓栗的若是把你给搞垮了，胶东王不也就完了吗？胶东王若是一完，阿娇还有好日子过吗？更别说要当皇后了！"

这一说王美人有了信心，铿声说道："我这就去求长公主。"

"把胶东王也带上。"

未及动身，太后来了懿旨，宣李云速去昭阳殿见驾。

王美人心头猛地一沉："这个臭女人，莫不是把我告到了太后那里？"

姚定国点了点头："我想也是。"

"我该怎么办？"

姚定国避而不答，反而转向李云，叮嘱道："李公公，王娘娘得以进宫，是从你手中选来的。娘娘若是犯了欺君之罪，你也难逃干系。不管是为了你，还是为了王娘娘，你都要守口如瓶，绝不能承认王娘娘未曾入宫之前已是有夫之妇。”

李云郑重地点了点头道：“仙师放心，我李云知道该怎么说。”

送走了李云，姚定国这才对王美人说道：“按原计划办。”

王美人刚一转身，未曾抬脚，姚定国大声叫道：“娘娘请留步。”

她转回身来，双目疑惑地瞅着姚定国。

姚定国一字一顿地说道：“长公主若是杀了金王孙，姓栗的必定怀疑为您所杀，为防节外生枝，倒不如把这盆脏水，直接泼到长公主头上，姓栗的就是想咬人也不敢下口。”

“这主意不错，还请仙师明示。”

“宫中的公公进出皇宫，都要亮腰牌，长公主家不知有没有这种东西？”

“应该有的，若无，她怎么出入皇宫？”

姚定国知道王美人误会了，不，是怨他自己没有讲清楚，进一步解释道：“在下是说长公主的家丁，出入侯府，有没有类似皇宫的腰牌？”

小刘彻抢先答道：“有。”他比画着小手：“这么长，这么宽，上边还写了四个鎏金字。”

“什么字？”

小刘彻摇了摇头。

姚定国把面转向王美人：“娘娘这次去长公主家，设法把她的腰牌弄回来一个。实在不好弄，也不要勉强，只需把那腰牌的木质、颜色、形状、尺寸，以及写的什么字弄清楚也就可以了。”

约有三个时辰，王美人去而复归，脸上挂满笑容。不用问就知道她成功了。但姚定国忍不住还要问：“看来长公主愿意给咱帮忙了？”

王美人喜滋滋地回道：“长公主听了我的话，黑虎着脸许久没有说话，我扑通给她一跪，跪了足足有半个时辰，她才答应下来，并把姐夫陈午叫到跟前，要他亲自出面，把这件事摆平。对了，长公主之所以没有驳我面子，彻儿功不可没。他见我跪了，也跟着跪了下去，一改往日习惯，竟然问长公主叫起母亲来，凄声说道，‘母亲，好母亲，您救救我们母子吧！您的大恩大德，孩儿没齿不忘。’长公主戏问道，‘姑姑我若是救了你母子二人，你日后做了天子，如何报答姑姑的恩情？’”

王美人收住话，抚摸着刘彻头顶问道：“彻儿，皇长姑问了你这句话后，你是怎么回答的，给姚仙师和你两个舅舅说一说。”

小刘彻稚声稚气地回道：“我说，我若是做了天子，封你一个杀人不偿命。”

“你为什么要这样回答，说说你当时的想法。”

“这有什么好说的呢？”小刘彻扑闪着一对长睫毛回道，“母亲要皇长姑杀人，王法说杀人者偿命。孩儿若是不封她一个杀人不偿命，皇长姑不就完了吗？”

王美人伏下身子，照着小刘彻脸蛋吻了两口说道：“乖乖，娘的好乖乖！”

她忽然想起了腰牌，起身说道：“为腰牌的事，彻儿又立了一功，他装着好奇，把一个家丁的腰牌借过来，我怕长公主生疑，拿过来瞅了瞅，又还给了家丁。但我已经记住了它的木质、颜色、形状和尺寸，还有那上边的字。”

“什么字？”

“堂邑侯府。”

姚定国点头说道：“很好。请娘娘找一个木匠，照着您说的形状、尺寸，仿制两个堂邑侯府的腰牌，时间越快越好，最好在晚膳以前。”

这腰牌又不复杂，不到半个时辰便仿制出来了。根据姚定国的安排，王信、田蚡各带一个，改扮成家丁的模样，大摇大摆地到玉龙客栈投宿，装作不经意的样子，把腰牌露了出来。店家见是堂邑侯府的客人，愈发热情，跑前跑后。

谯楼上的更鼓敲过三下，从房坡上跳下来两个蒙面大汉，径奔金王孙的客房，一声凄厉的惨叫划过寂静的夜空。等赵德伟闻声赶来，客房里躺着一具血淋淋的死尸。

他又惊又怕，扯着嗓子喊道：“有刺客，快抓刺客哟！”

话刚落音，店家赤着脚跑了出来。

不只店家，还有小二、火工和房客。大伙忙乎了一阵，连刺客的屁影儿也没寻到。

赵德伟一把揪住店家衣领，厉声说道：“你这是黑店，抓不住刺客，爷就拿你是问！”

店家战战兢兢地回道：“我这不是黑店，我这店已经开了三十二年，从没发生过这种事情。”

赵德伟不听他说，扭住他的胳膊，非要拉他去见官。

走了不到五步，店小二叫住了店家，附着耳朵嘀咕一阵。

店家来了精神，将胳膊一甩说道：“赵公公不要逼我，我知道您的客人死于何人之手？”

“何人之手？”

“堂邑侯陈午。”店家怕赵德伟不知陈午，又补充了一句，“陈午乃当朝驸马，长公主的丈夫。”

赵德伟听了，一屁股蹲在地上。

他一跃而起，喝问店家道：“你怎么知道这人是堂邑侯杀的？”

店家将赵德伟领到王信、田蚡住过的客房，指着凌乱的被褥说道：“这两张床上的客人，是吃晚饭时来的，身上还带有堂邑侯府的腰牌，这会儿突然不见了，连账也没结，这刺客不是他俩还有谁呢？”

为了慎重起见，赵德伟没有走，坐等天明，始终没有见堂邑侯府的两个家丁露头，这才垂头丧气地回到飞翔宫，被栗妃臭骂了一顿。

骂归骂，这事既然捅到了太后那里，总该有所交代。她将赵德伟五花大绑，押到了昭阳殿，把金王孙被杀的经过详细地给太后禀告一遍。

太后昨天审了李云半夜，包括当时负责检验处子的三个太监，四人一口咬定，王美人进宫之前是个处子。尽管这样，太后还是认为在这件事上栗妃就是有天大的胆也不敢撒谎。正想提来金王孙问个究竟，不想人却死了，刺客竟是她的娇婿陈午。按照汉律，杀人者偿命。这件事如果追究下去，陈午性命难保，不只陈午，这事如果属实，真正的杀人主谋怕是自己的心肝宝贝闺女呢！这件杀人案无论如何不能再追究下去，好商好量呢，怕是栗妃不干。倒不如给她个下马威，镇她一镇。

老太后终于说话了。

老太后是绷着脸说的。

“关于王美人是不是处子的事，我把当时负责选秀的几个公公全招来问了一遍，他们一口咬定，王美人是处子。你到底和王美人有什么深仇大恨，栽赃陷害！反过来说，正如你所言，王美人是个有夫之妇，查出来了对你有什么好处？对社稷又有什么好处？只能是自张其短，只能给皇上脸上抹黑！你看看，至高无上的大汉皇帝，娶了个再醮之人，这成什么体统。”

“关于金王孙被杀一事，我劝你也不要再追究了。有道是，‘捉贼要赃，捉奸要双’，单凭店家那一番话就能断定金王孙一定是堂邑侯杀的吗？”

“人都说你心胸狭窄，毒辣暴虐。过去我还有些不信，通过今天这事我信了，我劝你回宫以后来一番反思，好好做人。若不这样，莫说对你，连太子也没有好处！”

这一番话，犹如枪中夹剑，直杀得栗妃面色苍白，没有一点儿血色，想反驳，又不知从何驳起，也不敢反驳，心中那个气呀，气得咔一声吐了一口鲜血，回到飞翔宫，大病了一场。

太后虽说骂走了栗妃，心中对王美人也划了一道，一道懿旨将长公主召进宫来，劈头盖脸训道："你干的好事！"

长公主明知她指的什么，故意装糊涂："母后这话从何说起？"

"你老老实实告诉我，金王孙是谁杀的？"

长公主继续装糊涂："什么金王孙？母后把孩儿给说糊涂了。"

太后瞪着一双瞎眼盯着长公主："刘嫖，本宫眼瞎，心不瞎。你老老实实告诉我，那金王孙是谁杀的？"

她明明是个瞎子，什么也看不见，在长公主眼里那眼却像两把闪闪发光的利剑，她竭力回避着她的双眼，嗫嚅着说道："是您女婿杀的。"

太后拍案而起，戟手指道："你不要诿过于人，陈午是什么，陈午是你手中的一个木偶，没有你的指令，莫说杀人，恐怕连个鸡都不敢杀！"

长公主不敢再辩，低声回道："孩儿错了。"

太后坐了下去，长叹一声："嫖儿，你是一个直筒子，只知道意气用事，你被人耍了知道不知道。"

"那个王美人，舍夫抛女，来到皇宫，明明不是一个处子，却连负责检验处子的宦者和皇上都瞒了过去，可见心机之深。这样的人，你以后少和她打交道！"

长公主口中嗫嚅，心中一点儿也不服气："母亲啊，孩儿已经把阿娇许给了彻儿，阿娇和彻儿的这根绳，把孩儿和王美人绑到了一个战车上，一荣俱荣，一损俱损，孩儿有什么理由不帮她？"

她帮定了王美人，出了昭阳殿，脚跟一拧，去了承明殿，做起王美人的说客来。

景帝见胞姐到了，放下手中的奏章，一门心思陪着姐姐说话。

姐弟二人闲扯了几句，转入正题，长公主开门见山地问道："皇弟，您那皇后，到底想立谁呀？"

景帝笑眯眯地反问道："你看呢？"

"立王美人。"

"为什么？"

"王美人为人温柔贤良，善解人意，又出身高贵。"

"臧荼是个反王，能算是高贵吗？"

这一问，把长公主问了个大噎气："那您到底想立谁呀？"

"栗妃怎么样？"

一说栗妃，长公主便来气，愤愤然说道："栗妃为人，心胸狭窄，毒辣暴虐，她怎么能当皇后呢？如果让栗妃当了皇后，怕是'人彘'的惨祸又要发生了。"

提到"人彘"惨祸，景帝就胆战心惊。

这是大汉朝宫廷中一件最大的悲剧。

这事发生在汉高后吕雉执政的年代，但可追溯到汉高祖刘邦时代。

刘邦欲废掉当时的太子刘盈，改立宠妃戚夫子的儿子刘如意。刘盈虽说是刘邦长子，又是嫡出，但随着生母吕雉一直留在首都长安的皇宫里面，跟刘邦见面不多，父子感情比较疏远，不像刘如意，始终和刘邦形影不离。谚曰，"猫老吃子，人老惜子。"刘邦也是如此，加之刘如意又是一位乖巧的孩子，思维敏捷，有胆有识，很有几分像刘邦。每当有人议论起如意，刘邦总是喜笑颜开："在朕这八个皇子中，最像朕的就是刘如意，最有出息的也是刘如意。"于是便产生了废长立幼的强烈愿望，也就是下诏封如意为赵王三个月吧，在未央宫前殿，当着文武大臣的面，突然宣布要改立太子，把文武百官吓了一跳。太子不是雇工，一不顺眼，就赶走一个再找一个，太子是储君，是国家的根本，哪有随便更换的道理？御史大夫周昌，第一个跳出来反对。刘邦板着脸道："周爱卿，你既然反对改立太子，你就当着众文武的面，把你的理由说一说。"

周昌本来口吃，现在又气急败坏，一下子说不出来，只大声说："臣口不能言，但臣期期知道不可，您要废掉太子，臣期期不敢奉诏！"

这么严肃的场面，突然出现一个结巴，把刘邦也给逗乐了，忍不住哈哈大笑起来。幸亏这一大笑，把车刹住。此时此刻，吕雉就躲在金銮殿的东厢侧房里偷听，朝会散后，周昌经过那里，吕雉慌忙跑出来给他跪下，叩谢道："要不是您，皇太子不保。"

事过不久，刘邦去世，太子刘盈继任了皇帝，也就是汉惠帝。汉惠帝敦厚善良，不像他母亲，把戚夫人争储之事，忘到了九霄云外。吕雉则不然，一朝权在手，便把令来行，公然下诏，把戚夫人逮捕，囚禁在永巷里，把她的头发剃掉，剃成秃头，用铁链拴住脖子，穿上土红色粗布囚衣，教她每天捣米。这刑法不但痛苦，而且羞辱。戚夫人悲痛万分，一边捣米，一边歌曰：

儿子是亲王，
母是囚犯。
捣不尽的米啊，
跟死亡相伴！
相隔三千里，
谁能把信传？

这歌传到吕雉耳里，勃然大怒，你个阶下囚，还指望你儿子发兵救你，老娘给你来一个斩草除根。下令把刘如意由赵国调回长安，强行用毒酒灌他，致其七窍流血而亡。

吕雉毒死了刘如意，复仇还远远没有结束。她又下令砍断戚夫人双手双足，再把她眼睛挖出来，用烟把她耳朵熏聋，又强迫她喝下哑药，扔在茅厕里，命名曰“人彘”。一代美人，现在变成一个血肉模糊的肉棍，她光着头，两眼已成两个鲜血涔涔的黑洞，耳朵又听不见，求生不得，求死不能。

吕雉不但这样处置了戚夫人，还叫她的儿子刘盈前去参观她的杰作。刘盈受不了这个刺激，精神失常，大病了一场，差点儿丢了性命。自此萎靡不振，苟延残喘了五六年，吕雉乘机把朝廷大权抓到自己手里，独断专行，大封宗亲子弟，险些葬送了大汉江山。

作为大汉皇帝，当然不想让“人彘”的惨祸再度发生。但他毕竟和栗妃恩爱一场，她还为他生了一个太子，两个皇子。且那太子又是自己所立，立了还不到三年，哪有儿子贵为太子，母亲不是皇后的道理？他想再找一个机会试一试栗妃。

不久，这机会来了，景帝患了感冒，这病再平常不过了。原以为吃上一剂发汗药就会好，谁知越治越重，变成了哮喘，一说话就上不来气，皇妃们轮流在床头伺候。这一日轮到了栗妃，景帝喘着大气说道：“朕这病一天比一天重了，朕百年后，后宫诸妃所生的这么多皇子，就全托付给你了，你可要善为待之。”

栗妃若是一个贤淑人，抑或是有心机的人，听了景帝这话，一是要给景帝说一些宽慰话，二是要满口答应，景帝真的百年后，一定会善待皇子。可惜她没这样做。一心想的是仇恨，与诸妃的仇恨，特别是那个王美人，好不容易抓到她的隐私，眼看就要将她置于死地，被她略施小计，滑过去了。黄鼠狼没逮住，反惹了自己一身骚。越想越气，黑虎着脸说道：“我又不是他们的保姆，哪有那么多闲工夫照看他们。”

景帝听了这话，差一点儿给气昏了。将手一摆，十分厌恶地说道：“你走吧！”

直到此时，栗妃还没认识到问题的严重，嘴一噘，气呼呼地走了。

王美人来了。

王美人是奉诏来的，景帝拿问栗妃的话问了美人。美人没有立即回答，伏下身子，在景帝脸颊上吻了一口，笑微微地说道：“人吃五谷杂粮，哪有不患病的道理，一患病就想到了死，未免太孩子气了吧！”

景帝暗自喜道：“还是美人会说话。”口中却道：“爱妃不要尽说安慰话，爱妃还没有回朕的话呢，假设朕百年后，爱妃将如何对待其他皇妃生的儿子？”说毕，二目殷殷地盯着王美人。

王美人不假思索道：“不管哪个皇妃生的孩子，都是咱刘家的人，陛下的骨血，臣妾一定像对待彻儿一样对待他们。”

这一说景帝乐了，病也好了一半，攥住了王美人玉手，兴奋地说道：“还是爱妃贤淑，朕没有看错，等朕病好之后，立马立你为皇后。”

人的心情好了，那病自然好得快些。不到一个月，景帝的病全好了，王美人眼巴巴地等着立她为皇后，谁知等了半年，景帝再也不提这事，后经长公主提醒，方知病根在窦太后那里，不由得万分失望，大病了一场。

第四章　梁王争储　群臣力谏

为立太子一事，景帝没有征求窦太后意见，被太后熊了一顿。这一次他学乖了，借问安之机，把欲立王美人为皇后的意思婉转地表达出来。太后明确地表示反对："立皇后就牵涉到储君。如今已经有了储君，这储君岂是轻易动的?！这是一。其二，栗妃固然可恶，王美人也不是一个好东西。"景帝听了母亲这番话，就把立后之事，暂且搁置起来。

王美人并没有因太后的反对就放弃争夺皇后之位，暗地里再次玩弄阴谋。她利用长公主去太后那里为她求情，说刘彻的好话。太后本来就喜欢刘彻，爱屋及乌，不再反对王美人当皇后。这道障碍排除后，她便一心一意对付栗妃，打击栗妃。

这一日，她将大行召到绮兰宫，装出一副推心置腹的样子，对大行说道："当今有太子却没有皇后，后宫无人主事，恐怕后宫会乱起来。既然太子有生母，主朝中礼仪的人就应该向皇上建议，册立栗妃为皇后。"

大行觉着王美人言之有理，趁早朝之机，出班奏道："陛下，有道是，'子以母贵，母以子荣'，现今刘荣既立为皇太子，太子之母栗妃就该立为皇后。"

这一奏引得景帝勃然大怒。他本来就要立王美人为皇后，太后也默许了，正愁找不到理由呢，一听管礼仪的官员大行又要他册立栗妃为皇后，怀疑是大行受了栗妃的贿赂才这样做的，厉声斥责大行说："这是皇家大事，是你该说的吗?"喝令武士将大行拿下，先打入大狱，后判为死刑。这个愚蠢的大行，稀里糊涂地成了宫闱斗争的牺牲品。

景帝杀了奏言立栗妃为皇后的大行，心中余怒未消，认为栗妃当了皇后，一定是吕雉再世，他的后宫必为栗妃所残害。"好吧，你大行既然说'子以母贵，母以子荣'，我把太子给废了，看你姓栗的还荣不荣?"这一次他不再犹豫，当即下诏一道，废太子刘荣为临江王，命他立马去封国就职。恨犹未解，事隔三天，又降旨下去，将栗妃打入冷宫。

栗妃平时在后宫目中无人，嫉妒心强，专宠排斥其他嫔妃，所以她倒了霉，并没有同情她而替她求情的，万念俱灰，没多长时间，她就在冷宫里病倒了，若不是念着她的荣儿，恐怕早就到黄泉之下了。

景帝废了太子刘荣，遂了王美人心愿。在这场后宫的斗争中，她机关妙算，暗中行事，利用别人激怒景帝，在心机上不亚于战国时期楚怀王夫人郑袖。她在失败中不心灰意冷，从容地使用心机，终于使太子之位空了出来，为刘彻打通了成为太子的金光大道。

刘荣虽被废去了太子之位，但还是临江王，朝臣中同情者颇多，加之他的年龄最大，在诸皇子中仍然是居高临下，这使王美人忧心忡忡。只要废太子刘荣在世，太子的位置上就会永远笼罩着一层阴影。这不行，得设法将刘荣除掉。

王美人苦思冥想。

她突然想起一个人，这个人便是姚定国。

王美人将姚定国召到绮兰宫，经过一番密谋，第二天，姚定国便动身去了江陵。

江陵是临江的都城，刘荣就职临江王后，就居住在江陵，他见父皇并没有立刘彻为太子，天真地认为他的遭废，乃是父皇一时气愤，等父皇气消了，必定要召还自己回都，复太子之位。

恰在此时，来了一位相士，那相士便是姚定国。姚定国给刘荣观了一阵相，喜滋滋地说道：“恭喜王爷，不出仨月，您定然要复太子之位。只是……”他顿口不说。

他越是不说，刘荣越是追问。万不得已，方才说道：“您这宫室，俗称阳宅，南面的宫墙压在了太岁头上，若是能把宫墙朝南移上三尺，我敢保你，不出仨月，定然复太子之位。”

这话，刘荣竟然信了。照理，一个王爷，改建宫墙，莫说前移三尺，就是三里，谁敢道个不字。但这三尺之地并非寻常之地，乃是宗庙地产，而按照汉律规定，侵犯宗庙地产就是犯了大罪。

刘荣天真地认为，江陵距长安二千余里，天高皇帝远，加之复位心切，当即命泥水匠人将宫墙往南移了三尺。

姚定国走了。

姚定国笑着走了，宿在江陵城外一家客栈，客栈对门是个屠狗的，姓齐，名建阁，猪口鹰鼻，此为奸恶之相，相书说，生为猪口之人，主其人心地奸险，好诱人为恶，生有鹰鼻之人，主其人凶恶奸狡，以致有要啄人心髓的毒心。

姚定国知此人可以利用，心中暗喜。等他将要关门的时候，拎了一壶白酒寻上门去。那齐建阁是个酒鬼，又见姚定国气度不凡，忙将其让进店里，炒了两盘狗肉，对饮起来。等他有了几分酒意，姚定国一脸认真地问道："老弟，你想不想升官发财？"

齐建阁笑着回道："我想，怎么不想，做梦都在想，就是没有升官发财这个命。"

"谁说你没有这个命，我观你的面相，赤中带有鲜红色的火焰，预示将有大吉。还有耳鼻，相书说，耳明红润，鼻准丰盈，是喜气的预兆。不出一个月，将有一场大富贵。"

齐建阁将信将疑，止不住问道："真的吗？"

姚定国一脸和蔼地瞅着他："咱俩素不相识，我骗你做什么？"

齐建阁仍是放心不下，试探着问道："先生做什么营生？"

"相面。"

"先生贵姓？"

"免贵，姓姚，字定国，诨号姚神仙。"

齐建阁吃了一惊，双手抱拳道："不知姚仙师驾到，多有慢待，敬请仙师原谅。"

姚定国嘻嘻一笑说道："你肉也叫在下吃了，酒也陪在下喝了，你还慢待了在下什么？"

齐建阁摇头说道："您是请不到的贵客，两个菜有些寒酸。"当即命妻子重整佳肴，与姚定国边喝边聊。因他惦记着升官发财之事，有意把话题往这方面引。

"仙师，您说小人不出一个月定有一场大富贵。小人是个屠狗的，一天就那百十个钱的进项，凭什么引来大富贵？"

姚定国呷了两口酒，慢吞吞地说道："临江王刘荣扩建宫室之事不知老弟听说了没有？"

齐建阁轻轻摇了摇头。

"老弟若是没有听说，听我慢慢地讲给你听，那临江王扩建宫室时，将宫墙往南移了三尺，占了宗庙的地方。汉律，侵占宗庙陵寝，乃是大逆不道的死罪。老弟若是将此事上告朝廷，必能得到一份丰厚的赏赐，说不定还能弄个官儿当当呢！"

齐建阁尽管发财心切，但要他在皇帝的儿子——临江王头上动土，不免有些胆怯，轻轻摇了摇头说道：“这是皇帝家事，岂容他人插手，弄不好要掉脑袋的。”

听了这话，姚定国自忖，若不解除齐建阁的后顾之忧，他绝不敢上书告发刘荣。于是嘿嘿一笑说道：“老弟你只知其一，不知其二。是的，刘荣确实是当今皇上的儿子，还是长子呢！可皇上已经不把他当作儿子看待。何也？概因那刘荣篡位心切，与他的母亲栗妃，日夜诅咒皇上快死，被皇上知道了，将栗妃打入冷宫，将他贬到二千里外的临江受苦。那刘荣对皇上恨之入骨，皇上也欲将他置于死地，苦于没有借口，你若能送给皇上一个借口，岂不把皇上高兴坏了。皇上一高兴，还能不封你官、奖你钱吗？这是一。其二，王美人你知道不？皇上对她宠得要命，抱在怀中怕掉了，含在口里怕化了。她素来与刘荣母子不和，你若告发了刘荣，等于为她复了仇。她一定会重重地赏你。”

说到这里，他从身上摸出一个玉佩，“铛”的往几案上一放：“在下离开京都时，王美人给在下这个玉佩，告诉在下，谁若愿意进京告发刘荣，这价值百金的玉佩就送他做盘缠。”

齐建阁本来就是个势利小人，听姚定国云天雾地讲了一遍，又见了这价值不菲的玉佩，能不动心？他拍着胸脯说道：“这刘荣小人告定了，舍得一身剐，敢把刘荣拉下马。只是……”他忽然想起自己不识字，这告发书怎么写？

姚定国就像他齐建阁肚里的蛔虫，笑嘻嘻地说道：“告发书的事兄弟不要担心，这事就包在在下身上。”

他一挥而就，又将告发书给齐建阁念了几遍，直到他记熟了，方才催他上路。

有了玉佩换来的百金，齐建阁不想亏待自己，雇了一头健壮骡子，日夜兼程，半月时间便来到了长安，呈上告发书，住在金星客栈里等消息。

景帝接了齐建阁的告发书，匆匆览了一遍，拍案大骂道：“这小子狗胆包天，竟敢侵占庙产！”当即招来中尉郅都，命他彻查此案。消息传到堂邑侯府，把个刘嫖喜得合不上嘴，踮着两只玉足，屁颠屁颠地跑到绮兰宫报信去了。

“好了，这一下好了，刘荣彻底完了！”

王美人满面疑惑道：“皇上只是要郅都彻查此案，并未要他治刘荣死罪，您怎能说刘荣完了呢？”

长公主笑嘻嘻道："弟妹有所不知，那郅都是有名的酷吏，绰号苍鹰，办起案来冷酷无情，且是他和栗妃素来不和。"

王美人呀了一声道："这事我咋没有听说呢？"

长公主长笑道："这是十年前的事了。"

十年前，郅都还是一个中郎将，曾跟随汉景帝去上林苑狩猎。是时，景帝正宠着栗妃，自然也把栗妃带了去。那栗妃正患着尿频病，隔个一刻钟便要去茅厕一趟。第三次上茅厕的时候，突然蹿出来个野猪，直奔茅厕，把个栗妃吓得啊呀一声，再也没有声音。景帝救妃心切，忙对郅都说道："郅爱卿，你快进去救一救栗娘娘。"郅都没有说话，只是摇了摇头。景帝白了郅都一眼，恨声说道："你不愿意救，朕自己去救。"说着，拔出佩剑，径奔茅厕。郅都紧跑几步，拉住景帝后衣襟，伏地劝道："陛下万万不可冒此风险，死一个栗妃，再进奉给您一个也就是了，天下难道还缺少像栗妃这样的美女吗？陛下固然自己不看重自己的性命，您若有个三长两短，社稷和太后怎么办？"

景帝黑虎着脸，挣了几下没有挣脱。也是栗妃命不该绝，那野猪在茅厕里兜了一圈，自己跑了出来。事为太后所知，认为郅都做得对，赏赐百金，而栗妃却是恨透了郅都，天天在景帝面前聒噪，景帝无奈，将郅都贬任济南太守。那济南有一瞯氏家族，有宗人四百余家，作恶多端，无人能治，历任太守，不是被他们赶走，便是与他们串通一气，祸害地方。郅都上任不到三天，捕瞯氏宗族首恶者五十三人，斩首示众，余皆股栗，济南大治，万民称颂，仅万民伞就收了三十个。

栗妃一计不成，二计又生。是时匈奴作乱，屡犯汉境，杀人越货，朝廷派去三任太守，两任死于任所，侥幸未死的这一位，也吓得精神失常，弄得没人敢去雁门做官。于是，栗妃鼓动景帝，将郅都派往雁门，出任太守。郅都不以为意，欣然北行。匈奴素闻郅都大名，未等郅都来到任所，便领兵归去。为反攻雁门，匈奴雕郅都像一尊，令骑兵射之，无一能中，害怕他竟到这种地步。窦太后听说了这件事，感叹不已，逼着景帝，将郅都召回京都，迁官中尉。

听长公主这么一讲，王美人也高兴起来，摆酒庆贺。

果然不出长公主所料，郅都接到案子后，马上让人去江陵传临江王刘荣，待刘荣到了京城，即刻投入大狱。刘荣没有人身自由，想给父皇写封信，以求解救，可牢狱中连写信的刀笔绡墨也没有，他请求狱监借给他，狱监请示郅都，郅都一口回绝。

刘荣的老师魏其侯窦婴，前去牢中看望刘荣，这是刘荣落难后第一个来看望他的人，也是唯一的一人，师生抱头痛哭一场。刘荣求窦婴想办法给他刀笔绡墨，好给父皇写信求情。窦婴满口答应，第二次探监时给他带来了刀笔绡墨。刘荣如获至宝，一边流泪一边给父皇写书，写了五千多字，仅竹简就用去几百斤。他满以为父皇看到他的书，一定会顾念父子之情，赦他无罪。谁知郅都压着这些书，根本不让景帝看，赦免更是无从谈起。刘荣自书写好后，眼巴巴地盼望着父皇的赦书，盼了十几天，没见消息，反招至牢卒的羞辱、讥讽和谩骂，吃发了霉连猪都不吃的食物。他养尊处优惯了，如何受得了这些气，写下了一封绝命书，解下裤带，悬梁自尽了。景帝知他死了，连一点儿同情心也没有，冷冷地说："像这样大逆不道的人，死一个少一个，随便找一个地方埋掉算了。"这地方选在了蓝田。

王美人听说刘荣死了，称贺之余，突然想到，刘荣虽说死了，她的母亲栗妃还在，不定哪一天，景帝发了慈悲，赦了栗妃，岂不成了自己的冤家对头，索性趁热打铁连栗妃也一并除掉。栗妃虽说入了冷宫，但随身带了一个心腹宫女，名叫金瓶，端吃端喝，不离左右，害死她谈何容易！左思右想，决计在金瓶身上下手。趁栗妃昏睡的时候，将金瓶召来，套了半天近乎，许她除掉栗妃之后，赐金百斤，还要放她出宫，择良而嫁。那金瓶看起来秀气、文弱，想不到竟是一位有情有义的姑娘，不为金帛所动，婉言谢绝了王美人，回到冷宫，仍是愤恨不已。栗妃见她面色有异，少不得刨根问底，金瓶如实说了。栗妃咬牙切齿地说道："这个贱人，巴着我死，我偏不死。我虽说被打入冷宫，那是万岁一时气愤，且是我还有两个儿子，统封为王，哪有儿子贵为王爷，母亲沦为囚徒的道理！我要活下去，我要坚定地活下去。拿米粥来。"

她已三天没有进食了，竟一口气喝了两碗小米粥。她还要喝，金瓶怕把她撑坏，阻止了她。主仆二人，又聊了一阵闲话，不知不觉，已打三更，金瓶忙请栗妃安歇。栗妃被金瓶提醒，也觉得有些疲倦，于是解衣就寝，不一会儿便进入梦乡。梦见自己仍是未曾失宠的光景，她由金瓶伴着，去御花园采花，被树桠枝刮破了皮肤，景帝见了，心痛得不得了，把飞翔宫的宫女一连杀了三个。内中有个叫银瓶的，跪在她的脚下，哭泣哀告。她置之不理，仍是和景帝并肩坐着，共同饮酒。那银瓶明明死了，却又跑进宫来，大声报道："启禀万岁，皇后娘娘驾到。"栗妃心中暗想："正宫早已被逐，我儿已立为太子，皇后非我莫属，我在此地，何得再有皇后前来？"她想到此处，正要责问银瓶，与她并肩而坐的景帝，却大踏步地迎了出去。不到一刻，又见景帝携了一位容光焕发，所谓的皇后娘娘一同进来。她忙仔细朝那人一看，并非别人，乃是自己的三生冤家王美人。气得她火冒三丈，正要上前与王美人厮打一番。那王美人摇身一变，变成了窦太后，景帝也不知去向。她正感诧异，门帘一动，一连跳进十数个男女鬼怪，一齐向她索命，齐呼："还我命来，还我命来!"她再仔细一看，那班鬼怪，都是她自己平日因为一点小过打死的宫娥内监，吓出一身冷汗，急叫："金瓶，金瓶!"金瓶闻声赶来，将她摇醒，犹自冷汗渗渗。金瓶小声问道："娘娘是不是又做噩梦了?"她点了点头，将梦给金瓶复述一遍。金瓶听了劝道："有道是，'日有所思，夜有所梦'，娘娘心绪不宁，故有此梦。"栗妃尽管点头称是，仍心有余悸，让金瓶和她同榻而眠。好不容易熬到天明，程妃来访，栗妃心中暗道："我与她素来不和，在我落难之时，竟然前来看我，这份情谊实在难得，得亲自到门口相迎。"殊不知那程妃乃是受了王美人之托，前来催命来了。

程妃来到冷宫，闲话了一阵，将刘荣自杀之事婉转地告诉了栗妃。

栗妃听了这个噩耗，哇的一声，吐出一口鲜血，跟着砰的一声，倒在地上，昏厥过去。程妃要的就是这个效果，装模作样地抢救了一会，悄无声息地赶到绮兰宫报信去了。

说来也怪，那栗妃明明死了，却又被御医救转过来，弄得王美人空欢喜了一场。心想："我王娡若不能把你姓栗的送上西天，我就不叫王娡了。"她召来李云，如此这般交代一番，李云频频点头，依计而行。

又过了大概三天吧，傍晚时分，栗妃一个人站在阶前，眼睛盯着一株枯树，心里正在打算如何出这冷宫，重见天日，找王美人报仇雪恨。忽见那株树后，隐隐约约立着一位身穿宫装的人物，若说是金瓶，金瓶的个子哪有这么高大；若说是别的宫人，这冷宫之中，除了她主仆之外，再也没有第二个活人。禁不住大声问道："大树后边所站何人?"

话未落音，那穿着宫装的人物，倒着走了两步，扭过身子，正与栗妃打了一个照面。只见他面目狰狞，七孔之中，仿佛在流着鲜血，一条鲜红的舌头，伸出腔外，足有半尺多长，分明是一个吊死鬼，吓得她双足发软，砰的一声倒在阶下。金瓶闻声赶来，救起栗妃，她手指枯树，战战兢兢地说："鬼，吊死鬼!"

金瓶循指望去，果见树下站着一个吊死鬼，妈呀一声，掉头而逃，逃进屋里，犹自颤抖不已。

许久，不见栗妃进来，无可奈何，只得一边抖着一边走，一步缩一步地来到门外，陡见她的主子，高挂在枯树之上，发散舌出。

金瓶大着胆子，将栗妃卸下，抢救了一会儿，也没抢救过来，慌忙奔出冷宫，报知景帝。景帝听了，叹息一声，命内监将她拉到郊外，附葬在刘荣墓旁。

栗妃这一死，把王美人做皇后，刘彻做太子的两条道路彻底打通了。但等了半年有余，景帝那里还是没有一点儿动静。宫里风言风语，说是景帝要传位于梁王刘武，故而不打算立太子了。王美人多方打听，还真有这么一档子事呢，不过，与传闻略有出入罢了。

窦太后生育了一女两男，女孩便是刘嫖，男孩一为景帝刘启，一为梁王刘武。谚曰："大的亲，小的娇，不亲不娇二杠腰。"刘武是她最小的儿子，故而窦太后对他特别溺爱，不但对他赏赐很多，而且有心让他将来继承哥哥景帝的皇位。景帝对他这个小弟弟也很好，同辇进出，一起就餐。

早在景帝登基第三年，也就是公元前154年，景帝还没有立刘荣为太子。有一次，刘武从封国回到京城拜见母亲窦太后和哥哥景帝。母子、兄弟相见既高兴，又亲切，于是景帝大摆宴席，热情款待自己的兄弟。宴会上，大家都有些醉意而意兴更浓，亲情更亲，无话不谈。窦太后见他们兄弟之间这么融洽，心中特别高兴，就夸大儿子景帝："皇儿对待弟弟真好啊！跟一个人似的。"

景帝酒意正酣，意兴正浓，又确实喜欢他的这个同胞弟弟，听母亲夸他，就飘飘然了，为了讨母亲的欢心，景帝脱口说："将来儿百年之后，就把皇位传给弟弟。"

刘武也正是酒意浓浓时，听哥哥如此说，就不知深浅地道："那我百岁之后就没有弟弟可传位了。"窦太后是女流之辈，年龄又大了，没有喝酒，自然脑子很清醒，听了两个儿子的话，把话当真了。毕竟孙子属隔辈之亲，她巴不得自己的两个儿子都能成皇帝呢，于是就说："皇儿既然打算传位于弟，那就下道圣旨给你弟弟吧。"

这时，正在宴桌旁陪酒的魏其侯窦婴怕景帝把酒后之言当真，就斟了杯酒过来说："天下是高祖的天下，高祖制定父子相传之法，皇位只能传给皇子，怎么能传给梁王呢？这是坏高祖立的约法啊。皇上说错了话，请罚酒一杯。"景帝正为酒后感情用事而后悔，听了窦婴之言，正好借此遮掩，忙接过酒说："祖宗之法是不能破的。"遂将酒一饮而尽。

窦婴是窦太后的内侄，景帝的表兄，文帝时为吴王相，因病免，景帝初为詹事，说出的话很有分量。窦太后见景帝传位梁王的事被侄子窦婴破坏，十分生气，狠狠地瞪了窦婴一眼，便拂袖而去。窦婴知此事得罪了姑母窦太后，第二天就上书请求辞职，托病回家闲居。

梁王刘武虽然没有得到哥哥传位给他的保证，但对皇帝的位子却老想着。后来七王造反，也就是吴王刘濞发动的七国之乱，刘武坚定地站在朝廷一边，有力抵抗了吴、楚的进攻，立下大功，景帝赐给他天子的旗子。他恃功自傲，对皇帝的位子更加垂涎。他在梁国奢侈放纵，宫殿比皇帝的还豪华。又大养食客，其中公孙诡、羊胜、邹阳、枚乘、严忌、司马相如等都是当时的名人。

当景帝废了太子刘荣的消息传到梁国后，梁王刘武便认为是他谋取皇位的好时机，他的宾客羊胜和公孙诡也怂恿他谋取皇帝继承人的位置，并要他赴京去见太后，请她从中斡旋。刘武依计而行，面见太后。那时，刘荣已死，更无一丝儿牵挂，太后便满口应允下来，并在昭阳殿中设下酒宴，请景帝前来赴宴，刘武作陪。正喝到酒浓之时，窦太后停樽说道："启儿，你不是亲口对母后说过，你百年之后，要把皇位传给弟弟。娘已经是快七十岁的人了，说不定哪一天两腿一蹬，就再也见不到你们了。趁母亲还健在，把你传位于弟弟的事办一办。"

景帝心中尽管不悦，一来是个大孝之人，不忍拂了母亲之意；二来确实说过要传位于弟弟的话，君子一言，驷马难追，何况自己还是一个至高至尊的皇帝呢！

他勉强回道："母亲的话，孩儿谨记在心。不过，像事关皇储这样的大事，还得找机会朝议一下。"

他说的也是实情，太后不好再逼。这可慌坏了王美人，如果朝议通过，漫说自己当不了皇后，就是当得了皇后，儿子不能继承帝位，当这皇后还有什么意义？

她想起了姚定国，将其秘密召进宫来，商议对策。姚定国哈哈一笑说道："娘娘不必犯愁，大汉立国五十余年，子承父位已成定制，没有兄终弟及这一说，这事若是拿到朝堂上来议，一定通不过。娘娘若是放心不下，可领着彻儿，分别拜访一下几位重臣。"

王美人确实放心不下，带着刘彻，自丞相周亚夫始，拜访了七八位老臣，内中有魏其侯窦婴，御史大夫袁盎，中尉郅都，宗正卫绾，弓高侯韩颓当，谏议大夫张羽，五官中郎将灌夫，议郎傅柏忠、郑当时，这九位大臣都在平定吴楚七国之乱中立了大功，是景帝的宠臣，对王美人和皇子刘彻素有好感，除了窦婴之外，都拍着胸脯表示，皇储之事，皇上不拿到朝会上罢了，若是拿到朝会上来议，一定会据理力争，不能让梁王的阴谋得逞。

这一来王美人放了心，稳坐绮兰宫里，笑看梁王争储的失败。

梁王在京都住了一个多月，不见景帝有所行动，少不得又去催他的母亲窦太后。窦太后借着景帝问安的机会，对他说道："皇储的事，你为什么还不议呀？难道非要等我死了才议不成？"

景帝见母亲动了气，当即跪下磕头："孩儿知罪，孩儿明日便召开御前会议，商议此事。"

大汉律法规定，诸侯王每次朝见天子，前后共有四次机会。初抵京城，可以入宫觐见，这是"小见"；"小见"后回封国在京的官邸休息，到了正月初一的清晨，诸侯王拿上皮革摆上璧玉，向天子祝贺正月，这是"法见"；三天之后，天子为诸侯王设下宴席，回赐他们金钱和财物；再过两天，又入宫"小见"，"小见"后要立马返回封国。留在京城的日子不得超过二十天。景帝原本说只要拖过了二十天，梁王就会自动返回封国，他一回封国，这皇储的事便可以搁置起来。谁知梁王竟如此大胆，敢与汉律对抗，在京城一住便是一个多月，且又鼓动太后，逼景帝立储，恨不得将梁王抓起来，问他一个藐视汉律之罪！

不能啊，不能这样做。他好歹是自己同胞兄弟，母亲的爱子，若是治他一个死罪，太后如何承受得了！

但要景帝答应百年后传位于弟，心有不甘。兄弟固然亲近，再近也是手足之情，千秋万岁后享受的祭祀只能来自儿子，来自孙子，来自子子孙孙，不可能来自弟弟，来自侄孙！

唉，谁让自己酒后误言，若是话落地后还能捡回来，抑或是买回来，景帝宁愿掏千金，也要把他说过的话收回来。唉！

景帝想到了窦婴，连夜将窦婴召进宫来，询问对策。谁知窦婴有些惧怕太后，不想插手此事。他又征求了几位老臣的意见，都反对兄终弟及，心下稍安。

御前会议开了两个时辰，太后一党的骨干人物司隶校尉许昌、光禄勋庄青翟，坚决拥护兄终弟及，连魏其侯窦婴、郎中令石奋也倒向了庄青翟一边。还有一个灌夫，本来已经答应过王美人，因其和窦婴关系密切，保持了中立。相国周亚夫，为人耿直敢言，在朝廷中很有威望，可谓一言九鼎，太后怕他坏事，故意把他召到昭阳殿中，问长问短，不让他参加御前会议。这样一来，太后党占了上风。

正当景帝几近绝望之时，御史大夫袁盎站了起来，大声说道："陛下，臣以为您千秋万岁后不能传位于梁王。"

景帝精神为之一振，亢声问道："为什么？"

"我们大汉王朝的制度是效法周代，周代的制度是不能立兄弟，应当立儿子。所以《春秋》据此来责难宋宣公。宋宣公死时，不传位给儿子却传给兄弟。兄弟将死之时，想把君位归还给他哥哥的儿子，但是他自己的儿子却不肯答应，起而争之，认为应当接替其父之位，就杀掉了宣公的儿子，因此，弄得国家大乱，灾祸连绵。因此，《春秋》说，君子尊崇居于正位的人。宋国的十世祸乱，均是宣公造成的。"

话未落音，张羽第一个站出来响应，继之是傅伯忠、韩颓当、卫绾、郅都和郑当时。

百官中本来赞成传位于刘武的人并不多，只是惧于太后淫威，不敢开腔。一旦有人开了腔，纷纷站起来响应。一时间，反对传位于刘武的占了绝对优势。景帝心中大喜，一脸欣喜地说道："诸位爱卿，既然大多数反对朕传位于弟，朕也不敢独断专行，与众卿为敌，更不敢坏了祖宗制度。朕郑重地宣布，朕千秋万岁后，传位于儿子！"

听了这话，大殿一片欢呼之声。景帝心中高兴，一高兴便想起了王美人。传旨一道："起驾绮兰宫！"

此时的王美人，正躲在殿侧东厢门口偷听，闻之大吃一惊，乘上玉辇，鬼撵似的跑回绮兰宫，喘息未定，太监高声喊道："皇上法驾到了！"忙整了整衣冠束带，一溜小跑，前去接驾。见了景帝正要下跪，被景帝拦腰抱起，举到头顶，就地转了三圈。"爱妃，咱们胜利了，咱们胜利了！"

王美人明明知道他说这话指的是什么意思，却假装糊涂："陛下，什么咱们胜利了？"

景帝携王美人玉手，一边走一边把朝议的情况，仔细地讲了一遍。他发现，听了他的话，王美人并没有表现得多么高兴，满面诧异地问道："爱妃，你怎么了？"

王美人勉强笑了笑说道："众大臣都反对您传位于弟，固然是件好事。但太后和梁王，岂能善罢甘休，特别是太后，有道是'糊涂父母连阴天'！"

景帝摇头说道："爱妃太不了解母后了，她虽说年纪大了，有些糊涂，但并不执拗。当年，朕要废掉薄皇后，她拼命地反对，但当朕提出，薄皇后无嗣，不配做国母。她便不再反对。如今，她要朕传位于弟，这么多大臣反对，且是讲得有理有据，她老人家绝不会一意孤行，朕担心的倒是武弟，他心胸狭隘，年轻气盛，满心希望要做皇帝，如今做不成了，说不准会干出什么傻事来！”

王美人一听，一边点头，一边脑子里却在飞快地思考着如何对付太后和刘武。听到末一句，突然来了灵感：“刘武既然年轻气盛，我若诱他做出几件傻事来，让他性命难保，他还敢争皇储吗？还有那个瞎老婆子！”

第五章　摘得后冠　彻入东宫

姚定国二次出山，不用问，还是为了王娡。

姚定国这一次的出使目标改在了梁国，他和梁王刘武的三个主要谋士都很熟。这三个谋士，一个叫羊胜，一个叫公孙诡，还有一个叫司马相如。

羊胜、公孙诡和司马相如都在朝做过武骑常侍，实际上就是皇上的贴身侍卫，但不是同一朝代。羊胜、公孙诡是文帝时代，司马相如是景帝时代。

在这三人之中，姚定国和司马相如是最熟的，可惜他患了消渴症（糖尿病），回成都老家去了。

姚定国没有找到司马相如，反过头来找羊胜和公孙诡，他二人正在为梁王当不上皇储而发愁，不知道他是时运未到，抑或是就没有做天子的命，正好姚定国送上门来，大喜过望，忙将他引荐给梁王。

对姚定国的大名，梁王并不陌生。现在闻听姚定国到了梁国，像迎接天神一般将他迎进王宫，待以山珍海味，美酒佳肴。酒足饭饱之后，方说观相之事。

姚定国朝梁王脸上仔细端详一番，二目满屋扫了一圈，小声说道："此处说话可方便？"

梁王也扫了一圈说道："室内这几个人，全是本王心腹，但说无妨。"

姚定国屈膝朝梁王一跪，叩头说道："恭喜王爷，王爷天庭饱满，地阁方圆，眉粗黑过目入鬓，此乃大贵之相，久后必当为天下之主。"说得梁王心中似喝蜜一般。双手将姚定国搀起，嘱道："此乃犯禁的话，请姚先生休在人前再提。"

姚定国点头应道："那是自然。不过，王爷虽为大贵之相，眼前尚有一个小小的门槛，阻碍了您通往天子之路。"

梁王听他这么一说，愈发认为姚定国神了。是的，若非袁盎、傅伯忠、韩颓当他们站出来捣乱，那皇储便是铁板上钉钉的事。想到此处，止不住问道："依先生之见，这门槛本王可是迈得过去？"

姚定国哈哈一笑说道："吴王刘濞造反，数十万大军合围梁城，可谓是飞鸟难过，似此等大风大浪王爷都闯过去了，何况一个小小的门槛?”

梁王欲待再问，姚定国摇手说道：“话多无益，还望大王保重，在下告辞了!”说毕，飘然而去。

送走了姚定国，梁王便将几个谋士召进了宫，秘密商议起来，羊胜率先开口：“姚定国虽是许负先生徒弟，但依在下看来那相术不在许负之下。他既然观大王有天子之相，那么大王就一定能当上天子。当务之急是如何搬掉门槛。”

公孙诡接口道：“羊兄的话，在下十二分赞成，要搬掉门槛，只有两法。一是拿重金收买袁盎他们，让他们为我所用，门槛不搬自除；二是强行拆除……”说到这里，将手斜劈，做了一个杀头的动作。

梁王沉吟片刻说道：“收买之法，怕是行不通的。那袁盎早年做过吴王刘濞的国相，相识相交二十余年，彼此间相亲相爱，无话不谈。吴王造反之前送他三千金，嘱他做个内应，他口头答应，转身却将此事密报了当今皇上。有人说吴楚七国之乱是败在朝廷之手，依本王看是败在袁盎手中。似此等之人，金钱很难打动，第一个方法不可行!”

羊胜本来是倾向第一个方法的，见梁王如此一说，顺杆爬道：“我也觉着第一个方法很难实行，就是能够实行，也得花去相当一部分财帛。几年来，大王手下养了上百名敢死之士，还未曾为大王出过什么力，倒不如从中挑选几个，秘密遣往京都，将袁盎及那几位反对传位于大王的一概杀掉，一来搬掉了门槛，二来杀一儆百，叫那些反对兄终弟及的大臣看一看，凡反对大王的绝没有好下场!”

公孙诡当即附和，梁王更是一百个赞成，当即商议了一个暗杀名单，首当其冲的便是袁盎，其次是傅柏忠、韩颓当和卫绾。

梁王经过认真挑选，选出了二十位艺高胆大的刺客，同时遣往京都长安，没费吹灰之力就干掉了袁盎、傅柏忠和韩颓当。

卫绾本来是应当死的，因为派遣刺杀他的那人乃当代名侠朱安世，穿房越脊如走平地，一把堂溪宝剑舞起来水泼不进，在他的剑下，不知道躺下了多少江湖上的成名人物。

他来到长安时，卫绾正好病休在家，也就是安陵县，整天与闾里豪杰，包括剧孟在内你来我往，斗鸡走狗，倒也自得其乐。朱安世暗自想到，剧孟也是一个游侠，名气不在自己之下，竟然与卫绾这个儒生过从如此亲密，想那卫绾并非凡夫俗子。心有怜惜之意，后经多方打听，听到的全是赞颂之词，当即改变了主意，跑到安陵，对卫绾开诚布公地说道："我叫朱安世，接受了梁王金钱，特地前来刺杀您，但您是一位长者，我不忍心加害于您。虽然我这样决定了，但是还会有人来刺杀您，您一定要多保重！"说毕，破门而去。

卫绾怀着忐忑不安的心情坐等天明，遣人将剧孟请来，以朱安世之话相告。剧孟沉思了一会儿说道："您若不嫌在下的寒舍简陋的话，请搬到在下寒舍去住，保您万无一失。"这话，卫绾求之不得，当即搬入剧宅，躲过了一场灾难。

郅都、郑当时也上了暗杀的名单，只因他二人，一个是姚定国的老乡，一个是姚定国的挂边亲戚，姚定国事先透了个气，叫他俩严加防范。

其实，姚定国给他俩透信，也不全是看在老乡和亲戚的面上，他需要捉一个活口。否则，郅都他们若是一死，死无对证，怎么扳倒梁王？

正因为姚定国透了信，刺杀郅都和郑当时的两位刺客，不仅刺杀未成，反被活捉，押送朝廷。

长安城中，接连发生了三起凶杀案件，且受害之人，全是朝廷重臣，使得人心惶惶，京中吏民纷纷上书，要求严惩凶手。廷尉与司隶校尉二府也展开了紧张的搜查、侦缉，但是毫无收获。

正当廷尉与司隶校尉束手无策之时，郅都和郑当时送来了两名刺客。起初，那刺客还想抵赖，但经不住严刑拷打，招出了主使。正好此时，卫绾也返回京都，把朱安世之言一句不漏地道给了景帝，引得景帝勃然大怒，一连遣了十几批使者，去到梁国，传梁王进京对质。

梁王被逼无奈，杀了羊胜和公孙诡，携着这两颗人头，来到长安，躲在昭阳殿，求窦太后为他讲情，窦太后明知错在梁王，在这场皇储之争中，自己又扮演了极不光彩的角色，怎好意思向景帝张口！万般无奈，只有抱头痛哭而已。

哭也不是办法，窦太后猛然想起一计，景帝不是正宠着王美人和彻儿吗？若是由王美人出面讲情，也许事情会有些转机。但自己与王美人貌合神离，不便出面求她。嫖儿呢？与王美人是儿女亲家，关系密切，由她出面，王美人不会不给她这个面子。主意已决，当即召长公主进宫，以实言相告。

长公主沉吟许久说道："母后，不是闺女抱怨您，您不该听信栗妃一面之词，在立后这件事上横加干涉。就连我劝您也听不进去，如今有事了想起人家王美人了，这个口实在难张。"

窦太后长叹一声："事到如今，你也不要抱怨母亲。刘武毕竟与你一母同胞，你不能撒手不管。”

刘武听了这话，哇的一声哭了起来：“长姐，千错万错小弟错，您是我的亲姐姐，若是连您都不肯出面救我，还有谁会救我呢？”

其实长公主不是不想救刘武，也不是难以向王美人开口，她是想跟窦太后讲价钱，叫她同意立王美人为皇后，有道是子以母贵，只要王美人做了皇后，还怕自己的女婿娃做不了太子吗？女婿娃只要做了太子，离皇帝还会远吗？女婿娃若是做了皇帝，她的阿娇便是想当然的皇后了！

她愈想愈高兴，故意又发出一声长叹：“母后，有一件事，您若是肯答应女儿，女儿倒可以去找王美人一试。”

窦太后见有了转机，忙道：“只要能救你武弟不死，什么事娘都可以答应你。”

“立王美人为皇后。”说完这句话，长公主心脏咚咚乱跳，她万万没有想到，太后答应得如此爽快：“行。”

长公主辞别了母后和弟弟，马不停蹄地来到绮兰宫，见了王美人，神采飞扬地说道：“好消息，好消息！”

王美人打趣地说道：“皇姐如此高兴，莫不是挖树坑挖出来一个金娃娃？”

“非也。”

“那么，什么事值得您如此高兴？”

“皇太后同意立你为皇后了。”

王美人以为听错了，直到长公主又将话重复了一遍，这才满面感激地说道：“多谢皇姐，多谢皇姐。请您转禀太后，我若见了皇上，一定设法为梁王求情，让皇上赦去梁王死罪。”

她这么一说，长公主倒犯了愁：“弟妹，武弟的事，姐也曾婉转地劝过皇上，遭到他严词拒绝，说什么杀人者偿命，杀人若是不偿命，要这汉律何用？”

王美人笑道：“妹自有主意，皇姐不必为妹担心。”

这话并非全是安慰。

她手中握有一个奇货，这奇货叫芸姝，是古今中外少有的一位奇女子。

这女子是她无意间得到的。

李云年纪大了，腿脚不灵，景帝便给绮兰宫增了一位年轻太监，年纪还不到十六岁，叫安琪，聪明伶俐。某一日与王美人闲聊，他说上大夫卞周，有一个妹妹，名叫芸姝。不只生得花容月貌，能识文断字，最奇怪的是她的汗珠，发出一种异香，无论什么花卉，都比不上它。邻居家的一些妇女，买通芸姝的仆妇，凡是芸姝洗涤过衣服的水，拿去洒在身上，至少有数日的香气，馥郁不散。芸姝的嫂子听说了此事，将芸姝洗衣的水，装进小瓶，高价出售，不到三年，已成巨富。

王美人听了似信非信："安琪你这么说，莫不是想逗我开心！"

安琪回道："非也。娘娘您别急，那芸姝的奇事，奴才只说了一半。那芸姝不只是体有异香，她的不便之处，只要一穿小衣，即有奇臭，所以虽届隆冬，也只穿着外衣，不着裤子。原以为是病，有名医士，无不遍请，查不出病因，只有缇萦之父，说是非病。"

这一说，越发奇了，王美人忍住笑问道："这是闺中大事，你安琪如何知晓？"

安琪回道："奴才母亲，便是芸姝的仆妇。"

王美人这才信了，暗暗大喜："栗妃遭废，并非长得不美，只是她生性妒忌，只想着独霸天宠。她就没有想一想，她就是一堆龙肉，皇上吃得久了，还想换一换胃口！前事不忘，后事之师，我千万不能学栗妃。我得设法把芸姝弄到手，寻机荐给皇上，定能取得皇上欢心。只要皇上喜欢我，姓窦的一个瞎老婆子，年已七旬，还能有几天的阳寿，她能阻挡得住我当皇后吗？"

想着想着，忙命安琪驾车将芸姝接进猗兰宫，见她相貌与自己一般无二，观其毛孔之中，微露汗珠，异香扑鼻，奇香撩人，果然名不虚传。复又将她引到密室，掀起长衣察看，两腿洁白如玉，真的未曾着裤。正要将她荐给皇帝，不想长公主来了。

送走了长公主，王美人即遣一太监，命他禀报景帝，说是她得了一件奇世珍宝，请皇上观赏。景帝已有三日未曾驾幸猗兰宫了，正要前来会一会王美人，闻报后当即起驾，驾幸猗兰宫。

王美人将景帝迎进宫来，未等景帝发问，便将芸姝召来，景帝二目顿觉一亮，痴呆呆地盯着芸姝。王美人笑指芸姝对景帝说道："陛下且看此人，比妾如何？"

景帝收回目光，笑回道："与爱妃一般美貌，但不知此人是谁，朕好像从未见过。"

他正要往下再说，忽闻一阵异香，钻进鼻内，上达脑门，下达心肺，心里一荡，急问王美人道："这人身上何以生有撩人香气，难道是妖怪不成？"

王美人扑哧一声笑道："看陛下想到哪里去了？此女名唤芸姝，乃上大夫卞周之妹。”说罢，又与景帝耳语一番，景帝听罢笑道：“奇人，真是一个奇人，朕这就封汝为皇妃。”

芸姝一来害羞，二来不知宫中规矩，竟不知叩头谢恩。王美人大声说道：“卞妹妹还不快快谢恩！”芸姝这才跪了下去，语如莺啼道：“谢主隆恩！”

景帝双手将她搀起，满目欢喜，道：“爱妃想要什么赏赐？说来与朕听。”

王美人笑嘻嘻地说道：“臣妾为陛下尽力，不需要赏赐，只想请您赦了梁王。”

一说到梁王，景帝便来气，先王在世之时，终身提倡节俭，你刘武大兴土木，竟将梁国的都城一扩再扩，方圆七十余里，还建了一个什么东苑，占地数万顷，苑中宫观相连，蜿蜒达一百五十里；这且不说，每次出游，打着天子的旌旗，器服仪式，与天子无异。这一次，为争皇储，竟然杀了朕三个重臣，是可忍，孰不可忍！

他愈想愈气，愤然说道：“朕意已决，刘武罪该当诛，关于他的事，爱妃就不要再说了。”

王美人并未被他镇住，心平气和地说道：“陛下不必生气，刘武不可说，太后难道也不可说吗？我大汉以孝立国，陛下孝名世人皆知。听说为刘武之事，太后哭得双目红肿，水米不进，奄奄一息。陛下若杀了刘武，太后性命怕是难保，为了太后，陛下也该赦了刘武。”

她见景帝不再那么愤怒，索性一直说下去。

“舜的弟弟象，每天都在谋划着要杀害舜，等到舜做了天子，却把有息之地封给象。仁人对待兄弟，没有愤怒，也没有怨恨，只有亲近爱护，所以后人称颂他。鲁庄公的庶兄庆父在庄公去世，子般即位时，他派人杀死子般，审讯时却把罪名推给别人，负责审讯的官员乃是他的同胞兄弟季友，季友明知他哥说的是瞎话，不假思索地把替罪者杀了。庆父亲自杀了闵文，出逃之时，季友纵而不追，免其所犯之罪，《春秋》中认为这是爱护哥哥的做法。鲁国哀姜在夷地死去，孔子说：‘齐桓公守法而行，不能用权以免其亲也。’认为这是不对的。臣妾信口开河，若有谬误之处，还请陛下原谅！”说毕，啪的一声，跪在景帝脚下。

她这番话有理有据，没等她说完，景帝的气早已消了，双手将她搀起：“爱妃如此贤淑，深明大义，令朕感动不已。朕明日上朝，便颁旨一道，赦免刘武死罪。”

到了翌日，景帝果然颁旨下去，将刘武赦免。太后闻听，霍然而起，在昭阳殿设下酒宴，宴请景帝和刘武。

刘武受了这场惊吓，方知钉是铁打的，再也不敢恃骄生傲，见了景帝，长跪不起。

太后倒也守约，刘武刚一回到封国，她便向景帝建议，要他立王美人为皇后。

景帝早就等着她这句话，龙颜大喜，择了一个黄道吉日，在未央宫前殿举办了一场十分隆重的封后大典，王美人头戴凤冠，身披霞帔，和景帝并肩而坐，接受文武百官的朝拜，倾听着那动人的音乐——百鸟朝凤。她满面异彩，面显桃红，心潮如奔腾的大海：可怜的俗女，荒冢的耻辱，宦官的刁难，栗妃的陷害，还有窦太后那一双阴鸷的瞎眼，她经过了无数次惊涛骇浪，方开创出今日这一片蓝天，这一份尊荣，泪水止不住唰唰流了出来。景帝暗暗地拉了拉她的袖子，小声说道："今天是爱妃的大喜日子，怎么哭了?"

她忙止住了哭："对不起，臣妾太激动了。"

有道是"子以母贵，母以子荣"，封后大典已经过去三个月了，立刘彻为太子之事还没一丝儿动静。这一日，轮到皇后侍寝，她变着法儿，让景帝高兴，把个景帝逗得淫心大炽，气喘吁吁，这才依偎在他的怀中，一脸柔情地说道："陛下，彻儿的太子，久久未见拜封，不知您将做何打算?"

景帝略一沉吟回道："彻儿的太子，本来是板上钉钉，俩月前母后做了一个噩梦，她梦见栗妃和荣儿七孔流着鲜血站在她的床头，一边哭一边说道，他们二人都是死在你的手中，要老太太务必为他们报仇雪恨。母后觉着他们母子二人死得有些冤枉，想从栗妃的两个儿子中选拔一个作为皇储。"

王皇后听了这话，吃了一惊，强自镇静道："陛下您又不是不知道，栗妃也好，荣儿也好，都是自缢而亡，与臣妾丝毫没有相干。母后这样说，完全是出于忌恨，忌恨陛下没有让她的小儿子当上皇储，陛下且莫为母后所惑!"

景帝颔首说道："爱妃放心，朕不会受母后所惑，但有些风言风语，听人说道，大行上奏于朕，要朕立栗妃为皇后，乃是爱妃的主意，不知此话是真是假?"

王皇后尽管心中发虚，口却硬得像个铁钉："此话纯属子虚乌有。大汉律条明文规定，宫妃不得交接外臣，违令者斩，臣妾再傻，也不至于拿着自己的大好头颅开玩笑。"

这话景帝竟然信了，手拍胸脯说道："诚如爱妃所言，朕一定设法说服母后，立彻儿为太子。"

王皇后闻言，满面喜悦，千恩万谢跪拜景帝。

自从芸姝入宫以来，景帝出入后宫频繁，夜夜笙歌，加之国事繁重，他病了，病得连说话的力气都没有，这样一来，立储便成了当务之急，窦太后也由后台蹦到了前台，亲自主持召开了御前会议，商议立储之事。若在往年，窦太后若是一出面，朝中的舆论，必要倒在窦太后一边。今非昔比，王娡已经立为皇后，自周朝以来，历朝历代推行的皆是嫡长子继承制。王娡既然当了皇后，她的长子，也是她唯一的儿子，便是想当然的嫡长子了，这皇储照理说应该由刘彻来当。但太后有太后的理论，她觉着，皇上重病在身，一旦千秋万岁之后，治理大汉的重任，一个十一二岁的娃娃如何担当得起！她主张立栗妃的二子河间王刘德为太子，这不只因为，除刘荣之外，刘德是诸皇子中最年长的一位，且是温良恭俭，笃敬爱下，明智深察，惠于鳏寡。

太后这么一说，立马有人响应，这些人无外乎许昌、庄青翟、周亚夫等等。许昌、庄青翟响应，这在情理之中，周亚夫响应，却令人费解了。其实，一点儿也不费解，上一次为梁王争储之事，太后将周亚夫召到昭阳殿，将王皇后舍夫入宫之事，婉转地讲了出来，周亚夫不屑于王皇后为人，故而才不同意立刘彻而立刘德。

正当太后沾沾自喜之时，郅都站了出来，正色说道：“臣不同意立河间王。理由有二，自周朝以来，实行的是嫡长子继承制，胶东王身为嫡长子，理应立为皇储，这是其一；其二，俗话不俗，‘有志不在年高，无志枉活百岁’，胶东王别看只有十一二岁，聪明睿智，论心智不亚于古时甘罗，甘罗十二岁可以做丞相，我们的胶东王为什么不可以做太子？”

话一落音，卫绾、郑当时立马站出来响应。窦太后冷笑一声说道：“三位大人既是这么看中胶东王，我想出一个题目，考一考他们二人，能者上，庸者下，不知诸位意下如何？”

郅都是个直筒子，闻言说道：“太后说的这个法儿极好，臣郅都举双手赞成。”

太后暗自想：“你刘彻再能，也不过十一二岁，刘德可是已经十九岁了，你再能，能能过刘德？”当即将刘德、刘彻召了进来，正欲拟一个题目考一考他俩，卫绾二次站起：“启禀太后，臣斗胆进一忠言，您老人家既然力保河间王，这题由您来出，怕是有些不妥呢！”

太后沉声问道：“依爱卿之意，这题目应该由何人来出？”

卫绾见太后面有愠色，自以为有皇帝撑腰，并不害怕，将众僚逐个儿扫了一遍。当他的目光与窦婴相遇时，猛然想起，这窦婴虽说是太后亲侄，在立太子这一问题上始终与太后相左，何不让他出一个题目？遂笑嘻嘻地说："太后若是问臣之意，臣觉着魏其侯学识渊博，德高望重，对双方不偏不倚，这题目应该由魏其侯来出。"

前一次，为传位梁王刘武一事，窦婴得罪了太后，丢了官帽，直到不久前才复职，心有余悸。闻言，如同蝎子蜇了一般，连连摇手道："臣昏聩无用，近来又得了一个头痛病，一想事就头痛。郅中尉年轻睿智，公正无私，以臣看来，这考题应该有郅大人来出。"

他只这么轻轻一踢，便把球踢给了郅都，郅都素来刚正，肚中也没有那么多弯弯绕儿，加之野猪一事，他知道太后对他很欣赏，慷慨说道："既然魏其侯把臣推到了前台，为了大汉社稷，千秋万代，臣就权且当一当这个考官吧！"

太后明明知道，郅都与她意见相左，但又觉着，这题是在大庭广众之下出的，谅他也行不了私，就是行私，她不同意，他的阴谋也难以实现。于是便勉强同意了。

郅都轻咳一声，便行使起考官的职责，先是让刘德和刘彻背诵《道德经》，二人背的一字不差。又让他俩各做了一篇《秦灭论》，论述得有理有据，不分高下。急得郅都直抓头皮。

"有了，我何不从我曾审理过的疑难案件中，寻出一件来，让他二人审一审！"

他又轻咳一声，朗声说道："臣这里有一件积压许久的案子，臣不能决，特请二位王爷为臣一决。"

此言一出，大臣中便有人小声议论起来，郅中尉是有名的狱官，决狱的能手，连他都决断不了的案子，如今拿给一个不满十二岁的胶东王，胶东王必败无疑。有这想法的不只部分大臣，连窦太后、景帝和河间王也是这么想。景帝正要出面阻拦，刘德双手抱拳道："如此说来，还请郅大人把那案子的来由及早告知。"听他口气，一副志在必得的样子。

景帝斜了一眼刘彻，见他一脸满不在乎，似是胸有成竹，就不再说什么了。

郅都清了清嗓子说道："案情是这样的：有个叫防年的人，早年丧母，他的父亲又娶了个姓陈的为妻，一家三口在一起生活。陈氏阴鸷凶悍，从不拿防年的父亲当人来看。某一日清晨，她让防年的父亲倒尿罐，防年的父亲正患着感冒，烧得跟火炭似的，走起路来一摇三晃，一不不留神，绊住了门槛，跌碎了尿罐，尿洒了一地，弄得满屋臊气。防年继母不问青红皂白，拎了一个小板凳朝防年父亲的头上砸去，防年父亲当即一命呜呼。防年问明了真相，跑到厨房拿了一把菜刀出来，把继母撵了半个村，终于把她杀了。你二人说这件案子应该怎么判?"

刘德做太子心切，总想表现自己，郅都话音一落，急不可待地说道："这有何难，按照汉律，防年弑母，犯了大逆不道之罪，应该处以极刑。"

窦太后一脸喜悦，赞道："还是德儿聪明睿智，这么重要的案子，想也不想便给判了出来。"

一些大臣见太后称赞刘德，顺杆子出溜起来，对河间王赞不绝口。

景帝觉着这件案子十分棘手，明明觉着刘德对这件案子的处理过于简单，量刑也有些不当，但一时又想不出具体的道理来。

景帝正在凝眉沉思，刘彻站了起来，也是一声轻咳，一脸严肃地说道："对于这件案子，二哥的说法我有些不大赞成!"

此言一出，整个大殿静了下来，静得连掉片树叶也能听见，连窦太后和景帝在内，亦都全神贯注地盯着刘彻。

刘彻用舌尖舔了舔嘴唇，继续说道："对防年处以极刑显然是太重了。防年杀人，并非大逆不道。"

说得众位大臣大瞪着两只吃惊的眼睛瞅着刘彻，刘德有些忍耐不住，大声问道："父为天，母为地，防年弑母，明明是犯了大逆不道之罪，你为什么还要为他开脱?"听得王皇后心脏咚咚乱跳，以担心的目光盯着儿子。

刘彻一字一板地说道："二哥此话差矣，小弟并不是要为那防年开脱。二哥没有想一想，防年杀母，杀的不是亲生母亲，乃是继母。所谓继母，是指除了母亲，父亲另外所娶的女人，是儿女们尊重父亲才称她为继母的。"

刘德有些气急败坏了，大声反驳道："无论你怎么说，继母也是母。"

刘彻大声回道："不错，继母也是母。但既然是母亲，就应该一心一意服侍儿女们的父亲。防年的继母，亲手打死了防年的父亲，那么，当继母亲手杀夫之时，就已经断绝了夫妻关系，由此也就断绝了儿女们将她比之于母的恩义。所以说，防年是替父报仇而杀人，并且杀死的是一个普通人，不是杀了亲人，这不是大逆不道，而是因仇而杀人，是一般的杀人罪。"

刘彻有理有据，说得众大臣心服口服，不知谁带头喝了声好，于是引来满堂喝彩之声。弄得刘德十分尴尬。

窦太后比刘德还要尴尬，但又不愿就此罢手，哼了一声说道："这次考试不能算!"

"为什么?"郅都、卫绾异口同声问道。

"谁都知道你郅都是胶东王的老师，谁敢担保你郅都事先与胶东王没有默契呢?"

郅都性格刚直，宁折不弯，见太后对他产生了怀疑，气极反笑："好好好，有道是'有志不在年高，无志枉活百岁'。太后怀疑臣与胶东王事先打有默契，那就找一个没有打默契的出来，臣倒要看一看他河间王如何赢得了胶东王?"

窦太后也不答话，把目光落在了许昌身上。许昌虽是太后一党，但他明明知道，景帝想立的是刘彻而不是刘德，且是，刘彻出生时出现了许多祥瑞，就处理防年一案来看，刘德明显地不是刘彻对手，岂肯蹚这个浑水，忙将脸扭向一边。

庄青翟不比许昌傻，干脆将头低了下去，瞅着脚下青砖。

连许昌、庄青翟都不肯给太后帮腔，何况他人呢?太后万般无奈，求助到窦婴头上，一来这窦婴是她亲侄，二来这窦婴又做过刘荣老师，胳膊肘儿不会往刘彻身上拐。

窦太后指名道姓要窦婴出题，他不敢不出，想了一想说道："请拿两个鸡蛋来。"当值太监不知何意，拿眼瞅着景帝，在景帝的示意下，方去寻了两个鸡蛋，递给窦婴。窦婴将两个鸡蛋分给刘彻和刘德，又让太监搬来一张案子，放在二人面前，方才说道："这鸡蛋两头尖，中间圆，二位王爷谁能把尖的一端立在案上，谁便是这场考试的赢家。"

话一落音，不少朝臣扑哧一声笑了，暗自思道，这不是捉弄人吗?

窦婴没笑，一脸严肃地瞅着刘彻和刘德，刘德明知立不起来，还要翻来覆去地立，弄得额头上汗涔涔的。

刘彻也立了几下，没有立住，就不再立了，手托下颏，瞪着两只黑眼珠儿，凝视着鸡蛋。片刻，忽然咧嘴一笑，拿起鸡蛋，把鸡蛋的尖头对准案子轻轻一磕，蛋清随之流出，那鸡蛋便稳稳当当地立在了案上。众大臣愣了片刻，随之发出满堂喝彩之声。

景帝本来病情很重，不想说话，见了这个结局，正合已意，心情马上好了起来，病也好了一半，当殿宣布，立刘彻为太子，拜卫绾为太子太傅，拜郅都为太子少傅，封拜大典，择日而行。

大汉自高祖刘邦始，行的是黄老之术，无为而治，随着时间的推移，这种无为而治的弊端渐渐显露出来，如吴楚七国之乱，匈奴连年入侵带来的边境不安，栗妃的傲慢歹毒造成的后宫之乱。而儒家学说则不然，提倡君子乾乾不息，进取有为，主张尊君、修礼，更加适应社会形势的变化，景帝有心舍黄老而尊儒学，又怕引起太后不快，无奈从太子入手，为他请了一个学儒的老师，也就是卫绾；又为他请了一个学法的老师，也就是郅都。谁知封拜大典的前八天，郅都病倒了，弥留之际，向景帝推荐了汲黯。汲黯字长孺，濮阳人，也是学法的，但崇尚的是黄老之学，武帝当即答应下来。太子是国家的未来，国家的希望，把太子培养成一个什么样的人才，对国家行什么政，走什么路，至关重要。太后眼瞎肚明，景帝已经当殿为太子选了两位老师，她不便反驳，在那种场合下也不能反驳。她勉强默认下来，回到昭阳殿后马上把景帝召来，要为太子再配一位老师，一位伴读，这老师便是许昌，伴读呢？叫个韩嫣，表字王孙，乃是弓高侯韩颓当的庶孙，与刘彻同岁，目的是要他俩担负起监督刘彻之责。

太后自以为高明，其实她错了，许昌虽是她的心腹，但见她年事日高，身体一天不如一天，国家的希望在刘彻，岂能吊死在她这棵树上！故而，对刘彻的行为不管不问。太后若是问起，便编几句谎言蒙混过去。

韩嫣年纪不大，比许昌还精，变着法儿讨好刘彻，糊弄太后。与刘彻处得像亲兄弟一般，刘彻得以安下心来学习儒家学说。本来，对儿童的启蒙教育来说，儒家思想比起高深玄妙的道家思想更容易为儿童所接受。果然，太子刘彻在太傅卫绾的引导下，对儒家学说产生了很大兴趣。后来，卫绾被景帝擢为丞相。

说起丞相，不能不提一下老丞相周亚夫。周亚夫因为受了窦太后蛊惑，对将刘彻立为太子大为不满，两次上书景帝，让他改立刘德。这且不说，在一次狩猎活动中，为争一只死鹿，竟然与太子的伴读韩嫣大打出手。景帝虽说没有惩治周亚夫，却是冷眼旁观，他觉着，自己千秋万岁后，周亚夫绝不会老老实实地听命于刘彻，于是便想将他除掉。可周亚夫是一个老臣，先帝在世时，对周亚夫很器重，弥留之际，对景帝嘱道："朕环顾盈廷诸臣，只有周亚夫缓急可恃，将来若有变乱，尽可使他掌兵，无须疑虑。"景帝涕泣受命。到了公元前 154 年，吴王刘濞，联络了楚王、胶东王、胶西王、菑川王、济南王、赵王等七位诸侯王，举兵反叛朝廷，近十个列侯也竖起了叛旗，北方的匈奴，南方的越国也蠢蠢欲动。旬日之间，大半个汉朝沦入敌手，大汉岌岌可危，周亚夫与窦婴临危受命，经过半年多的浴血奋战，终于打败了叛军。老实说，没有周亚夫，就没有大汉的今天。但要不杀周亚夫，刘彻一旦登基，那皇位就不一定坐得稳。左思右想，景帝决定再试一试周亚夫。于是，便以皇太子名义，召周亚夫进宫赐食，只在几案上放着一大块熟肉，足有七八斤，既不置刀叉，又不放筷子。周亚夫认为这是太子戏弄于他，很不高兴，朝侍从大声喝道："有你们这样招待客人的吗?！快拿筷子来。"

太子笑而不语，侍从也没有拿筷子的意思。周亚夫愈发生气，拂袖而去。汉景帝望着他的背影，叹道："这人是块热芋头，难做少主的臣子。"铲除之意愈决。刚巧有人奏劾，周亚夫要谋反。景帝顺势把周亚夫拘至廷尉审理，周亚夫与弹劾之人对簿公堂，方知因为他的儿子，替他预备后事，曾向尚方买得甲楯五百具，充作将来护丧仪器，周亚夫事先并不知晓，入狱之后，始由其子告知其事。周亚夫当时也吃了一惊，连忙申辩。廷尉明知皇上是想要他的命，也不念同僚之情，满口讥讽道："丞相所为，就是不反阳世，也是要反阴间。"周亚夫听了廷尉揶揄之言，气得瞠目结舌，不能回答。回到狱中，不肯饮食，七天而亡，应了相士姚定国之言。

周亚夫这一死，给卫绾办了件好事，卫绾立马被升为丞相，但他对太子太傅一职，又十分看重，就推荐兰陵儒生，也是自己的好友，姓王名臧，走马上任，继续为太子传授儒家思想。

第六章　武帝登基　独尊儒术

汉景帝后元三年（前 141 年）正月十七日，刘彻已满十六周岁，景帝便为他举行了一场隆重的皇太子冠礼。

冠礼也叫加冠，是古代宣布男子成人所举行的一种仪式。在古代，男子到二十岁就举行加冠礼，以此来向公众宣布，这个男子在身体发育和思想上已经成熟，从今往后就可以参加社会上的一切活动了。

古制虽然规定男子二十岁时举行加冠礼，这是就一般而言，天子和诸侯王是不受这个限制的。天子和诸侯王，只要年过十二岁就可以举行加冠礼。刘彻是皇太子，不是天子，所以不能在他十二岁时举行加冠礼。但刘彻是皇太子，又不能像庶人那样到了二十岁才举行加冠礼，为了显示皇太子的英明高贵，汉景帝就在皇太子十六岁时为他举行了加冠礼。

刘彻的加冠礼是在高祖庙内举行的，一时钟磬协奏，香烟缭绕，气氛庄严肃穆。景帝亲自主持典礼仪式。此时汉景帝的心中很骄傲，他有十四个皇儿，废太子自杀，自不必说，尚有十三个，在这十三个皇子中，除了太子之外，其他的十二个皇子都已封王，在国家各地为君。他的祖父，大汉朝的建立者高祖有八个皇儿，为争夺皇位，多为吕后迫害，皇族动摇。惠帝无后。他的父皇汉文帝有六子，而四个儿子早亡，只有他和同母弟弟刘武活了下来。文帝即位后，他在没有竞争的情况下被立为太子，二十三年后继承父亲皇位，成为大汉朝的皇帝。他即位以来，平七国之乱，与民轻徭薄赋、休养生息，重视文教事业的发展。军事上也加强了对匈奴的防御，这一系列的举措，使整个国家呈现一派欣欣向荣之势。如今，他的十三个皇儿一一健在，皇太子刘彻又已成人，英俊魁梧，正缘于此，比起前几辈汉朝皇帝来，他怎能不感到欢欣鼓舞呢。

加冠礼开始后，皇太子刘彻缓缓走上礼台，将满杯的酒扬洒在地上，以三杯酒洒祭先祖列宗，另以三杯酒敬宾客，然后去礼台东阶站立。执事宾过来，为皇太子加冠，刘彻谦逊不受，意思是请宾客再次考察，看是否有资格加冠。经过三次逊让，刘彻才接受加冠。宾客们依次来向皇太子敬酒致意，表示祝贺。

接下来，刘彻下阶去向母亲王皇后拜礼，随后按程序宾客为成人的太子取字。《礼记·曲礼》说："男子二十岁加冠时取字，女子十五岁许配婚嫁时取字。"字是解释名的意义，刘彻名彻，彻有通士之意，故取字为通。

接着，皇太子又礼拜父皇，去见兄弟姑姊等。在这些人中，刘彻的姑母刘嫖此时最为得意。因为"男子虽定亲，但要等到加冠以后才能结婚，女子许配人再早，也得等到十五岁才能嫁人"。如今太子已经加冠，接下来就可以结婚了，而女儿早已超过了十八岁。这样，她女儿阿娇就可以和皇太子刘彻成婚。女儿既为太子妃，它日势必成为皇后，了结了她的心愿，此时她当然是最得意的人之一了。

也有不得意的人，一是窦太后，她总想使自己的两个儿子都成为皇帝，结果成为泡影。

再一个便是梁王刘武，他的侄儿刘彻行了加冠礼，标志着已经长大成人，从此有了政治资格，有了掌兵资格，有了参加祭祀的资格，有了结婚的资格，他当皇帝的事彻底泡汤了，加之又饮了几樽冷酒，回到梁国便病倒了，连刘彻的婚礼都没参加，便一命呜呼，把个太后哭得死去活来。

太子冠礼之后不久，景帝生了一场重病，病中还传卞芸姝侍寝，而后不久，景帝逝于未央宫，终年四十八岁。太后又悲又愤，迁怒于卞芸姝。一气之下，颁下懿旨一道，命卞芸姝为景帝殉葬，可怜一朵水灵灵的鲜花，古今难觅，却死于窦太后的淫威之下。王皇后只是叹息几声，便为儿子的登基大典忙碌起来。

汉景帝后元三年（前 141 年）正月二十六日，刘彻在一片欢呼声中登上了皇帝宝座，成为大汉王朝继高祖刘邦、惠帝刘盈、文帝刘恒、景帝刘启之后的第五任皇帝，他便是历史上赫赫有名的汉武帝。

汉武帝一继大统，率先受封的是他的祖母——窦太后，尊封为太皇太后，其次是他的母亲——王娡，尊封为太后，再次便是他的太子妃——陈阿娇，堂而皇之地当上了皇后。此外还有王信、田蚡和田胜，王信封为阳武侯，田蚡封为武安侯，田胜封为周阳侯，就连他的外祖母，那个一心盼望女儿出人头地的臧儿，也被封为平原君。

一个十六岁的娃娃，骤然做了一国之君，从先帝手中把沉甸甸的大汉王朝接过担在肩上，尽管有些稚嫩，但年轻有年轻的好处，血气方刚，奋发有为，志在开拓，有着改弦更张的强烈愿望。只是不知怎么做才好。

从汉高祖刘邦，至汉武帝刘彻，立国近七十年，因为推行无为而治，国富民强。“京师之钱累巨万，贯朽而不可校。太仓之粟，陈陈相因，充溢露积于外，至腐败不可食。”

汉景帝刘启不仅为儿子留下了丰富的财产，而且为他留下了一位效忠皇室、学识渊博、忠厚老实、贤德清正的丞相卫绾。刘彻做太子时曾从卫绾身上得到了很扎实的儒家治世之学，现在做了天子，仍然把卫绾作为老师，言听计从。

卫绾为人谦让不争，就是当了一人之下，万人之上的丞相，也是没有一丝的傲气。他见刚即位的皇帝确实有雄心大志，有干一番兴国利民，震古烁今大事业的信心，这位老师也激动了。孔子有一句名言：“国家政治清明时，便直言直行。”于是，他对刘彻说：“治理国家的方法，最重要的就是尊重贤德，使用能人。过去的贤人墨子就说：尊崇贤德的人，是国家行政的根本。如果国家使用的贤德优良人士多，那么国家就能治理得好；如果国家使用的贤德优良人少，那么国家就治理不好。所以，君王要治理好国家，关键在于要使用众多的贤德优良之士。”

刘彻与卫绾名为师徒，情同父子，听了卫绾的话，刘彻毕恭毕敬地问道：“丞相要我寻求众多的贤良之士为政，请问我如何才能找到这些贤良之士，并网罗至身边呢？”

卫绾当即答道：“诏令四方，为朝廷举贤。”

在丞相卫绾的倡议下，汉武帝刘彻便于建元元年，也就是公元前 140 年十月，下诏令丞相、御史、列侯、中二千石、二千石和各诸侯国之相，举贤良方正、直言极谏之士。新皇帝下诏后，朝廷、郡、诸侯国的各级官吏不敢怠慢，积极荐举所知道的各类贤才。诸家学子闻新皇帝召贤，也都纷纷自荐。很快，各地有才有志之士陆续来到京师。一时间长安城中熙熙攘攘，道、儒、法、阴阳、纵横等各家子弟，在外任官之吏，山野布衣之人，翩翩少年，皓首老翁，皆跃跃欲试，引颈待召。

目睹这些才俊贤士，刘彻对当皇帝后所办的第一件大事踌躇满志，更何况这次召贤又是丞相卫绾建议，文武官员都没有不同意见，因而他对这次选贤十分重视，亲自出题，策问治国之道。所有的应诏者都挥笔疾书，抒发己见。一切都很顺利，不到一天的工夫，三百多份测试答卷便收齐了。

刘彻好文学，在他阅读诸人测试答卷时，免不了要将文辞好的文章评为优良答卷，这当中有儒家学派的信都国广川人董仲舒、会稽人严助、菑川人公孙弘、夏阳人司马谈，以及其他学派的一些人。内中尤以董仲舒的答卷最对武帝胃口，他一连读了三遍，爱不释手。

董仲舒的文章开宗明义写道：“臣根据《春秋》的记载，看到天人相应的情况，确实使人敬畏。国家如果有乱事发生，上天会先用灾害怪异来给予警告，可见天对人君是仁爱的。只要这个世上不是太无道，上天还是愿意扶持、成全人君的。当然人君也必须勤奋勉励，致力于学问，就会见闻广博而聪慧圣明；致力于治国之道，就会使德政畅行，取得很大成效。”

写到此处，董仲舒笔锋一转写道：“所谓道，是国家走向大治的途径。仁、义、礼、乐是行道的工具。古代的圣人都已去世，而他们的子孙长久安宁，这都是礼乐教化的功劳。周朝从厉王、幽王而衰落，并不是道没了，而是厉王和幽王不遵循道。周宣王的时候，思念先王的美德，兴滞补敝，彰明周文王、周武王的功业，周朝走向大治的道又畅通了。这是夙夜不解的行善结果。

“按照《春秋》的本义，寻求王道的出发点，那就是个正字。作为帝王，要上承天意，纠正自己的所作所为，要用德教治理天下，不要专用刑罚，因为刑罚不可能治理好天下。所以做君主的要正心以正朝廷，正朝廷以正百官，正百官以正万民，正万民以正四海。四海正，则远近之处都统一于正，这样才能实现正道，达到治理国家的大道。没有邪气冲犯天地之间的时候，就会阴阳谐和，风调雨顺，群生安和相处，万民繁衍生息。这时，各种祥瑞就会出现，这就是王道乐土的最佳境界了。

“万民对利益的追求，如水往下流，若不以教化去提防，就不能止住。古代的圣王都是对万民以教化为务，立大学以教国家的官吏，设学校以教化百姓，用仁义来开导、激励民众；用礼制来约束民众。教化推行了，犯罪的就少了，就会出现良好的社会风气。

“圣王治乱世，是将乱世的恶迹扫除掉。譬如琴瑟音律不谐调，就要改法更弦。治理国家的政令不起作用，就要进行改革。所以，汉自得天下以来，常想治理好天下而未如愿，就应当进行改革。古人言，在河边羡慕别人所得之鱼的肥美，不如上岸去织网准备捕鱼。如今陛下君临天下，而想治好天下，不如大胆进行改革朝政。改革就可以治理好天下，治理好了天下，就没有灾害，那么福禄就会来到了。”

这篇文章微言大义。武帝愈读愈爱，当即将董仲舒召进未央宫：“敢问先生，古代圣王治理天下时天下太平，到后来王道衰微，国家灭亡。夏、商、周三代受天命兴起，这是什么道理呢?”董仲舒慢悠悠地回道：“臣闻圣王治理天下的方法，是以爵禄来养人的道德，以刑罚来灭人的恶端。所以人民知道礼义，而耻于犯上。如今陛下已经得到天下，而功德还没有施于百姓，是陛下心中还不想把功德施于百姓。若陛下从心里想施德于百姓而致力实行，那么就要养士求贤，但养士求贤还不如兴建学校重要。学校是培养贤士的地方，是推行教化的根本。兴建学校，聘请学识渊博的人为师，用来培养天下的士人，这样就可以得到英贤之才。”

他见武帝一片虔诚，顿了顿继续说道：“郡守、县令是百姓的表率，是朝廷政令的执行者。这些人无德无才，就会造成君主的仁德不为百姓所知，君主的恩泽不为百姓所得。臣以为使列侯、郡守各选择当地的贤者，每年送到朝廷两个人，并向朝中大臣学习治国之道。这样就可以使天下的贤才为国家效力了。”

汉武帝击案说道：“此言正合朕意。朕还想向先生请教一个问题，自春秋战国以来，关于治理国家，有不同方法，有以法治国的，有以儒治国的，我大汉则实行的黄老政治，无为而治，先生说一说，究竟用哪一种方法治理国家好呢?”

董仲舒不假思索地回道：“以儒术治国好。”

汉武帝屈身问道：“请先生明示。”

董仲舒一字一顿地答道：“得道者万世没有弊端，有弊端是因为失去了道。夏朝圣王崇尚忠诚，商朝圣王崇尚质朴，周朝圣王崇尚文化。天不变，道亦不变。从前禹继承舜，舜继承尧，三位圣王互相传承遵守一种道，就没有弊政。从这个道理来看，继承治世的就遵循上代的道，继承乱世的就改变上代的道。如今大汉继承的是秦朝乱世，最好少用些周朝文化教育方法，多用夏朝的忠诚之法，用天下一统的方法治世。《春秋》这部书就是推崇天下大一统的。如今各种学说不同，因此人的思想观点也不同，百家各有各的主张，君主就没有办法实行统一治国。臣以为，凡是不属于六艺（诗、书、礼、乐、易、春秋）之科、孔子之术的，都应禁止传播，然后统一学说。这样，法令才能明确，臣民们才能有所遵循。”

汉武帝兴奋得一拍大腿说道：“好，好，先生的意思朕明白，要朕舍黄老之学，罢黜百家，独尊儒术。”

董仲舒的学说得到最高统治者的认同和赞许，心中那份激动难以用语言形容，频频颔首道：“陛下圣明，此乃大汉之福，社稷之福!”

武帝愈发高兴，当即颁旨一道，拜董仲舒担任江都国相，有太皇太后在那里站着，这对汉武帝来说，已经是他所能授的最高官职了，董仲舒不知他的苦衷，觉着大材小用，婉言谢绝，武帝无奈，改任他为下大夫，同时受封的还有严助、公孙弘和司马谈，皆为议郎。

武帝意犹未尽，于第二日召开御前会议，公然宣布，自今而始，罢黜百家，独尊儒术，凡学习申不害、商鞅、韩非和苏秦、张仪之术的官员，一概罢黜不用。许昌、庄青翟几次欲言又止。武帝正在亢奋之中，竟然没有觉察。下得朝来，未曾更衣，王太后驾到，武帝忙出门相迎。

王太后见了武帝，开口便是质问："彻儿，娘听说你要罢黜百家，独尊儒术，可有此事？"

武帝心中奇道："这就怪了，朕刚刚开完御前会议，这事就传到了母后耳里！"略有不悦道："孩儿是说过这样的话。"

王太后黑虎着脸继续说道："你准备下诏，将那些学习申不害、商鞅、韩非和苏秦、张仪之术的一概赶出朝廷？"

武帝满面困惑道："怎么，这事孩儿做错了吗？"

王太后摇了摇头："这事儿你没有做错，只是做得有些过急。是的，大汉王朝发展到今天，黄老之学，无为而治，确实有些不合时宜。但你别忘了，就是再不合时宜，它也是祖宗之法，立国之策，岂是一天半天所能更改得了的！"

她这一说，武帝也觉着今日之事，做得有些过于唐突，正想说些什么，只听王太后继续说道："前朝有一个叫辕固生的儒生，不知吾儿可还记得？"

武帝轻轻点了点头。

景帝朝中，有一名诗博士，姓辕名固生，是儒学中的佼佼者，他曾与道家一位叫黄生的学者在朝堂上辩论这么一个论题：商君成汤和周君武王所进行的推翻夏朝、商朝的两场革命。在论争中，辕固生据经引义，说成汤诛灭夏桀，武王诛灭商纣，都是得民心的正义行为。黄生则引用道家学说，说什么再破的帽子也是往头上戴的，再新的鞋子终究要穿在脚下，成汤和武王虽是圣人，但君主失德，臣下只能匡正义尊天子，而不能诛杀。这一番道家的理论，显然于统治者有利，符合黄老思想的无为而治，故而太皇太后窦太后，不，那时她还是太后，便有些偏袒黄生了，辕固生性格直而不曲，竟要与窦太后争个高低。太后故意问他，你对《老子》一书怎么看？辕固生极其轻蔑地说道："这不过是匹夫庶人的琐言碎语罢了。"窦太后勃然大怒，说辕固生污辱黄老之学，怒气冲冲地说道："难道你辕固生所学的学说能够降寇虏、驱虎豹吗？既然你有这种本事，咱不如当场一试。"

说毕，将辕固生带到御苑的兽圈旁说道："这里边有一头野猪，你若能将它降伏，我便赞成你的学说。"

这简直是蛮横无理，蛮横无理又该如何？人家是当朝太后，皇上的亲娘，你辕固生只不过一个小小的儒生！

辕固生年已六旬有余，手无缚鸡之力，闻言吓了一跳，跳有什么办法！窦太后命人打开兽圈门，强行将他推了进去。那野猪足有三百来斤，一身灰皮，油光发亮，口中两个獠牙一寸多长。辕固生心惊胆战，暗自思道："我命休矣！"

景帝固然有些怕他的母亲，但远没有他的母亲那么偏执，那么残暴，且是，辕固生所言，并无多大罪过，若是因此要了辕固生性命，谁还敢在朝堂上发表不同意见，直言朝廷得失，这样一来，景帝自己不就变成第二个周厉王了吗？几经权衡，暂把母子恩情抛在一边，解下随身佩剑，抛给辕固生，窦太后心中尽管不快，儿子贵为皇帝，也不便阻拦。你辕固生再有本事，土已埋住脖子，莫说给你一把宝剑，就是十把，也不是野猪对手。谁知那辕固生求生心切，竟与野猪搏斗了半个时辰，居然将野猪给杀了。事后他越想越后怕，一屁股蹲在地上，被人架出了兽圈。

王太后长叹一声说道："彻儿，那辕固生仅仅和道家做了一场辩论，太皇太后尚不肯放过，险些要了辕固生性命。你居然要罢黜百家，独尊儒术，太皇太后岂能答应？我儿不要忘了，你虽贵为天子，朝中的大臣，多是太皇太后一党，她只用一句话，便可把你从皇帝的宝座上拽下来。"

经母后这一番开导，武帝方知问题严重，惶惶问道："母后，孩儿已将事情做错，您老人家看该怎么办？"

王太后一字一顿地说道："舍卒保车，换汤不换药。"

武帝是一个何等聪明的人物，闻言，心头一震，反问道："母后要孩儿舍了卫丞相？"王太后点了点头。

武帝有些于心不忍，嗫嚅着说道："他可是孩儿的恩师呀！"

王太后正色说道："官场险恶，斗争残酷，宫廷更甚，到了紧要关头，莫说那卫绾仅和你有师生之谊，就是有骨肉之情，该舍弃的也要舍弃！"

武帝无话可说，默想了一会儿说道："好，就依母后之见，来一个舍卒保车，但孩儿有一事不明，还请母后明示。"

王太后一脸殷切地瞅着儿子："什么事，我儿但说无妨。"

"什么叫换汤不换药？"

王太后一脸微笑地说道："我儿聪慧无比，这还需要哀家说吗？"

武帝思索片刻，忽有所悟，一脸惊喜地说道："孩儿想起来了。"

他想起了什么呢？他想起了魏其侯窦婴，窦婴乃三朝元老，在平定吴、楚七国之乱中有保汉大功，又是太皇太后的内侄，表面尊崇黄老之学，骨子里对儒学爱之极深，让他代替卫绾来做丞相，太皇太后一定不会反对，而武帝仍可照着儒学行事。

他躬身一揖道："多谢母后！只是丞相乃百官之首，一人之下，万人之上，且是，身后又有个太皇太后给他撑腰，他窦婴若是给孩儿捣乱蛋来，那麻烦可就大了。"

王太后摇头说道："我儿不必担心，窦婴虽说是太皇太后内侄，他们向来是面和心不和，那一年，为劝阻先皇传位给梁王的事窦婴得罪了太皇太后，太皇太后也因此而憎恨窦婴，吓得窦婴辞去了詹事的职务，回乡赋闲，若非吴、楚七国之乱，他恐要老死乡间呢，这是一；我儿若是对窦婴实在放心不下，将太尉这一职务再恢复起来，太尉职掌兵权，有了兵权就有了一切。"

武帝轻轻颔首道："这倒是一个办法，只是太尉一职这么重要，让谁做好呢？"

王太后直言不讳地说道："叫你二舅田蚡做，他自幼熟读兵书，又做过五官中郎将，爵封武安侯，论才能、论声望，他完全可以胜任太尉之职。"

说那田蚡自幼熟读兵书，未免有些言过其实，但他确实对孙子兵法有过一些粗浅的研究，武艺不甚出众，对付二三十个兵卒，却也绰绰有余，何况他又是自己亲舅，有道是舅甥如父子，若是连自己的亲舅都信不过，还能信得过谁呢？

他仰脸瞅着母后，一脸真诚地说道："多谢母后，母后帮了孩儿大忙。"

第二天一早，他便当殿宣布，拜窦婴为丞相，拜田蚡为太尉。

这两招相当高明，不只使自己摆脱了困境，且取悦了两宫太后，又可以利用窦婴、田蚡二人的权势和威望驾驭朝中元老。高，这两招实在是高，文武百官，不得不对这个小皇帝刮目相看了。

窦婴、田蚡走马上任。他二人声望虽高，并无执政能力，于是便举拔著名儒者赵绾为御史大夫、王臧为郎中令，这样一来，便形成了以窦、田、赵、王为核心的新的执政班子。

赵绾、王臧二人也不是什么治国大才，对孔夫子创立的儒家治国学说并不精通，只是学到些礼仪方面的皮毛东西。于是，他俩便向武帝奏请，仿照古制，设立明堂、辟雍。

明堂是古代天子宣明政教、接见诸侯的地方。古代，凡有朝会、祭祀、庆赏、选士等大典，都在其中进行。

辟雍是古代天子所立的大学，至于为什么叫作辟雍，皆因学堂所盖，周围环水，其形如圆。辟字则含光明之意，是有德的意思。不说辟水而说辟雍，雍即雍和。辟雍始于商朝，是在此学习各种道艺，使天下人都能明达和谐的大学校。

武帝虽说年少，雄心却大，召贤问策已使他初步得志，说到明堂和辟雍，他当然赞成，叫二人详考古制，采择施行。

赵绾、王臧在这方面，只是听闻，并不真懂，见武帝当了真，于是，同上一本，说是臣师申公，稽古有素，应有特旨征召，邀令入议。

这申公为故楚遗臣，年已八十余岁，本乃鲁人，在楚国做官，楚王刘戊，生性淫暴，申公屡谏不听，反为囚徒，日日司舂，吴楚七国叛乱兵败，刘戊自焚，申公方才逃出牢笼，归家授徒，独重诗教，凡怀疑《诗经》中的道理，概不为徒，有弟子千余人。

武帝久闻申公盛名，知道他是儒学泰斗，立即遣派重臣，用安车蒲轮，束帛加璧，迎聘入都。

申公既到长安，面见武帝，武帝见他道貌高古，格外礼敬，当下传谕赐座，寻问治国之道。申公缓缓说道："为政不在言多，但视力行即可。"

武帝爱好文学，喜欢夸夸其谈，他以为申公定是妙语连珠，比之董仲舒还要强上几分。谁知申公两句话说完，便即住口，再无下文，武帝大失所望。其实，这正是申公的高明之处。前些日子，武帝召贤问策，董仲舒洋洋万言，使天子欢心，却导致了贤相卫绾免职。前事不忘，后事之师，他岂肯再蹈仲舒覆辙！

武帝不知申公之意，反觉着他年老昏聩，无甚真才实学。但已经这么隆重地把他接了来，又不好就此罢休，于是就任命申公为太中大夫，暂居鲁邸，负责筹建明堂、辟雍，及改历易服与巡狩封禅等礼仪。

太皇太后见武帝领着一些儒生，搞什么召贤对策，明堂辟雍，而这些行为，都是对着黄老之术。她识字不多，对黄老之术，却是奉为金科玉律，所以景帝、武帝以及刘氏、窦氏子孙，都得读黄老之书，奉行黄老之术。故而，景帝在位十六年，从未敢违过母亲之意。武帝年轻气盛，不知深浅，屡屡与太皇太后做对，此时太皇太后已由昭阳殿搬到长乐宫，她忍无可忍，将武帝召至宫中，大加训斥，逼他遵从古制，罢儒术，明堂、辟雍、易服、封禅等事不得再议。武帝不敢违拗祖母，一一答应下来。消息传出，惹怒了御史大夫赵绾，他冒冒失失上了一本："古礼妇人不得预政，陛下已亲理万机，何必要事事听命东宫。"

武帝听了，默然不答。此事为武强侯庄青翟探知，密奏太皇太后。太皇太后闻知，非常震怒，立召武帝入内，责他用人不当，说：你赵绾崇尚儒术，怎得离间亲属？这明明是导主不孝，应该严惩。

武帝爱惜赵绾是人才，大着胆子为他辩护，说赵绾多才，乃是丞相窦婴和太尉田蚡所荐，同时被荐的还有一个王臧。

他不辩犹可，他这一辩，太皇太后越发怒不可遏，厉声斥道："窦婴、田蚡，算个什么东西，所荐非人，理应免官。赵绾、王臧乃反对黄老之学的罪魁祸首，即刻给我下狱！"

武帝不敢再辩，唯唯而退，左思右想，不敢开罪祖母，勉强下旨两道，一道将窦婴、田蚡免职，一道将赵绾、王臧下狱。赵、王二人，见皇上如此怯弱，料无生理，双双自杀身亡。武帝原本打算丞相、太尉暂不任命，等太皇太后火气消了，好重新启用。哪知太皇太后，年纪愈大，愈是跋扈，竟然隔着武帝，自颁懿旨，拜柏至侯许昌为相，武强侯庄青翟为御史大夫，拜万石君石奋长子石建为郎中令，二子石德为奉车都尉，三子石强、四子石庆为左右内史。

说起这个万石君石奋，也是大汉的一个元老级人物，十五岁投奔汉高祖，迁官至大中大夫，那时，大汉国还没有建立。他虽说不懂学术文章，但对黄老之学，情有独钟，终身奉行，加之居官勤慎，文帝时，拜官太子太傅，景帝时，位列九卿，长子石建，次子石德，三子石强，四子石庆，也都奉行黄老之学，所任官职的俸禄，全都达到了二千石。于是景帝说："石君和四个儿子，都官俸二千石，做大臣的尊贵光荣竟然集中在他们一家。"所以，赐石奋号为"万石君"。认真说来，太皇太后为武帝强行任命的这六位大员，还是比较称职的。武帝可不这么想，当内监将这份懿旨送到武帝手中时，他正与韩嫣博弈，未曾读完，便一把将案子掀翻，怒狮般地吼道："混账，到底她是皇帝，还是朕是皇帝？"吓得韩嫣忙上前一步，将他的嘴巴捂住。一双惊恐的眼睛四处望了一遍，见当值的内监之中并没有太皇太后心腹，这才松了一口气：

“吓死为臣了！”

武帝一把推开韩嫣，继续吼道：“怕什么怕，大不了朕这皇帝不干！”

韩嫣满脸堆笑道：“臣斗胆奉劝陛下一句，臣这舍人可以不做，不做舍人，大不了当个平民百姓；陛下这皇帝是万万不能不做的，就是您不做皇帝，想做一个平民百姓，人家放心吗？人家会让您平平安安地做吗？不能，绝对不能，自古以来，从没这方面的先例，您若丢了皇帝，便意味着丢了脑袋，孰轻孰重，还请陛下慎重考虑。”

这一番话既推心置腹，又说得合情合理，武帝也逐渐冷静下来，长叹一声说道：“爱卿讲的这番道理，朕岂能不懂！可朕是皇帝，皇帝乃天帝骄子，一国之君，至高无上，反过来听命于一个老妇，朕这皇帝当得窝囊呀！”说得泪眼丝丝。

韩嫣掏出香帕，一边为他擦泪，一边劝道：“这不叫窝囊，谚曰：‘能大能小是条龙，能大不小是条虫。’谚又曰：‘进一步万丈深渊，退一步天宽地阔。’太皇太后再霸道，她已经是七十二岁的人了。有道是‘七十三、八十四，阎王不叫自己去’。她两腿若是一蹬，这大汉的天下不就全成了您的吗？到那时，您想怎么干，就怎么干！何必逞一时之愤，与太皇太后争什么高低！”

谚曰，“话是开心斧”，经韩嫣这么一讲，武帝的气便消了大半，二人扶起御案，再度对弈起来。这事不知怎么传到了太后耳中，赏赐韩嫣千金和五百匹细绢。

第七章　微行游猎　扩建禁苑

对弈固然不错。对弈既可消遣，又可增智。但天天对弈，生活未免有些单调枯燥。武帝年轻好动，想变一个玩法。韩嫣就像他肚中的蛔虫，嘻嘻一笑说道："咱们打猎去吧？"

武帝双眼猛地一亮，欣喜若狂道："打猎好啊，走！"

未及动身，平阳长公主进宫见驾，呈给他一份奏折，说是平原厌次一个叫东方朔的奇人写的。

平阳长公主，也就是阳信公主，是武帝的大姐，名叫刘燕，汉景帝在位时，下嫁平阳侯曹寿，所以又被称为平阳长公主。

碍于姐弟情面，他将狩猎的念头暂搁一旁，捧起东方朔的奏章，硬着头皮读了下去。谁知，刚读了个开头，便被那奏章吸引住了，忍不住笑出声来。

奏章是这样写的——

> 臣朔少失父母，长养兄嫂。年十二学书，三冬，文史足用。十五学击剑，十六学《诗》《书》，诵二十二万言；十九学孙吴兵法，战阵之具，钲鼓之教，亦诵二十二万言。凡臣朔固已诵四十四万言。又常服子路之言。臣朔年二十二，长九尺三寸，目若悬珠，齿若编贝，勇若孟贲（孟贲，卫人，古勇士），捷若庆忌（庆忌，吴王僚子），廉若鲍叔（齐大夫），信若尾生（古信士）。若此，可以为天子大臣矣……

这等书辞，若遇着老成皇帝，定然视作疾狂，抛弃了事，偏偏那武帝童心未泯，好奇心重，爱不释手，看着看着大笑起来，一边笑一边对平阳长公主说道："这个人竟是毫不掩饰地自吹自擂，朕怕他是一个吹牛大王呢！"

平阳长公主笑回道："陛下不要着急，请往下看，真东西在下边呢！"

武帝埋头读了下去：

臣朔以为治世之道，不过有三，则是教也，利也，威也。以道德为丽，以仁义为准，使天下望风成俗，昭名化之，此为上策；以名利为饵，以金钱作张弛，推而广之，此为中策；以武力行道，以残暴儆人，顺者昌，逆者亡，此为下策。秦、纣因暴虐而失天下，高祖因宏恩大降而得天下……

武帝掩卷说道："这人对治国之道还真有两下子呢！"

平阳长公主依旧笑眯眯地回道："他若是没有两下子，我能给您推荐吗？"

"这倒也是！哎，此人现在何处？"

"在厌次乡下教书。"

"他和长姐怎么认识？"

"他是你姐夫的一个亲戚。"

"既然这样，速速招他进宫！"

"臣妾斗胆问一声陛下，那东方朔招来以后，陛下将如何待他？"

"待诏公车。"

公车属卫尉管领，置有令史，凡征求四方名士，得用公车往来，不需私费，就是士人上书，亦必至公车令处呈递，转达禁中。武帝叫东方朔待诏公车，显然是有心启用。平阳长公主听了这话，乐颠颠地返回侯府，遣人骑快马径奔厌次，将东方朔召到京都，待诏公车。谁知那武帝醉心于狩猎，不理朝政，东方朔一住便是半年，莫说封官拜爵，连皇帝的面也未曾见上一见。囊资早已用尽，每月的生活费用，全靠从公车处领来的那一小袋米，二百四十个铜钱。应诏来京之时，哥嫂和乡亲们送了一程又一程，盼望自己做个大官，一来光宗耀祖，二来报效国家，而自己也是信心百倍，志在必得，想不到……

他不敢往下再想，也不愿往下再想，吃了睡，睡了吃，消磨时光。

这一日，他午休起来，一群侏儒像是刚从外边吃饭回来，满面红光，喷着酒气，叽叽喳喳。这些侏儒他都认得，乃是从全国各地征来的小矮人，专供皇帝玩耍开心的。每月的俸禄也是一袋米，二百四十个铜钱。东方朔一看到他们这个高兴样子就来气，我堂堂的九尺男儿，怎么能和这些人同院为伍呢？我得设法儿吓他们一吓。他一边想一边从屋里跑了出来，冲着那群乐哈哈的侏儒们喊道："站住！"

侏儒们止步转身，满面狐疑地瞅着东方朔。

东方朔趋前几步，故意做出一副悲天悯人的样子问道："尔等大限已经到了，尔等知道不?"

侏儒们闻言，满面不悦道："我等活得好好的，你胡说些啥呀!"

东方朔哼了一声说道："尔等死到临头还不知晓，真是一群蠢猪。"

侏儒们你瞅瞅我，我瞅瞅你，异口同声问道："你这话从何说起?"

"从何说起，从朝廷说起，朝廷要杀你们哩!"

侏儒们大吃一惊："朝廷为什么要杀我们?"

"为什么?"东方朔前后左右看了一圈，见除了这群小侏儒外再没有第二个人，便压低声音说道，"在下在宫中听人说了，朝廷把尔等从四面八方招来，名义上是让尔等来侍奉天子，实际上是把尔等召集到一块杀掉，暗暗地弄到后宫的花园里，下鼎煮汤，浇灌花木。尔等想想，尔等既不能做官，又不能务工种田，更不能上阵杀敌，无益于国家，无益于百姓，白白地糟蹋粮食和衣物，要尔等何用?但皇上要是明目张胆地诛杀尔等，恐怕于自己的名声不好，这才把尔等诱骗到宫中来，一个个暗杀了事。"

侏儒们听他这么一说，哇的一声哭起来，有的哭他的老母，有的哭他的妻儿，有的哭自己命苦。

东方朔强忍住笑，装作十分同情的样子劝道："有道是，'君叫臣死，臣不得不死。父叫子亡，子不得不亡。'死到临头，尔等光知道傻哭有什么用，还不赶快想点办法!"

众侏儒涕泪俱下地说道："人慌无智，我等有什么办法呀?听说东方先生乃是皇上看中的奇伟之人，先生快想个办法救救吾等这些可怜的侏儒吧!"

侏儒们见他仍沉默不语，扑地朝他脚下一跪，磕起头来。

东方朔叹了一口气："不是在下不愿意给尔等想办法，怕的是这事传到皇上耳里，说在下泄了他的密，坏了他的大事，找在下算账呢!"

侏儒们拍着胸脯说道："先生放心，您救了我们的命，我们感激都来不及，谁还会把您给捅出去呢?"

东方朔慷慨激昂地说道："捅出去在下也不怕，大不了一死，死在下一人，换尔等生，死也死得其所。"

说得侏儒们热泪盈眶，再一次磕头以示感谢。

东方朔轻咳一声，清了清嗓子说道："这样吧，尔等尽管去皇宫门口候着，一旦御驾出来，大家一齐将它拦住，叩头谢罪，说家中有妻子老小，求皇上开恩免死。皇上问尔等听谁说的，尔等就推到在下身上，包管尔等没事。”

众侏儒破涕为笑，千恩万谢地离去。第二天，他们果然依着东方朔的话，早早地来到宫门口候驾，怕错过机会，连午饭都不吃。

他们一连候了三天，总算把皇上盼出来，机会岂肯轻易放过，就呼啦一下围了上去，下饺子似的跪了一地，一边磕头，一边哀求皇上饶命。

汉武帝一听懵了，一脸困惑地说道：“朕何时说过要杀尔等，尔等这话是听谁说的？”

众侏儒异口同声地回道：“臣等是听东方朔说的。”

汉武帝脸色铁青，咬牙切齿地说道：“这个东方朔，谣言竟敢造到朕的头上！韩舍人听旨。”

韩嫣闻声而出，跪地问道：“陛下有何赐教？”

“速传东方朔进宫见朕。”武帝说罢，喝令打道回宫，坐等东方朔。

东方朔正在卧室读书，一听说皇上召见，忙整了整衣冠，大步流星地朝皇宫赶来。

这是他第一次进宫。

皇宫大院，壁垒森严。朱漆大门两旁立着八个金盔银甲的持戟武士。进门前行，青砖铺路，花石为阶。每行九步，便是两个执戟武士。也不知行了多久，大概是半个时辰吧，巍巍峨峨、金碧辉煌的未央宫展现在眼前。他拾级而上，距那汉天子御座尚有半箭之地，便听礼仪官高喝了一声停字。

东方朔闻声止步，忙三拜九叩，行君臣大礼。因他身材高大，行动笨拙，叩拜时又有意弄出些滑稽动作，引得一脸严霜的武帝暗自乐了起来。他强忍住笑问道：“东方朔，尔恐吓侏儒，尔可知罪？”

东方朔闻言，撅着个大屁股，以头触地，久无声息。武帝暗自惊讶，朝韩嫣丢了一个眼色，示意他下去看看。

韩嫣来到东方朔跟前，正要开口问话，东方朔突然昂起头来，把韩嫣吓了一跳。

东方朔面对武帝，高声说道：“启奏陛下，臣不知罪！”

武帝把脸一沉说道：“尔恐吓侏儒，造谣惑众，而这谣竟造到朕的头上，尔还不知罪吗？”

东方朔理直气壮地回道：“陛下高大英武，聪明绝伦，功德超过了尧舜，秦始皇只配给您当学生，齐桓公当孙子还不够格，臣对您又敬又爱，日夜梦想见驾，总不得见，冒死施这雕虫小技，以求一见天颜，何罪之有？”

武帝好大喜功，最愿意受人奉承，听他这么一说，肚中那点不快，全跑到瓜哇国里去了。有心赐他平身，转而一想，这东方朔为了见朕一面，竟把侏儒们吓得半死，害得自己连猎也没有狩成！朕不能就此放过了他。想到此处，出口责道："东方朔，汝冒死见朕，到底为了何事？说得有理，朕既往不咎，若是无理，小心尔的脑袋！"

东方朔一点儿也不害怕，朗声回道："臣有要事相奏。"

武帝威严地说道："讲。"

"侏儒身长三尺，每月领米一袋，钱二百四十文；臣朔身长九尺三寸，每月也是米一袋，钱二百四十文。侏儒们吃不了几乎撑死，臣朔不够吃几乎饿死！臣意以为陛下求才，可用即用，不可用即令归乡，勿使在长安长期索米，令臣饥寒交迫，难免一死呢！"

武帝听罢，纵声大笑："汝言之有理，朕命汝待诏金马门。"

何为金马门？这金马门乃是宦官署门，因门旁有一对铜马而得名。东方朔既得入宫，便容易和天子见面，只要经常和天子见面，还怕没有施展才能的机会吗？搬家的路上，他越想越高兴，止不住咿咿呀呀地哼起了乡间的小曲儿。

众侏儒听说东方朔回来了，发一声喊，一齐朝东方朔涌去，口中还骂骂咧咧地："东方朔，你真不是个东西，踩着我们的肩膀往上爬！"

"东方朔，你为了往上爬，差点把我们吓死，我们饶不了你！"一边骂一边揎拳捋袖，要找东方朔算账。

东方朔身材高大，又是学过武功的人，莫说是十几个侏儒，就是十几条彪形大汉，怕也不是他的对手呢！但他觉着自己理亏，那玩笑开得实在有些大。他虽说看不起这些供人取笑的侏儒，可又觉着这些人好生可怜，他们不能种田，不能务工，又不能打仗，不以此为业，岂不要饿死？于是他赔着一张笑脸儿，不停给他们说好话，又请他们喝了一场酒，这才了事。

这一日大雨，猎是狩不成了。武帝灵机一动玩起了射覆的游戏。所谓射覆，就是把物件预为隐藏，供人猜度。武帝的物件，乃是一只盂（水杯）、一只守宫（壁虎），就连素有射覆大师之称的韩嫣，也没有猜中。东方朔看了一阵，哑然失笑，我当射覆是什么神秘的玩意儿呢？原来是这个呀，小时候光着屁股，用破鞋扣杏核，猜里边藏了几个子儿，猜中者赢。这不就像小孩玩扣"破鞋"吗？

他这一笑，把众人的目光全都吸引过来。武帝笑眯眯地问道："东方朔，你能猜中这盂下为何物吗?”

东方朔不慌不忙地回道:“能。”

自从金殿上被东方朔吓一跳,韩嫣便怀恨在心,伺机报复,闻言,韩嫣冷笑一声说道:“东方朔,有本事你就过来猜一猜,尽说大话算什么本事?”

东方朔嘿嘿一笑说道:“猜就猜,这有何难。不过,我得事先声明一下,未猜之前,我得卜卦。”说毕,把眼瞅着武帝,他见武帝点头默许,便迈着四六步,温文尔雅地走到置盂的案前,把一支蓍草截为八段,两眼微眯,双手合十,口中念念有词。念毕,他依象推测,便答出四语道:“陛下,盂下所覆之物,臣以为是龙又无角,谓之为蛇又有足,中去跂跂脉脉善缘壁,不是守宫即蜥蜴。”

武帝命左右将盂掀开,果然是只守宫,围观者齐声称妙。武帝心中高兴,当众赏给东方朔细帛十匹。

东方朔得了帛,抱在怀中,故意在韩嫣面前晃来晃去,口中咿咿呀呀地唱道:“不稼不穑三百廛,不狩不猎有悬貆兮……”一副得意忘形的模样。

东方朔这一晃一唱,把个韩嫣激怒了,他朝武帝脚下一跪奏道:“陛下,东方朔不过侥幸猜中,不足为奇。臣请求陛下令朔复猜,朔如再能猜中,臣愿受笞百下,朔如猜不中,朔当受笞百下,陛下赐给他的十匹帛也当归臣。”

武帝正在兴头上,含笑对东方朔说道:“爱卿可敢一赌?”

东方朔高声回道:“臣愿意一赌。”

韩嫣让东方朔转过身去,迅速摸出一物,置于盂下。其动作之快,连武帝也未曾看清。

韩嫣自鸣得意地说道:“东方朔,你可以猜了。”

东方朔回过头来,不慌不忙地走到案前,依旧是截蓍布卦,天干地支地嘟囔了一阵,含糊其词地说道:“盂下所覆不过是个小玩意儿,何需猜之?”

韩嫣一听,精神为之一振,笑指东方朔说道:“我就知道你刚才猜中乃是碰巧,这一下完了吧!”

众人齐把目光转向东方朔,看他如何回答。

韩嫣话刚落音,东方朔便朗声诵道:“生肉为脍,干肉为脯,蛀虫为寄生,盂下乃是蛀树小虫耳。”

韩嫣一听,脸唰地一下白了。在武帝和众人的催促下,他一脸无奈地将盂揭开,众人一看,果然是树上的一只寄生小虫。

东方朔见已猜中,提着的一颗心放了下来。他和韩嫣只有一面之交,谈不上什么仇恨，但他屡屡听人谈起，韩嫣乃一个势利小人，心下便生出要惩治一下他的念头。这机会终于来了，可左等右等，却不见皇上降旨，便躬身一揖说道："陛下，韩舍人的话您可记得？"

武帝本不想鞭笞韩嫣，经东方朔这么一将军，不得不说道："东方先生尽管放心，朕不会偏袒韩舍人的。"

听皇上这么一说，韩嫣自知不能幸免，只好自己行到殿下，双手伏在地上，等着宫人给他用刑。

顷刻，鞭打韩嫣的吆喝声和韩嫣的呼爹叫娘声同时传上殿来。东方朔越听越高兴，拊掌大笑道："咄，口无毛，声嗷嗷，尻益高。"

韩嫣是武帝的宠臣，何时受过这样的戏弄和奚落！他真是又痛又恨。等到受笞已毕，手捂着屁股，一瘸一拐地走上殿阶，向武帝哭诉道："朔敢毁辱天子近臣，罪应弃市。"

武帝见韩嫣如此狼狈，顿生怜悯之心。同时，又见东方朔如此得意，便把龙颜一沉，对东方朔呵斥道："东方朔，汝为何毁辱韩舍人？"

龙颜骤变，东方朔不由倒抽一口凉气，连忙跪拜于地，辩解道："臣不敢毁辱天子侍臣，臣说韩舍人的话，乃是一句隐语。"

武帝知道东方朔是在狡辩，穷追不舍道："既然是隐语，你就说一说是何隐语？"

东方朔高声回道："口无毛是狗窦形，声嗷嗷是鸟哺鷇鷇声，尻益高是鹤俯啄状。怎么能说是毁辱他呢？"

韩嫣眼见得东方朔狡辩得逞，心中一急说道："陛下，东方朔有隐语，臣亦有隐语，朔如不知，也应受笞。"

武帝本来就偏向韩嫣，当即回道："可。"

韩嫣并没有什么隐语，见皇上准其所奏，信口胡诌道："令壶龃，老柏涂，伊优亚，狋吽牙。"说毕，二目挑衅性地瞅着东方朔，暗自思道：我这隐语是信口开河，你东方朔就是有天大本事，量你也解它不出。

谁知，他话一落音，东方朔便朗声解道："令作命字解；壶所以盛物，龃即邪齿貌；老是年长的称呼，为人所敬；柏是不凋木，四时阴浓，为鬼所聚；涂是低湿的路径；伊优牙乃未定词；狋吽牙乃犬争声，有何难解呢？"

韩嫣本乃胡诌成词，无甚深意，偏经东方朔这一解释，倒觉得语有来历。他自思才辩不能相及，不再纠缠，由两个内侍扶着，一瘸一拐地走下殿阶。

武帝见东方朔如此有才有智，如此诙谐逗人，又喜又爱，当即拜为郎官。

东方朔谢过龙恩，自此得以常侍武帝，时不时来一段谐语，武帝被逗得哈哈大笑，愈加爱之，就是东方朔做错了事，也不诘责，呼之为先生而不名。

春去夏来，烈日炎炎，每当这时，皇帝便要赐肉百官，按例，万岁赐肉，须由大官丞（官名）捧着皇上的诏书，众臣跪拜在地，由大官丞宣诏后群臣三呼万岁，方可按花名册分肉。东方朔和臣僚从早晨一直等到日头正南，却未见大官丞露面。那肉早已摆好，可是没有皇上诏书，谁也不敢动。众臣热得汗流满面，却依然是蟒袍长靴，坐在大殿里等候。眼睁睁地看着成群结队的绿头苍蝇嗡嗡叫着，在肉上爬来爬去，安家生蛆。众人你瞅瞅我，我瞅瞅你，皆摇头苦笑。

东方朔霍然长身，昂首阔步，朝肉案走去，呛啷一声，从腰间拔出一把青锋宝剑。众人皆以惊诧的目光瞅着他。未曾宣诏，私自割肉，这可是大不敬呀！大不敬是要掉头的。

东方朔右臂一挥，雪亮的宝剑在半空中划了一个漂亮的半弧。立时有二十几个人站了起来，大声阻止道："东方朔，不可鲁莽！"

东方朔回目望去，见劝阻他的人，大都是自己的好友，微微一笑，也不解释，嚓地一下，割下一大块肥肉，高举过顶，朗声说道："三伏天热，应早归早休，且肉已经变腐生蛆，臣朔不如自取，就此受赐回家去了！"说毕，拎着肥肉，大摇大摆地离去，口中还哼着乡间的曲儿——《老娘不是那号人》：

三更里，张有才，
你把老娘门拨开。
老娘不是那号人，
拨开拨开你白拨开。
四更里，张有才，
你把老娘被揭开。
老娘不是那号人，
揭开揭开你白揭开。
五更里，张有才，
你给老娘滚出来。
老娘不是那号人，
进来进来你闲进来。

肉是吃到口了，却是好吃难消化。韩嫣把他告到了武帝那里，翌日早朝，武帝当着文武百官之面指责东方朔：“东方爱卿，昨日赐肉，先生不待诏命，割肉自去，究属何理？”

这本在东方朔的预料之中，他嘿嘿一笑，不慌不忙地将帽子摘下，朝殿上一跪，叩头说道：“臣罪该万死！”

武帝见他认了错，气消了一半，缓缓说道：“先生请起，尽可自责罢了。”

东方朔再拜而起，当即自责道：“朔来，朔来！受赐不待诏，为何这般无礼呢？拔剑割肉，志何甚壮！割肉不多，节何甚廉！归遗细君，又何仁也！难道敢称无罪吗？”

武帝听了，不觉失声笑道：“朕使先生自责，乃反自誉，岂不可笑！”当即降旨一道，赐东方朔酒一石，肉百斤，戏谑道：“请先生把这些酒肉送给先生的细君吧！”百官对东方朔又是敬佩，又是羡慕。

正当东方朔称谢，将要辞朝的时候，东都献来的那个小矮人入谒武帝。这个矮人，头足大于常人，身子不满二尺，却是举动有致，出口成章，他舞蹈既毕，见东方朔亦在殿上，小手一指说道：“这是一个贼子。”

武帝先是一愣，继而问小矮人道：“汝何以知东方先生是贼？”

东方朔虽然机智，见那小矮人忽然指控自己是贼，不免有些心慌，脱口问道：“汝说我是贼，可有什么凭证？”

小矮人挺认真地回道：“怎么没有凭证，王母娘娘便是证人。你偷过王母娘娘的桃子，王母娘娘恨透了你。”

王母娘娘，王母娘娘是谁呀？百官们互相探询。小矮人见百官连王母娘娘都不知道，讥笑道：“王母娘娘是谁呀！王母娘娘就是王母娘娘！”

百官肚中骂道，这不是屁话吗？王母娘娘当然是王母娘娘了，但这个王母娘娘到底是人是仙，是妖是怪？

小矮人见武帝和百官对王母娘娘仍是不知，重重将脚一跺，嗨了一声说道：“你们让我怎么说呢？王母娘娘是个神，是玉皇大帝的老婆。她种了一棵大桃树，这桃树非凡间之桃树，叫蟠桃树，三千年一开花，三千年一结果，东方朔一次得手，连偷了三次。”

众人皆以惊诧的目光瞅着东方朔。

东方朔长出了一口气。乖呀，我还以为这小矮人是受了仇人的唆使，前来诬陷我呢！

他正在暗自庆幸，武帝柔声问道：“先生偷桃可有此事？”

这话让东方朔无法回答。小矮人诬他三次偷王母娘娘的蟠桃，而这蟠桃是三千年一开花，三千年一结果，也就是说结一次果得六千年，他竟偷了三次，如此算来，他的年龄当在一万八千岁以上，能活一万八千岁的人是个什么概念？非神即仙！明诬实褒，寓诬于褒，不能否，小矮人的话不能否！但要他承认偷了桃，那就等于承认自己是神仙了！不能，不能承认。承认偷桃不对，否认偷桃也不对，唯有沉默而已！他面对武帝，笑而不语。这一来，武帝更信以为真了，疑他有不死之术，对他愈发器重了，无论外出，还是微行，总爱召东方朔随行。一赏便是数十万，他拿这钱不去购置衣物，也不去购买田产，而是买漂亮女人，一年一换，他的钱全用在娶女人身上，和他一块在皇上身边的侍从都称他为狂人。

正当他优哉游哉，过着最舒适的生活时，家里传来噩耗，他的大嫂患中风而亡。东方朔七岁丧母，是他大嫂一手抚养大的，他对大嫂的感情很深。闻报，东方朔忙告假回乡，料理大嫂丧事，等他治丧返都，已是来年三月了。还未来得及上朝见驾，奉车都尉石德来访，忙迎他进客厅，闲扯了一阵，石德方道明来意，说皇上要拓造上林苑，圈占民田，害得数十万百姓无家可归，又耗资近亿，百官明知其非，无人敢劝，恳请东方朔出面，救一救这数十万百姓。

东方朔闻言，眉头紧皱，反问道："拓造上林苑，皇上为什么要拓造上林苑？"

石德长叹一声："说起来话长。"

因太皇太后对朝事横加干涉，所任命的一班大臣，大都是太皇太后的党徒，皇上心中烦闷，便以出游和狩猎解愁，但又怕太皇太后知道，于是昼伏夜出，也不敢跑得太远，只不过北至池阳（县名），西至黄山宫，南到长杨宫，东至宜春宫罢了。武帝偷偷摸摸地游猎了十几次，见太皇太后并未出面干涉，还以为她不知道呢。其实，太皇太后早已知道，心中想：只要你不改变我的黄老政治，国家的根本，我才懒得管你呢！

武帝是偷着狩猎，不敢张扬，但声势也不小，常带着身边的一大群侍中、常侍、武骑、待诏，还有就是从陇西、北地诸郡选拔来的善于骑射的勇士。出发前，武帝先与随行的勇士约好在殿门等候，每次都是在夜里漏下十刻出发。为了掩饰自己的身份，武帝常常冒充他的姐夫平阳侯曹寿的名字。

天明之后，他们一行已经来到终南山下，并开始驰射鹿、狐、兔以及野猪等物，有时甚至还要与熊罴搏斗。随从的侍卫、勇士纵马驰逐，横冲直撞，肆意践踏农田庄稼，惹得山村农民号呼叫骂。侍从们气得咬牙切齿，但不敢亮出皇帝的牌子。为了弹压愤怒的村民，他们又假称是鄠、杜两县的县令，待到真的鄠、杜二县令闻讯赶来，他们又尴尬地改口说是平阳侯出猎。鄠、杜二县令说要求见平阳侯，侍卫们平日骄横成性，几时曾受过这等盘问！他们一个个盛气凌人，如狼似虎，举起鞭子就要抽打县令。他们哪里知道，京畿的县令不是好惹的，二人大发雷霆，命令随行吏卒强行制止，当即抓捕了几个特别猖狂的武士。这时，侍从们才有点冷静了，他们怕把事情闹大，倘若误伤了主子，那就非同小可，难以交代了。他们只得亮出真相，拿出几件御用器物作证，县令这才毕恭毕敬地将这群特殊的猎手放走。武帝没有站出来滥施他的君权君威，说明他倒还把法纪当回事，也表明了这位皇帝还是有一些度量的。

有一次出行，天已经黑了，武帝一行来到柏谷（县名），亭长不明底细，不予接待，一行人只得投宿旅店。由于奔波竟日，鞍马劳顿，便向旅店主人要些汤喝。主人见这伙人来势汹汹，目空一切，骄横无比，心里早就很不愉快，也就口出恶言地回答说："要汤没有，要尿有！"不仅如此，还因为怀疑这伙人是奸徒盗匪，就召集来当地一批愣头愣脑、专好惹事的青壮年，准备对这伙不速之客下手。幸亏旅店主人的妻子是个明白人，又颇有眼力，她早就注意到那被众星捧月般地簇拥着的为头的人，状貌不凡，必非等闲之辈，这才劝阻丈夫说："我看来客气势不凡，那为头的必非寻常之人，况且他们的人也不少，携带的武器也很精良，你千万不可冒失行事。"主人不听劝说，继续准备，他妻子就设法将他灌醉，捆了起来，随即又将聚集起来的小伙子们打发回去。然后，她又杀鸡做饭殷勤款待武帝一行。武帝回到京城后，立即招来那个旅店的女主人，赏酬她千金，又拜她的丈夫杨德意为羽林郎，专伺养狗，故称作狗监。

汉武帝最初的微行还是凌晨出城，晚上归来，越往后游兴越大，逐渐发展到一次要带足五天的食物，也就是说，这已经到出行的极限时间了，因为宫廷的规矩，每隔五天要朝见一次太皇太后和皇太后，所以这五天的界限是万万不敢超越的。

武帝出游，屡屡遭遇危险，太皇太后可以不管，皇太后不能不管，他是从皇太后身上掉下来的一块肉呀！

皇太后将武帝召到新居长信宫，狠狠地剋了一顿，使他不得不停止了游猎活动。

但是，武帝毕竟还是一个孩子，贪玩成性，他对富有刺激的游猎活动的瘾是无法抑制的。在深宫闷了三天，好像害了一场大病，吃饭无味，寝卧不安，把个韩嫣可急坏了。他找到了丞相许昌，让他想一个两全之策。

那许昌本是太皇太后的党徒，见主子对武帝的游猎活动不愿干涉，也落得做一个好人。如今，韩嫣求到头上，他不能再装聋作哑了，经请示太皇太后，下令在武帝出游射猎的范围内，建立一些供皇帝食宿歇息的行宫，这一建便是十二个，并下令各地组织民众做好皇帝的食宿供应和保卫工作。这样一来，皇帝的出游便公开化了。

太皇太后和许昌的做法，无疑助长了武帝追求寻乐刺激的心，他竟然要建一座连通终南山的上林苑来逸乐。这是一项耗资近亿的大工程，还牵涉数十万百姓的生计问题，原以为太皇太后不会答应，而她竟然允了。要知道，她终身奉行的黄老之学，讲究无为而治！无为是什么？就是不劳民，不伤财，使百姓安居乐业，她的夫君汉文帝在位二十三年，宫室苑圃，车骑服御，毫无增益，始终爱民如子，视有不便，当即取消。文帝曾打算做一露台，估工费约需百金，便慨然说道："百金乃中人十家产业，我奉先帝宫室，尚恐不能享受，奈何还要筑台呢？"遂将露台之事搁置不议。文帝平时衣服，无非弋绨。所幸慎夫人，衣不曳地，帷帐无文绣，所筑霸陵，统用瓦器，凡金银铜锡等物，概摒勿用。

听了石德讲了武帝扩建上林苑的来龙去脉，东方朔将胸脯啪啪一拍说道："石大人尽管放心，在下明晨便去劝谏皇上。"

翌日早朝，东方朔早早地来到金殿之上，按例早朝之后，礼仪官要说两句例行公事的话："有事早奏，无事卷帘回宫！"话音未落，东方朔便出班奏道："臣有本奏。"

武帝笑眯眯地说道："先生有话请讲！"

东方朔直言不讳地奏道："请陛下不要扩建上林苑！"

此言一出，武帝的脸立马沉了下来，文武百官目光各异地瞅着东方朔，有赞许，有担心，也有幸灾乐祸的。对此，东方朔全然不顾，一口气讲了"不要扩建上林苑"的两大理由：

"启奏陛下，终南山是国家的天然屏障。大汉建国，离开了三河之地的洛阳，而在灞水、浐水之西，泾河、渭河之东建立都城，这里就是所谓的像大海一样富饶的地方。秦朝凭借它降服西戎，兼并崤山以东的地区。

"终南山是座宝山，这一带山中产玉和金、银、铜、铁以及优质木材。各种手工业用它们做原料，百姓们靠它们维持生活。这里又盛产稻、黍，此外还有梨树、栗子、桑、麻和竹子等物品，土地适宜种植姜和芋头，水中有许多青蛙和鱼类。贫穷的人家可以靠这些获得温饱，而不必担忧饥寒之苦。所以，丰、镐之间，号称肥沃土膏，每亩地的价值都达到一斤黄金。

“而今陛下把终南山划为上林苑，就断绝了田沼湖泽的财利来源，夺取了百姓的肥沃土地，对上减少了国家的财税费用收入，对下破坏了农桑生产，这是不该建上林苑的第一个理由。

“开拓并营建上林苑，周围筑墙以作为禁苑。皇帝在苑中可以策马东奔西驰，驱车南北追逐，其中有很多的深沟大河，乱石高冈。为追求一天的射猎乐趣，不值得尊贵无比的天子去涉险犯难。这是不该建上林苑的第二个理由。”

讲了这两不该之后，东方朔又以少有的忧患态度，诚恳地对武帝说道：“当初，商朝的纣王兴建了有九市的宫殿，导致诸侯背叛；楚灵王筑起章华台而导致楚国百姓四散奔逃；秦始皇兴建阿房宫而导致天下大乱。我只是个卑贱愚笨的臣仆，竟然冒犯陛下的旨意，真是罪该万死。”

武帝虽然贪玩，但不糊涂，听了东方朔谏言，幡然醒悟，却不改正，不，是不愿彻底改正，微微一笑说道：“东方先生的谏言很好，主要问题只有一个，乃是百姓的生计问题，这有何难！国家有的是钱有的是地，该赔地的赔地，该赔钱的赔钱，朕这就命有司前去办理。”

东方朔欲要再说些什么，但被武帝截住了：“东方先生暂莫开口，朕还有话要说。”他轻咳一声，目扫众臣道：“朕的上林苑从酝酿到今，已有一月有余，众卿从未给朕上过只字谏言。东方先生治丧归来，一口气给朕上了两个问题，这是正朕之视、之过，是大汉国的第一大忠臣！为倡进谏之风，朕郑重地宣布，赏东方先生千金，晋升为太中大夫，兼给事中！”

这一来，弄得东方朔无话可说了。

打发了东方朔之后，武帝找来韩嫣，让他主持兴建上林苑之事，命他立马破土动工。

上林苑原本是秦朝的一座皇家园林，秦亡，上林苑也随之而废。韩嫣按武帝的意思，寻访清楚秦时上林苑的旧址，拟定扩建计划，设计好图样，开始迁移居民。尽管所费近亿，但由于有充分的人力和物力作保障，没用一年工夫便竣工了。扩建后的上林苑周围有三百多里长，其中的行宫就有七十多座，池塘馆舍三十多个。

通过扩建上林苑，韩嫣发了一笔横财，加上武帝的赏赐，他成了京城数一数二的富翁了。韩嫣坐拥资财，纵情挥霍，甚至用黄金为丸，弹取鸟雀。长安儿童，等韩嫣出猎，成群结队地相随。韩嫣一弹射，弹丸往往坠落远处，不再觅取。一班儿童，乐得奔往寻觅，运气好的拾得一丸，值钱数十缗，足够五口之家一年的生计。时人有歌谣道："苦饥寒，逐金丸。"这风言风语传到武帝耳中，武帝一笑了之。皇太后则不然，她原本出身于贫寒之家，见一个小小的舍人竟然这等奢侈，心中大愤，将武帝召到长信宫，黑着脸说道："汉家以勤俭治国，那个韩嫣如此奢侈，你得好好管一管他。"武帝口中嗫嚅，并未有只言片语责怪韩嫣。

这一日武帝去上林苑游猎，由韩嫣和东方朔伴驾。

武帝一出皇宫，就像一匹脱缰的野马，无拘无束。他腰间斜挎一把香檀木双龙雕花宝剑，后背一张镶金凤头弓和一个天龙戏珠雕花箭囊，骑着匹火龙驹，一个劲儿地扬鞭催马，像一股红风带着一团银光闪烁在阳光下。

韩嫣紧紧尾随在武帝身后，他背插着玉坠楠木青龙宝剑，胳膊上架着一只大苍鹰，身着天监长袍，骑的是一匹雪花马。

随后是杨德意，持一把长剑，领着两条半人高的大黄狗，吆吆喝喝，时快时慢。

东方朔虽然不太喜欢打猎，但因天子诏令，不能不随。

稍一迟疑，皇上和韩嫣已跑到两箭开外，他忙提起马缰，两腿用力一夹马肚子，那白龙马便扬蹄翻掌，咴咴地叫着，风驰电掣般地朝皇上追去。

谢天谢地，总算追上了皇上。武帝与韩嫣并马而立，昂首向天。东方朔仰头望去，鹰在空中盘旋着，寻找着失踪的目标。

突然，那鹰像一团黑色的圆球，一头向地面上扎去。眼看就要扎到地面，唰地展开双翅。

"兔子，兔子……"

一只褐色的兔子从草丛中蹿了出来，狂奔而去。

它快，鹰更快。这兔子眼看就要被鹰抓住，它反而放慢了速度，弄得武帝和东方朔大感诧异："这兔子怎么了？"

"莫不是被鹰吓得昏了头？"韩嫣说。

说话间，那鹰俯冲而下，双爪猛地向兔子抓了下去。不料，那兔子突然弹起三尺有余，把个正扑下来的苍鹰撞了个趔趄。只听苍鹰哀叫了一声，呼地返向了天空。兔子趁机飞一样地钻入了灌木丛中。

韩嫣笑嘻嘻地接道："在臣家乡有一句俗语，再狡猾的狼也斗不过好猎手，莫说一只兔子。”

他朝杨德意招了招手，杨德意拍了拍狗头，也不知说了句什么，两条大黄狗箭一般地向灌木丛射去。

这样一来兔子慌了，窜出灌木丛，没命地向深山中逃去。武帝张弓搭箭，正要向兔子射去，呼地窜出来一匹大灰狼，似牛犊儿一般。武帝忙将弓移向大灰狼，只听嗖的一声，那箭直追大灰狼屁股，大灰狼一个前栽，趴在地上。

韩嫣带头高叫：“好箭！”

叫声未绝，大灰狼又挣扎着爬了起来，武帝见状，又补了一箭，大灰狼倒在地上，挣扎了一番后，再也爬不起来。两只大黄狗疾如闪电般扑向了正在地上哀号的大灰狼，杨德意喊开两只狗，一剑击在大灰狼的咽喉，大灰狼哀叫一声，再也不动了。杨德意将大灰狼扛了起来，交给跟踪而来的武骑。

汉武帝旗开得胜，猎兴大发，一抖马缰朝深山中奔去，不到两个时辰，又猎到一只老虎，两头公鹿，一头野猪，二十八只野兔。汉武帝龙颜大悦，命令就地休息。终南山刚下过雪，万树银花，玉雕冰砌，玉宇一般。武帝兴致极高，举目远眺，即兴咏出一首赋来：

王车驾千乘，选徒万骑，田于海滨，列卒满泽，罘罔弥山。掩兔辚鹿，射麋脚麟，骛于盐浦，割鲜染轮。射中获多……

随侍的侍中、常侍、武骑、待诏洗耳恭听，连大声也不敢出。武帝咏毕，余兴未尽，仰天叹曰：“朕独不得与此人同时哉！”

东方朔双手一拱：“敢问万岁，您刚才咏的可是《子虚赋》？”

武帝道：“正是。”

“陛下可知，那《子虚赋》乃何人所作？”

武帝朗声回道：“司马相如！”

东方朔笑道：“若是此人，小臣倒还认识，但他并非古人，乃万岁一个臣民呢！”

武帝又惊又喜道：“依先生所说，那司马相如尚在本朝，但不知家居哪里？是为官、为民还是为商，能否请来一见？”

东方朔朝杨德意一指说道：“要知山中事，须问打柴人，杨羽林的外婆家与司马相如同居一地，他的不少情况，臣还是听杨羽林说的呢！”

第八章　司马相如　文君夜奔

司马相如，字长卿，小名狗儿，系蜀郡成都人氏，少时好读书，学击剑，为父母所钟爱，呼为犬子，到了十二岁那年，偶读史书，对战国人蔺相如极为推崇，遂易名相如。是时蜀郡太守文翁，大兴教化，选择本郡士人，送京肄业，司马相如与好友王吉亦得入选。五年学成归里，文翁便命相如为教授，就郡中设立官学，招集民间子弟就读，遇有才能的学生，便叫他为郡县小吏，或命他返乡耕田。蜀人本来野蛮，得着这位贤太守，兴教劝学，风气大开，竞相创办学校，化野为文。后来文翁病死任所，相如不愿长做教师，遂往长安游历，是时景帝在位，出资三十万缗，得以入朝为郎，未几，迁官武骑常侍。相如虽说学过击剑，更重文字，就任武职，非其所长，加之景帝不好辞赋，相如心中十分苦闷。刚巧梁王刘武入京朝拜景帝，从吏邹阳、枚乘以文见长，誉满国中，见了相如，一番交谈，大有相见恨晚之意。相如毅然托病辞官，跟随梁王，入居睢阳，与邹阳、枚乘等人，游山玩水，弹琴作赋。暇时，撰成一篇《子虚赋》，传播出去，举国扬名。此为他一生最惬意之时。只可惜好景不长，梁王因谋储君之位，未能如愿，险些丢了性命，郁郁而死。继任之王，亦是不好辞赋，不喜文人，众文友如鸟兽散，各奔东西。

相如一家在成都称不上大富，至少也是中产之家。只因一场大火，房产俱毁，父母双亡，妻子亦亡于火，只剩得百亩薄田、一驾马车、一个书童。因路见不平，拔刀相助，得罪了县令的舅子，一场官司下来，土地被强行拍卖，他成了一文不名的穷光蛋。家中是待不下去了，投亲靠友吧，亲友视其如同陌路之人。他穷困潦倒，郁郁无聊之时，偶尔记起好友王吉，此人正在临邛为县令，且曾与自己有约，说是宦游不遂，可来临邛投我。相如当即整理行装，带着书童新丰，径奔临邛。王吉闻报，大开中门，如迎上司，以美酒佳肴相待。询及近年之事，相如以实相告，泪下如雨。王吉亦为扼腕叹息。

“唉!”王吉叹了一声说道，“贤兄千里相投，若是仅仅为了糊口，我王吉养你个十年八载，倒是不成问题！只是亏了你这满腹才华，何处施展？还有，你年届三旬，不能老打光棍！有道是，‘不孝有三，无后为大’，无后为大呀!”他又是一声叹息。

这一说，勾起了相如的满腹心事，成串的眼泪。他哽咽着说道：“多谢贤弟一片好意，愚兄穷困潦倒，只要有个落脚之处，每天能吃上几碗热饭，愿已足矣，还管它什么满腹才华，无后为大!”

王吉抬头说道：“不，你既然投我，我就得对你负责，我不只要你在临邛一邑扬名立万，还要为你寻一个绝色佳人。”

相如苦笑一声道：“愚兄的内人，你老弟又不是不知，出身于书香门第，模样儿百不挑一。愚兄终其一生，怕是再也找不来这样的如意夫人了!”

王吉哈哈一笑说道：“世之常理，‘孩子都是自己的好，老婆都是别人的好’，唯有你司马长卿反其道而行之。尊嫂我是见过的，不错，称得上成都的美人，但与我临邛的大美人卓文君相比，只不过是一位凡脂俗粉罢了。”

相如似信非信：“敢问贤弟，那卓文君到底长得什么样子，值得你如此相捧?”

王吉嘿嘿一笑道：“若问那卓文君的相貌，黑首雪肤，柳眉凤目，身长八尺有余，论模样赛过月中嫦娥，瑶池仙女。琴棋书画，也是无一不通，莫说临邛，放眼天下怕是再也挑不出这样的国色来。”

司马相如听了王吉之言，引得涎水直流，他原本就有些结巴，这样一来，结巴愈发厉害了：“如……如此丽……丽人，莫……莫说结……结为夫……夫妻，就……就是见……见上一面，死……死而无……无憾矣!”

王吉笑道：“长卿兄既是如此看重卓文君，这个媒人，我王吉当定了。”

相如忧心忡忡地说道：“由贤弟出面当这个媒……媒人，是再好不……不过了。但愚兄听……听说，那卓文君的父……父亲，卓王……卓王孙，靠经营冶铁起……起家，家资一亿多……多万，为临邛第一富……富户，愚兄落魄潦……潦倒，怕是难以如……如愿呢!”

王吉狡黠地一笑道：“长卿兄不必担心，愚弟自有办法。”说毕，往前趋了一趋，和相如耳语起来。相如连连称是，满面红光，当即放下筷子，带着行装，径奔悦心客栈。

第二天巳牌时分，雪住天晴，太阳高悬在空中，街上人来人往，熙熙攘攘，正是一天最热闹的时刻。王吉坐着一辆二人小轿，直奔悦心客栈。前面两面大铜锣开道；紧跟着两只大铜角，长五尺余，上缚红缨；继之是四杆大旗，两面黑底镶白边，旗中央绣着“大汉”二字，两面白旗镶红边，内绣飞虎，老百姓称之“飞虎旗”；旗后是肃静、回避二牌，牌后是执事，有桐棍、皮槊各二，蓝伞一，青扇一；有一书佐，携带公文夹，随轿而行；轿后是四个穿黑上衣，戴六棱黑帽的跟班，跟班后是十六个差役。二人执毛竹板，二人执红黑漆棍，其他各带刑具，如皮鞭、手铐、脚镣、夹板、棍子等，每走一段，拎铜锣的便高声喊道："闲人闪开，进官啦——闲人退后，都离远哪——"一边喊一边敲着铜锣。大锣响罢，大铜角长鸣，交替不断。跟班差役随声跟着吆喝。行人一边躲避，一边暗思，县令出巡，并不像农家子弟进出灶房，想出就出，想进就进，得有一定规矩，只有到了上元（正月十五）、中元（七月十五）、下元（十月十五），抑或是祭祀先农坛、鞭春和遇到了命、盗大案，才可出巡。而今，既非三元（上元、中元、下元），又非祭祀先农坛和鞭春的季节，他这样兴师动众地出巡，究竟为了何事？难道是某地出了命、盗大案？果真如此，得跟去看一看热闹。于是，大家成群结队地跟在差役后边，朝悦心客栈涌去。结果，令人大失所望，王县令这么兴师动众的赶来，只是为了拜见一个人。这人虽说没有见过，但他的大名，却是如雷贯耳。既然来了，何不瞻仰一下这个才子的尊容！

谁知司马相如的架子端得很大，王吉在门外等了半天，方见书童新丰从门内探出个脑袋。他揉了揉蒙眬的睡眼，伸了个懒腰说道："王县令，十分抱歉，我们司马相公今日有些不大舒服，不愿会客，你改日再来吧！"言毕，书童新丰转身欲走。

王吉凑近房门，一脸关切地问道："司马相公哪些地方不舒服？莫不是患了风寒吧？果真这样，下官当即遣人去请郎中！"他说话的口气十分殷切，让人觉出有一种掩饰不住的谄媚之情。

新丰扭过头，一脸的不耐烦："我们相公好好的，请什么郎中！"

"那，"王吉赔着小心问道，"既然这样，他为什么不愿意接见下官？"

新丰皱着眉头儿说道："你这不是胁迫人吗？我们相公不愿见你必有他不愿见的理由！"说毕，咣的一声关闭了房门。王吉虽说落了个没趣，但一点儿也不生气，涎着脸皮儿隔门说道："书童老弟，请你转告司马大人，下官拜见他并非别意，乃是请他去县署赏赏雪儿，听听笛儿，明天我还来，请他务必赏光。"

他一连来了三次，总算见到了司马相如。司马相如很高傲，说话带理不理的。他也不计较，天天带着一帮子人前来问安。司马相如见他两三次之后，心生厌烦，干脆将他拒之门外。但王吉不理会司马相如的厌烦，仍是天天前来问候，风雨无阻。

随行的差役，见客栈那个衣衫破旧的士人居然得到县令如此礼遇，大感诧异。一个年轻的差役，悄悄向书佐问道："这人到底是什么来头？咱们王大人天天来拜，他只爱见不见的，是何道理？"

书佐微微一笑回道："什么来头？说出来吓你一跳。《子虚赋》的作者，先帝爷的御前武骑常侍。当今皇上的座上宾，开口必称先生，不称先生不说话。"

差役吐了吐舌头："哎呀，这么厉害！"

王吉听了他们的议论暗暗好笑。

本地两个富豪——卓王孙和程郑，原本就是一对势利小人，听说客栈住了这么一位高贵的客人，结伴前来拜访，司马相如却按照王吉的嘱咐，一概避而不见。万般无奈，他二人去县署向王吉求助，王吉不在署中，便坐在县署的后衙等候。

王吉从客栈归来，听说卓王孙、程郑俱在县署等他，便明白了是怎么一回事，见了卓、程二人，故意地唉声叹气。

卓王孙双手一拱问道："大人莫不是遇到了什么烦心之事？"

王吉长叹一声说道："不瞒老兄，咱临邛来了一位要紧客人，住在悦心客栈，老弟特备了一桌酒席，请他前来赴宴，谁知他竟心情烦闷，不肯赏光。"

卓王孙明知故问道："什么客人，如此要紧？"

王吉和司马相如的这番做作，志在钓卓王孙上钩，好图谋他的闺女。如今，见鱼儿赶来吃食，王吉心中有说不出的高兴，轻叹一声说道："这个客人，叫司马相如，成都人氏，官居……"

王吉忽然想到这样说不妥：我如今说司马相如官居二千石，将卓王孙的闺女骗到手，司马相如腿一拍一走了事，我不行，我在此地做官，与卓王孙抬头不见低头见，他若是久后探出实情，必然要找我吵闹。我不如说些模棱两可的话，让他胡思乱想，叫他自己心甘情愿将女儿嫁给司马相如，他日后只好怪自己势利，且怪不得我王吉。

想到此，王吉微微一笑说道："这司马相如是我儿时好友，二十岁便做到先帝爷的武骑常侍，旧日被梁王奉为上宾，不称先生不说话。一篇《子虚赋》，更使他名扬天下。"

卓王孙听了这话，心里想：想不到这司马相如如此尊贵，怪不得你王吉天天前去问候请安。如此尊贵之人，送到我门口，岂能失之交臂！

他二次拱手说道："王大人，那司马相如如此尊贵，竟然光临我县，乃是我县的荣耀。我和程员外，也算本县的两个首富，不能不尽一尽地主之谊，烦大人为我们引见一下。”

听了卓王孙之言，王吉面露为难之色，欲言又止。

卓王孙站了起来，恳切地说道：“大人的难处兄弟知道，像司马大人这样的贵人，岂能是轻易请得到的。但兄弟请他，自有兄弟的优势。兄弟虽是个商人，不是自吹自擂，放眼蜀中，资产超过兄弟的怕是找不出第二家。况且，兄弟家中的花园是巴蜀第一流，厨子是从南粤特地请来的，做菜的技术堪称一流。那司马大人久居关中，不见得就品尝过这等佳肴，还请大人为兄弟走上一趟。”

王吉见他说得如此恳切，心中好笑，却故意叹了一声说道：“不是老弟有意推辞，那司马大人为兄请了几次，都没有请动。这人原不肯轻易与别人结识的，我并没有说得动他的把握。有道是‘张口容易，合口难’，既然卓兄张了口，我就把脸皮拉下来试一试，请到了二位仁兄也别高兴，请不到了您二位也别生气。”

卓王孙、程郑见王吉肯为他们去请司马相如，满脸赔笑道：“大人不必谦虚，您一定请得到的！”说毕，起身告辞。

按照王吉的话讲，他好说歹说，终于说动了司马大人。卓王孙见司马大人肯屈驾卓府，激动得像挖树坑挖出来一窖财富，天不亮便命令他的仆妇和童役打扫院子，结灯悬彩。卓王孙匆匆扒了几口早饭，带领着一干铁商和士绅，站在门前迎接司马相如。

卓文君披着一件白狐皮的短外套，正坐在后院默读《春秋》，闻听前院人声鼎沸，不知道发生了什么事，忙命女婢金题前去打听，方知家中要请一位贵客，名字叫司马相如。文君没有见过司马相如，但读过他的《子虚赋》，她本来就喜欢辞赋，对司马相如佩服得五体投地。闻听他来到府上，岂有不见之理！但《孟子·离娄上》有言，“男女授受不亲”，作为一个居住娘家的寡妇，公然去见男客，岂不惹人耻笑！

她正在犯愁，金题说道：“小姐，我有一个办法。”

卓文君听金题这么一说，忙将愁眉展开，迫不及待地问道：“什么办法？快说！”

金题不紧不慢地说道：“咱们的客厅，分三个暗进，今日请客，只用了两间，后面那间用屏风隔断了，阒无人迹，小姐何不……”

文君忙将金题的话打断：“你不必说了，我知道了。”

等人的滋味是很难受的。难受也得等，直等到午牌时分，天上飘起了雪花，司马相如方坐着一辆豪华的马车来到卓王孙门前。新丰傍车而行，怀中抱了一个长长的鎏金琴匣，看起来非常贵重。那马车一停，新丰亦停，并躬身退了两步，伸手打开了车厢门。

却见车厢内伸出一双白玉般的手，纤长柔软，令人感觉这人必然超凡脱俗。那只手慢慢搭在新丰的手上，车厢里接着迈出来一只脚，跟着是一角皮裘衣服的下端。

参加迎接的人，不是士绅，便是大贾，哪一个没有见过世面？什么羔羊皮、貂皮、狐皮、野鸭毛、孔雀毛……经手的多如牛毛，却从来没有见过这样一件大裘。

那皮裘呈淡淡的灰黑色，上面到处是斑斓的花纹。经雪一映，光彩夺目，绚丽璀璨，似兽皮又不是兽皮，似鸟雀羽毛又不是羽毛，无比珍异华贵，人们一个个瞪大了惊奇羡慕的眼睛。

是的，这确实是一件华贵的裘衣，名叫“鹔鹴裘”，乃高丽国的贡品，景帝舍不得穿，转赠给了弟弟梁王。某一年冬夜，大雪纷飞，司马相如陪梁王喝酒吟诗，醉倒在梁王府，梁王见他衣衫单薄，便将自己身上穿的鹔鹴裘脱了下来，亲自为司马相如穿上，送回住处。

常言道：“千金易得，鹔鹴难求。”这么一件贵重的衣服，梁王岂肯舍得赠送给司马相如，只说借他穿穿。也是相如福大，这件裘衣还没来得及归还梁王，梁王便一命呜呼。这次他到卓府赴宴，见自己衣箱中只剩这一件体面衣裳，又是大雪寒天，便穿上了。

司马相如下得车来，神情仍然十分倨傲。那班士绅富商，从来没见过这等出众的人才——两道卧蚕眉，一双虎目，鼻正口方，二耳贴肉，有轮有廓，天庭饱满，地阁丰隆，朝府门前一立，宛如鹤立鸡群，一副仙人下凡的高贵派头。

众人簇拥着司马相如来到正厅，居中而坐，那班富商士绅，殷殷为司马相如敬酒，司马相如本来豪饮，来者不拒，愈发显得风流倜傥。

司马相如人在正厅上坐，心却想着卓文君。他无意间朝屏风瞟了一眼，见那屏风下边，露出一双绣花鞋和一幅绯霞色的裙边，料想必是文君。既然她来偷窥，何不以琴声相动，诱她上钩！

王吉就像他肚中的蛔虫，起身对卓王孙说道：“卓兄，愚弟有个不情之请。”

卓王孙心情极好，笑嘻嘻地说道："大人有话但讲无妨。"

"司马大人不仅擅长作赋，更弹得一手好琴，那琴技可以说是天下无双。现已酒足饭饱，何不把残席撤下，听司马大人清奏一曲。"

众人闻言，鼓掌说道："妙，王大人这一建议是再好不过了。"

卓王孙忙叫童仆妇役撤下残席，扫净厅堂，摆开琴桌，铺好貂皮毡毯，在薄瓷花瓶里插上梅枝，就在鎏金香炉里焚起龙涎。

卓王孙朗声说道："有请司马大人为大家弹奏一支清曲。"

司马相如也不谦让，阔步来到琴桌旁，端身而坐。

琴声渐起。

相如抚琴，起初只是轻挑慢剔，声响悠柔。弹过一段之后，音律为之一变，犹如春雷滚动，莺飞草长。再听便缱绻缠绵，如醉如痴。

卓文君素来精通音律，自负琴艺天下无双，此刻听了，竟大吃一惊，暗道，天下还有这等佳音！

听着听着，不觉满面红晕，心中骂道："这人竟如此大胆！"

原来，那琴曲竟是《凤求凰》，乃司马相如的即兴之作，说的是男女相思慕求之事。

凤兮凤兮归故乡，
遨游四海求其凰。
时未遇兮无所将，
何悟今兮升斯堂！
有艳淑女在闺房，
室迩人遐毒我肠。
何缘交颈为鸳鸯，
胡颉颃兮共翱翔！
凰兮凰兮从我栖，
得托孳尾永为妃。
交情通意心和谐，
中夜相从知者谁？
双翼俱起翻高飞，
无感我思使余悲。

屋外寒风呼啸，雪花飞舞，屋内琴声琤琤。玉屏之后，文君初闻琴声，已是心旌摇曳，爱如潮涌。又得此歌，更是情似狂涛，如幻如仙。直到曲尽客散，她仍痴呆呆地站在原地。

金题趋到她的身旁，轻声唤道："小姐，咱们该回房了。"

她人虽然回到房中，却似失了魂儿一般，目光呆滞，不言不语。金题笑嘻嘻地问道："小姐，您莫不是在想那个人儿？"

文君也没回话，却是点了点头。

金题打趣地说道："那可是个可人的人儿，小姐若是得以为夫，正是一对天生佳偶！"

文君长叹一声说道："人家是长安的贵人，咱怕是高攀不上呢！"

金题嘴一撇道："你不要哄金题，金题已经长大了，在您的熏陶下，金题对音乐略知一二，那贵人在众目睽睽之下，公然弹曲向您求爱。"说着说着，她便小声诵了起来：

凤兮凤兮归故乡，
遨游四海求其凰。
有艳淑女在闺房，
室迩人遐毒我肠。
……

诵毕，笑眯眯地说道："小姐若是对那司马大人无意倒也罢了，若是有意，奴婢这就前去面见老爷，给您说项。"

文君摇头说道："不可，万万不可。"

"为什么？"

"婚姻大事，讲的是父母之命，媒妁之言，哪有做闺女的自选佳郎之理，此乃一也；我父亲向来势利，岂能把你一个奴婢夹到眼角，说也无益，此乃二也；前不久，李内史的公子前来求亲，那李内史乃朝廷重臣，家有良田千顷，童仆成群，父亲急于攀高结贵，屡屡逼我允亲，被我婉辞拒绝，岂能允我再嫁他人！"

这一说，金题方才意识到问题远远没有她所想象的那么简单，沉默了一会儿，她说道："如此说来，这大好姻缘，小姐难道要白白错过吗？"

文君又摇了摇头。

沉默，死一般地沉默。

金题双掌猛地一拍说道："我有一个主意。"

她见小姐二目殷切切地望着自己，舔了舔嘴唇笑嘻嘻地说道："那司马大人的歌中，原有中夜相从一语，中夜相从是什么？还不是约你私奔吗？"

"私奔！这倒是一个办法。只是，这样一来，对名节可是大大的有碍！"卓文君的目光黯淡下来。

金题打鼻子里哼了一声："小姐不要顾忌太多，是名节重要，还是一生的幸福重要？有道是，'初嫁由亲，再嫁由身'……"

"再嫁由身，再嫁由身……"文君将这话反反复复念叨了数遍，将心一横说道，"走！"

金题明知故问道："去哪里？"

"去悦心客栈。"

悦心客栈与卓家相距不过里许，顷刻间便可走到。司马相如尚未就寝，正在思念文君，猛听得一阵笃笃笃的敲门声，忙将灯光剔亮，亲自开门。双扉一启，有两女鱼贯而入，当头那位乃侍女打扮，若是没有殿后那位女子相衬，也可称得上俊女了。

殿后那位女子，二八芳龄，头上戴一顶貂皮风帽，上身穿一件火狐皮衣，下身着一件绯霞色的裙子，他立马意识道，这一位必是卓文君无疑。一场好事从天降，真令相如大喜过望，他忙趋至文君前，鞠躬三揖。文君含羞答礼，趋入内房。唯有金题急欲告归，当由新丰相送。

送走了金题，相如转身将门掩住，急与文君握手叙情。围炉夜话直至天明。

相如忽然想起，这事要是让卓王孙知晓，必要前来兴师问罪，倒不如携上文君逃之夭夭。商之文君，文君慨然而允，当即收拾行装，同诣成都去了。

卓王孙失去女儿，自然要四下寻找，找了三天，音信全无。猛听得客栈贵客，也是三天前不知去向，忙到县署找王吉询问，不得消息，这才意识到，寡女文君，莫不是随那相如私奔他乡？不禁又气又恨，大病了一场，险些儿见了阎王。

王吉闻相如不辞而别，料知他是拥艳逃归，发出一声轻微叹息。他明明知道相如穷困潦倒，却要替他作伐，好教他入赘卓家，借重富翁金帛，再向长安谋事。哪知他求凤心切，拥妇自去。唉，真真令人惋惜。

文君跟着相如，到了成都，总想着相如衣装华美，家产一定不会少，哪知他家贫如洗，只剩几间破屋，仅可容身。自己又仓促夜奔，未曾多带金帛，仅靠着随身金饰，能值几文？事亦如此，悔已无及，没奈何拔钗沽酒，脱钏易粮。敷衍了好几个月，已将衣饰卖尽，连相如的鹔鹴裘，也押给酒家。夫妻二人，相拥而涕。文君且泣且语：“你我穷到这种地步，总不能饿死成都不成，倒不如返回临邛，向兄弟处借几个钱，以谋生计。”

到了此时，相如亦是无计可施，勉强同意。所幸还有一琴一剑，一车一马，尚未卖去，乃与文君一起登程，再至临邛，先在旅店中暂憩，向店家打探卓王孙家消息。

店家与相如夫妇素不相识，便直言相告道：“卓女私奔，卓王孙几乎气死，现听说卓家女穷苦得很，曾有人往劝卓王孙，叫他分些家产，周济女儿。卓王孙坚决不从，说是女儿不孝，饿死活该。”听了此言，相如暗自揣摩：卓王孙如此无情，文君也不便往贷。我已日暮途穷，还顾什么名誉，索性卖了车马，开一爿小酒肆，令他女儿当垆卖酒，扫他颜面，逼他给我钱财，方才作罢。主意已决，遂与文君商量，到了此时，文君也想不出比这更好的主意了，遂依了相如之言。

说干就干，三日之后，酒店开张，雇了一个大厨，两个酒保，相如脱去长衫，改服短裤，端盘抹桌，累得满头大汗。文君则淡妆浅抹，当垆而立，亲自为客人打酒记账，俨然一副老板娘模样。

文君本来美艳，加之又是卓府千金，引动一班酒色朋友，都至相如店中，喝酒赏花。一时间顾客盈门，应接不暇。这事一传十，十传百，三天未过，便传到卓王孙耳中。卓王孙使人秘视，果是文君，又羞又气，闭门不出。惹动了他的一班亲戚故旧，登门相劝：“足下家资一亿多万，膝下只有一男二女，分一些儿给文君，不过是九牛一毛。且是文君既已失身长卿，往事不必追究，长卿曾做过高官，近因倦游归家，暂时落魄，家境虽贫，人才确是不弱，岂能埋没终身？足下不患无财，一经周济，便可反辱为荣了！”

卓王孙无可奈何，只好拨给文君家童百名，钱一百万缗，连同女婢金题，送到酒肆。相如大喜过往，饱载而归，居然做起富家翁来，特在室旁筑一琴台，与文君弹琴消遣。

武帝听了杨德意之言，鼓掌说道：“奇，太奇了，朕命汝速去成都一趟，召司马相如携夫人来京，朕要亲眼见一见这一对才子佳人！”

杨德意遵旨而行，晓行夜宿，十几日便来到了成都，向司马相如道明来意。司马相如欣然应允，正要携文君入京，忽然想到，皇上好色，他若是见了文君，心生不测，如何是好？倒不如我佯称文君有病，独自赴京。但德意已经见过文君，须得把他的嘴巴堵住才是，遂厚贿德意，嘱他代为周旋。

德意笑道："老表不必如此，嫂夫人尽管美貌，毕竟是三旬有余，皇上虽说好色，宫中美女如云，岂能去啃嫂子这棵老草！老表若是实在放心不下，把嫂子打扮得老气一点也就万无一失了。"

相如一想也是，遂偕文君，整装北上，不多日便到了长安，找一客栈，暂且住下，由德意进宫，向武帝复旨去了。武帝当即传旨，命相如夫妇即刻进宫面圣。他之所以这么急着要见相如，既是为了《子虚赋》，更是为了卓文君。及至见了文君，不免有些失望，她虽说风韵犹存，毕竟有些老了，与他的新夫人仙娟相比，逊色不少。

汉武帝暗叹了一声，把脸转向司马相如，和颜悦色地问道："听东方先生说，《子虚赋》出于爱卿之手？"

司马相如毕恭毕敬地回道："启奏陛下，那《子虚赋》确实出自小臣之手。"

他觉着言犹未尽，其实，也是想卖弄一下才华，伏地奏道："启奏陛下，臣的《子虚赋》只不过写了诸侯游玩狩猎的故事，不足为天子所观，臣还有一篇叙述天子游猎的文赋。"

武帝大为惊讶，俯身问道："还有强过《子虚赋》的吗？长卿，你站起身来，就在这里，为朕吟咏。"

听了武帝的话，司马相如应声而起，在未央宫满宫的灯火中，清清喉咙，长声吟道：

……

且夫齐、楚之事又乌足道乎！君未睹夫巨丽也，独不闻天子之上林乎？左苍梧，右西极，丹水更其南，紫渊径其北……

于是乎崇山矗矗，巃嵸崔巍，深林巨木，崭岩参差……

于是乎周览泛观，缜纷轧芴，芒芒恍忽，视之无端……

于是乎离宫别馆，弥山跨谷，高廊四注，重坐曲阁，华榱璧珰，辇道纚属，步櫚周流，长途中宿……

于是乎卢橘夏孰，黄柑橙楱，枇杷橪柿，亭奈厚朴，梬枣杨梅，樱桃蒲萄，隐夫薁棣，答沓离支，罗乎后宫，列乎北园，貤丘陵，下平原，杨翠叶，杌紫茎，发红华，垂朱荣，煌煌扈扈，照曜巨野……

司马相如只顾引吭高歌，不知道什么时候，汉武帝已经来到他的身边，双手抓着他的肩膀，使劲摇了几摇说道："写得太好了，太好了，不只辞藻华丽，把天子游猎宴乐的场面也写得活灵活现。朕欲聚千丘以成泰山，纳百川而成东海，身边已有东方朔、董仲舒、公孙弘、严助……今又得你辞赋泰斗司马相如，此乃我大汉国之幸，哈哈哈哈！"

汉武帝心情极好，踱了一阵方步，忽又说道："司马爱卿，朕拜汝为郎，常留在身边。别的郎，秩比四百石，汝为奇才，秩比一千石。"

司马相如欣喜若狂，伏地呼谒："谢陛下隆恩！吾皇万岁，万万岁！"

汉武帝目送着司马相如夫妇下了金殿，扭脸对杨德意说道："汝和东方先生，把卓文君吹得胜过仙女，今日一见，不过如此而已。"

杨德意满脸赔笑道："小臣夸那卓文君貌如仙女，乃是指年轻时的卓文君，如今她已半截子入土，就是再好的花也该凋谢了。"

"那卓文君年庚几何？"

"年届四旬。"杨德意回武帝这句话时，心口咚咚乱跳，因为那卓文君的实际年龄才三十二岁。

武帝听了杨德意的回答，啊了一声说道："怪不得她没有朕的仙娟看着水灵。"

说到仙娟，他立马来了兴致，对当值太监说道："摆驾飞翔宫。"

第九章　平阳侯府　觐献子夫

公元前135年，也就是汉武帝建元六年，窦太后崩。压在武帝头上的这座大山，终于不推自倒，武帝有了一种胜利者的感觉，但当他真的来到了长乐宫，听着哀乐，看着骨瘦如柴、眼窝深陷的奶奶时，心中一酸，眼眶里面，泪水像断了线的珍珠，滚将出来。

她毕竟是自己的奶奶，有道是“灰不热是火”。她尽管有些跋扈，屡屡干预朝政，但她的所作所为，仍是为了大汉社稷；这几年，若非她老人家在宫里顶着，自己岂敢随心所欲地到处游猎！

他厚葬了奶奶，并命全国罢乐百日，以示悼念。

百日过后，武帝所做的第一件事，便是罢黜许昌的丞相及庄青翟的御史大夫，遗缺由母舅田蚡和大儒公孙弘递补，改任司马谈为太史令，又将那荐贤任能、独尊儒术的遗策拾了起来。

说到荐贤任能，不能不提一下朱买臣。

朱买臣，表字翁子，会稽人氏，性好读书，不治产业，蹉跎至四十多岁，还是一个落拓儒生，身无一文，他家有一妻，姓张，名莹，因买臣不能赡养，只好与他同入山中，刈薪砍柴，挑往市中，换钱谋生。妻亦负薪相随。那买臣每每砍柴归来，肩上挑着柴担，口中背诵着古书，咿唔不绝，妻在后面听着，却是一语不懂，不由得懊恼起来，叫他不要再念。偏是买臣不听妻言，越读越响，甚而如唱歌一般。妻子越发恼怒，一把将他推翻在地，双手挟腰，破口大骂：“我本是一良家女子，要吃要穿，方嫁了丈夫。现在跟着你饥一顿，饱一顿，还得抛头露面，随你上山砍柴，这样的日子，叫老娘如何生活？倒不如付我一张休书，我好别寻门径！”

买臣见妻子求去，也不敢发怒，好言劝道：“贤妻别急，相士屡屡为我观相，总说我五十当贵，我今年已经四十多岁了，不久便当发迹。贤妻随我吃苦，已有二十几年，难道这数载光阴，竟忍耐不住么……”买臣正要往下再说，猛听得妻子一声断喝，忙将话收住。

“哼，你会发迹，黄狗也不吃屎了。我一天也不愿意跟你过下去了，留着这个夫人位置，且让有福气的人前来风光吧！”

买臣见妻动怒，欲待再劝，哪知道其妻去意已决，大哭大闹，不可开交。买臣无奈，只得给她一张休书，任她自去。买臣仍操旧业，读书卖柴，行歌如初。

一日，正是清明节令，买臣挑了一担柴，刚刚下山，陡遇一阵大雨，破衣尽湿，如同落汤鸡一般。没奈何，走至一座坟墓之前，暂避风雨。身上又冷，肚中又饥，眼看着有些支持不住了，忽见前面来了一男一女，挑着祭品，行到墓前，祭扫起来。买臣明明看见，却装作未曾认识一般，将脸扭到一旁。祭扫已毕，那女的猛然抬头，见是买臣，劈口问道：“君还没有发迹吗？”买臣愧不能答，正想逃走，免遭奚落，被其故妻一把拖住，将祭毕的酒食，分出一半与他。到了此时，买臣也顾不得羞惭，到口就吃，饱餐了一顿，把碗盏交还男人，说了声谢字，挑起柴担掉头就走。那男人便是买臣故妻的后夫。

转眼又过数年，买臣年已五旬，正想着不知如何才能发迹，武帝下诏要各郡推荐贤者，自荐也可，量才录用。

买臣是一穷儒，郡守何曾把他放到眼中，更说不上荐贤了。买臣无奈，借资入都，诣阙上书，多日不见消息，正欲离都返乡，恰遇邑人太中大夫严助出使三越归来，延至府中，热情款待。

说起这个三越，实乃二越一瓯，依次为南越、闽越和东瓯（亦称东越），因其地处大汉国的东南边陲，故称三越。

三越之中，以南越最大，次为闽越，又次为东瓯。闽越王无诸，受封最早，还是汉高祖所封。东越王摇及南越王赵佗，受封较迟，摇为惠帝时所封，赵佗为文帝时所封。他们三国子孙，代代相传，从未绝过。自从吴王刘濞败奔东瓯，被摇杀死，吴太子驹出亡闽越，屡屡鼓动闽越王郢，出兵东越，为父报仇。闽越也想扩大地盘，乘着太皇太后升天之机，发兵东侵。东越抵挡不住，使人向长安求救。武帝召问群臣，丞相田蚡首先发言：“越地辽远，不宜劳师动众。”

严助起而驳之：“小国有难，天子不救，如何能安抚万邦？”

田蚡正要出言相驳，武帝霍然长身，目视严助：“严爱卿听旨。”

严助应声而出。武帝一字一顿地说道：“丞相不足与计。朕命爱卿持节会稽，发会稽郡兵以救东瓯。”

严助遵旨而行，来到会稽。那会稽太守阳奉阴违，拒不发兵。严助本有符节在手，当场斩了一员司马。太守始惧，方由海道出兵，前往救援。行至中途，闽越将官闻得汉兵将到，自行退去。东瓯王屡次受创，恐怕汉兵一走，闽越再来报复，请求举国内迁，武帝大喜过望，当即应允。于是东瓯王以下，悉数迁入江淮之间。

严助凯歌而归，武帝念他功高，摆宴未央宫，为他接风洗尘，正喝到酒浓之时，严助说道："臣邑中有个朱买臣，道德文章，臣所不及，现滞留京都，请万岁封他个一官半职，好叫他为国出力。"

武帝正在兴头上，当即传旨一道，召买臣上殿，面询学术。买臣先说《春秋》，继言《楚辞》，甚合武帝之意，遂拜为中大夫，与严助同侍禁中，后因饮酒过度，醉卧殿中，受人弹劾，免职归里。

严助出使东瓯，瓯人内迁，使汉的臣民增加了近百万。是时，按人纳税，增了这近百万百姓，便是增加了偌大的税源，武帝心中那份高兴可想而知。

他忽然想到，自太皇太后薨逝，已有年余未曾游猎了。当即传令韩嫣，车骑伺候，三更造饭，五更出发。原本要带仙娟去的，因做了一个奇梦，临时改变了主意。

这梦是他刚躺下不久做的。

他似睡非睡，迷迷蒙蒙，忽然那肩膀像是被人拍了一下，伴之而来的是一声娇唤，盈盈的，柔柔的，非常动听。他霍然睁开双目，见床头立了一位女子，身穿青色衣服，非常美丽。武帝一脸惊愕地问道："汝是何人？"

女子微微一笑回道："我是墉宫玉女，受王母娘娘派遣，从昆仑山赶来，特向陛下禀告，王母娘娘就要来了，请您做好接驾的准备。"

武帝一听大喜，当即传旨韩嫣进宫，摆设御宴，以迎王母娘娘。

刚刚将御宴摆好，就听到云中有箫鼓的声音，响起人声和马声。王母娘娘在众仙的簇拥下飘然而下，缓步登殿。在武帝的印象中，王母娘娘是一位雍容华贵的老太婆，谁知一见，却是一个三十余岁的绝色丽人。武帝真是大喜过望，忙不迭地将她让到东向上座，自己西向相陪。

酒过三巡，王母娘娘命令陪侍左边的一位侍女进献仙桃。那侍女纤手朝空中一招，飘下来一个玉盘，内中盛着两颗仙桃，每颗桃大得像鹅卵一样，形状是圆的，呈青色。

接盘侍女将仙桃进献给王母，王母自留一颗，另一颗赐给武帝。他轻轻咬了一口，味道甜美极了，吃到嘴中，在外边都能闻到香味。

武帝吃完桃，将桃核收了起来，王母娘娘问武帝原因，武帝如实回道："我准备种这种桃树。"

王母娘娘笑回道："这种桃树你是种不出来的?"

武帝惊问道："为什么?"

王母娘娘笑眯眯地反问道："你知道这是什么桃吗?"

武帝轻轻摇了摇头："不知道。"

"这叫蟠桃。"

一说到蟠桃，武帝猛然想起，这就是东方朔偷的那种桃子了。三千年一开花，三千年一结果，怪不得这么好吃！这树莫说种不活，就是种得活也吃不到我的嘴里。他随手一抛，将桃核抛出老远。

王母娘娘微微一笑，举樽向武帝说道："请继续用酒。"

武帝举杯又饮。

王母笑问道："天子要不要听一听仙乐?"

武帝一生三大嗜好，一爱色，二爱赋，三爱音乐。闻言，当即回道："爱。"

王母将手一招，陪侍在左右的几位侍者，一一走到阶前，献技献艺。经王母娘娘介绍，武帝方知，弹八琅敖的叫王子登，吹云和之笙的叫董双成，击白玉之金的叫石公子，鼓震灵之簧的叫许飞琼，拊五灵之石的叫凌婉华，击阴阳之磬的叫范成君，作九天之钧的叫段安香。一时间，各种乐器齐鸣，声音直冲云霄。

武帝暗自思道，王子登、董双成、石公子、许飞琼、凌婉华、范成君、段安香等等这些人，不都是传说中的神仙吗?能亲眼看到、亲耳听到他们演奏，实乃三生有幸！

他正在暗自庆幸，忽听王母叫道："灵官呢?灵官怎么到现在还没有来?"

王母话刚落音，便有一个仙女破空而下，只见她身材颀长、骨肉匀挺，豆蔻年华，芙蓉颜面，低眉敛翠，晕脸生红。那一头乌发，盘成一个三角髻，其余的头发散垂到腰间，头上戴着九云夜光冠，腰间佩带火玉之佩和文林华之绶。这一身打扮，使她看起来愈发妩媚，真个是美艳绝伦，天下无双，把个武帝看得目瞪口呆，涎水直流。

忽听这灵官盈盈问道："娘娘召小女子下界，可有什么吩咐?"

王母朝对面一指，笑微微地说道："这位是凡间天子，不曾闻过仙曲，汝给他献上一首。"

灵官冲着武帝，敛衽一拜，柔声说道："献丑了！"

说毕，灵官扬臂甩袖，轻声歌道：

上邪！
我欲与君相爱悦，
长命无衰绝。
高山夷平江水竭，
冬雷震震夏飞雪，
天穹崩塌与地接，
乃敢与君绝，
乃敢与君绝！

灵官曼舞轻歌，字正腔圆，把个汉天子听得如痴如醉。

歌已毕，人未醒，武帝大张着嘴巴，目不转睛地瞅着灵官，直到王母唤他，才醒过神来。

王母笑嘻嘻地问道："汉天子，灵官这歌唱得怎么样？"

他连道了三声好字。

王母又道："你想不想知道这唱歌的女子是谁？"

武帝一脸惊诧地问道："她不是您的灵官仙子吗？"

王母笑回道："她既是我的灵官，更是君的妻子！"

武帝瞪大一双惊诧的眼睛，手指灵官："她，她是我的妻子？我咋不知道呢？"

"她是你妻子的原身，且还没有和你婚配。"

"我妻子的正身现在何处？"

"此乃天机，不可预泄。"

武帝不死心，刨根问底道："我那妻子什么时候才能和我婚配？"

"多则三五日，少则二三日。"

"如此说来，这猎我就不狩了。"

"不，你要狩，不狩猎缘，何来的奇遇？"王母娘娘说毕，在众仙的簇拥下，冉冉升上天空。

武帝仰天而拜，大声问道："今日一别，何时再得相见？"

空中回道："何时再得相见，全凭一个缘分，缘分到了，自能相见。"

见王母回答得如此含糊，武帝怅然若失，止不住一声长叹。醒来，乃是一梦。

他再也睡不着了，坐等三更，匆匆扒了几口饭，带上东方朔和他的狩猎大军，浩浩荡荡开往终南山。

他这一次出行，狩猎是虚，猎艳才是目的。

既是为了猎艳，就不能带仙娟了，女人天性妒忌。

可仙娟不答应，武帝左哄右哄，方将她说通，但有一个条件，得韩嫣留下来陪她。武帝不加思索便答应下来。

武帝一连狩了四天猎，朝见皇太后的日子眼看就要到了，仙子还未曾露面，便一脸沮丧地返回长安。进了麒麟街，一座豪宅映入眼帘。飞檐尖角的门房，朱红黑边的大门，门前蹲着两尊雕刻精美的石狮。

这不是我的大姐家吗？屈指数来，已有三个多月未见到大姐了，不妨拐进去瞧瞧。

当即传旨一道："摆驾平阳侯府。"

平阳长公主闻听圣驾光临，忙偕着丈夫——平阳侯曹寿，带领着男佣女仆，来到府门前恭候。

不一刻儿，皇帝的前驱过来了，继之是仪仗，之后才是御辇。武帝狩猎去时骑马，回来时改乘御辇。御辇停稳后，宫监撩起帷帘，轻声说道："平阳侯府已到，请皇上下车。"

这一边，曹寿、长公主和家人早已跪倒在地，口呼："恭候万岁！"那一边，武帝纵身一跳，下得辇来，疾步走到曹寿和长公主跟前，右手一伸说道："都是自家姊妹，不必行此大礼，二位快快请起！"

曹寿和长公主一齐说道："谢万岁！"说毕，站起身来，家人也跟着站了起来。

武帝转身对东方朔说道："朕是来看望姐姐和姐夫的，只留下十余个侍卫和御辇在门前等候，其他人尽行散去。"

东方朔高声应道："遵旨。"手臂一挥，官吏将士纷纷后退，回家的回家，回营的回营。留下的侍卫和驭夫，由平阳侯府的家人招呼。

武帝由曹寿和平阳长公主陪着，徐步走进了平阳侯府的大门，迎面耸立着一堵彩绘的画墙，画墙前青松挺拔，花卉争艳。画墙后有一片开阔的广场，广场周围镶着彩砖，里边遍植黄杨。黄杨经过修剪，整整齐齐，清清爽爽。穿过广场，两侧绿树环抱，隐隐约约现出几座玲珑别致的房舍，青灰色的砖，橙黄色的瓦，到处有盆栽的鲜花，色彩艳丽，芳香四溢。后面是一座花园，内有赏心亭、怡性阁，还有假山荷池，鱼塘鸟苑，奇花异草，曲径通幽，宁静中显出几分神秘。

用了半个时辰，方将平阳侯府粗粗地浏览了一遍。尽管是粗粗地浏览，武帝已是惊羡不已，脱口赞道："好一座仙府，比朕的皇宫还要略胜一筹呢！"

曹寿和平阳长公主齐声说道："承蒙万岁夸奖。"说毕，将武帝让进客厅，献上果品，一边吃着，一边说着家长里短。不知不觉，已到了吃晚饭的时间。曹寿忙命开筵，款待武帝。武帝上座，曹寿居左，长公主居右。

曹寿满满斟了一樽美酒，起身说道："万岁驾幸臣舍，蓬荜生辉，臣感恩不尽，薄酒一杯，敬献陛下，祝陛下寿比南山，祝大汉社稷稳如泰山，传之千秋万代！"

武帝接樽在手，笑嘻嘻地说道："恭敬不如从命！"说毕，一饮而尽。

长公主忙也斟了一樽酒，双手捧给武帝："祝陛下心想事成，美妃如云。"

武帝哈哈一笑说道："知朕者，长姐也。"忙将酒樽接过，喝了个樽底朝天。

酒过三巡，长公主将手一招，大厅门外依次走进来十个花枝招展的红绿女子和一班乐队。长公主笑对武帝说道："我怕万岁冷清，特以歌舞助兴。"

武帝朝这些歌女斜了一眼，虽说个个生得也算标致，但没有一个称得上绝色，比之仙娟更是天壤之别。故而，听了长公主的话，他没有凑腔。

平阳长公主何等聪明，见武帝没有说话，知道他看不上这班歌女，纤手一挥，将其斥退，又换了一班歌女进来，刚好也是十个。其中九人穿着绿丝长裙，独有一人穿着红丝长裙。红绿相映，穿红者特别醒目，就像片片莲叶中绽开的一朵荷花。武帝双目突地一亮，她，她不是四天前为我高歌一曲的那个灵官吗？

举目再看。是她，颀长的身材，黑油油的乌发，拢成个蛇髻，光鉴照人。还有那一双俏眼，两颊上的两个酒窝！

他忘情地站了起来。

长公主不是他肚中蛔虫，一脸惊诧地瞅着他，轻声唤道："陛下。"

他霍然一惊，赶忙坐了下去，冲着长公主，歉意一笑。

音乐声渐起，那十个女子应着乐曲的旋律和节奏，扬臂甩袖，慢悠悠地跳起舞来。红衣女子处于横队前面的中间位置，正对着武帝。武帝二目如同直了一般，大张着嘴巴，痴呆呆地盯着那红衣女子。

只听那红衣女子且舞且歌道：

上邪，
我欲与君相爱悦，
长命无衰绝。
……

是她，真的是她，朕的娇妃！

武帝再也抑制不住，霍然长身，朝红衣女子走去，一把攥住她的玉手，动情地说道：“灵官，你让我寻得好苦！”

这突然的变故，使满厅的人愣住了。歌舞停了，音乐停了，十几双惊诧的目光一齐盯着武帝。

还是平阳长公主机灵，念头一转，暗道，一定是红衣女子长得太美，引得皇上失魂落魄，才弄出这个局面。

她朝歌姬和乐队挥了挥手，众人很知趣地退了出去。

她欲要说些什么，话到唇边又吞了回去，她朝曹寿丢了一个眼色，悄无声息地双双退出了客厅。

偌大一个客厅，只剩下武帝和红衣女，四目对视，足有盏酒工夫，红衣女败下阵去，将头一低，双手摆弄着裙角。

武帝双手托住她的下颏，往上抬了一抬，柔声说道：“不要动，让朕好好欣赏欣赏。”

红衣女斜着一双俏眼，送给武帝一个秋波，莺啼燕语般地呼了一声万岁：“陛下刚才叫臣妾什么呀？”

“朕叫汝灵官，难道叫错了吗？”

“臣妾不叫灵官。”

“卿叫什么名字？”

“臣妾叫卫子夫。”

“不，卿不叫卫子夫，卿应该叫灵官才对！不，那灵官乃卿的原身，正身应该叫个卫子夫！”

听了武帝这番没头没脑的话，卫子夫有些糊涂了，一脸怯怯地瞅着武帝。

卫子夫不应该糊涂，她真真白白叫个卫子夫。

她是一个普普通通的农家女子，自她记事之日起，只知有母，不知有父。她的母亲，人称卫媪，在做姑娘的时候就在平阳侯府做女仆。

卫媪十七岁那年，由曹老太爷做主，嫁给了一个老实巴交的农民卫老大，家在覆盎门外二三里地的凹凹庄。卫老大孤身一人，家有两间草房，七八亩薄地，靠种瓜务菜为生。他们成家以后，不到五年，一连生了三个女儿，分别叫卫君孺、卫少儿、卫子夫。

就在卫子夫出生后不久，卫老大患痨病死了，为给他治病，把那七八亩薄地也卖了。万般无奈，卫媪又来到了平阳侯府，继续做她的奴婢。几年后，卫媪与平阳侯府小吏郑季有了私情，随即生产一子。寡妇生子，成了凹凹庄的特大新闻，惹得村民们议论纷纷，这压力太大，卫媪承受不了，心一横将胖娃娃送给了郑季。

郑季只有两个闺女，没有儿子，连做梦都在想着儿子，如今有了儿子，那嘴笑得像个水瓢，忙将胖娃娃抱到家中。他的老婆骤然见了这个娃娃，一脸惊诧地问道："这个娃娃是从哪里来的？"

郑季扯了个谎道："捡的，从芭茅滩里捡的。"

老婆信以为真，将胖娃娃接了过来，取名郑青，精心喂养。这小家伙胃口好，吃红薯也上膘，长得虎虎实实，超出同龄孩子半个头。

郑青九岁那年，老婆不知从哪里得了消息，那郑青不是捡来的，乃是一个野种，是郑季和卫媪偷情的产物，一怒之下，将郑青赶出门外。郑青无以为生，给一个财主家放牛，饥一顿饱一顿。十一岁那年，他所放的牛不小心被老虎吃了，财主将他打昏过去，误以为他死了，用芦苇一卷，丢到了乱葬冈里，也是他命不该绝，一阵大雨将他浇醒，他摸索着爬到凹凹庄。

那时，卫君孺、卫少儿、卫子夫已经进了平阳侯府的歌舞班，家中只剩了一个卫长君，他长得高高大大，黝黑的脸膛，宽膀窄臂，站在那里像座山，浑身有使不完的劲。经人说合，租了梁财主二十亩地，种瓜种菜，挑到长安城里去卖，这样一来，除了吃饭穿衣，还稍有积蓄。一家人很愉快地将郑青接受下来，改名卫青。

日子好了，卫媪的眼光也高了，不想让卫青像他长君哥一样做一个庄稼人，将他送到邻村的一家私塾。那私塾先生姓张，父亲是项羽的贴身侍卫，项羽死后，不愿扶保大汉，躲到高老庄闲居，经几个士绅力请，方设帐教读，死后传给儿子，即卫青的先生。这先生也年事已高，教了四年，无疾而终，刚好平阳长公主死了一个骑奴，经卫媪一说，平阳长公主欣然接纳了卫青。

至此，卫家阖家六口，除了卫长君以外，都成了平阳侯府的佣人，曹寿夫妇对他们一家人特别看顾，卫媪也不再去厨房干粗活了，改做保姆，专门来照料平阳侯的独生儿子曹洪。

其实，平阳长公主最器重的并非卫媪，而是她的三女儿卫子夫。

平阳长公主生在皇宫，长在皇宫，深知音乐歌舞在上层社会中的重要地位。为此，她在家中设了一个歌舞班，成员系清一色的妙龄女子。每逢贵客到来，她们便披红挂绿，轻歌曼舞。这个歌舞班一共二十多个人，不管是论相貌，还是论歌喉舞技，无人可与卫子夫匹敌。有一位王府的公子，在平阳侯府做客，见了卫子夫，垂涎三尺，开价便是千金要买卫子夫回家做妻子，平阳长公主嘿嘿一笑说道："这卫子夫是我的奇货，只有见了最尊贵的客人才能出售。"

她所说的这个最尊贵的客人，当然就是武帝了。武帝与陈阿娇联姻，已经四五年，阿娇肚子里没有一点反应。平民百姓尚讲究一个"不孝有三，无后为大"，何况一个尊贵无比的天子呢？

所以平阳长公主很注意网罗良家女子，特别是那些姿色出众的良家女子，加以训练，作为歌姬储备起来。只要武帝来看自己，那奇货不愁销不出去。

果如平阳长公主所料，武帝一来，便看上了卫子夫。

平阳长公主见目的已经达到，心中高兴，便重整佳肴，款待武帝，由卫子夫作陪。

武帝呷了一口酒道："朕这次游猎，叨扰了姐姐和姐夫，赐千金，以示补偿。"

曹寿夫妇谢恩已毕，平阳长公主在武帝耳边悄声说道："姐姐愿送子夫入宫，侍奉皇上，皇上可愿意？"

武帝微笑着点了点头。平阳长公主朝卫子夫丢了一个眼色，双双来到更衣室，卫子夫换过了衣裳，重施粉黛，显得愈发漂亮了。

平阳长公主拉着子夫的柔荑，笑眯眯地说道："你此去宫里，可谓一步登天，你要精心侍奉皇上，将来尊贵了，且莫学陈胜，不认儿时朋友了。"

子夫深施一礼道："奴婢不敢，奴婢谨遵公主教诲，一定要好好侍奉皇上，苟富贵，勿相忘。"

平阳长公主微笑着说道："我相信你。"

说毕，拉着子夫，双双回到大厅。

转眼之间，已到酉牌时分。武帝告别了姐姐和姐夫，载着卫子夫，兴冲冲地返回未央宫，将子夫带到了鸳鸯殿里。

鸳鸯殿也叫鸳鸯宫，位于未央宫里。未央宫位于长安城的西面，是皇帝听政的地方。未央宫周长九千三百米，面积五平方公里，约占长安城总面积的七分之一。宫内建筑高大巍峨，雄伟壮观，共有台殿四十三所，山六座，液池十三个，门闼九十五个，殿宇之盛，前所未有。主要建筑有前殿、宣室殿、温室殿、清凉殿、宣明殿、广明殿、昆德殿、玉堂殿、白虎殿、金华殿、椒房殿、昭阳殿、飞翔殿、增成殿、合欢殿、兰林殿、披香殿、凤凰殿、鸳鸾殿、麒麟殿、承明殿、北阙、东阙、石渠阁、天禄阁、渐台等，都是雕梁画栋，金碧辉煌。其中，昭阳、飞翔、增成、合欢、兰林、披香、凤凰、鸳鸾八殿，合称“后宫八区”，是武帝后妃居住的地方。武帝早想好了，当夜带子夫住鸳鸯殿，他要在那里与她欢度良宵。

御辇驶进未央宫，还没停稳，跑过来一男二女，跪地接驾，口呼万岁。武帝挽着子夫下车，径直入殿，一男二女紧随其后。

武帝落座后，手指男监问道：“你叫什么名字？”

男监跪地回道：“奴才名叫李贵。”

武帝又朝两个宫女一指：“亦报上名来。”

一宫女回道：“奴婢叫春月。”另一宫女回道：“奴婢叫秋花。”

武帝点了点头说道：“朕和卫贵人今晚要在此歇宿，你们先给卫贵人沐浴更衣。”

宫监和宫女不敢怠慢，将卫子夫引到殿左的一间房子，又是挑水，又是升火，还在浴盆里加了一些香料，把个沐浴室搞得暖烘烘、香喷喷的，方才帮子夫宽衣解带，面对李贵这样一个大男人，卫子夫有些不好意思，以目示意春月。未等春月开口，李贵很知趣地退了出去。

沐浴完毕，子夫披着秀发，身穿粉红丝长裙，被春月、秋花一左一右扶进寝殿。武帝已在那里等候多时，见了子夫，自头至脚将她扫了一遍。只见她，眉不描而黛，发不漆而黑，颊不脂而红，唇不涂而朱，武帝心中大喜，一把将子夫揽入怀中。

雨行得正浓之时，一个苍苍的声音在窗外说道：“启奏陛下，皇后求见。”说话的是宫监李贵。

武帝甚觉扫兴，一脸不悦地说道：“都什么时候了，不见。”

李贵小声说道：“皇后已经来了，非要见皇上不可呢！”

武帝气呼呼地说道：“来了也不行，说不见就是不见。”

“哟哟哟，这真应了古人一句话，新人进了房，旧人甩过墙！”这声音是个女的，还有几分酸溜溜的味道。卫子夫未见其人，已经猜了个八九不离十——陈阿娇，是皇后陈阿娇到了。她心情有些紧张，小声说道：“万岁，皇后既然来了，你还是去见一见吧！”

武帝极不情愿地穿衣下床，临走，还在卫子夫额头上亲了一口：“乖乖，朕把她打发走，好好等着我啊。”

他想得过于简单了，陈阿娇既然寻上门来，能那么轻易地让人打发走吗？

话不投机，二人吵了起来，陈阿娇端出皇后的架子，对武帝正色说道：“皇后乃中宫之主，统领后宫。你不知从哪里弄个野女人回来，我能不管吗？”她一边说一边往里闯，非要见识见识卫子夫这个野女人不可，把个卫子夫吓得浑身乱抖。

武帝却不吃陈阿娇这一套，双手将她挡在门外，反唇相讥道：“什么中宫之主，中宫之主有什么了不起？农家养一只母鸡会生蛋，喂一头猪能下崽，你呢？你会吗？你能吗？”

这话有些损人，把个陈阿娇呛得瞠目结舌，许久说不出话来。

是啊，结婚已经四五年了，至今没有生儿育女，这犯了女人家的大忌。阿娇越想越觉着理屈，“嗷”的一声哭了起来，边哭边走出寝殿，嘟嘟囔囔地说道：“什么金屋藏娇？你这叫金屋纳垢！去年你找了个娼妓，今日又给我带回来个歌姬，我和你没完！”

阿娇虽说走了，经她这一闹，武帝没了兴致，二人又说了几句闲话，倒头睡去。五更时分，武帝起床上朝，他见子夫似睡非睡，照她脸颊上吻了一口，轻声说道：“朕走了。你昨晚没有睡好，就多睡一会儿吧，朕去去就来。”

子夫突然伸出双手，勾住武帝脖子，回了个响吻，娇声说道：“不知怎的，我有些心虚，陛下可要早去早回。”

她坐直身子，目送着武帝前去上朝。

武帝上得朝来，见百官无本可奏，随即退朝。

五天了。每隔五天，他便要去长信宫一趟，向太后问安，这是汉家的制度。太后自太皇太后死后便搬进了长信宫，昭阳殿让给了陈阿娇。

往日他去长信宫，太后总是笑脸相迎，今日却紧绷着脸。

不只太后，窦太主刘嫖就坐在太后的左边，也绷着个脸。

刘嫖因为年龄大了，女儿阿娇是皇后，所以从太皇太后之姓，尊称窦太主。窦太主听说武帝领回来个野女人，女儿兴师问罪，反被骂了一顿，心中有气，便带着阿娇来找王太后。

这不，阿娇此刻就坐在太后的右侧，两眼通红，嘤嘤地哭个不停。

武帝心中有些发毛，不知道这三个女人将如何收拾自己。但又不能不问。

他朝太后一跪，轻声说道："孩儿向母后问安。"

太后没有说话，只是朝窦太主指了一指。

大汉规矩，皇帝可以向母后跪安，岳母不行，姑姑呢，更不行，顶多施一礼即可。

可太后没有叫武帝起来，他也不敢起来。但要他向窦太主跪安，那是万万不可。

双方僵持了一阵，太后勉强说道："我儿平身。"

武帝站了起来，侧身朝窦太主施了一礼。

窦太主哟了一声道："免礼免礼，你如今已经长大了，做了皇帝了，翅膀也硬了，这礼我可承受不起。"话中带刺。

武帝不想理她，也懒得理她，返身向太后施了一礼，说道："母后这里若是没有什么事情，孩儿就告辞了。"

太后将手一摆说道："你别急，我还有话问你。昨晚，你是不是又弄回一个女人？"

武帝如实回道："禀母后，孩儿昨晚是弄回了一个女人。但这是一个良家女子，貌美且贤，孩儿一见钟情……"

太后轻叱一声道："什么良家女子？分明是一个歌姬，与仙娟同一个货色！"

阿娇不再抽泣，很不合时宜地插了一句："那仙娟是一个娼妓，皇上不是在找女人，是在收集破烂。"

武帝瞪了阿娇一眼，没有说话。心中暗道，这个女人真怪，明明知道仙娟是个娼妓，朕娶了一年多，也没见她陈阿娇如此闹过，卫子夫来了不到一天，她便将朕告到太后这里，究竟是何意？

其实，那意思很明显，正因为仙娟是个娼妓，来路不正，且又人人皆知，便不会威胁她陈阿娇的皇后之位；卫子夫则不然，一是貌美而贤，二是出身良家，三是为平阳长公主所荐，而平阳长公主又是太后的长女，在宫中有一定势力，谁敢担保她不会效法当年的馆陶长公主刘嫖，来一个易后易储呢！

太后见武帝沉默不语，放缓了口气说道："我儿，你有所不知。当年，母后进宫，举目无亲，你姑姑对母后百般呵护。还有你这皇帝，若非你姑姑从中周旋，查十八代也查不到你的头上。古人有言，'受人点滴之恩，当以涌泉相报'。你嫖姑姑有恩于咱们母子，只要我还在这个世上，就不允许有人欺负你嫖姑姑母女！"

这话使阿娇大为感动，“嗷”的一声大哭起来。

武帝厌恶地瞅了阿娇一眼，没有说话。

只听太后继续说道：“那个卫子夫，既然我儿已经临幸，就算皇宫的人了。再退回平阳侯府不好。可将她打入冷宫，从此不得相见。至于阿娇，你当年红口白牙，说得明明白白，‘若是娶阿娇为妇，就盖一座大大的金屋子把她藏起来。’你不能食言。自今之后，要善待阿娇，少夫少妻嘛，来日方长，她会替你生个龙子的。”

武帝心中似打翻了五味瓶，母后要她善待阿娇，似乎还说得过去，谁叫自己当年说过金屋藏娇的话来！但对于子夫，未免有失公允。子夫是我带进宫的，究竟有何罪，这般待她？正要分辩，太后压了压手，果断地说道：“不要说了。昨夜，你和阿娇这么一闹，害得我一夜没有睡好。你走吧，我想再睡会儿。”说毕，打了一个长长的哈欠。

武帝无奈，起身告辞，垂头丧气地回到未央宫前殿，他无法面对子夫。早晨离开子夫的时候，亲口对她说道：“朕去去就来。”不料去了一趟长信宫，情况发生变化。他想见子夫，又怕见子夫，见了她怎么说呢？说把她打入冷宫，是迫于无奈；还是说依然爱她，叫她耐心等待？不能说，都不能说，他怕自己一见子夫，为她的姿色所迷；不只姿色，还有眼泪，弄得自己不能自拔，那可就糟透了。

想来想去，倒不如由宫监总管出面，将她安置好了再做打算。

他召来了宫监总管，口授一诏：“你速去鸳鸯殿，将卫贵人安置到延年殿居住。并让李贵、春月、秋花随去服侍。记住，卫贵人名义上是打入冷宫，但宫中人对她不得有半点歧视。至于待遇，一如妃嫔。”

武帝安顿了子夫，并没有立马去会陈阿娇，一天到晚，只要没事，就泡在仙娟的飞翔宫。阿娇又找到太后哭诉了一番，太后发下话来，要将仙娟扫地出门，武帝已经失去了卫子夫，岂能再失去仙娟，慌忙跑到昭阳殿，对阿娇大献殷勤。

第十章　征讨受挫　为母寻女

武帝稳住了陈阿娇，后宫暂时平静下来。他腾出手来，干了三件大事：一是命大行王恢及太中大夫严助征讨闽越；二是派遣张骞出使西域；三是令郎官司马相如往抚巴蜀。

闽越王郢，自恃兵强，既得逐去东越，复欲吞并南越，休养了二三年，竟大举入侵南越王境。南越王胡为赵佗孙，听说闽越来侵，但守不战，使人飞奏朝廷，说道："两越俱为藩臣，不应互相攻击，今闻闽越无故侵臣，臣不敢举，唯求皇上裁夺！"武帝览奏，极口褒扬南越，说他守义践信。当下命大行王恢及太中大夫严助并为将军，一出豫章，一出会稽，两路并进，直讨闽越。

淮南王刘安上书谏阻："越，方外之地，劗发文身之民也，不可以冠带之国法度理也。自三代之盛，胡越不与受正朔，非强弗能服，威弗能制也，以为不居之地，不牧之民，不足以烦中国也。"

刘安之所以这样说，概因私心所起，他自忖，汉一旦控制三越，淮南国必受制于汉。武帝何等聪明，一眼便将他看穿，授意严助做《谕意淮南王》，以达刘安。书曰：

> 今闽越王狼戾不仁，杀其骨肉，离其亲戚，所为甚多不义。又数举兵，侵陵百越，并兼邻国，以为暴强，阴计奇策，入燔寻阳楼船，欲招会稽之地，以践勾践之迹……

刘安接书，不敢再言。

闽越王郢闻王师已到，忙回军据险，以抗王师。郢弟余善，知不可为，聚族而议，想杀郢以谢大汉。族人多半赞成。余善遂怀揣利刃，进帐拜谒郢王，乘其不备，一刀将他刺死，割下首级，献于王恢。王恢得郢王首级，传令止兵。一面通告严助，一面将郢首传送京师，听候武帝裁定。武帝下诏罢兵，遣中郎将传谕闽越，另立无诸孙繇君丑为王，奉闽王祖先祭祀。余善自以为有功于汉，汉薄待自己，不服繇王节制。繇王无奈，遣人入报武帝。武帝也觉着有些薄待了余善，封其为东越王，划境自守，不准与繇王相争。

武帝安置了余善，复命严助出使南越，南越转危为安，得益于大汉，故对大汉感恩戴德，闻天使到了，南越王胡亲去城外十里相迎，热情款待。严助离境，赠之金帛古玩，并遣太子婴齐，随严助北去长安，做汉宫侍卫。途经淮安，刘安自忖，谏止讨伐闽越一事，为帝不容，而严助又是皇上近臣，百般讨好，请他代为说项，严助满口应允，别时，受其千金。

严助返都，果然不负前言，在武帝面前为刘安说了不少好话，为其开脱。

偏那余善虽王东越，对武帝并不感恩，屡征不朝，引得武帝大怒，欲要出兵讨伐余善。恰逢朱买臣复官，得了这个消息，忙向武帝进言道："东越王余善，向居泉山，负嵎自固，一夫守险，千人俱不能上，今闻他南迁大泽，去泉山五百里，无险可恃，今若发兵浮海，直指泉山，陈舟列兵，席卷南趋，破东越不难了。"

武帝闻言大喜，命朱买臣先行一步，担任会稽太守，一旦朝廷讨伐东越，好出兵、出粮相助。

买臣受命辞行，武帝笑问道："爱卿可知，朕为什么要委卿为会稽太守?"

买臣笑回道："筹粮筹兵，修治楼船器械，以助王师。"

武帝摇头道："卿只答对了一半，若纯为筹粮筹兵，朕这手下，能胜任此职的不下百人，为什么单单要委派你呢?"

买臣双手一拱说道："臣愚昧，究竟陛下为甚委臣做会稽太守，还请陛下明示为盼!"

武帝笑微微地说道："朕听说，卿家贫无依，至为乡人所侮，妻子亦别卿另嫁。有道是'富贵不归乡，如衣锦夜行'，今卿可谓衣锦荣归了!"

买臣大为感动，拜谢而出。

买臣失官之时，离都返乡，曾在会稽守邸中，寄居饭食，免不得遭人白眼，忍受揶揄。此次受命为会稽太守，正是吐气扬眉的日子，他却藏着印绶，仍穿了一件旧衣，伛偻其身，蹒跚其步，来至邸中。可巧邸中正坐着功曹、书佐，置酒高会，见了买臣进去，装作没有看见，照旧酣饮狂呼。买臣也不去说明，低头趋入内室，与邸中当差人员一同用餐。待至吃毕，方从怀中露出绶带，随身飘扬。有一差役从旁瞧见，暗自惊奇，遂走至买臣身旁，引绶出怀，定睛一看，却是会稽太守的官印，慌忙问道："朱君怎会有这个东西?"

买臣淡淡地回道："这有什么可奇怪呢? 圣上已授命我为会稽太守，故有此物。”

这一说，吓得问话之人忙跪下请罪。

买臣双手将他扶起：“不必说请罪的话，有道是‘不知者不为罪’嘛！”

那差役爬将起来，飞也似的跑到前厅，报信去了。功曹、书佐已喝得酩酊大醉，齐声斥道：“那朱买臣被皇上削职为民，尔又不是不知，何故要来胡说八道？”

报告人气得头筋暴绽，指天发誓道：“此事千真万确，若有半字相欺，甘受天惩！”

欢宴者中，有一位乃是买臣故友，素来瞧不起买臣，见那差役不像撒谎，起身说道：“诸位但管饮酒，待我亲去后厅一认，便知分晓。”

他这一认，又惊又怕，狂奔而出：“不得了了，了不得了！朱买臣果然做了会稽太守！”

众人听了，无不骇然，急忙整衣肃冠，至中庭排班伫立，再由功曹入内，恳请买臣出庭受谒。

买臣背负双手，徐徐踱至中庭。众人尚恐酒后失仪，加意谨慎，拜倒在地。买臣只答他们一个半礼，语中带刺道：“买臣不才，扫了汝等酒兴，罪过，罪过！”

说得众人面如鸡冠，叩头谢罪不已，买臣方才说道：“汝等不必惊慌。汝等请起，但望汝等日后，不要过于势利，吾愿足矣！”

待到大众起来，外面已驱入驷车高马，迎接买臣赴任。买臣别了众人，登上驷车，有几个想乘势趋奉，愿随买臣到郡，被买臣拒绝，碰了一鼻子灰。

买臣乘舆驰入会稽，吏民夹道欢迎，万人空巷。新太守到任，又是本地人做本地官，愈觉稀奇，一时争先恐后，仰望风采，把一条大街几乎塞得水泄不通。此时买臣坐在舆中，正在得意扬扬的时候，一眼瞥见他的那位下堂故妻张氏也在人群之中，缩头缩脑地看他，忙命停下官舆。

朱买臣坐在车中，遥见故妻张氏，不禁想起旧情，念那墓前分食的余惠，便命左右，呼她过来，停下官舆，细询近状。张氏既羞且悔，哪里还答出话来，只泪雨纷纷，哽咽不已。

买臣长叹一声，命她且等接印以后，来衙再谈。张氏听了，含羞而退。

过了几天，买臣公事已毕，方问近身家人，那个张氏是否来过？家人回道：“夫人……”

那个家人，刚刚说出夫人二字，忙又缩住，改口道：“那位张氏，早已来过多次，奴仆见主人没有空闲，不敢引她进见。”话刚落音，又一家人来报，有一个自称张氏的人求见大人。

买臣答了声：知道了，速引她前来见我。

张氏到了此时，自知贵贱悬殊，况且后夫又充衙中公役，此刻不是妇随夫贵，乃是妇随夫贱了。只得厚着脸皮，双膝跪下。

买臣将手一招道：“你我不必行此大礼，站起来吧。”

待那张氏站起之后，买臣和颜悦色地说道：“前事不必再谈，尔的后夫，既是衙中公役，我当拣派优差，使你夫妇不致冻馁便了。”

张氏闻言，双泪交流，低声答道：“我已懊悔无及。务望念我与你二十余载夫妻之情，将我收留身边，做妾做婢，悉听尊便。”

买臣听了，暗自思道：“这女人好生无理，我只允你，将你夫拣派优差，你却得寸进尺，要做我的老婆，我何不……”

他命家人，端来一盆凉水，双手接过，往后厅一泼，对张氏说道：“请你把这盆水揽起来。”

张氏愁眉回道：“有道是‘覆水难收’，这水我如何揽得起来？”

买臣哈哈一笑道：“你已是下堂之女，既然知道覆水难收，就不该再有做我妻妾之念。但你我总算夫妻一场，我可以将你夫妇留之后园。你个人的衣食，由我供给。”

张氏既羞且悔，疾走两步，一头朝厅柱撞去。买臣欲拦，哪里还阻拦得住。只听咚的一声，张氏额破身亡。买臣摇了摇头，感叹一声说道：“这何必呢！”遂命家人买上等棺木一口，厚葬了张氏。

朱买臣这次回乡任职，争足了脸面，一方面尽心尽意地安抚百姓，轻徭薄赋，一方面筹兵筹款，整修器械，专待朝廷出兵，助讨东越。不料，武帝听信王恢之言，诱击匈奴，无暇南顾，所以把东越之事暂时搁置起来。

匈奴位于长城北方，乃夏后氏后裔，是个游牧民族，一靠畜牧，二靠狩猎，三靠掠夺为生。其攻战，斩敌一首，赐酒一卮，所得俘虏，归虏者所有，为奴为婢。秦时，因其屡屡犯边，始皇曾命大将蒙恬将兵三十余万，北攻匈奴，匈奴大惧，远徙朔方。至胡亥为帝，暴虐天下，陈胜、吴广，振臂一呼，义军蜂起，天下大乱，无暇顾及塞外，匈奴复逐渐南下。匈奴称国王为单于，称王后为阏氏。刘邦建汉，匈奴单于不服，发兵二十余万，由左右贤王带领，来攻汉之太原。左右贤王的称号，乃是单于以下的最大官爵，仿佛与大汉诸侯王相似。刘邦闻报，御驾亲征。匈奴佯装败北，退到平城。刘邦不知是计，纵兵直追，被困在白登山上，逼得刘邦差点自杀。万般无奈之下，陈平只好采用美人计，除了将宗室女以公主的身份嫁给匈奴单于之外，还向匈奴赔偿绢帛一百万匹，美酒一万坛，细米一百万石等，方换得匈奴撤兵。

自此之后，汉廷视匈奴为虎狼，所定条款不敢有丝毫懈怠。每逢单于新立，便以宗室女送上妻之，黄金、绢帛、美酒、细米如江水一般，源源不断流入匈奴。匈奴越发觉着汉廷可欺，动不动就发兵攻汉，烧杀奸淫，掠夺子女、金帛。

汉惠帝三年（前192年），单于竟然致书吕后，说："陛下独立，孤偾独居，两主不乐，无以自娱，愿以所有，易其所无。"

吕后阅书，明知羞辱自己，也只能是忍气吞声，回书单于，卑辞求和。书曰：

单于不忘敝邑，赐之以书，敝邑恐惧。退日自图，年老气衰，发齿坠落，行步失度，单于过听，不足以自汙，敝邑无罪，宜在见救。窃有御车二乘，马二驷，以奉常驾。

每每想起这些往事，武帝便义愤填膺，屡屡欲出讨匈奴，为大汉报仇，为祖宗雪耻，因太皇太后作梗，未能如愿。如今府库充盈，廪庾皆满，京师之钱累巨万，贯朽而不可校；太仓之粟陈陈相因，充溢露积于外，至腐朽不可食。众庶街巷有马，阡陌之间成群，使他有了反击匈奴的物质基础。恰巧这时，有一商人，乃雁门郡马邑人氏，名叫聂壹，年老嗜利，因与王恢是个拐弯亲戚，便入都谒之，说是匈奴终为边患，我若诱其入塞，伏兵截击，必获大胜。听了聂壹之言，王恢心下大喜，当即上书武帝。武帝少年气盛，本欲出讨匈奴，就好似想睡觉送来个枕头，大喜过望，立马召集群臣计议。太仆公孙贺、中郎将韩安国，以及公孙弘、董仲舒、东方朔、司马相如、石庆、石德，皆出面反对，尤以公孙贺为烈，与王恢争论廷前，各执一词。

王恢慷慨激昂地说道："陛下即位数年，威加四海，统一华夷，独匈奴侵盗不已，肆无忌惮，若不设法痛击，如何示威？"

公孙贺驳说道："臣闻高皇帝被困白登山，七日不食，及出围还都，不相仇怨，可见圣人以天下为心，不愿挟私害公。自与匈奴和亲，利及五世，故臣以为不如主和！"

王恢摇头说道："非也。从前高皇帝不去报怨，乃因天下新定，不应屡次兴师，劳我人民。今海内久安，只有匈奴屡来寇边，常为民患，死伤累累，槥车相望。仁人君子，引为痛心，乃何不乘机击逐呢？”

公孙贺亦摇头说道：“臣闻，兵法有言，以饱待饥，以逸待劳，所以不战屈人，安坐退敌。今欲卷甲轻举，长驱深入，臣恐道远力竭，反为敌擒，故坚决主和！”

王恢语带讥讽道：“公孙将军徒读兵书，未谙兵略，若使我兵轻进，原是可虞，今当诱彼入塞，设伏邀击，使匈奴左右受敌，进退两难，臣料擒渠获丑，在此一举，可保得有利无害！”

公孙贺欲待再驳，武帝摇手说道：“二卿不要争了，朕觉着大行言之有理，朕亦决心征讨匈奴，为国雪耻！”说到这里，他略略抬高了声音说道：“公孙爱卿听旨。”

公孙贺出班应道：“臣在。”

“朕拜汝为轻车将军。”

之后，武帝又一连点了四个大臣，依次是：大行王恢，拜将屯将军；中郎将韩安国，拜护军将军；卫尉李广，拜骁骑将军；大中大夫李息，拜林官将军，连同公孙贺，每人率兵六万，潜伏马邑，邀击匈奴。

武帝一边为他们准备粮草，整治器械，一边遣聂壹引诱匈奴。

聂壹奉诏之后，置办了大批绢帛和金珠珍玩，前往匈奴互市，并拿出部分金珠送给单于，乘机进言道：“启奏单于，臣愿举马邑城奉献给您。”

单于以为他是一句戏言，笑回道：“好啊！但汝本商人，怎么献城？”

聂壹答道：“自从和亲以后，汉朝对边境防备松弛。我手下养有数百壮士，内中不乏武林高手，若令他们混入马邑，斩县令，取马邑，易如反掌！只是城中汉兵甚众，还望单于发兵接应。事成之后，财帛子女，大王取其七，吾得其三，愿已足矣。”

单于本来贪利，闻言大喜，当即派一当户随着聂壹，先入马邑，等聂壹斩了县令，然后进兵。

聂壹返至马邑，先与县令密谋，从牢中提出死囚三名，枭了首级，悬挂城上，谎称是县令、县丞、县尉头颅，欺骗当户。当户信以为真，忙去还报单于，单于便领兵十余万，亲来接应。路过武州，距马邑尚有百余里，但见沿途统是牲畜，独无一个牧人，未免起了疑心，可恰路旁有一亭堡，料想堡内定有亭尉，何不生擒过来，逼他供出实情！当下指挥人马，把亭堡团团围住，亭内除亭尉外，只有守兵百人，职在瞭望敌情，通报汉军。此次亭尉得了军令，佯示镇静，免使敌人生疑，所以留在亭内。这亭尉姓李，名绪，本乃一个软蛋，今见匈奴势大，未敢抗击，乖乖做了俘虏，为了讨好匈奴，将汉之密谋，涓滴不漏地道给了匈奴。

单于闻言，且惊且喜，仰天狂笑道："天不灭我！"当即将李绪封为天王，掉转马头，径奔塞外。

是时，王恢奉命抄出代郡，拟袭匈奴兵背后，截夺辎重，猛听得单于逃归，不胜惊讶。这人原非将才，前此奉命讨伐闽越，因闽越内讧，未动一枪一刀，立功边陲，趾高气扬。今骤然见了十几万匈奴大兵，心中恐慌，暗自思道，我所带兵士，不过六万，怎能敌得住匈奴大队，不如纵敌出塞，还好保全自己性命！遂通令三军，不准邀击匈奴，违令者斩。等匈奴兵远遁塞外，方引兵而还。

公孙贺、李广等人，带领大军，分驻马邑境内，好几日不见动静，心中诧疑，忙遣侦探前去打探，方知匈奴已经遁去，忙纵兵出击，途中与王恢相遇，少不得埋怨了几句，引兵还朝。

武帝原以为，大军一出，匈奴必败无疑，他要拿着单于人头，去高陵祭奠列祖列宗，谁知……见了王恢，怒发冲冠，破口骂道："你个大狗熊！诱骗匈奴，本乃首谋，怎的见了匈奴，畏如虎狼，一刀未搏，致使匈奴安全撤退，致使我三十万大军，功亏一篑，汝自己说，该当何罪！"

王恢冷汗直流，匍匐于地，小声答辩道："此次出师，原拟前后夹攻，计擒单于，诸将军分伏马邑，由臣抄袭敌后，截击辎重，不幸良谋被泄，单于逃归，臣所部只六万人，不能拦阻单于，明知回朝复命，不免遭戮，但为陛下保全六万人马，亦望曲原！陛下如开恩赦臣，臣愿邀功赎罪；否则，请陛下惩处便了。"

武帝冷哼一声道："什么不能拦阻，那匈奴闻听我汉军在马邑设伏，几成惊弓之鸟，莫说汝有六万人马，就是六千，他也不是汝的对手！《左传》曰：'赏当贤，罚当暴。不杀无辜，不失有罪。'朕将汝交付廷尉，由廷尉依律惩处。"把手一招，上来两个虎贲武士，将王恢除去冠带，扭送下殿。

廷尉几经复议，认为王恢当斩，复奏武帝。武帝当即依议，限期斩首。

其实，马邑伏击，劳师无功，尚糜去军费两亿，王恢固然当斩，武帝也有推卸不掉的责任。试想，一次调动三十万大军，出师二千余里，不置统帅，各自为政，如何协同作战？此乃一也。孙子兵法曰："兵者，诡道也。"伏击匈奴，讲究一个"密"字，却告之于一个小小的亭尉，不只亭尉，从"沿途统是牲畜，独无一牧人”来看，这事连普普通通的牧民都知道了，如何守得住密？这说明，武帝在用兵方面，非常幼稚，可身为天子，至高无上，谁敢道个不字？作为一个囚犯，王恢更不敢，经过一番深思熟虑，他一方面上书武帝，诚心认错，以求宽恕；一方面令家人置金千斤，献于丞相田蚡，求他设法相救。田蚡觉着，自己是武帝母舅，有太后撑腰，且王恢虽说有罪，但保全了六万兵马，顶多是劳而无功，不应致死，遂将千金悉数收下，入宫对王太后说道：“王恢谋击匈奴，伏兵马邑，本来是一条好计，偏被匈奴探悉，计不得成，虽然无功，罪不至死。今若将王恢问斩，是反为匈奴报仇，岂非一误再误么?!”

太后以为然，乘武帝问安之机，将田蚡所言，略述一遍，切望武帝听了自己之言，法外开恩，赦王恢一条小命。谁知，武帝听了太后之言，摇头说道：“母后有所不知，马邑一役，本是王恢主谋，出师三十万众，望得大功，即使单于退去，不中我计，但王恢已抄出敌后，何不邀击一阵，杀获几人，借慰众心？今王恢贪生怕死，逗留不出，若不按律加诛，如何令天下人信服呢？”

王太后本与王恢无亲无故，不过为了姐弟情面，代为转言。她乃见武帝义正词严，也觉得不便多说，待至武帝出宫，即使人报至田蚡。田蚡自然令人转报王恢。王恢心灰意冷，左思右想，倒不如投缳自尽，也好留个全尸，夜间，乘狱吏不备，自杀身亡。

田蚡闻王恢已死，心中很不是滋味。大汉明明以孝立国，武帝为什么不给太后面子？他百思不得其解。

其实，他应该知道，武帝为什么不肯给太后和母舅面子，乃是因韩嫣引起。

武帝虽说将卫子夫打入冷宫，但无时无刻不在念着子夫，有心将她赦免，又恐母后见怪。韩嫣就像武帝肚中的蛔虫，乘机进言道：“陛下，臣有一计，可讨得太后欢心。她老人家若是一高兴，您便向她提出赦免子夫之事，万无不允之理！”

武帝闻言，异常欢喜，催促道：“小嫣子，有什么妙计，快讲，快讲！”

韩嫣左右前后望了一番，见无他人，方才趋前，低声说道：“太后未曾进宫之前，已是有夫之妇。”

武帝大吃一惊：“此事当真？”

“千真万确。”

他见武帝默然不语，复又说道：“太后不只是有夫之妇，且还生有一女，取名金俗，嫁在长陵。”

此事关乎皇家声誉，武帝不得不慎之又慎，反复追问。韩嫣微微一笑说道：“太后再醮之事，皇上不可过于介意。秦庄襄王失意之时，娶了一个吕不韦的宠姬为妻，日后成了王后，生了一个不可一世的秦始皇，那始皇还是一个带肚的；咱们的高祖爷，已经做了汉王，也曾娶了一个反王之妾薄氏，而文帝……”

他这一说，武帝心情方才好受了一些，沉默片刻说道：“无论如何，母后有再醮之史，不大光彩，汝却告之于我，是何用意？”

韩嫣嘿嘿一笑说道：“皇后总以为您娶了一个娼妓、一个歌姬，将您取笑，若非太后撑腰，吓死她也不敢。皇上若是放下架子，把金俗接入宫中，使太后母女团圆，太后必然感激皇上，这是一；自太皇太后驾崩，太后无了顾忌，时不时总要干涉一下朝政，皇上若是把金俗接来，明是为了太后，实是将她再醮之事，昭告于天下，她老人家也是要脸面的人，必将心怀羞惭，还会过问朝政吗？果真这样，陛下这皇帝才算一个真正的皇帝，想做什么，便做什么，就是搬石头砸天，谁敢干涉，谁又干涉得了呢？这样一来，卫子夫……”

武帝未等韩嫣把话说完，将手一摇说道：“小嫣子不必多言，朕知道该怎么办了。”当即启驾出横城门，直奔长陵，由韩嫣作陪。

长陵系高祖葬地，距长安城三十五里，立有县邑，徙民聚居，地方却也热闹，百姓望见御驾到来，都道是来祭陵寝，偏御驾驰入小市，转弯抹角，竟到金俗所居的巷道口外，突然停下。

金俗的丈夫，是个呆大，既无田产，又无遗财，开门柴米油盐等七件事，是少不了的，金俗整日为这事发愁，吃了上顿没有下顿。对门一位邻居，姓李，名焕，本属小康人家，见金俗可怜，隔三岔五，给几文铜钱，几匹麻布，三两斗米粮，方不至于冻饿而死。金俗心下不安，对李焕说道：“妹妹家境，原也不甚宽裕，常常送我钱粮布匹，帮我度日。但我男人，你也知道，是个呆大，一不能种田，二不能经商，如何赚钱？母亲入宫，已经二十余载，生死未卜，所借的钱粮，叫我何日奉还呢？”

李焕微微一笑说道：“有道是‘远亲赶不上近邻，近邻不如对门’，人讲个缘分，你我对门而居，便是有缘，今日我帮助你，说不定哪一日你翻身了，我还得仰仗你呢！”

金俗轻叹一声说道："您看我家这个样，就是公鸡生蛋驴生角，也难以有个出头之日。"

李焕笑道："姐姐且莫把话说绝，有道是'瓦片尚有翻身之日'，何况一个人呢！钱粮事小，姐妹情深，我若想要你归还，也就不借给你了。"

一席话，说得金俗热泪盈眶。

这一日，金俗正在家里烧火做饭，忽听得巷道里人欢马叫，不知发生了什么事，忙朝灶里塞了一大把柴火，奔出厨房，站在门口想看热闹。谁知，拥来一群执戟武士，一边走一边驱逐行人，并强令沿巷各家各户关闭门窗，不得窥视。看着看着，这一队武士，径奔她的宅邸，吓得她掉头进院，关闭了大门，躲在门后，隔着门缝朝外窥探。

那一队武士，将她的宅院团团围住。少顷，一个美男子来到门前，将门啪啪一拍问道："金俗在家吗？"

这一问，问得她面如土色，左思右想，自己没干什么违法之事，拿她何来？不对，前天，南隔壁黄家，死了一个媳妇，是药死的，为此抓走了几个嫌疑人，这一次，莫不是怀疑到我的头上？她越想越怕，有心逾墙而逃，明知墙外皆是队伍，慌得跑进内室，躲在床下，非但不敢出声，连大屁也不敢放。那大门是怎么被人弄开，那大批人马又是怎样进来，她是一概不知。

美男子韩嫣带着武士，四处搜寻不着，闹了半天，方在床下将金俗寻了出来，带到武帝面前，叫她跪下叩见万岁。

金俗早已吓得魂不附体，一切听从韩嫣摆布。武帝盯着金俗，看了一阵，见其貌极其似己，知是同母姐姐无疑，伸出双手，将她搀了起来："姐姐，你莫怕，母亲现已做了太后，我也登基五年多了，请姐姐随我回宫，见过母亲，便可长享荣华富贵，不用再过这穷苦日子了。"

说毕，另用一辆车子，将金俗载回宫中。

那天，王太后适患小病，卧在寝室，忽见武帝带了一个民女进来，穿得破破烂烂，止不住问道："此女是谁，为何带到我这？"

武帝笑嘻嘻地回道："母后请猜。"

太后将金俗扫了一眼，摇头说道："娘猜不着，请皇儿明示。"

武帝道："您猜得到的，只是母后未从用心罢了。"

太后摩挲双眼，将民女仔细打量一遍，举目瞅瞅武帝，又低头瞅瞅民女，满面疑虑道："难道她是娘的俗女？"

武帝颔首说道："她正是儿的金俗姐姐。"

太后又惊又喜，一把将金俗揽在怀中，泪流满面道：“闺女，这不是在做梦吧？”

金俗三岁离开母亲，一晃二十余年，昼思夜盼，想不到母亲就坐在眼前，且已荣升太后，尊贵无比，儿随娘贵，那苦日子可熬到头了，心中那份惊喜，远远大于太后，哽咽着回道：“母后，这不是梦。”说完，一头拱到太后怀中，呜呜咽咽哭将起来。

太后也哭，她是喜极而泣，双手轻轻地摩挲着金俗秀发，哽咽着劝道：“闺女莫哭，你我母女，失散二十多年，今得团聚，应该感到高兴才对！”

说毕，擦了擦眼泪，抬头对武帝说道：“皇儿，你俗姐怕是还没有用饭呢。”

武帝道：“这个容易。”当即命内监传谕御厨，速备酒肴，顷刻间便即搬入。太后当然上坐，姐弟二人，左右侍宴。武帝斟酒一卮，亲为太后上寿，又续斟一卮，递与金俗道：“大姐今后勿忧，我当给钱千万，奴婢三百人，公田一百顷，甲第一区，让大姐安享荣华富贵。”

金俗闻言，欢喜若狂，伏地向武帝叩了三个响头。

太后也很高兴，病不治而愈，笑对武帝说道：“如此一来，皇帝不是太破费了吗？”

武帝笑回道：“母后也有此说，做儿子的如何敢当？”

说着，各自又饮了几杯，太后猛然想起两位公主，对武帝说道：“我与你俗姐，母女得以团聚，可喜可贺，不妨给你两个姐姐也通报一声，叫她俩也高兴高兴。”

武帝道了一声遵命，当即颁旨一道，宣平阳长公主刘燕、隆虑长公主刘越进宫面母。

太后见金俗衣服破烂，不大雅观，便借更衣为名，叫金俗一同入内，由宫女替她装饰，又是搽脂抹粉，又是贴钿横钗，服霞裳、着玉舄，俨然一个娇颜帝女，与进宫时大不相同。

待至装束停当，复随太后出来，可巧二位长公主陆续趋入。阖家团圆，少不得寒暄几句，便即一同入席，团坐共饮，备极欢愉，直至二更将尽，方才罢宴。金俗留居长信宫，余皆退去。

翌日，武帝记着前言，即将面许金俗的田室财奴，一并拨给，并进封金俗为修成君。

那个呆大，原本也是要封的，谁知这位金婿，没有福气，得了一个急症，呜呼哀哉！有道是："一日夫妻百日恩。"金俗少不得痛哭一场，厚敛了呆大。

也是那金俗时来运转，因祸得福，呆大刚一入土，便有人前来做媒，那男的名叫石德，官拜奉车都尉，位列九卿，一表人才，夫人与呆大同日而亡。

这媒一说便成。有皇帝证婚，也不管什么丧葬旧俗——守孝三年。刚刚过了三七，金俗又披婚纱。

回门那日，武帝趁着太后高兴，委婉地说道："母后，孩儿成婚将近六载，皇后未曾给孩儿生下一儿半女，这恐怕也不是母后的心意吧！"

这当然不是太后心意，只是，她欲言又止。

只听武帝继续说道："前不久，孩儿找了一位相士，将宫妃们挨个观了一遍，皆无贵人之相，唯有打入冷宫的那个卫子夫，相士赞不绝口。"

太后何等聪明，知道武帝想干什么，有心成全他，势必要得罪窦太主和皇后阿娇；若是一口拒之，儿子不只促成了她母女团圆，且对俗女恩宠有加，如今有事求己，叫她如何相拒？左思右想，欲允不能，欲拒不忍，含糊说道："皇儿也不过二十几岁，何患无子？子夫之事，待为娘想一个万全之策，方好答复我儿！"

武帝万万没有想到，为了使母后和金俗团圆，自己屈驾去访，并赐给金俗封号、田园、奴婢、金帛，就子夫屁大个事，她却来个不长不短，立马将脸一寒，欲要说太后几句，却见宫女春月跌跌撞撞闯进长信宫，扑地朝武帝一跪："启奏皇上，卫贵人她，她投缳自尽了！"

众人闻言吃了一惊，武帝肝胆欲裂，也不要什么御辇，拔腿朝延年殿狂奔而去。

第十一章　投缳自杀　重见天日

卫子夫入宫以后，本想陪伴少年天子，专宠后房，偏遭皇后妒忌，被打入冷宫，不得与天子相见，忧虑成疾，偏在这时，陈阿娇寻上门来。李贵、春月和秋花闻听皇后大驾光临，慌忙出宫迎接。陈阿娇沙着嗓子说道："起来吧，本宫听说皇上的心上人病了，特意来看看。"

陈阿娇一步三摇，径直走进卫子夫的房间，春月紧随其后，一边走一边说道："卫贵人已经病了一个多月，下不了床，不能亲自恭迎皇后娘娘，请娘娘原谅。"

"贵人，什么贵人？"陈阿娇尖声尖气地说道，"本宫孤陋寡闻，在所有的后妃中，只有皇后、美人、良人、八子、七子、长使、少使、婕妤、娙娥、容华、充依等，可从来没有听说还有什么贵人。倒不如叫个贱人，方名实相符！"

陈阿娇说的也是实话，在后妃中，确实没有贵人这一称谓，卫子夫进宫，身份还没来得及确定，便被打入冷宫。她那贵人的称谓，乃是武帝在宫监、宫女面前，随口称呼而已。

子夫正在床上躺着，强忍着疼，原本要下床给陈阿娇施礼，听阿娇这么一说，知她此来不怀好意，所以索性躺着没动，只拿眼睛瞅着她。瞅着瞅着不禁想笑，原来陈阿娇一只眼大，一只眼小，不只是个塌鼻子，还是个肿眼泡，鼓鼓的，活像池塘里的青蛙。

陈阿娇也看清了子夫，但见她青丝黑亮，光可鉴人，面如芙蓉，肤如白雪，还有那一双俏眼和双颊上的两个酒窝儿，虽说久病没有化妆，仍不失为一个大美人儿，怪不得皇上对她如此着迷。

陈阿娇又妒又羡，故意一笑说道："哟——果真是个大美人，只可惜忘了自己的斤两，一个歌姬也配做皇帝嫔妃，你就在冷宫给本宫好好待着吧，什么时候咽气，给本宫说一声，本宫好找一个野狗多的地方，将你扔到那里，来一个天祭。"说毕，将宫袖一甩，扬长而去。

子夫自始至终没有说一句话，她知道陈阿娇这次上门，就是为专门羞辱自己，人家的话固然尖刻，然而倒是实话。自己出身微贱，怎能高攀皇家？皇上之所以宠幸自己，乃是心血来潮，图个快活！这不，他快活之后，不就将自己忘得一干二净了吗？看样子，自己注定要在这冷宫里待上一辈子，永无出头之日了。

她想到了死。

死有什么不好？一了百了！

她借故支走了李贵、春月和秋花，强撑着身子走下病榻，将丝绳朝过梁上一搭，搬了一个木椅，站在上面，将丝绳挽了一个活套，将一颗大好头颅伸了进去，尔后，一脚将椅子踢倒，使自己半悬在空中。她只觉着憋气，从眼眶里憋出两个火球，初如鸽卵，继如鹅蛋，越来越大，大得像一个面盆子。她多么希望这火球将吊她的丝绳烧断，可是……

她只觉着两眼一黑，便什么也不知道了。

也是她命不该绝，春月被支走以后，突然耳热心跳，心神不宁，一个不祥之兆，涌上脑海：卫贵人病成这个样子，身边不留一个人，若是有个三长两短……

春月不敢往下再想，疾步返回延年殿，果见卫子夫在寻短见，惊叫一声，跑出门外，可着嗓子喊道："快来人呀，卫贵人上吊了！"

李贵、秋花听到喊声，狂奔而来，三人一齐用力，方将卫子夫卸下，李贵一边对子夫施救，一边遣春月去找武帝。等武帝赶到，卫子夫已经苏醒过来。他一把将子夫揽在怀里，眼泪丝丝地说道："朕正在设法将你救出冷宫，为这差一点儿和母后翻脸，你为什么要死呢？你不该去死！"

子夫仰着泪脸说道："陛下对臣妾的一片心意，臣妾没齿难忘。但我大汉立国，以孝为本，臣妾不能为了自己，让陛下母子翻脸，落下不孝之名……"

武帝深情地说道："你不要说了，朕意已决，朕可以失去母后，但不能失去你。你尽管好好给朕养病，朕给你派最好的御医，待你病好之后，朕马上接你去合欢殿，咱夫妻好重温旧梦。"

子夫苦笑一声道："皇上的心意臣妾领了，但臣妾不敢奢望和陛下白头偕老，臣妾只希望陛下法外开恩，让臣妾母亲进宫，与臣妾见上一面，愿已足矣！"

武帝道："这个容易。"当即降旨一道，召卫媪入宫。

卫媪进宫，见了子夫，抱头痛哭，春月、秋花好劝歹劝，方止住了哭。

卫媪扶起子夫，让她坐到床沿上，抚摸着她的秀发道："啊，你受苦了！"

子夫凝视母亲，见她头上生出不少白发，脸上添了几道皱纹，情不自禁将自己的脸贴着母亲的脸，深情地叫了一声娘。泪水像断了线的珠子，直往下滚。

卫媪抓住子夫双手，说道：“子夫，我们的时间不多，赶紧拣要紧的话说。”

子夫道：“女儿见娘一面，死了也甘心。”

卫媪嗔道：“别说傻话了，娘不是在你跟前坐着吗？”

卫子夫长叹一声道：“女儿不只想娘，女儿还想两个姐姐以及卫青弟弟，不知他们可好吗？”

卫媪点头说道：“好，好，他们都很好。”说毕，便将姐弟三人的情况，简略地给子夫讲了一遍。

自子夫进宫以后，平阳侯府的歌舞班就解散了，大姐君孺、二姐少儿回到凹凹庄的家中。不想，少儿的肚子一天天大了起来，经再三盘问，少儿方才说道，她肚中的孩子，乃是管家霍仲孺的，这个霍仲孺，利用管家之便，给了少儿一点好处，并用甜言蜜语，引她上钩。少儿经不住诱惑，未婚先育，生了一个壮实的儿子，取名霍去病。两人在长安城租了两间房子，以夫妻名义住到了一块。霍仲孺比少儿大十七八岁，性格又不合，两人经常斗嘴，少儿一气之下，抱着去病回到了凹凹庄。没有多久，又嫁给了汉朝开国元勋的曾孙，名叫陈掌，年龄二十多岁，长得眉清目秀。二人一拍即合，正式拜堂成亲，把霍去病丢给了卫媪。

至于那个卫青，做了一段平阳长公主的骑奴，一个偶然的机会，结识了武帝，被武帝委为建章宫羽林。

那是半年之前，武帝带领一帮骑士去浐河边狩猎。骏马奔驰，鼓乐喧天。草丛中窜出一只花鹿，武帝看见了，策马追逐，追到一个土丘旁，花鹿不见了，却见十余匹马在悠闲地吃草。

那马匹匹高大健壮，毛色溜光，红色白色黄色棕色，映衬着绿茵茵的草地，煞是好看。可是，牧马人呢？怎么不见影呀？武帝大喊一声：“哦——有人吗？”

“有！”

武帝循声望去，但见土丘一角，坐着一个青年，膀大腰圆，体壮如牛，背倚桐树，正在读书。武帝觉着好奇，下马走到青年跟前，要过一串书简，展开读道：“兵者，国之大事也。死生之地，存亡之道，不可不察也……”武帝满面惊讶道："你在读《孙子兵法》？"

青年淡淡一笑："怎么？牧马人读兵书，稀奇不是？"

"这……这……"武帝掩饰着尴尬说道，"敢问兄弟，你读兵书为了什么？"

青年高声回道："当将军，保国家。"

武帝连道两声好字，正待说些什么，随驾骑士飞马来到土丘旁，下马跪地，口呼万岁。

面对此情此景，牧马人惊诧万分，原来眼前这个衣着华贵的青年，竟是当今天子，忙匍匐于地，口称："小民卫青，叩见天子，祝天子万岁，万万岁！"

武帝双手将他搀起，和颜悦色说道："卫爱卿家居何方，从何营生？"

卫青二次跪地："启奏陛下，臣家居凹凹庄，现为平阳侯府骑奴……"

"平阳侯府？"武帝反问道。

"正是平阳侯府。"卫青答道。

武帝轻轻颔首道："原来是自家人！卫爱卿，朕来问你，你愿不愿意做朕的骑士？"

卫青朗声回道："小民愿意。"

"公孙敖听旨。"

一个五大三粗的青年，应声走出队列，朝武帝跪了下去。

武帝吩咐道："卫青到建章宫当差，你要好生安排。"

"遵旨！"公孙敖叩头而起，来到卫青身边，和颜说道，"卫青贤弟，请你把马送回平阳侯府，明日辰时，到建章宫找我。"

……

卫媪讲到此处，子夫鼓掌说道："好了，好了，青弟终于有了出头之日。"

卫媪不以为然道："你也太高看了青儿，不就是建章宫一个骑士吗？"

卫子夫笑道："娘有所不知，女儿未曾入宫之时，带着青弟去长安闲逛，遇到许负的高足姚定国，他直怔怔地看着青弟，惊诧地说道：'小兄弟，别看你现在穷困，将来必为贵人！'青弟淡漠地一笑：'但求吃饱肚子就成，还妄想什么富贵？'姚定国说：'我这个人相面，不会错的，小兄弟，你日后官至封侯呢！'如今青弟被皇上看中，必将飞黄腾达！"

卫媪喜笑颜开，咧嘴一笑说道："但如闺女所言，为娘也不枉厚着脸皮养青儿一场。"

武帝果然没有负约，子夫病好之后，便遣了一个宫监总管来接子夫，自己则放下手头的所有事情，在合欢殿专候。

合欢殿是未央宫“后宫八区”中的一殿，位于椒房殿的西面。殿内彩饰纤缛，纹以朱绿，饰以美女，玉阶彤庭，珊瑚碧树，装饰得极其奢靡华丽。

子夫见武帝微笑着朝她走来，正欲下拜，武帝急忙阻拦，将她揽入怀中，重述两年来的离别之情。子夫故意说道：“臣妾不敢再近皇上，倘若被中宫得知，臣妾死不足惜，恐陛下亦有许多不便呢！”

武帝照子夫脸颊吻了一口说道：“爱妃不必多虑，今非昔比，谁也奈何不得朕了！”

子夫余悸犹存道：“母后呢，难道母后也奈何陛下不得吗？”

武帝信心十足地说道：“朕这肚中，已经有了对付母后的办法，爱妃尽管放心好了！”

子夫微微一笑说道：“如此说来，臣妾不担心再进冷宫了！”

武帝又照她脸颊上吻了一口说道：“不会的，决不会的！”

子夫长出了一口气道：“但愿如此。”将脸紧紧贴住武帝胸膛。

武帝一边抚弄着子夫秀发，一边说道：“朕昨夜做了一个梦，见卿立处，旁有梓树数株，梓与子声音相通，朕尚无子，莫非应在卿身，应该替朕生子吗？”

子夫且羞且娇道：“臣妾昨夜也做了一梦，臣妾的肚脐上忽地长出一棵树苗来，见风便长，顷刻壮如石磙。”

听子夫这么一说，武帝愈发高兴：“这梦好啊，肚皮上长树，乃是一个根字，朕后继有人矣！”

说毕，双手将子夫揽腰抱起，径奔帷帐。

一宵雨露，种成欢叶爱苗，卫子夫的肚子一天比一天大了起来。

卫子夫重新得宠，这是陈阿娇所始料不及的。武帝将她安置在合欢殿，等于视她为正式嫔妃，这更使陈阿娇大感意外。她当即来到合欢殿，找武帝理论，哭着闹着要武帝莫忘金屋藏娇的诺言。

武帝冷笑一声道：“金屋藏娇不错，朕说过这话，可是你这个‘娇’得给朕生下麟儿呀！大汉江山，需要有人继承，你生不了，朕另找人生，这有什么错？卫子夫刚幸，就怀孕了，你也怀孕呀！怀不了就回昭阳殿去，少给朕找麻烦。”

陈阿娇见武帝下了逐客令，恼羞成怒，放开嗓门说道：“你要生子，臣妾不敢反对，但你要找个正经人来生。宫中那一帮子嫔妃，少说也有三十余人，你咋不找她们去生呢，偏偏找了一个歌姬！歌姬你知道吗？歌姬就是歌伎，是千人压万人戳的玩意儿！”

子夫是一个什么样人，武帝最清楚，她虽然是个歌姬，却是一个处女。见阿娇如此作践子夫，武帝暴喝一声道：“你不要说了！”阿娇吓了一跳，许久方醒过神来，哭着说道：“你一心护着卫子夫，把驴屎蛋儿当成夜明珠，臣妾治不了你，有人治得了你，你等着，臣妾这就去找太后！”

她果真将太后搬了来。王太后板着脸问道：“彻儿，我听说你把那个姓卫的歌姬从冷宫里放出来了？”

武帝直言不讳地说道：“放出来了。”

“这么大的事，你为什么不和娘商量商量？”

武帝不以为然道：“孩儿是皇帝，皇帝至高无上，孩儿不必大小事都去请示母后吧？”

这一说，把太后弄了个倒噎气，戟手指道：“你，你，你是长大了，不要为娘了。但你莫要忘了，你这皇帝是娘挣来的。娘对朝政从来不插手，但娘对后宫之事不能不插手，娘不能大睁两眼，让你娶一个歌姬进宫，败坏皇家声誉！”

武帝铁了心，誓与太后争一高低，反唇相讥道：“歌姬怎么了，歌姬的地位难道连一个再醮之人都不如吗？”

有道是：“打人不打脸，揭人不揭短。”作为儿子，竟把短揭到老娘头上，她如何忍受得了，一声哭道：“天哪，我大汉立国，以孝为本，我怎么积德了这么一个儿子！我还有脸活吗？”一边说，一边将头朝庭柱上撞去。

这一来，武帝慌了，拦腰将太后抱住，不住口地道歉，还给太后下了一跪，好劝歹劝，才把她劝回了长信宫。

太后一连哭了三天，但自此之后再也不提卫子夫了，但并不等于忘了卫子夫。儿子对己，一向很是孝顺，如今一反常态，还不是因为自己那段不光彩的历史，是谁将自己这段不光彩的历史告诉了儿子？她想到了韩嫣，是他，一定是他！像这些事情，除了他，谁敢给皇帝说呀？

她恨透了韩嫣，暗自发誓道：“韩嫣，我跟你小子没完！此仇不报，誓不为人！”

也是韩嫣小命该绝，恰值江都王刘非上朝，武帝约他同猎上林（苑），先命韩嫣往视鸟兽。韩嫣奉命出宫，登车驰去，从人却有百余骑。刘非正在宫外候驾，望见车骑如云，心中想到，这一定是天子出来了，急忙挥退从人，自向道旁伏谒。不意车骑并未停住，尽管向前驰去。刘非才知有异，起问从人，乃是韩嫣坐车驰过，气冲牛斗。刘非能不恼吗？他原为淮阳王，和武帝是同父异母兄弟，在兄弟辈中，就数他武功最高，前元三年（前154年），吴楚七国之乱时，刘非年仅十五岁，却上书父皇要求率兵出击，景帝嘉其勇，赐以将军印，令其随军往吴国平叛。

十五岁的孩子能做些什么？但是平叛之后，景帝却喜欢这位勇敢的儿子，所以徙封他为江都王，又赐以天子旌旗，以示恩宠。似这样一个人物，岂肯受辱于宫中的一个舍人！刘非原欲奏明武帝，转而思道，武帝正宠着韩嫣，说也无用，不如暂时忍下来。

狩猎归来，刘非面谒太后，哭诉韩嫣无礼之状，自愿辞国还都，做一舍人，与韩嫣同侍武帝。

太后闻言，勃然大怒，新仇旧恨，一股脑儿涌上心头，正欲降下懿旨一道，惩治韩嫣，刘非趋前说道："那韩嫣乃皇上宠臣，单凭他行驰道中，藐视诸侯王，定他死罪，皇上不服。儿臣听说，他与皇妃仙娟及数位宫女有私，若能就此入手，寻他一两件罪证，再问斩刑，管叫皇上无话可说。"

太后见他言之有理，当即面谕宫监李云，叫他悉心查访。

武帝虽有韩嫣伴驾，卫子夫、仙娟侍寝，仍嫌不足，命人建了一座明光宫，选取燕赵佳人二千名，纳入其中，都是十五岁以上，二十岁以下的。又恐散漫无稽，特设女监统领。韩嫣进谏道："建章、未央、长乐三宫，距离较远，二千人数不敷分配；最好再选三千人，分做二十队，每队二百五十人，以女官为队长，秩比六百石。凡被陛下幸的，记其时日，受孕的赐百金，生子的赐二百金；年届三十，悉出嫁之，再取少女填补。如此一来，陛下日做穿花蝴蝶，可以长居温柔乡了。"

武帝听了大喜，一一依议。此外，又设一总队长，由韩嫣担任，因怕太后干涉，命他男扮女装。

一天，武帝忽见一个姓朱的队长，年纪不过二十多岁，身边一个女官，看上去已有十七八岁。朱队长呼之为女，不禁诧异起来，便问朱队长："这个女官，是你的义女吗？"

朱队长慌忙跪下，叩首说道："启奏陛下，这女官乃臣妾亲生之女。"

武帝有些不信，追问道："汝今年该有几岁，竟能养出这么大一个女儿来？"

朱队长听了，微微一笑回道："臣妾今年四十有一，如何养她不出？"

武帝吃了一惊，复将朱队长打量一番："如卿所说，你莫非会驻颜术不成？"

朱队长未曾回答，娇脸先红，轻声说道："臣妾幼遇异人，曾受房中术，因此不老。"

武帝听了狂喜，即问其术。朱队长嗫嚅着回道："陛下，要学此术，臣妾不敢不传，但不能纸上谈兵，必须床上亲授。"

武帝连道好好好，将朱队长引至便殿，使之秘密传授。不到数夕，尽得其术。从此可以三日不食，不能一夕无妇人侍寝。

朱队长虽有房中之术，相貌不及仙娟，更不及卫子夫。武帝又是一个薄情寡义之人，术已到手，便改幸她人去了。朱队长耐不得寂寞，便向韩嫣暗送秋波。

韩嫣原来就是一个色鬼，又想学习房中术，二人一拍即合，干起了苟且之事。

谚曰："要想人不知，除非已莫为。"事为仙娟所知，寻上门来，大闹了一场，这事传得沸沸扬扬。李云得了这个消息，忙去禀报太后，太后下旨，将仙娟和朱队长一并拘入暴室，严刑拷问。二人受刑不过，将所作所为，老老实实地招了出来。太后也不征求武帝意见，遣人将韩嫣拘来，一并问了斩刑，并降懿旨一道，将五千宫女，一概遣散出宫。

武帝痛失韩嫣、仙娟并五千宫女，不免对太后怀恨在心，正要伺机报复，出一出胸中恶气，恰值太后为王恢说情。反击匈奴，武帝早有此心，王恢不过恰恰迎合了他的心思罢了，故而武帝并没杀掉王恢之意，王恢之死，明是死于武帝，实是死于太后，不只太后，还有田蚡。

太皇太后在世之时，与田蚡不合，田蚡罢职闲居，变着法儿讨好武帝，颇得武帝信任。太皇太后驾崩，田蚡得以位列宰辅。田蚡向来小人性情，失志便谄，得志便骄，田蚡既做了丞相，又有王太后作为内援，当即便起了骄态，作威作福，盖大厦、置良田，广纳姬妾，大开受贿之门，每当入朝奏事，一奏便是几个时辰，武帝对他言听计从，朝中大吏，多为田蚡所荐。这一日，田蚡又面呈一份花名册，那上边开列了十几个名字，要求武帝任用，武帝略略看毕，把脸一沉说道："二舅所举之官，已经不少了，难道还没满意吗？以后，须让朕拣选几人！"

田蚡面红耳赤，起座趋出。

未几，田蚡扩建院子，欲占考工之地，他厚着脸皮，去见武帝，未等他把话说完，武帝作色说道：“何不将武库一并占了呢！”

田蚡不敢再言，悄然退出。正因为武帝反感田蚡，所以王恢一案，武帝不肯放松，太后和母舅越是说情，他越是要将王恢处死。

武帝逼死了王恢，等于掴了太后、母舅一个小小的耳光，但太后不知进退，仍要干涉朝政，武帝痛下决心，再给太后一个颜色瞧瞧。

第十二章　灌夫骂座　太后干政

吴楚七国之乱，窦婴奉命率兵平叛，官居大将军，上马管军，下马管民，一人之下，万人之上，声势显赫。田蚡那时，只不过窦婴手下一个郎官，奔走大将军门下，跪拜趋谒，何等谦卑，就是后来窦婴为丞相，田蚡为太尉，名位上几乎平肩，但田蚡尚且甘居后进，一切政议，推窦婴主持，田蚡不敢有所不敬。谁知时移势易，窦婴丢官家居，田蚡得以超拜丞相，二人从此不再往来，视同陌路，连一班亲戚僚友，统皆变了态度，只知趋承田蚡，未尝理会窦婴，窦婴免不得抚髀兴嗟。独故太仆灌夫，却与窦婴始终交好，不改故态，窦婴遂视为知己，格外情深。

说起这个灌夫，也算是武夫中的佼佼者。

灌夫之父，名叫灌孟，本姓张，曾事颍阴侯灌婴，由灌婴荐为汉军校尉，因此寄姓为灌，随灌婴前去平叛，受大将军窦婴节制。

窦婴率领大军，直捣叛军大营，第一阵灌婴为先锋，率兵数千，前去搦战。叛军出营接仗，两军奋战多时，胜负未分，引得灌孟性起，舞动长槊，突入敌阵，叛军向前阻拦，被灌孟左挑右拨，刺死多人，一马驰入，是时灌夫也在军中，见老父轻身陷敌，忙率部曲千人，上前接应。偏灌孟只向前进，不复后顾，眼看杀到叛军首领——吴王刘濞面前，竟欲力歼刘濞，一劳永逸。那刘濞左右，统是历年豢养的死士，猛见灌孟杀人，慌忙并力迎战。灌孟虽然英勇，毕竟上了年纪，区区一支长槊，如何抵挡住许多刀戟，身中数创，危急万分。待灌夫上前相救，灌孟已力竭声嘶，翻倒马上，灌夫急忙救了灌孟，杀开一条血路，驰归军前。顾视灌孟，已是挺着不动，毫无声息了，引得灌夫放声大哭。窦婴闻报，亲来祭奠，披麻戴孝。

汉军惯例，父子二人，若有一人亡故，生者可脱去军籍，护柩归乡，这对军士也算一种优待。偏偏灌夫不要这种优待，且泣且愤道："叛军杀了我父，此仇不共戴天！我欲要杀他几个叛将，祭奠亡父，怎言轻去的话！"

窦婴见他义愤过人，倒也不便相强，允他继续留在军中。

汉军吃了败仗，暂闭营门，不与敌战。灌夫报仇心切，私嘱家奴十二人，夜劫敌营。又向部曲中挑选壮士，得三十六名，裹束停当，候至半夜，便披甲执戟，带领四十八骑驰往敌营。才行数步，回顾壮士，多已散去，只有两人相随，所喜家奴一人不缺。此时他报仇心切，也不管人数多寡，竟至刘濞大营前，纵马冲入。叛军未曾预料，纷纷退往两旁，听任他往后闯去。

后帐住着刘濞，守帐者不下千人，多为敢死之士，见灌夫杀来，当即出来应战，虽说是众寡悬殊，灌夫并不胆怯，挺戟乱刺，戳倒了十几人，但自身也受了好几处重伤，再看家奴，全部战死，他自知不能济事，大喝一声，拍马退走。叛军从后追来，亏得两壮士断住后路，好使灌夫脱身。至灌夫走出叛军大营，两壮士中又战死一人，只有一人得脱，追上灌夫，疾驰回营。窦婴闻灌夫袭敌营，急遣兵士救应。兵士才出营门，已与灌夫兜头碰着，见他战袍上面，尽染血痕，知是受了重伤，簇拥入营。窦婴取出万金良药，替他敷治，方得不死。但十余人能劫叛军大营，九死中博得一生，也是亘古罕闻了。

刘濞经灌夫这么一吓，险些魂离躯壳，但闻汉军只十五人，能有这般胆量，倘或全军过来，如何招架得住？因此日夜不安。加之粮路已被太尉周亚夫截断，兵不得食，上下枵腹，将佐离心，自思长此下去，即不战死，也是饿死，踌躇数日，弃军而逃。谚曰："蛇无头不行，兵无主自乱。"二十多万饥卒，一哄而散，被汉军截住，统皆做了俘虏。

平乱之后，景帝论功行赏，灌夫为最，迁官太仆，赏钱一千万缗。

灌夫虽说勇敢绝伦，唯有一样不足，嗜酒如命。每每酒后，狂呼乱叫，打人骂人。一日，与长乐卫尉窦甫饮酒，忽生争论，举拳便打，将窦甫殴成重伤。那窦甫乃太皇太后弟弟，他岂能善罢甘休，哭诉于太皇太后，太皇太后降下懿旨，将灌夫免官。

灌夫家本颍川，家产颇丰，任侠好交，有食客数十人，及灌夫出外为官，宗族宾客，倚官托势，鱼肉乡民，怨声载道，遂编出四句歌谣，到处传唱："颍水清，灌氏宁。颍水浊，灌氏族。"灌夫在外多年，无暇过问家事，到了免官以后，仍不欲退守家园，混迹都中，居常无事，常至窦婴家欢叙。

一日，灌夫在都中闲走，忽生一念：我与丞相田蚡昔日同事窦婴，如今他为丞相，百官之首，不知还认不认我这个同僚？何不如闯将进去，看他如何相待？主意一定，遂趋入相府，门吏当即入报，田蚡也未拒绝，将他迎入客厅，扯了一阵闲话，田蚡问道："仲孺近日何干？"

灌夫本字仲孺，他明知田蚡与窦婴不和，却直言答道："弟也没干什么，隔三差五，去魏其侯家一趟，饮酒谈天。”

田蚡随口说道：“我与魏其侯已有半年未见，有心过府拜访，还不知他欢迎不欢迎？”

灌夫连声说道：“欢迎，他一定欢迎！蚡兄贵为丞相，走到哪里，哪里便蓬荜生辉，岂有不受欢迎之理！”

田蚡笑道：“既然这样，我一定去拜访魏其侯，届时，还要请仲孺相陪。”

这本是一句虚言，谁知灌夫竟然当起真来，他满面欢喜地说道：“丞相既愿过访魏其侯，我当为丞相先行一步，令他具酒守候，愿丞相明日早临，幸勿负约！”

到了此时，田蚡悔已无及，佯装允诺，支走了灌夫。

灌夫出了相府，匆匆往报窦婴。

窦婴虽说爵位未除，但也比不得从前一呼百应，闻听田蚡过访，暂将怨愤搁在一旁，入告妻室，赶紧预备酒筵。一面嘱厨夫多买牛羊，连夜宰烹；一面命仆役洒扫房屋庭院，足足忙了一个通宵。天未及晓，便令门役小心侍候。大约到了辰牌时分，灌夫趋入客厅，与窦婴一同候客。直候到午牌二刻，不见田蚡到来。

窦婴不免有些心焦，对灌夫说道：“莫非丞相把此事忘了不成？”

灌夫摇头说道：“非也，事才隔了一夜，那田蚡的记性，尚不至于如此差吧？”

他又耐着性子，等了一刻，还不见田蚡踪影，起身说道：“大将军在此安坐，下官前去迎他一程。”

未等窦婴应腔，他便一溜小跑，径奔相府，问明门吏，方知昨夜，田蚡观了大半夜歌舞，高卧未起。他勉强耐着性子，坐待了一个时辰，方见田蚡缓步出来。灌夫当即起身，一脸不悦道：“丞相昨日许我，要过访魏其侯府。魏其侯夫妇安排酒席，渴望多时了。”

田蚡本无去意，到了此时，却是无法推辞，佯装谢罪道：“对不起，愚人昨晚喝多了酒，竟把此事给忘了。请仲孺在此少坐片刻，兄略略收拾一下，便好随弟前去。”

他这一收拾，竟然收拾了两个多时辰，直到日影西斜，方缓步而出，呼唤灌夫登车，直奔魏其侯府。

窦婴望眼欲穿，见田蚡大驾光临，忙延至客厅，盛筵相待。

灌夫心中不快，喝了几杯闷酒，竟有些醉意了，手指田蚡，尽数其恶。

田蚡倒也大度，不与他计较，言笑自若，害得窦婴不住口地给田蚡赔礼道歉。

田蚡见窦婴软弱可欺，欲要霸他城南良田，遣宾客籍福，至窦婴处说项。

此田系窦婴宝田，肥得能一脚踩出油来，他怎肯轻易让人？当即对着籍福，愤然作色道："老朽虽是无用，丞相也不应擅夺人田！"

正说着，灌夫趋入，问明事情原委，将田蚡大骂了一番。籍福见求田无望，还报田蚡，将窦婴、灌夫之言，隐而不提，反向田蚡劝道："魏其侯年老且死，丞相只需忍耐几日，自可唾手取来，何必多费口舌呢！"

听了这话，田蚡深以为然，不复再提此事。偏有那势利小人为了讨好田蚡，竟将窦婴、灌夫所言，一一告知田蚡。田蚡怒发冲冠，击案说道："早年，窦婴侄杀人，应该问斩，幸亏我从中周旋，方救下他一条狗命。现在我向窦婴老狗乞要几顷薄田，反这般吝啬，况此事与灌夫何干，又来饶舌，我却不稀罕这区区几顷薄田，看他两人能活到几时？"

事隔一日，田蚡果真上书一封，弹劾灌夫，说他家属横行颍川，并将四句歌谣附上。卫子夫难产，武帝心情烦躁，哪有心管这等闲事，对田蚡说道："这本丞相分内之事，何必奏请呢！"田蚡当即遣人去捕灌夫，灌夫哈哈大笑："我正要与田蚡对质朝廷，谁生谁死，尚在两可之间。"

捕者惊问其故，灌夫答道："田蚡为太尉时，正值淮南王刘安入朝，田蚡奉命出迎霸上，刘安知他是武帝母舅，刻意笼络，他心中一喜，顺口说道：'主上未有太子，将来帝位，当属大王。大王为高皇帝孙，又有贤名，若非大王继立，此外尚有何人？"

这本是几句谄语，刘安竟然当真。那时武帝尚不到二十岁，刘安长他，少说也有二十余岁，按照常理，必要亡在武帝之前，武帝即使没有儿子，这皇位岂能由他来接？

刘安听了田蚡之言，心中大喜，赠他千金和珠宝无数，托他作为内应，田蚡慨然应允。

此事偏被灌夫侦知，故有是说。

捕者一经灌夫道明，心中畏惧，放了灌夫，还报田蚡。田蚡嘴上说灌夫胡说八道，心中却似擂鼓，央人私下说合，握手言和。

事隔一年，田蚡妻死再娶，夫人乃燕王刘嘉之女，由王太后颁出懿旨，尽召列侯宗室，前往贺喜。窦婴侯爵未除，亦在应召之列。行前，忽然想起灌夫，邀其同行。灌夫辞谢道："夫屡次得罪丞相，不如不往。"

窦婴劝道："前事已经人调解，毋庸挂齿。况丞相今有喜事，正可乘此宴会，仍修旧好，否则将疑君负气，仍留隐痕了。”

灌夫拗他不过，只得与窦婴同行，来到相府，由傧相迎入。未几，喜筵开张，田蚡当先敬客，客人统皆避席，俯伏在地。窦婴、灌夫不得不入乡随俗，随大众避席。

田蚡敬酒已毕，嗣由座客举酒回敬田蚡，也是挨次轮流。待到窦婴敬酒，只有数人避席，余皆膝席。

古人席地而坐，就是宾朋聚宴，也是如此。膝席是膝跪席上，聊申敬意，比不得避席的谦恭。灌夫瞧在眼里，心甚不悦。及至轮到灌夫敬酒，到了田蚡面前，田蚡亦膝席相答，且对灌夫说道：“不能满觞！”

灌夫调笑道：“丞相原是当今贵人，岂有斟酒半觞之理！”说毕，满满斟上一觞，捧与田蚡。田蚡只饮半觞，不肯再饮，灌夫欲要强逼，窦婴慌忙劝道：“俗话不俗，‘酒不攀东，你就饶了田丞相吧。’”

灌夫虽说舍了田蚡，继续往下敬酒，心甚不平，待敬到公孙贺之时，公孙贺正与长乐宫卫尉程不识密谈，不知避席。灌夫正怀怒意，便借公孙贺泄愤，瞋目骂道：“你公孙贺平日毁程不识不值一钱，今日长者敬酒，反效那儿女姿态，絮絮耳语吗？”

公孙贺未及答应，田蚡从旁插嘴道：“程李并为东西宫卫尉，今当众毁辱程将军，独不为李将军留些余地，未免欺人太甚！”

田蚡所说之李将军，乃未央宫卫尉李广，因未央宫位于长乐宫西边，故称西宫，长乐宫则称东宫。故而，也有人称李广为西宫卫尉，程不识为东宫卫尉。彼二人官职相等，同为抗击匈奴名将，但程不识不及李广。

汉自文帝、景帝以来，屡用和亲政策，笼络匈奴。匈奴虽说与汉言和，但从不守约，每隔年二半载，总要袭击大汉一次。为防匈奴，朝廷不得不选一些猛将，镇守边疆。李广应运而出。

李广，系陇西成纪人，骁勇绝伦，尤长骑射，文帝时官拜上郡太守，屡屡反击匈奴，毙敌甚众，被擢为武骑常侍。吴楚七国之乱，随周亚夫出征，突阵搴旗，立有大功，只因他冒犯了梁王刘武，贬为上谷太守。

上谷为出塞要冲，每逢匈奴兵至，李广必要身先士卒，多次受创，周亚夫哭着对景帝说道：“李广才气无双，可惜轻敌，倘有不测，我大汉失一骁将，不如内调为是。”

景帝从亚夫之言，调李广入守上郡。上郡在雁门关内，距虏较远，偏偏李广生性好动，往往自出巡边。一日出外巡边，猝与数千名匈奴兵相遇，李广手下只有百余骑，如何对敌？战不能，走亦不能。李广默想一计，从容下马，解鞍坐地。匈奴兵疑有诡计，倒也不敢相逼。匈奴阵中有一白马将军，不知李广厉害，出阵遥望汉军，李广一跃上马，仅带健骑十几人，向前奔去，与白马将军尚有百步之遥，张弓发矢，嗖的一箭，射中白马将军咽喉，倒毙马下，骇得数千匈奴兵一哄而走。

武帝素闻李广大名，擢为未央宫卫尉，又将边将程不识，亦召回京师，使为长乐宫卫尉。李广用兵尚宽，随便行止，不拘行伍，未曾遭敌暗算。程不识用兵尚严，有亚夫之风，敌人知他用兵慎细，不敢侵犯。两将统为防边能手，士卒皆愿从李广，不愿从程不识。

灌夫素来推重李广，田蚡不是不知，却故意把程、李一并提及，好使他结怨两人。偏那灌夫性子耿直，不知田蚡是计，张目厉声说道："今日即使斩头洞胸，我也不怕，顾什么程将军、李将军？"

李广也是个直性子，一跃而起，责问道："灌夫，你与程卫尉口角，与我李广何干，提我做甚？"

窦婴忙将李广拽到一旁，低声劝了几句，方又返身，来劝灌夫："灌弟，你喝多了，我送你回家去吧！"不由分说，拉起灌夫就走。

田蚡不干，令从骑追留灌夫，不准出门。从骑奉命，硬将灌夫拦截回来。

籍福时亦在座，忙上前劝解，示意灌夫向田蚡赔罪。灌夫是个硬汉，如何肯依？籍福按住灌夫脖子，逼他下拜。灌夫愈加恼怒，大吼一声："你要干什么？"一把将籍福推倒在地。

田蚡狠狠白了籍福一眼，籍福爬将起来，拍了拍手上灰，自嘲道："我这是'黄鼠狼反穿皮衣——里外不是人'，这是何苦呢！"说毕，退到一旁，席地而坐，自顾自地喝起酒来。

窦婴深知灌夫脾气，此刻劝他给田蚡赔罪，势比登天还难，不劝吧，又于心不忍，干笑一声说道："灌贤弟，田丞相乃百官之首，你给他赔个礼儿，也不算小了你的身价，你……"

灌夫瞋目说道："魏其侯不必再劝，还是那句老话，今日他姓田的即使将夫斩头洞胸，我也甘愿领受，赔礼之事，万万不能！"

田蚡冷笑一声："刀快不怕你脖子粗，灌夫你给我等着。"

他转脸对侍御史张汤说道："今日奉诏开宴，灌夫乃敢来骂座，明明违诏不敬，应该劾奏论罪！"

张汤虽与郅都、宁成等并称酷吏，但他的人格远不如郅都等人。郅都等人办案，以法律为准绳，只不过尚严罢了。张汤办案，以主管官员的好恶为准绳。

其实，张汤当年，并非这样。

张汤系杜陵人氏，童年敏悟，性甚刚强。乃父张勋，曾为长安丞，有事外出，嘱张汤守舍。张汤好游戏，一玩便是半日。至乃父回来，见厨中所藏之肉，被鼠吃尽，不禁动怒，把张汤笞责数下。张汤因鼠遭责，很不甘心，遂熏穴寻鼠。果有一鼠跃出，被张汤用铁网罩住，竟得捕获。穴中尚有余肉剩着，一并取出，戏做一篇审鼠短文，处它死刑，杖毙堂下，乃父奇之，当即使他学习刑名之学，自县吏干起，不到十年，升任侍御史，其间，办了不少漂亮的案子。唯有一案，触犯了太皇太后，差一点掉了脑袋，从此变得乖巧起来，但表面却装得一副铁面无私的模样。

张汤听了田蚡的话，面无表情地说道："卑职遵命。"说毕，将脸转向灌夫，冷声说道："跟我走！"

田蚡暗道，这灌夫我已经得罪了，不如将他得罪到底，一不做，二不休，索性追究前事，把他灭族了事。主意已定，田蚡低声唤道："张大人留步。"

张汤转身瞅着田蚡，面如冷铁道："丞相大人还有什么吩咐？"

田蚡道："灌夫家属，在颍川多有不法，老百姓编着歌谣儿诅咒他。理应一同问罪，勿使一人漏网！"

张汤不卑不亢道："卑职知道了。"

窦婴原本生性耿直，所以才屡遭贬斥。临到老境，不得不学得圆滑一些，听到田蚡对灌夫这一番处置，不由得倔性大发了，指着田蚡，大声斥道："田丞相，灌夫脾气，你又不是不知，有口无心，你却这样整治他，未免太歹毒了吧！"

田蚡冷笑一声说道："歹毒有什么不好，有道是'量小非君子，无毒不丈夫'。我就是要这样整治他灌夫，你又把我怎么样呢？"

他这一说，把个窦婴气得乱抖，颤声说道："老夫治不了你，自有人治得了你，老夫……"

田蚡怕他说出一些难听的话来，大声说道："送客！"

立时走过来几个骑从，架住窦婴胳膊，拖出了门外。

窦婴回到家中，愈想愈悔，灌夫激怒田蚡，乃是因己而起，己若不劝灌夫前去丞相府赴宴，怎有此事？现既害他入狱，理应挺身出救。

窦婴夫人时亦在侧，问明原委，当即劝阻道："灌将军得罪丞相，便是得罪太后，老爷恐救他不出！”

窦婴喟然叹道：“一个侯爵，自我得来，何妨自我失去？况且，祸由我起，仲孺若死，我有何颜面独生？”

说罢，窦婴当即步入密室，凑在灯下，对着竹简，一刀一刀地刻起了奏章。

谁知，那奏章呈上去五六天了，却是石沉大海，杳无音信。窦婴有些沉不住气了，又寻出了竹简和刻刀，准备再上第二道奏章。

他刚刻了两行，门吏慌慌张张跑了进来：“老爷，皇上来了。”

他又惊又喜，慌忙出门相迎，见了武帝，双膝扎跪：“陛下，老臣无状，妄上奏折，惊动圣驾，老臣给皇上谢罪！”

武帝双手将他搀起，笑微微地说道：“老爱卿，你不必自责，你那奏折上得好呢！若非卿的奏折，朕还蒙在鼓里呢！”

窦婴一愣道：“怎么？丞相拘捕灌夫之事，没有向陛下奏请？”

武帝道：“奏请倒奏请了，但丞相所说，与卿所奏，大相径庭！”

“老臣斗胆问一声陛下，丞相怎么奏？”

“丞相说，灌夫喝了几杯酒，以酒盖脸，掀桌子，殴傧相，辱骂朕和太后。”

窦婴连连摇手道：“这纯是没影的事。”遂将事情真相简述一遍。

武帝怒道：“这个田蚡，善于捕风捉影，朕险些被他瞒过了。”

窦婴趁机为灌夫求请：“灌夫于汉，曾有大功。吴楚之乱，只身荷戟，驰入叛军，身被十几创，名冠三军，乃是天下少有的壮士，现在并无大恶，不过杯酒争论，触犯了丞相，丞相竟挟嫌诬控，诛戮功臣，还请陛下明察，赦免灌夫才是！”

武帝微叹一声说道：“此事，朕肚如明镜矣！但此事已经惊动了太后，朕不好独专，朕许卿明日早朝，交付廷议，卿敢和丞相面质吗？”

窦婴慷慨说道：“老臣说的句句属实，有什么不敢？”

武帝将手一摆道：“这事就说到这里，朕向卿打听一件事，卿可要如实相告，不得欺瞒。”

窦婴双手一拱说道：“陛下有什么话，但问不妨，臣就所知，如实回答，不敢有半句相欺。”

武帝点头说道：“前不久，朕狩猎终南山，曾绕道蓝田，到大哥墓前，祭拜了一番。但见大哥坟上，碧草茸茸，杂树荆棘，不见半根。朕询之墓旁之人，才知道每年都有成群的燕子飞来，将大哥坟上啄理得干干净净！足见大哥冤屈，感动天地神明！但内中详情，他们也说不明白。老爱卿当年是大哥老师，这内中的冤屈，只有卿才说得明白，望卿如实告我！”

窦婴欲言又止。

武帝二目殷殷地盯着窦婴。

窦婴被逼不过，嗫嚅着说道：“此事，早已时过境迁，陛下还是不知道为好。”

武帝固执地说道：“不，朕想知道，请卿如实道来。”

窦婴无奈，叩头说道：“此事关乎着一个很要紧的人物，陛下赦老臣无罪，老臣方敢直言。”

武帝不加思索地说道：“朕赦卿无罪。”

窦婴瞅了瞅公孙贺，又瞅了瞅公孙敖，彼二人是武帝带来的，意在护驾。

武帝会意，对二人说道：“你两个去院子里转转吧。”

看着公孙贺二人走出门外，武帝方又催促：“爱卿可该说了吧！”

窦婴未曾开口，老泪先流：“刘荣死得屈呀！刘荣侵占宗庙，是相士姚定国出的主意……”

武帝心头猛地一凛，姚定国？听太后言讲，姚定国是她的大恩人，若没有姚定国，就没有母后今日，也包括武帝自己，故而，不久前，太后逼着武帝，封姚定国为太中大夫，并赐钱千万……他，他姚定国为什么要给大哥出这个馊主意呢？”

只听窦婴继续讲道：“最可恶的是姚定国，给刘荣出过这个主意之后，一转身又去找到齐建阁，怂恿他告发刘荣……”

武帝突然明白了，这姚定国与大哥无冤无仇，为何要设计陷害，莫不是受了母后旨意？母后也是，大哥已经失去太子之位，普通藩王一个，能成什么气候，你何必如此治他？

想到这里，武帝摇手说道：“老爱卿不要说了，朕知之矣！时间不早了，老爱卿也该安歇了，明晨朝堂相见。”

到了翌日，武帝按时升殿，百官朝拜已毕，当值宫监将拂尘一摆，尖声尖气地说道：“众位大臣请安静。”

这一说，宫殿上鸦雀无声。

只听当值宫监继续说道：“武安侯田丞相，奉懿旨完婚，宴请宗室王侯。前太仆灌夫，借酒闹事，蔑视太后懿旨，当处何罪，请各位大臣各抒己见。”

他这么一说，窦婴心中咯噔一下，暗自思道："如此看来灌夫的事，皇上早已成竹在胸，昨晚是在套我的话呢？"

窦婴哪里知道，宫监这么说，虽是武帝之意，但那是为了应付太后。此时的太后，正坐在宣室，开着窗户，竖着耳朵听呢。

武帝知道，大臣们曲解了自己的意思，不肯发言，不得不点起将来，手指窦婴，和颜悦色地说道："窦爱卿，为灌夫骂座一事，你给朕上了千言书，怎么到了殿上，却闭口不言呢？"

他这一说，窦婴不得不说了，清了清嗓子，将昨晚说给武帝的话，又复述了一遍。

话音刚落，田蚡便接了上去，冷笑一声道："这就奇了，灌夫借酒闹事，蔑视太后诏令，这罪行还不严重吗？而且，他在颍川，勾结当地豪强，欺压黎民百姓，老百姓唱着歌谣儿诅咒他，'颍水清，灌氏宁。颍水浊，灌氏族！'连老百姓都希望灌夫灭族，我真不知道老侯爷为他辩护，是出于什么动机？"

这一问，问得窦婴张口结舌，正不知如何回答，东方朔站了起来，嬉皮笑脸地说道："田丞相，容我直言，那灌夫所犯罪行，比您所说的还要严重！"

田蚡心中一喜，想不到这个滑稽大王，关键时刻，站到了我田蚡一边。他嘿嘿一笑说道："东方先生，您若知道灌夫的其他罪状，不妨说出来，让万岁和诸位大臣听一听，也好给他量刑定罪。"

东方朔重咳一声说道："依丞相之言，丞相奉懿旨完婚，灌夫奉懿旨赴宴，同是奉的懿旨，他灌夫竟敢借酒闹事，问他一个蔑视太后之罪，亦不为过。"

东方朔说到"同是奉的懿旨"六字，还故意顿了顿。他唯恐众人听不明白，继续说道："既然同是奉的太后懿旨，就不该问灌夫一个蔑视太后之罪。不，应该问。有道是'人和人不同，木和木不同'，灌夫算什么，顶多是一个废太仆，田丞相呢？和太后是一母同胞！"

他把脸转向窦婴："老侯爷，你出仕至今，少说也有四十多年，灌夫糊涂，你不该糊涂，明知丞相是太后胞弟，胳膊扭不过大腿，偏要为灌夫开脱，惹恼了丞相，也问你一个蔑视太后之罪！不，不只蔑视太后，还蔑视皇上呢！灌夫骂座，我也在场，其实，他真正骂的不是丞相，是太仆公孙贺和卫尉程不识，太仆、卫尉，俱是朝廷命官，万岁所封，辱骂太仆、卫尉，便是辱骂万岁，灌夫理应灭族。不只灌夫，连你魏其侯也该灭族呢！"

东方朔正话反说，把田蚡弄得面红耳赤，恨声说道："依东方先生所言，灌夫骂座，蔑视太后诏令之罪不能成立，那么，他横行乡里之罪，也不能成立吗？”

东方朔正要回答，新拜中尉汲黯抢先说道：“今日廷议，乃是为着灌夫闹酒一事，其他事情，不在廷议之列。”

田蚡反问道：“难道堂堂大汉，就听任灌夫横行乡里吗？”

他这一呛，汲黯也来了气，抬高声音说道：“据老夫所知，灌夫自吴楚七国之乱后，从未回过乡里，宗族宾客是否横行不法，还在两可之间，就是真的横行不法，也该将那些作恶之人捉拿归案，勘问明白，尔后才能提讯灌夫。如今无凭无据，便将灌夫投入狱中，老夫以为万万不可！”

李广接口道：“微臣以为，汲中尉言之有理。若为酒后口舌之争，杀了灌夫，令天下壮士寒心，若因其宗族宾客横行乡里之事，可另外立案查处。”

韩安国、郑当时、司马相如、严助、董仲舒亦相继出班，声援窦婴和汲黯。

形势直转急下。田蚡孤立无援，面如金箔，愈来愈白，几乎是摇摇欲倒了。

武帝要的就是这个效果，他轻咳一声，清了清嗓子，朗声说道：“就今日廷议来看，诸位大臣皆以为灌夫骂座一事，乃口舌之争，不宜小题大做！朕郑重宣布，将灌夫无罪释放，至于宗族宾客横行乡里一事，另案查处！”

听了武帝之言，众臣一齐匍匐于地，三呼万岁。看那田蚡，不知何时已然跌倒殿上，口吐白沫，气息奄奄，立马惊呼道：“快救田丞相！”

太后闻言，窜出宣室，来到田蚡身旁，亲自施救。武帝也不得不走下殿来，诏令御医入殿。

大约有一刻来钟，田蚡慢慢地醒了过来，双手抓住太后，哽咽着说道：“三姐，你不该救小弟！小弟一个堂堂丞相，百官之首，如今却受辱于两个褫职官员，小弟还有何面目立于朝堂，还有何面目活在人前！”说毕，放声大哭。

太后霍然起身，顾语武帝：“我尚在世，人便凌践我弟，待我百年以后，恐怕要变作鱼肉了。”

面对满朝文武，太后竟然这样训斥武帝，武帝心中能好受吗？但他又不能当殿顶撞，落不孝之名。

武帝想了一想，双手一揖道：“母后不必生气，众卿的发言你大概都听到了吧！只是就事论事，并没有羞辱母舅之意。”

太后怒道："你不要狡辩，他们差一点把你二舅气死，还说没有羞辱呢！"

说罢，太后弯腰去搀田蚡。

她忽然想起了什么，直起身来，对武帝说道："我大汉立国，以孝为本。你父皇在世之时，你文帝爷、惠帝爷在世之时，谁敢对他母舅无礼？谁敢不听他母后之言？"

她顿了顿道："这是我平时骄纵你，你才敢这样对哀家，对你的母舅！自今之后，娘要效法吕后，效法你的奶奶，直接干预朝政了！"

她也不管儿子的面色如何难看，总觉着儿子的皇位是自己挣来的，应该由自己说了算。她口授懿旨一道："前太仆灌夫，蔑视本后，且又怂恿宗族宾客，横行乡里，罪在灭族；魏其侯窦婴，与灌夫狼狈为奸，夺其封爵，杀无赦。"

她言犹未尽，补充道："灌夫、窦婴一案，由张汤全权处理，有什么事情，直接奏明本后。钦此！"

武帝铁青着脸，径直回到合欢殿，饭也不吃，倒头便睡。卫子夫正在奶孩子，这孩子叫刘妍，浓眉大眼，活脱脱一个男孩模样。武帝往日下得殿来，总要把女儿抱在怀中，逗上一阵，可今日……

卫子夫不知道发生了什么事儿，将女儿推给奶娘，跟着武帝进了寝宫，伸出玉手，朝武帝额头上一摸，不烧也不冷，赔着小心问道："陛下上朝，莫非遇到了什么不顺心之事？"

武帝嗯了一声。经她再三询问，方将母后的霸行道了出来。说到后来，武帝脸色发青，嘴唇发乌，恨不得一口吃了王太后。

子夫好言劝道："陛下不必生气，丞相是母后胞弟，姐弟情深，她老人家见弟弟差点气死，能不痛心吗？故而，她老人家把话说得过头一点，事情做得过头一点，也在情理之中。"

武帝吼道："她这一过头，可是几十条人命！"

卫子夫微微一笑说道："陛下不是常说，大汉啥都缺，就是人不缺，多死几个人剔剔苗，不是更好吗？"

武帝摇头说道："你知道这是什么人？是窦婴和灌夫！彼二人都是对社稷有过大功的人，特别那个灌夫，勇敢绝伦，世所罕见，朕要讨伐匈奴，讨伐匈奴就少不了灌夫这样的人！"

卫子夫颔首说道："这倒也是。"

武帝怒气冲冲道："就是窦婴、灌夫该杀，也应该由朕来杀！她作为太后，想垂帘听政，也只能在帘后听，她却跑到前台，训朕就像训小孩子一样，朕小吗？朕已经二十多岁了，已为人父，朕还是皇帝，皇帝是天之骄子，至高无上！至高无上，卿懂吗？”

他咬牙切齿地说道：“朕恨透了母后，此仇不报，誓不为人！”

卫子夫心中咯噔一下，母后虽说做得有些过分，但毕竟是你母亲，你是她身上掉下来的一块肉呀！对自己的母亲尚且如此，何况别人呢！在这之前，卫子夫对武帝像天神一样崇拜，可如今……她不由自主地将武帝重新审视了一遍。

武帝见子夫目光有异，止不住问道：“你这是怎么了？”

卫子夫忙将双眼移向一旁，掩饰道：“臣妾突然想起一个人来！”

“谁？”

“秦始皇。”

“他怎么了？”

卫子夫本来不善言谈，到了此时，竟然话如泉涌，侃侃而谈道：“秦始皇为千古一帝，其雄才大略，除陛下以外，无人可比！”

她斜了武帝一眼，见他眯缝着眼睛，听得很是专注，知道自己这个马屁，拍到了正经地方，继续说道：“那秦始皇虽说伟大，却积德了一个不成器的母亲，名叫赵姬，原为商人吕不韦的宠姬，有了身孕，才嫁给异人，也就是历史上的秦庄襄王。秦庄襄王做了不到三年国王，一命归天，儿子嬴政，做了国王，统一了六国，自命不凡，改称始皇帝。他的母亲耐不得寂寞，与已经做了宰相的吕不韦旧情复燃。那吕不韦日渐年长，体力不加，再加上始皇一天天长大了，英明过人，赵姬害怕露出马脚，丢了性命，遂荐咸阳城一个无赖，名叫嫪毐的代替自己，这人也没有什么长处，唯一之处，就是阳具奇大，能把阳具穿于车轮之中，轮转而具不伤。一试之后，赵姬大喜过望，须臾不能分离，私生二子，为始皇发觉，欲发兵围之，嫪毐、赵姬先行一步，尽发宫骑卫卒，及宾客舍人，攻蕲年宫，要杀始皇。兵败，嫪毐及两子被杀，迁赵姬棫阳宫——此乃离宫之最小者，以三百兵守之，凡有人出入，必加盘诘。太后此时，如囚妇矣。后经茅焦死谏，始皇幡然醒悟，亲自御车，往迎赵姬，母子相见，抱头痛哭。”

说到这里，子夫长叹一声：“母后再不肖，难道还不如赵姬吗？以臣妾看来，陛下不必视其为敌。”

武帝默想良久，喟然叹道：“母后和赵姬，虽说不可同日而语，但那赵姬，私幸不韦，抑或是私幸嫪毐，俱在暗地进行。她从未跑到金殿上大吵大闹，干预朝政，损始皇的面子！”

卫子夫见劝不转武帝，赔着小心问道：“如此说来，您打算如何惩治母后？”

武帝略一思索道：“母亲终究是母亲，灰不热是火，我当然不能置她于死地了！但得叫她知难而退，不再干预朝政。”

子夫正要说些什么，武帝一跃而起，对穿宫太监说道：“传韩舍人合欢殿见驾！”

这个韩舍人，非韩嫣也，乃韩嫣之弟，名叫韩说。韩嫣死前，向武帝推荐了三个人，除韩说之外，尚有宫监苏文和常融，武帝皆都重用，拜韩说为舍人，苏文为小黄门，常融为中黄门。

韩说闻听皇上相召，马不停蹄地来到合欢殿。武帝将他引至密室，开门见山道：“韩舍人，你可知你的哥哥死于何人之手？”

韩说不想武帝有此一问，怔了一怔说道：“皇上问这做甚？”

武帝道：“你莫管朕问这做甚，你只管给朕如实回答，你哥哥死于何人之手？”

韩说默想片刻说道：“启奏陛下，时过境迁，咱提这做甚？”

武帝固执地说道：“不，朕要提。请你什么也不要顾虑，如实回朕的话。”

韩说被逼无奈，只得如实回道：“臣的哥哥死于太后之手。”说这话时，声音如蝇子嗡嗡一般。

武帝紧追不舍道：“太后杀了卿的哥哥，卿恨不恨太后？”

“不恨。”

这话大出武帝意料，满面惊诧道：“为什么？”

韩说迟疑片刻回道：“古人有言，‘君叫臣死，臣不得不死。父叫子亡，子不得不亡。’小臣的哥哥，作为大汉一个臣民，太后赐他去死，这有何可遗恨呢？”

武帝陡地抬高了声音说道：“你错了，太后不是君。大汉的君只有一个，那就是至高无上的皇帝！”

韩说点头哈腰道：“对，对，大汉国的君只有一个，那就是皇上！”

武帝略略放低了声音说道：“你哥跟了朕十几年，对于你哥的为人，朕比谁都清楚，他一门心思都在朕的身上，为了朕，就是要他去死，连眼皮都不会眨巴一下，岂能去私会朕的妃子？他不该死，他死得冤！”

一说到冤字，韩说的眼泪如泉水一般涌了出来，哽声说道：“皇上既然觉着小臣的哥哥死得冤，就该设法为他报仇才是。”

武帝抚摸着韩说的头顶说道：“朕召卿来，便是为着此事！”

韩说当即停止了抽泣，仰脸说着：“小臣愚昧，请陛下明示。”

武帝前后左右看了一遍，便压低声音说道，“朕听你的哥哥说，太后未入宫之前，很不检点，老百姓编着歌谣儿讥讽她，你给朕好好查一查，太后到底有哪些不检点的行为，如实告朕。还有，那个姚定国，进出长信宫就像进出自己的厨房那么容易，你也给朕留心查一查，看一看他和太后到底是什么关系？”

韩说受了密诏之后，扮作一个货郎，摇着拨浪鼓儿，大摇大摆地来到了王太后家乡。不到三天，便把太后的底细摸了个一清二楚，还报武帝。武帝大喜，赏他五百金，命他率领十名虎贲武士，二下田家集，抓来了开当铺的张掌柜。

太后做梦也不会想到儿子会向她下如此毒手，与姚定国照常来往。

这一日，姚定国仍像往常一样，哼着小曲儿走出了长信宫。走出大门，不过百步之遥，窜出来三个人，内中有两个武士，再有一个便是韩说，不由分说，将姚定国抓了起来。

姚定国一边挣扎，一边问道：“你们为什么抓我？”

守卫长信宫的武士听到姚定国的呼叫，立马跑了过来，向韩说质问道：“韩舍人，这位姚相士，乃太后的客人，你们为什么抓他？”

韩说蛮横地回道：“鄙人乃奉旨行事，你还是少知道一些为好！”

他将手一挥，押着姚定国径奔未央宫偏殿。

太后听说姚定国被抓，慌忙乘坐玉辇，一路追了下来，见了武帝，气急败坏地问道：“你这是怎么了？你明明知道姚相士是咱的恩人，你还要抓他，这到底为了什么？”

武帝不慌不忙地回道：“您说姚相士是咱恩人，孩儿倒也承认。咱还有一位‘恩人’，不知母后还记得不？”

他将手一招，从偏殿的另一个门里，押出了张掌柜。

事隔三十多年，王太后哪里还认识什么张掌柜，也记不起来了。可张掌柜认识她，一进来便大声呼道：“王太后救我！”

王太后将他打量一番，觉着有些面熟，但就是想不起来在哪里见过，摇了摇头道：“哀家不认识你。”

张掌柜急道："您应该认识我，我是田家集当铺的张掌柜。"

他唯恐太后记不起来，又补充一句道："太后您忘了？您入宫之前，我还送您一盒胭脂，两块上等丝绸，一块是粉红色的，一块是银灰色的。"

经他这么一说，王太后想起来了，那脸一下红了。不待她开口说话，武帝抖动着手中的一张条幅说道："母后先不要说话，孩儿这里有一张条幅，请您过目。"

说毕，朝韩说努了努嘴。韩说趋前几步，从武帝手中接过条幅，转呈太后。

太后接过条幅，只这么扫了一眼，便面似倒血。

那条幅是这么写的："一只翠戒易布匹，荒冢之旁委屈赤足妇，皇后勿自误!"

直到此时，王太后方才明白儿子为什么要抓姚定国和张掌柜。

她只知道儿子聪慧，想不到他竟如此歹毒，竟然对着他的母后下手，不择手段！有心和他大闹一场，可自己那段历史确也不大光彩！

武帝满面笑容地追问道："您既然看了孩儿的条幅，请您回孩儿一句话，那姚定国和张掌柜该不该杀？"

太后紧咬着嘴唇，咬得出血，却是未说出一个字来。

姚定国反倒沉不住气了，高声说道："太后，当年您未曾进宫之时，小臣已经断定，三十年后，小臣将有一场血光之灾，届时，还得请您相救，您也亲口允了小臣。事到临头，您怎么不说话呀？"

她说什么呢？这个可恶的儿子，既然算计到老娘头上，还会给老娘这个面子吗？

太后心中无数，既然无数，叫她如何开口？

武帝见太后久久无语，笑嘻嘻地说道："母后，孩儿自小受母后教诲，远近厚薄还是分得出来的。姚相士与张掌柜，既然有'恩'于母后，孩儿给您一个面子，将他俩死罪免去，流放交趾；孩儿不只给您这一个面子，灌夫一案的面子，孩儿也打算给您，孩儿这就立马下诏，将他灭族！还有那个窦婴，孩儿依您旨意，将他处以斩立决之刑。"

他顿了顿又道："可以说，孩儿给足了您老人家脸面，孩儿虽然称不上大孝，也可以称得上一个孝子了。古语有谚'儿孝母慈'，孩儿希望母后做一个真正的慈母，不要过多干预孩儿的事，更不要大闹金殿了！"

说罢，他也不管母后的面子如何难看，站起身来，兴冲冲地说道："韩舍人，起驾合欢殿!”

皇帝走了，姚定国也走了，还有张掌柜，他俩披枷戴锁来到交趾，这里瘴气很浓，不到半年双双毙命。

姚定国死后的不久一天，志得意满的田蚡正与新夫人高坐相府，观赏歌舞，把盏浅饮，忽然田蚡脸肿嘴歪，一声惨叫，扑通倒地。妻妾仆从等慌忙上前施救，好多时才得苏醒。口眼虽能开闭，身子却不能动弹。当由家人抬至榻上，田蚡昼夜呻吟，有时狂言乱语，无非连声乞恕，满口求饶。武帝亲往视疾，觉得病有奇异，特遣术士看验虚实，复称有两鬼为祟，更迭笞击，一是窦婴，一是灌夫，武帝心中害怕，忙颁旨两道，将窦婴及灌夫一族尽皆厚葬，亲往祭奠。又过了两天，田蚡满身青肿，七窍流血而亡。姚定国是太后的主心骨，姚定国一死，太后一年后便也一命呜呼。

毕竟是自己的母亲，武帝心中不免也有些悲伤，将太后奉葬阳陵，与景帝合葬。

第十三章　子夫产子　宠冠六宫

母后一死，武帝无了顾忌，将卫子夫封为美人，地位在皇后之下，良人之上，在所有皇妃中，排名第二。

宫中规定，每月初一、十五，各宫的妃嫔都要前往昭阳殿向皇后请安，接受训示。武帝担心子夫前去遇见皇后，会受到皇后的无端斥责，所以专门颁旨，每月初一、十五，子夫不必去向皇后请安，恩遇之隆，前所未见。

卫子夫也很争气，一连又生两个女儿，分别叫刘媚、刘娟。

与此相反，陈阿娇尽管吃了不少药，肚子一直鼓不起来。帝王广置嫔妃为的什么？为享乐，可更为广殖子嗣，承继宗庙，使“家天下”统治传之万世。作为皇后，不能生育，要你做什么？陈阿娇愈想愈怕，但她不从自己身上找原因，总以为是卫子夫夺了她的宠，必欲置之死地而后快。但武帝正宠着卫子夫，戒备森严，她无法下手。

我奈何不了你卫子夫，难道连你的亲属也奈何不得吗？她想起了卫青，小小年纪，竟然在建章宫当差！而且，相面的说他有封侯之命，若不早图，一旦他发迹起来，做了领兵大员，卫子夫在内，他在外，还有我陈阿娇过的日子吗？

她决心除掉卫青，一来解除心腹之患，二来也好给卫子夫一个颜色瞧瞧！

单凭自己的力量，很难除掉卫青。她想起了母亲，当即乘坐玉辇，来到了堂邑侯府。待她说明了来意，窦太主很是赞成，选了四个精壮家奴，如此这般交代了一番。

这一天，武帝和骑士们约定，辰时三刻，从建章宫出发，去渭河边射猎。按照惯例，骑士们提前两个时辰起床，到建章宫外遛马。

太阳渐渐升起来了，草叶上闪动着晶莹的露珠。卫青牵着马在城河边溜达，走进一片树林，冷不防从树林窜出四个蒙面大汉。卫青一愣神，一个黑布口袋，唰的一下，套到了他的头上。

卫青一边挣扎，一边喊道：“救命——救命——救……”

第三声“救命”尚未出口，头上挨了一闷棍，只觉脑袋一嗡，便什么也不知道了。

蒙面人横抱着卫青，放到不远处的一匹马背上，用绳索缚紧，然后发一声口哨，各自上马，嫉驰而去。

建章宫门前有个宫监正在扫地，听见了卫青的呼救声，忙跑进宫门大喊："快来人呀，卫青被人绑架了！"

公孙敖等一帮骑士正在整理衣冠，忙丢了衣冠，跑了出来，顺着宫监指的方向，但见几匹快马沿着城河岸，向南飞驰。

公孙敖将手一招："快追！"他率先跳上坐骑，纵马狂奔，沿着歹徒逃跑的方向，流星赶月般地追了上去。

四歹徒跑了一程，来到直城门外，行人逐渐多了起来，不得不放慢了马速，缓缓而行。

金钱是个好东西，人为财死，鸟为食亡。出发之前，陈阿娇当面许诺，若能抓到卫青，赏金百斤。这百金，分到每个家奴头上，便是二十五金，有了这二十五金，还怕没有窑子逛？交了差后，到长安城内，美美地玩它几天！

他们越想越高兴，不知谁带了个头，众人一齐哼起了小曲《没钱难》：

一块铜板打成钱，
里头方方外边圆。
朝廷佬他有钱坐天下，
穷百姓无钱受饥寒。
有钱钱是理，
无钱理不全。
有钱男子汉，
无钱汉子难！
……

正唱着，公孙敖带着宫廷骑士呼啸而过，弄得尘土飞扬，四歹徒虽是堂邑侯府的家奴，仆因主贵，偌大一个长安城，敢惹他们的人并不多，平日里骄横惯了，见这十几骑竟敢这般无礼，正要出言不逊，公孙敖居然拨转马头，横在路上。

那个脑袋奇大的歹徒，圆睁怒目，大声喝道："你们想干什么？滚开！"

公孙敖冷声问道："不想干什么，我们只想让你们把卫骑士留下！"

卫青已经苏醒过来，听到公孙敖的声音，挣扎着喊道："公孙哥哥，快来救我！"

大头悚然一惊，公孙哥哥，难道他是建章宫的骑士队队长公孙敖？果真这样，那可就糟透了！

大头数了数公孙敖的伙伴，连公孙敖在内，刚好十六人，乃是自己这一方人马的四倍。

大头的脑瓜子一边转一边想：莫说众寡悬殊，就是一比一，人家是皇帝的骑士，怕是也斗他们不过。三十六计，走为上策。他朝同伴丢了一个眼色，猛然拨转马头，正北而去。

公孙敖冷笑一声，取下硬弓，嗖地一箭，将跑在最后边的那个歹徒射下马来。正要拈弓再射，只听嗖嗖嗖三声，余下的三个歹徒，惨叫着倒下马来。

公孙敖去马背上解开卫青，揭去黑布口袋，轻声说道："好兄弟，你受惊了！"

卫青跳下马来，揉了揉眼睛说道："无妨，无妨！只是我平白无故地遭到绑架，不知是何道理？"

公孙敖回道："这好办，问问这一伙歹徒，便什么都知道了。"他转过身来，走到正在呻吟的大头身边，踢了踢他的屁股："敢问兄弟，你们是哪路神仙，为何要绑架我卫青兄弟？"

大头支支吾吾，不敢回答。

公孙敖又照着他的屁股，猛踹一脚，厉声说道："说！"

大头瞅了瞅三个同伙，欲言又止。引得公孙敖性起，照他屁股上一连踹了十几脚，踹得他满地打滚："公孙大人饶命，我说，我们是奉命行事。"

"奉谁之命？"

大头又看了看同伙，嗫声回道："奉窦太主之命。"

公孙敖吃了一惊，暗自思道：这事牵涉到窦太主头上，非同小可。我作为一个小小的骑士，不便再问。看来，只有将这个大头押回建章宫，听候万岁发落了。

主见已定，他拔掉大头背上箭，简单地包扎一下，押回建章宫，其他三个歹徒则全部放掉。

辰时三刻已到，武帝一身猎装，英姿勃勃地来到建章宫，急着出发，却找不到队长公孙敖并十六名骑士，正要发火，公孙敖一行押着大头进来。

武帝厉声喝道："公孙敖，你干什么去了？"

公孙敖扑通朝武帝脚下一跪，叩头说道："启奏万岁，骑士卫青遭到绑架，臣带人去解救卫青，误了万岁狩猎，罪该万死！"

武帝一惊，脱口说道："到朕的建章宫来绑架朕的骑士，谁有这个胆？"

公孙敖回道："据绑架人供认，他们是受窦太主指示。"

武帝又是一惊："窦太主，她绑架卫青做什么？"

他忽有所悟，莫不是陈阿娇嫉妒卫子夫得宠，无法泄愤，回家找到她的母亲，母女合谋，企图在卫青身上下手，敲山震虎？一定是这样。果真这样，未免太狂妄了些，简直不把我这个皇帝放在眼里！他愈想愈气，将手一摆说道："朕今日不狩猎了，摆驾昭阳殿，朕要当面问她一个明白。"

谁知，武帝来到昭阳殿，却扑了一个空，问宫女，宫女说，皇后三天前离宫，至今未归，说是回堂邑侯府去了。

武帝愤愤然想道：果然不出朕之所料，她陈阿娇回到堂邑侯府，母女合谋，能干出什么好事？哼，你躲过初一，看你能躲过十五，总有找到你的那一天！

猎是狩不成了，陈阿娇又没有找到，去哪里呢？他自然而然地想到了卫子夫。

子夫闻听圣驾到了，忙带着春月、秋花、李贵，并一班宫女宫监，迎到殿门之外，噗地朝地上一跪，叩问圣安。

若在往日，不等子夫跪下，武帝便要伸手相拦。今日，他却一反常态，说了声爱卿平身，便径直朝内殿走去。子夫忙起身相随，等武帝坐下，转到他的背后，既捶且揉，待他的气消了一些，方赔着小心问道："陛下今日不是要去狩猎吗，怎么……"

武帝长叹一声："唉，气死我了！"遂将卫青遭到绑架一事，从头至尾说了一遍。

听了武帝的话，卫子夫嘤嘤地哭了起来，且泣且诉道："子夫命薄，万不该被陛下宠爱，祸及家人。臣妾情愿退居冷宫，以全家人，以慰皇后，万望陛下恩准！"

武帝亲手为她揩去眼泪，好言相慰道："卿不必悲伤，她们欲害卫青，朕偏偏擢用卫青，看她们敢再动卫青一根毫毛！"当即颁旨，任命卫青为侍中。

侍中，是自列侯以下至郎中的加官职衔，没有定员，侍从皇帝左右，出入宫廷。

窦太主母女欲杀卫青，弄巧成拙，反令卫青升任侍中。卫青升官事小，自此之后，武帝再也不到昭阳殿歇驾了，龙颜咫尺，如隔天涯。母女俩又悔又恨，连做梦都在想着如何报复卫子夫。偏偏武帝宠着护着子夫，加强了警戒，急切里母女二人无计可施。

卫青因祸得福，使卫子夫喜得合不拢嘴。未几大喜，产下一男娃，取名刘据。

武帝已经二十七岁，做了十二年皇帝，喜得贵子，心花怒放，颁诏大赦天下；赐诸侯王、列侯马八匹、车二辆；吏二千石，赐黄金二斤；赐民户百钱；放宫人归家，终身不复役使。

这是就全国而言，对子夫一家，更是皇恩浩荡，赐子夫二千金和二千匹细绢；迁卫青为大中大夫。就是子夫和卫青的那个憨哥——卫长君，也拜为侍中。

恰巧，老宫监告老还乡，子夫说动武帝，擢升李贵当了宫监总管。春月、秋花，已经二十一二了，尚未婚配，经子夫奏请，武帝命春月嫁卫青，秋花嫁公孙敖。子夫的大姐君孺，早已嫁给了公孙敖的哥哥公孙贺。

这是御赐婚姻，荣耀得不能再荣耀了。

子夫为使武帝开心，提议卫青和春月、公孙敖和秋花同日成婚，武帝拍手赞成。到了结婚这一天，两对新人，披红戴花，排着队谢婚，把武帝喜得像吃了喜梅子。

武帝素来出手大方，每对新人，赏五百金。两对新人，匍匐大殿，三呼万岁。

武帝愈发高兴，俯首殿下，见这两对新人，卫青已为二千石，而公孙敖才三百石，当即口授一诏，拜公孙敖为骑都尉。

子夫见武帝如此慷慨，忽地想起了二姐夫陈掌。这陈掌虽为开国元勋陈平的曾孙，因其哥哥陈何殴人致死，被弃市，那封爵自然也就丢掉了。自此，陈家败落，等到陈掌长大之后，只能去县署当一个小吏，混口饭吃。子夫将他荐之武帝，武帝见他一表人才，龙颜大悦，拜为詹事。

詹事之职，始置于秦，职掌皇后、太子家事，也在二千石之列。

这真应了古人一句话，“一人得道，鸡犬升天”。

“事”过三日，长安城便起了一首歌谣：“生子勿喜，生女勿忧。君不见卫子夫独霸天下！”

这歌谣儿传到陈阿娇耳里，气得她七窍生烟，声嘶力竭里地吼道：“卫子夫，你个狐狸精，我陈阿娇就是拼着一死，也要把你送上西天！”

第十四章　武帝废后　阿娇筹谋

把卫子夫送上西天谈何容易！

武帝正宠着子夫，为防万一，又拨给合欢殿五百侍卫。

暗杀不可以，难道再没有其他方法了吗？

有，那便是祈禳。

陈阿娇有一贴身宫女，名叫艳丽，她神秘兮兮地告诉阿娇，说是长安城来了一个西域的女巫，叫作楚服，擅长祈禳，能够咒人致死，十分灵验。陈阿娇正在一筹莫展之时，当真如听春雷，眉飞色舞，立即命心腹宫监召楚服进宫，要她设法祈禳，咒死卫子夫，许她事成之后，以千金相赠。玄衣玄裙的楚服，满口应承，自夸巫法精通，保证指日有效。陈阿娇大喜，自言自语地说道："卫子夫呀卫子夫，这一下有了克星，看你还能活几天！"

祈禳又称巫蛊，就是用一个木刻小人，写上某人的姓名，埋在地下，然后日夜诅咒，据说能将那个人咒死。这实际上是一种骗术，完全不足信的。阿娇居然信了，预付百金，盛筵相款。

楚服还有一帮女徒，她带着她们，在昭阳殿一间小屋里设坛斋醮，焚香念咒，叽里呱啦，谁也听不懂说些什么。祈禳每日两次，两个月过去了，并不见应验。

陈阿娇责问楚服："巫师，你的法术怎么不灵呀？"

楚服煞有介事地说道："那卫子夫原身乃是天上的灵官，道行大着呢，没有三四个月的工夫，咒她不死。"

阿娇曾隐隐约约听武帝谈到过卫子夫，谈到过那个梦，故而她对于楚服的话深信不疑，听任她们继续祈禳。

古谚曰："要想人不知，除非己莫为。"时间一长，这事难免传了出去。李贵已是宫监总管，未央宫的宫监、宫女都归他管制，当下将昭阳殿的宫监、宫女传进密室，严词逼问。宫监、宫女遂将祈禳之事和盘托出。李贵一方面将他们稳住，一方面去禀告卫子夫。把个卫子夫气得俏眼冒火，柳眉倒竖，咬牙切齿地说道："陈阿娇，你好歹毒呀！我叫你害人不成反害己！"

她坐等武帝退朝，一把鼻涕一把泪地将阿娇祈禳之事，一字不漏地道给了武帝。

武帝不听犹可，一听差点儿把肺气炸，立命侍卫持刀带剑前往昭阳殿，当场将楚服及女徒捉住，五花大绑，交付廷尉审讯。负责问案的是侍御史张汤，此人乃治狱老手，莫说一帮女人，就是铁打的汉子到了他的手中，也是被整治得服服帖帖。

对付这帮女人，他倒也没有动刑，只是将所有刑具摆到她们面前，譬如炮烙之刑以及老虎凳、骑木驴等，吓得这帮女人屁滚尿流，要她们招什么，她们便招什么，受株连者达三百余人。张汤一一作出判决，杀！

武帝生性残忍，朱笔一挥，批了个“准”字。于是，楚服被推出市曹，凌迟处死，其他“罪囚”，一刀一个，共计杀了三百六十三人。

陈阿娇自楚服被捉，吓得魂不附体，数夜不曾合眼。及楚服、女徒、宫监、宫女被杀，她更吓得魂飞魄散，浑身发抖。不一刻儿，小黄门苏文带着圣旨，来到昭阳殿正殿，开旨读道：

奉天承运，皇帝诏曰：皇后陈阿娇，指示女巫楚服，在昭阳殿祈禳卫美人，闹得乌烟瘴气，不配再做后宫之主。现废去其皇后名号，皇后的册书并玉玺一概没收，即日徙居长门宫。钦此！

苏文宣诏已毕，陈阿娇瘫倒在地，哪里还知道谢恩。苏文也不计较，坐镇昭阳殿，立逼她一天之内，迁往长门宫。

长门宫位于长安城的西南方向，原是窦太主庄园的一部分，名叫长门园。当陈阿娇哭哭啼啼徙居长门宫的时候，她的母亲正搂着小情人董偃梦周公呢！

说董偃是窦太主小情人，再恰当不过了。是年，董偃十六，窦太主五十一，相差三十五岁，哪有夫妻之相，倒像是奶孙二人。

董偃原名不叫董偃，叫董狗蛋，出身于长安郊区一个卖珠人家，乡下人给孩子取名，特别是头生儿子，往往叫驴呀狗呀，猫呀鸡呀，说是给孩子取个贱名，可以压灾。董狗蛋不是头生，还有两个哥哥，皆没活过三岁便夭折了，生狗蛋那年，其母已经四十八岁，老年得子，能不娇吗？单取一个狗字，似乎不能尽意，又在狗的后边，加了一个“蛋”字。

狗蛋名贱，相貌却是出众。其母卖珠，得以出入窦太主家，有时携着狗蛋同行，得以谒见太主。太主见狗蛋年少美貌，眉清目秀，唇红齿白，不觉心生爱怜，询问年龄，尚只十二岁，遂对董母说道："我替你教养此儿，你可愿意？"董母正嫌带着儿子卖珠是个拖累，听了这话，喜从天降，忙对太主说道："太主愿意教养吾儿，此乃吾儿的造化。"当即让狗蛋给太主磕头。

太主受过礼后，笑嘻嘻地对董母说道："此儿叫个狗蛋，有些不雅，我为他另择一名，汝觉着怎样？"

董母笑回道："但凭太主做主。"

太主当即为狗蛋择名为偃，留在身边，做一家僮。

名为家僮，实如亲生儿子一般，派人教他书算、绘画，并骑射、蹴鞠、御车等。董偃天资聪慧，一教便会。当然，他最擅长的还是侍奉窦太主，曲承意旨，驯谨无违，搔痒、捶背、按摩等活儿，干得特别出色，因此极讨太主喜爱。

光阴如箭，转瞬四年，堂邑侯陈午突然病死，董偃跑上跑下，一切丧葬事项，均由他全权料理，办得井井有条。但毕竟男女有别，莫说搔痒、捶背、按摩等活董偃已不适宜再干，就连一些正常交往，也要避一避嫌。

窦太主年过五旬，垂老丧夫，也是意中情事，算不得什么孤孀。偏她出身皇家，华衣美食，保养得好，看去尚像三十余岁。就是她的性情，也还似中年时候，不耐寡居。可巧身边有一董偃，业已长大成人，出落得风流倜傥，活脱脱一个美男子。

这董偃不只貌过常人，且为人温柔谨重，太主邸中，无论大人小孩，莫不赞他。当下名臣严助，要他去充记室，每年薪水，也有十金。

董偃婉言拒道："偃本家寒，蒙太主留养至今，寒则衣之，饥则食之，有病给药，闲游赐钱，如此大恩，负了必无好报。严大人见爱小人，小人铭记在心，只有容图别报了。"

这事一传两传，传到了太主耳中，喟然叹道："董偃倒是一个有良心的人，有了机会，我一定要重用他。"

什么重用！完全是别有用心。

董太主当初留养董偃，就没安好心。眼看着董偃一天天长大，她心如猫舔一般，痒痒的。有心与他勾搭，只因自己是位公主，何能贬低身份，去就仆役？加之年龄相差悬殊，若去与他勾搭，势必为外人耻笑，正在想不出法子的时候，一听董偃不肯去做记室，欢喜之余，又有些担心，有更高的官员，抑或是出更多的薪水，谁敢担保董偃就不动心？倒不如我拉下脸皮，引他上钩。

主见一决，遂将董偃改做执辔之役，董偃心中不悦，却也不敢流露。

这一日，太主借口前去平阳长公主家赴宴，命董偃执辔。

窦太主坐在车内，看见董偃满身新衣，虽是车夫打扮，可比公子王孙还要漂亮万分。她越看越喜，越看越爱。行未数里，有一小河，横在前边，因河水刚刚漫过脚脖，故而没有架桥。来往车辆，蹚水而过。太主灵机一动暗道：我若将偃儿推落河中，定不致死，若是跌出一些伤来，我好借养伤为名，将他留在身边，日夜照料，不愁他不感激，也不愁没有机会。

想着想着，那车已下了河坡，驶进河中。她故作惊慌之状，用手向董偃腰际一推。说时迟，那时快，董偃早已从车辕上一个前栽摔在河中。

窦太主见董偃落河，赶忙跳下车去，抱着董偃身子，满面焦急地问道："你可摔伤吗？这全怪我不好！我因陡见河中有一条大蛇，昂首吐信，吓得推了你一下，不料闯此大祸。"

董偃听了，急急坐了起来答道："太主勿惊，此间是水，并未跌坏，只要太主勿被大蛇吓住就好了！"说毕，站了两次，未曾站起，疼得他龇牙咧嘴，冷汗直流，原是跌伤了大腿。

太主见他跌成这样，尚且挂念着自己，愈发感动，泪流满面道："好孩子，你先忍一忍，让我去岸上找个车夫，将你载回邸中，赶紧医治。"此时董偃已经疼得只是嚎叫，仅把头点上一点，算是答复。

窦太主爬上岸去，去了不到两刻来钟，领了一个车夫过来。那车夫奔至河中，双手将董偃抱了起来，放置车中，又招呼太主上车。

太主赴宴，原本就是一个借口，见目的达到，暗自心喜，指挥车夫将车赶进堂邑侯府，侯府的家奴女婢见窦太主这么早回来，车夫也易了人，正不知怎么一回事，窦太主大声唤道："董偃跌伤了，快将他背进我的卧房。"

话音刚落，跑过来一个强壮家奴，将董偃双手托起，抱到太主卧房，放在她的床上。太主一面急召郎中，前来医治，一面对董偃说道："今天之事，原是我害你的。所以要你睡在我的床上，我的心里，方才过意得去。"

董偃垂泪回道："太主乃是无心，怎说出过意不去的话来？此床陈侯睡过之后，现在只有太主独睡，家奴睡在此地，实属非礼。"

窦太主听了，忽然将脸一红，正欲答话，郎中来了，便不再说。

郎中将董偃伤腿对齐，绑上木板，对太主说道："无大碍，但伤筋动骨，没有百日，不能痊愈，望太主遣人好好伺候。"

太主谢过郎中，赏金一斤，将他打发走了事。自此之后，衣不解带，亲自服侍董偃，为他端屎端尿。董偃阻止无效，只得听之任之。

这一日晚上，太主伺候董偃小便之后问道："你的腿觉着怎样了？"

董偃回道："从前疼不可忍，家奴因是太主亲自服侍，忍着不敢喊痛。这两天不甚疼痛。但是太主如此待我，不避尊卑，不嫌龌龊，家奴就是痊愈，也无以报答。"

窦太主听了，娇嗔道："你别张口报答，闭口报答。我是一个寡妇，虽是天子姑母且兼岳母，身边没有一个亲信之人，设有一个缓急，无人可恃；你好了之后，如不忘恩，我命你如何，你就如何，那才算得真正的报答我呢。"

董偃听了，即伏枕叩头道："太主从小豢养我长大，就是不是如此待我，我也应该肝脑涂地地报答大恩。现在这样一来，实使我报无可报，怎样好法呢？"

窦太主道："你只要存有此心，我就很高兴了。报恩的话，且不要再说。至于以后，我是这样想的，等你伤好之后，毋用再任执辔之役，只在我的身边，做一个心腹侍臣就是了。不过我们邸中人多口毁，见我待你逾分，背后恐有闲言。第一你须待人和气，不可露出骄矜之态；第二呢，不妨多给他们金钱，塞塞他们的嘴巴，你要用钱，我将钱库的对牌交给你。最好你能与士大夫交游，我更快活。"

董偃听了，点点头道："太主教训，铭记在心。但愿早日痊愈，也不枉太主服侍我一场。"

窦太主听了，微笑答道："你最聪明，能够合我心意，我便安心矣！"

过了几天，董偃已经大愈，窦太主自然欢喜无限。只见董偃唇红齿白，目秀眉清，依然不减以前的风采，便去咬了他的耳朵问道："我这般相待，你知道我的心思吗？"董偃点点头，低声答道："臣虽知道，唯恨乌鸦不敢眠凤巢耳！"

窦太主听了，红了脸佯嗔道："你这小鬼头，倒会谦虚。我要问你，你这几个月里头，是不是眠的凤巢呢？"

董偃被诘，没话可答，只得撒娇，一头倒在窦太主的怀里。窦太主如愿以偿，她这一番心血总算没有白费。

窦太主自从这天与董偃有私以后，索性不避嫌疑，竟将董偃留在房内，寝食与俱，情同伉俪。好在合邸之中，都是她的家臣。况有金钱塞口，非但背里毫无闲言，而且当面恭维董偃为董君，从此不敢称名。这董君又能散财交士，最多的一天，竟用去百金、钱百万、帛千匹。窦太主知道，还说董君寒素，太不大方。

论年龄，董偃比陈阿娇还小十一岁。因此，陈阿娇对母亲私通董偃，心里总感到别扭。

一天，她直言不讳地对母亲说道："娘！自父亲升天之后，我知道您很孤单，寂寞难耐，您想改嫁，女儿并不反对，但要找一个门第、地位相称的方可。似董偃此人，原为您的家奴，论年龄可以叫您奶奶，长期厮混下去，岂不让人笑掉大牙！"

听了女儿的话，窦太主又羞又愤，毫不客气地回道："娘的事不用你操心，你还是先管好自己的事吧！"

俗话不俗，"话不投机半句多"。听了母亲的话，陈阿娇将头一扭，掉头而去。

武帝对姑母兼丈母娘的花心，倒是满不在乎。一天，他和子夫谈起此事，笑嘻嘻地说道："姑母老有少心，年已五十有一，竟然霸了一个美貌少年，明铺暗盖，也不怕别人笑话，真老脸皮也。"

子夫笑回道："男女之事，您向来看得很开，对于姑母之事，缘何要耿耿于怀呢？"

武帝道："朕并非耿耿于怀，朕觉着姑母这人挺逗的。等忙过这一阵，朕一定去见识见识那个董偃。"

子夫道："臣妾听说董偃整天花天酒地，挥金如土，以致朝廷的名公巨卿，争相与之往来。"

武帝摇头说道："这话怕是有些不实吧！"

这话实得很。

董偃自从傍上了窦太主，好像平白无故地得了一个金库，取之不尽，用之不竭，乐得任情挥霍，遍结公卿，太仆公孙贺喜得贵子，他一家伙送去五百金做贺礼。公孙贺当然感激，宴请时请他坐了上位。酒足饭饱之后，将他拽到一旁，小声说道："有一句话，在喉咙里压了很久了，不知当不当说？"

董偃回道："你我一见如故，还有什么话不当说呢？"

公孙贺又将声音放低了一些，低得只有他二人听到："太主是什么？金枝玉叶。足下是什么？家奴一个。足下私侍太主，蹈不测之罪，长此下去，怕有杀头之险呢！"

这一说，把董偃吓了一跳，惊问道："公孙兄可有什么妙计？"

公孙贺道："足下要想避杀头之罪，唯有一法，必得讨得皇上欢心。"

董偃叹了一声道：“我一个小小的家奴，连天颜都见不到，如何讨得皇上欢心呢？”

公孙贺嘿嘿一笑：“愚兄手中，就有一条现成方法，不知足下肯不肯行？”

董偃迫不及待地说道：“事关性命，兄所说的方法，只要弟和太主办得到，绝无不肯奉行的道理，请仁兄明示为盼！”

“太主家前面的长门园，距文帝祠庙不远，皇上去年祭庙，恨无行宫可以休息。足下若禀告太主，将长门园献给皇上，做皇上行宫，皇上必喜。皇上若是知道此意出自足下，必对足下产生好感，如此一来，足下便可高枕无忧了。”

董偃一听，连声说道：“这事好办。”回府后立马禀报太主。太主正宠着董偃，岂有不允之理？当即上书武帝，愿献长门园。

这长门园好似一个馅饼，凭空从天上掉了下来，武帝焉能不喜？一面将窦太主夸奖一番，一面命人扩建长门园，改名长门宫。谁知，半年之后，这个长门宫竟然成了废后陈阿娇的冷宫！

陈阿娇被废，窦太主又愧又惧。为使女儿坐稳皇后的宝座，她花费了不少心血，也曾去太后面前告黑状，硬逼着武帝将卫子夫打入冷宫；而后，又指派家奴绑架卫青，企图来一个敲山震虎，谁知山未敲住，反使卫青飞黄腾达。正不知如何是好，女儿竟在昭阳殿里搞什么巫蛊，犯下了大逆不道之罪，以致被废去皇后，贬入冷宫。她丢人现眼，罪有应得！做母亲的就是想出面相救，也是心有余而力不足。太后呢？太后若是不死……

窦太主怀念起太后来。

太后已薨，想她也无用。

那只有靠自己的老脸了。

是的，武帝能够当上太子，当上皇帝，十成功劳，自己不敢说有十，少说也有八。

但那毕竟已经成为历史，武帝若是通情达理，看自己这个老脸还好说。若是不看呢？若是翻下脸来，问自己一个教女无方之罪，那可真是弄巧成拙了！

陈阿娇不知母亲的苦衷，只觉着母亲有过大恩于武帝，应该找皇上为她说情，去吵，去闹！母亲之所以不去，她是在为自己，为自己的小情人呢！

这一下可让陈阿娇猜对了，在女儿和情夫的天平上，太主考虑最多的还是董偃。她和董偃不算正式夫妻，但也和正式夫妻差不多，她要设法为董偃谋个前程。

怎么谋？窦太主自己并没有主意。她想起了公孙贺，希望请他出个主意。由自己出面，诸多不便，倒不如还由小董子去找吧。

她给了董偃五百金，董偃将这些金原封不动送给公孙贺，把个公孙贺喜得眉开眼笑，连连道谢。

董偃笑道："谢倒不必，最好请兄再出一谋，使我得见皇帝，既可出头露面，暗中又能免人中伤，岂不大妙！"

公孙贺听了，也微笑道："这有何难！君可请太主称疾不朝，皇帝必定临候。太主有所请求，皇帝对于病人之言，即使不愿意，也不致驳斥。"

董偃听了，连连拍案道："妙计，妙计！"

回到太主府邸，董偃将公孙贺的话，一五一十说了一遍。太主大喜，当即照行。

她假装生病，并放出风来，说病得很重，恐怕将不久于人世了。

武帝虽说暴戾寡恩，但窦太主非同一般，她不只是自己的姑母兼岳母，且又有恩于己。陈阿娇被废之后，原以为她非要进宫大闹一番，而她没有。有道是"你敬我一尺，我敬你一丈"，就是对谁无情，也不能对太主无情。故而，一听太主有病，武帝急派全副銮驾，来至太主邸中。一见太主病卧在床，花容惨淡，似有心事，武帝便问道："太主心中不适，如有所欲，朕当代为罗致。"

太主伏枕辞谢道："臣妾幸蒙陛下厚恩，先帝遗德，奉朝请之礼，备臣妾之列，使为公主，赏赐食邑，愧无以报，设有不测，先填沟壑，遗恨实多！故窃有私愿，愿陛下政躬有暇，养精游神，随时临妾山林，使妾得献觞上寿，娱乐左右，妾虽死亦无恨了！"

武帝大笑答道："太主何必忧虑，但愿早日病愈，自当常来游宴。不过朕的从臣多，恐怕太主破钞耳！"说毕回宫。到了次日，太主假装病愈，特地带钱千万，造宫与武帝游宴。武帝约定，次日亲至太主家中，不料当晚，锦帐春深，弄得昏头耷脑，第二天早已忘得一干二净。卫子夫又不肯从旁提醒武帝，恐怕太主替皇后进言。其实太主为的倒是奸夫出头的事情，至于她女儿的失宠，倒还不在她心上。武帝一直过了几天，方才想起，急造陈邸。

太主一见御驾到来，慌忙自执敝帚，膝行导入，登阶就座。武帝有心要见董偃，甫经坐定，即笑谓太主道："朕今日来，甚愿一见主人翁。"

太主听了，乃下殿卸去簪珥，徒跣顿首谢道："臣妾无状，有负陛下，身应伏诛，陛下不致之法，顿首顿首！”

武帝笑令太主戴簪着屐，速去引出董君来见。

武帝既然称董偃为“主人翁”，等于默认了窦太主和董偃的关系。太主暗自松了一口气，退下引了董偃，来拜武帝。

董偃穿着一身布衣，打扮得像个厨师，诚惶诚恐，匍匐于地，不敢说话。太主代他说道：“馆陶长公主厨人董偃，昧死拜谒陛下！”

武帝嬉皮笑脸道：“什么昧死？一家人嘛，但不知朕是叫主人翁姑父好呢，还是岳丈好呢？”

太主满面通红，但心中却似大伏天喝了一杯冰水，娇嗔道：“贫嘴，您是皇上，想怎么叫，就怎么叫，谁干涉得了呢？谁又能干涉得了！”

说得武帝大笑，将手一招道：“主人翁请坐。”并赐以衣冠。

太主命人摆上酒宴，请武帝上座，自己与董偃一边坐了一个，陪武帝饮酒。三人相互敬酒，开怀畅饮。

太主见情夫的事武帝如此赏脸，女儿的事，也许……她试探着说道：“陛下，臣有个不情之请。”

武帝正在兴头上，含笑说道：“姑母有话，但讲无妨。”

太主下席跪地，叩头说道：“臣妾教女无方，惹陛下生气……”

武帝当即把脸拉了下来：“要是说阿娇的事，就请免开尊口。不过，朕可以给您一个许诺，朕不会让阿娇受苦的。”

说毕，将筷子一放，起驾还宫。

武帝果然说话算话，虽将陈阿娇打入冷宫，确实没有让她受苦。身前身后，仍有不少宫监、宫女侍候，吃的穿的跟在昭阳殿没有什么两样。但既然打入了冷宫，就不能自由活动，活动范围只限于长门宫内。

陈阿娇自小娇生惯养，使得她骄纵任性，受不得半点约束。如今被圈在一个狭小的天地里，远离权势中心和上流社会，如何受得了！特别是那个皇后的位置，眼看就要落入野女人卫子夫之手，她更感到恼火和愤恨。

当她得知武帝两次看望母亲，恨不得一刀宰了武帝。这长门宫距堂邑侯府仅一墙之隔，为什么不可以来看看我陈阿娇？

但要除掉武帝，那岂非痴人说梦？

不只不能除掉，还得设法将他的心打动，只要他一动心，还怕不能重返皇后宝座吗？

关键是怎样打动。

知夫莫若妻。

武帝最大的爱好是色，为了一个色字，他什么都可以不顾，比方那个仙娟，明明是个娼妓，他可以堂而皇之地纳为皇妃；除了爱色之外，武帝的最大嗜好是狩猎。自己是个女人，手无缚鸡之力，不可能天南地北地跟着他与野兽拼命，就是愿意跟着，他要自己跟吗？

辞赋，倒也是武帝所喜爱的。可惜自己墨水不多，做不出一篇像样的赋来。

寻人代做可不可以呢？

当然可以。

第一个人选，她便想到了司马相如。可惜司马相如已经离开了长安。

要说司马相如，不得不说一说唐蒙。

建元六年（前135年），汉廷向闽越用兵同时，遣番阳令唐蒙出使南越，南越设席相待，宴席上有一种枸酱，味颇甘美。唐蒙问明出处，才知此物由牂牁江运来。牂牁江西达黔中，距南越不下千里，输运甚艰，如何南越得有此物？唐蒙虽知出处，尚觉怀疑。及返归蜀地，复问及蜀中商人，商人答道："枸酱出自蜀地，并非出自黔中，不过土人贪利，往往偷带此物，卖与夜郎国人。夜郎是黔中小国，地临牂牁江，尝与南越交通，由江往来。现在南越屡出财物，羁縻夜郎，令为属国，不过要他甘心臣服，尚非易事呢。"唐蒙听了此言，便想拓地邀功，即入都上书，书云：

南越王黄屋左纛，地东西万余里，名为外臣，实一州主也。今若就长沙豫章，通道南越，水绝难行。窃闻夜郎国所有精兵，可得十余万，浮舰牂牁，出其不意，此制越一奇也。诚以大汉之强，巴蜀之饶，通夜郎道，设官置吏，则取南越不难矣。谨此上闻。

武帝览书，立即允准，擢唐蒙为中郎将，使其出使夜郎。唐蒙多带缯帛，调兵千人为卫，出都南下。沿途经过许多险阻，方至巴地莋苻关，再从莋苻关出发，才入夜郎国境。夜郎国王，以竹为姓，名叫多同，向来僻处南方，世人号为南夷。南夷部落，约有十余，要算夜郎最大，素与中国不通音问，所以夜郎王坐井观天，还道是世界以上，唯我独尊，见了唐蒙，三句话没说完，便贸然问道："汉与我孰大？"

把个唐蒙笑得连水都喷了出来，夜郎王不解地问道："汝笑什么？"

唐蒙且笑且语道："你真是坐井观天。贵国就好比我手中这个水杯，大汉就像你这高大的王庭，你说汉与夜郎孰大？"

夜郎王满面惊愕地问道："此话当真？"

唐蒙反问道："大王读过《山海经》吗？"

夜郎王轻轻摇了摇头。

唐蒙见他愚昧，索性蒙他一蒙，从《帝王世纪》中引来只言片语，充作《山海经》之言，起身说道："《山海经》云，'自天地设辟，未有经界之制。三皇尚矣。诸子称高祖之王天下也，地东西九十万里，南北八十五万里，出水者二十七万二千里，受水者二十七万二千里，经名山一万八千三百五十个，二十一万九千五百零四里。'汝说汉有多大？"

把夜郎王听得一条鲜红的舌头，伸出去许久缩不进来。唐蒙乘机将所带宝珠、缯帛尽皆取出，置于王庭，真个是五光十色，照耀王庭。这些东西，夜郎王见所未见，不由得瞠目伸舌，愿听指挥。唐蒙叫他举国内附，不失封侯，并可使多同子为县令，由汉廷置吏为助。多同甚喜，召集附近诸部酋，与他们说明。各部酋见汉宝珠、缯帛，统是垂涎，且因汉都甚远，料不致发兵进攻，乃皆怂恿多同，请依唐蒙之约。多同遂与唐蒙订定约章，唐蒙即将宝珠、缯帛分给，告别还都。入朝复命，武帝闻报，遂特置犍为郡，统辖南夷，复命唐蒙往治道路，由僰道直达牂牁江。唐蒙再至巴蜀，调发士卒，督令治道，用着军法部勒，不得少懈，逃亡即诛。地方百姓，大加惶惑，遂至讹言百出，物议沸腾。竟有一个叫沙狗儿的，杀了唐蒙，起兵反汉。

第十五章　泪洒家书　衣锦还乡

武帝闻唐蒙被杀，气愤填膺，欲遣一将前去平叛，东方朔出班奏道：“启奏陛下，司马相如本是蜀人，应该熟悉地方情形，臣以为遣司马相如前去平叛，定能马到成功！”

武帝笑道：“东方先生未免把领兵打仗看得过于容易，长卿文追屈原，但对于武略可以说是‘擀面杖吹火——一窍不通’，先生要他领兵平叛，无疑是要他去死！”

东方朔摇头说道：“非也。司马先生外柔内刚，在剑术上的造诣，不在我东方朔之下，要不他当年何以做先帝的武骑常侍呢？”

这一说，武帝也想起来了，司马相如确实做过先帝的武骑常侍，某一次，先帝去终南山狩猎，赶出来一头幼虎，先帝出于好奇，让侍从带了幼虎，继续狩猎。那幼虎发出凄凉的叫声，不一刻，引来一头母虎，状如牛犊，长啸一声，扑向侍从，那侍从忙弃了幼虎，拨马而逃。先帝亦惊亦惧，打马狂奔。骑士中忽地闪出来一白马白衣之人，张弓搭箭，一箭而毙母虎，提了幼虎，送还武帝。这白衣之人，便是司马相如。

想到此处，武帝笑顾东方朔道：“看起来，司马长卿可堪大用呢！”

第二天早朝，武帝命当值宫监宣司马相如上朝。

司马相如向武帝三叩九拜之后，结结巴巴地问道：“陛下召臣上殿，可有什么吩咐？”

武帝道：“长卿，沙狗儿起兵反汉之事，卿可闻乎？”

司马相如回道：“臣亦有所闻。”

“既有所闻，朕也不再多说，朕封卿为扬威将军，率兵三万，速去巴蜀平叛。”

司马相如仰起头来，高声说道：“臣有一事要禀明万岁！”

金殿上文武百官见司马相如受封之后，竟不知谢恩，反而另有奏议，说话之时，又结结巴巴，众人强忍住笑，交头接耳。

武帝面有不悦，微微皱眉，俯身问道：“长卿有何本奏，但讲无妨！”

司马相如朗声回道："启奏万岁，臣以为，沙狗儿之事，微不足道，无需兵马。臣孤身入蜀，一纸檄文，管叫巴蜀自此太平矣。"

文武百官听了，觉着司马相如所言，实乃狂妄至极，不可轻信。唯有东方朔、严助出班奏道："陛下，臣等以为，司马相如所言不虚。巴蜀之事，不是武力可以解决的。"

武帝正要把司马相如所奏驳回，听了东方朔、严助之言，不由得踌躇起来："长卿，国事非同儿戏，你既已口出大言，自有你一定道理，不妨说出来，让朕听一听。"

"启禀万岁，巴蜀民风本来淳朴，那里的百姓乐为大汉臣民。如果不是唐蒙这几年不断地残害百姓，虐待士卒，横征暴敛，事态不可能闹到这种地步。"

司马相如言犹未尽，又补充一句："臣以为，武治不如教化之功，还请万岁三思。"

武帝沉吟良久道："长卿，朕准你所请。不过，事关西南边境安危，朕还是有些放心不下。这样，你就在金殿上，起草一份檄文，让朕过目。"

说毕，赐他平身，并命掌笔宫监笔砚伺候。

司马相如这篇檄文早已稔熟在胸，他拿起狼毫大笔，一挥而就。

掌笔宫监一边看着他写，一边朗声念诵，声音直透殿外：

> 告巴蜀太守：蛮夷自擅，不讨之日久矣，时侵犯边境，劳士大夫。陛下即位，存抚天下，辑安中国，然后兴师出兵，北征匈奴，单于怖骇，交臂受事，屈膝请和。康居西域，重译请朝，稽首来享。移师东指，闽越相诛；右吊番禺，太子入朝。南夷之君，西僰之长，常效贡职，不敢怠惰，延颈举踵，喁喁然皆争归义，欲为臣妾，道里辽远，山川阻深，不能自致。夫不顺者已诛，而为善者未赏，故遣中郎将往宾之，发巴蜀之士各五百人以奉币，卫使者不然，靡有兵革之事，战斗之患。今闻其乃发军兴制，警惧子弟，忧患长老，郡又擅为转粟运输，皆非陛下之意也。当行者或亡逃自贼杀，亦非人臣之节也。
>
> 夫边郡之士，闻烽举燧燔，皆摄弓而驰，荷兵而走，流汗相属，唯恐居后，触白刃，冒流矢，议不反顾，计不旋踵，人怀怒心，如报私仇。彼岂乐死恶生，非编列之民，而与巴、蜀异主哉？计深虑

远，急国家之难，而乐尽人臣之道也。故有剖符之封，折珪而爵，位为通侯，居列东第。终则遗显号于后世，传土地于子孙，事行甚忠敬，居位甚安佚，名声施于无穷，功烈著而不灭。是以贤人君子，肝脑涂中原，膏液润野草而不辞也。今奉币役至南夷，即自贼杀，或亡逃抵诛，身死无名，谥为至愚，耻及父母，为天下笑。人之度量相越，岂不远哉！然此非独行者之罪也，父兄之教不先，子弟之率不谨，寡廉鲜耻，而俗不长厚也。其被刑戮，不亦宜乎！

陛下患使者有司之若彼，悼不肖愚民之如此，故遣信使晓谕百姓以发卒之事，因数之以不忠死亡之罪，让三老孝弟以不教诲之过。方今田时，重烦百姓，已亲见近县，恐远所溪谷山泽之民不遍闻，檄到，亟下县道，咸谕陛下意，唯毋忽也！

初时，武帝一脸严肃地坐在锦椅之上，听着听着，脸上绽开了笑容，微笑着说道："好一个司马长卿，你不但会写花团锦簇的文章，还会写出这等气势磅礴的檄文！好，朕就依你，准你轻车简从，带三百官使，入蜀平乱。"

司马相如正要谢恩，忽听武帝说道："且慢，长卿这次前往巴蜀，既然志在宣抚，称扬威将军似有不妥，不如仍称郎中。"

司马相如长袖一挥，跪倒在地："万岁圣明，臣领旨。"

相如奉旨之后，偕着卓文君，星夜来到巴蜀，将那篇檄文广为散发，可谓是家喻户晓，讹言遂平。更有甚者，沙狗儿竟然负荆，前来请罪，相如好言劝慰，设宴相款，尽欢而散，别时，赠他缯帛各五百匹。

司马相如不战而屈巴蜀，武帝当然欢喜，降旨一道，命相如回都受赏。文君离开临邛，已有数年，对家乡十分想念，与相如相商，公事一毕，绕道临邛，一来完了思乡之梦，二来也好在父老乡亲面前炫耀一番。不想圣旨突到，君命难违，遂与相如洒泪而别。这一别便是六年，才人多半好色，相如前时勾动文君，全为好色起见，及文君华色渐衰，相如又有他念，整日寻花问柳，与一茂陵小娼打得火热。

文君身在千里之外——成都城里，闻得一些风吹草动，自然疑神疑鬼，放心不下，再来信时，免不了旁敲侧击，话里有话。得了信时，相如便懒得回复。一天，他又接到文君来信，信中的责备令他心中冒火，挥笔写下一首打油诗，发往临邛。诗曰：

一二三四五六七，
临邛县城记不得。
七八九十百千万，
吾心对尔早已变。

好些时没有接到相如来信，文君又惊又喜，迫不及待地把信拆开，却是一首歪诗，文君当即气昏过去。金题千呼万唤，方将她叫转过来，嚎一声哭道："司马相如，你个狼心狗肺！"

骂归骂，但文君毕竟深爱相如，这么多年风风雨雨，无论贫富贵贱，她从没有过二心。她左思右想：你司马相如既然以诗气我，我便以诗打动你。遂依着相如诗中的数字，照着一幅三尺见方的丝帛，写下了一首数字诗：

一别之后，二地悬念，只说是三四月，又谁知五六年，七弦琴无心弹，八行书不可传，九连环从中折断，十里长亭望眼欲穿，百思想，千牵念，万般无奈把郎怨。

文君写罢，反复读了三遍，总觉着意犹未尽，就又把数字倒过来，继续倾诉心中的凄凉与苦恼：

万语千言说不尽，百无聊赖十倚栏，九月登高望孤雁，八月仲秋月不圆，七月半焚香秉烛问苍天，六月伏天人人摇扇我心寒，五月榴花红似火，偏遇阵雨浇心田，四月枇杷色未黄，我欲揽镜心意乱，三月桃花随水转，二月风筝线儿断。噫，郎啊郎，巴不得下一世，你变女来我做男。

这天，正是春雨弥漫，相如与人饮酒归来，差人递上一封书，他一看落款之人，知是文君来书，厌恶地丢到一旁。事隔七日，东方朔、严助来访，见那书上落了不少灰尘，严助笑问道："这是何人之书，在贤兄这里如此不受欢迎？"

司马相如微微皱了皱眉头儿回道："除了贱内，谁会有此闲心？"

严助见他对文君如此相称，心中不快。要知道，文君与司马相如夜奔之事，早已在京城传为佳话，并有好事者将它编成俚语，取名《卓文君夜奔》，到处传唱。严助作为司马相如好友，岂能不知？就在六年之前，司马相如已经入京为郎，严助没有少到他的府邸光顾，多次目睹过卓文君风姿，虽是年过三旬，状似少女，一颦一笑，令人心动。而今，刚刚六年，该能老成什么样子？就是老了，当年爱得死去活来，也不该如此待她！谈到她的名字，又是皱眉，又是贱内，未免太薄意了吧！

想到此，严助强装笑脸回道："司马兄，不是小弟损您，您当年失意之时，饥无食，寒无衣，文君嫂子，毅然拉下大家闺秀皮面，与您私奔，这情这义，倾三江之水，也写它不尽。如今嫂子老了，其实嫂子并不老，三十六七，怎么算老？您竟这般对她，莫说逢年过节，回家看她一眼，甚而连她的书信也懒得拆阅，未免有些太冷酷了吧。"

司马相如面有不悦道："贤弟只知责备愚兄，贤弟哪里知道，你那文君嫂子，仗着肚中有几滴墨水，每次来书，极尽讽刺挖苦之能事，每每读过之后，心里像堵了一个套子疙瘩，我为啥放着自在不自在？"

严助摇头说道："小弟却有些不信，小弟一向看人，自以为是不会错的！小弟觉着，文君嫂子是个通情达理的女人，岂会如此对你？"

司马相如食指成弓，将卓文君来书顺着书案，弹到严助面前："贤弟若是不信，你自己尽管拆阅好了！"

严助也不辞让，说了声："造次了！"双手将文君来书拆阅，从头至尾看了一遍，那泪不停地在眼眶中打转。

见了他这个表情，东方朔止不住问道："贤弟，您……"

严助也不回答，将书递给东方朔。

东方朔未曾读完，眼圈也有些红了。

司马相如大奇道："你俩今日这是怎么了？"

东方朔喟然叹道："奇书，天底下第一奇书，连我这个自以为玩世不恭之人，竟也被感动了！"

司马相如满面困惑地从东方朔手中讨过卓文君来书，低头阅读起来：

一别之后，二地悬念，只说是三四月，又谁知五六年，七弦琴无心弹，八行书不可传，九连环从中折断，十里长亭望眼欲穿……

读着读着，一颗豆大的泪珠，夺眶而去。相如望着西南方向，拜了三拜，哽咽着说道："文君，我对不住你，倾尽三江之水，难洗去我满面羞。明日早朝，我便向朝廷告假，回临邛看你！"

第二天早朝，三呼万岁已毕，司马相如迫不及待地出班奏道："启奏陛下，臣离开家乡，已有六载，臣想告假回乡省亲，恳请万岁恩准！"

武帝回道："长卿不必着急，朕正有事找你呢！蜀郡太守上书，西南夷各部，闻得南越内附，也情愿仿照办法，归属汉朝，不知长卿对此事有何看法？"

相如匍匐奏道："西南夷如邛筰、冉駹，并称大部，地近蜀郡，容易交通，秦时尝通道置吏，尚有遗辙。今若规复旧制，更置郡县，比南越还要较胜哩。"

武帝听了大喜，当即拜相如为中郎将，持节出使，允他便宜行事。

司马相如领旨下朝，带着副使和上千的官吏、士卒、仆役，骑马乘车，浩浩荡荡地进入蜀地境内时，忽然想起了十年前从睢阳梁王府归来，孤寒无助，几同乞丐的情况，而今……

他正在独自感慨，仆从新丰小声说道："老爷，升仙桥到了。"

升仙桥司马相如并不陌生，景帝朝时，他入京求官，曾从此桥下路过，当时年仅二十余岁，血气方刚，认为凭着自己的才智，做官如同拾芥一般，竟然挥笔在上边写下了十三个大字："大丈夫不乘高车驷马，不过汝下。"如今，放眼望去，只见那桥装饰一新，披红挂彩，十三个大字好似也被人彩绘过，在太阳光的照射下熠熠生辉。

在桥的东西两侧，新搭的彩色牌房，赫然挂着红绫金字对联。上联为："中郎将威震万国千邦。"下联是："西南夷臣服大汉天朝。"横幅是："欢迎司马中郎将荣归故里。"

他心头不由一喜，打马狂奔，一口气来到桥下，待副使和新丰追上之后，用马鞭指着自己亲笔题写的那十三个大字，洋洋自得地说道："我司马相如，终于未负此言，有此一生，也算对得起自己，对得起爹娘了！哈哈哈哈。"

他拈须大笑。

穿过桥去，但见成都北门，驿道两旁，人山人海，几十万巴蜀乡亲，翘首跐足，以迎天使。

欢迎的人们也看见了司马相如。不，确切地说，是看见了他的车队。不知谁一声大喊："司马相如回来了！"

这一声大喊，立刻在广阔的平原上空掀起狂潮热浪，雷霆滚滚。

一个穿大红缯袍的矮胖官员，气喘吁吁地迎了上来。司马相如举目一瞧，认识他是蜀郡太守。六年前，司马相如作为天子使臣来成都平乱时，曾在他官署中住过两天。那时，这太守虽也客气，但客气中透出几分简慢。因为那时候，司马相如不过是个小小的中郎，比蜀郡太守还矮两级。

而这一次，司马相如不但成了秩比二千石的五官中郎将，还受了武帝的特诏，来抚西南夷，上马管军，下马管民，威权之重，三亦难不及。

蜀郡太守见司马相如到了，忙从旁边一位官员手中捧着的金盘中取过一杯酒，恭恭敬敬地举在手中，一脸媚笑道："司马将军，我们蜀郡官民以这一杯薄酒，为您洗尘接风。"

他接过蜀郡太守手中的酒，一饮而尽，还杯的时候，猛然发现，那个捧盘子官员，竟是自己的老同学——临邛县令王吉，相如微笑着点了点头。

王吉忙趋前几步，拉住司马相如坐骑。但见王吉，背负着弩矢，手牵着马缰，一边走一边吆喝："闪开，闲人闪开。"

这活本应该由马僮来干，王吉居然乐此不疲。

这虽然只是一个低微差使，但在驿道两旁士女欣羡的眼光中，也还是出尽了风头，表明王吉与天朝大臣的关系非同一般。

人们对王吉尚且如此，对司马相如的那份尊敬就可想而知了。

司马相如拼命抑制住激动的心情，装出一副和蔼可亲的模样，偶尔也向欢迎的人们挥一挥手，点一点头。

走了整整一个时辰，司马相如方来到成都城内。但见城内到处张灯结彩，像过节一样。主要街道上都用黄土洒扫得干干净净，两边挤满了来观摩官仪的老百姓，卓王孙就夹杂在这些老百姓之列。

司马相如骑在高头大马上，对街两旁的围观者一览无余。

他不可能看不到卓王孙！

他看到了。

此刻，卓王孙就与蜀郡二号铁商，也是二号富翁程郑站在一起。

只听卓王孙高声说道："那是我的女婿，我们临邛县卓家，到底风水比你程家强些。"

司马相如本想跳下马来对卓王孙施礼，见他这种沾沾自喜的神情，不由得想起旧恨，竟不顾翁婿之间的礼节，扬长而去。

卓王孙原本以为，司马相如六年未回成都了，这一次回来一定要先回家看望文君，而文君就住在太公庙旁，从鸡鸣街左拐，一刻来钟便可赶到。

谁知，到了鸡鸣街上，司马相如连站也未曾站上一站，径直朝前走去，直奔郡署。

他大失所望。

车骑早已走完，街上的人都散得干干净净。四名僮儿牵过油壁青车，让他坐上，轻声问道："爷，去哪里？"

他长叹一声说道："去，去你们大小姐家。"

车声辚辚，不一会儿便来到卓文君的府上。金题听说老爷来了，亲自降阶相迎。

"你们小姐呢？"

金题回道："小姐患了风寒，整天咳嗽不止，此刻正在床上躺着呢，请老爷随我进来。"

司马相如回蜀的消息，卓文君已经知道了。

卓文君是听金题说的。

十年前，由卓文君做媒，金题嫁给了新丰。三天前新丰已托人将这喜信捎回了成都。

五更不到，文君强撑着下床，精心打扮了一番，去升仙桥门迎接司马相如归来。

将至升仙桥的时候，她突然变了卦。

那相如既然来书说"临邛县城记不得"，"吾心对尔早已变"，我何苦要去迎他，作践自己！

她掉转轿，返回私邸。口里说不要想那负心汉，心中却一刻也未曾将司马相如放下。如今，听老爹说，司马相如去了郡署，心灰意冷，哇地吐了一大口鲜血。

卓王孙大惊，忙命金题前去请人医治。卓文君有气无力道："别，别，孩儿这病是气上所得，寻常郎中，是治不好的。"

卓王孙不解地问道："相如官居将军，秩比三公，孩儿便是不折不扣的贵夫人了，你还气个什么？"

"我……"卓文君话到唇边，又吞了回去。她不想让老爹为自己担忧，更不想让老爹耻笑自己。

是的，为了司马相如，她不惜抛弃舒适的生活，也不顾什么非议，毅然跟相如私奔。而今，她万万没有料到，司马相如竟是一个只可共患难，不可共安乐的家伙！

卓王孙见文君不愿意延医诊治，还以为是相如六年没有回来，手头拮据，笑嘻嘻地说道："女儿不必为钱担忧，爹听说司马将军回来了，特意带了一份重重的贺礼。"

他也不管女儿愿不愿听，从袖中取出一卷白色丝绸来，打开来念道："上林五铢钱三千万缗，僮仆百名，明珠百粒，宝石百颗。金银酒器一百件，上古刀剑十六件。名贵屏风二十四扇，上等狐裘二十四领。纯白貂皮一百块，织花绫锦六十匹……长安、洛阳、邯郸、临淄、南阳等连号卓氏店铺六家。"

卓文君暗暗吃惊，爹真慷慨呀！这一份礼单，乃是爹爹的半个家当！

转而一想，没有了爱情，要钱何用？她惨然一笑说道："爹爹，谢谢您，这份礼单，您还是收起来吧。"

古谚曰"人为财死，鸟为食亡"，世人哪有不爱财？可女儿她……卓王孙正要询问原因，忽听见前院一阵骚乱，几个健仆欢天喜地叫道："将军回府了！"

听了这话，卓王孙又是高兴，又是担心。刚才司马相如在外面没有当街认他，此刻会和他相认吗？

健仆又报，司马将军已到后院，卓王孙不敢再想，疾步而出，见一班婢仆齐刷刷跪在庭院，忙也跪了下去。

司马相如当街可以不认岳丈，来到自己家中就不能不认了。而且，他对自己又很恭维，竟然当众给自己行跪拜大礼，忙趋前几步，双手将卓王孙搀了起来。

卓王孙见司马相如对他十分礼貌，激动得连声音都有些发颤，从怀中摸出那张白绸礼单，双手递上去，毕恭毕敬地说道："贤婿，不，司马将军，你这次荣升中郎将，我无以为贺，特送薄礼，表表心意。"

司马相如接过那张白绸礼单，一瞥之下，已觉出礼物的分量，心中暗自思道，这家伙如此势利，不收白不收，口中却道："谢谢岳父大人。"

卓王孙有的是钱财，少的是地位，见司马相如肯和他相认，又肯收他的礼单，那等于是从此确确实实做定了中郎将的泰山老大人，他不由得喜上眉梢："贤婿不必客气，但请贤婿暇时，到敝府一坐才是。"

司马相如收了卓王孙的重礼，不好拒绝，含笑回道："咱们是什么亲戚？一个女婿半个儿吗？等我出使西夷回来，务必要到岳父府中拜谢重赐。"

卓王孙听了，愈发欢喜："贤婿，如此说来，那我就在家中专候了。眼下你们夫妻团圆，我就不再打扰了。"说毕，双手一揖，退了出去，好似他是司马相如的晚辈一般。

司马相如目送卓王孙出了后院，转过头来，问跪在地上的丫鬟：“夫人呢？”

“长卿。”一声娇呼，卓文君由金题搀着，从吊起的帘子下走了出来。

司马相如闻声望去，见门内走出一个身穿淡黄色罗裳的丽人，眉目如画，秀逸绝伦。他已六年时间未见到文君了，想不到她还是这么动人！

待他走近了一瞧，一脸惊诧。但只见几重罗衣之下，卓文君已瘦得快要飞了，瘦削的肩骨和平板的胸脯隐隐可见。

司马相如又是怜惜，又是惆怅，暗自思道，六年不见，文君变成这副样子。

他疾步上前，轻轻握住卓文君纤细的双臂，微微笑道：“文君，我司马长卿对不住你，几年没见，你竟然瘦削成这个样子！”

这是安慰怜惜，更多的则是自责，文君大受感动，如漆的眸子里，忽然涌出大颗大颗的泪水，如泉如瀑。

“你，你还记得我？”卓文君捶打着相如双肩，且泣且恨道，“你这个负心汉，我恨不得一口吃了你！”

相如一把将她揽到怀中……

司马相如和卓文君和好如初。

他惦记着西南夷的事情，在家中住了三天，便又带着原班人马，朝西南夷奔去。

行前，又按照武帝的敕命向蜀郡太守索取了分封西南夷所用的货币、珠玉和绢帛，整整装了十六辆大车。

西南夷各国，原本就是为着大汉的金帛才主动要求归附的。如今有了这么多东西做后盾，加之司马相如的才干，不到半年时间，西南夷诸国全部归附大汉，上表称臣。这使武帝在未动一刀一兵的情况下，就把汉朝的疆域扩展了千里之遥。

它的意义还不只限于拓宽了大汉的疆土。

西南诸夷的归附，使武帝以西南夷为跳板，从背后袭击南越，并以此震慑那些蓄谋反叛的诸侯王的目的从初步变为现实，这是二。

其三，西南夷的归附，不仅使武帝暂时了却了一块心病，更为他全力以赴对付匈奴提供了保障。

司马相如如此顺利地完成西南夷之行，消息传到京都，武帝心中那份喜悦可想而知，他特意在茂陵购地五十亩，为司马相如建造府邸。相如自以为有大功于汉，沾沾自喜，渐有骄色。忽有人上书武帝，劾他出使时私受贿金，武帝不问青红皂白，将他免职遣归，豪宅入官，司马相如又羞又愤，消渴病复发。

第十六章　长门一赋　官复原职

司马相如自消渴病复发后，饮食频繁，人却越来越瘦，整天没精打采，不到三月，便卧床不起了。

卓文君一边为他延名医诊治，一边衣不解带地在床前侍候，人也瘦了一大截子。

这一日，文君刚刚服侍相如将药吃下，却听门外忽然有人禀道："夫人，府门前来了一位长安贵妇，要拜见夫人。"

"知道了，请她到正厅。"卓文君口中支应着，心中却直纳闷儿。

相如解职以来，不时有长安客人前来登门拜访，但都是来拜访司马相如的，还是清一色的男客。而这一次，却有人指名道姓谒她，使她大感惊讶。

卓文君款款起身，又向饰有青龙、白虎、朱雀、玄武图案的高大铜镜中，仔细地打量了自己一眼，觉着自己的穿戴还算得体，方由四名侍婢簇拥着走入正厅。果见正厅里端坐着一位少女，柳眉凤目，满身珠光宝气，笑容满面。在她的旁边站着两位大汉，粗眉大眼，衣服华贵鲜丽，却是神情傲慢。

少女见卓文君走了进来，慌忙站起身来，敛衽一拜道："夫人，可是卓夫人？"

文君还了一礼道："不敢当，妾身便是卓文君。不知三位贵人高名上姓？大老远从长安来，对妾身可有什么指教？"

少女自我介绍道："奴婢姓旦，名白，陈皇后的贴身宫女……"

卓文君吃了一惊，皇后的宫女不远千里来到成都，找我一个平民百姓，不知有何贵干，欲待要问，自称旦白的贵妇人指了指随行两个大汉说道："这二位乃窦太主的宾客，这位姓钱，叫钱宝，那一位叫鲁楠。皇后怕我一人行路不便，特从窦太主那里将他二人借了来。"

卓文君很友好地朝二大汉点了点头。

只听旦白继续说道："陈皇后原打算也要来的，但害怕扰民，特遣我全权代理。"一边说一边从袖子中摸出一张礼单，双手呈给卓文君。

卓文君推让了几下方才接到手中，展开一看，只见那上边开列了一长串金帛珠玉：黄金一千斤，细绢一千匹，明珠一百颗，玉器一百件……文君不由得吃了一惊，忙将礼单推还旦白，连连摇手道：“此等厚礼，文君承受不起。”

旦白笑顾道：“这算什么？这些礼品，就陈皇后来说，只不过九牛一毛，卓夫人就不必推让了。”说毕，又将礼单推给卓文君。

旦白见卓文君说什么也不肯收，微微一笑说道：“实话告诉您吧夫人，陈皇后若是没有事情求你，她也不会如此慷慨地送你这么多礼物！”

“求我？”卓文君用右手食指，点着自己的鼻尖问道。

“对！陈皇后有事求你。”

卓文君微微一笑说道：“旦贵人言重了吧！我一个小小的妇人，能够为皇后娘娘办啥事呀？”

旦白笑道：“夫人不必自谦，谁不知你是一个才女呀，你不只是一个才女，你还有一个好丈夫——司马将军。司马将军文武双全，写得一手好文章，一篇《子虚赋》，轰动全国。但不知近几年来，将军还动笔吗？”

卓文君不知她问这话是何用意，只得如实回道：“长卿这几年，久已没做过文赋了。这些年他身子骨儿不大好，连书我都禁他多看。”

旦白微微一怔，笑道：“陈皇后久慕司马将军的文笔，常常在宫中赞他是当世第一大家。”

卓文君微笑着回道：“旦贵人过奖了。如今朝中的东方朔、严助、枚乘、司马谈，才是真正的大家，非拙夫可比。”

旦白见卓文君谦虚，又笑道：“将军的《子虚赋》，小女子不只读过一遍，真是妙笔生花，夫人何必要谦虚呢！”

钱宝见她二人说起来没完没了，有些不耐烦了，高声说道：“卓夫人，我是一个粗人，喜欢直来直去。”

这钱宝虽为家奴，但长期在堂邑侯府供职，和董偃还是亲戚，前不久，荣升为家奴的二号头目，竟然不知王二哥贵姓，口气生硬地说道：“咱长话短说，我们这次来，乃是奉了陈皇后之命，携重礼前来，就是想请司马将军做一篇《长门赋》，夫人不必推辞！”

话虽说得有些莽撞，但意思却完全地表达出来了。卓文君一听之下，当即醒悟过来。陈阿娇废居长门宫已逾两年，仍然没有一点儿复位的希望。何况前不久，卫子夫已被正式立为皇后，她当然更加绝望。万般无奈，陈阿娇命人携重礼来到成都，向司马相如换取《长门赋》，想以此打动武帝，唤起旧情。

对于陈皇后这种心理，文君十分理解，也乐于帮忙，只是，一来相如卧病在床，不愿使他劳累；二来，那钱宝的口气，有几分居高临下，让她十分不悦。于是，她笑容顿敛，客气地说道："钱大人，我们相公虽是白衣，家门寒酸，倒也不缺这点金帛珠玉，请你们带走吧。"

旦白见卓文君动气，满面赔笑道："夫人，谁不知道您是成都首富，我们奉送的这点东西，对于您，也不过沧海一粟，难成敬意！但我们千里来访，总不能空着两手回去。有道是，'千里送鹅毛，礼轻情义重'。东西您权且收下，至于那个赋嘛，司马将军若是实在不能动笔，我也不敢勉强。不过，实话给夫人说，陈皇后无辜被夺去册书印绶，莫名含冤。如今废居长门宫已经两年，皇上一直没有重续旧情之意。陈皇后日日以泪洗面，无心梳妆，长夜不眠，独守空房，真是凄凉万分！"

说到这里，旦白已是泪光盈盈，顿了顿继续说道："我们陈皇后，对小女子此次西行，抱着极大的希望，这个希望一旦破灭，她怕是再也没有生理了……"

旦白哽咽得说不下去了。

卓文君见旦白哭得伤心，心下也自软了，慌忙劝道："旦贵人不必悲伤。至于陈皇后之事，妾身也有耳闻。况且，妾身也是女人，必当劝说相公，不负陈皇后之托。"

听了这话，旦白满面欢喜，收泪拜道："多谢夫人成全。"

卓文君还了一礼，分宾主坐下，早有奴婢献上果品，二人边喝边吃边谈。

旦白见文君心情愉快，加之求赋心切，含笑问道："卓夫人，不知司马将军的文章，要多长的时间才能写成？"

旦白忽觉不妥，敛衽一拜说道："夫人，小女子不是有意催您，我们陈皇后……唉，让我怎么说呢？"

卓文君笑道："贵人的心情，妾身理解。但不知贵人听没听说过这样一句口头禅——'马迟严疾'？"

旦白轻轻摇了摇头。

"马即妾之相公，严即严助先生，严先生落笔如飞，文赋千言，立等可就，皇上常命他在酒宴上发挥，他出口成章。但不客气地说，严先生的文赋向来逊妾之相公一筹。但妾之相公，说话有些结巴，写起文章来，更是慢得要命，加之身体欠佳，怕是，怕是没有三两个月难以完成尊命。"

听卓文君这么一说，旦白如同掉进冰窟一般，脸色苍白，许久无语。

卓文君笑道："旦贵人不必惊惶，妾说妾之相公，没有三两个月，难以完成遵命，乃是就一般而言……"

旦白能够侍奉皇后，且成为心腹，岂能是个傻瓜？她闻言大喜，起席拜道："多谢夫人成全，小女子感激不尽，小女子代我家皇后，给您磕三个响头。"文君待要阻拦，她人已跪了下去。

文君受了一个响头，硬将旦白拽了起来。

旦白嘿嘿一笑，颇觉不好意思地说道："古人有言'人没尽足蛇吞象'，此刻我便是这个没尽足的人。我厚着脸皮再问一句，《长门赋》何时能，能……"

她脸皮再厚，也是不好意思再说下去，只将二目殷切切地瞅着卓文君。

卓文君嘻嘻一笑说道："此乃人之常情，贵人也不必不好意思。这样吧，过得今晚，明天清晨，你们只管来取。"

送走了旦白三人，卓文君回到卧室，笑吟吟地问道："长卿，我来问你，一个被废的后妃，思念君王，应该用怎样的情辞，才能打动天子的心呢？"

司马相如背靠着被褥，笑眯眯地回道："怎……怎么？你……你又要做……做琴曲吗？"

"嗯。"卓文君随口应了一声，从箱子中取出一副价值六万缗的绫锦。

这绫绵本来是田蚡生前送的，他要司马相如写一篇歌颂王太后的赋。未及动笔，田蚡死了，太后亦遭到武帝的冷落，司马相如便把写赋的事压了下来。

卓文君将绫锦在书案上铺得平整妥帖，又从笔筒中拣出一枝洛阳紫毫，饱蘸浓墨，凝思片刻问道："哎，这后妃与她的君王自幼一起长大，两小无猜。可是年纪大了之后，君王却喜新厌旧……您说这赋该怎么写？"

司马相如笑道："那……那后妃今……今年多大了？"

"她已经三十多岁。"卓文君回道。

"她还漂亮吗？"

"她已步入而立之年，人老珠黄了，还能称得上漂亮？"

司马相如摇了摇头："那……那就无可奈何了！"

卓文君不死心，追问道："如你所说，这事就没有挽回的余地了？"

"有。"

卓文君眉头一扬，二目直视着司马相如。

司马相如喝了一口水道："除非她生有儿子。"

"为什么？"

"作为男人，最看重的便是传宗接代。古语有谚'不孝有三，无后为大'嘛！"

卓文君心头猛地一凛，手中的紫毫也差点儿落到绫锦上。

儿子，要命的儿子，我卓文君将至不惑之年，未曾给司马相如生得一男半女。难道说，陈皇后的下场，便是我卓文君的下场吗？

她不寒而栗。

不，不尽然这样，早几年你司马相如不是也想抛弃我卓文君吗？我一首数字诗，便把你这头犟驴又拉了回来。同样是个人，武帝为什么不可以拉回来呢？

她也不再请教司马相如，将紫毫又朝砚石上蘸了蘸，运力于腕，刷刷地写将起来，不到半个时辰，写就一篇千古绝唱——《长门赋》：

夫何一佳人兮，步逍遥以自虞。魂逾佚而不反兮，形枯槁而独居。言我朝往而暮来兮，饮食乐而忘人。心慊移而不省故兮，交得意而相亲。

伊予志之慢愚兮，怀贞悫之懽心。愿赐问而自进兮，得尚君之玉音。奉虚言而望诚兮，期城南之离宫。修薄具而自设兮，君曾不肯乎幸临。廓独潜而专精兮，天漂漂而疾风。登兰台而遥望兮，神怳怳（音晃）而外淫。浮云郁而四塞兮，天窈窈而昼阴。雷殷殷而响起兮，声象君之车音。飘风回而起闺兮，举帷幄之襜襜（音掺）。桂树交而相纷兮，芳酷烈之訚訚（音吟）。孔雀集而相存兮，玄猿啸而长吟。翡翠协翼而来萃兮，鸾凤翔而北南。

心凭噫而不舒兮，邪气壮而攻中。下兰台而周览兮，步从容于深宫。正殿块以造天兮，郁并起而穹崇。间徙倚于东厢兮，观夫靡靡而无穷。挤玉户以撼金铺兮，声噌吰而似钟音。

刻木兰以为榱兮，饰文杏以为梁。罗丰茸之游树兮，离楼梧而相撑。施瑰木之欂（音博）栌兮，委参差以槺（音康）梁。时仿佛以物类兮，象积石之将将。五色炫以相曜兮，烂耀耀而成光。致错石之瓴甓兮，象瑇瑁之文章。张罗绮之幔帷兮，垂楚组之连纲。

抚柱楣以从容兮，览曲台之中央。白鹤噭以哀号兮，孤雌跱于枯杨。日黄昏而望绝兮，怅独托于空堂。悬明月以自照兮，徂清夜于洞房。援雅琴以变调兮，奏愁思之不可长。案流徵以却转兮，声幼眇而复扬。贯历览其中操兮，意慷慨而自印。左右悲而垂泪兮，涕流离而纵横。舒息悒而增欷兮，蹝（xī）履起而彷徨。揄长袂以自翳兮，数昔日之諐（qiān）殃。无面目之可显兮，遂颓思而就床。抟芬若以为枕兮，席荃兰而茝（音差）香。

忽寝寐而梦想兮，魄若君之在旁。惕寤觉而无见兮，魂魂迋迋若有亡。众鸡鸣而愁予兮，起视月之精光。观众星之行列兮，毕昴出于东方。望中庭之蔼蔼兮，若季秋之降霜。夜漫漫其若岁兮，怀郁郁其不可再更。澹偃蹇而待曙兮，荒亭亭而复明。妾人窃自悲兮，究年岁而不敢忘。

卓文君写毕之后，默默地诵读一遍，甚为满意，不免有些沾沾自喜。司马相如满面诧异地瞅着卓文君：“文君，敢是你的文章写出来了？”

“写出来了。”

“能不能让我欣赏欣赏？”

卓文君因为高兴，说话的声音分外温柔，满面带笑道：“不敢当，只希望你读了之后不要哂笑，妾就心满意足了。”

说毕，双手将绫锦捧给司马相如。司马相如先是默读，读着读着读出声来：“忽寝寐而梦想矣，魄若君之在旁。惕寤觉而无见兮，魂魂迋迋若有亡……”

他击案赞道：“写得好。”

卓文君心中似熨斗烫的一般，笑吟吟问道：“长卿不必谬夸，你说妾这赋写得好，不妨说一说它好在何处？”

司马相如敲击着绫锦说道：“词丽句清，情辞婉转凄切，原是一字千金的上乘之作！”

卓文君喜道：“君言当真？”

“当真！”

卓文君长出了一口气道：“如此说来，妾这一千斤黄金受之无愧了！”

司马相如吃了一惊道：“一千斤黄金！这可不是个小数目，抵得上大县二年的赋税，谁出手这么阔绰？”

“陈阿娇。”卓文君抑制住心中的激动，一字一板地说道。

司马相如道："我就猜着是陈阿娇，但不知……"

他收住话，微微一笑说道："这还用问吗？一定是陈阿娇过厌了冷宫的日子，想重新出山。她知道皇上好赋，特别是我的赋，不惜出重金求我……文君，你老实说，是不是这样？"

他见卓文君郑重地点了点头，复又问道："文君，那陈阿娇既然是求我的，你为什么不给我说呀？且还要来一个越俎代庖！"

这话问得卓文君无法回答，她要说：你司马相如落笔太迟，莫说一个晚上，就是一月，你也难写出一篇像样的赋来！不能说，这话虽是实话，但有些伤人自尊。

那么，只有这样说了：你司马相如酷似武帝，重色轻情，似你这种心态，能写出一篇令阿娇满意、皇上动心的赋吗？不能说，这话虽是实情，但有些损人的味道。

再么，我就实话实说：我就看不惯你那"不孝有三，无后为大"的臭论，想和你赌一口气。不能说，这话虽然说出来解气，但有伤夫妻感情。

这样说行不行呢？你司马相如虽是写赋大家，但贵体有些欠安，为了你的健康，不得不来了一个越俎代庖！这话好，就应该这么说。

这一说，效果理想极了。司马相如凝神文君许久，一把揽到怀里，狂吻起来，且有了共效于飞的冲动。

这一夜他们睡得很晚，直到太阳快要照住屁股，夫妻双双爬了起来，梳妆已毕，正要用早餐，旦白带着两个家奴登门索赋来了。文君说了一声请字，一边将他们让进客厅，一边拿出了大作《长门赋》。

旦白将赋展开，略略读了几行，连道好赋，少不得千恩万谢，乐颠颠地回长安去了。

陈阿娇见旦白这么快回来，还道司马相如不肯赏光，不免有些失望。及至读过《长门赋》后，不觉掩卷啜泣，只觉得完全道出了自己的心里话。当即设法呈送武帝。

武帝觉着，一个陈阿娇，能写出什么成景的东西！看也不看，丢在一旁。

陈阿娇自赋送出后，总觉着武帝看过《长门赋》，一定会像她那样激动，负疚而来，故而常常倚门以待，望眼欲穿。当她得知事情真相后，又气又恨，大骂武帝负心汉。旦白年少却是比她老练，好言劝道："皇上并非负心。"为此，旦白还举了一个例子。她不慌不忙地讲道："圣上有一个乳母，叫董郭太，您是知道的！她有一个儿子，叫董少白，您也是知道的。少白仗着其母哺育过圣上，经常胡作非为，不久前，在大街上与人斗殴，殴人致死。按照汉律，需将董郭太一家发配边疆，圣上也表示同意。发配之日，董郭太入宫向圣上辞行。出宫时，步子走得很慢，还不时回头来看圣上。恰巧东方朔伴驾，很想为乳母讲情，又怕圣上不准，把手朝乳母一指，故意骂道：‘咄！老太婆！你还不快走！回头看什么？是看陛下吗？陛下已经长大了，难道还靠吃你的乳汁来活吗？’此言一出，说得圣上涕泣泪下，于是下诏，将乳母一家赦免。可见，圣上并非忘恩负义之人，关键是如何才能让圣上看到您的赋。”

说到东方朔，阿娇来了灵感。他可以来救圣上的乳母，为什么不可以出面救一救皇后呢？

她知道东方朔好色，特意让旦白去街上买了一个靓妞送给东方朔，求他代为周旋，东方朔满口答应。但有一个条件，得叫他见一见《长门赋》的附件。

这有何难？陈阿娇连夜请人照着附件又抄了一份，送给东方朔。

到了翌日，该东方朔当值，他竟然伏案而睡，还打起了微鼾。武帝唤了几十声，方将他唤醒，取笑道：“先生昨夜是不是偷桃去了？故而没有睡好！”

东方朔装作没有听见，先是袖筒、怀内，继之四周，似是在寻找着什么。

武帝满面困惑地问道：“先生在找什么？”

“一篇赋。”东方朔一本正经地回道。

“什么赋？”

“《长门赋》。”

“《长门赋》？”武帝若有所思，他恍惚见过这篇东西，但在什么地方见的，一时又想不起来。

东方朔仍在找他的赋，急得满头大汗，还自言自语地说道：“这就怪了，分别之时，王子登明明送给我一篇赋，要我转呈圣上，这赋哪里去了呢？”

“王子登？”武帝反问一句，“这王子登不是王母娘娘属下的一个仙女吗？”

“正是。”

“凡界与仙界相隔，先生怎么会得见王子登呢？”话一出口，武帝便后悔了。他想起了东都小矮人的话，东方朔原本就是神仙，神仙会神仙有什么可稀奇呢？武帝忙改口说道：“先生什么时候见到王子登了？”

“刚刚。”

“刚刚？”武帝猛然想起，怪不得他刚才睡得那么熟，唤都唤不醒，原来他是见王子登去了，于是笑嘻嘻地问道：“先生见王子登做什么？”

东方朔更正道：“小臣不是去见王子登，小臣去赴蟠桃宴，碰上了王子登，她说废皇后陈阿娇，原也是王母娘娘阶下的一个仙女，居紫玉宫，擅长赋文，前不久写了一篇《长门赋》，呈给王母娘娘，把娘娘看得直流泪。娘娘说，此赋不应天上独享，让臣带回凡间，转呈圣上，不想被臣丢了，臣罪该万死！不过里边的赋文，臣尚且能背个八九不离十。”

他也不管武帝愿不愿听，朗声吟唱道：“夫何一佳人兮，步逍遥以自虞。魂逾佚而不反兮，形枯槁而独居。言我朝往而暮来兮，饮食乐而忘人。心慊移而不省故兮，交得意而相亲。”

……

他一口气将《长门赋》吟唱一遍，吟得他泪流满面。

武帝何尝不是这样呢！他且愧且责且泣道：“朕待阿娇，原不该这般冷淡的。朕这就启驾长门宫。只是，只是先生能否把《长门赋》给朕抄一份？不，不……”

他在御案上翻起来，终于翻到了《长门赋》，惊喜地说道：“先生，您看，是不是这个东西？”

东方朔双手将赋接了过来，从头至尾浏览了一遍，喜道：“就是它，就是它。”止不住又吟唱起来：“夫何一佳人兮，步逍遥以自虞……”

武帝将手一摆，微笑着说道：“先生不要念了，朕要启驾长门宫。”

东方朔要的就是这个效果，高声唱道：“启驾长门宫！”

经过一番打击，陈阿娇再也不敢托大，外边下着小雨，她率领一班宫娥宫监，早早地迎候在长门宫外。车驾刚一露头，便命乐队奏起了《百鸟朝凤》，自己则跪在尘埃，恭迎圣驾。

武帝见了阿娇，忙跳下御辇，双手将她搀起，似责似嗔道：“天下着雨，你不该这样。”将她拽上御辇，紧紧地搂到怀中。

俗话说得好，“久别胜新婚”。这一夜，两人都很投入，不停地变换着方式，疯狂地运动着，在甜蜜及欲望之波的高峰上颤抖……

风停雨住，他俩相拥而卧，喁喁地说着私话。

他吻着她的前额问道：“阿娇姐，那《长门赋》到底出自何人之手？”

阿娇怔了一下，如实回道：“出自司马相如之手。”

武帝叹了一口气道：“司马相如为西南夷的归附，立了大功，朕对他的赏赐不谓不厚，他竟然私受僰人贿赂，朕迫不得已，将他免为庶民，不知他谅解朕不？”

陈阿娇没有见过司马相如，对免职一事，更无从谈起了。一篇《长门赋》，使她夫妇和好，岂有不感谢之理？听了武帝的话，她赶忙为司马相如打圆场：“听旦白说，那司马相如对当年的所为，后悔得要死，欲进京请罪，因消渴病缠身，未能成行。”

“既然这样，朕就将他官复原职，所没房产，一概退还。至于消渴病嘛，朕派最好的御医为他诊治。”

陈阿娇忙爬了起来，伏地呼谒道：“陛下万岁，万万岁！”

复职的消息传到成都，司马相如的病立马好了一半，正要偕卓文君入都清点房产，同享荣华富贵，卓王孙却病了。那是他听到娇婿复官的消息，心中高兴，邀来一大帮子同僚，举杯相贺，多饮了几杯酒，一头栽在地上，口吐白沫，下肢不能动弹。作为他的亲生女儿，也是唯一的一个，在这节骨眼上，岂能丢下老父不管？卓文君几经权衡，留了下来。

司马相如这次返京，与上次大不相同，文友东方朔、严助，以及刚刚奉调入都、升任左内史的朱买臣奉武帝之命，到建章门外十里长亭相迎。一行人说说笑笑，来到未央宫后殿，武帝已在那里等候多时，司马相如疾走几步，跪倒在地，口称：“罪臣司马相如参见陛下！”

武帝笑嘻嘻地说道：“天底下啥都有卖，就是没有卖后悔药的，前事已过，长卿就不必放在心上了。”

“谢陛下。”司马相如口中如此说，心中却愤愤不平地想：说我出使巴蜀受贿之事，纯属张汤诬告，你却偏听偏信，这个黑锅我不能背一辈子，今日不是时候，我权且忍下，有道是，君子报仇，十年不晚！

司马相如爬将起来，坐在武帝身旁，彼此寒暄了几句，武帝敕令开宴，加上伴驾的韩说在内，君臣六人，开怀痛饮，只喝到月上中天，方才撤宴。

武帝命司马相如宿于后殿，两人畅谈了大半夜。相如自此日日出入未央宫，不是与皇上弹琴对弈，便是切磋辞赋技艺，成为武帝身边的红人，引得满朝达官显贵争相与他结交，门前车水马龙，应接不暇，相如常常忙中偷闲，到妓院一逛，把个卓文君丢到了九霄云外。经东方朔等人撺掇，公然把一个叫凤琴的妓女纳进府。

文君见相如久不接她去京，自知有异，忙带上金题，寻上京来。迎接她的，乃是一个艳丽少妇，看年纪顶多十七八岁。

那少妇一边龇着牙花，一边盯着文君，看了许久，满脸不悦地问道：“汝是何人？找司马将军有何贵干？”

金题见她如此相问，什么都明白了，她歪着脖子，将那少妇端详了好大一阵，哟了一声说道：“我看汝头上并没有长花，何必如此盛气凌人呢？”

少妇迎着金题的目光，厉声问道：“汝到底是何人？”

金题指着自己的鼻尖，一字一顿地说道：“我嘛，姓金名题，司马将军府上不是有个叫新丰的管家吗？那是我的男人！”

听她这么一说，少妇立马明白了。

她能不明白吗！做娼做妓的，有几个傻瓜！

这金题乃卓文君的贴身女仆。仆人已经到了，主人还会远吗？她不由自主地朝卓文君望去，只见她穿着淡蓝夹袄，姿容出众，气度华贵，人已中年，却是风情万种。她低头瞅了瞅自己，虽说穿得花枝招展，却透出几分俗气，不由自主地倒退了一步，惶声问道：“你，你是夫人？”

卓文君进院以来，未曾说过一句话，直到此时，方点了点头，算是回答。

少妇明知她是卓文君，一经证实之后，自觉矮了半截。

何也？

汉时，对妻妾之间的关系有明确的规定。妻是嫡妻，妾与妻不能同席，妾见了妻必须问安，否则，以不敬论处。

少妇几经斟酌，趋前一步，敛衽一拜道：“小妹凤琴，向姐姐请安！”

卓文君心中似驴踢一般，见少妇向自己行礼，勉强还了一礼。

金题的头，可没文君这么好剃。妾首次见妻，应行跪拜大礼，你凤琴岂可一拜就算了事？金题向着凤琴，冷笑一声道：“什么小妹小妹，怕是一个野女人吧？”

凤琴十四岁堕落风尘，屈指数来，已有四载，见的头面人物多了，何惧你一个小小的女仆？她亦冷笑一声说道：“姓金的，我凤琴好赖也是一个二夫人，你呢，你算老几？仆人一个，买来的骡子买来的马，任我骑来任我打！奶奶若不是看在初次相见的分上，早就打你一个皮开肉绽！”

金题明为文君女仆，彼此之间，比亲姐妹还亲，到卓府二十余年，莫说文君，就是卓老爷子、司马将军，何曾拿她当一个仆女看待？何曾如此训诫过她！而今……她越想越气，反唇相讥道：“什么二夫人？呸，自作多情。别看老爷娶了你，认不认你这壶酒钱，还在两可之间！”

凤琴将嘴一撇说道：“我这壶酒，是司马将军亲手灌的，认不认我这壶酒钱，只有司马将军说了才算！你算老几，狗仗人势，哼！”

“你，你竟敢出口骂人！”金题一边说一边挽着袖子。

凤琴也不示弱，向前走了两步，挺胸说道：“你敢动二奶奶我一指头，我把你爪子剁了！”

“啪！”凤琴话未落音，脸上挨了一记重重的耳光。

当妓女的，有几个不是泼妇！凤琴挨了一记耳光之后，怪叫一声，朝金题扑去。谁知，她远不是金题对手，被金题一连摔了五跤，摔得浑身像散了骨头架子，连门牙也磕掉了，坐在地上，双手攥着脚脖子，皇天大娘地号啕大哭。

也不知道哭声惊动了司马相如，抑或是司马相如原本就该回来了。不管怎样，他是回来了，身后还跟着东方朔、严助和朱买臣。

凤琴一见司马相如，且哭且诉道：“老爷，夫人来了，妾亲自出来迎接，叩头问安，妾自忖没有对不起她的地方，她张口便骂，举手便打。老爷，你可要为妾做主呀！”

卓文君见凤琴当众说谎，也不揭破，冷脸相观。

金题欲要争辩，被卓文君拿眼神制止住了。

司马相如还算冷静，既没去搀凤琴，也没有去指责卓文君，把脸一扭，转向东方朔三人，苦笑一声说道：“家丑，家丑，让三位贤弟见笑了。”

东方朔何等聪明，一见这阵势，又听司马相如连道了两声家丑，便了然于胸，有心告退，又怕这个场面，司马相如难以收拾，便哈哈一笑说道：“知道了，知道了！”忙趋前两步，朝卓文君躬身一拜，朗声说道：“东方朔拜见文君嫂子！”

卓文君不认识东方朔，但对于他的大名闻之已久，忙还了一礼道：“妾身不知东方大人驾到，多有失礼之处，敬请见谅！”

此时，严助、朱买臣也已经意识到面前这位姿容华贵的女人是谁了，忙上前见礼，自报家门。

卓文君见当代三位大文豪齐集府邸，忙将心中的不快收了起来，热情相邀：“三位大人请。”

来到客厅，凳子还没暖热，东方朔连叫：饥了，饥了，能不能叨扰一顿文君嫂子做的成都菜。

文君无奈，系上围裙，亲自下厨，做了一桌丰盛的成都菜？

东方朔又出新花样：“嘿，咱弟兄四人，也算是当代文豪了，文豪与文豪相聚，不能喝哑巴酒。”

朱买臣笑问道："怎么喝？"

"行令喝酒。"

众人应道："好！"

朱买臣问道："谁做令官？"

东方朔有心为司马相如夫妇和事，一指卓文君说道："当然是文君嫂子了。"

文君心中不舒服，欲待推辞，东方朔笑道："嫂子勿要多言，上令要紧。"

文君不好再说什么，挨着司马相如左肩坐下，微微一笑说道："众人推我卓文君做令官，想必知道行令的规矩？"

严助不大喝酒，也不大参加酒场，问道："什么规矩？"

"行令如带军，令出必行，违令必罚。"

严助笑道："谚曰'没规矩不成方圆'，这样做好。"

文君道："如此说来，我可要走马上任了。"

东方朔道："且慢！"

众人满面诧异地瞅着他。

只听东方朔说道："要玩咱玩个痛快。"他把手朝凤琴一招："二嫂，你也来！"

凤琴应了一声，挨着司马相如的右肩坐了下来。卓文君心中尽管十二分地不愿，当着众人之面，又说不出口。暗自思道，你一个烟花女子，能有多大学问！我今日不让你出个大丑，枉称才女了。

想到这里，文君嘻嘻一笑说道："嫂子我今日行的这个酒令，叫'五行配字令'。行令方法：令官举出一个字，要求在这个字的左边或右边加上'五行'，即金、木、水、火、土后，另外组成一个字。合席轮说，令官敲箸三下，不成，罚酒三杯。譬如：'隹'，加'金'成'锥'，加'木'成'椎'，加'水'成'淮'，加'火'成'焳'，加'土'成'堆'，接不上者罚酒三杯，明白了没有？"

众人齐道明白了。

司马相如还想说点什么，移目凤琴，在芙蓉院中，凤琴可谓凤毛麟角，琴棋书画无所不通，何惧一个小小的配字游戏！她见司马相如有所担心，轻轻摇了摇头，当先说道："行令吧！"

卓文君肚中骂道："贱货莫狂，今日不把你灌醉，姑奶奶就不叫卓文君了！"她嘿嘿一笑说道："可。"把面转向东方朔，未及击箸，东方朔朗声回道："加金成'钶'。"

严助接道："加木成'柯'。"

朱买臣亦接道："加水成'河'。"

司马相如是个结巴，结结巴巴地说道："加……加……加火成……成……"

卓文君开始击箸了，刚好击到第三下，司马相如把个"炣"字说了出来。

凤琴本不结巴，突然结巴出来："加土成……成……"

她算成不出来了。

"当!"卓文君朝案上击了一箸。

"当!"她又击了一下。

眼看这三杯罚酒是逃不脱了，司马相如情急生智，用左手食指在凤琴腿上划了一个"坷"字。

凤琴心领神会，陡地抬高了声音说道："加土成'坷'。"她怕众人不懂，又加了一句，"'坷'者，坷垃的坷。"这真真应了古人一句话——狗尾续貂。

卓文君何等机智，司马相如玩的这个鬼把戏，能瞒得过她？但又不好意思揭破。若不把司马相如的鬼把戏揭破，就是玩到鸡叫，也很难让贱货喝上一滴酒。

卓文君的脑瓜，顷刻儿转了几十个圈儿。谢天谢地，那办法终于让她给想出来了。

司马相如学富五车，添字加旁我很难占到便宜，但你是个结巴，我就拿联句治你，看你如何给贱货出谋划策？

她嘻嘻一笑说道："诸位，玩'五行配字令'有些单调，我想改改。"

东方朔正想看一看这个卓文君才到什么程度，深表赞成。严助、朱买臣立马响应，剩下司马相如和凤琴，怎好意思反对？

文君轻轻舔了舔玉唇，柔声说道："既然大家都没意见，改令的事就这么定了。下边开始联句，我先说一句成语，东方先生接，但他说的这句成语必须是上一个人，也就是我所说的这个成语的最后一个字，这字还不能是谐音，依次类推。输者再另说一个成语。由上一个发成语者先接，依次类推。"

众人都道："好。"

文君轻咳一声说道："忠贞不贰。"意在敲打司马相如对爱情不专一。司马相如肚如明镜一般，但又无话可说。

东方朔也很明白，故意接了一句："二心两意。"

严助接道："意气风发。"

朱买臣接道："发扬光大。"

司马相如接道："大马金……金刀。"说毕，怀着忐忑不安的心情瞅着凤琴。

那凤琴竟然文思泉涌，脱口而出："刀山火海。"

司马相如长出了一口气。

卓文君暗自骂了一句：想不到这贱货的肚中还有一点墨水！我得说快一点，不给这贱货留一点思考的余地。

"海阔天空。"

"空口无凭。"

"凭轼旁观。"

"观过知仁。"

"仁……仁……仁人君子。"

"子……子……子……"凤琴憋得满脸通红，终久未对出来，急得司马相如在她腿上乱划"子、子……"

凤琴仍是不懂，司马相如急了，脱口说道："子子孙孙。"他竟然没有结巴。

凤琴立马将这话重复了一遍，众人齐声说道："这不行，罚酒罚酒！"

凤琴无奈，自饮两杯，另一杯由司马相如代替。

凤琴告过杯后，正要发对，司马相如贴着她的耳朵，小声说了几句。她口中连说我不听你的，实际上就是按照相如之语而行，这贱货刁着呢！

"子子孙孙！"凤琴正式发对。

卓文君怔了一怔，这是一个死对。卓文君白了司马相如一眼，抓起酒杯，一饮而尽。第三杯酒，相如欲要代饮，被她一把攥住胳膊，将酒夺了过来，又一个一饮而尽。

她掏出手帕，将嘴轻轻擦了一擦，笑微微地说道："我是令官，我想再立个规矩，行令中间，凡交头接耳和狂言者罚酒。"

东方朔又是首先响应。

卓文君高声说道："瞎话连篇。"意在敲打凤琴说谎。

话已出唇，文君便后悔了。这也是一个死对。东方朔二话不说，抓起酒杯，一连饮了三杯，说道："小国寡民。"

严助接道："民怨沸腾。"

朱买臣接道："腾云驾雾。"

司马相如接道："雾……雾气腾……不，雾遮云燎。"他之所以要变，因那"雾气腾腾"是个绝对。

岂不知那"燎"字也不好对，除了"燎若观火"、"燎如观火"、"燎原之火"之外，再无它对。窘得凤琴满面通红，不得不抓起了酒杯。

尽管有司马相如代饮一杯，不到半个时辰，凤琴喝了二十二杯，吐得一塌糊涂，连胆汁都吐出来了。

这一来，文君算达到了目的，罢宴归寝。

司马相如原来打算要陪文君，见凤琴喝成这样，无法儿脱身。再者，酒宴上文君谈笑风生，谁防会有他变？

第二天晨，相如早早起床，来看文君。途中与新丰相遇，新丰颤声说道："将军，不……不好了，夫人与……与金题不见了！"

相如三步并作两步来到文君房中，却见被褥叠得整整齐齐，案上放了一大幅雪白的绫锦，上面布满了红字，那字是殷红色的。

"是血！"他惊叫一声。

新丰凑上前去，仔细看了一遍，点头说道："真的是血。"

司马相如的眼泪不觉涌了出来，他低头诵道："妾卓氏顿首：自归君子，于今十载。犹记十年前此日，酒肆相遇，缘定终身。文君自以君子风雅，徒生思慕之心，而寄托无路。不意苍天有情，相思忽酬，此诚文君之福。

"今日中夜回思，闻琴夜奔、当垆卖酒，事俱往矣。十年相依，情深款款。自思古今红颜，未有厚遇如文君者。

"然不意百年盟约，忽逢变故。君以子嗣之念，移情别恋。文君薄命，有负君子深恩，何可言哉？此际仰头瞻月，惟见茫茫蓝蔚，此恨何极！顾念月中嫦娥，犹虚桂府，我何人哉，而能永好？

"况君子十载深情，文君无以回报。惟以君子之喜乐，为文君之喜乐，方可薄酬一二。姬妾之事，自当尽遂君子之意。"

他诵着诵着，眼泪不觉又模糊了视线，擦了一把泪眼继续诵读。

"然人非草木，孰能无情？宴席之上，文君冷眼相观，君对凤琴可谓一往情深；君对文君又何其酷也？二年未见，竟一头拱进凤琴房中，一宿未见露面。文君好苦，孤灯倩影，坐等鸡晓。此际文君五内如焚，不忍睹新人归于司马氏，亦人情之常。望君勿以此别为念，珍之重之，致仕休息，以养身为要。亦望君与新人琴瑟相谐、子孙繁盛。

“临别之时，心肝俱碎，涕泪滂沱，不知所言。此诚不足以为君子观。

“中夜无寐，书成本辞《白头吟》。文君实有与君百年之痴想，不意中途风波，竟告分飞。妾命何薄！呜呼无言，即此与君子别！”

用刺破指头的血写了这么多字，该是流了多少血？司马相如想着卓文君在灯下一边流泪，一边写着血书的情景，不觉心碎。他接着看了下去，看那首声调悲伤愁惨的《白头吟》：

皑如山上雪，皎若云间月。
闻君有两意，故来相决绝。
今日斗酒会，明日沟水头。
躞蹀御沟上，沟水东西流。
凄凄复凄凄，嫁娶不须啼。
愿得一人心，白头不相离。
竹竿何袅袅，鱼尾何簁簁。
男儿重意气，何用钱刀为。

他的眼泪不禁又滴满了衣裳。

“皑如山上雪，皎若云间月。”原来，她也希望一直爱他爱到头发雪白的时候，也仍然相互厮守。

既然这样，她为什么要离已而去？

下面便是答案。

“闻君有两意，故来相决绝。”

到今天他才知道，爱情的眼睛里容不得半颗沙粒，卓文君永远不会追求一份与别人分享的爱，即使她深爱着司马相如。她要的，是忠贞不渝而深沉的感情。

我们是切切实实的患难夫妻，应该满足她的要求。

那么，凤琴呢？

虽说是风尘女子，要才有才，要貌有貌。

她的才貌再好，难道赶得上卓文君吗？

可她年轻！

岁月无情，谁都有老的时候。

他几经权衡，决计抛弃凤琴。当即给了她一大笔钱，礼送出府。

他骑了一匹快马，由新丰做伴，直追到太阳正南，方将卓文君追回，夫妻俩抱头痛哭了一场。

这一对和好如初，皇宫里那一对又掀风波。陈阿娇吃了几天安生饭，又不安分起来，她总觉着自己是皇后，如今头上又压了一个卫子夫，孰大孰小，孰正孰偏？正在闹着别扭，皇宫里又走进一个美女来，论模样，比卫子夫当年进宫时还要漂亮，武帝是好色之徒，一见面就封她为夫人，因其姓王，故称王夫人。每逢赴宴，这王夫人总要挨着武帝而坐，管你什么皇后不皇后！卫子夫出身贫贱，倒不怎么计较，陈阿娇则不然，出身名门，也算半个金枝玉叶，如何忍得下这口鸟气，见了面少不得冷嘲热讽。那王夫人也非善茬儿，反唇相讥，越斗仇气越大，一日午，竟当着武帝面大骂起来，武帝当然偏袒的是王夫人，一道诏书，二次将陈阿娇打入长门宫。陈阿娇又羞又气，不到两月，便一命呜呼，武帝怒气未消，将她以皇妃之礼葬于霸陵附近的郎官亭。窦太主心中虽说不满，因有董偃这个把柄在武帝手中攥着，敢怒不敢言，倒是东方朔看不下去，瞅准一个机会，旁敲侧击，说动武帝将陈阿娇以皇后之礼改葬。

说来也怪，未曾改葬之前，阿娇坟头寸草不生，一经改葬，当年便生出一株灵芝来。武帝且叹且悔，移恩窦太主，将她迁入长门宫。公主已经出嫁，又迁回皇宫居住，开天辟地以来，这还是第一个，引得朝野议论纷纷。窦太主全然不顾，心安理得地住在长门宫中，每次上朝，还要带上董偃，招摇过市。董偃聪明伶俐，深知他的一切乃是皇上所赐，于是施出浑身解数，讨好武帝。武帝喜欢斗鸡走狗，蹴鞠骑射，他偏偏在这方面样样精通，很得武帝欢心。没有多久，君臣二人就成了很要好的朋友，董偃出入宫禁，就像进出自家的厨房那么方便。

窦太主看在眼里，喜在心里，为固宠之见，她不惜放下架子，抛去仇恨，三天两头去探望卫子夫和王夫人，且是每次探望，必要带着不菲的礼物。

她有的是钱。

她的母亲太皇太后，幕后操纵了两代皇帝，敛聚的金银珠宝无数。归天之时，一道懿旨，全部留给了女儿。

古人云，“头发长，见识短。”卫子夫、王夫人收了窦太主的黄白之物之后，免不得在武帝面前说她好话，弄得武帝非常喜欢她这位姑母加丈母娘了。

这一日，窦太主又去宫中看望卫子夫和王夫人，武帝特意在宣室置备酒宴，命召董偃作陪，与太主合欢。宣室是未央宫前殿的正室，皇帝多在这里召见大臣，斋居决事，处理国家大政。可巧这天轮到东方朔执戟为卫，侍立殿侧。他听武帝命人宣召董偃，急忙执戟入殿，跪地奏道：“董偃犯有三条斩罪，怎能召他进宣室？”

武帝迟疑了一下问道：“什么？三条斩罪？”

东方朔说：“不错！董偃以贱臣私通太主，便是第一大罪；败常渎礼，敢违王制，便是第二大罪；陛下春秋正盛，正应披览经典，留心庶政，董偃不遵经劝学，反以靡丽纷华，蛊惑陛下，便是第三大罪。这乃国家大贼，人主大蜮，罪无逾此，死有余辜！况且，宣室是先帝规定的处理国政的重地，弄臣小人不得入内。董偃算是何等人物？陛下要引进宣室，无异于养虎为患，臣实在替陛下担忧啊！”

武帝默默不答，良久方说：“朕已吩咐下去，不好变更，今日不妨暂行，后当改过，卿以为如何？”

东方朔正色奏道：“不可不可！宣室正殿，佞人断不可入内！自古以来篡逆大祸，多由淫乱酿成。春秋时竖刁为淫，齐国大乱，庆父不死，鲁难未平。陛下若不预防，祸胎从此种根了！”

东方朔是武帝信任的忠臣，他的谏言一针见血，武帝也觉悚然，不禁点头称是，于是改变主意，命移酒宴于北宫，董偃从东司马门入宴。

北宫位于未央宫的北面，西临桂宫，宫中有前殿、寿宫、神仙宫等建筑。那是皇帝游乐的场所，其地位、性质远不如未央宫宣室。窦太主开始听武帝吩咐置备酒宴于宣室，心中大喜，暗想武帝对于自己和董偃是非常看重的，得以在那里饮酒吃饭的，能有几人？一会儿，又听说移宴于北宫，窦太主的心不由得一沉，知道有人进谏，促使武帝改变了主意。她感到扫兴和沮丧，强作笑颜，前往北宫赴宴。董偃也从东司马门入宫，与她交会于内。从此，东司马门改称东交门。

北宫酒宴，吃得索然无味，各人都有自己的心事。窦太主意识到，她在武帝的心目中已不再具有政治地位，充其量是亲戚姑母而已。董偃有点紧张，不明白以后会发生什么事情。武帝热情地劝太主和董偃多多饮酒，心里却在想：这两个狗男女不是好人，得提防着！

武帝天资聪颖，一经旁人提醒，顿时豁然贯通。北宫酒宴的次日，武帝命赐东方朔黄金三十斤，以表彰他正言直谏的胆略和气魄，而且此后不再宠信董偃。窦太主和董偃遭到冷落，心灰意冷，一蹶不振。后来，窦太主年逾六十，头秃齿豁，怎样打扮也引不起董偃的兴趣。董偃不再顾念老妇，穿街过巷，寻花问柳，只管自己快活。窦太主埋怨董偃负情忘恩，董偃讽刺窦太主枯花老柳。窦太主哭诉于武帝，武帝一怒之下，将董偃斩首。

窦太主本意是让武帝教训教训董偃，不想落得这么一个结局，当真是失魂落魄，万念俱灰，形如枯槁，抑郁而终。将死之时，她抓住前来探病的武帝双手，哭着说道："老仆无状，蒙圣上爱怜，亲来探视，感激涕零。老仆即将归天，命之使然。老仆别无他求，只请下世之后，圣上念着姑母之情，让老仆与董偃合葬，老仆九泉之下，不忘圣恩。"

武帝见她说得可怜，允其所请。

窦太主含笑而亡，武帝不负前言，将她与董偃合葬，引得朝野议论纷纷。

第十七章　卫青北征　接连告捷

刚刚葬罢窦太主，匈奴兴兵入塞，杀掠吏民，前锋进至上谷，当有边境守将飞报京师。是时，三越、西南夷已经归服大汉，武帝无了后顾之忧，早就想出兵攻击匈奴，不想他自己送上门来，当即调兵遣将。因他正宠着卫子夫，爱屋及乌，便有了让卫青出人头地的念头。遂拜卫青为车骑将军，带领骑兵万人，直出上谷，又拜卫青好友公孙敖为骑将军，亦率兵一万出代郡；拜公孙敖兄也就是公孙贺为轻将军，率兵一万出云中；拜卫尉李广为骁骑将军，率兵一万出雁门。

卫青受命之后，卫媪、春月千叮咛万嘱咐，含泪相送。

霍去病见卫青头戴金盔，身穿战袍，足踏皮靴，英武逼人，十分羡慕，吵着闹着要随舅舅到边境去杀匈奴。

卫青抚摸着霍去病的头，笑着说道："你还小，才十三岁，等你长大了，舅舅一定带你去上前线。"

卫媪也从旁劝道："匈奴都是青面獠牙，力能搏虎，你小小年纪，岂能打得过人家？"

去病一脸不服气地说道："勇敢不在年长，莫说匈奴力能搏虎，就是搏龙，我也不怕！"

卫青一拍去病肩膀，高声赞道："好，有志气！"

卫青率领兵马，日夜兼程，到达上谷，稍事休整，继续北上。

在这四位将领之中，李广资格最老，雁门又是熟路，总道是旗开得胜，马到成功。哪知匈奴早已探悉，因卫青、公孙兄弟乃无名之辈，匈奴不曾放在心上，乃调集主力部队，沿途埋伏，专待李广。

李广自恃骁勇，也不曾把匈奴放在心上，率兵急进。匈奴兵佯作败状，诱他入围，四面攻击，任你李广如何善战，终究是寡不敌众，杀得势穷力竭，竟为所擒。匈奴将士获得李广，欢天喜地，遂将李广缚在马上，押去献功。

李广在马上暗自思道：我这一生，杀伤匈奴无数，这一次遭擒，必是生少死多。是生是死，倒还无关紧要，人生一世谁无死？坏了我一世英名是大！

我得设法逃回去，报仇雪耻。但一时他又想不出逃跑的计策，干脆把眼一闭，听任他们朝匈奴大帐里去。

约莫行了数十里路，离大帐已不甚远，匈奴且走且歌，呜呜啦啦，洋洋自得。

李广戎马半生，与匈奴打了几十年交道，对匈奴歌曲颇知一二，一听之下，便知匈奴兵所唱之歌叫《哭嫁歌》：

我的娘啊我的娘，
今个年下咋真忙？
马儿羊儿准备好，
非叫女儿去他乡。
我的爹呀我的娘，
今个年下伤心肠。
母养女儿十八载，
临到分别泪汪汪。
……

李广听了一阵，悄悄睁开虎目，见那匈奴兵瘦骨伶仃，却骑着一匹良马，李广他尽力一挣，扯断绳索，腾身而上，一把把匈奴兵推下马背，就势骑在马上，逃归本营，一路上杀伤匈奴数十名。

代郡这一路，遇着一万匈奴，显然不是匈奴主力，因公孙敖初次领兵对敌，心中恐惧，连吃两个败仗，损兵七千余人，狼狈逃归。

公孙贺行至云中，不见一敌，驻扎了好几日，闻得两路兵败，不敢再进，当即收兵回来，总算不折一人。

卫青率兵北进，直抵匈奴腹地龙城，那里的兵马大都已奉调雁门，留守人马不过五千余人，汉匈两军相遇，卫青身先士卒，跃马舞刀，冲入敌阵。汉军紧随其后，奋勇杀敌，击杀匈奴七百余人，遣人返都报捷。

四路兵马回到长安，武帝又喜又恨。喜的是卫青初步显露出卓越的军事才干，深入敌境，斩杀匈奴，战绩虽然不算辉煌，但总是为大汉朝和自己挣来了面子。恨的是公孙敖和李广辜负了他的期望。

武帝端坐在未央宫前殿上，黑着一张脸，听完了各路将领的汇报，回过头来，向廷尉张汤问道："公孙敖丧师辱国，该当何罪？"

张汤不假思索道："依律当斩!"

"李广呢？李广身陷敌手，且又逃回，又该当何罪？"

张汤又回了个"斩"字，且说得斩钉截铁，不留余地。

武帝心中不悦，公孙敖纵然该斩，他自做太子时，公孙敖兄弟便跟着自己，鞍前马后地跑，可称得上忠心耿耿，叫我如何斩得下去!

还有那个李广，自折四千，斩敌七千，净赚了三千，照这个打法，要不了十几仗，匈奴必完无疑。把李广杀了，谁高兴？胡儿高兴！像这样的事，只有傻瓜才会干呢!

然而，张汤所言并非信口开河，如何是好？

正当武帝惆怅百结之时，汲黯忽地站了起来，沉声说道："张汤该斩，斩了张汤，天下才安!"

他这一说，不只文武百官，连武帝在内，全都愣住了，齐把目光转向汲黯。

汲黯侃侃说道："昔时有个孟明视，乃秦穆公帐下第一员骁将，奉命伐晋，兵败崤谷，全军覆没，连同两个副帅，俱陷敌手，后设计逃回，万余人马，只剩正副三个元帅，消息传到穆公耳里，喜形于色，左右皆曰：'孟明视等丧师辱国，其罪当诛。昔楚杀得臣以警三军，君亦当行此法也。'穆公曰：'胜败乃兵家常事，孤王为何要自折膀臂？'乃素服迎之于郊，吊祭死者，安慰三帅，并复用三帅率兵，愈加礼待，三帅感激涕零，越二年，复请于穆公，欲兴兵伐晋，以报崤山之仇。穆公允之，孟明视遂同两个副帅，带兵二万余人，再度伐晋，大败而归。孟明视自思必死无疑，谁知穆公一再引咎，全无嗔怪之意，依旧使人郊迎慰劳，任以国政如初，孟明视自愧不胜，乃增修国政，尽出家财，以恤阵亡之家。每日操练军士，勉以忠义。晋国患之，出兵伐秦，秦又败绩，失去江及彭衙两邑。又二年，孟明视补卒搜乘，训练已精，请穆公自往督战，誓曰：'若今次不能雪耻，誓不生还。'穆公曰：'寡人凡三见败于晋矣。若再无功，寡人亦无面返国也。'乃选精兵三万，择日兴师，兵由蒲津关而出，渡过黄河，直捣王官城，一举而下。晋襄公闻之大惊，传谕四境坚守，毋与秦战。秦兵乘机东进，收崤谷之尸，耀兵十日。江及彭衙二邑百姓闻穆公伐晋得胜，哄然相聚，逐去晋之守将，还复归秦。"

他顿了顿道："孟明视三败于晋，秦穆公尚且不肯加诛，自折臂膀。我李广、公孙敖才一败于胡，张汤便要将他二人斩首，岂不是自折臂膀吗？"

这话正合武帝心意，他击案说道："汲爱卿所言极是，若依汲爱卿之见，朕该如何处置李广和公孙兄弟？”

汲黯略一思索道：“若依老臣之见，对李广、公孙贺不赏不罚，将公孙敖免为庶人。”

武帝沉吟片刻道：“汲爱卿所言，用刑未免有些过宽，公孙敖损兵折将，不杀不足以平民愤，立军威。”

此言一出，把个公孙敖吓得脸色大变，双腿打战。

武帝见他如此不经吓，心中暗自好笑，故意停顿了许久，方又说道：“朕念他初次上阵，经验不足，死罪免去，交纳罚金一百万缗，免为庶人。”

公孙敖想不到有此转机，扑地朝武帝一跪：“谢万岁。”

武帝命他平身，转脸对李广说道：“李爱卿虽败犹荣，但汉律无情，免为庶人。”

李广虽说觉得委屈，可转念一想，也只能是这种结果。千不怪，万不怪，就怪自己命运不好。李广想到这里，忙跪于朝堂，叩头谢恩。

武帝又将脸转向卫青：“卫爱卿初次出战，竟能深入胡人腹地，斩杀七百余人，这是有汉以来，汉与匈奴交战，所取得的第一次胜利。朕要重重赏卿，封卿为关内侯。”

卫青又惊又喜，匍匐于地，山呼万岁。

武帝正要退朝，忽然想起了公孙贺，把手一指说道：“卿有劳无功，朕不罚不赏。退朝。”

匈奴受到卫青打击，如何肯服，就调兵七万余人，前来犯边，杀毙辽西太守，掠去吏民两千余人。武帝欲令卫青挂帅出征，适逢他背生恶疮，改遣老将韩安国为林官将军，出戍渔阳，部卒不过数千，竟被匈奴围住，安国左冲右突，逃得出来，仅剩四人，移军右北平，紧闭营门。武帝遣使诘责，安国且惭且惧，呕血而亡，讣闻长安，免不得择人接任。武帝想了多时，不如再起李广，使他防边，乃颁诏出去，授广为右北平太守。

李广自免职归家，移居蓝田南山中，射猎自娱。曾带一骑兵出饮，深夜方归，路过亭下，正值霸陵县尉焦建巡夜前来，焦建厉声斥道：“何人如此大胆，竟敢夜行，坏我大汉律条！”从骑慌忙应道：“大人不必喧嚷，此乃故将军李广老爷，在此夜行。”

是时，焦建也多饮了几杯酒，悍然回道：“就是现任将军，也不该犯夜，何况是故将军呢？”

李广自知理屈，忍气吞声，留宿亭下，待至黎明，方得回家。未几，即奉到朝廷诏令，命他出任右北平太守。临行之前，武帝问他有无他求。李广应声说道："愿得霸陵县尉同行。"武帝自然满足。那焦建明知此行凶多吉少，又不敢不从，来到军营，正要参拜主帅，被李广暴喝一声，拉出营去，开刀问斩，尔后上书请罪，武帝方倚重李广，反加慰勉，李广格外感奋，上任之后，一连三战，打得匈奴落花流水，再也不敢侵犯，且赠他一个美号，叫作飞将军。

右北平向多虎患，李广日日巡逻，一面杀敌，一面逐虎，靠着百步穿杨的绝技，射毙了好几个大虫。一日，复巡至山麓，遥望草丛中间，似有一虎蹲着，李广急忙张弓搭箭，射将过去，一箭而中。从骑见他射着虎身，竞相前去拖虎。谁知，走近草丛一瞧，并不是虎，却是一块大石，最奇怪的是箭透石中，约有数寸，上面露出箭羽，却用手拔它不起。大家互相诧异，返报李广。李广亦亲自往视，亦暗暗称奇，再回至原处发箭，箭发到石上，反被反弹回来。

这大石本甚坚固，箭锋原难穿入，独李广开手一箭，得把石头射穿，后来连射数箭，俱不能入，不但大家瞧着，惊疑不定，就是李广亦莫名其妙，只好拍马自回。但经此一箭，越发扬名，都说他箭能入石，还有何人再敢当锋？所以在任五年，烽燧无惊，后值郎中令石建病殁，李广奉召入京，代任郎中令。

匈奴不惹李广，但并非说他不惹汉朝。除右北平之外，凡与汉接壤之处，匈奴时出时入，飘忽无常，引得武帝异常愤怒，立命卫青统率精骑三万，从雁门出塞，又命李息从代郡出塞，配合卫青，合击匈奴。由于汉朝的兵力比较集中，卫青调度有方，这一仗共歼灭匈奴五千余人，取得了大汉对匈奴作战以来的第一次大胜利。

卫青凯旋长安，武帝龙颜大悦，用半是夸耀、半是赞叹的口吻说道："众位卿家，以为朕用卫青为车骑将军如何？"

文武百官齐声称颂。

卫青两次出击匈奴都获得胜利，名声大震，武帝对他特别器重，凡朝中大事都要与他商议，所荐之人，当即擢用，齐人主父偃便是其中之一。

主父偃最早投靠的并非卫青，而是东方朔。

这事说起来话长。

东方朔与主父偃相识，乃是三年前的事了，那时主父偃还是胶东王属县的一个书吏。

胶东王名叫刘寄，乃王美人所生，欺男霸女，无恶不作，告状书如雪片似的飞到京都，武帝询及丞相田蚡，田蚡极力为刘寄掩盖，为查一个水落石出，武帝命东方朔微服前去私访，并赐他一把尚方宝剑，允他便宜行事。

东方朔来到胶东，正行走间，忽然听见有人啼哭。他循声望去，十步开外，有一破草棚子，哭声正是由那里传出。他疾步来到破草棚前，大声问道："屋内有人吗？"屋内哭声戛然而止。

他又问了一声，方有一老汉隔门答道："客人要做什么？"

东方朔道："我不做什么，只想知道，大白天你闭门啼哭，是何道理？"

这一问，老汉又哭了起来："客人若是行路你尽管行路，客人若是想寻水喝，厨房有的是水，你尽管自取。"

东方朔见他答得蹊跷，一脚将门踹开，却见屋内一男一女，男的五十开外，女约十七八岁。此外，屋梁上拴着两具套绳，显然，这两人是有莫大冤屈，已逼得走投无路，正想悬梁自尽。他心中大惊道："你二人是何关系，为何要寻短见？"

这一问，问得老汉泪如雨下。

这老汉姓张，单名一个君字，三年前老伴便过世了，膝下只留下这么一个闺女，叫张丹，长得如花似玉，从小许配胶东城西郊赵元红为妻。张君原是一个泥水匠，为胶东王翻修房子摔折了双腿，为治病，借了胶东王二十金，利滚利，不到二年，涨到六十金，张君无力偿还，胶东王便要张丹给他做妾，强行将张君灌醉，在婚书上按上指印，张丹死活不肯答应。张君欲向赵元红索要彩礼，以便还债，赵家一贫如洗，没奈何，将张丹另许一家——也就是胶东城东郊的王员外，使了六十金彩礼钱。谁知，当张君把这六十金还给胶东王时，胶东王横竖不接。若是把张丹许给胶东王，不说张丹，连赵元红和王员外也不会答应。反之，若将张丹许给赵元红或王员外，另外两家也不会答应。刘寄欲以势压服赵元红和王员外。殊不知，王员外和韩说是亲戚，根本不吃他那一套。赵元红呢？没有做高官的亲戚，但有一个做文痞的舅舅为他撑腰，寸步不让，话不投机，闹上了公堂，出现了三男争一女的局面。县令大人发签下来，要拿张君父女前去大堂对质，这岂不让人丢人现眼，父女二人愈想愈羞，倒不如一死了之。

东方朔听罢，长叹一声说道："你这老汉，也算荒唐，真可谓咎由自取，怕是神仙下凡，也帮不了你这个忙。"

他这一说，父女二人又痛哭起来。

东方朔虽然滑稽，但见不得眼泪，别人一哭，他也想哭，连连摆手道：“在下倒有一个主意，可以为你父女排忧解难。不过，侄女怕是要受一些委屈了。”

张君抢先答道：“只要能让我父女渡过眼下这道难关，受点委屈又算得了什么?”

东方朔把脸转向张丹：“你说呢?”

张丹道：“我和我爹一个心愿。”

“好，这就好。”东方朔点头说道，“在下再问一句，在这三个男人中，小姐喜欢哪一位?”

张丹红着脸没有开腔，其父代答道：“喜欢赵元红。”

东方朔颔首说道：“既然这样，我就成全丹儿。”遂压低了声音，如此这般交代一番，说毕，径奔县署而去。吴县令见了东方朔的密诏，热情款待。第二天上午，东方朔正与吴县令在大堂叙话，赵元红、王员外相继来到，直等到巳时二刻，胶东王才大摇大摆地走进大堂，吴县令忙站起身来，喝令看座，这座位于大案的下首，胶东王正要落座，忽觉不妥，指着坐在上首的东方朔问道：“这位是何方客人，竟然坐于我胶东王之上?”

吴县令一脸歉意地回道：“看下官多浑，竟然忘了给王爷介绍。”把手朝东方朔一指，说道：“这位是东方朔大人，奉旨出巡，路过敝邑，下官与东方大人曾有一面之交，他老人家便屈就敝衙，与下官会面，下官觉着今日这个案子有些棘手，便邀他一同问案，王爷不介意吧?”

胶东王就是介意，他敢说出口来?东方朔官倒不是甚大，但他是天子近臣，半仙之体，连武帝都称他为先生。听了吴县令介绍，胶东王立马装出一副肃然起敬的样子，双手抱拳说道：“不知东方先生驾到，有所冒犯，罪过罪过!”

东方朔忙起身还了一礼：“王爷不必客气，下官路过贵地，应该先去拜访王爷才对。只因到达贵地之时，已是亥牌时分，怕王爷已经安歇了，不便惊动，失礼了!”

吴县令话中有话道：“大人和王爷都不必客气，今日在敝衙见面，不是挺好么!坐，都请坐!”

等他二人都坐了下去，吴县令方敢落座。

他环视四周，未见被告，一边命人去催，一边开始问案。三原告各执一说，互不相让。正在这时，张君抱着一个芦席卷儿，哭哭啼啼走进大堂，将芦席朝堂上一放，打将开来，却原是一具女尸。众人正惊疑问，老汉跪于大堂，且泣且诉道："老仆无状，将女儿一许三家，三家都要迎亲，小女又无分身之术，羞愧难当，昨夜喝药自杀。老仆没有办法，只好将尸体送到大堂，听凭老爷明断！"

说毕，又大哭起来，痛不欲生。

刚才三家还在唇枪舌剑地争这一女子，这时全都哑了口，活不见人，谁肯白白领走一具死尸，为她花钱殡葬？

吴县令与东方朔会心地一笑，双手抱拳说道："王爷，您看这一女子应该断于何人？"

胶东王赶忙应道："应该断于王员外。"

王员外悚然一惊："不，这女子不能断给小人，小人在她身上，已经花了六十金，小人再也不能出这冤枉钱了！"

吴县令沉声说道："以你王员外之见，这一女子应该断给何人？"

王员外瞅了瞅胶东王，又瞅了瞅赵元红，吞吞吐吐地说道："若以小人看来，这一女子无论是断给赵元红，还是胶东王，都有道理……"

胶东王正要发火，被吴县令摇手制止住了。

吴县令一脸鼓励地瞅着王员外："说下去。"

王员外轻咳一声说道："论财力，胶东王财大气粗，不就几个钱吗？张丹若是断给了他……"

胶东王怒不可遏："放屁，财大气粗就可以随便让人捉弄吗？以你王员外之言，你已经花了六十金的冤枉钱，本王呢？人死财空，不也是六十金吗？这张丹说啥也不能断给本王了！"

王员外嘿嘿一笑说道："王爷别急，小人这话还没说完呢！小人以为，赵元红和张丹，自小在一块儿过家家，论交情，应该将张丹断给赵元红。"

胶东王立表赞成。

赵元红欲要推辞，吴县令将惊堂木一拍说道："汝不要说了，这张丹今日就断给汝了，汝要也得要，不要也得要！还不快将张丹扛下堂去！

赵元红双手托起张丹，嘟嘟囔囔走下堂去。

不知道那赵元红是急于想见到娇妻还是太累，一出大堂，便将芦席放到地上，一脸欣喜地说道："丹丹，八个时辰已过，你也该醒了吧？"一边说，一边将芦席打开，张丹揉了揉眼睛坐了起来，引来一群围观者。

"咦，怪！人死还能复活？"

其实，张丹压根儿就没有死。那是她喝了东方朔带来的“一杯醉”，一杯醉是一种药酒，内中加有曼陀罗的花或根，人饮了之后，昏昏大睡，如同死了一般，八个时辰后，不解自醒。

张丹复活的消息，经胶东王侍卫之口传给了胶东王，他似信非信，及至跑出来一看，果见活鲜鲜一个张丹躺在赵元红臂弯里，胶东王又惊又喜，忙指挥侍卫去抢，赵元红奋起抗争，竟然被胶东王一剑刺死。

东方朔见出了人命，大喝一声，闯进人圈，戟手指道：“胶东王，你滥杀无辜，该当何罪？”

胶东王蛮横地说道：“谁滥杀无辜？你血口喷人！”把个东方朔气得浑身乱抖，指着地上的死尸，厉声斥责道：“铁证如山，你还想抵赖吗？”

胶东王狡辩道：“本王承认，那赵元红确实死于本王之手，但他并非无罪！”

“他犯了什么罪？”

“抢劫王妃之罪！”

“什么，张丹是你的王妃？”

胶东王掏出婚书，迎风一抖说道：“是与不是？有婚书在此！”

东方朔冷笑一声道：“莫说你这婚书来路不正，就是来路正，县令大人已经当着你的面将张丹姑娘断给赵元红，你并无异议。岂止无有疑义，你巴不得这样断，那时，你咋不说她是你的王妃呢？”

这一问，若是换了别人，定然是羞愧满面，哑口无言。胶东王是一个连死蛤蟆也能挤出尿的家伙，岂肯服输？他亦冷笑一声说道：“有道是‘官凭文书，私凭印’，你东方先生说我巴不得将张丹断给赵元红可有什么依据？”

他满面讥讽地说道：“你若是没有，本王手中可是确确实实地攥了一张。”

他又将手中的婚书抖了一抖。

他道了一声：“恕不奉陪！”扳鞍上马，扬长而去，把个东方朔气得胡子一抖一抖的。

吴县令恐怕东方朔气出个长短来，忙趋前劝道：“有道是‘会气气人家，不会气气自己’，胶东王原本就是一个无赖，大人何必与他一般见识？再说，他作恶多端，手中的冤魂少说也有二三十条，任寻他一条，也能将他置于死地。”

这一说，东方朔不抖了，当即说道：“既然这样，你就给我找出几条冤魂，我一定设法将胶东王送上西天。

吴县令略一思索道："魏凤英。"

东方朔反问一句："魏凤英？"

"对，就是魏凤英。他男人叫单大虎，二弟叫单二虎。"

"单二虎？"东方朔又反问一句，"这人我耳熟得很，但一时又想不起来。"

"他是一个强盗。"

"强盗？"

说起来话长。

吴县令长叹一声，滔滔不绝地讲道："单二虎是县衙小吏，为人耿直，勇于任事，因他嫂子魏凤英一案才铤而走险，当上鹰爪山的山大王。"

"魏凤英这人长得如何？是不是貌若天仙，被胶东王看上了？"

"非也。论人才，魏凤英倒也不怎么出众，就是长得高高大大，白白胖胖，男人患了风瘫，为给男人治病，花光了积蓄。忽一日，胶东王府前贴了一个告示，说是胶东王大病初愈，需喝人奶补养，一碗奶五十文。魏凤英欣然应允，一天去胶东王府一次，第一次挤奶一碗，挤毕即归。胶东王喝着喝着，喝出了花样，要直接对准奶头吮，魏凤英说什么也不肯答应，胶东王当胸一拳，打得她口吐鲜血，三日而亡。瘫子由二虎背着，去县衙喊冤，谁知那县令与胶东王狼狈为奸……"

吴县令讲到此处，笑了笑解释道："那县令当然不是下官，乃是下官的前任，姓张，叫个张文举。"

说罢，又继续讲了下去。

"张文举为讨好胶东王，反咬一口，说单二虎诬陷王爷，罪当斩首，单二虎气愤不过，当场顶撞了张县令几句，张县令说他咆哮公堂，重责四十大板，押入南牢，谁知那狱卒素与二虎相善，私自将他放去，自己也逃生去了。"

东方朔颔首说道："如此说来，我得去会一会这个单二虎了。"

吴县令欲要作陪，东方朔含笑劝道："我乃天子近臣，奉旨微服私访，无论如何行动，都不为过。你乃堂堂一个县令，私会一个山大王，一旦传到皇上耳中，可不是闹着玩的。"

吴县令一想也是，方才作罢。

东方朔特意让吴县令为他准备一套术士服装、一头黑驴，晃晃悠悠朝鹰爪山走去。

行至山根下，忽地蹿出来六个山盗，将他兜头拦住。内中一个山盗，一脸络腮大胡，口阔目凸，头发散披到肩上，挥舞着两把大斧，好似他们的小头目，气势汹汹问道：

“干什么来着？”

“想拜会你们的大王。”

络腮胡子将东方朔仔细打量一遍，晃动着两只大斧说道：“你是我家大王的什么人？”

东方朔本来就喜欢开玩笑，见了络腮胡这副憨态，哈哈一笑说道：“你家大王的师爷。”

络腮胡又将东方朔打量一遍，道：“像！长得肥头大耳，和我家大王如同一个土坯模子里脱的一样！只是那年龄倒是相差无几，怕是一个骗子吧！”

他立马变得凶恶起来：“野术士，你也不看看这是什么地方，竟敢冒充我家大王的师爷，吃我一斧！”兜头砍了上去。

东方朔疾退两步，抽出宝剑，一来一往，斗了起来。络腮胡子哪是东方朔对手，战了不到八个回合，被磕飞了双斧。另外五条汉子发一声喊，刀枪并举，杀向东方朔。东方朔抖擞精神，与众盗大战起来。正杀得难解难分，从山上飞下一人来，只见他头戴黑盔，身穿铠甲，掂一柄月牙铲，骑一匹乌炭似良驹，二目炯炯似铜铃。身后跟着二三十个小喽啰。

东方朔暗自喜道：“他终于来了。”便虚晃一招，跳出圈外，冲来人喊道：“喂，你可是单二虎？”

来人满面疑惑地盯着东方朔：“你怎么认识本大王？”

东方朔诡谲地一笑道：“你先别问我怎么认识你，你先猜一猜我是谁。”

单二虎使劲摇了摇头。

东方朔哈哈一笑道：“我就知道你猜不着，但我可以给你提一个醒，你听没听说过本朝有一位先生，连偷了三次王母娘娘的蟠桃？”

终汉一朝，迷信盛行，小矮人指控东方朔偷蟠桃一事，传得沸沸扬扬，单二虎岂能不知！他以吃惊的目光盯着东方朔：“你，你真的是东方先生？”

东方朔指着自己的鼻子，哈哈一笑说道：“你看在下哪一点儿不像东方朔？”

单二虎道：“老实说，我没有见过东方先生，像与不像，无从说起。但我知道东方先生乃朝廷近臣，皇上一刻也离不得，岂能在我们这穷乡僻壤出现？”

东方朔道：“在下是朝廷近臣，倒也不假。正因为在下是朝廷近臣，朝廷才遣在下微服来到胶东，探访胶东王劣迹，好依法查办。”

此言一出，算喜坏了单二虎，他翻身下马，朝东方朔扑通一跪，朗声说道：“如此说来，在下慢待了东方先生，请东方先生见谅！”

东方朔双手将他搀起：“有道是‘不知者不为罪’。而且在下这次来，旨在探访胶东王劣迹，只要大王给在下提供一些这方面的线索，在下已经感激不尽了。”

单二虎道：“这个容易。在我这数百名兄弟中，至少有三分之二不甘受胶东王压迫，才铤而走险的。可以说，家家都有一本血泪账。东方先生若是不信，请到山寨稍坐，听他们一一道来。”

东方朔慨然应允，随单二虎来到山寨，倾听众喽啰的血泪控诉。听着听着，东方朔不由得潸然泪下，心里恨道：刘寄呀刘寄！你恶贯满盈，不除了你，我东方朔怎对得起黎民百姓！

东方朔回到县衙，即与吴县令计议如何除掉刘寄。二人经过反复商讨，觉得刘寄老奸巨猾，侍卫成群，不能硬捉硬拿，何况又无圣上御诏明令。东方朔决定来软的。

第二日，吴县令发谏去请刘寄，言说由钦差作陪。

刘寄一听到东方朔之名，便气不打一处来：“没空！”

东方朔与吴县令早防着他这一招，相视一笑，双双来到胶东王王府，对门官说道：“钦差东方先生和吴县令前来拜见王爷。”

这样一来，他不能不见了，便伸了个懒腰，慢腾腾地来到大门口，将东方朔和吴县令迎了进来。

胶东几个豪强听说钦差到了，不约而同来到王府。

一阵寒暄过后，刘寄令人置酒设宴。

本来是一场并不愉快的会面，这一来却一下子异常热闹起来。刘寄及几个豪强轮番给东方朔敬酒。东方朔素来善饮，来者不拒，足足喝有二十四杯。

古人有谚：“来而不往非礼也。”东方朔开始回敬了。他端起酒杯，一饮而尽。尔后又斟一杯，端给刘寄，刘寄正要伸手去接，他却不给，朗声说道：“我这杯酒有说法。”

众人都道：“什么说法？”

东方朔高擎酒杯说道：“胶东王欺男霸女，为非作歹，横行乡里，滥杀无辜，双手沾满了胶东百姓的鲜血，天子念他是同胞兄弟，不忍公开诛杀，命我代天行令，送他上西天！王爷，请喝下这杯鸩酒。”

听了这番祝词，众人都愣住了。

许久，刘寄方醒过神来，将酒杯一摔，愤然而起。走了几步，复又站住，向东方朔质问道：“你说皇上要我去死，可有皇上的诏书？”

东方朔如实回道：“没有。”

这样一来，刘寄来了劲，高门大嗓道：“有道是‘官凭文书私凭印’，没有皇上的诏书，你这个钦差便是假的！来人，把这个冒牌钦差给爷拿下！”

客厅的侍卫一拥而上，要拿东方朔。

东方朔两手向外猛地一分，将扑向他的两个侍卫摔倒在地，冷笑一声说道：“你要证据吗？请看——”

他一边说，一边从怀里掏出了尚方宝剑。这一来，刘寄傻了眼，众侍卫不等他的命令，悄然退到一旁。

刘寄不愿死，东方朔便天天来逼他，逼了四五天之后，忽生一计，找来吴县令，命他将属吏、差役全集中起来，披麻戴孝，来到王府门前号啕痛哭，为刘寄送葬。受刘寄欺凌的豪强名流，以及平民百姓，自愿加入送葬行列，多达五千余人。

刘寄好赖也是一位王爷，岂能没有一点儿廉耻？他左思右想，只有死路一条，便饮鸩而亡。

东方朔正要回京复命，张君寻上门来，非要请他去家中小坐片刻。一是盛情难却，二是自见了张丹之后，东方朔便暗暗喜欢上了她。他半推半就，来到张君家赴宴，作陪的便是那个文痞主父偃，也就是张丹的舅舅，此人政治、军事、天文、地理无所不通，倒是一个不可多得的人才，只是相貌长得太差，又瘦又小、尖嘴猴腮、剪刀眉、阴阳眼，此乃奸诈阴毒无福之相。

但主父偃很会揣摩人的心理，当场做媒，要将外甥女儿嫁给东方朔。东方朔本来就是一个风流人物，女人一年一换，也有二年的，但很少。东方朔闻言大喜，当即跪下，向张君拜了三拜。

他这一拜，那辈分可就比主父偃矮了一辈，彼此舅甥相称。东方朔回京之时，带了两个人，一个是张丹，再一个便是主父偃。按主父偃的意思，当日便要东方朔将他荐给武帝，东方朔答应得倒是很好，就是不荐。他一怒之下，投了车骑将军卫青。经过一日长谈，二人大有相见恨晚之意。卫青拍着胸脯说道：“尊兄之才，不亚管仲、乐毅，弟明日早朝，便将兄荐于皇上。”

主父偃闻言大喜，深作一揖说道：“多谢卫将军。”

武帝正宠着卫青，由他所荐之人，焉有不用之理？当即将主父偃拜为郎中。

主父偃原本以为做了郎中，便是朝廷命官，岂不威风八面！殊不知那郎中乃一闲差，十天半月，难得见皇帝一面，若非如此，司马相如当年，因何要舍郎中而从梁王？

他觉着自己屈才，几经深思，拟奏章一道，达数千言，瞅准一个机会，呈给武帝。奏章中共陈九事，八事为律令，一事谏伐匈奴。

汉自萧何定律，至今已六十余载，急需修改与完善，谈这方面的问题，武帝当然高兴。谏伐匈奴则不然，匈奴是汉之心腹大患，必欲除之而后快，卫青两次出兵，打破了匈奴不可战胜的神话，武帝正在酝酿第三次出兵匈奴，你主父偃跳出来，奢谈什么谏伐匈奴，真是不识时务。欲待不看，那律令之事，谈得甚合武帝口味。

武帝硬着头皮看了下去，看着看着，阴沉沉的脸上露出了微笑，愈往下看，那笑容愈是灿烂，看到最后，竟哈哈大笑起来。

他击案说道："好一个主父偃！好一篇鸿篇大论，'国虽大，好战必亡。天下虽平，忘战必危'；'匈奴难得而治，非一世也，行盗侵驱，所以为业也，天性固然……此臣之大忧也，百姓之所疾苦也'。破题反作，妙就妙在，文章中心仍是一个战字，主父偃所担心的并非战争问题，而是兵权！"

武帝当即降旨一道，宣主父偃进宫，就伐匈奴一事，畅谈了大半夜，越谈越高兴，口授一诏，迁主父偃为谒者。

主父偃素擅辩才，未去胶东之前，游说诸侯，到处碰壁，就是到了胶东，亦不为刘寄所容，因而对诸侯心怀不满。恰遇梁王刘襄与城阳王刘延先后上书，愿将属邑分封弟子。

汉以前，行嫡长子制，诸侯王谢世，他的一切财产，包括王位，只能传给嫡长子，其他庶子，一无所有。不只诸侯王，平民之家也是这样，故而，嫡庶之争，妻妾之争，非常厉害。

刘襄原有一子，也是嫡出，名叫刘蕾，立为太子已十有三载，颇有贤名，蕾母将死之时，枕着刘襄臂弯，泪流满面说道："臣妾即将归去，恳请王爷善待我儿，切勿更立太子。"刘襄流着眼泪答应下来，蕾母死去两月，刘襄复纳一妃，其貌还在蕾母之上。十月怀胎，生下一子，生得虎头虎脑，取名刘虎，刘襄十分钟爱。虎母乘机要他废长立幼。刘襄心中十分矛盾，后有宾客设谋，要他上书朝廷，愿将土地人口，一分为二，一份给太子，一份给刘虎。书达朝廷，引起汲黯、公孙弘、董仲舒、东方朔以及石庆兄弟不满，说刘襄之为，有悖祖宗法度，应当驳回云云，弄得武帝左右为难。主父偃见有机可乘，忙上书一道，从巩固汉王朝统治的大局入手，极言此事可行。书曰：

古者诸侯，地不过百里，强弱之形易制。今诸侯或连城数十，地方千里，缓则骄奢，易为淫佚，急则恃强合纵，以逆京师。若依法割削，则逆节萌起，前日晁错是也。今诸侯子弟或十数。而嫡嗣代立，余虽骨肉，无尺地之封，则仁孝之道不宣。愿陛下令诸侯推恩，分封子弟，以地侯之，彼人人喜得所愿，靡不感德。实则国土既分，无尾大不掉之弊，安上全下，无逾于此。愿陛下采择施行！

武帝将此书捧读再三，觉着实为兴国良策，他不顾多数大臣的反对，下旨一道，允许刘襄、刘延将土地人口，分给自己的儿子。嫡长子仍为太子，王死可继封号，其他庶子，概为列侯，美其名曰“推恩法”。

此法一出，各诸侯王纷纷仿照，藩不削自平，连那些反对的大臣，也转而称颂起圣恩来，武帝听在耳中，喜在心中，忙又口授一诏，迁主父偃为中郎。

主父偃时来运转，因言见幸，自是欢喜不尽，瞅准机会，又上了三道奏章，道道说到武帝心坎之中，屡次采用，屡次超迁，俄而使为中大夫，俄而使为太中大夫，俄而又使谏议大夫，为期不满一载，官阶竟得五迁，真是步步青云，扶摇直上，为武帝的第一宠臣了。

元朔二年（前127年）春月，忽有边关告急。匈奴又发兵侵边，突入上谷、渔阳，武帝询问群臣，何人挂帅为好？

将军李息朗声应道：“末将愿统兵讨伐匈奴。”

主父偃记着卫青恩惠，也不尽然，十成还是为了讨好卫皇后，他大声驳斥道：“还是由车骑将军挂帅最好。”

这话正中武帝下怀，降旨一道，由卫青挂帅出征，但又怕挫伤了李息，命他自率一军，策应卫青。

两军由云中直抵陇西，屡败匈奴，击退白羊、楼烦二王，斩敌首数千，截获牛羊百余万，尽得河套南地。而卫青的骑兵、车辆、辎重几乎没有什么损失，全甲兵而返。捷书到达长安，武帝大悦，即派主父偃犒劳两军，返都后，主父偃极言卫青之功，对李息不提一字，武帝偏听偏信，下诏一道，封卫青为长平侯，连卫青属下部将亦邀特赏。校尉苏建得封平陵侯，张次公得封岸头侯。主父偃因犒军有功，赐钱一百万缗。

主父偃得了这一百万钱，当然高兴，二次上殿，向武帝献策，说是河南土地肥饶，外阻大河，秦时蒙恬曾就地筑城，控制匈奴，今可修复故塞，特设郡县，内省转输，外拓边陲，实是灭胡的根本云云。就武帝而言，一百个赞成。但此等大事，不能不交付廷议。

廷议结果，大众齐声反对，尤以汲黯为烈，他说道："秦时尝发三十万众筑城北河，终归无成，今乃复蹈故辙呢！"

主父偃欲待要辩，汲黯暴喝一声说道："你不必说了，前次也是尊下上书，谏伐匈奴，书中说，'昔秦皇帝并吞六国，务胜不休，尝欲北攻匈奴，不从李斯之谏，卒使蒙恬将兵攻胡，辟地千里，发天下丁男，以守北河，暴兵露师，十有余年，死者不可胜数。又使飞刍挽粟，起自负海，转输北河，率三十钟而至一石，男子疾耕，不足于粮饷，女子纺织，不足于帷幕，百姓靡敝，孤寡老弱，不能相养，天下乃始叛秦也。'叛秦之事，不可不鉴。"

说到此处，汲黯把面转向武帝，双手一拱说道："陛下，主父偃只知迎合主心，不管前后矛盾。臣以为修复故塞之事，万不可行，请陛下明察。"

这话武帝不想听，他蛮横地说道："谏议大夫所奏，有利拓疆，朕意照行，不得再有他言！"当庭又降一旨，遣平陵侯苏建为朝廷特使，调集丁夫，前往河南，筑城缮塞，因河为固。并置朔方、五原两郡，徙民十万口居住。自经此次兴筑，费用不可胜计，累得府库日竭，把文景两朝的蓄积，搬发一空了。满朝文武皆将主父偃视为奸臣，唯武帝视为国宝，言听计从，赏赐他的珠玉锦帛，不可胜数。

第十八章　荣归故里　娶妻未遂

主父偃发了，发了财的主父偃，想起了武帝一句名言：“富贵不归故乡，如衣锦夜行。”

他决计要归故乡了。

他的故乡在齐地，走正道原不经过轵县，他竟然去了轵县。

那里有他一个情人。

这情人叫李化云，是他的堂嫂。

李化云长主父偃五岁，虽说不上沉鱼落雁，却也是当地数一数二的大美人儿。他喜欢她，她是他少年时唯一的念想。

年少时，他二人差点被族人装进猪笼，沉到河里。

他两个怕了，连夜私奔，途中被强盗冲散，主父偃去了胶东，李化云流落轵县。

李化云流落轵县，主父偃起初并不知晓，那是在他做了中郎之后，才打听到的。

主父偃满怀激情地来到了轵县。来到轵县之后，却是大失所望。丰姿绰约的李化云，变成了一个半老徐娘，撂给她五十金，跳上坐骑欲离开。

她嘿嘿一笑说道：“偃弟，我知道你做了高官，我也知道自己老了，不配侍奉你了，但偌大一个轵县，难道不可以找出一个像样的女人来侍奉你吗？”

他听出了弦外之音，勒缰问道：“嫂子这话是什么意思？”

她把手朝对门一指，小声说道：“这一家有个妞儿，长得狗见不咬，驴见不踢。偃弟若是感兴趣，嫂子亲自做媒，包你娶一个如花似玉的娇妻。”

他当然感兴趣，跳下坐骑，回到了化云的小院。

李化云给他斟了满满一杯水，扭动着水蛇腰，径直去了对门。

对门的主人叫冯文星，膝下就这一个闺女，叫冯玉婉。因这冯玉婉长得太美，人又贤淑，说媒的踢破门槛。冯文星挑来挑去，一个也没相中。

主父偃已经四十五岁了，比他冯文星还年长一岁，这门亲事照理是不该应允的，但他又不想轻易舍弃。谏议大夫乃二千石的大员，朝廷的红人，闺女一旦嫁过去，立马便是二千石夫人，这份荣耀，真是太诱人了！

恰在这时，又来了一位媒人，这人叫冯辕夫，是冯文星的本家哥哥，他的儿子冯小宝，是郭解的徒弟。

说起郭解，乃是一个赫赫有名的大侠，其名尚在阳陵朱安世之上。朱安世为侠，仅此一世，郭解为侠，已三世矣。

解父郭元，短小精悍，武艺超群，因丈人许负的关系，出仕为官，官居河阳令。但为时不久，即被免官，干起了打家劫舍的勾当。膝下一子一女，女唤郭珠，子便是郭解了。

郭解幼时，病病恹恹，许负说，要想保住此儿性命，得认一个多子之家的女人做干妈。郭元查遍了轵县，唯有冯文星兄弟最多——八个，于是便把郭解认给了冯文星的母亲做干儿。

冯文星长郭解一岁，生得高高大大，面白唇红，活像一个金童转世。他家业原是很大的，经弟兄八个一分，成了轵县的一个中户人家。他生就的乐善好施，全不以家庭为念，冬舍饭，夏舍水，修桥补路的事也没少干，被乡人呼为冯善人。

郭解则不然，不只长相酷似其父，在行侠行盗方面，比其父有过之而无不及。一次酒后，行到屠宰坊，见一老妪跪在屠夫面前，苦苦哀求，那屠夫无动于衷。郭解将一围观者拉到一旁，悄声问道："这老妪和屠夫什么关系？因甚事哀求屠夫？"

围观者道："这老妪是屠夫生母，因其死了男人，无钱殡葬，特来向屠夫告借。"

郭解哈地一声笑道："这就奇了。有道是生儿育女防备老。爹爹死了，做儿子的理应殡葬，还说什么告借的话！"

围观者叹了一声说道："官人有所不知，这屠夫固然是老妪儿子，但这儿子与别人的儿子不同。"

"有什么不同？"

"这老妪家中贫寒，在生屠夫之前已经有了两个儿子、三个女儿。生了屠夫之后实在养活不起，当日便将他送给了老屠夫，也就是屠夫的养父。"

郭解轻轻颔首道："我知道了。但不管怎样，父母生儿一场不容易，我得劝一劝这个屠夫。"

他高叫一声："借光了！"

郭解的大名，在轵县家喻户晓，听了他这一声吆喝，围观者主动闪开一条道儿。

郭解来到屠夫面前，朝老妪一指，向屠夫问道："她是你什么人？"

屠夫点头哈腰道："是郭大侠呀，您可是个稀客，屋里请，请！"

郭解一动不动道："少客气，在下问你，这老妪是你的什么人？"

屠夫仍是满脸带笑道："我不认识。"

郭解如雷似地吼了一声："不，你应该认识，她是你的生母！"

屠夫也是当地一霸，加之中午喝了几杯酒，见郭解如此对他，脑门上的火苗子立马蹿了上来，大声回道："她是在下生母又该怎样？她没养活在下一天，死了男人，为何要找在下殡葬？"

郭解抬手给了屠夫一巴掌："什么男人，那男人是你爹。"

有道是，"打人莫打脸，揭人莫揭短！"屠夫何时受过这等污辱，袖子一挽就要和郭解拼命。郭解冷笑一声说道："想拼命？你娃子还嫩了点！"

屠夫立马软了下来，嘟嘟囔囔道："仗着你一身武功，随便欺侮人，算什么好汉？"

郭解见他软了，放低了声音说道："我这算欺侮你吗？我这是在教训你。你访一访，问一问，偌大一个轵县，有几个不葬父母的？"

他小声回敬道："我也想请你访一访，问一问，咱偌大一个轵县，有几个把孩子一生下来便送了人的？"

老妪终于有了说话的机会："娃呀，你别怪娘，咱家穷，你姊妹又多，若不把你送人，非饿死不可！"

屠夫冷笑一声道："咱家穷，弟兄多，难道就多我一个呀？且是，我那三个姐姐、两个哥哥并没被送人，也没见饿死一个！"

把老妪问了个倒噎气。

屠夫暗自欢喜，斜了郭解一眼说道："连老妪都自知理屈，你还有什么话可说呢？"

郭解恨声回道："有。"

他是个不善言辞的人，今日能够和屠夫唠叨了这么一阵，实属例外。

他按了按鼻尖。

这是他的习惯性动作，只要一按鼻尖便要杀人，只可惜屠夫不知道他这个习惯。

他把面转向老妪，柔声叫道："伯母，你生下这屠夫之时，大概有多重？"

老妪迟疑了一下说道："六七斤。"

“到底几斤？”

“六斤八两。”

“你为什么记得这么准？”

“我老头子是个卖菜的，家里自是少不了秤，每生下一个孩子便要称一称。我大闺女五斤八两，二闺女六斤，三闺女六斤一两……”

郭解将手一摆：“伯母不要说了，在下明白了！”

他明白了什么呢？

他明白了屠夫生下来时是六斤八两。

他把脸转向屠夫，厉声说道：“给我趴下！”

屠夫不知何意，二目直直地瞅着郭解。

郭解飞起一脚，照着屠夫膝盖踢去。

只听一声惨叫，屠夫双手捂着受伤的膝盖，蹲下身子。

他能不伤吗？郭解乃有名的铁脚，一脚下去，足有千斤之力，莫说一个膝盖，就是一棵树，也经不住他这么一踢。好在踢屠夫之时，他只用了不到半分的力。

“趴下！”郭解二次命令道。

屠夫不敢不趴下了，趴下之时，疼得头上冷汗直流。

“把裤子给爷褪了！”

尽管屠夫不知道郭解为什么要他褪掉裤子，却不敢问，乖乖地把裤子褪了下去。

“把屁股给爷撅起来！”

屠夫满面困惑地把屁股撅了起来。

那剑也不知怎么拔的，只见白光一闪，郭解手中多了一块血淋淋的人肉，那是屠夫的后臀。

屠夫哭着叫道：“你为什么割我屁股？”

郭解嘻嘻一笑回道：“你别急，等在下将这人肉称过之后，再回你的话。”

他将人肉放到秤盘里一称，一斤二两，自言自语地说道：“差五斤六两，还得割。”

屠夫正捂着屁股呻吟，闻言吓得魂不附体。扑通一跪，他忘了伤膝，疼得又是一声惨叫。

郭解和颜悦色说道：“你不必害怕，这一次在下不再割你的屁股。”

屠夫颤声问道：“你要干什么？”

他避而不答，反问道："你生下来时是多重呀？"

"六斤八两。"

"这六斤八两难道纯是肉吗？"

"非也，还有骨头。"

"肉多还是骨头多？"

"人小的时候，应该是骨头多。"

郭解半是讥讽，半是调侃地问道："这一下，你应该知道在下要干什么了吧？"

屠夫啊了一声道："你要剔我的骨头？"

郭解轻轻颔了颔首道："你很聪明！"

"不，你不能剔我的骨头！"

郭解将头一歪："为什么？"

"你割了我的肉，再把我的骨头一剔，我还有命吗？"

"这命本来就不是你的！"

"谁的？"

郭解朝老妪一指，没有说话。

没有说话，屠夫肚中也似明镜一般。他哭丧着脸说道："郭大侠呀，你这是百般逼我认下这个老妪呀！"

"不认也可以。你妈生下你时，连肉带骨头是六斤八两，你只需将你身上的肉和骨头砍下来六斤八两，还给这个老妪，在下这就抽身而退。"

"我……"

"你到底是要娘，还是剔骨割肉？"

"我要娘。"

"你生父呢？"

"殡葬的事，我一人承担！"

"好，好！"郭解拍了拍屠夫肩膀，"我要的就是这句话，你要好自为之，且莫让在下失望。"

他人走了，却留下一个恶名。

这恶名是屠夫起的，叫郭魔王。

说来也巧，"郭魔王"的妻子与冯文星之妻同庚，并同时有了身孕，将要分娩之际，冯文星暗自揣摩，我积福行善十四五年，膝下尚无一子半女，娇妻这一下一定会为我生个儿子。至于"郭魔王"呀，怕是要生一个闺女了！

谁知，事与愿违，等那婴儿呱呱坠地之后，是一女婴。郭解之妻，晚生了三天，却是一个男婴，取名郭义，把个冯文星气得差一点昏厥过去。

郭解央人前来为儿子保媒，冯文星也是犹豫不决。尽管他知道郭家三代行侠，恩惠遍及河内，虽说举国仰敬，但他毕竟不是达官贵人。

冯辕夫发话了。

他说道："文星哥，恕愚兄直言，有道是'铁打的衙门，流水的官'，主父偃贵在一时，郭家兴了三代，你是看重一时，还是看重三代呢？此其一也。主父偃贵在京都，郭义誉满轵县，有道是'强龙不压地头蛇'，郭解央我前来保媒，你若是驳了我这个面子，便是驳了郭解面子，凡驳他面子的人，那下场你该知道吧？"

此言一出，冯文星不寒而栗。他想起了一件往事，这往事距今也不过三年。

那是一个午后，几个人在酒馆饮酒，闲扯之中，扯到了郭解，内中一人，名叫曲清，说道："解非侠也。"

友人惊问其故。

清曰："解有一友，名叫袁德，家居金门亭，母寿，解前去祝之，人皆起而迎之，惟有一人，独箕踞视之。解怒而杀之。"

话刚落音，领座一人忽起，瞋目斥道："放你娘的狗屁！"手起刀落，将曲清砍为两半。

曲清为了一句闲话，尚且送命，我呢？这郭解万万得罪不得！

冯文清最终还是将女儿嫁给了郭义。

主父偃求婚不成，恶言说道："什么强龙不压地头蛇，爷今日倒要看一看是强龙厉害，还是地头蛇厉害？"

说毕，他气冲冲返回京都，立马向武帝上了一道《徙民策》。书中写道：臣此次回乡，沿途所见所闻，触目惊心。各地豪强欺压百姓，一言不合，便要杀人，官府不敢问。为百姓计，为社稷计，倒不如把这些人，迁到茂陵，内可充实京师，外可消除奸猾，一举两得。

在这《徙民策》中，主父偃原本要提郭解的，顾忌他和卫青的关系，又删掉了。

古时帝王，对身后之事，看得很重，自登基那天起，便开始经营陵墓。武帝的陵墓茂陵，位于长安东北。因其所置，地广人稀，正拟移民居住，主父偃不失时机地送上了《徙民策》，武帝怎能不喜？当即赏主父偃黄金百斤，细绢百匹，并降旨一道，诏令郡国调查富豪，凡资产在百万（缗）以上，土地在五十顷以上，或在当地称王称霸的，皆迁往茂陵，不得违延。郡国对于豪强正感头疼，接诏大喜，派吏驱遣，越是有钱有势，越要他赶早启程。郭解虽无多少田产，因其名声太大，又有主父偃暗中授意，亦在迁徙之中。他上有老母，下有幼子，当然不愿迁徙，于是亲自面见卫青，求他代为周旋。

卫青与郭解相识，源于春月。春月娘家，位于河阳县，与轵县相邻。春月之父，名叫刘斌，刘斌有一个仇人，不共戴天，名叫焦熊。焦熊生得膀大腰圆，力可搏虎。刘斌有心报仇，力不从心，投到郭解门下，刻苦学艺，梦想艺成之后，找焦熊报仇雪恨。谁知，天不遂人愿，艺未成，身患绝症，刘斌将死之时，手拍床沿，大呼道："天呀，天呀，你再假我刘斌半年时限，好叫我手刃仇人，死而无怨！"

这话恰被郭解听到，他当即赶往河阳，一场血战，将焦熊削了人头，送到刘斌灵前。自此，春月一家，把郭解视为恩人。恩人有难，岂有袖手旁观之理！

翌日早朝，卫青出班奏道："启奏陛下，您的徙民之举，实在英明伟大。青有一友，名叫郭解，乃轵县人氏，资产不到五十万（缗），田地不足五顷，家贫无力迁徙，请陛下恩准。"

武帝摇首说道："郭解是一布衣，乃能使大将军说情，这还算得贫穷吗？"

卫青面红耳赤，怏怏而退，回到家中，连声向郭解致歉。

郭解见卫青出面说情，皇上尚且不允，不得不如期迁往茂陵。临行时候，亲友争来饯行，赆仪多至千余万缗，郭解悉数收受，谢别入关。关中人相率欢迎，无论知与不知，竞与交结，送钱又千万缗，因此郭解声名益盛。

郭解因祸得福，囊资达二千万缗，惹红了一个人的眼睛。

这人叫杨运生，乃杨季主的儿子，在轵县充当县掾，奉命押解郭解，见他拥资甚厚，未免垂涎，遂向郭解一再勒索，郭解对钱财本来就不大看重，一索便给，前后达百万缗。他的侄儿，也是一个侠客，实在看不下去，当众将运生刺死，取了首级。事为杨季主所闻，立命人入京控告，谁知来人又被刺死，首亦不见。京都出了两件无头命案，惊动了朝廷，到了官吏勘验尸身，查得来人身上，尚有诉状一封，指明凶手郭解，于是案捕首犯，大索茂陵。郭解闻风逃遁，携徒冯小宝，东出临晋关。

关吏籍少翁，未识郭解面，颇仰郭解名，一经盘诘，郭解竟直认不讳。

少翁越为感动，竟将他私放出关。事为侦吏所知，查问少翁，少翁恐连坐得罪，不如成全郭解，乃即自杀。侦吏将少翁首挂在关上，意在引诱郭解，四周暗布伏兵。事过三天，果然有人前来盗首，身长七尺，面蒙黑巾，官府知是郭解到了，伏兵一拥而上，多达百人，郭解一只手拎少翁之头，一只手挥动宝剑，连伤五人，逃出关去，隐于太原，吏屡捕不得，上报朝廷。主父偃主动请缨，带一心腹家丁，扮作一个画师，直下太原。

谁料，主父偃在太原转悠月余，未见郭解踪影，不免有些失望。

主父偃捕郭解不成，心甚忧之。恰值五月端午，一年一度的龙舟大赛在蒿泽湖上举行。经曹洪提议，主父偃乘车前往，途中与祁县人杨欣、张虎相遇。

这杨欣、张虎乃两个丝绸商人，又是结拜弟兄，张虎武艺超群，杨欣写得了一手好字，且通越语，一文一武，相得益彰，经商三载，各自赚了二百余万（缗）。张虎有一小妾，名叫枣花，二八芳龄，琴棋书画，无所不通，总觉着张虎武夫一个，看他不起。小白脸杨欣，乘虚而入，与枣花勾搭成奸。事为张虎所闻，杀了枣花，正欲找杨欣算账，杨欣闻信逃遁。偌大一份家业，由妻子掌管。其妻本是淫荡之人，见他长久不归，勾上了管家。奸夫奸妇将财产转移到奸夫名下，使杨欣成了一文不名的穷光蛋。杨欣有心回到家乡，除去奸夫，又担心张虎找到复仇，几次央人，去见张虎，愿赔礼道歉，重归于好，张虎切齿说道："杨欣，小人一个，我恨不得生食其肉！"

杨欣无奈，求到郭解头上。郭解虽在难中，慨然应允，乘夜潜入张虎家中，自报家门。

郭解大名，张虎早已知之，仰慕在心，只是未曾晤面。见他大驾光临，张虎惊喜交加，设宴相款。

郭解开门见山说道："张贤弟，我是朝廷通缉的要犯，你知道不？"

张虎点头说道："小弟知道。"

"你我不曾相识，我冒昧造访，实是受人之托，不知贤弟肯不肯给我这个面子？"

张虎只顾激动，试想，天下第一大侠登门拜访，且有求于己，他能不激动吗？

他不假思索回道："只要小弟能办到，郭大侠尽管吩咐，小弟万死不辞！"

郭解双手抓住张虎肩头，摇了一摇说道："好，好！我这一趟没有白跑！"

张虎笑眯眯地问道："郭大侠深夜来访，到底为了什么事？"

郭解直言相告："为了杨欣。"

一说杨欣，张虎脸色大变，有心拒绝和解，可自己有言在先，若是答应和解，岂不太便宜了这个小子！

郭解见他沉默不语，开导道："杨欣做事，实在可恶，但他已遭了天报，落了个家破人亡的下场，悔恨莫及，有道是'得饶人处且饶人'，方显出大丈夫本色。再说，君与杨欣，乃换帖兄弟，不是同胞，胜似同胞，先贤有言，'妻子是衣履，兄弟是手足'，况一小妾乎？"

张虎既然经商，自有商人嗜利的一面，郭解他便以利动之。

"有道是钱不露白，愚弟冒昧问君，现有资产几许？"

张虎总算开了腔："不足十万（缗）。"

"君与杨欣翻脸之时，有资产些许？"

"二百万（缗）"

"君与杨欣翻脸几年了？"

"九年。"

"这九年期间，若是将生意继续做下去，当获利几许？"

"少说也有几百万。"

郭解满意地点了点头："君那枣花，几许钱买来？"

"三十缗。"

"九百万与三十缗，孰轻孰重？"他摆了摆手说道，"别急，你听愚兄把话说完，愚兄动身之时，杨欣亲口对愚兄说道：'为赎己罪，若再度经商，愿四六开。'也就是说他拿四成，你拿六成……"

张虎闻言大喜，且拜且慨道："古人有谚'听君一席话，胜读十年书'，请郭大侠转告杨欣，弟愿与他和解。"

郭解笑道："别急，愚兄听杨欣说，为你俩的事，贵邑豪几次出面调解未成，愚兄不愿夺人之美，这个面子就卖给贵邑豪吧！"

未等杨欣、张虎把话说完，主父偃迫不及待地问道："郭解离开贵宅当在什么时候？"

"前日黎明。"

主父偃把面转向曹洪："曹大人，这蒿泽湖咱就不用去了。"

曹洪满脸媚笑道："你是说，咱去祁县署？"

"正是。"

曹洪忙命掉转轿头，径奔祁县署，大索十日，一无所获，正无计可施之时，朝廷来了大赦令。主父偃长叹一声，垂头丧气地回到了长安，经打听，方知武帝新纳二妃——尹冬梅和邢如娟，前者封为夫人，后者封为婕妤，心中一喜，便要大赦天下。

第十九章　出仕齐相　引咎身死

武帝新纳了二妃，却不让这二妃见面。不见面也罢，不该在尹夫人面前时常称赞邢夫人美貌，尹夫人心里很不服气，说要亲眼见一见邢夫人是否真的比自己漂亮。武帝答应了，但他与尹夫人开了一个玩笑，令一位普通的宫女饰成邢夫人，后面跟随的宫女数十人，使尹夫人毫不怀疑。尹夫人见了，觉得武帝称赞的邢夫人实际不及自己漂亮。正当她暗自高兴之时，武帝召邢夫人单独来见，尹夫人见她俏丽无匹，姿容艳美，气度不凡，尹夫人含羞低头而泣，自叹比不上邢夫人美貌，后来，有一句谚语说："美女入室，恶女之仇。"就是道出美女妒仇的原因。

主父偃回到京都，屁股还没将座暖热，肥如令郢人之弟郢虎前来拜见，送上黄金十斤，细绢百匹。

主父偃与郢虎原本相识，又见他送了这么重的礼物，忙迎入客厅，献上果品。

郢虎见了主父偃，哇一声大哭起来："主父大人，您要给我哥报仇呀！"

主父偃惊问道："你哥怎么了？"

"死了。"

"什么时候死的？"

"半月前。"

"因甚而死？"

"死于燕王刘定国之手。"

一说到刘定国，主父偃心中便有气，当年，未曾发迹之时，他北游燕国，见到刘定国，想谋个一官半职。你刘定国不肯答应倒也罢了，万不该当着文武百官之面，将我主父偃哂笑一番，说我尖嘴猴腮，一脸贱相，还想当官……

主父偃越想越气，沉声问道："他为什么杀你哥哥？"

郢虎恨声说道："那刘定国你也知道，是个淫棍，淫及别人，倒还有情可原，万不该淫及他的庶母，私生一子。这且不算，又把弟媳强行占住，作为己妾。我哥实在看不下去，上书切谏，他不但不听，反要把我哥治罪。我哥万般无奈，写就劾书一封，欲进京面君，事被刘定国侦知，他带领三百侍卫，闯入肥如县署，将我哥抓获，腰斩于市。”

主父偃闻言大怒，当即进宫，面见武帝，将刘定国兽行，添油加醋讲了一遍，惹得武帝大怒，口授一诏，令张汤前往燕国，拘捕定国，押解来京，严加惩处。

刘定国闻听张汤亲来拿他，自知无生理，饮鸩而亡。

朝臣见主父偃势盛，一言能诛死燕王，夷灭燕国，只恐自己被他寻隙，构成罪名，所以对他格外奉承，随时馈遗财物，冀免祸殃。主父偃来者不拒，不足一年，收钱千万（缗）、黄金五万（斤），帛绢珠玉更是无算。

有道是“灰不热是火”。东方朔尽管对主父偃反感，毕竟是舅甥关系，见他气焰太盛，恐有灭顶之灾，登门相劝，要他收敛一二。

主父偃摇首说道：“非也。我自束发游学，屈指已三十余载，身不能遂，父母遗我，兄弟嫉我，宾朋疏我，我实在受苦受够了。大丈夫生不五鼎食，死就五鼎烹，亦属何妨！古人有言，日暮途远，故倒行逆施。我亦颇作此想呢！”

东方朔见劝他不转，拂袖而去。

齐王刘次昌，与主父偃有隙，隙自徐甲而始。

徐甲也是齐人，与主父偃同乡，犯了宫刑，充作太监，在都备役，得入长信宫当差。长信宫乃帝母王太后所居，王太后见他聪明伶俐，常令侍侧。王太后前夫所生女修成君，自经武帝迎入，视同骨肉。修成君有女名娥，尚未许人，王太后欲将他配一国王，安享富贵。徐甲不知齐王纳后，冒冒失失禀白太后，愿为修成君作伐，赴齐说亲。王太后自然乐允，便令徐甲即日东行。主父偃与齐王有过一面之交，见他生得潇洒英俊，甚是喜爱，主父偃膝下一女，姿容平平，欲嫁齐王，闻徐甲奉命赴齐，急托他乘便说合，就是做妾，也所甘心。徐甲应诺而去，及抵齐都，见了齐王次昌，跪拜说道：“贺喜王爷！”

次昌含笑回道：“本王静坐王府，何喜之有？”

徐甲道：“太后欲将修成君之女嫁与王爷，小人特来作伐。”

次昌闻言大喜，双手一拱道：“谢谢太后，谢谢大媒！”

他这一谢，徐甲大功告成，理应返京复命，不想老母患病，耽搁了十几日，等他探母归来，形势急转直下。次昌生母纪太妃不知从何处得了消息，将次昌召去，厉颜疾色说道："王已娶后，后宫也早备齐，难道徐甲还未悉吗？况徐甲系贱人，充当一个太监，不思自尽职务，反欲乱我王家，真是多事！主父偃又怀何意，也想将女儿充入后宫？"

她越说越怒，抬高声音说道："快与我回复徐甲，叫他速还长安，不得在此多言。"

次昌诺诺，等徐甲前来辞行，不得不实言相告。徐甲乘兴而来，怎肯扫兴而归？

他不走了，住在临淄，私下探听次昌家事，徐甲将齐王阴事打听明白，面向王宫方向，冷笑一声说道："姓纪的，我叫你母子死无葬身之地！"

言毕，徐里启程回都，复白太后："齐王愿配修成君女，惟有一事阻碍，与燕王相似，臣未敢与他订婚。"

这数语，半真半假，意欲挑动太后怒意，加罪齐王。太后却不愿生事，随口说道："既已如此，可不必再提了。"

徐甲怅然趋出，转报主父偃。主父偃最喜捕风捉影，侮弄他人。况齐王不肯纳己女，毫无情面，正心中怀恨。有心奏他一本，连太后都不愿生事，不知武帝肯不肯听？及至一言而除燕王，他掂出了自己在武帝心中的分量，且是太后已死，立把矛头转向齐王，上书武帝，言齐王不只屡似燕王，荒淫无道，且有觊觎皇位之心，武帝便令主父偃为齐相，监束齐王。齐王闻信大恐，忙上书自辩，并将主父偃求婚、受贿之事，和盘道出。武帝将信将疑，有心收回成命，又恐人说己朝令夕改。

齐王都在临淄，而临淄又为主父偃之原籍，主父偃得了齐相这一美差，即日东行，也似衣锦还乡一般。

主父偃阳奉阴违，一到齐国，便要查究齐王阴事。一班兄弟朋友，闻主父偃荣归故里，都来迎谒。主父偃应接不暇，未免憎恨。且因从前贫贱，受他奚落，此时正好报复前嫌，索性一并召入，取出五百金，按人分给，正色与语道："诸位原是我兄弟朋友，可记得从前待我情形否？我今为齐相，不劳诸位费心，诸位可取金自去，此后不必再入我门！"

众人听了，很觉惭愧，不得已取金散去。主父偃乐得清净，遂召集王宫侍臣，查问齐王阴事。侍臣不敢隐讳，只好实供。主父偃即将侍臣拘住，扬言将奏闻武帝，意欲齐王向他乞怜，好把一国大权，让归掌握。哪知齐王次昌，年轻胆小，一遭恐吓，便饮鸩而死。主父偃计不能得逞，反逼死齐王，与武帝所嘱之语大相径庭，也觉悔不可言，没奈何据实奏报。武帝得书，恨主父偃不遵前命，逼死齐王，再加赵王彭祖上书弹劾主父偃，说他私受外赂，惹得武帝恨上加恨，即命免去主父偃官，下狱治罪。

这赵王彭祖，本与主父偃无甚仇隙，不过因主父偃尝游赵，未尝举用，自恐蹈燕覆辙，所以待主父偃赴齐，出头告讦。

御史大夫公孙弘素来轻主父偃，闻他逼死齐王，必欲置主父偃于死地。武帝将主父偃拿问，主父偃虽受了诸侯贿赂，实在没有胁迫齐王使他自杀。武帝欲法外开恩，留主父偃一条活命。公孙弘争曰："齐王自杀无后，国除为郡，主父偃本首恶，不诛主父偃，无以谢天下。"武帝乃下诏诛主父偃，并及全家。

朝中大臣，多以主父偃屈，却并无一人为他辩解。

主父偃方贵幸时，门庭若市，及灭族，无一人前去收尸，独东方朔夫妇感念亲戚之谊，将他收葬。

公孙弘除去主父偃，遂得专宠，言听计从，惹恼了一位大臣。

这大臣不是别人，乃新拜主爵都尉汲黯。

汲黯祖籍濮阳，世为卿士，生平治黄老言，不好烦扰，专喜语直，做过帝师。当田蚡为相时，威赫无比，僚吏都望舆下拜，汲黯不屑趋承，相见不过长揖。武帝尝与汲黯谈论治道，志在唐虞，汲黯竟直言答道："陛下内多私欲，外施仁义，奈何欲效唐虞盛治呢！"

武帝变色退朝，顾语左右道："汲黯真一个憨人！"

朝臣见武帝骤退，齐声谴责汲黯，汲黯朗声说道："天子任置公卿，难道叫他来做谀臣，陷主不义吗？况人臣既食主禄，应思为主尽忠，若徒爱惜身家，便要贻误朝廷了！"

说毕，缓缓退出。

未几，主父偃入都献策，要武帝修复河南故塞，筑城北河。公孙弘以为不可，上书武帝。偏武帝不信公孙弘言，召开御前会议，汲黯也当然在列。他正与公孙弘往来，又见公孙弘与己意同，遂在朝堂预约，决议坚持到底，公孙弘满口应允。哪知武帝升殿，集众开议，公孙弘竟翻去前调，但说由主圣裁。顿时惹得汲黯，厉声斥公孙弘道："齐人多诈无信，才与臣言不宜在河南筑城，忽又变议，岂非忠臣！"

这话，一句不漏被武帝听入耳中，当面问公孙弘："有无此事？"

公孙弘直言不讳道："确有此事！"

武帝戏问道："如此说来，卿当是不忠了。"

公孙弘摇首说道："非也。能知臣心，当说臣忠；不知臣心，便说臣不忠！"

武帝颔首称是。

汲黯与主父偃虽说不和，见他死于公孙弘手，心生怜悯，有心替他复仇，苦于没有机会。一日上朝，与两个同僚谈起公孙弘，二僚皆曰："公孙弘身为御史大夫，不服锦绣，故意装出穷酸模样，实乃哗众取宠。"

汲黯颇有同感，入见武帝："公孙弘位列三公，俸禄甚多，乃自为布被，佯示俭约，这不是挟诈欺人吗？"

武帝乃召公孙弘入问，公孙弘直言答道："诚有此事。现在九卿中，与臣交好，无过汲黯，汲黯今责臣，正中臣病。臣闻管仲相齐，拥地千顷，侈拟公室，齐赖以霸，及晏婴相景公，食不重肉，妾不衣帛，齐亦称治。今臣位为御史大夫，乃身为布被，与小吏无二，怪不得汲黯有微议，斥臣钓名。且陛下若不遇汲黯，亦未必得闻此言。"武帝见他满口认过，越觉得好让不争，却是一个贤士。汲黯亦无法再劾，只好趋退。公孙弘与董仲舒并学春秋，唯所学不如仲舒。仲舒失职家居，武帝却还念及，时常提起。公孙弘偶有所闻，未免加忌，且又探得仲舒言论，常斥自己阿谀取容，因此越加怀恨，暗暗排挤。武帝未能洞悉，总道公孙弘是个端人，始终信任。到了元朔五年（前124年），竟将丞相薛泽免官，使公孙弘继任，并封为平津侯。向例常用列侯为丞相，公孙弘未得封侯，所以特加爵邑。

公孙弘既封侯拜相，望重一时，特地开阁礼贤，与参谋议，什么钦贤馆，什么翘材馆，什么接士馆，开出了许多条规，每日延见宾佐，格外谦恭。有故人高贺进谒，公孙弘当然接待，且留他在府宿食。唯每餐不过一肉，饭皆粗粝，卧止布衾。高贺还道他有心简慢，及问诸侍人，才知公孙弘自己服食，也是这般。勉强住了数日，探悉内情，因即辞去。有人问高贺何故辞归？高贺愤然说道："公孙弘内服貂裘，外着麻枲，内厨五鼎，外膳一肴，如此矫饰，何以示信？且粗粝布被，我家也未尝没有，何必在此求人呢！"自经高贺说破隐情，朝中士大夫始知公孙弘浑身矫诈，无论行己待人，统是作伪到底，假面目渐渐被揭露了。

汲黯与公孙弘有嫌，公孙弘竟荐黯为右内史。右内史部中，多系贵人宗室，号称难治。汲黯也知公孙弘怀着鬼胎，故意荐引，但既奉诏命，只好就任，随时小心，无瑕可指，竟得安然无事。又有董仲舒闲居数年，不求再仕，偏公孙弘因胶西相出缺，独将仲舒推荐出去。仲舒受了朝命，并不推辞，居然赴任。胶西王刘端，是武帝异母兄弟，阴险奸诈，公孙弘无端推荐仲舒，亦是有心加害，偏仲舒到胶西，刘端却慕他大名，特别优待，反令仲舒闻望益崇。不过仲舒也是知趣，奉职年余，见刘端好饰非拒谏，不如退位鸣高，乃即向朝廷辞职，仍然回家，著书终老，发明春秋大义，约数十万言，流传后世。所著《春秋繁露》一书，尤为脍炙人口。

第二十章　张骞出使　十四年归

这一日，武帝正在殿上批改奏章，当值太监趋前禀道："启奏陛下，张骞求见。"

武帝愣了一愣："张骞，干什么的？"

太监回道："官拜谒者。"

他噢了一声道："朕想起来了。"

他果真想起来了。

张骞，汉中城固人，建元初年（前140年），武帝首次搞贤良对策，他便是贤良之一。建元二年，有一匈奴降者，对武帝说道，匈奴西边，有一个大月氏国，与匈奴不和。月氏王的脑袋，竟被匈奴砍了下来，作为溺器。月氏余众向西迁徙，据塞种地，作为行巢。

武帝对匈奴素无好感，一心想击败匈奴，为乃祖复仇，闻言暗喜道，我若与月氏联手，两面夹击，不愁匈奴不亡！关键是如何联手？月氏与我隔着匈奴，欲通使，道必经匈奴，而匈奴又为我仇人，上下数千里，谁肯与我为使，谁又能与我为使？目光所及，满朝文武，无一应者，无奈出榜招之。

榜出十余日，无一人应募，武帝正在气恼，一人揭榜而入，自报家门，堂邑侯之奴，名叫甘父，原本胡人，通胡语，愿意出使匈奴。

武帝且喜且忧：喜之有人揭榜，出使匈奴有望矣！忧之，那甘父本一胡人，如何放心得下？正踌躇间，一白面汉子趋上殿来，伏谒说道："臣张骞愿意出使匈奴！"

张骞其人，武帝原本相识，知他文武全才，见他愿意出使月氏，大喜过望。只是，他朝殿下甘父瞅了一眼，似有为难之意。

张骞心领神会，高声说道："陛下，月氏与大汉少说也有上万里，途经仇国，恶山恶水，仅通胡语，还很不够。一要智谋，二要毅力，三要武功。智谋、毅力，臣与甘父，谁优谁劣，一时难以判断。唯有武功，只需三尺宝剑，立等可见！"

武帝大喜道："卿意是说，你要与甘父，在武功上一见高低？"

“正是。”

武帝转向甘父：“甘爱卿，张郎中的话，你可听到？”

“听到了。”

“你敢不敢与他一较高低？”

甘父瓮声瓮气地回道：“有何不敢！”

“好！”武帝当殿传旨，取来两把宝剑，分别付于张骞和甘父。

他二人拉开架势，正要相搏。武帝高声叫道：“且慢！”弄得他俩莫名其妙。

武帝说道：“你二人揭榜应募，俱是我大汉壮士，一为手掌，一为手背，都是朕的肉。然宝剑无情，不管伤着手掌，还是手背，朕都心疼。这样吧，你二人改穿皂衣，易剑为枪，枪去枪头，裹上棉絮，蘸上白灰水，比试结果，以身上白灰点的多少定输赢。”说得二人心中热乎乎的，当即换上皂衣，相向而立。

早有人拿来银枪两杆，一如武帝安排，将枪分发下去。这一个如下山猛虎，那一个似出海蛟龙，只见得黑影翻动，银枪飞舞，不一刻儿，便斗了三十回合。武帝喝令叫停，但见那甘父身上，白花朵朵，不下二十，张骞无一。此种结果正合武帝心意，他高声叫道：“张爱卿听封！”

张骞应声而跪。

“朕封卿为谒者，秩一千石。卿可去朕的羽林军中，选勇士一百五十人，每人配骏马两匹，共三百匹。另再带良马三十匹，专驮珠玉金帛，择日启程，不得有误。”

张骞高声应道：“臣遵旨。”他谢恩而起，正要下殿，见甘父泪水涟涟，站在一边，心中老大不忍，趋前几步，深施一礼说道：“在下冒昧，夺了兄弟官爵，深以为歉！”

甘父长叹一声说道：“官爵我并不在乎。”

“你在乎什么？”

“我虽为胡人，胡人杀了我母，我乃汉人哺育成人，总想为汉出些微力，以报养育之恩，谁想……算了，不说了，谁让我技不如人！”

甘父说罢，便要下殿，被武帝叫住了。

“甘爱卿，卿的话朕全听到了。感谢卿对汉一片赤诚之心。卿若不嫌官小，朕拜卿为郎中，做张爱卿助手，共同出使月氏，建功立业。”

甘父破涕为笑，二次跪倒在地，山呼万岁。

经过十天准备，张骞、甘父，带着这一百多号勇士，大批的金帛珠玉，朝着既无人烟，又无道路，而且对前面是什么地方都一无所知的西方，摸索前进。开头，还不断派人送些消息给武帝。武帝也记挂着他们。两月后便音信全无，这一断便是十三年，难怪武帝一时记不起张骞来。

他一旦记起，满面惊喜，噌地，站了起来。他也许觉着有些失态，慢慢坐了下去，口发一诏："速传张谒者上殿！"一声递一声地传了下去。

张骞疾步趋上金殿，拜倒在地，泣不成声。

他能不哭吗？

当初离开长安时，有随从一百五十人，而今重返故国时，却只有甘父一人了。

武帝命他平身，颇动感情地说道："爱卿辛苦了！"

他确实辛苦。不，大月氏之行，仅用辛苦二字，是万万不够的，应该叫九死一生！

十三年前，张骞一行出了陇西，进入匈奴人统治的地区，他们十分谨慎地向前走着。

突然听见前方有马奔跑的声音，举目望去，那马上有一人，是个女的，穿着匈奴的服装。

这女人双手紧紧抓着缰绳，尖叫着朝他奔来。

马受惊了！这念头在张骞脑中一闪，他立马跳下坐骑，当道而立。

甘父大声唤道："张大人，危险。"

"我知道。"张骞头也不回地说道。

惊马仍在狂奔，距张骞不到三步之遥，这一下若是让它踏上，非死即伤。

随从们一个个惊恐地瞪大了眼睛，异口同声地唤道："张大人！"

也不知是怎么搞的，张骞明明被惊马踩在了脚下，却安然无恙地站在马前，双手死死地抓着马嚼子。

那马嘶叫着，尥蹄调臀。

只听一声尖叫，女子被甩下马去，许久没有声音。

张骞制服了惊马，将它交给甘父，转身来到女子身旁，俯身叫道："姑娘，姑娘，你怎么样了？"

那女子一动不动，像是昏了过去。他忙蹲下身子，将女子扶起，置于怀中。只是她的脑后，汩汩地冒着鲜血，举目一瞧，脚下一块半尺见方的石头，这才知道，原是她磕到了石头上。

他忙掏出金疮药，为女子敷上。又摸出白绢，替她缠上。之后，轻轻地晃了晃那女子，喊道："姑娘，你醒醒……"

也不知叫了几多声，那女子才慢悠悠醒转过来。睁眼一看，见自己躺在一陌生男人怀中，脸腾地一红，便要起身，稍一用力，腰部如刀割般地疼，疼得她龇牙咧嘴。

张骞关心地问道："腰也伤了？"

她点了点头。

"那你就不要动了。"

"不，我要回家。"

"你家在哪里？"

女子朝北方指了一指，那里隐隐约约有一排帐篷。

张骞对甘父说道："你等就地休息一会，我去去就来。"

甘父一脸惊诧地问道："你要做什么？"

张骞平静地说道："我要送她回家。"

甘父摇首说道："不可不可！"

"为什么？"

"这里是匈奴腹地，一刻也耽搁不得。"

"可这女子伤得很重！"

"是这一位女子重要，还是一百多名弟兄重要？"

"这……"张骞望了望甘父和随从，又望了望匈奴女子，面有难色。

那女子见了，低声问道："这一军爷，您是从大汉而来？"

吓得甘父连连摆手。张骞迟疑了一下，如实回道："我等正是从大汉而来。"

"你要去什么地方？"

甘父猛地咳嗽一声。张骞当然知道他是什么意思，可是他一来不善说谎，二来正想打探一下去大月氏的路线，于是置甘父的警告而不顾，低声回道："大月氏。"

女子哟了一声道："那可远得很哟！"

"有多远？"

"多远我也说不清。我只知道去那里得经过两个国家。"

"哪两国？"

"大宛和康居。"

张骞躬身一揖道："多谢了！"

匈奴女回拜道："该说谢的是我！"

张骞辞别了匈奴女，翻身上马，正北而行。匈奴女强撑着站起来，高声唤道："恩人，去大月氏往西才对。"

他二次谢过匈奴女，率部西行，专择那些人迹罕至的地方。走了不到半日，碰上一队匈奴骑兵。匈奴兵一看是汉人，又带这么多珠玉金帛，强行将他们拦截下来，送到匈奴王庭。

单于将张骞仔细打量一遍，突然问道："你是汉朝派来的吗？"

到了此时，说谎也无用，张骞昂首回道："正是！"

"你来此何干？"

"奉大汉皇帝之命，出使大月氏，沟通情感，加强联络。"

单于冷笑一声道："月氏在吾西，汉何以得往使？吾欲使三越，汉肯听我乎？"

张骞欲要分辩，单于厉声说道："你不要说了！大月氏是我仇国，你却要跟他结交，狼子野心，显而易见。我不杀你，难解我心头之恨！"

他向御案啪地一拍："武士安在？"

哗地一下跑出来十几个带刀武士，躬身说道："单于有何吩咐？"

他朝张骞一指："把这个汉使给我拉出去砍了！"

众武士蜂拥而上，把张骞抓了起来，向帐篷外押去。

张骞毫不畏惧，反而哈哈大笑。

匈奴天性好战，最敬英雄，见张骞视死如归，顿生敬意。一裨王上前，对单于说道："此人是条汉子，倒不如免他一死，为我所用。"

单于点了点头，高声说道："武士慢行。"

众武士闻命而止，转面盯着单于。

单于一字一顿说道："将那汉使牵回，我有话问。"

众武士得命，忙将张骞带了过来，喝令张骞下跪。

张骞昂首说道："吾乃上国天使，岂可向下国藩王屈膝？"

二武士照着他的腿窝各自踢了一脚，他双腿一软跪了下去。膝盖未曾落地，噌地又起。武士欲要再踢，被单于喝住。他和颜悦色说道："汉使，我念你是条好汉，不忍杀你，你若愿意降我，我立马封你为王。"

张骞在汉，仅是一个谒者，俸不过千石，而在匈奴，立马就可为王，称王道孤，这诱惑实在太大。

但话又说回来，一个人若是用金钱利禄可以收买的话，他还算是一个真正的汉子吗？

张骞是一个真汉子，听了单于的话，微微一笑说道："单于，我有一言，不知当不当问？"

"请讲。"

"贵国使者，出使大汉，大汉天子以王位相诱，您是想让他降汉呢，还是不降？"

单于不假思索道："我当然不想让他降了。"

"这就对了！"张骞颇动感情地说道，"大汉国民，少说也有五千万，使者只有一人。大汉天子从五千万国民之中，选一人出使大月氏，我竟然得选，这是何等的荣幸！出发之前，大汉天子亲自在巍峨高大的长乐宫为我饯行，千叮咛万嘱咐，要我早去早回。我若降了贵国，岂不让大汉天子失望！故而，我斗胆奉上一言，'头可断，匈奴不可降！'"

这话说得斩钉截铁，声震篷顶，嗡嗡作响。

单于看了一眼那个进言的裨王，裨王趋到身旁，附耳嘀咕一番。不外乎让他耐住性子，以利以色诱之，天长日久，不怕张骞不降。说得单于频频点头。

单于将手一招说道："众武士听诏，将汉使押到二十八号帐篷，严加看管！"

张骞被看管起来，吃喝倒不用愁，一天三顿都是羊肉鲜奶，可他一口也吃不下去。他想着武帝给他的使命，想着父母高堂，妻子儿女，不由得潸然泪下。

这已是第五天了，他头晕得厉害，抬都抬不起来，那是饿的。他知道自己时日不多，强打精神，坐了起来，撕下一片白褂，咬破中指，慢慢地写道："启奏陛下，张骞无能，途经匈奴，为匈奴所擒……"

他正专心致志地写着，进来一位小姑娘，年约十五六岁，头戴貂帽，身穿貂衣，脖子里围了一条火红的狐尾，显得雍容华贵。来人声如银铃般地说道："哟，你就是从汉朝来的那位大英雄呀？"一边说一边坐到他的身边，伸手勾住他的脖子。

张骞心头猛地闪过一个念头，美人计来了！哼，你找错了对象，我张骞堂堂一条汉子，岂能拜倒胡女裙下！

他收起白褂，用力一推，将来人推倒在地，厉声喝道："滚！"

来人叫阿达，乃单于的女儿，自小娇生惯养，何时受过这等委屈，若照平日，早就把耳光子掴到张骞脸上了。

她没有，通过这一推一骂，反倒觉着张骞是一个真汉子，大英雄！美人爱英雄，阿达对张骞越发喜爱了，小嘴一撇说道：“哟，看你凶的，真有本事，你出去给我打一只老虎。打不来老虎，对一个弱女子使厉害，算什么本事？”

张骞本来不想理她，听她这么一说，犟劲上来了，沉声说道：“老虎有什么了不起，你若把我放出去，莫说打一只，两只也打得！”

“好，有气魄，我这就放你出去，打住老虎了你是个英雄，打不住你是这个！”她掐着小拇指盖说道。

张骞点了点头，正要随阿达出帐，头往前一栽，差点栽倒。

阿达忙扶住他，惊问道：“您怎么了？”

他如实回道：“饿的。”

她娇叹一声：“人是铁，饭是钢，不吃饭怎么能行？”她端起托盘，抓了一大块肉递给张骞。

张骞没有拒绝，没有拒绝的原因是他要打虎。打虎是假，寻机逃跑才是真。

他一口气吃了四块羊肉，足有四斤多，又喝了两大碗鲜牛奶，嘴一擦说道：“走！”

“走。”

走到帐篷门口，被两个武士拦住：“公主，单于有令，不准汉使走出帐篷半步！”

阿达冷哼一声说道：“本公主的话难道就不是命令吗？快闪开！”

见他二人没有闪开的意思，照着说话的武士啪地掴了一个耳光，骂道：“小子，你活得不耐烦了！”

挨揍的武士很是忠于职守，尽管挨了一耳光子，仍是不肯放行。双方正僵持不下，单于在众武士的簇拥下走了过来，问明了原委，对张骞说道：“什么打虎，分明是想逃跑！你这一招，只能瞒过三岁小孩，岂能瞒得过我？你还是乖乖地给我进去吧！”

阿达有些急了，半是乞求地说道：“父亲！……”

单于忽然想起了什么，扭头对张骞说道：“对了，我忘了一件事，你若答应降我，我不只封你为王，我还要把我这个可爱的女儿嫁给你！”

果真是美人计！他口气坚定地说道："莫说我张骞已经有了妻室，就是没有，岂能娶你这个疯疯癫癫、不知廉耻的女儿为妻！"

"你！"阿达呛啷一声拔出佩剑，朝张骞刺去，却被单于架住胳膊："达儿，你别冲动！他已是将死之人，犯得着血沾你手！"

阿达收回宝剑，赌气地说道："姓张的，你莫要出口不逊，姑奶奶嫁你嫁定了！"

说毕，跟着单于，气冲冲地走了。

张骞怕她还来纠缠，二次绝食。这一绝又是五天。正当他奄奄一息之时，忽听耳旁有人叫道："恩公，恩公你醒醒！"

他愤然想道，又是那个可恶的阿达，闭着双眼，一动不动。

一双柔若无骨的玉手，扳住他的头，放到膝上，他有心避开，浑身没有一点力气。

忽听那声音继续喊道："恩公，我是阿双……"

阿双，这名字咋这么生疏呢？莫不是阿达在骗我？不，她不是阿达，阿达的声音没有这么温柔！

又一个美人计！他索性将眼闭紧。不，这女人的声音有些耳熟，且叫我恩公。莫不是我救过的那一位匈奴女子？如果是她，倒是一个善良的女子！她明明知道我是汉人，要往大月氏去，还给我指路……

他霍地将眼睁开，果真是他救过的那一女子，只是比初次相见之时憔悴了许多。

他翕动着嘴唇说道："你，你怎么会在这里？"

阿双见他醒来，一脸惊喜地说道："您到底醒过来了！"张骞语似蝇嗡道："你还没回我的话呢！"她灿灿地一笑，显得十分善良、迷人。

"恩公莫惊，我本是单于王庭一名侍女，来到这里又有什么可奇怪的呢？"

"这倒也是。"

"您已经几天没有吃喝了？"

"大概七天了吧！"

"您想做什么？"

"我想死。"

"您为什么要死？"

"我已落入匈奴之手，又不愿意投降。若是不投降，怕要被禁锢终生了！"

阿双不无调侃地说道："照您这么说，还是死了好？"

“死了好！”

“您若是一死，是不是就算完成了出使大月氏的使命了？”

张骞轻轻摇了摇头。

阿双追问道：“您若是一死，是不是就可以见到您的高堂和妻子儿女了？”

他又摇了摇头。

“既然这样，您就不该去死。您若是不死，便有机会出使月氏，便有机会见到父母高堂、妻子儿女。您若是信得过我，我愿做您内应……”

张骞心头一热，多好的女子，多朴素的话，有这样的人做我内应，我何必要死！

他深情地望着阿双：“阿双，你说得很对，我听你的。”

阿双微微地一笑，娇声说道：“既然您听我的，我不要您死，我要您好好吃饭，好好睡觉，把身体养得棒棒的，棒得像一头壮健公牛。”

说到公牛二字，她的脸红了。

张骞竟没发觉，自顾自地说道：“好，我听你的，拿牛奶来！”

那牛奶就在他头边的案子上放着，阿双双手将奶碗端起，递到张骞手里。咕嘟咕嘟，他像老牛饮水般地喝了起来。一口气喝了三碗，还要喝，阿双怕他骤然喝了这么多奶撑坏，不让他喝。换成了羊肉，那肉还只许他吃一块。

吃了几天之后，他不想吃了。匈奴的食物实在有些单调，没滋没味，特别是羊肉，总觉着有些膻。

阿双没有去过中原，却烧得一手好菜，什么焖牛尾、烧羊头、葱爆羊肉，有滋有味。

自此，她天天给他变着花样儿做，把他养得白胖白胖的。

这一次，阿双又来送饭，被单于撞个正着，只听他暴喝道：“谁让你来的？”

这一问，把阿双吓得乱抖。

张骞挺身而出，对单于说道：“这错不在阿双，是我让她来的，我吃不下你们匈奴人的饭，让阿双为我做几样中原菜吃。”

单于低头一看，果见案上放了一壶酒，两盘中原菜，还冒着热气。他这才意识到张骞未死的原因。

他仔细朝阿双打量了一遍，丹凤眼、悬胆鼻、樱桃口，活脱脱一个大美人，比阿达强上千倍，怪不得张骞动心！

动心了好。只有动心了，才能把张骞留住，为我所用。

他嘻嘻一笑说道："既然张汉使喜欢吃你做的饭，你就留下来服侍他吧！"

阿双听了单于的命令十分高兴，自此，每天为张骞做饭、洗衣，陪他聊天，讲一些匈奴人的轶闻趣事，使他对匈奴有了一个更全面的了解。

阿达自从被张骞气走之后，虽说没有再来纠缠，但心中实在割舍不下。

多俊美的一条汉子！阿达私下里常常这样感叹。她曾下决心要把对张骞的这缕情丝斩断，却总是不能如愿。她实在放不下对张骞的这份思念，每当有空，便偷偷地跑来看他。但又怕他赶她，每次来，总是隔着帐篷。

这一次，她又来偷看张骞，听到里边笑语朗朗，偷着向里边一瞟，见张骞与阿双正在吃饭，二人有说有笑，好像夫妻一般融洽。气得她满脸乌青，掀帐入内，照着阿双，啪地甩了一个耳光。

阿双正与张骞说得高兴，还没反应过来，脸上挨了一掌，委屈的泪水夺眶而出，指着阿达说道："你为什么打我？"

阿达理直气壮地问道："你为什么勾引我的男人？"话一出唇，自觉失口，那脸羞得像火烧云。

阿双瞅瞅阿达，又瞅瞅张骞，一脸困惑。

张骞怕阿双误会，盯着阿达问道："谁是你的男人？"

阿达是个任性的姑娘，加之匈奴从无礼义廉耻这一说，听了张骞的话，索性拉下脸皮，大声回道："就是你！"

"我什么时候娶你了？"

"你虽然没有娶我，但我心中已把你认作男人！"

"放屁！"

"你敢骂人？"

"我骂你何妨！"

话不投机半句多，阿达抬手狠狠掴了张骞一个耳光，那脸立马起了五个指头印子。阿达心疼了，伸出玉手，朝张骞脸颊上摸去。

张骞照着阿达的胳膊，啪地拍了一掌，他正在气头上，下手有些过重，竟将她拍成一个骨折。阿达一声惨叫，捂着手臂，哭着说道："你好狠的心，我饶不了你！"说毕，一溜烟似的跑出帐篷。

阿双见事情闹大了，不无担心地说道："恩公，阿达怕是真的饶不了你！"

张骞镇静自若道："大不了一死，十八年后又是一条好汉！"

一听说死字，阿双猛地扑到他的怀中，攀住他的脖子，泪水涟涟地说道："我不要你死，你一死我怎么办呀？"

张骞叹了口气道："老实说，我也不想死呀！"

二人正说着话，单于传下令来，将张骞带到王庭。

他原以为，一定是阿达告了他的御状，单于找他算账，这一次死多生少。

谁知，一进王庭，那里摆着满桌佳肴，还有美酒。

单于热情相邀道："坐，请上坐。"

横竖也是一死，何不美美地饱餐一顿？他大摇大摆地走到上位，扑通朝上一坐，端起酒碗，一饮而尽。

单于伸出拇指赞道："痛快！"

张骞一连饮了三碗，嘴一擦道："请问单于，召我来此何干？"

"我想和你商量一个事。"

"什么事？"

"我的女儿阿达，你也是认识的，一心要嫁你为妻，本单于亲自保媒，请你不要拒绝！"

张骞摇头回道："我家中已有妻子儿女！"

"我知道。"

"既然知道，你为什么还要逼我娶你女儿？"

"你自以为你还能回得了大汉吗？"

"这……这事只有单于你自己知道。"

单于哈哈大笑道："这倒是一句实话。"

说罢忽地将脸一沉："实话跟你说，今生今世你休想再回汉国，知趣的话早些儿和我女儿拜堂成亲，我保你这一生有享不完的荣华富贵！"

张骞冷笑一声说道："在下早已将生死置之度外，还稀罕你的荣华富贵吗？"

"如此说来，你不打算娶我女儿了？"

张骞点了点头。

单于向御案啪地一拍，气急败坏地吼道："你想找死！"

张骞慢吞吞地说道："既然进来，我就没打算活着出去。"

"你……"

单于真想一刀把张骞杀了，可那时马邑之谋还没发生，双方仍在执行和亲政策，他还不打算把脸皮撕破，命人把张骞押回帐篷。

他不甘心，不甘心就这么败给张骞。半年之后，又向张骞发动了一次进攻。

那是在二十八号帐篷之内。单于指着张骞鼻子说道："张骞，我再问你一次，也是最后一次问你，你到底愿不愿意娶一匈奴女子为妻？"

张骞哈哈一笑道："这话我不是已经说过了吗？"

"我想再问你一次。"

"那我就再一次告诉你，我不愿意娶匈奴女子为妻！"

"你！"单于有些气急败坏了，高声唤道，"将这小子给我绑了！"

阿双一看情况不妙，急忙上前拉住张骞劝道："恩公，留得青山在，不怕没柴烧！你要以大局为重！"

两个武士推开阿双，架起张骞胳膊，往外就走。

张骞突然喝道："且慢！"

他看了看阿双那充满期待的眼神，问道："阿双，你愿不愿意帮我？"

阿双毫不迟疑地回道："愿意。"

张骞转过身来，面对单于说道："我可以答应你娶一匈奴女子为妻，但你得答应我一个条件？"

单于见他终于答应下来，心中十分高兴，不假思索地答道："只要你肯娶亲，什么条件我都答应！"

张骞看了看阿双说道："我这个条件很简单，非阿双不娶！"

听了这话，不只阿双，连单于也震惊了。公主与侍女，相差何止千里，而他竟然选了侍女，真叫人不可思议！

想到此处，单于郑重地问道："你果真是非阿双不娶？"

"我是非阿双不娶！"

单于见他如此坚决，赌气地说道："好，我成全你！"说毕，一甩袖子，走出帐篷。

单于一走，张骞一把将阿双拉到怀里，抚摸着她的秀发说道："阿双，说实话，你愿意不愿意嫁给我？"

阿双红着脸点了点头。

"你可知道我是一个汉人！"

"我当然知道。"

"我的根在大汉，我早晚是要回去的。"

"你们汉国不是有一句俗言，'嫁鸡随鸡，嫁狗随狗，嫁一个扁担扛着走！'你就是走到天涯海角，我也要跟你在一起，永不分离！"

张骞忘情地吻了她一口。

这一晚，阿双没有走。

从此，张骞在匈奴定居下来。他表面上装作若无其事，可内心总在寻找逃跑的机会。

转眼，六个春秋过去了，因马邑之谋，匈奴与汉彻底决裂。张骞与阿双都十分紧张。单于自马邑归来，把对汉之仇恨全集中到张骞身上，扬言要将他大卸八块！张骞也做好了死的准备。孰料，那阿达虽说屡遭张骞驱逐，依然对他情有独钟，死磨硬缠，方使单于开恩，饶了张骞一条小命。

此时的张骞无论是衣着打扮，还是生活习惯，无不与匈奴人一样。单于见他已生儿育女，渐渐放松了警惕。他可以和匈奴人一样自由活动了，这就为他的逃走创造了条件。

他决心要逃了。去哪里？是西域还是大汉？回大汉倒是轻车熟路，还可带走妻子及一双儿女！使命呢？出使大月氏的使命由谁来完成？

他想起了武帝，想起了那一双殷切眼睛，打心眼里涌出了一个念头——去西域！不入虎穴，焉得虎子！

他秘密地将甘父及随从们召到一块，随从已经不多了，或逃或死，只剩下三人。他们商讨了大半夜，总算把逃跑的路线确定下来。

这一切，都是瞒着阿双进行的。

其实，哪里瞒得住！就在他将要动身的前一天，吃过晚饭，阿双将孩子哄睡之后，很平静地对张骞说道："思念他爹，我想跟你说几句闲话。"思念是张骞的儿子，女孩取名叫中原。

张骞心中似擂鼓一般，自从有了中原之后，阿双一心扑在家务上，夫妻二人很少坐在一块儿说话。她能跟我说些什么呢？莫不是那事……

他很坦然地坐了下来，等着她发问。

"思念他爹，您这几日行动诡秘，莫不是有什么事瞒着我？难道您是要走了？!"

他点了点头。

"是回大汉，还是去大月氏？"

"大月氏。"

"带不带我和孩子？"

"那能带吗？"

阿双的眼泪滚珠般地流了下来。

张骞一把将她揽到怀里，一边为她拭泪，一边劝道："阿双，有道是，

‘一日夫妻百日恩’，我也舍不下你，舍不下孩子。”

她一头扑到他的怀里，放声痛哭起来。

他晃动着她的双肩，轻声说道：“你别哭，你这一哭，我也想哭。”

她强收住眼泪，点了点头。

他抚弄着她的秀发，一脸歉意地说道：“都是我不好，连自己的娘子都照顾不了。”说着，豆大的泪水夺眶而出。

阿双反过来安慰张骞：“咱们大汉有一句俗语，‘男儿有泪不轻弹’，您哭什么哭？”

“我，我这一走，也不知什么时候才能回来。”张骞哽咽着说道。

阿双也哽咽着回道：“您什么时候回来，我和孩子便等您到什么时候。我们一块儿回大汉，看望孩儿的爷爷奶奶。”

张骞见阿双如此通情达理，越发舍不得离开，将她紧紧地拥在怀中，吻了又吻。

这一夜，他俩睡得很晚。

第二天，张骞没有出门，他想把最后的时间留给阿双和两个孩子。

阿双一边收拾行囊，一边抽泣。两个孩子天真地问道：“妈妈，谁惹您生气了？”

问得阿双无言以对，不得不擦干了眼泪，将两个孩子搂到怀中，强装笑颜：“谁也没有惹妈，是妈眼睛不好。”

“为什么不瞧郎中？”

阿双不想孩子有此一问，顿了一顿说道：“这就找。”

她跑到帐篷外边转了两圈，待情绪稳定后，方返回帐篷。

天渐渐黑了下来，没有月亮也没有星星。晚风徐徐地刮着，在人们都睡下之后突然变得大了，刮得树枝呜呜咽咽。

天助我也！张骞暗自喜道。

当他一回脸，看到阿双难过的样子，心中又沉甸甸的。

他再一次把阿双拥在怀中，照额头上吻了一口说道：“你放心，我一定会回来的！”

她轻轻点了点头。

鼓打三更的时候，张骞悄声说道：“阿双，我该走了。”

阿双依依不舍地离开他的怀抱。

当张骞提起行囊的时候，她又扑了过来，二人紧紧地拥抱在一起。如此者三。

张骞终于下定决心，推开阿双，大步向帐门走去。

甘父和三个随从，正在帐篷外等候，见张骞出来了，欣喜地迎了上去："怎么办?"

"按原计划办。"

甘父听了，当先向马棚走去。

盗马倒很顺利。

甘父先行一步，用熏香将两个看马人熏倒。

众人涌进马棚，一人解了一匹马。张骞一声令下，众人跨上马背，向西狂奔而去。

等匈奴人发觉，天已大亮，张骞等人已逃出近二百里。追是追不上了，他们便来拷问阿双，阿双宁死不肯说出张骞去向。单于一怒之下，将她关了起来。两个孩子找不到娘，到处啼哭，被阿达撞上。阿达虽说刁蛮，但心地善良，说服了单于，将阿双放了出来。

此时，张骞一行早已到了大宛。

西行的道路非常艰苦，茫茫的雪山，浩瀚的沙漠，有时行走数日，不见人烟，天天为饥饿所迫，随从也跑散了。幸亏甘父射得一手好箭，猎取野物可以充饥。

张骞和甘父历尽千辛万苦，终于找到了大宛。幸好，大宛与匈奴语言相通，故而交谈起来十分容易。

大宛与汉从无交往，但他们知道，在大宛东方、匈奴之南，有一个很大的国家，名叫汉国，那里盛产金帛珠玉、小麦、水稻、大豆、高粱，国民非常富裕，过着衣食无忧的生活。

大宛很想和汉沟通，故而，对张骞一行大为欢迎，国王毋寡亲自出面，宴请了他们两次，借机询问汉国情况。张骞有问必答，宾主相处十分欢洽。

辞行的时候，大宛王亲自将他们送出城外，赐马两匹，并派了两个向导，一直将他们送到康居。

康居对大汉不甚了解，但了解大宛，厚赠了向导，将张骞一行引到驿馆，热情地款待了一顿，送他们上路。

康居与大月氏关系一般，向导只是将张骞一行送到边境，便折了回去。

张骞一行边走边打听，终于摸到了王宫，拿出节旌。

大月氏王被匈奴砍去头颅以后，夫人继任为王，带领部落跋涉迁移，来到妫水流域，打败了大夏，屯据其地。这里土地肥沃富饶，很少有敌寇骚扰，他们立志于安居乐业，又自以为远离汉朝，丝毫没有向匈奴报仇的想法。但又碍于汉朝是个大国，不愿得罪，将他们安置到驿馆之中，管吃管喝，就是不肯接见。

张骞、甘父历经艰辛，好不容易来到大月氏国，不想女王对他们不冷不热，心中十分失望。

失望之余，张骞忽然想起身上还有一颗宝珠，大如鹅卵，何不献给女王？

这一招很灵，女王得了宝珠以后，当天便在王宫接见了他们。

王宫很大，富丽堂皇，但与长安的长乐宫还是无法相比的。

进得宫来，张骞和甘父抬头一看，金殿上端坐着一位威严的女子，约有四十来岁，披金戴银，肌肤白皙，美貌中现出一丝安于现状的情态。

“尔可是大汉的使者？”

张骞答道：“吾等正是大汉的使者。”

“尔等跋山涉水，来到我国，可有什么事情？”

“吾等奉大汉皇帝之命，前来拜见女王，想请女王与大汉东西夹击，共同打败匈奴。”

女王面现厌烦之色，很不友好地说道：“这事本王还从没想过呢！”

话不投机，本该就此停住。可张骞千里迢迢，历经艰辛来到大月氏，就这么回去，实在于心不甘！

张骞行了一礼，直言相谏道：“匈奴杀您大王，戮您人民。您等无法生活，被迫迁到此偏远之地，此等大仇，难道就不报了吗？”

听了他的话，女王并不生气，一脸平静地回道：“这事已经过去了十几年。再说，若非匈奴相逼，我怎能迁得如此富庶之地！不愁吃穿，无敌无寇，安居乐业。与其收复失地，还不如就此扎根呢！”

张骞欲张口再劝，女王将手一挥说道：“尔不要说了。请尔设身处地为我想一想。若我答应与大汉合击匈奴，必然开罪匈奴，匈奴一怒，岂不要进攻我国？就算大汉答应救援，路途如此遥远，救得了吗？故而，本王不愿再起干戈。”

她自己也觉着把话说得太重，顿了一顿说道：“本国与贵国相隔万里，尔等来一趟也不容易。本王派人陪尔等多到几个地方转转，好好消遣消遣。”

女王把话说到这种地步，张骞、甘父只好暂且回到驿馆。

甘父十分气愤：“咱们历尽千难万险方找到大月氏，本以为他们与匈奴不共戴天，见到咱们，一定会和咱们联手，共击匈奴。谁知那女王如此不争气！”

张骞长叹一声说道：“这事我也没有想到。”

甘父忧心忡忡地问道：“咱们该怎么办？”

“既来之，则安之，慢慢地想办法说服女王。”

于是，他们就在大月氏住了下来。女王对他们也很礼遇，一直把他们当作大国的使臣对待，丝毫没有怠慢。

张骞没事的时候，就出去逛街。他发现了一匹良马，这马身长丈二，背高八尺，通身红亮，没有一根杂毛。

这是王宫的御马，听遛马人讲，这马奔跑起来，如流星闪电一般，流汗如血，流沫如赭，故名汗血马。

问之出处，来自大宛。

张骞暗自想道，要是能从这里弄几匹汗血马回汉朝，那该多好啊！

可惜这是御马，莫说几匹，就是一匹，也很难弄到手中。

张骞、甘父，在大月氏停留了一年之久。其间，也曾无数次地求见过女王，一无所获。到后来，女王干脆不再接见他们。

既然说服女王无望，还住在这里干什么？

他们决定返回汉国，途经大宛的时候，专门到马市上转了转，汗血马随处可见，只是那价钱贵得惊人，且不卖给外域人。

就是卖，他们也无钱买，只好怏怏返回匈奴。

他们原本想到了匈奴，接上阿双和孩子，一块回到汉朝。谁知为伊稚斜所擒。

伊稚斜是老单于的弟弟。老单于叫军臣。

就在张骞出使大月氏这段时间，汉武帝向匈奴发动了全面反击，收复了河南地，筑塞朔方、武原，迁徙十万人口常驻屯戍。

河南地距长安千余里，匈奴骑兵从河南南下，也不过二三日路程。故而，河南历来为匈汉必争之地。河南的收复，对匈奴无疑是一个致命的打击。军臣单于本在病中，听了这个消息，气得一命呜呼。

军臣一死，按照规定，单于的位置应该由军臣的儿子於单接任。伊稚斜不干，他笼络了一批大臣，赶走了於单，自立为单于。

早在阿双还是一个侍女的时候，伊稚斜就对她馋涎欲滴，几次对她动手动脚，皆被阿双严词拒绝。

这一下好了，我伊稚斜做了单于，老子天下第一，还怕谁来？

他命人将阿双抓到王庭，逼她和自己苟合，阿双宁死不从。

恰在这时，於单起兵造反，攻打王庭，双方展开了拉锯战，伊稚斜哪里还顾得了阿双！

阿双乘着混乱逃回家中，撞上了从大月氏归来的张骞和甘父。他们简单收拾了一下行装，正准备上路，伊稚斜追来了，将张骞逮个正着，一关便是四年。

这一日，张骞正在帐篷中闭目打坐，只听一声闷响，忙睁眼望去，却是甘父到了。

甘父斩杀了看押张骞的匈奴兵，一脸欣喜地说道："张大人，天赐良机！於单攻进王庭，双方正在激战，此时不走，更待何时？"

张骞一跃而起，跑回家中，接了阿双和孩子。

匈奴以牧马牧羊为生，故而家家养马。阿双又刻意助张骞回国，那马比一般人家养得要多——一共二十匹。

张骞从中择了五匹，一人骑了一匹，径奔大汉。

这不是故事。

这是张骞的亲身经历。

武帝听得很专注，像听天书一般。

他惊叹一声赞道："张爱卿，你真了不起！"

张骞满面内疚地说道："臣未能说服大月氏，辜负了陛下厚望。臣愿接受陛下最严厉的惩罚。"

武帝将手一摆："爱卿不要自责，卿虽说未能将大月氏说服，但卿打通了一条通往大月氏及其他国家的道路，还了解了不少异国风情、地理和物产，使朕知道，在匈奴的西方，还有三十六个国家。仅此三点，已经足矣！"

张骞行一礼道："多谢陛下夸奖！"

武帝继续说道："爱卿为大汉立了大功，朕向来是有功必赏，有过必罚。朕拜卿为太中大夫，秩二千石，另赐钱一百万。至于那个甘父嘛，也是一个好样的，朕拜他为奉使君，秩一千石。"

张骞听了，喜不自禁，忙叩头谢恩。

他正要告退，代郡来了警报。说那伊稚斜击败了於单，统一了匈奴，率兵十万攻代，杀太守，掳八千余人。

武帝击案骂道："找死。朕这就遣兵打他个龟孙！"

张骞双手一拱说道："启奏陛下，臣有一言，不知当讲不当讲?"

"但讲无妨!"

"臣以为，打伊稚斜不如打右贤王。"

"为什么?"

"伊稚斜身为单于，他不可能待在代郡，让我们去打。右贤王乃伊稚斜叔父，在匈奴举足轻重，他的地盘在河南地以北。陛下未曾收复河南地之前，他经常以河南地为跳板，大举南侵，掠夺财物。自陛下收复河南地之后，右贤王很难再像从前那样轻而易举地南侵了。这样，就断了他的财路。因此，他对我大汉恨之入骨。他见伊稚斜单于大举犯我代郡，乘机起兵，有三次打到朔方城下，那城，也险些儿被他攻破。以臣之见，打伊稚斜不如打右贤王。"

武帝点了点头说道："爱卿所言甚是，朕准卿所奏。不过这样一来，又要辛苦爱卿了!"

此言一出，张骞便知什么意思，朗声说道："臣生为大汉臣，死为大汉鬼。为国效力，那是臣的荣耀，说什么辛苦的话!"

武帝满意地点了点头。

翌日登殿，口授三诏：

一、命车骑将军卫青，率三万骑出高阙，锐击匈奴，以张骞为副。

二、拜卫尉苏建为游击将军，并出朔方。

三、拜大行李息、岸头侯张次公为将军，出右北平，作为声援。三路人马，共十余万，俱归卫青节制。

第二十一章　漠南大捷　建功立业

匈奴右贤王，探得汉兵大举来讨，倒也自知不敌，退回漠南，依险驻扎。一面令人哨探，不闻有什么动静，总道汉兵路远，未能即至，乐得快活数天。况营中带有爱妾，并有美酒，可以拥娇夜饮。

那卫青几次带兵，攻打匈奴，深得军事要诀——兵贵神速。而且这次出击，与往年不同，军队有一活地图——张骞，哪里有山，哪里无山，哪里有水，哪里无水，哪里该走，哪里不该走，皆一清二楚。不消三日时间，来到漠南，将右贤王营帐，团团围住。

右贤王突闻营帐被围，才将酒意吓醒，令营兵出寨御敌，自己抱妾上马，带了壮骑数百，混至帐后。待至前面战鼓喧天，杀声不绝，方一溜烟似的逃出帐外，向北急遁。汉兵多至前面厮杀，后面不过数百兵士，擒不住右贤王，竟被逃脱。唯前面的匈奴兵，仓皇接仗，眼见是有败无胜，一大半做了俘虏，溜脱的甚属寥寥。汉兵攻入匈奴兵营，擒得裨王十余人，男女一万五千余人，牲畜全数截住，约有一百万头，再去追捕右贤王，已是不及，乃收兵南还。

此役叫漠南战役，这是自古以来从未有过的辉煌胜利。捷报传入长安，武帝简直不敢相信这是真的，高兴得坐都坐不住了。他双手抱起子夫，就地转了一圈；又抱起儿子刘据，亲了又亲，连声夸道："车骑将军真了不起！了不起!"

子夫心中似喝蜜一般，口中却道："陛下过奖了，我弟卫青顶多算功狗，真正了不起的是陛下，是功人!"

这马屁拍得恰到好处，引得武帝哈哈大笑，他想说什么，嘴张了张又合上了。

翌日早朝，面对数百文武大臣，武帝兴致勃勃地说道："诸位爱卿，卫青功劳盖世，该封他一个什么官职?"

在将军之中，车骑将军已经是很高了，封卫青什么呢？众文武你瞅瞅我，我瞅瞅你。

许久，严助出班奏道："古人有言，文封丞相，武封侯。车骑将军已得侯封，怕是不能再封了。”

汲黯厉声驳斥道：“谁说不能再封了，古人还有一言，叫作‘出将入相’。也就是说，对那军功特别高的人可以拜为丞相。”

这话明显是冲着公孙弘来的，他对公孙弘、张汤等人，遇事不讲是非，一味揣摩上意，按上意而行的做法很反感，故有是议。

汲黯这么一说，差一点儿把公孙弘的肺气炸。但他毕竟久经官场，老奸巨猾，强行咽下这口恶气，免冠谢道：“陛下，车骑将军功劳盖世，年轻有为，理应担任要职。臣年老昏聩，不宜再居相位，请陛下恩准。”

这样一来，反倒弄得汲黯无话可说。

武帝正宠着公孙弘，如何肯让他辞职，微微一笑说道：“丞相乃一人之下，万人之上，总揽朝政，车骑将军不是这个料。对于他的封号，还是另议吧！”

听了这话，公孙弘十分得意，原想好好嘲笑汲黯一番，话到唇边，又吞了回去。他知道汲黯是个天不怕地不怕的家伙，连皇上都怕他几分。有一次，皇上正赤着脚和几个宫女游戏，听说汲黯来了，忙将几个宫女支走，穿戴整齐后才召见他。而皇上召见公孙弘却很随便，有时空头，有时赤足，有时坐在床沿上。

公孙弘正想着心事，忽见司马相如出班奏道：“陛……陛下！车……车骑将……将军，功劳盖……盖世，文职可以不……不封，武职不能不……不封。臣曾浏……浏览古之官……官制，将军之……之上，还有大……大将军……”

他这一说，武帝想起来了，大将军一职源于战国，位于诸将之上，职在统兵征战。至秦，觉着大将军威权太重，废止不置。我何不将大将军一职再恢复起来？

想到这里，武帝高声说道：“司马爱卿所言甚是，朕就封车骑将军为大将军，为全军最高统帅。”

百官齐声呼道：“陛下圣明！”

退朝之后，武帝即命玉匠刻了一枚大将军印，原只说等卫青归来，当面将印授给他。谁知，印一刻出来，他有些迫不及待了，命司马相如作为使者，携带大将军印，火速赶到边塞迎接卫青，并郑重地对司马相如说道：“卫青一入塞，你就在他的军中，代表朕用最隆重的礼仪封他为大将军。朕要让全军将士和举国官民都知道，对于英勇杀敌、立功沙漠的人，朕是毫不吝惜官职和金钱的。”

司马相如连连点头，以最快的速度赶到边塞，模仿汉高祖登坛拜将的办法，筑起一个高达丈余的大坛场，静候卫青到来。

不一刻儿，只见旌旗蔽日，蹄声嘚嘚，十万大军，在卫青的率领下，押着一万五千名俘虏，驱赶着一百余万头牛羊骡马，逶迤而来。

司马相如迎上前去，与卫青寒暄几句，安营扎寨。择了一个吉日，司马相如斋戒三日，徐步登坛。但见坛上悬着大旗，迎风飘扬，坛下四周，环列戎行，鸦雀无声。天公也来作美，一轮红日，光照全坛，尤觉得旌旄变色，甲仗生辉。司马相如有些口吃，乃由副使严助，代天宣旨。宣毕，台下一片欢呼之声。

卫青身着戎装，神采奕奕地登上坛场，面北而立，赞礼官将手一挥，便有乐工奏起军乐，鸣铙击鼓，响遏行云。既而弦管悠扬，变成细曲。当由赞礼官朗声宣仪，司马相如将一枚斗大金印，双手捧出。卫青拜而受之。

礼毕，司马相如与卫青携手来到大帐，几经推让，司马相如坐了上席，直饮到申牌时分。休军一宿，径回长安。

照理，司马相如已代表武帝，远到塞外相迎，又仿汉高祖筑坛拜将之法，授予卫青大将军之印，规格已经够高了。武帝仍觉意犹未尽，卫青凯旋之日，又在京都长安，为卫青举行了规模空前的欢迎仪式。

卫青见了武帝，忙抢前几步，匍匐于地，三呼万岁。武帝双手将他搀起："爱卿劳苦功高，不必行此大礼。"

卫青朗声说道："臣这次北征，从兵力布置，到行军路线，乃陛下钦定，要说有功，功在陛下！"

这话，武帝爱听，口中却道："爱卿不必过谦。"

他仰起头来，环场一周，神采飞扬地说道："诸位爱卿，车骑将军功高盖世，单封他一个大将军，不足以彰其功。朕宣布：除卫青原有封邑外，再增封八千三百户！卫青的三个儿子，皆封列侯！"

卫青原有封邑三千多户，加上增封，总数达到一万二千多户。汉自建国以来，只有开国元勋萧何，才有如此丰厚的赏赐。卫青原有两个儿子，长名卫伉、次名卫伐。出征期间，春月又为他生了一个儿子，取名卫騧，卫騧尚在襁褓中，竟也封侯，文武百官大吃一惊，就是卫青自己也觉得承受不起。

卫青拜伏在地，恳辞道："陛下皇恩浩荡，国人咸知。怎奈，臣征匈奴，取些许微功，上赖陛下运筹帷幄，下赖将士用命。臣恳请重重封赏随征的将士。至于臣的三个犬子，年幼无知，不敢受赏！"

武帝面带微笑道："朕意已决，将军不必推辞。至于诸位将校和士兵们的功劳，朕是不会忘记的。"

说毕，将几位随征将军逐个儿扫了一遍，高声叫道："张骞听封。"

张骞出班跪地。

"朕封卿为博望侯，食邑五百户。"

张骞拜谢而起。

"苏建听封。"

苏建出班跪地。

"更封爱卿为野王侯，增邑三百户。"

苏建谢恩而起。

"张次公听封。"

张次公出班伏地。

"更封爱卿为阳城侯，增邑三百户。"

张次公再拜而起。

此外受封的尚有左内史李沮、太仆公孙贺、代相李蔡、大行李息。李沮为安众侯、公孙贺为南侯、李蔡为乐安侯，各食邑三百户。余如属将公孙敖、韩说、李朔、赵不虞等，并授侯封。所有士兵，犒赏金银帛缎。武帝这样做，就是要奖赏勇武，激励士气，准备更大规模地讨伐匈奴，直至根绝这个为害中原数百年的祸患。

卫青受封之后，随着武帝，来到长乐宫，喝过洗尘酒，方满面春风地回到家中，卫媪和霍去病等笑嘻嘻地迎了上来。春月则抱着新生婴儿卫騧，走在最后边。

卫青问过母安，照霍去病头顶上轻轻拍了一下："好小子，长得和舅一般高了。"说毕，阔步走到春月跟前，接过胖嘟嘟的小卫騧，美美地亲了一口问道："騧者，马也，黑嘴的黄马。怎么给孩儿取了这么一个名字？"

春月笑容满面道："您说得不错，这騧就是因马而起。"

卫青满面疑惑地问道："因马而起？"

卫媪抢先答道："对，就是因马而起。春月刚生下騧儿，你三姐回来省亲，回宫后便将这事儿告诉了皇上，皇上便对你三姐说道：'卫青不在家，孩儿不可无名，朕给他取一个吧！'你三姐当然欢喜。恰好有人给皇上献了一匹騧马，皇上略一思索道，'就给孩儿取名卫騧吧，愿他像卫青一样，长大后也成为一匹骏马，驰骋沙场。'"

听了这话，卫青十分激动，遥望长乐宫的方向，拜了三拜。二次抱过卫䯄，亲了又亲："䯄儿，快快长，长大后成为千里驹，讨伐匈奴！"

春月扑哧一声笑了："您这不是废话吗？等䯄儿长大了，那匈奴早就让您伐光了。"

这一说，霍去病慌了，忙拉住卫青手说道："舅舅，那匈奴您千万莫要杀光。您出征之前，亲口答应过甥儿，说等甥儿长大了，要带甥儿去杀匈奴，甥儿已经十六岁了，再有四年就可以行加冠礼了，您千万要等着甥儿！"

卫青拍着霍去病肩膀说道："傻外甥，匈奴多着呢，杀不光的。再说，我们讨伐匈奴，并不杀普通的匈奴人，专杀那些跟我们作对的头面人物。"

他殷切地望着去病："舅说的这些道理你懂吗？"

去病没有说话，重重地点了点头。

卫青又照着他的肩头轻轻地拍了一掌："懂了就好。哎，我教你的那一套剑法，不知练得怎么样？"

说到练剑，去病来了兴趣，朗声回道："已经练熟了。"

"敢不敢和舅舅过上两招？"

霍去病将胸脯一拍："有什么不敢？"

卫青命家丁拿来一把宝剑，递给去病。自己拔剑在手，很随意地扎了一个迎战架势，对去病说道："进招吧！"

霍去病一抖剑花，当胸刺去，此一招叫开门见山。

卫青忙将身子一侧，绕到去病身后，照他后心刺去，此一招叫出其不意。

二人一来一往，斗了起来。起初，卫青并没将这一愣头少年放在心上。待斗了二十个回合之后，暗自喜道，小小年纪，已练得如此剑法，实在可喜。只是，出手有些太辣，得挫一挫他的威风。奋起神威，一连攻了八招，原本以为，这八招必使去病撒剑认输，谁知，竟被霍去病一一化解开去。

当然，霍去病到底是嫩了点，累得呼呼直喘。

公孙敖携着秋花，不知什么时候已经进了院子，见去病竟然与卫大将军斗了二十八个回合，脱口赞道："好样的！"

卫青闻言，虚晃一招，跳出圈外，抱拳说道："不知大驾光临，有失远迎，敬请见谅！"

公孙敖还一礼道："自家兄弟，何必客气。"

卫青收剑入鞘，与公孙敖携手来到客厅。秋花、春月、卫媪、去病紧随其后，来到客厅，分宾主坐定。早有人献上果品，卫青笑问道："远征归来，贤弟不在家中陪伴秋花，来此做甚?”

秋花抢先回道:“感谢您呢!”

卫青指着自己的鼻子问道:“感谢我?”

“正是!”秋花滔滔不绝地说道，“元光六年，您妹夫（公孙敖）带兵征讨匈奴，代郡一役，全军覆没，被皇上贬为庶人。这一次北征漠南，原本就没您妹夫的戏，是您卫二哥在皇上面前力荐，方起用为校尉，随军出征，捞了个合骑侯。这事不感谢您，感谢谁呢?”说毕，命人抬进来一口大箱子。

卫青拒道:“自家弟兄，何必如此。”

秋花笑回道:“我不纯是来谢您的。我的春月姐为我生了一个聪明的小外甥，连皇上都给他赐名，我不该来贺一贺吗?”

卫青无奈，只得收了礼物。又派人把公孙贺、卫君孺、陈掌、少儿及卫憨儿夫妇请了来，开怀畅饮，直至深夜方才散去。

第二天，卫青和春月带着三个儿子进宫看望武帝和子夫。卫青从塞外购得两件狐皮大衣，一件毛色金黄，一件毛色雪白，作为礼物送给武帝和子夫。武帝和子夫试穿了一下，非常合身，显得华丽而高雅。卫青还给三个公主和刘据各送了一件小礼物，其中送给刘据的是一只长命富贵锁，银质金边，挂在脖子上，驱邪避灾，吉祥呈瑞。

卫伉、卫伐和阳石公主刘妍、诸邑公主刘媚年龄相仿，难得在一起玩耍，很是开心。子夫抱着刘据，春月抱着卫騳，坐在一边说着闲话，武帝和卫青摆开围棋对弈。当时的围棋为纵横十七条线，合二百八十九个着子点，子分黑白，象征阴阳。武帝棋艺高超，弈到一百七十五手，卫青推枰认输。武帝哈哈大笑，说:“大将军在战场上所向无敌，在棋盘上还有待长进啊!”

卫青亦笑道:“臣在战场上和棋盘上都是一个子儿，陛下指向哪里，臣就冲向哪里!”

武帝嘴上没说什么，心里比喝蜜还甜，心中暗自想道，朝中的大臣若都像卫青这样，对敌人勇如猛虎，对皇帝温如羔羊，该有多好啊!

通过河南和漠南战役，印证了武帝战略决策的英明正确，显示了卫青卓越的军事才能。卫子夫见自己的弟弟建功立业，封为大将军、长平侯，心里好似吃了蜜糖。公孙贺是她姐夫，封南窌侯；公孙敖算她妹夫，封合骑侯；还有弟弟卫青的三个儿子，也都封了侯。一门六侯，亘古未有，国内无双，这使子夫感到骄傲和自豪。不久，她的外甥霍去病又崭露头角，勇冠三军，更给卫氏外戚争得了莫大的荣誉。

第二十二章　第一剑客　赌气被捕

元狩四年（前119年），匈奴又犯代郡，杀代郡太守，掳民三千，牛羊五十余万。祸不单行，代郡刚刚被匈奴杀掠一通，大汉国内又起内乱——淮南王刘安、衡山王刘赐，串通谋反，居然想动摇江山。刘安、刘勃、刘赐、刘良，皆为已故淮南王刘长之子。

淮南王因地而名，因刘长封在淮南，故名淮南王。但刘长最早的封地在厉，故称淮南厉王。厉是刘长的外公家，外公姓赵，名佚无考，其母名叫赵莹，高祖皇帝一夜风流临幸，产下一男婴，交于吕后抚养。

高后八年（前180年），吕后驾崩，周勃、陈平、刘章等迎立代王刘恒登位，是为汉文帝。文帝三年，刘长入京朝见，文帝本就性情温和，一见这硕果仅存的弟弟，如何不亲？又见他勇力过人，便认定他是一个将帅之才，对他格外恩宠。刘长全不顾君臣名分，直呼文帝为大哥，跟随文帝进山林中打猎，与文帝同乘一辆车子。中郎将袁盎进谏，说是这样做不妥，文帝一笑了之。

其实，刘长并非不知，他的种种所为，实是犯上。他这样做，乃是试探，看自己在文帝心中，到底有多高地位。

这一试，文帝果然对己不错，心中暗喜，行事越发肆无忌惮。竟因为一己私怨杀了吕后宠臣审食其。

审食其再不好，好赖也算一个开国元勋，功封列侯。作为一个诸侯王，擅杀元勋、列侯，少说也该废去王封，免为庶人。一因文帝本就不喜欢吕后的这个野男人——审食其，二因刘长是自己唯一的亲弟，不愿加罪，只是轻描淡写地责备几句，令他离京回国。袁盎二次进殿，对着文帝，直言不讳地谏道："陛下对淮南王过于骄纵，日后恐贻大患！"文帝不听。

果如袁盎所料，刘长回到封国，越思越想，越觉着文帝软弱可欺，竟萌生了要做皇帝的念头。自定法律，私自任免官吏，出入清扫道路，进行警戒，称制，俨然第二个大汉皇帝。消息传到京都，文帝强压怒火，亲笔修书，对刘长大加训斥。谁知，刘长不吃他这一套，竟回信说："既然陛下认为我行为不端，臣请陛下收回封国，让臣回舅家厉，去为母亲看守坟墓好了！”文帝脾气再好，毕竟是一朝天子，岂能受得了如此顶撞，就拟派员前往查办。

文帝的人尚未派出，刘长却已先发制人。他联络一些早有反心的王侯，准备造反，并派人出使闽越、匈奴，约他们一块起兵，夹击大汉。此事为朝廷耳目侦知，报告了文帝，文帝谎称病危，将刘长骗到京都，交付御史。御史一审，其谋反及各种不法之事，顿时暴露无遗。各位重臣联名上书，奏请将刘长斩首。文帝本来心慈，加之刘长又是亲弟，法外开恩，将他流放蜀地严道县，而将与刘长谋反有关的人，统统斩杀，唯有大夫成旦漏网。

刘长气性本大，在流放途中，水米不进，绝食而死。文帝得报，大恸，泣道：“朕只一弟，竟尔不能保全，莫非天绝朕手足乎？”于是传旨运回刘长尸体，以列侯之礼葬之。

那成旦闻刘长已死，仅葬以列侯，心甚不平，编了一个歌谣儿到处传唱：“一尺布，尚可缝，一斗粟，尚可舂。兄弟二人不相容。”

这歌谣传到皇宫，文帝听了，叹曰：“昔尧舜放逐骨肉，周公杀管蔡，天下称圣，不以私害公。天下岂以我为贪淮南地耶！”是时，刘长已死。遂将淮南地盘，一分为三。将刘安、刘勃、刘赐皆封为王。未几，勃死无后，又并三为二，长子刘安在北，仍袭淮南王号；三子刘赐在南，封号衡山王。并将刘长以诸侯之礼改葬，加了个谥号，叫淮南厉王。

成旦要的就是这个结局，跑到厉王坟头哭祭了一番，自杀身亡，追随厉王于地下。

刘安、刘赐厚葬了成旦，各自走马上任。也不知因着什么事情，弟兄反目，两不相容。安性好读书，更善鼓琴，也欲笼络民心，招致文士。门下食客，多至数千人，内有苏飞、李尚、左吴、田由、雷被、伍被、毛被、晋昌八人，最为有名，称为淮南八公。安令诸食客著作内书二十一篇，外书三十三篇，就是古今相传的《淮南子》。另有中篇八卷，所录都是求仙问道、养生长寿的方术秘法，另有书名叫《枕中鸿宝苑秘书》。望文生义，便知这乃是刘安珍藏于枕中，秘不外泄的绝密文字。

刘安、刘赐兄弟于文景两朝，都与汉室朝廷相安无事。武帝即位之初，刘安曾入京朝见，献上内书。武帝浏览了一遍，见书中尽是些治国兴邦的方略，心中非常高兴。因为他当时满脑子想的都是施展抱负，将汉帝国的大一统江山拓殖得尽可能广大，内书的内容，正合上他的这个愿望。刘安见皇上如此欣赏自己，更增卖弄炫耀之心，当庭做了两篇大作，一名《离骚传》，一名《长安都国颂》。武帝本来就爱好诗文，见这位叔父如此博学多才，龙心大悦，赏他金帛无数，留他在京住了一个多月，三日一大宴，七日一小宴。这内中原因，固然是叔侄情深，但也有一个小小的目的，想向刘安讨要《淮南子》中篇，也就是《枕中鸿宝苑秘书》。不知是刘安故作糊涂，还是真的不知，闭口不提中篇一事。恰在这时，淮南王母于太后有恙，武帝不好阻拦，放他归国。

随着时间的推移，武帝的事业逐渐走向辉煌，产生了成仙的愿望，极想得到这个《枕中鸿宝苑秘书》。

作为一个皇帝，若是发个上谕，向刘安讨这本书，刘安未必不给。可武帝不这么想。他想的是，既然你献《淮南子》内书时，不肯将中篇一道呈献，那便是不想给朕。此刻，你刘安凭了此书，养得白胖白胖，孩儿也似，没准儿正巴望着朕早生“不测”呢！

说起这个不测，还有一段来历。

前次，刘安进京朝见武帝，武帝命丞相田蚡去灞上迎接。当时朝野上下，盛传淮南王道德文章，天下罕见，连皇上都敬他三分，这倒也是一句实话，要不，那么多诸侯王进京，皇上从没派丞相一级的官员出迎，唯有他例外。

田蚡本是个势利小人，趁机向刘安套近乎，至于他对刘安说的那番话——“您是高祖仅存的两个孙儿之一，年又居长。皇上没有子嗣，一旦有什么不测，这皇帝的宝座，除了您淮南王，谁还能坐得去”云云，则完全是不合常理的瞎说。其时，武帝才十七八岁，怎能说他无有子嗣？刘安比武帝还大二十几岁，两个人谁更可能“不测”？

话如果就此打住，神不知鬼不觉。怎奈那刘安是个胆小鬼，张汤搞了个《见知法》，《见知法》说，无论官民士商，若触犯了王法，在官府未曾掌握之前，主动出首，既往不咎。刘安信以为真，上书武帝，坦白了这件事。这件事对武帝震动很大：朕的舅舅尚且对朕如此，何况别人呢！但田蚡已死，不好再处罚他。刘安是自己坦白的，更不好处罚他了。不处罚并不是忘却了这件事，随着年龄的增长，武帝对刘安的猜忌之心越来越重。尤其是听人传言，刘安已经快六十岁的人了，却依然满头黑发，不见霜丝，面如孩童，更搅起满肚子酸水。哼，这大约就是那本《枕中鸿宝苑秘书》的功劳了！

武帝做梦都在想得到这本书，又不愿明讨，只有暗中设法了。他想来想去，蓦地想起东方朔与刘安手下“淮南八公”中好几个人颇有交情，何不要他出面办理！

东方朔早年云游各地，交友极广。淮南八公，他都认识。其中尤与雷被交情最笃。他受命之后，明知道这事有些棘手，但又不得不办，左思右想，给雷被写了一封书。书曰：

当今天子，睿智圣明，天下安危祸福系于一身。人生于世，寿命之长短，当由天定，可否以方术秘法延之，实属可疑。然则果有此方，愿以为当先为天子用。古之贤臣，值君饥，每有烹亲子为羹，以飨君者。（淮南）王亦人臣，胡不可舍一书，易天子之长寿？此理，君固知之，岂容小弟喋喋！期早复佳音，以慰圣心耳。

也是淮南王合该有此一劫，雷被接书，如果直接面呈淮南王，谅他也不敢不给书！

偏那雷被多了一个心眼，暗自思道，淮南王视《枕中鸿宝苑秘书》如命，连皇上都不敢明讨，我去找他，他会给吗？

恰在此时，天空中出现彗星，淮南八公之一的左吴夤夜去见刘安，神秘兮兮地说道："天公送一大富贵，不知王爷愿不愿意享受？"

刘安笑问道："寡人亦非傻瓜，既有富贵降临，焉有不受之理？"

左吴连连点头道："这就好，这就好！"

"究竟出了什么事儿？"刘安迫不及待地问道。

左吴前后左右瞅了一遍，见无他人，方才说道："当年吴越反时，彗星出现，光芒不过数尺，今长且竟天，眼见是兵戈大起，比前益甚。王爷难道没有一点想法？"

刘安心领神会，低声说道："想法倒有。只是皇上年富力强，聪明睿智，这个反造着怕是不会容易！"

左吴笑道："王爷太高看了皇上，皇上年富倒也不假，称不上力强。王爷不会没有听说吧，皇上极为好色，曾自嘲道，'朕可三日不食，不可一日无色。'色是什么？色是刮骨钢刀，皇上就是一个铁人，也经不住刮，早已虚弱得不像样子，还称什么力强？至于聪明睿智一语，臣也不敢苟同！"

说到这里，故意把话停住。

刘安正听到兴头上，催促道："讲下去。"

左吴讨了一杯凉水，一饮而尽，继续讲道："皇上确实聪明睿智，但要看这聪明用在什么地方。皇上的聪明，不是用在强国富民，而是用在穷兵黩武，屡次对匈奴用兵，花空了文景二朝的积蓄，使富者日贫，贫者有九死而无一生，怨声载道，这是一不该；为树个人权威，搞什么内朝机构，三公形同虚设，这是二不该；行推恩之法，削弱诸侯王权力，这是三不该；任用酷吏，搞什么《见知法》《腹诽法》《春秋决狱》，百姓动辄犯法，比亡秦尤甚，这是四不该。有此四不该，他这皇帝还干得成吗？”

刘安频频点头：“经卿这么一说，本王也就放心了。本王这就修治兵器，蓄积金钱，待机而动！”

左吴双手一拱说道：“大王圣明！不过，臣有一事相奏，大王若要造反，有一人不可不用。”

“谁？”

“雷被。”

“为什么？”

“雷被剑术，堪称天下第一，且又熟读孙武兵法，其才不在管仲、乐毅之下。”

刘安点头称是，欲要召雷被共谋大举。彼时恰逢太子刘迁与雷被比武，被伤及皮肤，二人反目成仇。

说起比武之事，乃由《淮南子》中篇引起。

雷被接东方朔来书之后，心中暗想，这事直接跟刘安说不好，瞒着他也不好。想来想去，想到了太子刘迁头上：我何不找一找刘迁，让他从中周旋！

雷被想到此处，立马找到刘迁，婉转说明来意。那刘迁乃淮南王太子，年少气盛，他的夫人金娥，乃修成君俗女所生，别看她幼时家中贫寒，现在可是货真价实的金枝玉叶，皇上外甥！刘迁身为王太子，又摊上这样一位夫人，自以为老子天下第一，目空一切。听了雷被的话，斜睨着雷被：“此事不难，只要雷君答应本殿下一件小事，本殿下定能帮助说服父王，让他交出秘书。”

事情倒也真的不大，却十分棘手。他就是不说，雷被肚中也如明镜一般。

正如左吴所说，雷被的剑术出神入化，堪称天下第一剑。刚好刘迁也爱此道，自幼习剑，屡屡与人比试，从未败过，这并非他的剑术多么高强，实乃众人碍于淮南王之面，不愿胜他。可惜刘迁自己不知，反觉着自己真的是天下无敌！

不，还有一个雷被，若连他都不能取胜，如何称得起天下无敌！

故而，他把雷被虚拟为天下最大的敌人，想借比剑之机，一剑将他结果。

谁知，那雷被压根就不愿和他比剑。明知他不是自己对手，比赢了他，有伤和气；装输呢，不是自己性格，且有损声誉。

今日不行，今日有事求他，若是婉言拒之，那《淮南子》中篇，便要泡汤。为了友人和皇上，不妨就和他比试一番，点到为止。

雷被主意已定，双手抱拳说道："殿下定要与在下比剑，在下有言在先，无论结局如何，殿下都须说服大王，将《淮南子》中篇交予皇上。此事关系重大，殿下千万不可掉以轻心！"

刘迁另有其谋，满口应道："雷君不必啰唆，这番比剑，不管胜负如何。本殿下定当说服父王，交出秘书。"

雷被闻言大喜，高声说道："谢殿下。"遂拔出佩剑，还没来得及拉开架势，只见寒光一闪，刘迁那剑，直扑胸口而来。他忙退后两步，心中暗自思道，这哪里是在比剑，分明是要我的性命！

他一脸困惑地瞅着刘迁。

刘迁微微一笑说道："我这叫试剑，雷君果然好身手。"

雷被这才出了一口长气，原来如此。遂拉开架势："进招吧！"

刘迁大吼一声，挺剑便刺，剑剑存着杀机。雷被越比越觉着不对劲儿，虚晃一招，跳出圈外，拱手赔笑道："殿下剑术不凡，在下深感敬佩，比剑就到此为止吧！"

刘迁一心想杀雷被，怎肯到此罢休！大叫道："比武即作战，不见胜负，焉能就此罢手？来来来，再斗一百个回合。"

雷被说甚也不肯再比。刘迁冷笑一声说道："雷被，我正告你，今日不比出个输赢，我就视你为食言，你既然食言，就别怪我食言，我答应过你的事，只当刮大风把它刮跑了！"

听了这话，雷被非常生气，愤然说道："殿下，在下劝大王交书，乃是为大王父子好，非为被也！既然殿下视为儿戏，在下也不便多说，在下暂离王府，避上一避，日后也有个收尸的。"说完，霍然转身，负剑而走。

刘迁暴喝一声："匹夫哪里走？"挥剑便刺。

雷被未及回身，忽听背后风响，猛然左跃，躲过了这致命的一击。乘他立脚未稳，刘迁又连攻三招。

雷被见他心存不良，暗自怒道："浑小子，凶什么凶？若不看在你爹面上，三招之内，取尔狗命，易如反掌！"

刘迁不识进退，总觉着自己剑术高超，雷被不是对手。就是艺不如被，说到天边，你雷被不就是我府一个食客而已，你敢伤我一根毫毛！

正因为存了这个心理，刘迁连出怪招，两人斗了十几个回合，竟然打成一个平手。刘迁愈发狂妄。

雷被暗自思道，若不给他点颜色瞧瞧，斗到何时方是头？于是，抖擞精神，认真对付。他觑个破绽，隔开刘迁剑刃，顺势腕子一抖，剑锋直指刘迁心窝，心中想道，你这一下，非要撒刀认输不可！

谁知，那刘迁总觉着雷被不敢伤他毫毛，竟然不躲不避，挺剑反向雷被咽喉刺去。

雷被一惊，身子后仰，躺倒在地，躲过他的剑锋，自己手中剑却不及收拢，笔直地竖在那里。刘迁骤见雷被躺倒，收脚不住，整个胸口，撞到了剑锋上，只听一声惨叫，双手捂着肚子，蹲到一旁。

这一来雷被慌了，趋前两步，俯身问道："殿下，伤得怎么样？要不要在下背您去瞧郎中？"

刘迁伤得不重，只是划破了点肚皮，却装着伤势很重的样子，一个劲地叫疼，就是不回他的话，弄得雷被束手无策。

正在这时，王后蓼荼，与刘安一前一后赶来。她一见儿子受伤，不问青红皂白，劈头训道："雷被，你怎么欺负一个孩子？难道想造反不成！"

雷被无奈，只得将东方朔如何来书，自己如何去求太子，太子如何逼自己比剑，以及心存不良之事，一五一十说了一遍。

刘安本来对雷被十分器重，造反一事还想借重于他，又见儿子只不过伤了点肚皮，无甚大碍，原只想责备几句，便可卷旗收兵。及至听了他的辩白，勃然大怒，好你个皇上，想要我的秘书，为何不光明正大地来讨？

转而一想，皇上远在长安，怎知我有此书？定然是雷被与东方朔暗通消息，密报了皇上。我刘安一生，仗义疏财，结交英雄好汉，最忌吃里爬外的家伙！

刘安想到这里，大喝一声道："雷被，你可知罪？"

雷被惶声回道："小臣知罪，小臣不该伤了殿下，请王爷严惩。"

刘安冷笑一声道："你仅仅是伤了殿下吗？你若仅仅是伤了殿下，本王屁话不说！你不该吃里爬外！"

一说到吃里爬外四字，雷被明白了：他是怪我暗中结交东方朔呀！忙辩解道："王爷容禀，臣和东方朔，早在建元初年（前140年），在淮南一别，至今二十余年，除了这封书外，未通任何消息。"

蓼荼哼了一声说道："你和东方朔好得只差合穿一条裤子，说你俩只通这一封书，鬼也不会相信！"

刘迁不失时机地向他砸了一砖："真的只通这一次吗？十三年前，我还是一个孩子，去你家玩。你家案上供了一只玉寿星，我觉着好玩，问你要，你说这是东方先生给你父送的寿礼，除此之外，要什么都行。你伸直舌头说，有没有这事？"

雷被心头一震，乖呀，我怎么把这事给忘了呢？

刘迁所言确是实情，老父亲六十大寿时，东方朔不知从何处得了消息，遣人送玉寿星一个，遥祝老父亲长寿。谁知事与愿违，长寿面吃过不到一月，老父亲患急病一命呜呼，连同玉寿星，一块儿下了棺材。这事，已经过去了十三年，雷被一时竟把它忘了。

这事知道的人很少，雷被若是一口否认，也许能蒙混过关，偏雷被不是那号人，如实回道："殿下所言是实。"

他这一承认不打紧，刘安愈发认为，他与东方朔关系密切，是个吃里爬外的家伙。如果真是个吃里爬外的家伙，自己的种种不法之举，他是否知道？若是不知，倒还罢了；若是知道，可就糟了！

刘安正不知如何处置雷被，雷被见自己已被刘安误会，赌气地说道："王爷既然认定我雷被是一个吃里爬外的家伙，被已不宜在淮南待下去了。请王爷恩准，被愿远走边塞，为朝廷做一名军士，立功疆场。被告辞了。"说毕，向刘安拜了三拜。

雷被欲待转身，忽听蓼荼叫道："且住，你走不成！"

雷被一脸困惑道："为什么？"

蓼荼冷笑一声道："什么远走边塞？分明是欲赴京都，告我家大王的刁状。此等伎俩，只瞒得三岁小孩！"

这一说提醒了刘安，有道是，要想人不知，除非己不为，我预备造反的心思，已非一日，雷被像剥了皮的兔子，能不闻到一点儿风声？他若真去京都告我御状，我这项上的头，可是完了呀！量小非君子，无毒不丈夫！倒不如……"

他大声叫道："侍卫安在？"

数十名侍卫闻声跑了进来。

刘安手指雷被，厉声说道："把这个吃里爬外的家伙，给爷抓起来！"

众侍卫和雷被都很熟识，知道他是"淮南八公"之一，刘安一向对他十分器重，怎么说抓就抓了呢？一个个面现困惑之色。直到刘安第三次下令，这才一窝蜂地朝雷被涌去。

这些侍卫，半数以上都让雷被指点过剑术，哪里是雷被对手？雷被若是存心逃跑，真比刀打豆腐还要容易。但他没逃，没逃的缘由是，他总觉着说一千道一万，自己刺伤了刘迁，有愧于王爷。加之，王爷一向确实待己不薄。他抓自己，乃是在气头上，顶多关自己个三五日，等他气消后，一定会放自己出来。

他错了。刘安抓他，乃是为着“造反”二字，岂能轻易将他放掉！更何况，刘安的背后还有一个刘迁。那刘迁一心想称霸天下，岂容雷被活在世上？但他又不想一刀杀了雷被。何也？他总以为自己的剑术在雷被之上，通过今日这一场比试，他清醒地认识道，自己远远不是雷被对手，要想称霸天下，还得向雷被多学几招！

可雷被肯教他吗？雷被跑了怎么办？他苦思冥想，也没有一个两全之策。只好作罢。命人挑断了雷被的脚筋，以防逃跑。

第二十三章　双侠奇遇　夜救雷被

这日傍晚，街上人流渐稀，古城大街，自西而东走来一位后生，高挑身材，紫红面孔，腰悬一口宝剑，走起路来，一步三摇，显得十分疲惫，身后却跟了一头毛驴……哦，看出来了，怪不得他放着现成的驴不骑，那驴背上驮了两大捆细帛！

后生也许想找一个客栈歇息，双目不时地朝街两旁浏览。只可惜这一街两行，尽是生意铺子，未免让他有些失望。

天无绝人之路。

前行一箭之地，街南有一巷口，巷口上竖一木牌，上书四个大字——四海客栈，下边一行小字——南行十步。

他牵着毛驴，进入巷中，前行十步，果然见一客栈，门额上嵌着四海客栈的字样。食指成弓，轻轻朝门上叩去："笃笃笃。"

许久，方见那门打开一道小缝，露出一个硕大的脑袋，人却不足三尺，把这后生吓了一跳。

侏儒很客气地说道："这一客官，实在对不起，我家掌柜出了点事，您要投宿，就换个地方吧。"

为找客栈，后生走了大半条街，又困又乏，实在不想再动了，几带恳求的语气说道："这一小哥，常言道，'好店只一宿'，我连半步也不想走了，你就留我一宿吧！"

侏儒叹了口气道："留一宿倒不难，现成的被褥。只是，自我家小姐被抓后，掌柜忙于告状，停了火，这人吃马喂，我无法儿解决！"

后生笑道："这个容易，我自有办法。"

安顿好之后，后生从钱褡裢里倒出几文钱，对侏儒说道："小二哥，你把这钱拿去，买十斤熟牛肉，十斤好酒，十个烧饼，咱俩好好美餐一顿。"

侏儒喜道："酒倒不必，我这店中还存了几十坛老酒，足够您喝上一年。"

"你看着办吧！"

侏儒走了几步，复又转回，对后生说道："请您跟我一块儿去。"

“为什么？”

“买好东西之后，您先拿回来，我再去城外，给驴割点葛爬草。”

“这倒不必。驴最爱吃的是豌豆，你打酒归来，往粮行一拐，买几斤豌豆即可。”

侏儒去而复归，二人一边喝着一边聊着。聊着聊着，聊到了掌柜头上。

后生停杯问道：“小二哥，你家掌柜，到底出了什么事儿？”

侏儒长叹一声：“说起来叫人气破肚皮……”

侏儒的掌柜叫丁仁，膝下一女，名唤小芹，二九芳龄，那貌称不上闭花羞月，也是百里挑一的美人。城北有个无赖，名叫杜兴，父亲做过颍川郡守，前不久死了小妾，非要让小芹顶替。丁仁不肯，他便将小芹硬抢到家中。丁仁去县署告状，谁料狗县令早被杜兴收买，置之不理。丁仁少不得说了几句气话，狗县令便说他咆哮公堂，藐视朝廷命官，将他抓入大牢。

后生不听则可，这一听，只听得他双眉倒竖，咬牙切齿地骂道：“当官不为民做主，猪狗不如。我明日倒要会一会他，替你家掌柜讨一个公道回来！”说毕，连饮三杯酒。

也不知是喝多了酒的缘故，还是心中挂记着掌柜父女，人虽躺在床上，却是久久不能入睡，心想我爹虽说贵为太史令，也不过一个六百石官员，而那县令却是一千石，我明天见他，他会买我面子吗？若是不买我的面子，该当何处？

他翻了一个身继续想道，那掌柜是个男的，多关一天，少关一天，无甚要紧。那小芹可是一个女的呀，已被掳去三天了，若已失身倒还罢了，若没失身，多捱一刻，便多一刻的危险。我倒不如先去杜府，救出小芹，尔后再找那狗县令算账。

他一跃而起，叫起侏儒，小声说道：“我欲去救你家小姐，你敢不敢给我带路？”

侏儒倒也慷慨，拍着胸脯说道：“有什么不敢！”

后生将他头顶一拍：“走。”

是时，将近三更，侏儒将后生引到一座朱漆大门前，用手一指说道：“这就是杜兴的家。”

后生道：“知道了，请回吧！”

侏儒一脸诧异道：“你不是要救我家小姐吗，怎么不救了？”

后生道：“救人是很危险的，你不会武功，跟着我反是一个累赘，倒不如留在店中，替我烧上一大锅开水，我好回去洗澡。”

侏儒见他说得在理，点了点头。

后生纵身一跃，骑在墙上，向院内一瞥，见翠竹苍松，红兰碧榭，却原是一个大花园。双手按着墙头，一纵而下，穿花过柳，尽着向前走去。在星光依稀里，仿佛见有一个黑衣人，从花庵中走出，倏忽不见。后生暗自思道，这人身手如此矫健，若是杜府的人，何必如此鬼祟！若不是杜府的人，深更半夜，去花庵做什么？

他百思不得其解。

哎，花庵就在眼前，我何不一探究竟？

他悄无声息来到花庵，举目一瞧，床上躺着一条黑影。是人，一定是个人，他自己给自己壮胆。

他俯下身子，仔细一瞧，果然是个人，还大睁着双眼，他忙退后一步，用剑抵着床上人的咽喉，厉声说道：“不准动，动一动我就杀了你！”

那人果然躺着没动。

他深吸了一口气，低声说道：“我问你的话，你可要如实回答！”

那人一声不吭。

“我来问你，你可是这里的花工？”

无语。

他略略抬高了声音道：“你可是这里的花工？”

仍是无语。

他有些恼了，抽剑朝床上那人的胸口猛地一拍：“你哑了？”

还是一点反应也没有。

这是怎么了？若是一个死人，明明大睁着眼睛。若是一个哑巴，也该呜啦几声！噢，想起来了，莫不是刚才那黑衣人在他身上施了手脚，譬如点了他的哑穴什么的？

不只哑穴，连大椎穴恐怕也点了，要不，他怎么躺在床上不会动呢？

是了，一定是这样，可惜自己不会点穴，更不会解穴！

如此说来，那黑衣人不是窃儿，便是为着解救小芹而来。

但愿他是为着解救小芹而来！

他这么一想，悄然退出。立在庵外，辨明了一下方向，幽灵般地，飘飘忽忽，直向前边行去。忽见一条黑影，箭一般地向他窜来，心中又是一惊，这黑影莫不是冲着我来的吧！忙伏身花丛之中，伸出半个脑袋，向来者窥探。

可惜，来者距此太远，只看见一条黑影。这黑影愈走愈近，仿佛他胸前闪闪地吐着亮光。

后生不免诧异起来，想这来者，不要是什么夜游神之类吧？否则他身上怎能闪闪地吐出亮光来呢？想到此，心口咚咚直跳。

后生正有些害怕，来者急匆匆地从他眼前路过，身上衣服破碎不堪，双手捧着两个铜制的烛台。他心中暗自乐道："原来是个窃儿，吓我一跳。"

后生等那窃儿走远之后，方出了花丛，飞鸟一般地向前掠去，来到一座门的前边。见门额上亦嵌了一块木匾，上书"春光院"三字，据侏儒讲，这"春光院"便是杜兴内宅，家眷所在。中间是一个大厅，四周围绕一些小房间，每间住妻妾一人。除了自己正式迎娶的三房之外，其余房间的美人，都是临时抢来受用的。这些美人被受用后，中意的，便留做小妾；不中意的，推出去。为了对付那些抵制他性欲的烈性美人，他找来能工巧匠，特制了"降美床"，把女人放到这张床上，她的四肢便被木机关按分寸卡死，一动也不能动，只好服服帖帖地任其摆布。叫骂的女人，便在嘴里塞上黄连苦棉。

是了，这一定是侏儒讲的那个地方。他忙立定脚跟，四下里张望一番，见除己之外，再无第二个人，这才从怀里，摸出一柄柳叶刀来，插进门缝。谁知，那门竟没上闩，一推即开，他忙收起柳叶刀，悄然而入。

来到厅里，举目一瞧，足有十几个门户，天知道小芹关在哪里！

最笨的办法，也是最有效的办法：挨房去找，去听。找到左数第五间时，从门缝里飘出一丝微弱的红光。他心中大喜道："怕就是这一间了！"

他轻轻将门推开，果见屋中反绑着一位年轻女子，面如带雨梨花，心中暗道："好了，这女子未曾失身。若是失身，就不用绑了！"

他跨前两步，正欲为小芹掏去嘴里的苦棉，脚下猛地一动，正不知是何原因，头下脚上地被翻在地窖之中。这地窖有两人来深，若非有人在下边接着，非摔个头破血流不可！

那人将后生轻轻放到地上，小声问道："朋友可是为着小芹而来？"

后生吃了一惊道："你怎么知道？"

那人苦笑一声道："在下也是为着小芹而来！"

这一听，悬在心上那块石头扑通落地，如此说来，这人是友非敌了！

"朋友，你是小芹什么人？"后生问道。

"非亲非故。"那人回道。

"既然朋友与小芹非亲非故，你为什么要冒此风险前来救她？"

那人铿声回道："路见不平，拔刀相助！"

好一个路见不平，拔刀相助！此人一定是一位侠客了。后生对他肃然起敬，双手一拱说道："请问朋友，高名上姓？"

"不敢当，在下姓郭名解，人称赛孟尝的便是。"

"啊，您就是名闻天下的郭大侠，失敬失敬！请受学生一拜！"说着便要下拜，被郭解双手拦住。

"你我同在难中，何必要行此大礼？敢问兄弟，高名上姓？"

后生朗声回道："兄弟复姓司马，单名一个迁字。"

郭解喜道："您就是司马迁，太史令大人可好？"

"您，您认识学生的家严？"

"岂止认识？简直是我的恩人了！当我受到通缉，最困难的时候，令尊大人冒着杀头之险，将我的家眷安置在芝川镇。大赦后，我正要去阳夏拜访令尊大人，听说您一家迁到了京都，不想在这里遇见小恩公！"

他忽然想起了什么："小恩公，在下听说，您已拜大儒董仲舒为师，正在京都埋头于经书，因何到了此地？"

司马迁回道："君也知道，我家自我祖父始，已经做了两代太史令，我欲子承父业。我父说了，要做一个好的太史令，著出惊天巨著，必得'破万卷书，走万里路'。这破万卷书嘛，小弟不是自夸，已经做到了。这万里路嘛，走了还不足一半。"

"下一步，小恩公打算去什么地方？"

司马迁苦笑一声道："你我今日遭了杜兴的暗算，性命尚且难保，还侈谈什么下一步？"

郭解微微一笑说道："小恩公别急，在下已想好了逃走的办法。"

司马迁双目突地一亮："什么办法？"

"我已观察多时，这地窖四壁皆为硬石所垒，光滑如镜，钢刀不入，唯有头顶这块翻板，乃木所制，刀能刻木，还怕逃不出去吗？"

"这倒也是，只是……"司马迁看了看翻板，单臂上举，距那翻板，尚有六尺有余，他轻轻摇了摇头。

郭解笑了笑："不就一丈四尺多高吗？你我加起来是多少？"

司马迁恍然大悟，照着壁角一蹲道："上吧！"

郭解道："请移到那一角，先将它的机关弄坏。"

郭解在上，司马迁在下，约有顿饭工夫，将翻板弄了一个盆大的窟窿。

郭解顺着窟窿爬了上去，四下里瞧了一瞧，除了小芹，再无第二个人，忙将缚在她身上的绳子一一解开，顺洞丢了下去，救出了司马迁。

司马迁喘息片刻问：“郭大侠，下一步该怎么办？”

郭解恨声道：“我要亲手宰了淫贼，为民除害！”

小芹闻言大喜：“走，我带你去。”

司马迁欲言又止。

郭解走了几步，复又折回，端了蜡台，紧跟在小芹身后，来到一个门户所在。小芹朝门一指说道：“淫贼就在这间房里。”

郭解将蜡台递给司马迁，仍旧取出那柄尖刀，将门拨开，然后轻轻推开双扉，走了进去。借着烛光一瞅，只见里边有一床、一桌和数张椅子。床的左边，还有一道门，却是半掩半闭。

郭解朝床下望了一眼，只见床下放着一双绣花鞋，已是半旧不新的了。郭解暗自忖道，那帐内之人，也许是一个侍婢吧？这半掩着的房门内，一定是淫贼在那里了！

想到这里，郭解悄悄地走到床边，把那半掩半开的门，轻轻地推开一些，挨身进去。只见那间房里的地上铺着猩红的地毯，再抬头望，壁上挂满了画，皆为男女裸体交合图，画得极为逼真。画的尽头，安置着一张绝大的檀木床，绣帐静静地垂在地上，帐中人鼾息之声也微微可以听见。郭解照样又向床下一瞥，只见床下搁着两双鞋子，一双是女子的绣履，一双是男子穿的鞋。

郭解心中一喜，料定那双男鞋，正是淫贼所穿，鞋在，淫贼还能不在吗？

他悄悄地走到床前，揭开帐门一看，里边睡着一男一女。女的年纪很轻，模样与小芹在伯仲之间；男的阔额狮眉，一脸络腮胡子，不用问，准是淫贼无疑。

郭解一把揪住淫贼头发，厉声问道：“尔可是杜兴？”

淫贼被他这一揪，早已醒过神来，见一位短小精悍的汉子，立在床前，双目闪着凶光，手里还拎了一把解腕尖刀，惶声回道：“我……我不是杜兴！”

郭解冷笑一声道：“尔不叫杜兴，又叫哪个？尔不要反抗，反抗也无用！”

淫贼小声问道：“爷是哪一家朋友？”

“爷立不更姓，坐不更名，爷乃轵县郭解是也！”

一听说郭解二字，淫贼瘫在床上，想反抗的那一点心思荡然无存。

郭解历数了淫贼种种罪状，手起刀落，将他人头割下。那女子尖叫一声，拉过被子，裹在身上，吓得瑟瑟发抖。

郭解欲要将她一并结果，忽然又转一念，想这娇女，怕也是抢来的吧，惧于杜兴淫威，才与他同枕一枕，况这一女子，并无死罪，饶了她吧！

这一念不打紧，使那小女子死而复生，数年之后，恩将仇报，将郭大侠送进大狱。此乃后话。

却说郭解杀了杜兴之后，用床单包了首级，提在手中，带着司马迁和丁小芹，翻墙而出。

途中，司马迁偶然记起花庵中的花工，笑问郭解："那花工的穴道可是郭大哥所点？"

郭解点头回道："正是。"

"你我已大功告成，何不给他解开穴道？"

"不必了。这穴道六个时辰后不解自开。"

"郭大哥能否传我一手点穴之法？"

郭解笑拒道："这点穴之术，被武林中视为旁门邪道，贤弟乃堂堂的太史令之子，学这做甚？"

司马迁正想说些什么，众人已来到四海客栈。

侏儒早已将水烧开，在大门口恭候司马迁，一见小姐也跟着回来了。伸出拇指朝司马迁赞道："你可真行！"

司马迁把手朝郭解一指，笑回道："若非这位郭大侠，连我都险些两度为人了！"

侏儒将郭解上上下下仔细地打量一遍，惊喜地问道："您莫不是轵县郭大侠？"

郭解也来了兴趣："你认识我？"

"我是不认识您老人家，但我知道您老人家的大名久矣，也曾梦中几次与您老人家相见。我家小姐被抢之后，我暗中祷告了一遍又一遍，'郭大侠呀，您在哪里？快来救救我家小姐！'这不，您果真来了！坐，请坐！"

他搬了两个凳子，伺候郭大侠和司马迁落座之后，满脸堆笑道："请稍候片刻，小子给您俩温酒去。"

侏儒一走，郭解突然说道："贤弟暂坐片刻，我去去就来。"

"兄去哪里？"

"县署。"

"干什么？"

郭解指了指杜兴的人头。

“我陪您去。”

“不，你是太史令的公子，还是少出头为好！”郭解说毕，提起人头，出了客栈，飞鸟一般朝县署掠去。不到顿饭工夫，打了一个来回。

司马迁笑回道：“送去了？”

“送去了。”

“见到狗县令了没有？”

“我不止见到了狗官，还把人头放到了他的书案之上，自报了大名。”

“您不怕他抓您吗？”

“要是怕抓，我就不是郭解了！”

司马迁一想也是，凭郭解的武艺，作案是不应该留下痕迹的，除非他自报家门！正因为他自报了家门，才惹来了诸多麻烦；也正因为他自报了家门，名声才如此之大，说起郭解的大名，几乎是家喻户晓。看起来，鱼和熊掌真的不能兼得！

二人正说着话，侏儒托着托盘，那托盘内竟然置了四盘菜：凉拌牛肉、煎鸡蛋、油炸花生、上汤苋菜。

侏儒将菜摆好，反身拎了壶热酒过来，为他们一人斟了一杯，立在一旁。

司马迁拍了拍身边的凳子道：“这里没有外人，小二哥也请坐吧。”

让了三次，侏儒才勉强坐了下来。

喝了几杯酒后，司马迁停杯问道：“郭兄，依您看来，杜兴被杀一案，狗官会怎么处置？”

“上报朝廷，通缉我？”

“您既然知道是这个结果，为什么还要杀杜兴？”

郭解叹道：“说起来一言难尽……在我的家乡有一位老寡妇，年已六旬，还是一个瞎子，收养个小女孩，十一二岁年纪，长得花朵儿也似，祖孙俩相依为命。忽一日，来了两个淫棍，轮番儿向小女孩施暴。我的司马贤弟，大白天呀，淫棍竟然如此狂妄，瞎老婆，并非没有向人发出求救，她也并非没有街坊邻居，大家都装聋作哑，听任淫棍施淫，小女孩血崩而死！瞎老婆无了指望，悬梁自尽。那时我正在野王县访友，闻讯赶了回来，寻到两个淫棍，一刀一个。恨犹未解，将左右邻居又斩杀了三四个。自此，我暗下决心，偷儿可以不杀，杀人者亦可以不杀，唯有淫棍非杀不可！”

司马迁问道：“您可知道杀人犯法？”

郭解大笑道：“此事连三岁小孩都知，我岂能不知？”

“既然知道，您为什么还要杀人？还要自报家门？”

郭解不假思索道：“原因有二。一是，我想让普天下都知道，除了国法之外，尚有一个郭解，办坏事时悠着点儿；二是，古人有言，‘杀坏人便是做善事’，我想把善事多做一些，解民倒悬！”

听了这话，司马迁大受感动，我总认为“侠以武犯禁”，今日观之，此论大谬也。想到此，他起身说道：“郭兄，有道是，‘听人一席话，胜读十年书’，请受小弟一拜！”

郭解双手将他一拦，说道：“我是一个粗人，贤弟不以愚兄为非，已是感激不尽，如何受得起你这一拜。坐，请坐！”

待司马迁落座后，二人又谈了一些侠义道上的事。郭解问道：“司马贤弟，你还没有回我的话呢，下一步，你将游往何处？”

“小弟想去淮南、淮阴走走。”

郭解双掌一拍道：“去淮南好！淮南王刘安，道德文章，天下第一。他手下尚有八位豪杰，人称‘淮南八公’，内有一个雷被，是我师弟，十几年没见面了，我正想前去造访。”

司马迁喜道：“如此说来，咱们可以同路了！但不知仁兄什么时候动身？”

郭解沉吟片刻道：“我想看一看丁掌柜的结局。”

司马迁点头说道：“我也这么想。”

二人在客栈住了下来，直等到翌日午时，丁仁方从狱中出来，一路走一路寻思，这狗官为何放我出狱？莫不是侏儒上下运动了？要运动就得有钱，钱我在掌管着，他哪来的钱呀？

回到客栈，见了侏儒，侏儒便把司马迁如何住店，如何去营救小姐，如何碰上郭解等情况，一五一十讲了一遍。丁仁恍然大悟，跪到郭解、司马迁面前，一人磕了一个响头；爬将起来，整置一桌子美味佳肴，款待郭解和司马迁；临行，又一人赠了二十金，一直将他们送到古城城外，方洒泪而别。

司马迁、郭解，别了丁仁，晓行夜宿，十几日便来到了淮南，在城内找了一家客栈住下，一边饮酒，一边打听淮南王情况。那店小二头戴青帽，身穿葛麻长衫，年纪不大，却是老于世故，举目瞧了一圈，见这客栈，除他二人之外，再无一个闲人，方才小声说道：“淮南王昏了。”

司马迁与郭解对望了一眼：“他怎么个昏法？”

“他听信了左吴之言，要起兵造反，连蟒袍玉带都准备好了！”

司马迁道：“淮南八公呢？淮南八公怎么不劝一劝他？”

“那左吴就是淮南八公之一。”

司马迁又道：“除他之外，还有七个呀，什么苏飞、田由、雷被等等，他们怎么也不出面劝一劝呀？”

“嗨，别说雷被了。”

郭解正低着头饮酒，猛然抬头问道：“为什么？”

“他已变成一个废人！”

“废人？”郭解放下酒杯，急不可耐地问道，“这到底是怎么回事？”

“唉！”店小二长叹一声，“‘小娃没娘，说起来话长。’那淮南王对雷被倒还是蛮不错的。但他那个儿子刘迁，实在有些不肖，剑术平平，却想称霸武林，硬逼着雷被和他比剑。其实是想以比剑为名，杀了雷被。谁知，他远不是雷被对手，被误伤了肚皮。淮南王一怒之下，将雷被关进王宫的后院。刘迁趁机对雷被暗下毒手，派人将他双脚的脚筋挑断，尔后，逼他教自己剑法。雷被不肯，他便百般折磨雷被，折磨得奄奄一息，怕将不久于人世了！”

郭解拍案而起：“这个刘迁，实在可恶，我今夜就宰了他！”

店小二将食指朝嘴上一挡，“嘘”了一声说道：“墙外有耳！”

他又拿眼，四下望了一圈，方才劝道：“好汉爷，请听小人一言，那刘安存心造反，到处招揽英雄好汉，王宫的侍卫，个个都是一等一的高手，莫说行刺王爷，就是一个蠓虫，怕也飞不到他的身边！”

司马迁也道：“郭大哥，您武功再高，以个人的力量去对抗一个王国，怕有些力不从心，倒不如先救出雷被哥哥。尔后，由他出面告发刘安，还怕刘家父子不被绳之以法吗？”

郭解沉吟良久，终于接受了司马迁的建议，一仰脖子，连灌下三大杯酒，来到客栈的后院，择了一间房子，与司马迁一块儿住下。直睡到鼓打三更，方爬将起来，将随身的包袱打开，把里边的夜行衣取出换在身上，又取出一把解腕尖刀，藏在怀中，其他无用之物，连同换下的衣服全包在里边，就把这包袱抛在那床下。这时候，正是万籁俱寂，悄没声息之时，他装束完毕，回头望着司马迁，只见他仍旧穿着身上的衣服，腰中悬着宝剑，眉头皱了一皱，轻叹一声说道：“走！”遂轻轻地把两扇沿街的窗子打开，探出头去，向街上一望，见街上静悄悄的，也没人影，遂跨上窗槛，做了一个“饥鹰扑鸟”之势，纵身向窗下翻去。在街上立定之后，回头望了司马迁一眼，飞一般地朝淮南王宫飘去。

司马迁紧随其后。

郭解一心要救雷被出去，步行如飞，霎时来到王宫后院，登墙一望，又是一个大花园。但那围墙的下边，是一个荷花塘，清波泓然，反映着天上星月之光，益发显得幽雅。全院沉寂寂的，并不见什么人影儿，可是身下是一个池塘，却未便翻身跳将下地。他跳到墙外，围着院墙走了两箭之地，估摸着已经绕过了池塘，方又上墙。院内刚好有一棵枯树，猴子也似，沿着树干，直落下去，转眼之间郭解已立在泥地上了。

司马迁亦步亦趋，此刻就站在郭解身边。

郭解在院中站了片刻，把路径认明白了，便穿花过柳地，尽行向前行去。来到花庵之内，一把将花工提起，问明了关押雷被的地点，扬手点了他的哑穴和大椎穴，将他放倒在床，沿着他指引的方向，悄然前行。

“不好，牢房门前有人！”郭解小声提醒道。

幸亏那人，正背向着这里，对于郭解、司马迁的到来，一些儿不曾觉得。

郭解摸出解腕尖刀，屏住呼吸，蹑手蹑脚朝那值勤的兵士走去。直走到那兵士的身背后，可笑那名兵士，还丝毫不曾觉得，照常手握着长枪，挺立在那里。

郭解掩到他背后，乘其不备，伸出一条手臂来，将那名兵士的颈紧紧地抱住，勒得他喘不过气来。那兵士刚待挣扎，郭解早把一把解腕尖刀捅进了他的后心。那兵士未得叫上一声，便见了阎王，尸体却靠在郭解身上，大张着嘴巴，好似死不瞑目的样子。

司马迁走上前去，夺下那兵士的长枪，帮着郭解将兵士的尸体搁置在地面上。然而，对着牢门的大锁，他却是束手无策。

郭解微微一笑，走上前去，双手抓住门镣吊，只这么轻轻一扭，镣吊便断了。又轻轻将牢门推开，走了进去。

司马迁紧随其后。

屋梁上吊着一个人，披散着头发，一脸污血，定是雷被无疑。郭解心中不由一阵难受，先将壁上的油灯吹灭，才低声唤了两声“雷被”。

十几年没见了，那雷被如何听得出他的声音，就连面貌也认不出来了。

他仰起头来，睁着一双呆滞的眼睛瞅着郭解，声如蝇子嗡一般：“请问，您是哪路朋友？”

郭解见他竟然连自己都认不出来了，双目一酸，落下几滴英雄泪来，小声说道：“我是你师兄郭解！”

一听郭解二字，雷被双目突然一亮，欣喜地说道：“小弟认出来了，你果真是郭师兄，但不知你因何到此？”

郭解泪水涟涟地回道：“大赦之后，我有了自由，于是想到了你，想来看一看你，不想这刘安父子如此可恶！我……”

司马迁将他的话截住：“郭兄，此处非说话之地，还是救人要紧！”

听了这话，郭解将涌到口边的话又吞了回去，纵身而上，骑在梁上，想解开铁链，将雷被放下来。

雷被摇首说道：“不要去解，解下来也没用，我已成了一个废人，生不如死！”

郭解道：“什么废人，你不就是被挑断了脚筋吗？当年孙膑，连膝盖都被削去了，他不是照样活了下来，照样杀敌报国，照样杀了害他之人！”一边说一边将铁链扭断，早有司马迁接着，将雷被放在地上。他又跳下梁来，为雷被除去脚链，将他背在背上，由司马迁断后，逃出了王宫，匿身到双雁塔上。

狱头出来查夜，见没了雷被，忙去报知刘迁，吓得刘迁屁滚尿流，一面火急传齐太子署中的侍卫，前来捉拿，一面通令四门，不得放走雷被。直忙乎了三天三夜，一无所获。

这一来，莫说刘迁，连刘安也慌了，雷被若是西去长安告密，后果不堪设想。忽而又转一念，你雷被被我挑断脚筋，一不能步行，二不能骑马，唯有乘车而已。我遣人把住西上关卡，量你插翅难飞。尽管如此，他也做了最坏打算，来一个三管齐下。一方面派人前去追捕雷被；一方面派女儿刘陵入都，打通朝廷关节；一方面加紧部署，早些儿举起叛旗。他自以为布置得天衣无缝。殊不知“道高一尺，魔高一丈”。对于郭解来说，易面术乃小菜一碟，他不只给雷被易了面，连自己和司马迁也一并易了。你说我骑不了马，我偏要骑。这一来，可苦了郭解，将雷被抱上抱下，抱进抱出。你看，远远走来这三个人，一主二仆，一仆挑担，一仆牵马。那马上的主人，头戴进贤冠，身穿灰色长袍，大襟斜领，袍子下面打了一排密裥，足上蹬一双高头丝屐，上绣花纹，犹如一个满腹经纶的儒者。此人不用问，定是雷被无疑。那雷被本是清瘦面皮，如今变成方面大耳，莫说刘安的爪牙，就是雷被的亲爹，怕也是认他不出来了。

第二十四章　平定内乱　诛杀万人

雷被一行，来到京都，因为司马迁引路，没费什么周折，便找到了东方朔。雷被一见东方朔便哭拜于地，恳请东方朔为他申冤。东方朔自是满口答应，因事关谋反，东方朔带着雷被夤夜谒见武帝。武帝见有人竟然要夺他的大好江山，冲冠大怒，命大将军卫青率军三万即日开赴淮南，捉拿叛逆，张次公为副，汲黯则为监军。

张次公受命之后，将此一消息，当即透给刘陵。

这刘陵便是刘安之女，奉命进京打通朝廷关节，寻求内应。赴京后便把第一个目标锁定在张次公头上。这不只因为，张次公是淮南人，有过一面之交。更重要的是张次公对她垂涎已久，未曾封侯之前，亲自登门求婚，被刘安婉言拒绝。这一次主动送上门来，焉有回绝之理？二人都是情场老手，话也说得十分投缘。自从和刘陵云雨之后，再与其他女人便味同嚼蜡。张次公也和武帝一样，宁可三日不食，不可一日无色，这个色便是刘陵。

一日，刘陵背着一个包袱找到张次公道："您是否说过，愿意为我刘陵做任何事情，包括去死！"

他使劲点了点头。

刘陵挽着张次公的手走到床边，将包袱打开。

他一脸困惑道："你要做什么？"

她调皮地一笑道："我不只要做您的女人，我还要送您一个大富贵。"

他微微一笑，似信非信。

她从包袱里翻出一张礼单，在他眼前晃了晃："您看这是什么？"

他漫不经心地说道："礼单。"

她将礼单凑到他的眼前，娇声说道："您看这是多少礼？"

张次公抬起头来，轻声念道："五……啊，五千万缗！这么重的礼，给谁的呀？"

刘陵笑嘻嘻地回道："给您的。"

张次公大吃一惊，点着自己的鼻尖，一脸惊疑地问道："给我？"

这数额实在太大，一斤金一缗钱，五千万缗，便是五千万金，相当于大汉全年田赋收入的十分之一。怪不得张次公感到吃惊。

刘陵郑重地点了点头："对，就是给您的。"

张次公双目直直地盯着那张礼单，流着涎水，口中却道："古人有谚，'无功不受禄'，这场富贵我怕是享受不了。"

"您怎么享受不了，不就五千万吗？这对于淮南王来说，只不过九牛一毛。你是他未来娇婿，有道是'一个女婿半个儿'，分到你的头上应该分多少呀？"

"这……"张次公咽了口涎水，将礼单收起，自我解嘲地说道，"老岳丈的钱，不要白不要。"尽管这么说，仍是放心不下："翁主，你爹一家伙送我这么多钱，怕是另有所求吧！"

刘陵没有直接回答，绕了一个圈子问道："前不久，天上出现彗星，您可看到？"

"看到了。"

"有多长？"

"长可竟天。"

"吴楚反时，那彗星有多长？"

张次公想了一想，回道："光芒不过数尺。"

刘陵点了点头说道："吴楚反时，彗星出现，光芒不过数尺，今长且竟天，意味着什么？"

"意味着兵戈大起。"

刘陵试探着问道："兵戈大起又意味着什么？"

"意味着，意味着要改朝换代。"

刘陵心中暗喜，他已被我牵住了鼻子，还怕不跟我走吗？遂直言不讳地问道："若是改朝换代，在诸侯之中，谁有可能君临天下？"

"纵观天下诸侯王，淮南王年长辈高，道德文章，天下第一。若说谁应君临天下的话，怕是非他莫属！"话一出口，张次公便后悔了，这是犯禁的话，让朝廷知道了要杀头的。殊不知，刘陵要的就是这句话，见他面有惧色，嘿嘿一笑说道："你不必害怕。实话跟你说，'淮南八公'之一的左吴，已经推算好了，今年要大动干戈，改朝换代，那大汉的新主人，便是我的爹爹淮南王，你就是当仁不让的驸马爷了！"

"我，我还是有些害怕。皇上年富力强，聪明睿智……"

“什么年富力强……”刘陵便将左吴劝淮南王的话复述了一遍。说得张次公频频点头，把腿猛地一拍道：“好，我听你的，这个反我造定了！”

他一把将刘陵推倒在床。

二人一直鏖战到鸡子报晓，方才罢兵息战。自此，张次公拜倒在石榴裙下，死心塌地做淮南王内应。故而，当他受了武帝诏命，与卫青同征淮南，心急如焚，恨不得插翅飞回家去，将这消息告知刘陵。谁知，武帝婆婆妈妈，将他和卫青及东方朔等一班谋士留下之后，啰啰唆唆地讲了大半天，并留他们共进午餐，直耽搁到未牌三刻，方才回到家中，见了刘陵，忙将雷被出告淮南王及奉命征讨淮南之事，一一向刘陵道来。说毕，满面焦虑地瞅着她。

张次公原以为刘陵听了这个消息，必要吓个半死，谁知，刘陵听后，不唯不怕，反鼓掌大笑：“天助我也！”

这一笑，笑得他毛骨悚然，这个刘陵，火火辣辣，行事如同男子汉，想不到如此不经吓，她若发起神经来，那可就糟透了。

刘陵就像他肚中蛔虫，微微一笑说道：“侯爷不必害怕，雷被出告之事，早在父王意料之中，要不，为什么派我西上京都？至于征讨淮南嘛，若是没有你，淮南也许要有一场恶战，何也？卫青乃当世军事奇才。我爹未敢轻易举兵，所惧者，武是卫青，文是汲黯。至于公孙弘、张汤之流，乃墙头上几棵草而已，随着风向的变化而变化。只要杀了卫青和汲黯，大汉江山，不足虑矣！上天有眼，为助我除去卫汲二贼，降下了个你；皇上有眼无珠，偏让你和卫汲二贼同伐淮南。只要同行，还能没有机会干掉他两个吗？只要干掉了他两个，那大汉的江山不就成了你我的了吗？哈哈哈哈，哈哈哈哈，天助我也！”

张次公一想也是，变忧为喜，置酒相贺。贺毕，二人脱衣上床，云雨一番，方送刘陵上路。

淮南王听了刘陵禀告，决计提前造反，招降纳叛，共计十四五万，犹恐兵力不足，命刘陵前去郴城，与衡山王刘赐修好，送他黄金一千万缗，劝他一同起兵。那刘赐见刘安势大，又收了这么多金，当然乐从，亲赴淮南，商议举兵之事。

谁知，到了举兵之日，他又犹豫了。淮南王的军队倒也不少，尽是乌合之众，是否斗得过久经沙场的汉军？当然，斗过斗不过全取决于张次公，看他是否杀得了卫青和汲黯。倒不如我观上一观，张次公若是杀得了卫青和汲黯，我再起兵不迟；若是杀不了，对不起，我就按兵不动，以求自保。

他这一自保，算苦了刘安，硬着头皮和卫青干了一仗。刘迁不知深浅，胜了一个汉将之后，居然敢指名道姓，要向卫青挑战，不到三个回合，被卫青一刀劈于马下。叛军见叛首一亡，竞相逃命，被官军大杀一阵，十不存三。刘安遂把赌注全押在张次公身上，遣人潜入汉营，面见次公。殊不知，次公也有次公的难处。

刘陵奉命入都，藏匿于张次公家，这事做得甚为机密，不知怎的，竟然被郭解侦知，密报了东方朔。东方朔将信将疑，见次公受命与卫青同伐淮南，面色有异，赴宴时又心神不宁，方知郭解所言不虚，遂密报了武帝。武帝本意将张次公当即拿下，铲除祸根。一因无证无据，二因次公，也算汉朝一员良将，屡屡立功边疆，说他谋反，难以服众。若是收回成命，又怕众卿说己朝令夕改。武帝左思右想，想了一方，遂将卫青、汲黯召到宫中，如此这般，交代一番。一路上，卫青、汲黯处处设防，叫他无懈可击。张次公狗急跳墙，庆功宴上，竟要舞剑助兴，卫青不好相拒，暗中做好了应变措施。

张次公一边舞着一边朝卫青靠近，尚有丈余，一个箭步，饿虎般地朝卫青扑去。

卫青早有防备，身子一侧，轻而易举地躲了过去，顺手拔出宝剑。

就在卫青拔剑的当儿，张次公连攻三招。

卫青连退三步，挽了个剑花，当胸一剑，朝张次公刺去。他开始反击了。

张次公偷袭尚未成功，明剑相斗，岂是卫青对手！他虚晃一招，转身而逃。

卫青大喝一声道：“逆贼，哪里逃？”

次公返身再战，帐中汉军，一齐拔出兵器，共击次公。次公自知死多生少，仰天叹道：“刘陵呀刘陵，我不该受你所惑，惹出今日之祸，我先走一步了！”

说毕，挺剑朝胸口刺去。刘安听闻噩耗，暗自忖道，张次公一死，我还有何指望，倒不如弃军而去，尚保全一条老命，于是，带着刘陵潜逃郏城，投了刘赐。

所幸，刘赐未曾举兵，逆谋尚未败露，方使刘安父女有一个栖身之地。

谁料，好景不长，刘赐一家骨肉相残，反害得刘安父女，也一并丢了性命。

刘赐不比刘安，不喜诗书文章，专喜声色犬马。王后乘舒和他一般无二，膝下二子一女，长子名爽，立为太子，少子名孝，女名无采。乘舒正当壮年，不知误食了什么食物，一命呜呼，撇下一个极珍且贵的王后宝座传于宠姬徐来。徐来比乘舒还要多产，生下儿女四人。

刘赐后宫，有姬九十九人，受宠者除徐来之外，尚有一个厥姬，论模样比徐来还要漂亮，只因出身卑贱，被徐来夺去后位，岂能心甘？因此她欲借太子爽手，除掉徐来。

这一日，太子练功归来，与厥姬相遇，遂被厥姬邀到崇德宫中。太子举目一望，见那厅的正中，摆着一个神位，神主是一少妇，凤眼樱口，甚是俊美，不由得多看了几眼，似乎有些面熟，止不住问道："此乃何人？"

厥姬未语先泪，泣声说道："殿下，您难道连您的生身母亲也不认识了吗？"

太子闻言，仔细一看，果然是他的母亲乘舒，满面诧异道："你为什么要敬我的母亲？"

厥姬见问，长叹一声说道："殿下有所不知，在后妃之中，唯有妾和先王后相处最好。妾父病故，无钱殡葬，王后一把拿出来二十万缗。妾无以为报，寻一画匠将先王后绘一画像，敬奉于此，朝夕礼拜。有道是'好人不长寿'，先王后不足三十岁，却死于食物中毒，惹得宫中议论纷纷，人都说，她……先王后她……"

她故意把话停了下来，发出一声长叹。

太子急于想知道母亲死因，催促道："请讲。"

"还是不说为妙。"

"为什么？"

"这事与王后声誉有碍！"

太子何等聪明，脱口说道："难道我母的死与王后有关？"

"正是。"

"她可是死于王后之手？"

厥姬反问道："先王后若非死于王后之手，这么大一件事情，大王并非没有追查，为什么不了了之？"

太子切齿恨道："徐来毒妇，我非宰了你不可！"

说毕，提剑闯宫，要杀徐来。也是徐来命不该绝，偏偏其兄来宫中看望徐来，半道将太子拦住，一场恶斗，被太子削去左臂。太子正要将他结果，刘赐闻讯赶进宫来，将太子毒打一顿，逼他向徐来赔了一礼。二人表面上和好如初，心中恨不得杀了对方。

孝乃太子一母同胞，生母死时，尚不足十岁，刘赐便命徐来抚养，徐来尽管心中不愿，碍于王命，勉强应允。徐来这人，很会装模作样，明明讨厌孝，面上却装出一副慈母模样，引来一片赞扬之声。孝对徐来，更是感激涕零。

孝姊无采，年交二九，出嫁年余，因与丈夫不合，弃夫归郱。徐来见有机可乘，故意厚待无采，今日送几件首饰，明日送她几匹细绢。日久天长，竟把无采收买过去。

光阴似箭，刘孝长成一个大人，明知徐来并非生母，却当作生母一般看待，与徐来、无采串通一气，谗毁太子。

有道是“谗言如剑”，三人成虎，无虎也有虎。何况进谗者，不只徐来，还有你太子的胞妹和胞弟，刘赐岂能不信？这一信可算苦了太子，三天两头挨揍，屁股上没有一块好肉。

屋漏偏逢连夜雨，船破偏遇顶头风。徐来乳母，养了一个不成器的儿子，大白天抢劫民女，招来两个不知名的侠客，夜入其室，连子带母一并斩杀。徐来把这事，硬赖到太子头上，哭诉于刘赐，刘赐偏听偏信，竟将太子敲扑一番，害得太子三天不能起床。父子遂积成怨隙，好似冤家对头一般。

这一日，刘赐忽患头疼，疼得如同炸了一般，心下大骇，难道我的气数将尽了？倒不如趁着清醒，将后事交代一番，遂命宫监去传太子。太子不知刘赐是想交代后事，反疑他病中思子，谎称自己有疾，避而不见。徐来与孝，正好乘间进言，这个说，太子闻听父病，召集群僚举杯庆贺，那个说太子正在命人赶制龙袍，准备嗣位了。

刘赐越听越气，将床梆啪地一拍，高声骂道：“逆子，看我不废了你！”

一听这话，喜得徐来、刘孝二人，如同喝了蜂蜜一般，差一点儿跳了起来。

徐来赔着小心问道：“王爷，您既然存心废掉太子，那新太子当由何人继承？”

刘赐不加思索道：“当由孝儿继承。”

徐来口中叫好，心中却像打翻了五味瓶。我徐来费尽心机，方使王爷生出废爽之心，你刘孝不动不摇，捡得一个太子之位，天底下哪有这么便宜的事？倒不如再生一法，连孝一并陷害，也好使我亲生子广，起嗣王封。心念虽至，但生一个什么法儿，一时又想不起来，怏怏而退，弄得连晚饭都懒得吃，躺在床上，双目望着天花板出神，宫女以为她病了，排队儿前来问安。

内有一女，名叫丽歌，天生丽质，不只模样儿俊，还能歌善舞，历来为赐所宠，亦为徐来所嫉妒。

徐来眼珠一转，暗自忖道，丽歌年交二九，业已破头，正是贪图欢乐之年；而那刘孝，业已弱冠，人物俊美风流，若将两捆干柴并于一室，还愁擦不出火花吗？于是，发出懿旨一道，命丽歌与刘孝相伴。明眼人一看，便知这是一个阴谋，唯有刘孝浑然不觉，反觉着徐来爱己知己。

果如徐来所料，未出十天，刘孝便与丽歌擦出了火花，二人同居一室，出入成双成对，俨然一对少年夫妻，把个内宫闹得满城风雨，只有刘赐蒙在鼓中。

太子刘爽闻得刘赐暴怒，顿感事态不妙，忙收拾行装，欲外出避上几日。只听门外，熙熙攘攘，却原是一班侍卫，捧着王旨，前来传唤刘爽。爽躲避不及，被这班侍卫，推推搡搡，拖入宫殿。宝座之上，气呼呼地坐着一位王爷，见了刘爽，将御案啪地一拍吼道："畜生，你干的好事！侍卫安在？摁倒往死里揍！"

几个武士，一拥而上，将刘爽摁倒，举杖便笞，笞得他皮开肉绽。笞毕，他强撑着爬将起来，手指刘赐，且泣且诉道："父王，孝与你侍女通奸，徐来毒死臣母，你奈何不问？尽管笞责臣儿！臣儿要上书天子，告你个教子无方之罪。不，不只告你教子无方，我还要告你谋反，告你个窝藏天子钦犯之罪！"

此言一出，吓得刘赐手颤足摇，许久不闻一声。

刘爽趔着屁股，一步一颠走下殿去。未及出殿，忽听刘赐大声呼道："莫要放走太子！"

守宫侍卫先将刘爽拦住，牵到刘赐面前。刘赐铁青着脸问道："你果真要告我吗？"

刘爽赌气地说道："我就是要告你！"

"我是你爹！"

"你打我时咋忘了你是我爹？"

问得刘赐大张着嘴巴无话可说。

刘爽冷哼一声，转身又要下殿，刘赐急了，大声说道："你给我站住！"

刘爽止步，翻眼瞅着刘赐。

"我再问你一遍，你到底告不告我？"

"我再回你一遍，我非要告你！"

把个刘赐气得嘴脸乌青，哆嗦着嘴唇说道："逆子！把这个逆子给我拿下，打入死牢！"

将刘爽打入死牢，实属不该，你刘赐没有想一想？你们毕竟是父子呀，血浓于水！刘爽要告你，本是一句气话。他敢告你吗？他告你谋反，你性命固然不保，他呢？他得连坐，就是武帝法外开恩，那太子也肯定是当不成了。刘爽不傻，孰轻孰重，他还能掂量不出来吗？

他掂得出来的。

待他冷静下来之后，便有些后悔了，痛哭流涕地上书父王，请求宽容。刘赐本该借坡下驴，放他出来。要么，就如徐来之言，一刀将他宰了，斩草除根！他既不杀又不放，转眼一月有余，且有谣言传出，刘赐已上书武帝，废长立幼。这样一来，激怒了刘爽，一不做，二不休，遣心腹人白嬴潜往长安，告发刘赐，并徐来、刘孝。

武帝正为抓不到刘安父女而头痛，闻报，当即颁旨一道，命卫青、汲黯，即刻发兵郝城，捉拿叛贼，这贼当然也包括刘赐一家。

卫青受诏，马不停蹄，径奔郝城，将衡山王宫，围得铁桶也似。刘安、刘陵惊惶自杀。刘赐及徐来、太子刘爽、次子刘孝，与帮同谋反诸党羽，被一股脑儿押至长安，交张汤审问。

张汤嗜杀成性，经他一审，无一不该杀，连同连坐，总计三万一千余人。

武帝一一准奏，唯有刘爽，心有不忍。特将张汤召来，当面质道："《见知法》明文规定，无论官民士商，若是触犯了王法，在官府未曾掌握之前，主动出首，既往不咎。刘赐无论是串通刘安谋反，抑或是藏匿钦犯，朝廷并不知晓，刘爽主动出首，有功无过，因何也要杀他？"

平日，张汤办案，总是依皇上好恶行事，今日却一反常态，叩首辩道："陛下只知其一，不知其二。按照《见知法》，刘爽确实不该杀。按照《春秋决狱》，是非杀不可！"

何谓《春秋决狱》？

所谓《春秋决狱》，就是把儒家经典，特别是《春秋》中的封建伦理观念，作为判决案件的根据。该书的作者是董仲舒。董仲舒"去位归居"后，在家著书立说，朝中每有重大狱案，武帝就派张汤到他家去请教。请教的次数多了，董仲舒把积累起来的材料，加以整理，写了一本书，取名叫《春秋决狱》。

张汤见武帝久久不语，轻咳一声说道："《春秋决狱》，其核心内容，讲的是‘父子相隐’，也就是‘为亲者讳，为尊者讳’。刘赐谋反，固然该杀，作为其子，理应相隐才是，他却上书告发，不合为子之道，理应重判。故而，虽有《见知法》，刘爽也是非杀不可！”

武帝虽然觉着，张汤言之有理，心犹不甘，反问道：“如爱卿所言，雷被一事，该当何处？”

张汤毫不迟疑地回道：“斩！”

“为什么？”

“雷被身为淮南王……”张汤自知失口，忙改口道，“雷被身为逆贼刘安宾客，说白了，也就是高等仆人，刘安对他来说，显然是尊者了，刘安犯法，他同刘爽一样，理应相隐，上书告发，以下犯上，不合为仆之道。理应斩首！”

武帝略一思索道：“如爱卿所言，不为父隐该杀，不为主隐该杀！那么，太中大夫严助，私受淮南王礼物，隐而不报，你也要杀，是何道理？”

张汤理直气壮地回道：“严助身为皇帝心腹，经常出入皇宫，竟然私交诸侯。这样的人如果不杀，就不能警告后人！”

经张汤力争，刘爽、雷被、严助一一遭到诛杀。因淮南、衡山二王谋反一事，前后被杀的达五万余人。那本被刘安视为珍宝的《淮南子》中篇，也就是《枕中鸿宝苑秘书》，几经周折，落到武帝手中。武帝喜出望外，及至打开一看，那书上的文字，如蝌蚪一般，一个也不认识，真是大失所望。

第二十五章　军功封侯　武帝赐婚

内乱既平，武帝腾开手来，专心致志地对付匈奴。

匈奴不知死活，发兵再犯定襄，杀人盈万。引得武帝勃然大怒，于元朔六年（前123年）春，以卫青为大将军、张骞为中将军、公孙贺为左将军、苏建为右将军、赵信为前将军、李广为后将军、李沮为强弩将军、公孙敖为骑将军，诸军统归卫青节制，从定襄出塞，攻击匈奴。

军未曾发，霍去病找到卫青，摇着他的胳膊说："二舅，你不是说，等我长大了，要带我去打匈奴吗？我已经十七岁了，个子也不比你低，你咋不带我去打匈奴呢？"

卫青不想带他。霍去病从小跟着卫媪，也就是卫青的母亲长大，母亲对他很溺爱，枪刀无眼，一旦有个闪失，没法向母亲交代。但又不想直接拒绝，于是打出了皇上这个招牌，笑回道："从军大事，二舅可做不了主，你若真的想随二舅去打匈奴，你就直接去找皇上好了。"

他原以为这样一说，霍去病准会知难而退。他错了。古人有谚，"初生牛犊不怕虎"。听了卫青的话，霍去病一口气跑上金殿，见了武帝，扑通一跪，稚声稚气地说道："姨夫，我想随二舅去打匈奴，卫我大汉，您说行不行？"

武帝见他憨态可爱，已有几分心许，故意问道："你今年几岁了？"

"十七岁了。"

"十七岁还不到加冠的年龄，不加冠就不是一个大人，打仗是大人的事，你回去吧。"

霍去病固执地说道："我不走。"

"为什么？"

"打匈奴凭的是勇敢、武功，不是年龄！"

武帝打趣地说道："嗬，依你所言，你还蛮勇敢呢？"

霍去病将胸脯一拍："不瞒姨夫，前不久甥儿随二舅狩猎，打死了一只老虎，您说我勇敢不勇敢？"

"够勇敢的！不过，这事朕又没有亲见，谁知道你是不是吹牛？"

“我没吹牛，这事您可以问我二舅！”

“朕谁也不问，敢打死老虎的人，那武功一定不错。你敢不敢和东方先生比试一番？”

“敢！”

武帝点了点头道：“好，你若胜得了东方先生，朕就让你去打匈奴；若是胜不了东方先生，还回去玩你的尿泥！”

霍去病朗声回道：“行。”

一个是武帝外甥，一个是武帝宠臣，不管伤了谁也不是他的心意。于是，依照张骞与甘父比武之法，命他二人大战了一场。东方朔也不知是艺不如人，还是有意成全霍去病，斗了三十个回合之后，败下阵去，查了一查，他身上的白灰点子比霍去病只多了一点。

武帝盼的就是这个结果，龙颜大喜，封霍去病为剽姚校尉，随卫青出征。

大军来到定襄，匈奴早已退去。卫青率军，紧追不舍，歼敌六千余人，而后返回定襄，稍做休整，再度出塞，把大营朝北推进了数百里，在更广阔的范围内向匈奴发动进攻。匈奴连吃几次败仗，羞愧难当，这一次也豁出去了，聚集重兵顽强抵抗。战斗甚为激烈，直杀得天昏地暗，日月无光。卫青直接指挥的张骞、公孙贺、公孙敖、李广、李沮部，在激战中虽有伤亡，但仍取得巨大胜利，斩杀敌人万余人。而苏建、赵信部却损失惨重，三千骑兵伤亡殆尽，苏建单骑逃归，赵信则投降了匈奴。卫青清点兵马，独不见霍去病，不由得大惊失色，忙遣出四路人马，寻找去病。直到第五天酉牌时分，方将去病迎回大营。

只见去病灰头灰脸，战袍上血渍斑斑，卫青又是心疼，又是抱怨地说道：“去病，你到哪里去了？叫二舅好找！”

霍去病笑嘻嘻地回道：“甥儿能到哪里去？甥儿追击匈奴去了！”

他一五一十，将追击匈奴的过程仔细地讲了一遍。

霍去病随军后，卫青想给他一个立功的机会，为他精心挑选了八百名精壮骑兵，归他节制。这八百骑兵，久经疆场，都是以一当十的勇士。战斗打响后，霍去病便带领这八百骑兵，如狼似虎地冲入匈奴阵中，大砍大杀，好不痛快。为追一股匈奴，他们脱离了部队的主力，成了一支孤军，宿于一个小山脚下。吃过晚饭，一轮明月慢慢地在西方升起，高挂在天空，给大地镀上了一层碎银。霍去病睡不着觉，独自一人登上小山，想看看四周的环境。他抬头往小山对面的山谷中一望，看见有许多灯火，心头一喜，莫不是二舅的部队在那里宿营？不对，我深入匈奴腹地，已有数百里，已将大部队远远地抛在身后，那灯光闪处，不可能是自己的部队！要是，只能是匈奴！

一想到匈奴，霍去病心中不由咯噔一下，我就这八百骑兵，通过一天来的追杀，人困马乏，那山谷内不是匈奴的部队，倒还罢了，若是匈奴的部队，可是凶多吉少，赶紧逃命为是。

他一口气跑下山来，正要集合队伍，忽然想到，我方人困马乏，匈奴呢？也不会比我强多少，我怕他做甚？

他站定脚跟，又朝匈奴驻兵的山谷望去，却是什么也看不见。

看样子，匈奴并没有发现我。

既然我没有被他发现，何不来一个奇袭？杀他个措手不及，建一个不世之功！

主意已决，霍去病暗暗集合队伍，马摘铃，足裹絮，悄无声息地杀向匈奴大营。竟然没有遇到一丝儿抵抗。

霍去病一马当先，朝着最大那个营帐攻去，他想着，既然这个营帐最大，那里边一定住着匈奴的统帅和将军。

营帐里坐着三个人，正在饮酒，饮得满面通红，已有六七分酒意了。骤然见闯进来一个汉将，吓得魂不附体。坐在上首那个老者，结结巴巴问道："你，你是何人？竟敢闯爷大帐？"

霍去病见他如此口满，断定他在这四人之中，官儿最大。有道是"杀贼先杀王"，我何不……

他一个箭步冲上前去，白光一闪，将老者劈为两半。吓得另外两人，面无血色，跪地求饶。

俩头一降，匈奴兵成了无王的蜂，四散奔逃，汉兵追上一个，杀一个，如同刀打豆腐一般。直到杀得无甚可杀，方才集合队伍，清点战果，共计斩杀匈奴四千二百八十三人，俘敌酋两名。

霍去病猛然想起，我所俘虏的这两个匈奴，也不知姓甚名谁，多大官儿？何不趁机审他一审！

当即将两个俘虏叫到面前，指着内中一个问道："你叫什么名字？官居何职？"

那人战战兢兢回道："我叫罗姑，是单于的叔父。"

霍去病心中暗喜，好家伙，逮住一条大鱼！但不知那一个俘虏又是个什么角色？

他瞄了那个俘虏一眼，不动声色问道："汝叫什么名字？官居何职？"

那人也同罗姑一样，颤抖着声音回道："我叫邱机，官居匈奴的相国。"

霍去病差点儿叫出声来，这一条鱼也不小呀！止不住问道："昨夜，我所杀的那个老者，又是何人？"

"他是我们单于的大父藉若侯产。"相国回道。

"大父，大父是什么官职？"霍去病一脸困惑地问道。

"大父就是叔祖父。"

听相国这么一说，霍去病噢了一声道："想不到这条鱼比前两条鱼还大！"当即命人砍下藉若侯产的人头，押着两个俘虏，连夜南撤。

霍去病笑嘻嘻地讲着，就像讲一个很遥远的故事。听得卫青精神大振，拍着霍去病的肩头，由衷地赞道："好一个剽姚校尉！'剽姚'二字，你是当之无愧了！"

"剽姚"，劲疾之貌，就是剽悍、勇猛、迅疾的意思。

霍去病既归，卫青放下心来，就苏建单骑逃归一事，征询军法官周霸的意见，应当如何处置。

周霸略一思索回道："自从大将军率兵出征以来，从未斩过部将。现在苏建丧失全军，独自归来，应当处斩，以此可树大将军之威。"

李广闻言，趋前一步，大声说道："大将军，苏建虽说亡军该斩，念他是朝廷一员枭将，屡屡有功于大汉，请大将军法外开恩，饶他一命！"

周霸也趋前一步，朗声说道："苏建确实有功于大汉，要不，何以受到侯封？这就叫有功必赏。苏建全军覆没，罪在不赦！既然有功必赏，为什么有罪不罚呢？"

李广正要再辩，被卫青摇手止之。只见他不慌不忙说道："二位将军不必争了，我自有主意。"

他瞅了周霸一眼，继续说道："我以皇亲身份，受到皇上信赖，又是大将军，不愁没有威信。你要我斩苏建以树威，实在不合我意。皇上命我带兵出征，虽然给了我杀人斩将的权力，我也不应自作主张，擅诛将校。苏建是皇上亲自任命的将军，他违犯军法，应送皇上处置。我这样做，也是为其他将领做个不敢专权的榜样。"

话说到这个份上，周霸还有何话可说，唯有颔首称善而已！

于是，卫青便把苏建囚禁起来，押回长安，如实向武帝做了禀报。武帝也很犹豫，若治苏建的罪吧，以后吃了败仗的将军，谁还再回来？若是不治他的罪，他领军出征，全军覆没，按军法应斩！左思右想，搞了个折中方案，将苏建贬为庶人。

这一次战役，总的来讲，是取得了巨大胜利，但由于苏建的失败和赵信的投降，卫青没有得到什么封赏。

霍去病和卫青不同，有功无过，骁勇异常，功冠全军，又是武帝外甥，故而，武帝特别高兴，诏封冠军侯，食邑一千六百户。十七岁的小伙子，因军功而封侯，这在中国，怕是前无古人，后无来者。去病因此成为英雄，受人敬仰。子夫心中有点不安，对武帝说道："霍去病还是个娃娃，又是臣妾外甥，皇上不可过于偏爱。"

武帝笑道："什么娃娃？古人谚，'赏贵小，罚贵大'。不论是谁，只要在战场上建立了功勋，朕都要厚加封赏！"

去病一日之间，成了长安城的风云人物，上自公侯大臣，下至平民百姓，几乎无人不知，无人不晓。认识的和不认识的，竞相登门拜访。一时间，门庭若市。

去病应酬了几日，颇觉乏味。对于造访者，一概不见，约了一帮部下，到军中蹴鞠。

所谓蹴鞠，就是踢足球。当时的鞠乃用皮革制成，实心，中间填以芦花、棉絮等松软之物，弹性较差。去病本就是一个蹴鞠好手，又十分投入，敢于拼抢和射门，每次都踢得大汗淋淋，气喘吁吁。

玩归玩，他毕竟已经十七岁了，又封了侯，该成一个家了。

但他贵为侯爷，找一个门当户对的谈何容易！

卫媪、子夫正在为这事犯愁，从天上掉下一个馅饼。修成君金俗找上门来，要与卫家联姻。

修成君有一女儿，名叫金蛾，模样儿长得十分俊俏，就是时运不佳。她的外婆，也就是王太后，一心想叫她嫁一个王公之家，好安享荣华富贵。挑来挑去，挑到了齐王刘次昌的头上，一口遭到回绝。继之又挑，选中了淮南王刘安长子，也就是故太子刘迁。那刘安也想攀一个高枝儿，一口应允，吹吹打打，将金蛾接到淮南，拜堂成亲。安本意欲攀葛附藤，想靠王太后为护符，偏偏王太后告崩，无势可援。加之，他又居心造反，恐太子妃，也就是金蛾，侦悉其奸，密报朝廷。便将刘迁召到密室，叫他设法与金蛾反目。太子宫中，美女如云，也不在乎金蛾一人。听了父言，太子借故与金蛾吵了一架，移往别宫，三月不与金蛾同席。刘安佯为调停，硬逼着刘迁搬回金蛾之宫，刘迁佯装拗不过乃父，搬了回去，却与金蛾分床而居。金蛾见和好无望，索性求去。此举，正中刘安父子下怀，遣人将金蛾护送入都，上书请罪，武帝为安谎言所惑，准予离婚。

未几，淮南事发，刘安一家遭诛，连坐者两万余人。金蛾已不是刘迁之妃，故而得免，变祸为福。

卫媪、子夫，听修成君说明来意，心中大喜。但又想到，武帝正宠着去病，此等大事，应该征求一下皇上意见。于是，乘侍寝之机，子夫笑对武帝说道："妾少时在乡，听老人讲道，人一生若能做成一件大媒，生前就是犯有天大罪孽，死后可免地狱之苦；若是做成两件大媒，来世可投胎为人；若是做成三件大媒，来世可为富翁；若是做成四件大媒，来世可为将相；若是做成五件大媒，即可为神为仙。据妾所知，陛下已做成了四件大媒……"

她曲指数道："一，金俗与石德；二，春月与卫青；三，秋花与公孙敖；四，君孺与公孙贺。只差那么一件即可为神为仙了……"

武帝照子夫额头上轻轻地戳了一指头说道："你不要拐什么弯子，你实话告我，你又想为谁撮合姻缘，要朕赐婚？"

子夫咯咯一笑道："有道是'聪明不过帝王'，此话不谬也！再差一个月，去病便是十八了。"

"十八又怎么了？"

"十八该成家了。"

武帝一拍后脑勺说道："你不说我倒忘了。有道是'成家立业'。一般来讲，先成家，后立业，去病的业已经立了，那家也早该成了。只是，去病为你外甥，又贵为侯爵，得选一个门当户对之人才是。"

子夫顺竿子说道："陛下所言极是。"

"这门当户对之人嘛，"武帝拍着脑门，"朕一时又想他不来……"

子夫笑问道："金蛾呢？千金小姐，贵为咱的外甥……"

武帝一拍脑门儿说道："对呀，这倒是天造地设的一对！"

于是，武帝和子夫做媒，去病和金蛾结为夫妻。

成婚那日，武帝亲来庆贺。卫青闻讯，忙率领家人迎接，齐刷刷跪了一地，口称："万岁、万岁、万万岁！"

武帝步下御辇，子夫步下凤辇，宫娥彩女前呼后拥，缓缓步入卫府。子夫的后面跟着阳石公主刘妍、诸邑公主刘媚，三公主刘娟年方两岁，由宫女抱着随行。

武帝和子夫步入卫府，进入大厅，正中而坐。去病与金蛾拜过天地，接下来该拜高堂，因皇上在此，改为先拜武帝和子夫，再拜高堂。

午宴相当丰盛。卫青心中高兴，多喝了几杯酒。送走武帝，倒头而睡。直睡到酉牌时分，方被人叫醒，说是有一个自称杜周的人，前来求见。

卫青忙整冠将杜周迎入客厅。

杜周见了卫青也不行礼，直言说道："我是一个布衣，想和大将军做一深谈。大将军若是看得起我，请屏退左右；大将军若是看不起我，我这就走人！"说毕，双目直直地盯着卫青。

卫青毫不迟疑地说道："我愿和你做一深谈。"当即屏退左右："你可以说了吧？"

杜周颔首说道："在下可以说了。在下冒昧地问一声大将军，在后宫之中，皇上最宠何人？"

卫青直言不讳地回道："当数我的三姐。"

杜周摇头说道："也不尽然。"

卫青一脸诧异地问道："依先生看来，皇上最宠的当数何人？"

"当数尹、邢二夫人。尤以邢夫人为最。"

卫青猛然想起一语，"美女入室，恶女之仇"。是了是了，在尹、邢二夫人中，皇上最宠的当数后者。我三姐贵为皇后，但不知杜周当面问我，是何用心？

杜周就像卫青肚中蛔虫，不慌不忙说道："大将军爵食万户，位极人臣，三个孩子都封了侯，固然因为您战功卓著，但仅仅因为您战功卓著，就能得到这么多实惠吗？"

卫青如实回道："当然，我也沾了我三姐的光。"

"这就对了！"杜周将头一仰说道："大将军既然知道您沾了皇后的光，在下冒昧地再问一句，皇后得宠，凭的什么？"

当然是容貌了！但卫青不想这么说。

杜周就着这个话题，侃侃说道："爱美之心，人皆有之，何况皇上！皇后得宠，因色而起。但花有开败之时，人有年老之忧。皇后再漂亮，已过而立之年，而邢夫人不足二十，正当花香之年，皇上爱之极深。大将军若是能和她拉上关系，让她在皇上面前为您说话，您将立于不败之地！"

卫青听了杜周之言，心存担忧："先生之言，固为金玉良言，但在下与邢夫人，一不沾亲，二不带故，如何和她拉上关系？"

“这个容易。那邢夫人虽说贵为夫人，父母的家境并不富裕，将军若是能够给她的父母送上千金，她一定对您感激不尽。这样，邢夫人就变成您的支持者，在皇上面前为您说话。”

卫青深以为然，筹金五百，连夜送给邢夫人父母。老两口何曾见过这么多金？激动得一夜没睡着，大清早便去了王宫。邢夫人听父母说明了来意，又惊又喜，乘侍寝之机，把话题引到卫青身上，大加赞扬。

武帝一脸困惑道：“爱妃伴朕，已有三载，从未提到卫青二字，今日这是怎么了？”

邢夫人见问，不得不如实相告，武帝笑道：“古人有谚，‘吃人家嘴短，拿人家手软’，果真如此。”

翌日早朝，武帝把卫青留了下来，瞅着他嘻嘻地笑个不停，笑得卫青莫名其妙。

“卫青啊卫青，朕一直觉着你是个老实人，想不到老实人也会送人金！”说毕，武帝又一阵大笑。

卫青满脸通红，低头回道：“邢夫人温柔贤淑，为了皇上，难顾其家，臣能够为邢夫人家做点事情，那是臣的荣幸！”

武帝笑道：“这不像你的话，你也没有这么多弯弯绕儿。你给邢夫人家送礼，必是受了高人指点。”

卫青嘿嘿一笑说道：“陛下天资睿智，把臣的一举一动都看透了，臣确实受了高人指点。”

“那高人是谁？”

“南阳杜周。”

“请你把他召来。”

卫青叩头而起，刚一抬脚，被武帝叫住：“卿的钱，一为俸禄所得，一为军功所赐，来之不易。邢夫人既为朕妃，邢夫人之父母便是朕之父母，理应由朕来养，何需卿来破钞？朕赏卿千金，既是对卿的补偿，也是对卿的奖赏，不必推辞！”

卫青跪倒谢恩，再拜而起。

第二十六章　皇家游湖　群臣斗智

那日武帝赏过了卫青之后，又将杜周召到金殿，拜为代郡中尉。行前，武帝在未央宫前殿为他饯行，由卫青、张骞作陪，边喝边聊，聊着聊着，聊到了大夏。张骞将酒杯一放，双手抱拳道："陛下，臣有一本要奏。"

武帝笑眯眯地瞅着张骞："请讲。"

张骞不慌不忙地说道："臣前在大夏时，见有邛竹杖蜀布，该国人谓买之身毒。臣查身毒国，在大夏东南，风俗与大夏相似，唯独其民喜欢乘大象打仗，国濒大川。依臣推测，大夏距中国一万二千里，该地有蜀物输入，定是离蜀不远。今欲出使大夏，北行必经过匈奴，不如从蜀西进，较为妥便，当不致有意外阻碍了。"

武帝做梦都在想称霸天下，岂有不允之理？遂拜张骞为特使，司马相如为副，持节赴蜀。因相如消渴症复发，不能成行，改派王然、于柏、始昌、吕越人前往。众人来到犍为郡，张骞坐镇犍为，将其部一分为四，一出駹，一出莋，一出邛，一出僰。駹、莋等部，本皆为西夷部落，前经司马相如晓谕，一并归汉。但自元朔四年（前125年）以来，駹、莋又换酋首，与汉绝交。此次汉使假道，又被中阻，北路为氐莋所梗，南路为嶲及昆明所塞。昆明杂居夷种，不置君长，毫无约束可言，见有外人入境，便要上前杀掠。汉使所带财物，尽被夺去，不得已改道前行，趋入滇越。滇越亦称滇国，地有滇池，周围约三百里，因以为名。滇王当羌，为楚将庄蹻之后。庄蹻当年略定滇地，因楚为秦所灭，留滇为王，传国已数世矣。因与中国隔绝多年，不通消息。及见汉使来到，当面盘问，方知在滇以北，尚有一个地大物博的汉国，便热情款待汉使，代为觅道，嗣探得为昆明作梗，无法疏通，乃回复汉使，返报张骞。骞亲抵昆明，险些儿丢了性命，没奈何还报武帝。

武帝暗自思道，不可一世的匈奴，都被我打得落花流水，何惧一个小小的昆明？有心前去征讨，怎奈没有水军，三百里滇池，如何逾越？转念一想，我大汉有的是土地和人，我不会开它一个滇池？主意已决，遂命公孙弘，筹资二亿，往调劳工数十万，于上林苑中凿通一池，因欲讨伐昆明，故名昆明池。使士卒置筏池中，练习水战，预备西讨。兵未及发，武帝忽然萌生了游湖之念。

这一日，武帝处理完政事，带上东方朔、韩说及卫子夫和尹邢二夫人，登上龙舟去游昆明池。龙舟高四丈，上设有宫室殿堂，描龙绘凤，就连那撑船人，也都穿着彩袍。

正值金秋时节，风和日丽，绿波荡漾，数十个宫女，穿着青色的衣服，在湖边洗衣。武帝看了一阵，把面转向东方朔和韩说，笑吟吟地问道："汝可知世上何以为净？"

韩说抢先回道："以臣之见，世上万物皆以水为净，物污水冲而洁，身垢水洗则净。"

武帝点头称是。

东方朔铿声说道："陛下，臣以为韩舍人所说为非！"

武帝怔了一怔，方才问道："东方先生，依你之见，韩爱卿之言，非在哪里？"

东方朔反问道："我主万岁，假如有人向酒中掺了一泡尿，这能洗吗？若不能洗，怎么个以水为净？"

说得武帝哈的一声笑了，点着东方朔鼻尖道："你这个人呀，咋如此会钻牛角尖呢！"

东方朔一本正经道："臣这不是钻牛角尖，臣这是大实话，生活中不能以水为净的东西比比皆是，书本、灯捻、泥胎、白面，这些东西都是不能用水洗的，何以以水为净？"

武帝低头思索了片刻，抬头问道："如先生之言，世上当以何为净？"

东方朔望了韩说一眼，笑回道："以臣之见，世上当以眼不见为净。世上万物，皆在五浊之中。所谓五浊，乃为世浊、心浊、音浊、流浊、物浊。仅以物浊为例，有可以用水洗的，有不可以用水洗的，但眼若不见，就以为它是干净的。至于世浊、心浊、音浊，流浊，更是如此。"

说得武帝连连点头："先生所言极是，不妨做简为书，传于天下。"

韩说吃了东方朔一闷棍，本想回击几句，自知才学不及，怏怏离去。

第二天一早，又要去游昆明湖，只不过，伴驾的大臣，除东方朔、韩说以外，又多了几位，有堂堂宰辅公孙弘，有大病初愈的司马相如，有巨儒董仲舒，有朴实无华的朱买臣，有行文如风的枚皋，有疾恶如仇的汲黯，有刚刚拜为郎中的司马迁，还有文章华丽善于逢迎拍马的吾丘寿王，一时间如群星落地，光灿耀目。

众人坐在舟中，有说有笑，忽听东方朔轻咳一声说道："诸位且住，我有话说。"遂号号叫了两声，复又说道："诸位知道，我在叫什么吗？"

众人你瞅瞅我，我瞅瞅你，均不知何意。

东方朔又叫了两声，两眼睥睨着司马相如。

司马相如被他这么一瞅，恍然大悟，啐了一口道："这个狂士，我又不曾惹你，你骂我做甚？"

众人这才想起，司马相如，小名叫作狗儿，那号号两声，分明是呼唤狗儿之意，止不住大笑起来。

司马相如受了戏弄，岂能心甘？想来想去，想到了东方朔新纳的小妾春桃。这春桃长身白面，面如桃花，齿若排贝，刚由河内迁到长安，与东方朔隔墙而居，一个重她美貌，一个羡他有才，少不得眉来眼去。为得到春桃，东方朔逾墙而入，与她私会，被春桃父亲逮个正着，因祸得福，结为夫妻，在朋友圈里，被传为笑谈，何不在这上面做做文章？可是，司马相如口吃，结结巴巴说道："好……好你个东……东方朔，半……半夜盗……盗桃，何……何不让大伙尝……尝上一口？"

东方朔莞尔一笑："琴师，美桃不如美酒，那窈窕淑女，正在店中沽酒呢！"

司马相如本来是想戏弄东方朔一句，却被他反戏一句，不觉有些着急，可是他越着急越是结巴："你……你……"

朱买臣见司马相如遭戏，心中不服，欲为司马相如打抱不平，双手一横说道："请问美桃，琴师店中所沽，不知为何方名酒？"

东方朔忙将双手一拱说道："酒倒不是名酒，已足令那后厅泼水的砍柴郎馋涎欲滴。"惹得武帝哈哈大笑："朱爱卿，你不是东方先生的对手，让朕来治一治他吧！"

东方朔暗自想道："皇上刁钻古怪，我得认真对付。"

武帝瞅着东方朔，笑眯眯地说道："东方先生，人都说你句联得好，朕今日出一上联，你若对得上，朕自罚三杯，若是对不上，你自罚三杯，你可愿意？"

东方朔爽爽快快地回道："臣愿意。"

武帝朝湖两岸小山上望了一眼，见有一个老者，正在修剪柳树，剪下根根柳枝，欲做柴烧，顺口诵道："此木为柴山山出。"

东方朔闻言吃了一惊，这个联难对：从字的结构上来讲，前两个字，合为第四个字，五六两字相同，又合为第七个字。难对，太难对了！

众人见武帝将天下第一狂士难住，一个个心中窃喜。韩说更是高兴，拎起酒壶，来到东方朔身边，哂笑道：“你也有被人难住的这一天，喝酒，喝酒！”

东方朔道：“且慢！”

他双目直直地盯着身后那一龙舟的炊烟。

众人不解，齐向炊烟望去。

“有了！”东方朔双掌一拍诵道，“因火为烟夕夕多。”

武帝将东方朔的下联默念了两遍，觉着对得十分贴切，不好再说什么。

他无意间一瞥，瞥见了公孙弘，白眉白髯，有几根眉毛，长达二寸，看起来特别醒目，乃长寿之相。转念一想，自己的舅舅田蚡，也是长眉盖眼，活了不到四十，此又乃短寿之相。朕何不就这个话题，引他一引，尔后驳之。

他微微一笑说道：“东方先生，人都说人寿之长短在于眉毛，长者寿则长，短者寿则短，长短乃先天而定，你说是吗？”

武帝暗自想道，你若说是，我便拿我舅为例，眉长者并非长寿；你若说非，我便拿公孙弘为例，眉长者一定长寿。

谁知，东方朔偏偏不按武帝想的那样回答。他先来一句：“臣以为然也。”接下来便自驳其言：“诚如陛下所说，姜太公年过八十眉盖眼，老子百岁不露脸，想必那南极仙翁，及各位老寿星，现已深居在眉毛之中了！”

说得武帝哑然失笑，众人亦笑，不知不觉，又度过了一天。

武帝越玩越高兴，第三天，又动起了狩猎的念头，早早地用过早膳，带着原班人马，来到了上林苑。

武帝狩猎，经过数次历险之后，稍微谨慎了些，除多带侍从、武将外，还设置了一些更衣台和看台，这样，可以亲自打猎，也可以站在看台上观赏别人的猎斗。同时，对于野兽也进行了管理。

这一次，武帝就站在看台之上，只见他身着黄色猎装，头上扎着红缨。那红缨在风中飘动，像一条蹿跳的火蛇。在他的左边，站着一位亭亭玉立、娇艳无比的女子。一条蓝色长裙罩住那女子修长的身段，耳环在阳光里熠熠生辉，一道藕色绢制披肩，随风轻舞，如同飘然而至的女神，这一位便是武帝所宠爱的邢夫人。

卫子夫站在武帝右边，其次是尹婕妤，穿戴打扮，与邢夫人一般无二。

再往外，后宫佳丽约有一百余人迤逦展开，以武帝为中心，筑成一道五彩缤纷、香气逼人的人墙。宫女之外，文官身着官服，头戴冠帽，列成一排；武将手持弓箭，骑在马上，威风凛凛，也列成一排。

司马迁平生第一次看到如此壮丽的景观，仿佛看到了那万马奔腾的场面，心中不禁吟起高祖留下的诗句：

大风起兮云飞扬，
威加海内兮归故乡，
安得猛士兮守四方！

咚咚咚！三通鼓响罢，当值太监走出队列，尖声尖气地叫道："皇上有旨，围猎开始！"

话刚落音，武将们纵马入场，向猎场中跑去。经请求武帝，东方朔、司马相如、吾丘寿王飞身下了看台，亦向猎场奔去，那里已放出了大群的鹿、虎、熊、獐、花狸，野猪、野羊、野雉、野兔等动物。这些动物平时被阻隔在猎场的一角，待皇帝打猎时才打开栅栏，放到场中。武将们见动物四散逃去，一边打马向前，一边拉弓射箭，但猎到的大都是野雉、野兔、花狸、小鹿，唯有东方朔，猎到一只老虎，双手一挟，去台上向武帝献礼。

武帝见状大喜，大声夸道："朕只知先生是文学泰斗，想不到还是一位打虎英雄！了不起，了不起！"当即赐其美酒一斗，猪腿两条。

东方朔上前接过酒肉，跪在地上谢恩之后，一边吃着酒肉，一边向猎场上张望。

猎场上烟尘滚滚，人和兽搅在一起，嘶喊声、鼓角声与马蹄声响成一片。美女们何曾见过这种景观，一个个欢呼跳跃，尖声呼叫，兴奋异常。突然，从远处传来响亮的马蹄声，东方朔循声望去，见那匹枣红马上，弓坐着吾丘寿王，右手提着弓箭，左腋下挟着一个人，坐骑上还驮着一只野山羊。枣红马来到台下停住，吾丘寿王先将腋下之人掷于地上，后翻身下马，跪拜道："启奏陛下，小臣抓获一个偷猎者！"

东方朔举目望去，见那偷猎者一身麻衣，破破烂烂，面色煞白，跪在地上，对着武帝，不停地磕头，嘴上还念叨着："皇上饶命，皇上饶命！"

武帝收敛了笑容："吾丘爱卿，这是怎么回事？"

吾丘寿王回道："启禀皇上，刚才小臣正在追逐一只鹿，追到山坡后面，突然看到这贼，正以锄头砍杀一只野羊。”他指了指地下的死野羊道：“这不，就是这一只。小臣当场将他捉住，不敢自专，特送皇上处置。”

武帝将脸转向“偷猎者”，一脸冷酷地问道：“你为什么偷猎朕的羊？”

“偷猎者”一脸乞求道：“皇上开恩，小民不知这野羊是皇上之物。真的，小民真的不知！小民正在田间除草，不知从哪里窜出这只野羊，在小民的田里践踏。小民见是野羊，便用锄头将它砍死。小民万没想到错杀了皇上之羊，还望皇上大恩大德，恕小民误伤之罪，饶小民一条狗命！”说毕，叩头如捣蒜。

吾丘寿王厉声斥道：“放屁，这方圆数百里，乃是皇家园林，连三岁小孩都知道，你竟然不知？这话鬼也不信！”

他言犹未尽，指点着“偷猎者”鼻子说道：“皇上的园林，允尔等种稼、采樵，已属皇恩浩荡，尔还要偷猎皇家宠物，理应斩首！”

一听说斩首二字，“偷猎者”连声呼冤，武帝瞅了他一眼，一脸厌恶地说道：“拉下去！”

武士应声而出，架住“偷猎者”双臂。东方朔正欲为“偷猎者”讲情，司马迁抢前一步，高声叫道：“请留步！”说罢疾步走向武帝，双膝跪地：“启奏万岁，微臣有一言相进。偷猎皇家之物，确属可恨，理应斩首。但古人有言，‘为政者应以德为本，以仁慈为怀’；古人又言，‘不知者不为罪’，念他初犯，可不可宽大处理，饶他一条小命？”

武帝素来刚愎自用，很少听得进相反意见，又见这进谏者乃一个小小的新拜郎中，心中不悦，冷哼一声，没有说话。倒是那个吾丘寿王，向司马迁斥道：“司马迁，皇上并没问你，何要你来饶舌？”

司马迁长期钻研历史，自有一身铮铮铁骨，遭斥后并不畏惧，反唇相讥道：“吾丘寿王，我司马迁也并未和你说话，何要你来多嘴？”把吾丘寿王闹了一个大红脸。

司马迁把面转向武帝，倔强地说道：“万岁，臣以为偷猎者不可杀！陛下一向圣明伟大，恩德布及百姓，如果仅仅为一只野羊便杀死一个人，岂不让天下百姓寒心，怕是要骂您……”

他顿口不说。

武帝板着脸问道：“骂朕什么？”

司马相如、枚皋、董仲舒、朱买臣、公孙弘怕司马迁说出不敬的话，一个个直向他使眼色。

俗语不俗："怕处有鬼，痒处有虱。"怕着怕着，他真的把不敬的话甩了出来："骂您是夏桀、殷纣王一类人物。"

武帝即位以来，还从没有人当面这么说过他，恼羞成怒，暴喝一声："大胆！"

司马相如见状，疾步走到司马迁身旁，并肩而跪："陛……陛下，陛下息……息怒。司马迁任职不过三……三……三天，对……对，对所司之……之责，还……还……还不大清……清楚，念他对陛……陛……陛下一片赤……赤……赤诚，请陛……陛下恕……恕恕恕罪。"

武帝也许是觉着刚才过于激动，也许是听了司马相如谏言，面色渐渐缓和下来："司马迁，朕念你还算有些文采，又是初犯，不再和你计较，以后办事说话，懂规矩点。"

司马相如拽了拽司马迁袖子，示意他叩头谢恩。

司马迁竟然没有反应，司马相如不得不直言说道："还不谢……谢恩？"

司马迁如梦方醒，低声说道："谢皇上。"

司马相如又扯了一把司马迁，二人退了下去。

看台上静了下来，静得掉根针都能听见。"偷猎者"打破了这难得的沉寂，一边走一边喊冤。东方朔暴喝一声："站住！"

押解"偷猎者"的武士怔了一怔，立定脚跟，回头向台上张望。

东方朔大步走到"偷猎者"面前，指着他的鼻子，大声喝道："你喊什么喊！难道你还不知罪吗？"

"偷猎者"回道："小民知罪。小民只是请皇上法外开恩，饶小民这一次。"

东方朔哼了一声道："你说你知罪，罪在何处，不妨说给我听一听！"

"小民千不该，万不该，不该错杀了皇上的野羊，但小民不是有意的，小民上有七十高堂，下有娇妻幼子……"

东方朔轻叱一声："你不必说了，你以为你的罪过只是杀死了一只野羊吗？哪有那么简单，你若不信，让我把你的罪过一一道来，也好让你死个明白。你犯了三条死罪！"

"三条？"偷猎者眼中露出惊诧与恐惧的神色。

司马迁紧皱眉头，看了看身边的司马相如，见他显得十分平静，便悄声问道："这人是谁？怎会如此恶毒？"

"东……东……东方朔。"司马相如结结巴巴地回道。

东方朔？好熟悉的名字，父亲多次说起这个人。说他机智诙谐，聪明过人，常常为人打抱不平，连皇上都敬他三分，他怎会这样呢？

司马迁正想着心事，东方朔高声指责起“偷猎者”罪状来：“你给我听着，你的三条死罪嘛，第一条……”

他伸出一个指头：“因为一只野羊，你气得皇上要杀人！第二条……”

他又伸出一个指头：“因为一只野羊，你气得皇上要杀人，从此就让皇上蒙受了爱野羊不爱人的恶名声！第三条……”

他伸出第三根指头：“若是让皇上落下爱野羊而不爱人的恶名声，老百姓就会背叛皇上，老百姓是水，皇上是舟，水能载舟，亦能覆舟，你存心要使大汉的江山完蛋！莫说三罪，任择其一，灭你族也不亏！”

“偷猎者”越听越怕，眼睛里露出了彻底的绝望。

起初，司马迁很生气，听着听着，听出了点门道。他想起一个故事，这故事叫《晏婴巧谏齐景公》。故事是这样的，齐景公追求享受，爱好打猎。一天，他的猎马被养马的圉人偷去杀了，他怒气冲天，操起戈，要亲手杀掉圉人。晏婴一见，连忙上前对景公说：“这样太便宜了圉人，不知其罪便糊里糊涂地死去。现在请让我数落他几句，让他知道所犯的罪过，死个明白。”齐景公说：“好的！”晏婴于是高举着戈，走到圉人面前，说：“你替我们国君养马，却把马偷去杀了，罪该万死。你使我们国君因为一匹马而杀人，又罪该万死。你使我们国君因为一匹马而杀人，让四邻诸侯知道了，必然指责我们国君不行仁政，你更是罪该万死！”说罢，假装就要杀那个圉人。齐景公听了晏婴的话，忙说：“先生把他放了吧！千万不要损坏了我的仁政。”

汉武帝熟读经史，这故事他不可能不知道，既然知道，他应该如何对待“偷猎者”呢？司马迁拭目以待。

武帝阴沉着脸，一言不发。东方朔也不看武帝，自顾自地喋喋不休地数落着“偷猎者”。

时间在悄悄地流逝。

武帝终于抬起了高贵的手，无力地摇了摇，却什么也没有说。

一武士心领神会，向“偷猎者”喝道：“皇上饶过你了，还不谢恩！”

“偷猎者”如梦初醒，双膝跪地，伏谒呼道：“谢皇上不杀之恩！”

武帝又摆了摆手。那个武士忙将“偷猎者”拉向一边，小声说道：“快滚吧，别等皇上改变了主意！”

“偷猎者”跌跌撞撞地逃生去了。

司马迁惊讶那武士的理解能力，皇上只是摆了摆手，他就知道皇上要放人。

狩猎结束以后，司马相如告诉司马迁："以后不要随便地向皇上进言了，特别是人多的时候。"

司马迁扑闪着一对长睫毛问道："为什么？因为郎中的地位低吗？"

"这只是其一。皇上极少听得进相反的意见。"

"照这么说，我等在皇上面前就永远闭嘴了？"司马迁不服气地问。

司马相如谆谆说道："也不尽然，如果皇上主动问起你来，是可以说的。还有那些皇上比较喜欢的郎官，常常也发表一些自己的看法，但必须把握好时机和方式。今天的情形你都看到了，那东方朔深得皇上宠爱，可要不是运用其机智，怎敢在那种时候说话！常言说，'伴君如伴虎'，望迁弟以后好自为之。"

"谢长卿兄警示。"司马迁说这话的时候，眼睛里却闪动着茫然。

司马相如尽管如此劝诫司马迁，但当关键时刻也不能自已。

这一天，尽管收获颇丰，猎到虎三只，熊四头，野猪三头，至于獐、鹿、狐狸、野羊、野雉、野兔不计其数，但武帝高居看台，未曾猎获一物，心有不甘。翌日五更，带着文臣武将、皇后皇妃，早早来到上林苑，亲到狩猎场中，与熊罴相搏，竟然猎得一罴，引得文武大臣、皇后皇妃，齐声欢呼。唯有司马相如，躲在一边，草成一篇《谏狩猎疏》，待欢呼声过去之后，双手捧给武帝。武帝展而读曰：

臣闻物有同类而殊能者，故力称乌获，捷言庆忌，勇期贲、育。臣之愚，窃以为人诚有之，兽亦宜然。今陛下好陵阻险，射猛兽，卒然遇逸材之兽，骇不存之地，犯属车之清尘，舆不及还辕，人不暇施巧，虽有乌获、逄蒙之技不能用，枯木朽枝尽为难矣。是胡越起于毂下，而羌夷接轸也，岂不殆哉！虽万全而无患，然本非天子之所宜近也。

且夫清道而后行，中路而驰，犹时有衔橛之变。况乎涉丰草，骋丘虚，前有利兽之乐，而内无存变之意，其为害也不难矣！夫轻万乘之重不以为安，乐出万有一危之途以为娱，臣窃为陛下不取。

盖明者远见于未萌，而知者避危于无形，祸固多藏于隐微而发于人之所忽者也。故鄙谚曰："家累千金，坐不垂堂。"此言虽小，可以喻大。臣愿陛下留意幸察。

汉武帝读罢《谏狩猎疏》，喜形于色，反复吟诵：“‘此言虽小，可以喻大’，司马爱卿，汝之言甚善！”

“皇上万寿无疆，国家幸甚，万民幸甚，不亦乐乎！”司马相如笑了。

汉武帝和司马相如谈笑风生。到了宜春宫，司马相如又奏上《哀二世赋》，其辞曰：

登陂陁之长阪兮，坌入曾宫之嵯峨。临曲江之隑州兮，望南山之参差。岩岩深山之谾谾兮，通谷豁乎谽谺。汩淢噏习以永逝兮，注平皋之广衍。观众树之蓊薆兮，览竹林之榛榛。东驰土山兮，北揭石濑。弥节容与兮，历吊二世。持身不谨兮，亡国失势；信谗不寤兮，宗庙灭绝。呜呼哀哉！操行之不得兮，墓芜秽而不修兮，魂亡归而不食。敻（xióng）邈绝而不齐兮，弥久远而愈佅。精罔阆而飞扬兮，拾九天而永逝。呜呼哀哉！

司马相如借古讽今，语言锋芒毕露，劝谏汉武帝，这胆子够大的。汉武帝毫不介意，仍然谈笑风生，称道相如辞赋为“赋之圣者”“弘丽温雅”。弄得司马相如无话可说。

帝国兴盛万国朝　华夏运昌多英豪

汉武帝刘彻

（下）

刘清越　著

山西出版传媒集团　山西人民出版社

目　录

汉武帝刘彻

第二十七章　攘外安内　河西大捷

武帝一连狩了三天猎，还未尽兴。丞相公孙弘手持边报，说匈奴又来犯边，直攻到上谷郡，一路上杀掠百姓，抢夺财物，气焰张狂。

武帝一拍御案，怒道："朕正准备讨伐匈奴，他们倒找上门来了，朕就再给他们一点颜色瞧瞧！"

朱买臣出班跪道："陛下这次讨伐匈奴，将以何人为帅？"

武帝不假思索道："卫青。"

朱买臣拜伏在地："皇上圣明，只是有一句话，不知陛下可否听说过？"

"什么话？"

"攘夷必先安内！"

"此话怎讲？"

朱买臣侃侃说道："攘夷，就是讨伐匈奴；安内便是早立太子。皇长子已经十岁，精通人事，又为皇后所生。其舅卫青，其表兄霍去病，征伐匈奴，功勋卓著，可以说是支撑着大汉的半壁江山，堪称中流砥柱。若能将皇长子立为太子，一来可以储作国本，冀定人心，二来可以激励卫氏外戚，更加效力朝廷。臣言可不可行，还请陛下定夺。"

武帝一听也是，我已经登基十九年，早该立太子了。而且，皇长子刘据生性温和，创业不足，守业有余。我大汉立国八十余年，要的正是守业皇帝，不立他立谁？

于是，在四月初的一天，在未央宫前殿，举行了册立太子的大典，礼仪热烈而又隆重。武帝想到自己后继有人，非常高兴，颁诏大赦天下，所有朝臣官升一级，并派遣谒者巡行郡县，访贫问苦，凡孤寡老人及孝子孝女，皆赐帛赐米，举国一片颂扬之声。

刘据成为太子，便不能随子夫住昭阳殿了，为他新建一宫，取名博望苑。对于太子少傅一职，武帝选了又选，最后选中了石奋二子石德，他非儒非法，介于二者之间。

刚立罢太子，不知死活的匈奴再次侵犯上谷，杀死吏民数千人。武帝有心出兵讨伐，又怕背篙撵船，倒不如出兵西线，打他个措手不及！

次日早朝，武帝把自己的想法提了出来，众无异议，但就领兵统帅一事，发生了争议。

按武帝最初之意，应由卫青统兵西征，怎奈卫青突发伤寒，卧床不起，改由霍去病，命他率兵一万，由陇西郡出发，孤军深入沙漠，寻找匈奴主力，能战则战，不能战也要弄清楚匈奴主力的位置。此言一出，像滚油锅里撒了一把盐，噼噼啪啪炸开了。汲黯当先站了起来，高喊了一声陛下，大声说道："冠军侯固然勇猛无畏，天下少有，可是他才刚刚十九岁，要他单独率兵出征，不是太冒险了吗？"

东方朔亦道："臣亦觉着，冠军侯年纪太小，不宜担任统帅。"

李广高声应道："东方先生所言极是，臣虽不才，愿代冠军侯西击匈奴。"

就连对武帝百依百顺的公孙弘也出面反对："孤军深入，乃兵家之大忌，更何况冠军侯年纪太轻，缺少作战经验，所要深入的地方又是荒无人烟的沙漠！"

武帝坚信自己的眼睛，笑对众臣说道："你们只知其一，不知其二。据前次的作战经验来看，霍去病的长处就是敢于而且善于孤军深入。他年轻气盛，无所畏惧，而此时的匈奴被我们打得胆战心惊。朕以为若用谨慎的老将出征，倒不如用火气旺盛的小将更容易建立奇功。朕喜爱的就是奇才，追求的就是奇功，诸位且放宽心，静候佳音吧！"

武帝力排众议，让霍去病做了西征军的统帅。去病出发之前，去看望卫青，卫青拉着他的手嘱咐道："你这一次出征，贵在一个奇字，要出奇制胜，切记切记！"

去病点头说道："去病记住了。"

去病兵出陇西郡，越过焉耆山，深入大漠一千余里，在皋兰山下遭遇匈奴大军。匈奴军根本没有想到这里会出现汉军，全然未做防备。去病一声令下，汉军像下山的猛虎，出海的蛟龙，直捣敌阵，左右攻杀。匈奴军仓促应战，阵脚溃乱，一败涂地。折兰王、卢胡王被杀死，昆邪王的太子、相国和都尉被生擒，死伤多达一万八千人。就连休屠王祭天用的金人，也成了汉军的战利品。

霍去病带着喜讯凯旋，亲自将金佛像献给了武帝。

武帝见了金人，爱不释手，为了夸耀汉朝国力，专门派人在云阳甘泉山脚下修建祠坛，用来安放金人。

霍去病年轻有为，初次独自率兵就取得大捷。武帝振奋，群臣吃惊。卫媪、卫青、金蛾欢天喜地。就连子夫也高兴得直摇头：“真是想不到，去病竟有这样大的能耐！”武帝心中一喜，便将官帽拿了出来，拜霍去病为骠骑将军，位在三公之上，秩比大将军，并加封食邑二千二百户。

有了这次对匈奴的胜利，武帝攻击匈奴的劲头更大了。在霍去病回朝几个月以后，武帝又让他领兵出征了。这次，武帝想给匈奴进一步的打击，派出了两路军队：一路由霍去病、公孙敖带领，由数万骑兵组成，从陇西出发；另一路由李广和张骞率领，从右北平出发。

霍去病和公孙敖到了陇西之后，又兵分两路，向北推进。霍去病求胜心切，长驱直入，挺进匈奴腹地，左等右等不见公孙敖部到来，却原是公孙敖部在沙漠中迷失了方向，使霍去病陷入孤军作战的境地。当时可供选择的方案有两个：一是引兵返回，空耗军资；二是孤军深入，这要冒很大的风险。因为河西一带山地起伏，河川纵横，道路崎岖，匈奴军数量上占绝对优势，且熟悉地形，以逸待劳，善于在沙漠地区作战。霍去病志在扫除匈奴，保卫国家，即使葬身沙漠，也在所不惜。因此，他断然选择了后一个方案，率领骑兵，从灵武渡过黄河北上，翻越贺兰山，穿过浩瀚的巴丹吉林沙漠，直抵居延海畔，再绕道由北向南，沿弱水溯流而上，深入迂回两千多里，到达祁连山。这里正是匈奴浑邪王和休屠王军队的侧翼，居高临下，匈奴军做梦也没有想到侧背会出现汉军，只把两眼瞪得大大的盯着东方。去病一声令下，汉军以迅雷不及掩耳之势，突入匈奴阵营，刀枪并举，逢人便杀。杀得匈奴军丢盔弃甲，鬼哭狼嚎，有的尚未反应过来，便成了刀下之鬼。

这一仗，共斩杀匈奴军三万余人，匈奴酋涂王见势不妙，带着两千五百名部下乖乖投降了汉军。汉军还俘获了阏氏、番王、王母、王子及相国、将军、当户、都尉六十三人。此外，去病的部将赵破奴还斩杀了匈奴遬濮王，俘获了稽沮王。

这次战役，史称河西战役，开创了中国古代骑兵纵深迂回围歼敌人的战略战术，以少胜多，以弱克强。

河西战役的胜利，歼灭了匈奴军的西部主力，等于切断了匈奴的右臂，基本解除了匈奴对汉都长安的威胁。捷报传到长安，文武百官目瞪口呆，进而由衷地赞叹道：“皇上不仅有识人之明，而且用人的胆量更是了不起啊！”

两个月后，霍去病凯旋，在宫外遇上了李广和张骞，见他二人神情沮丧，关切地问道：“二位战绩如何？”

李广叹了口气道："霍将军得胜归来值得庆贺，我们此行，唉，一言难尽。"

李广打仗素好冒险，受命之后，带上四千汉军，一味地前行，深入匈奴境地一千余里。张骞老成持重，行军缓慢，二人相隔三四百里。正在这时，李广中了左贤王埋伏，匈奴兵十倍于汉军，占着地利，又是以逸待劳。这一来把汉军吓得面如土色，几不能战。李广见状，努力装出十分镇定的样子，环视一圈汉军，缓缓说道："匈奴乃我手下败将，兵器又不及我，慌什么慌？"

这一说，汉军的情绪慢慢地镇定下来。

匈奴对李广素来敬畏，虽说十倍于汉军，却不敢贸然发动进攻。李广欲带兵冲出重围，担心那样会死伤太重。双方僵持了一天一夜，匈奴越聚越多，由四万余人，猛增到十万。李广担心，这样下去，会全军覆没，想了一想，将少子李敢叫到跟前，郑重地说道："你是我的儿子，你的剑术和箭艺，已不在我之下，跟我打了五六年仗，却没有立下一件特别的功劳，爹这次给你一个立功机会，你可从全军中挑选百名健儿，照来路冲去，敌人一定会认为，我要突围，重兵围剿于你。我好乘机带队北突。你能突围则突围，若不能突围，则掉过头来，随大军之后，一块突围。"

李敢朗声回道："开弓没有回头箭，请爹爹放心，儿子就是战死疆场，也不后退半步生！"

李广喜道："这才是我李广的儿子，准备去吧，三更出发！"

李敢奉命之后，挑选了一百名健儿，等到鼓打三更，箭一般地向南射去，直扑匈奴大营。匈奴仓促应战，挡者皆亡。

李广见李敢得手，忙率领汉军向北突去，因李敢将大部分匈奴吸引过去，拦道的只有两万余人，经过半夜激战，总算突出了重围，清点人马，十不剩三。

李敢杀至天明，血染征袍，百名健儿，为国捐躯，多亏张骞驱着大队前来救援，方得救出李敢。

仗是不能打了，撤军南返，向武帝请罪。

李广的部下虽然伤亡惨重，但他们杀死了数千匈奴，功过相抵，故而，武帝并未惩罚李广，只是将李敢擢为校尉。张骞就不同了，误期当斩，武帝念他出使大月氏有功，削去官爵，贬为庶民。

听了李广自述，霍去病少不得将他二人安慰一番，进宫面圣去了。

武帝见霍去病到了，降阶而迎，这种礼遇，在大汉历史上，可谓空前。

武帝在未央宫设宴为去病接风，高举酒樽说道："来，为骠骑将军的战功干杯！"

霍去病忙举樽说道："臣得此微功，一靠皇上圣明，二靠将士用命，臣不敢居功。来，请为皇上圣明干杯！"

武帝见去病如此谦虚，愈发喜爱，加封食邑五千四百户。赵破奴等有功将领俱封为侯。公孙敖当斩，经霍去病讲情，被贬为庶人。

武帝太爱去病这个年轻有为的将军了，爱他临危不惧，处变不惊；爱他一往无前，锐不可当；爱他居功不傲，赤胆忠心。大汉要开拓疆土，国富民强，多么需要这样的人才啊！

为把去病培养成一个真正的军事家，武帝劝他学学孙子兵法。谁知去病别有见地，朗声回道："为将之道，须随时运谋，何必定拘古法呢？"

去病早已当了骠骑将军，不能老蜗居在卫青家，武帝赐他黄金千金，命他建室开府，去病掷地有声道出千古名言："匈奴未灭，何以家为？"

去病大忠大勇的品格和忧国忘家的胸怀，使武帝深为感动。武帝因而更加宠爱他和器重他。在武帝的心目中，卫青和去病的地位及作用几乎完全相等了。

时有人从匈奴归来，说匈奴人对失去河西，十分伤心，编着歌谣儿到处传唱："亡我祁连山，使我六畜不蕃息；失我焉支山，使我妇女无颜色。"

武帝听了，哈哈大笑："匈奴，匈奴，你终于知道朕的厉害了！"正欲遣霍去病再次出塞，痛击匈奴，浑邪王遣使请降。

说起这个浑邪王，本居匈奴西方，与休屠王毗邻。自从卫、霍两将军屡次北讨，浑邪、休屠两王，首当其冲，连战连败。匈奴伊稚斜单于，责浑邪王连年受挫，有失国威，派使征召，欲加诛杀。浑邪王方失老母和爱子，大为悲戚，接诏后忧怒交加，暗自思道，你既然无情，我还讲什么义？倒不如降了大汉，既可救出老母和爱子，又可免去杀戮之祸。当即面见休屠王，约他一同叛胡降汉，休屠王满口答应。可巧汉将李息，奉武帝命，至河上筑城，浑邪王便遣人请降。李息不敢怠慢，立即将这一情况驰报武帝。武帝听了这意外的喜讯，先是一怔，继而哈哈大笑："好，好，匈奴终于向朕屈服了！"转而一想，又觉着不大对头，匈奴刁诈多变，反复无常，这一次会不会是诈降呢？

武帝感到事情复杂，赶忙召集大臣商议对策。东方朔首先发言，他说道："陛下所虑甚是，依微臣之见，这受降之事，可派一名德高望重的将军前去。"

通过这两次战役，公孙弘对霍去病佩服得五体投地，他知道，霍去病在武帝心目中的地位，已经超过了卫青，于是附和道："东方先生所言极是，这受降之事应该派一个德高望重的将军前去。臣窃以为，能够称得上德高望重的将军，我朝现有三人，一是大将军卫青，二是骠骑将军霍去病，三是新拜郎中令李广。李广虽勇，运气欠佳，不如遣卫大将军和骠骑将军为好，但卫大将军乃国之柱石，岂能轻易出塞……"

汲黯见他说话啰里啰唆，直截了当地说道："丞相不必绕什么圈子，丞相之意，是不是觉着这受降之人，唯有骠骑将军最合适？"

公孙弘道："正是！不过，此次受降，还须多带兵马才是。"

武帝击案说道："好，就派骠骑将军！兵马嘛，带多了不大好。就带一万骑兵吧！如果匈奴是真降，以去病的官职和威望，足以当得起最高级的皇帝使者；如果是诈降，骠骑将军可率铁骑将计就计，就地歼灭敌人。"

当去病率兵出发之时，武帝有些不放心了，叮咛道："卿说过，为将之道须善于随时运谋。这回全看卿的了！"

去病微微一笑说道："陛下放心，臣自会临时处置，见机而作。"说毕，率领一万铁骑、两万车辆，浩浩荡荡，开向边塞。

当霍去病大军将要抵达边塞之时，休屠王突然反悔，不愿降汉。惹得浑邪王愤不可遏，引兵袭击，杀死休屠王，收编其部，且将休屠王妻小，悉数拘系，牵迎汉军。隔河相望，浑邪王属下裨将，见汉兵甚众，多有惧心，相约欲遁。去病当机立断，麾军渡河，接见浑邪王，察出离心将士，计八千人，一并处死。

为防再生不测，去病命人将浑邪王先行送往长安，自己则和万名骑兵，统领着号称十万，实际上只有四万余名的降汉匈奴军，缓缓返回长安。武帝闻报，命长安令发车两千辆，即日往迎。长安令连忙备办，苦乏马匹，只好向百姓借马。百姓恐县令有借无还，多将马匹藏匿他处，不肯应命。因此马匹不能凑齐，未免耽延时日。武帝还道是县令有意捱延，下诏斩首。此诏一颁，右内史汲黯忍耐不住，便入朝面诤道："长安令无罪，独斩臣黯，民间方肯出马！"

武帝心中不悦，用目斜视汲黯，默然不答一语。汲黯暗忖，你不说我说，看你能把我怎么样？复叩一头说道："浑邪王叛主来降，已由各县传驿相送，也算尽情，何必令天下骚动，疲敝中国，服侍夷人呢？"

武帝无言以对，及汲黯退出，乃向左右说道："朕久不闻黯言，今又来胡说了。"话虽如此，但也收回成命，赦免长安令死罪。

浑邪王到了长安，武帝在未央宫前殿予以召见。他初次尝到外邦番王来朝的滋味，甭提有多高兴，端坐金銮殿上，俨然是普天下皇帝的架势。为了显示自己的大度和大汉朝的富庶，他对浑邪王特别优待，封他为漯阴侯，食邑万户，浑邪王的四个裨王也封为列侯，赏赐的金钱财物如流水，几天时间，便从国库中支出去近三亿缗。投降的匈奴人，分别安置在陇西、北地、上郡、朔方、云中五郡，号为"五属国"。其后，武帝命在河西走廊直至罗布泊一带，筑城建塞，设置武威、张掖、酒泉、敦煌四郡，委派官吏。

霍去病因受降有功，再次受到武帝的嘉奖，增邑一千七百户。唯休屠王太子日磾，由浑邪王拘送汉军，没为官奴，分派贡门处养马，年才十四，聪明伶俐。一日午后，武帝动起了阅马的念头，见日磾相貌堂堂，便召至面前，问他姓名。日磾据实以对，武帝心生怜悯之意，令他沐浴，特赐衣冠，拜为马监。未几又迁官侍中，赐姓金氏。从前，霍去病西征，曾获取休屠王祭天金人，故赐日磾为金姓。

自浑邪王降汉，河西走廊至罗布泊一带，尽归大汉版图，此地适宜牧畜。当地边境长官，陆续移徙内地贫民，使之垦牧。就是各处罪犯，亦往往流戍，充当苦工。时有南阳人暴利长，犯罪充边，罚至渥洼水滨，屯田作苦。他无意间瞥见一群野马，常到水滨边吸饮，中有一马，非常雄骏。利长想去拿捕，才近岸边，马早逸去，好几次拿不到手。左思右想，想出一法，塑起一个泥人，与自己身材相似，置于水旁，并将笼头绊索，放入泥人手中，使他持着，然后走至僻处，倚树遥望。起初，群马到来，望见泥人，且进且退，也是见泥人毫无举动，也是口渴难耐，试探着来到饮水之处，饮一口水，看一看泥人。如此者数十，见泥人直立不动，方大起胆子，饮起水来，日复一日，来往自由。

利长见马中计，乃将泥人搬去，自己装作泥人模样，手持笼头绊索，呆立水滨。群马究是野兽，怎晓得利长诡计？利长手足未动，眼光却早已觑定那匹好马，待它饮水时候，抢步急进，先用绊索，绊住马脚，再用笼头，套住马头，牵回家中，加益调养，养得膘肥体壮，油光发亮。利长喜出望外，索性再逞小智，去骗那地方官，佯言在水滨汲水，从水中钻出一马，为己所获。地方官信以为真，层层上报朝廷。武帝正调兵征饷，再击匈奴，无暇顾及献马小事，只淡淡地批了一语，准他送马入都。

暴利长奉了圣旨，牵着良驹，星夜朝京都进发。途经一个小镇，那镇上有一盗贼，名叫呙刚，也是一个识马之人，见他这匹良驹肥壮得很，可谓骅骝佳品，用闷香将利长熏倒，牵了良驹，献给郭解。

暴利长一觉醒来，见丢了良驹，又惊又怕，当即将客栈掌柜，扭送县署。县令见丢了御马，岂能不慌？县署差役，全部出动，查了两月有余，方知为呙刚所盗，好不容易抓到呙刚，供出了郭解。县令自忖，凭自己之力，擒住郭解，势必比登天还难，倒不如据实上奏，方可免祸。遂写就一个拜本，上达朝廷。武帝见郭解竟盗了他的良驹，怒发冲冠，当即颁诏天下，捉拿郭解。

第二十八章　浴血漠北　李广自刎

自从武帝南征北讨，费用浩繁，连年入不敷出，害得武帝减损御膳，取出内府私帑，作为弥补，尚嫌不足。再加水旱蝗灾，连年不断，西也闹荒，东也闹荒，南也闹荒，北也闹荒。元狩三年（前120年）的秋季，山东大水，漂没民庐数万家，虽经地方官发仓赈济，却好似杯水车薪，全不济事。没奈何想出移民一法，徙灾民至关西就食，被迁者计有七十余万口，沿途川资，又须仰仗官府。就是到了关西，也是谋生无计，仍须官府贷与钱财，这样一来，国用愈匮。把武帝急得好似热锅上的蚂蚁，整日里召集群臣，商议敛财方法，众臣也是一筹莫展。武帝愤然说道："尔等身为朝廷重臣，理应为国操劳，为朕分忧，财政困窘到如此地步，尔等束手无策，真真令朕失望！"

公孙弘率先跪了下去，伏谒说道："臣身为百官之首，不能为陛下分忧，此臣之过也，臣愿引咎辞职！"说毕，双手摘下相冠。

众臣一齐免冠跪地。

武帝将脚一跺说道："你们这是干什么？除了辞职以外，难道再没有第二个方法了吗？"

忽听一人铿声说道："有。"

武帝循声望去，见是张汤，暗自思道，你张汤主刑狱是把好手，皇亲国戚、公侯重臣的阴私，或许瞒不过你，但理财并非你之所长。于是半信半疑地问道："张爱卿既是对理财有了兴趣，有何高招，快说出来让朕听一听！"

"启禀皇上，我大汉立国，至今已八十余年，一直对商人和各类业主课取'算缗'税收，凡家产在一万缗以上者，方课其税。因此，民间隐匿财产，逃漏'算缗'者，比比皆是。陛下为天下安宁，发兵南征北战，以致国库空虚，而那些奸商富贾们，却一毛不拔，坐享太平。近有民间一贫民名叫杨可的，就告发其邻居家有万金，却三年不纳'算缗'税。臣以为，以此为例，传旨各郡国，凡隐匿财产，偷漏'算缗'者，罚戍边一年，抄没其家，以其半赏告发者。如此重赏之下，何愁无人密告那些不法之徒？如此一来，定可一举弥补国库之空虚也！"

他这一说，说得龙颜大喜。

汉立国不久，有鉴于亡秦之暴政苛税而失天下，实行轻徭薄赋，征税则依据财产多寡。每万钱称为一金，家产不足一金，视为贫穷之家，免征其税。一金起征，到了武帝时期，改为四千一金，这是对一般小手工业者而言。对于工商业者，那就更苛刻了，二千钱为一金。初为“百算二十”，武帝对匈奴发动战争以后，因用度大增，国库渐空，于是逐渐增加了税收的比例，达到了“百算六十”。

对于如此苛重的税收，富户商人们，软磨硬抗，千方百计地偷税漏税。开始，朝廷还望以良言勉之，让大家自动纳税。别说，还真有位叫卜式的，河南人，善于放牧而致富，上书愿将家财一半拿出来献给国家，以供攻打匈奴之用。可除了这卜式之外，再也没有响应。武帝为了表彰卜式，赐爵左庶长，又官拜中郎，奖励良田十顷，还将他的佳绩布告天下，以求百姓仿效，但是，像卜式这样的人，并未出现第二个。倒是偷税之风，愈演愈烈。张汤之策，若能实行，不但可解眼前困窘，而且还可惩办那些不肯为国分忧的不良之民。岂不又是一件好事？武帝越想越高兴，和颜说道：“张爱卿所言，十分可行！你速去拟个详细奏折，朕好诏令天下施行。此法就命名为‘告缗法’，务必严厉执行。”

把张汤听得满面春风，正要叩头谢恩，汲黯抢前一步奏道：“启奏陛下，此法万万不可行！”

武帝正在做着他的美梦，这“告缗法”若是一实行，金钱珠宝，岂不是要滚滚而来？他仿佛看到，灾民们收到他的赈粮赈款，匍匐于地，三呼万岁的壮观场面；还有那匈奴，由几百条乃至几万条绳索串着，成群结队地押向长安，匍匐在他的脚下！可汲黯他，他竟然说“告缗法”不可行，真是可恼。

武帝把脸一沉，沉声问道：“为什么不可？”

汲黯并不害怕，朗声回道：“偷漏‘算缗’，固然违法，但只应由各地官府察访，发现一个，纠正一个。怎可因偷税一事，便要将人家的家产尽行抄没呢？”

武帝道：“古人有言，‘矫枉必过正’，不如此，难以使偷税漏税者股栗。”

汲黯道：“如陛下所说，偷漏‘算缗’，仅仅没收其财产还是很不够的！”

“依你之见，应该如何处置？”

“一刀一个，斩尽杀绝！”

“你，你是想要朕做一个暴君吗？”

“臣没有这个意思！臣只是觉着，仅仅因为少缴了几个税钱，就把人家的全部财产充公，这和白日抢劫何异？让臣民互相告发，搞得人人自危，必然使天下人道德败坏，天下人的道德若是全败坏了，国家难有希望……”

张汤有些慌了，若是不加制止，再由汲黯胡说下去，岂不是要动摇皇上意志？他猛地将头一昂，厉声说道：“汲内史，你不要仗着你做过帝师，就可胡言乱语！什么白日抢劫！什么道德败坏！一个小小的‘告缗法’，犯得着扯这么远吗？”

一说到帝师，武帝便来气，这个汲黯，仗着做过我几天老师，常常和我意见相左，损我面子，我得借着今天这事，敲他一敲！叫他知道是皇帝厉害，还是帝师厉害！想到这里，他把御案啪地一拍，吼道：“汲黯，朕告诉你！自古以来，朝廷嘴里无虚言，‘告缗法’一事，就这么定了，就是错了，朕也要试它一试！”

汲黯还想争辩，武帝又将御案一拍：“妄言者，以藐视皇帝论罪！退朝！”

话说到这个份上，汲黯还有何话可说？唯有叹气而已。

群臣鱼贯走出未央宫大殿，一边走一边议论。只听司马相如小声说道：“迁弟，你的性格还得再……再磨一磨。”

司马迁叹了口气：“我这人性格太直，太刚，一遇见不平事就想说几句，今日若非你拽我的衣裳襟儿，怕是又要犯上了！”

司马相如前后左右瞅了一圈，见没有外人，问道：“迁弟，你可知道，张汤为什么那么热……热衷于‘告……告缗法’？”

“还不是想多敛几个钱，好讨好皇上。”

司马相如点头说道：“你只说对了三分之……之一。张汤搞这个‘告……告缗法’，可谓一石三……三鸟，既讨好了皇……皇上，又扩大了权力范……范围，还打击了丞……丞相，他好取而代……代之。”

司马迁一脸惊讶道：“你是说，那张汤有当丞相的野心？”

正说着，不知谁轻咳一声。司马迁回头一看，张汤面容严肃地走了过来，所到之处，大臣们不由自主地避到两旁，让张汤先走。张汤也不客气，板着一张脸，只管从大家闪出的通道中昂首而过。他走到汲黯面前，突然停下了脚步。汲黯扬起那张瘦脸，双目直直地迎住张汤的目光。两人你瞪着我，我瞪着你，好一阵没有说话。周围的大臣们，不由得屏住了气息，目视着二人。

张汤瞪着瞪着，突然有些后悔了。这个汲老头儿，连皇上都敢顶撞，何况自己呢？但若就此收兵，岂不是向他示弱了吗？于是，他操着讥讽调侃的语调说道：“汲大人，在下还要急于施行那‘道德败坏’的勾当，在下先行一步了！”

说是先行一步，却并未抬脚。

汲黯连皇帝都不怕，岂能吃他张汤这一套？他高声说道：“且慢，我有一言相告。”

张汤压根儿就没想要走，只是说说而已，闻言，大声应道：“好，我这里洗耳恭听！”

汲黯望了望围观的同僚，抬高了声音说道：“古代唐虞之治，以德化民，天下太平。当今皇帝本可为唐虞之主，奈何却有你这等酷吏，屡出恶法！你不怕留千古骂名，竟然还要玷污皇上圣明。哼！多行不义必自毙！”

张汤做梦也没想到汲黯有此一说，气得脸色苍白，浑身乱抖。围观的大臣，你瞅瞅我，我瞅瞅你，发出一阵低低的窃笑声。张汤双目圆睁，怒不可遏地朝围观者望去，所到之处，皆惶惶地避了开去。张汤暗自哼了一声，到底还是有人怕我。

汲黯呢？我不能就这么轻而易举地败在他的手上！

他转脸瞅着汲黯，冷哼一声说道：“汲黯，汤身居三公之位，只知尽力辅佐皇上，为解国库空虚的燃眉之急，不遗余力，不像有些人，只考虑自己百年之后的名声，全不顾眼前的国家利益，光说漂亮话，能使匈奴束手就擒吗？能使山东的饥民吃上一口热饭吗？哼！”

他害怕汲黯反驳，说完这番话，将袖子一甩，头也不回地走了。弄得大臣们面面相觑，当然也有乐不可支的，觉得汲黯为他们出了一口恶气。等大臣们逐渐散去后，公孙弘才凑到汲黯面前，讨好似的说道：“汲大人，今日之事来说，我真为你捏了一把汗。”

汲黯满不在乎地说道：“这有什么可怕呢，大不了掉了脑袋，二十年后又是一条好汉！”

公孙弘叹了口气：“其实，有些事情是不必硬顶的，就拿今日之事，你若是把话说得婉转一些，皇上未必就不听，也未必就会定下这个下下策。唉，现在……”

一听这话，汲黯就来气，睁圆两眼道：“你还抱怨我呢！你这个当丞相的，身为百官之首，明知张汤所言弊大于利，却缄口不语，皇上失误，你也难辞其咎！”

“你小声点儿!”公孙弘瞅了一圈，除了汲黯和二司马之外再也没有第二个人，方放下心来，压着嗓子说道，“你的意思，也让我和你一样硬顶。可硬顶能解决什么问题?你想让皇上照你的心意办，一要选准时机，他有别的事时，你不能说；他心情不好的时候，你更不能说……”

司马相如拉了拉司马迁袖子，小声说道：“丞相在传……传真经呢。”司马迁赞同地点了点头。

只听公孙弘继续说道：“二是要巧妙，有话也不能全说出来，要留一半给皇上去琢磨。唉，不说这些了，皇上既然已经准了张汤的‘告缗法’，就只能让他先试试，等事情办砸了再说。”

汲黯对公孙弘的话还没有理解，愤愤然说道：“先试试?哼!你就不想想，此法若一推行，将有多少百姓家破人亡!你身为皇上的辅政大臣，眼看着无数生灵涂炭，难道就能心安理得地睡觉吗?”

看着汲黯那副痛心疾首的样子，公孙弘不禁哑然。他沉默片刻，幽幽地说道：“我说得不对，等于没说，可你并没有沉默呀!该说的话，你也说了，其结果呢?皇上还不是我行我素!你是帝师，我呢，我算老几?名为丞相，只不过是皇上的一个大管家，若是触犯了皇上，这朝堂之上，怕是再也没有我公孙弘立足之地!我并不是恋栈，我已经七十多岁了，就是想干还能干几天?我是觉着我不是一个坏人，偶尔也能为皇上出一些好的主意。我若离开了这个位置，张汤就会来顶。没有张汤，赵禹、杜周也会来顶。朝堂上若是都换成张汤这一类酷吏或阿谀小人，黎民百姓不是更没有指望了吗?”说着说着，落下几滴老泪来。

听了公孙弘这番肺腑之言，不说司马相如和司马迁，连汲黯也为之动容，长叹一声说道：“丞相所言，也不无道理。古人有言，江山易改，本性难移。我汲黯生就这么一个牛脾气，想改也难。但愿你我各行其是，对圣上过失补救一二，聊尽臣子之心吧!”

公孙弘双手一拱，与汲黯道别。待走出数步之后，又回头说道：“不管怎么说，你汲黯刚才义正词严地教训张汤，真令弘等感佩至极!朝中若无汲黯，怎得这一股正气震慑群小!”

说完这话，公孙弘背手而去。司马迁看着他那衰老瘦小的背影，心头上涌起一股热流，脱口说道：“这表面上只知顺承皇上的小老头，其实也有许多不得已啊!”

说得汲黯、司马相如频频点头。

自“告缗法”实行之后，抄没的财产以数十亿计，武帝拿着这钱，一是用于赈济灾民，二是用于北伐匈奴。

说起匈奴，也够顽强的，经过汉军的几次征伐，西部主力受到重创，一蹶不振。然而东部匈奴仍很强大，且很猖狂。元狩四年（前119年），又兵分两路，大规模侵入右北平和定襄二郡，杀死和掳走吏民五千余人。

武帝接到边报，召集公卿大臣商量下一步的军事方略。他说：“河西战役获胜，浑邪王来降，是我朝对匈奴作战的一个转折点，下一步我们该攻伐匈奴单于本部了。朕原想让将士们休整休整，现在看不行啊！匈奴单于并没有从惨败中吸取教训，反而变本加厉地侵犯我朝东方边境。因此，我们要趁热打铁，一鼓作气，摧毁匈奴单于本部，永绝后患！”说到这里，他握紧拳头，往下一砸，表示了坚定不移的决心。

卫青早有征伐匈奴之念，听了武帝的话，兴奋地说道：“陛下圣明。陛下要臣什么时候出征，臣便什么时候出征！”

霍去病当即附和道：“舅舅说得极是！只要陛下一声令下，我霍去病立马杀向匈奴，生擒敌酋献于陛下！”

武帝含笑点头，正要就出兵之事再说点什么，公孙弘忧心忡忡地说道：“匈奴屡屡受挫，现已将王庭移于大漠以北，我军要攻伐匈奴单于本部，需深入漠北作战。那里一片荒芜，水草奇缺，人迹罕至，弄不好进得去出不来，还请陛下三思！”

卫青笑驳道：“丞相不必担心。我们已经有过沙漠作战的经验，深入漠北不成问题。至于水草，若有一个好向导，当也不成问题！”

武帝立马接道：“大将军之意，要朕重新启用张骞？”

卫青双手一拱道：“陛下圣明。”

“那就以爱卿之见，我立马拜张骞为中郎将，随军北征！”

公孙弘轻轻摇了摇头道：“水草只是其中一个问题，那单于自从吃了几次败仗之后，开始重用汉人，特别对那个李绪，言听计从。那李绪虽说不肖，也算一个将才，若用疲敌战术待我，也就是说利用我军穿越沙漠精疲力竭之时，以逸待劳，我将如何处之？”

卫青道：“我可步步为营，稳扎稳打。”

去病接道：“除了稳扎稳打以外，还要出其不意，攻其不备。因为这些年来，陛下把用兵目标，集中在西线，狂妄的匈奴单于产生了一种误解，以为陛下不敢穿越沙漠，直取王庭。敌人的这种麻痹思想，正好可以利用。我们若能火速穿越沙漠，突然出现在匈奴单于面前，定能打他个措手不及！”

“好！”武帝鼓掌说道，“我们就来一个稳、快结合，直捣匈奴腹心！”

经过几个月的筹备，于来年春月，武帝调集骑兵十万，由卫青统帅，霍去病佐之，出击匈奴。此外，尚有步兵五十余万人，马四十四万匹，随后继进。郎中令李广，戎马一生，做梦都在想扫平匈奴，建功立业，见武帝几乎倾全国之兵出击匈奴，料想匈奴必败无疑，这机会岂肯轻易放过？他连续四次面谒武帝，请求随军。武帝无奈，方使他为前将军，令与左将军公孙贺，右将军赵食其，后将军曹襄，尽归大将军卫青节制。卫青入朝辞行，武帝面嘱道：“李广年老命蹇，毋使独挡单于。”卫青领命而去。

这是开天辟地以来罕见的一支攻伐大军，旌旗蔽日，刀枪耀目，马驰车滚，衣甲鲜明。出征的将士一个个弓上弦，刀出鞘，精神抖擞，神采飞扬。他们决心为国家效力，为民族而战，眉宇间显露出英勇果敢、壮怀激烈的雄心和豪情。

军出长安，将到定襄，拿讯一个胡人。据胡人供称，单于现居东方，青使人报知武帝。武帝诏令去病，独出代郡，自当一面。去病与青分军，引着校尉李敢等，麾兵自去。

匈奴单于闻大汉倾国远征，却也惊慌，忙筹兵迎敌。李绪连道不可：“敌众我寡，硬拼不是办法，倒不如将辎重远徙漠北，严兵戒备，以逸待劳。”

单于连称好计，如言施行。

卫青连日进兵，并不见有大敌，乃迭派探马，四出侦探，方知单于移居漠北，便欲驱军深入，直捣虏巢。忽然想起武帝密嘱，不宜令李广做先锋，乃命李广与赵食其合兵东行，限期相会。东道迂远，更乏水草，李广不想前往，入帐面见卫青，恳声说道：“广受命为前将军，理应为军前驱，今大将军令出东道，殊失广意，广情愿当先杀敌，虽死无恨。”

张骞亦为李广求情。卫青不便明言，摇手说道：“我意已决，还望前将军以大局为重！”

李广愤然趋出，怏怏起程，赵食其紧随其后。

卫青遣去李广，挥兵直入，又走了好几百里，始遇匈奴大营，当下扎住营盘，用武刚车四面环住，武刚车有帷有盖，格外坚固，可做营壁，把最精锐的骑兵隐蔽在营壁中，偃旗息鼓。尔后遣骑兵五千，向单于军挑战，引得单于哈哈大笑。

李绪一脸困惑地问道：“我王笑什么？”

单于朝汉军一指说道："你看这汉军有多少人马？"

李绪举目一望回道："约四五千人。"

单于拈须说道："顶多五千，也就是说，经过长途跋涉，汉军能够投入战斗的仅剩这五千骑兵，如何是我对手？"

马鞭一挥，数万匈奴兵，铺天盖地朝汉军杀去，恨不得一口吞下这远道而来的敌人。

这是一场恶战，谁也不肯退缩。只听得金鼓齐鸣，人吼马嘶。刀光剑影，血肉横飞，五千汉军死死地拖住四万匈奴军。杀到日暮时分，大风忽起，走石飞沙，黄尘蔽天，两军对阵，只闻其声，不见其人。卫青见时机已到，一声令下，武刚车向两旁推开，隐藏在壁营中的四万五千骑兵呼啸而出，像黑色旋风分成两股，从左右两翼向匈奴包抄过去。顿时，杀声震天，蹄声撼地，汉军所到之处，匈奴军人仰马翻，呼爹叫娘，死伤一片。匈奴单于惊呼："上当了，上当了！"赶忙拨转马头，在数百名骑兵的护卫下，径直向西北遁去。

匈奴兵不知单于已逃，仍与汉军力战，两下里杀了半夜，匈奴兵死亡及被俘的达一万九千余人，内中有几个单于亲卒，未及逃匿，竟也做了俘虏。经审问，方知单于已逃，卫青忙命张骞，率千名骑兵，前去追赶，为时已晚。

待到天明，匈奴兵早已散尽，卫青自率大军，朝西北急进，前行二百余里，与张骞相遇，骞躬身说道："禀大将军，单于已经远去，无从擒获，唯前面有李绪城，贮有积谷，尚未运去，可否夺归我用？"

卫青道了一声"可"字，麾军径奔李绪城，果有积谷贮着，正好接济兵马，饱餐一顿。这李绪城本为李绪住处，因以为名。

汉军住了一日，青即下令班师，待至全军出城，索性放起火来，把城毁去，然后引归，还至漠南，方见李广、赵食其到来。卫青将二人严厉斥责一番，说他们逾期迟至，应该论罪。赵食其倒没说什么，李广受不住了。他本来不想东行，此时，又迂回失道，有罪无功，气得须髯戟张，不发一语。

卫青见状，不忍多说。

事隔一日，青令长史赍酒来到李广营中，要他的幕府前去大将军幕府上簿。广愤然说道："诸校尉无罪，乃我失道无状，我当自行上簿便了！"说毕，当即趋至大将军幕府，流着眼泪对将士说道："广自结发从戎，与匈奴大小七十余战，有进无退。今从大将军出征匈奴，大将军乃令广东行，迂回失道，岂非天命！广今已六十多岁，死不为夭，怎能再对刀笔吏，乞怜求生？罢罢罢！广今日与诸君长别了！"说毕，呛啷一声，拔出佩刀，向颈上一挥，倒毙地上。

将士等见广自刎，抢救无及，相率为广举哀。就是远近居民，闻广自尽，亦皆垂涕。李广生前善待士卒，行军无犯，故兵民相率怀念他，无论认识与否，莫不感泣。广从弟李蔡，才能远出广下，反得从征有功，封安东侯，迁拜光禄勋。广独拼死百战，未曾封侯。曾与术士王朔谈及，朔问广有无滥杀情事？广沉吟半晌，方才回道："我从前为陇西太守，曾诱杀降羌八百余人，至今尚觉追悔，莫非为了此事，有伤阴骘吗？"

王朔道："祸莫大于杀已降，将军不得侯封，确是为此。"

说得李广叹息不已。

广有三子，长名当户，次名椒，又次名敢。当户早死，椒出为代郡太守，病殁已八年了。唯独李敢健在，从霍去病而征匈奴。

去病和卫青分军后，自率骑兵五万，自代郡出塞，深入漠北二千余里，向匈奴左贤王发动了猛烈的进攻。左贤王起初疑惑道："在这不毛之地，谁吃了虎心豹胆，竟敢骚扰本王！"当看到汉军的旗帜，特别是斗大的"霍"字帅旗时，直吓得心惊肉跳，喃声说道："他们……他们是从地下钻出来的不成？"左贤王哪里还敢和汉军对阵，骑着他的六骡，策骡而逃。汉军一场好杀，共斩敌首七万余人，俘获番王三人，将军、相国、当户、都尉八十三人。

去病乘胜北进，直抵狼居胥山，在其主峰上积土为坛，举行了祭天典礼；又在狼居胥山不远处的姑衍山辟地为场，举行了祭地仪式。尔后，继续北进，搜歼匈奴残敌，直达瀚海之畔，然后凯旋。

漠北战役是汉朝与匈奴之间规模最大的一次战争，也是彼此间决定胜负的一场决战。此次决战，歼敌俘敌九万余人，使匈奴军受到了毁灭性的打击，元气大伤。一时再无力振兵南侵，不得不迁徙到漠北更远的地方。从此，"漠南无王庭"，汉朝北部边境出现了一个相对和平安定的局面。

凯旋之日，武帝亲自率文武百官出横城门迎接。当卫青、霍去病一出现，鞭炮齐鸣，锣鼓喧天，武帝亲把两条鲜红的绶带斜披到卫青、霍去病身上，把他舅甥二人激动得热泪盈眶。

次日早朝，武帝高坐在金殿之上，目光炯炯地将群臣环视一遍，满面笑容地说道："诸位爱卿，自高皇帝建汉以来，匈奴一直是我朝北方的大害。如今，卫青、霍去病二卿统率大军，深入漠北作战，建立了罕世功勋，朝廷再无边患之忧，百姓自可安居乐业。你们说，朕该如何褒奖大将军和骠骑将军？"

这一问，倒把群臣给问住了，是啊，卫青已封大将军，为全军最高统帅，还封他什么呢？封他丞相吧，武帝明明说过，卫青不是做丞相的料。还有那个霍去病，才二十一岁，已经做到了骠骑将军，算是汉军的一个副帅吧，还怎么封？

群臣面面相觑。

司马相如！

司马相如饱读经书，漠南战役，卫青讨伐匈奴归来，他那时已经做到了车骑将军，论及加官问题，众人束手无策，是他纵论古今，想出了大将军一职，武帝欣然采纳。这次呢？

他能不能再想出一个新的点子？

众人把目光一齐盯向司马相如。

司马相如苦笑了一下，摇了摇头。

众人无辙了！

武帝见状，哈哈大笑道："各位想不出来吧？朕来告诉你们：自即日起，罢太尉之职，置大司马，位列三公。卫青和霍去病皆拜大司马，军衔和爵位照旧，大司马大将军和大司马骠骑将军俸禄相等。"

此言一出，群臣皆惊。大将军一职，威权已经够重了。太尉又是国家的军政一把手，二者联称，意味着卫青，已可上马管军，下马管民，不是丞相的丞相。霍去病亦然！但武帝已经这么说了，而且，卫青、霍去病的功劳也确实太大，故而，没有一个人站出来反对。

封过卫青和霍去病，又封张骞、公孙贺和李敢。张骞恢复侯封，公孙贺增户一千二，李敢加封为关内侯。赵食其失道当斩，贬为庶人。

武帝意犹未尽，颁旨一道，命卫青、去病，在长安城夸官三日。

第二十九章　再婚公主　发妻出家

卫青、去病奉旨之后，胸戴大红花，斜披大绶带，骑着高头大马，被军卒簇拥着，沿着长安城的几个主要街道，夸官三日，所到之处，万民空巷，以一睹风采为幸。内中有一位中年贵妇，姓刘，名燕，爵封平阳长公主，也就是武帝的长姐，是卫子夫和卫青原来的主人，因丈夫曹寿亡故，心情不好，居家调养，闻听卫青夸官，忙让女婢扶着，登上一座高楼，倚栏凭望，见了卫青英姿，心头猛地一震，几年没见，这小子，出落得如此英俊、雄伟，比我那死鬼曹寿，大不相同，我若嫁得此人，也好算得后半生的福气，只是，我身为金枝玉叶，这话叫我如何开口？而且，那卫青曾为我的骑奴，嫁给他可否惹人耻笑？还有，我这把年龄，若是再醮，人们怎么议我？

她想得很投入，直到听不到鼓锣声，这才怏怏地走下楼来，回到卧室，面对铜镜，仔细端详自己的脸：柳眉杏眼，粉腮朱唇，白净而又丰满；头上珠翠，耳下金环，一片富态。虽说额头上有几道皱纹，但一抹粉一画眉，并不显眼。她不由得莞尔一笑，自言自语道："看起来，我还不算太老。"

女婢笑接道："老什么老？你是越活越年轻，越长越漂亮！"

公主扑哧一声笑了："你这小蹄子，倒会说话！嗳！我问你，现在朝廷大员中谁最显贵？"

女婢何等聪明，见她明知故问，料知她有再醮之意，嘻嘻一笑回道："要说朝中谁最显贵，当然是卫大将军啦！"

公主微微一笑："他不是我家骑奴吗？怎算是最显贵？"

女婢笑回道："话不能这么说，卫大将军固然做过咱家骑奴，那是十几年前的事了。周朝有个姜太公，穷困潦倒，卖面为生，那地位还不如一个骑奴呢！久后做了周朝的丞相，谁敢说他不显贵？而且，卫大将军，还兼着大司马，那地位在丞相之上，他的姐姐贵为皇后，所有儿子又悉封列侯，除了当今皇上外，还有何人能像他那样尊崇显贵呢！"

说得公主连连点头，暗自思道，听女婢之言，我若改嫁卫青，宫廷内外，不会有人说三道四。只是那卫青已有妻子春月，不知肯不肯休妻再娶？看来，要想如愿，这事恐怕还得惊动皇上了！

忽而又转一念，皇上固然是我亲弟，但毕竟男女有别，自己怎好意思去求他！就是好意思，怎么说？我能说，彻弟，我想嫁给卫青……不妥不妥，这话也有些张不开口。

子夫呢？

说起子夫，公主就不由得想起了当年之事：当年送子夫入宫之时，自己拉着子夫的柔荑，叮咛道："将来尊贵了，且莫学陈胜，不认儿时朋友了！"子夫笑回道："奴婢不敢……苟富贵，勿相忘。"我是有过大功于子夫的，若非我，子夫不会有今天。这恩，我想子夫也记着呢，我去求她，她不会不帮忙。

平阳长公主是个想得到说得到做得到的女人，当即淡妆细抹，穿上一件鹅黄长衫、一双绣花小鞋，坐车进了未央宫。

卫子夫在宫中绣花，见平阳长公主到了，赶忙起身迎接，笑着说道："哪阵风把大姐给吹来了？坐，请坐！"

待平阳长公主落座后，宫女献上果品，子夫将竹针毛线递给宫女，专门陪平阳长公主说话。

她朝平阳长公主打量了一番，暗自奇道，姐夫去世不到一年，孝期未满，她怎么有心打扮起来？

平阳长公主是有备而来，见子夫目现惊诧，笑问道："妹妹莫不是嫌大姐这身打扮过于鲜艳？"

子夫连连摇手说道："哪里，哪里！又不是大红大绿，哪里称得上鲜艳？"

"要么便是嫌大姐过早地脱去了孝服？"

"这……"子夫是个老实人，见平阳长公主戳住了病根，竟不知如何回答。

平阳长公主轻叹一声说道："在常人看来，大姐这孝服脱得是有些早了，但在大姐看来，还有些晚了呢！"

听了这话，卫子夫暗暗发笑，她想起刚听过的俳优说的谐语，讲庄子假死，其妻田氏急于改嫁，大清早拿了一把扇子扇坟。大姐这么急于脱去孝服，莫不是也有了再醮的念头？是了，一定是有了再醮的念头，你看，她不只脱去了孝服，还抹上了胭脂呢！想到这里，嘿嘿一笑说道："大姐莫不是有了心上人儿？"

平阳长公主娇脸微微一红说道："心上人还称不上，只是昨晚大姐做了一个梦，那梦有些奇特。”

“什么梦？”

“那梦是你曹大哥托的。他连托了三次，第一次距今已经有三个多月了。妹妹你没想一想，你曹大哥活蹦乱跳一个人，说死就死了，大姐能不伤心？大姐天天哭，哭得泪人儿一般，憔悴得不像人样。大姐这片赤心，感动了你曹大哥，你曹大哥便给我托了一个梦，叫我不要悲伤，他说他这一生最大的幸事便是娶了我，做了皇家的乘龙快婿，荣耀了二十几年，死而无憾！他要我早点儿把他忘掉，趁着还不太老，成个新家。我哭着说道，‘你都胡说些啥呀，我生是你的人，死是你的鬼，这一生一世，不再改嫁。’他正要说些什么，鸡子叫了，一眨眼儿，人不见了。我也就没把这事放在心上。前不久，我又做了一个梦，你曹大哥站在我的床头，仍劝我改嫁，被我骂了一顿，逐出门外。谁知，他不死心，昨天晚上又给我托了一个梦，还是劝我改嫁，我没好气地说，‘你不要啰唆了，且不说我不想再醮，就是想，一个黄脸婆儿，谁肯娶我？’他道，‘谁说你是个黄脸婆？你还不到四十岁，略一收拾，依然楚楚动人，你还是一个金枝玉叶，想娶你的人二千五。’我的心有些动了，略思片刻说道，‘你对我如此好，为我的事又如此操心，我也不能不识抬举。有道是，一客不烦二主，那就请你为我物色一个吧！’他道，‘这个人我早已为你物色好了。’我的心怦怦乱跳，止不住问道，‘谁？’他一字一顿道，‘大司马大将军……”

说到这里，将话顿住，双目直直地盯着卫子夫。

卫子夫一脸惊讶，她做梦也没想到平阳长公主会把目标选中了她的弟弟卫青。要说平阳长公主，那是皇上亲姐，金枝玉叶，下嫁卫青，乃是卫家的荣幸！可这样一来，春月呢？春月可是自己的患难姊妹，卫青的结发妻！

平阳长公主见卫子夫久久不语，直截了当地问道：“是我配不上大将军吗？”

“哪里话！大姐是金枝玉叶，卫青算老几，顶多算朝廷一个功狗！”

“既然这样，为什么听了我的话，你不凑一腔，是你自己不乐意吗？”

卫子夫苦笑一声说道：“大姐是金枝玉叶，下嫁我的弟弟，乃是卫家的荣幸，这是打着灯笼也找不到的好事，我能不乐意吗？只是，卫青已经有了妻子，且有三个儿子，大姐嫁过来，这名分……”遂缄口不语。

平阳长公主眉头微皱道：“名分这事还用我说吗？正如你自己所说，我是金枝玉叶，且不说金枝玉叶，我好赖还当过你姐弟俩几年主人呢！”

口气虽说有些生硬，说的全是实话。看起来，这公主是非卫青不嫁，而且不用说做小，就连平列也不肯。这就有些强人所难了，有心拒绝，对不起昔日的主人，再说，作为皇帝的姐姐，她想办的事，能阻止得了吗？卫子夫想了一想说道："大姐，你和卫青，倒是很般配的，不过，事出突然，容我跟皇上商量商量，行不？"

作为子夫，话也只能这么说了，平阳长公主笑嘻嘻地说道："有你这句话，姐就放心了。"说毕，起身告辞。

晚上，武帝回宫，子夫亲自为他捶背，一边捶一边把平阳长公主欲嫁卫青之事涓滴不漏地倒了出来。

武帝听了哈哈大笑，子夫一脸困惑地说道："陛下因何发笑？"

武帝一脸诙谐地说道："卿嫁于朕，朕的大姐嫁于卿弟，两家姐弟，互为婚姻，如民间换亲，各不吃亏嘛！"

子夫照他肩头擂了一拳，嗔道："人家都快愁死了，您还有心说笑话！"

武帝愣了一愣道："卿愁什么？"

"大姐再醮卫青之事。"

"这有何难？大姐孀居，择意中人再醮，天经地义；卫青身为大司马大将军，娶三妻四妾，也是天经地义！"

子夫微叹一声说道："一娶一嫁，倒是不难。陛下不知想了没有，卫青已有妻子春月，钦封的诰命夫人，大姐嫁过去，什么名分？是正房还是偏房？算妻还是算妾？"

"这……"武帝搔着头皮说道，"这确实是一个难题。大姐贵为公主，当偏房恐怕不行，不仅大姐不愿意，朕的脸上也不好看。这，这便如何是好？"

他想了许久，双目突地一亮："有办法了？"

子夫瞪大两眼问道："什么办法？"

"弃主就宾。"

听了武帝的话，子夫吓了一跳，试探着问道："陛下之意，让春月让出正房当偏房？"

武帝轻轻点了点头。

"这有些不大妥吧！"

"有什么不妥？"

"春月不只是卫青的结发妻子，还为卫青生了三个孩子，皆已封侯，儿子贵为侯爷，母亲却为偏房，怕那春月想不通！"

武帝蛮横地说道："想不通也得通！她春月算老几？宫女一个，下人一个，贱人一个，若非卿为她说项，嫁给了卫青，当上了诰命夫人，这会儿怕还在皇宫里抹桌子扫地呢！"

武帝顿了顿又道："大姐和卫青的婚事，就这么定了。卿明日可去卫府一趟，跟家中人说一说。"

圣意已决，子夫哪敢多言，唯有点头而已。

翌日上午，子夫乘坐凤辇回府，卫媪、卫青欲要向子夫行跪拜大礼，被子夫双手拦住。

卫青道："三姐不可如此，你贵为皇后，做臣子的给皇后行礼，天经地义，反之，则有些大逆不道了。"

子夫无奈，端坐正堂，受了母亲和卫青的大礼，尔后是卫憨儿、去病、春月、金蛾、卫伉、卫騧和霍嬗。霍嬗是去病的儿子，已经两岁了，奶声奶气地说道："皇后姨奶，孙儿给您磕头！"一边说一边趴在地上，撅着屁股，磕了一个响头，逗得众人哈哈大笑。子夫跳下凳子，双手将霍嬗抱起，照小脸蛋上来了三个响吻，方将霍嬗放下，转身将卫媪扶上凳子，拜了三拜。

往日，子夫回来，全家围坐一块，说一些家长里短，逗一逗几个孩子。今日，她因有王命在身，没这心思，一脸歉意地说道："大哥、春月，我这次回来，想和妈商量个事，不能奉陪了。"说毕，朝卫媪、卫青丢了个眼色，三人一同出了客厅，来到卫媪的卧室，开门见山地说道："我这次是奉圣命而来，给青弟做媒的。"

闻言，卫媪、卫青各自吃了一惊，满面诧异地盯着子夫。

子夫道："你俩别吃惊，这是真的。"

卫青道："小弟已经有了春月，这春月不还是您和皇上做的大媒吗？怎么又要做媒？"

子夫道："平阳长公主你不会不记得吧？她死了男人，想嫁给你，皇上也答应了，我就是为这事回来的。"

此言一出，把卫青和卫媪惊得目瞪口呆。平阳长公主，他们昔日的主人，金枝玉叶，威风八面，卫媪曾是她的女仆，卫青曾是她的骑奴，怎么忽地天翻地覆，她要变成卫媪的儿媳、卫青的夫人呢？

卫青不知所措，急得直搓手："这……这……这有些不大妥当吧！"

子夫道："有什么不妥？"

卫青道："她可是咱昔日的主人呀！"

子夫道："她自愿下嫁，还分什么主仆？"

卫青道："我已有了妻室，她嫁过来，不是要做小吗，这可有些太委屈了她！"

子夫娇笑道："你真是傻得可爱，开天辟地以来，你可曾听人说过，有堂堂的公主给人做小的先例？"

卫青老老实实地回道："这倒没有。"

"何况，那平阳长公主又是咱的老主人，有恩于咱一家两代，她就是愿意给你做小，你能忍心吗？"

卫青叹了口气："依三姐之意，这事该怎么办？"

子夫以不容置疑的口气说道："做你的正妻！"

"春月呢？公主若是做了我的正妻，把春月往哪里摆？"

"弃主就宾！"

卫青愣了一愣："弃主就宾？"

"对，弃主就宾。也就是说，让春月做偏房。"子夫顿了顿又道，"这弃主就宾不是三姐的主意，是皇上。你不会来一个抗旨不遵吧？"

子夫连皇上都搬出来了，卫青还有何话可说！但总觉着对不住春月，要知道，他二人结婚十几年，恩恩爱爱，从没红过一次脸。这个该死的长公主，天下那么多男人，你为什么偏偏选中我卫青呢？还有皇上，你竟如此不讲道理！

子夫见卫青不语，开导道："长公主嫁过来，对咱家来说，未尝不是一件好事，皇家和卫家外戚联姻，又多了一层关系，有利于儿孙们的前程。至于春月，穷苦人家出身，为了逃条活命，才应选入宫，能够做到大司马大将军的偏房，福气已经不小了。青弟，你和长公主的婚事，就这么定了！春月那边，还得你多开导。"

卫青瓮声瓮气地拒道："春月是我结发妻子，又为我生了三个儿子，弃主就宾的话我张不开口！"

子夫把脸转向卫媪。卫媪长叹一声："春月这些年，对娘十分孝顺，跟亲闺女一样，弃主就宾的话，娘也张不开口。"

子夫沉思一会说道："既然你俩都不想说，我只有亲自出马了。"说毕，站起身来，袅袅婷婷地走进春月的房间。

春月正在绣花，见子夫到了，忙起身相迎，并要为子夫倒水，被子夫拦住了。子夫双目直直地注视着春月，看得春月不好意思起来，红着脸说道：

"妹有什么好看的?"

子夫也不答话，双膝一弯，朝春月跪了下去，愧声说道:"春月妹妹，姐姐对不住你!"

事出突然，弄得春月惊慌失措，手忙脚乱:"姐姐，你这是，你这是做什么呀?"一边说一边伸手去搀。

子夫推开她的双手说道:"你不必搀我，姐姐有事求你，你若答应，姐姐方肯起来。"

春月无暇多想，满口应道:"有什么事，姐姐尽管说，就是赴汤蹈火，妹也万死不辞!"

子夫仰脸说道:"姐说这事比赴汤蹈火还要令人难受。"

春月扑哧一声笑道:"姐姐这话，妹却不信。"

"真的，姐不骗你。"

"那你就说吧!"说毕，忽然想起，子夫还在地上跪着，二次伸手去搀，子夫仍是不肯起来。春月佯怒道:"姐姐若是再不起来，你求妹的事妹也就不管了。"

这一说，子夫不得不爬了起来，盯着春月，几次欲言又止。春月催了又催，她方才吞吞吐吐说道:"平阳侯曹寿，死去将近一年了。"

春月笑道:"这个我知道。"

"平阳长公主不耐寡居，想再醮。"

春月摇头说道:"这怕是不行吧，大汉以孝立国，《孝经》说，寡妇再醮，须得孝满，也就是说，得为男人守三年孝，方可再嫁。"

"可人家是皇姐，可以不受这个限制，再说皇上也同意长公主再嫁。"

"那她就嫁呗!"

子夫叹口气道:"谈何容易!长公主身为皇姐，金枝玉叶，像她这般身份地位，有几个男人配得上?"

春月道:"这倒也是。"

"她看中了一个人。"

"谁?"

"大司马大将军卫青!"

春月"啊"了一声，继而一想，不可能。卫青是有妻室的人，那平阳长公主并非不知，岂能横刀夺爱?转而又一想，卫青贵为大司马大将军，一人之下，万人之上，娶三妻四妾，也在情理之中。想到此，春月嘻嘻一笑说道:

“妹又不是什么醋坛，长公主既然想嫁给大将军，那就让她嫁吧！”

子夫苦笑一声道：“问题并非如此简单。”

春月心中咯噔一下，难道长公主她，她想抢我的正室？

怕处有鬼，痒处有虱。子夫又是一声轻叹：“平阳长公主不只是皇上亲姐，还是我和青弟的旧主，十分看重名分，岂能给青弟做妾？这样一来，可就苦了妹妹，皇上要妹妹将正室的位置让给他的姐姐，并要我从中周旋，妹妹呀，你说我该怎么办？”说着说着，那眼泪便流了出来，她也不擦。

春月心里早已乱成了一锅粥。她从没想到会碰到这样一个问题。她和妹妹秋花十一二岁便失去了父母，家乡又遭大旱，颗粒不收，为逃条活命，才入宫做了宫女，奉命侍奉子夫，结为异姓姐妹。随着子夫的显贵，两姐妹也显贵起来，春月嫁给卫青，秋花嫁给公孙敖，还是御赐婚姻呢！卫青征讨匈奴有功，封侯拜将，因夫而贵，春月成为诰命夫人，三个儿子皆封列侯，这是何等荣耀呀！天有不测风云，半道杀出来一个平阳长公主，不仅要夺他的男人，而且还要霸占她的正房，天下哪有这种不讲道理的事？可是，谁有能力阻挡这种事呢？说到平阳长公主，比尿还稀，可她积德了一个好弟弟。俗谚曰：“君叫臣死，臣不得不死。父叫子亡，子不得不亡。”连死这类事情都不可抗拒，何况是让出正房呢？要恨只能恨自己，谁叫自己没有积德上一个做皇帝的弟弟！

她强压心头怒火，装作若无其事的样子说道：“姐姐不必为这事担心，妹妹想得很开，平阳长公主愿意下嫁咱卫家，乃是咱老卫家的荣幸！我是谁呀，我自己几斤几两，别人不知道，我春月能不知道吗？她长公主就是不说，我也会退居偏房。”

这话中明显地带着刺儿，只可惜，子夫没有留意，一把将春月搂在怀里，动情地说道：“委屈你了！我的好妹妹，好弟媳！”

春月没有凑腔，两汪清泪夺眶而出，如瀑如泉。

子夫少不得将她安慰一番，亲自为她拭泪。

吃过午饭，子夫仍乘着凤辇，回到宫中，见了武帝，喜滋滋地说道：“大功告成矣！”

武帝将她抱到腿上，吻了一口说道：“这全在朕的预料之中。”

子夫反问道：“如此说来，您早已成竹在胸了？”

武帝得意地说道：“当然啰！春月原是宫女，现为钦封诰命夫人，要她让位，硬了不行，软了也不行。她把卿当姐姐，卿不硬不软，她能不听卿的话!”

子夫差一点想说，为了说服春月，臣妾屈尊下了一跪。话到唇边又打住了，改口说道：“春月外柔内刚，但愿别生枝节才好!”

武帝笑道：“不会的，她既然答应了你，还会生什么枝节?”当即颁旨一道，令大司马大将军卫青与平阳长公主择日成婚。

圣旨一下，卫府顿时忙碌起来，专门收拾一个院落，布置洞房，装饰厅堂，红红绿绿，靡丽奢华。卫青的心情很复杂，明明是喜，却喜不起来，见了春月，再也无了昔日的欢愉，他觉着在家很尴尬，一不做，二不休，带上去病躲到深山中打猎去了，彻夜不归。

经过十几天的紧锣密鼓，一切安排就绪，春月方遣人将卫青叫了回来。

成婚之日，卫青被人装扮一新，戴一朵大红花，骑一匹枣红马，带着一班乐队，吹吹打打，将平阳长公主迎进卫府。傧相请出那位再醮公主，与大将军行了花烛之礼。谁人不说他们两人，乃是天生的一对，地造的一双?听着这铺天盖地的喜庆话，卫青麻木着脸，只管点头，不见喜色。平阳长公主恰恰与他相反，笑靥如花，连双眼都眯成了一条线。

礼毕，平阳长公主被引入洞房，卫青留在厅堂陪客，只饮到月明星高，方摇摇摆摆回到洞房，见到一位美人，头顶盖红，端坐在紫檀榻上，心中一惊，我怎么让她等到这般时候，忙上前赔礼：“公主，对不起，让您久等了!”

只听盖红里边娇滴滴说道：“咱们谁跟谁呀，你怎么如此客气，你打算让我顶着盖红坐一夜呀?”

他这才想起，盖红还没揭呢，忙趋前一步，双手揭开盖红，露出一个艳妆美人来，加之灯下，越看越觉美丽，正要张臂将她拥到怀中，窗前人影一闪，似是春月，卫青心下大奇道：“这般时候，她来做什么?”兴致大减。

平阳长公主见他站在自己面前，却是凝视着窗外，不言不语，似有莫大心事，柔声叫道：“青儿，你怎么了?”

这一声青儿，把他俩的距离拉近了一大截子，要知道，卫青在平阳府当差之时，还不到十四岁，卫媪叫他青儿，久而久之，府上的人也跟着这么叫。

经平阳长公主这么一叫，卫青回过神来，报之歉疚的一笑：“对不起，我骤然想起一件公事，不知道去病他们处理得怎么样了。”他本来不会撒谎，说这话时，脸微微一红，只是平阳长公主未曾注意罢了。

平阳长公主安慰道：“今天是咱的大喜日子，军队的事，去病会处理好的，你尽管放心好了。”一边说一边把一只柔荑搭上卫青的肩头。

卫青顺势抓住她的另一只柔荑，轻轻地摩挲着。

她笑眯眯地瞅着卫青，瞅着瞅着将肩头的柔荑移向他的脖子，勾了一勾，轻声说道："咱们该安歇了吧！"

他点了点头。

这一夜，他俩心满意足地睡去。直睡到日升一竿，还在梦中。

"啪啪啪！"一阵急促的敲门声将卫青和平阳长公主从睡梦中惊醒。

卫青揉了揉惺忪的睡眼问道："谁呀？"

"我，卫伉！"

"什么事？"

卫伉带着哭腔道："我妈她，她出走了！"

卫青大吃一惊，忙穿好衣服，打开大门，门外站着他的三个儿子，除卫伉以外，还有卫伐和卫騧。

他迫不及待地问道："你们怎么知道你妈走了？"

"这不，她给您的书！"卫伉一边说一边将手中的帛书递给卫青。

卫青展开一看，只见那帛书上写道：

郎君勋鉴：春月出身贫寒，因生活所迫入宫从事贱役，经皇后姐姐所荐，御赐婚姻，得以为郎君铺床叠被，生儿育女，钦封妾为诰命夫人，可谓荣耀之极，幸福之极！但妾深知，妾一无德二无才，无德无才，焉能久居凤巢。这一下好了，天降平阳长公主于郎君，这才是天造的一对，地造的一双。妾向你们祝福，祝你们举案齐眉，白头偕老。至于妾何去何从，请不要挂在心上。妾最放心不下的是三个孩儿，没娘孩可怜，请郎君与公主善待之。贱妾春月，泣血再拜！

卫青一边看一边流泪，待至读完，失声叫道："春月，你不该，你不该呀！"

他将家中的人，包括男奴女仆，分作十二拨，分头去寻，寻了十几天，也没寻到，整天唉声叹气。张骞怕他闷出病来，邀了几个朋友来看卫青，李敢也在被邀之列。

卫青见是几个老友到了，忙设宴相款，酒过三巡，卫青正要起身为大家敬酒。李敢忽地站了起来，戟手指道："卫青，咱们的账该算了！"

众将见李敢突然发难，忙上前劝阻，卫青摆了摆手道：“不要拉，让李将军把话说完。”

李敢怒目说道：“我父李广，率兵攻伐匈奴，经历大小七十余战，令匈奴胆寒，称他飞将军。这一次随军出征，竟引刀自刎，死得不明不白。今日，当着大伙的面，你要说个清楚，道个明白！”

卫青不慌不忙回道：“李广英雄盖世，老当益壮，我也是钦佩的。漠北战役，他迷失道路，延误军机，我并没有拿他怎么样，准备上奏朝廷，恭请皇上裁决。谁知他怕受刀笔吏之辱，自杀了。情况就是这样。”

李敢一拍桌子，震得酒樽儿乱蹦：“不对，你是恃权仗势，公报私仇，故意杀了我父亲！此仇不报，枉自为人！”说毕，抓起一个细瓷水杯，劈面朝卫青砸去。卫青躲闪不及，击中鼻子，鲜血如泉。

这一来，惹怒了霍去病，大喝一声，扑向李敢。卫青一声断喝：“去病，不得妄动！”

去病收回拳头，怒视李敢，李敢哼了一声，转身走出卫府。

有道是，好事不出门，坏事传千里。卫青挨打之事，不出三天，传遍了京城，也传到了武帝耳中。武帝非常恼火，将卫青召到宫中，问过详情，怒目说道：“这个李敢，太不像话了，明日朝会，朕要他当殿向大将军赔罪，降爵三级！”

卫青连连摆手道：“皇上不必这样，李广之死，死于误期，在这方面，臣也有推卸不掉的责任。而且，那李敢仅仅伤了臣的鼻子，无甚大碍，若因此来降他的爵，反倒显得臣气量狭窄，不能容人。”

听了他的话，武帝大受感动，他忽然想起一件事，听人言讲，每次上下朝，汲黯与卫青相遇，常不为礼，不知是真是假，御口一张问道：“卫爱卿，臣听说，卿与汲黯相遇，黯不以礼待之，卿不但不怒，反向他施礼，这是为甚？”

卫青答道：“汲黯乃是帝师，又是朝中少有的骨鲠之臣，臣敬他便是敬陛下，敬社稷。”

说得武帝频频点头，进而问道：“卿如此看中汲黯，朕见他居官，与常人无异，这却为甚？”

卫青答道：“汲黯居官，虽说与常人无异，若是托寄孤命，定能临节不挠，虽遇孟贲、夏育，未必能夺他的志操！”

武帝轻轻颔首。

事隔三日，武帝又动了狩猎的念头，卫青与众将从行，霍去病、李敢也在其中。甘泉宫一带，山高坡陡，沟深林密，豺狼虎豹，大白天也敢出来捕食，全无顾忌。武帝率着众将，正搜索着前进，丛林中忽地窜出一头雄鹿。武帝欢喜地叫道："李敢，去病，快快给我追。"

武帝话音未落，李敢一抖缰绳，纵马追了上去。去病也在追，怎奈，他的马不及李敢的马，越追距离拉得越大，十步，二十步，三十步……

去病年轻气盛，征匈奴屡建奇功，自以为不可一世。狩猎就是战场，岂肯落在李敢之后，打马狂追，翻过了一个山头，仍然没有追上。

看来，这一次要败在李敢手下！不，不能，他李敢算老几？我堂堂的大司马骠骑将军，岂能栽在他的手中！还有二舅那仇，无缘无故地被他打伤了鼻子，二舅可欺，去病不可欺！

怒从心头起，恶向胆边生，去病拈弓搭箭，朝着李敢后心，尽力射去。

只听一声惨叫，李敢跌下马来。

去病扬鞭催马，从李敢身边疾驰而过。

李敢挣扎着抬起头来，手指去病，咬牙切齿，恨恨地说道："你！你……"

卫青纵马跑了过来，翻身下马，将李敢抱在怀中。

卫青将李敢抱在怀中，正欲为他拔箭，李敢将头一歪，死在他的怀中。

卫青抬头一看，见武帝及一班从将都站在面前，万分惭愧地说道："陛下，去病他……"

武帝赶忙截住他的话头："去病误伤李将军，朕心中也十分难受，朕这就打道回朝，将李将军隆重安葬！"

卫青先是一愣，误伤！这不对吧，我分明看见，去病是冲着李敢后心射的。皇上距我不过三步之遥，他能没有看见？他一定是看到了。既然看到了，还为什么说是误伤呢？噢，他是在为去病开脱呢！

卫青一脸感激地瞅着武帝："陛下圣明，去病误伤了李将军，应当隆重安葬。"

其实，霍去病射死李敢，众人都看到了，见皇上说是误伤，谁敢道半个不字！

这事被司马迁冷眼看在眼里，暗暗地记了一笔。

李敢的葬礼倒是很隆重，武帝诏令在京凡二千石以上的官员参加了他的葬礼。

卫青觉着愧对李敢，硬逼着去病为李敢披麻戴孝，还送给李府一笔相当可观的葬金——金一千斤，细绢一百匹。

李家世代为将，缺的不是钱，是一个理。霍去病如日中天，又是武帝外甥，这理往哪里讨呀！敢长子禹，约当户遗腹子李陵，夜刺去病，因去病戒备森严，乃罢。

李敢的身影，随着时间的推移，在卫青心中，渐渐淡去。但春月不行，春月是他的结发妻子，恩爱了十几年，又为他生下三个儿子，每当看到儿子，便想起了春月，心里似针扎般的难受。

这一日午夜，卫青做了一个梦，梦见春月正在给卫騧做虎头鞋，从门外飞进来一只恶鹰，叼起虎头鞋就走，春月一边追一边喊，卫青顺手掂起铁胎弓，一个箭步蹿到院中，对准恶鹰嗖的一箭，恶鹰身子一侧掉了下来。正好一个仆人站在院中，卫青朝他吩咐道："拿去，收拾收拾，炖烂一点，为你家奶奶补一补身子。"

那仆人疾走几步，正要弯腰捡鹰，那鹰一扑闪翅膀站了起来，凄声叫道："卫青，我就这么可恶吗？"卫青吃了一惊，仔细一瞅，却原是平阳长公主在和他说话，哪里还有恶鹰的影子？他失声叫道："恶鹰呢？"

长公主愕然回道："恶鹰，恶鹰在哪里？"正说着话，身子起了变化，变成了那只恶鹰，把卫青吓了一跳，失声叫道："公主你，你……"

他竟叫出声来，把平阳长公主也给惊醒了，轻轻拍了拍他的肩头喊道："青儿，你喊什么，我就在你身边躺着呢！"

他睁开两眼，果见长公主就躺在他的身边，方知做了一场噩梦，歉意地一笑道："对不起，我做了一个噩梦，把您给惊醒了！"

平阳长公主微微一笑说道："你不必如此客气，咱们睡吧！"

他哪里睡得着，老实说身边这个女人，对自己也很不错，但他总觉着有种说不上来的味道。与春月在一起的时候，毫无戒备，想说什么，就说什么。和长公主在一起就不是这样，每说一句话，斟了又斟，就是做那事，也很少主动过！不像对春月，想风就风，想雨就雨，唉，这就叫半路夫妻，人都说，半路夫妻再好，也赶不上结发，直到今天，我才明白了它的含义！

他想他的原配，久久不能入睡，在心里翻来覆去地念叨着春月的名字。

起风了，刮得院中的树叶哗哗乱响。

他的脑海里突然蹦出一句俚语："月黑风高夜，放火杀人天。"他知道今晚没有月亮，加之这风……我虽说爵高位显，但我从未张狂过，一天到晚，夹着尾巴做人，自信没有什么仇敌！

怎么没有？我屡败匈奴，杀人无数，匈奴对我恨之入骨！

还有李禹、李陵兄弟，这个去病，唉！

他正在暗自叹息，窗前现出一条黑影，那黑影朝窗棂上叩了三下：“笃、笃、笃！”

他闻声问道：“谁？”

一个苍老的声音回道：“我，郭解。”

卫青惊喜交加，忽地坐了起来：“郭大哥别急，我这就给你开门。”一边说一边飞快地穿着衣服。

他正要下床，一只柔荑拽住了他的胳膊，一脸关切地说道：“你真的见他吗？他可是一个江洋大盗！”

卫青小声说道：“他更是一个侠客！我怎能不见！”

“那，我陪你见！”平阳长公主以不容置疑的口气说道。

“这……也好。”

平阳长公主穿好了衣服，右手持剑，左手执灯，在前引路，卫青拉开门闩，欢喜地叫道：“郭大哥！”

郭解应声走了进来，见一个中年贵妇，执灯站在卫青身边，暗自忖道：“这一定是平阳长公主了！”

平阳长公主也在打量郭解，一脸的敌意。

“坐，请坐！”卫青热情相邀道。

待郭解坐下后，卫青方在他的对面坐了下来。平阳长公主将灯放在案上，手持宝剑，倚卫青而立，一脸紧张地盯着郭解，做出随时拼命的样子。

卫青轻轻地握住平阳长公主玉手，低声说道：“公主不必紧张，郭大侠若是存心杀人，莫说你，连我也不是他的对手。把剑收起来吧！”

平阳长公主迟疑了一下，将剑插入鞘中。

郭解冷笑一声：“你倒也识劝。”说毕，把面转向卫青，面带讥讽地问道：“卫大将军，古语有言，‘无事不登三宝殿’，我深夜相访，你可知道因着何事？”

卫青略一思索说道：“你是为着自首而来！”

郭解摇手说道：“非也。我郭解向来敢作敢为，自什么首？而且，那匹贡马，已被我的徒儿吃掉了，我就是想自首，也没了自首的本钱！”

“那，郭大哥深夜造访，到底为着何事？”

郭解一字一顿道："我是想为春月讨个公道！"

卫青一脸惊喜地问道："春月，她，你见到她了？"

郭解点了点头。

"春月现居何处？"卫青一脸关切地问道。

郭解一脸冷漠地回道："你别管春月现居何处，你只说一说春月到底有哪些不好？被你逼出家门！"

平阳长公主抢先回道："你这话从何说起？春月出走，我和青儿都非常难受，遣了十几拨人去找她，可惜没有找到！"

郭解冷哼一声："你莫猫哭老鼠，假装慈悲！若不是你抢了她的男人，抢了她的正室，她会出走吗？"

这一下戳到了平阳长公主的痛处，有心发作，自知理屈，张了张嘴又合上了。

卫青见平阳长公主下不了台，忙打圆场道："郭大哥，此事怪不得长公主。长公主乃是奉旨完婚。春月出走，她心里非常难受，几次对我说道，若是能把春月找回来，一定要和她好好谈一谈……"

郭解冷言说道："怎么谈？还了她的男人，还了她的正室？"

卫青苦笑一声道："郭大哥此言差矣，我并没有休掉春月，只要没有将她休掉，我什么时候都是她的男人！至于大小、正偏问题，这也好商量……"

郭解紧追不舍道："怎么商量？"

平阳长公主的心，一下子提到了嗓子眼里，难道他，他卫青还要恢复春月的正房之位吗？果真那样，头打烂也说不通。

卫青把脸转向平阳长公主，几带乞求的口气说道："公主，您和春月的事，我想当回家。"

"不行！"平阳长公主斩钉截铁般地说道，"我是奉旨完婚，这正房之位坚决不让！"

郭解一跃而起，拔出背上单刀，用刀指着平阳长公主，大声说道："这正房之位，原本就是春月的，你今日让也得让，不让也得让！"

平阳长公主也将剑拔了出来："头可断，这正房之位决不相让！"

卫青连连作揖道："您二位不必动武，听在下一言，在下若是说得无理，再打也不为迟。"

郭解冷哼一声，收了单刀。

平阳长公主也冷哼了一声，插剑入鞘。

卫青移目平阳长公主说道："公主，那春月好赖和我生活了十几年，又为我生了三个孩子，皆封列侯，没有功劳有苦劳。这样行不行，你两个不分大小，不分正偏，以姐妹相称。"

说这话的时候，一脸的低三下四。男人呀，一个堂堂的男人！官居极品，一人之下，万人之上，如此相求，长公主还有何话可说？

有，那便是谁为姐，谁为妹。

这话，卫青回答得很技巧："你当然为姐了，且不说您贵为公主，单就年龄上来讲，您也该是春月的姐姐！"

郭解不虚此行，为春月讨回了几分公道，这才露出了笑脸儿，双手抱拳道："深夜相扰，实在抱歉，告辞了！"转身欲走。

卫青呼道："且慢，你还没告诉我春月在哪里呢！"

郭解歉意地一笑，朗声回道："茅山顶，密林内。"说毕，飘然而去。

翌日晨，卫青早早地用过早饭，带着四个仆人，坐着一辆大马车，径奔茅山。他来到山脚之下，望着幽静宜人、洞虚天成、蜿蜒起伏的群山，喟然叹道："真乃养生之福境，仙神之灵墟也。"说毕，舍舆徒步，拾级而上，一口气来到茅山顶。时已黄昏，但见峰顶西北密林处，隐隐约约闪现出几间简陋的房子，卫青走上前去轻轻叩门："请问，这里可有一个叫春月的人？"

里面出来一个小童问道："可是才来的吗？"

"正是。"

"她已不叫春月。"

"叫什么？"

"叫清风。"

卫青心头一喜，迫不及待地说道："请让我见一见清风。"

小童将他仔细打量一遍问道："您是清风的什么人？"

"我是她的丈夫。"

小童摇头说道："此言差矣！清风亲口对我说道，她乃孤身一人。既然孤身一人，何来的丈夫？"

卫青耐心地向小童解释道："那是她骗你的，她不只有丈夫，还有三个孩子。"

"孩子呢？"

"路远我没有叫他们来。"

小童似信非信道："既然这样，我就带你去见清风。到时候她要是不认你，可别怪我不客气。”

小童说毕，在前带路，进到院内东侧一个房内。一个女人，正在面墙闭目静坐，留给卫青一个脊背。

这脊背卫青再熟悉不过了，他动情地喊道：“月儿！”

那女人霍然回首，见是卫青，又惊又喜，但这只是一瞬间的事，随即便淡淡地问道：“你怎么找到这里来了？”

卫青抑制住心中的兴奋回道：“是郭大侠告诉我的。”

“唉，这个郭大侠……”春月发出一声幽叹，“三番五次叮嘱他，不要把我的情况告你，他到底还是说了。”

卫青似怒非怒道：“你的心未免有些太狠了吧！”

春月道：“我已绝尘念，专心修炼，称不上什么狠不狠！”

卫青轻叹一声，自责道：“月儿，我对不住你，我把皇上的面子看得太重，伤了你的心，我已和长公主商量好了，接你回去之后，不分大小，不分正偏，彼此以姐妹相称。走吧！”

春月道：“谢谢你，谢谢长公主，但我不能跟你走。”

“为什么？”

“实话告诉你，我离家之时确实带着一腔幽怨，但通过这几个月的修炼，已经渐渐悟出了许多道理，只恨醒悟太晚，岂能随你回家！”

“你都悟出了点什么？”

“悟出了两点。”

“哪两点？”

“人都有生老病死，不如修炼为上。”春月一边说一边诵道，“人生在世一张犁，犁来犁去土里头，生老病死人人有，何如早些来修炼。”

“另一点呢？”

“盛极必衰。”

“请道其详。”

春月缓缓说道：“卫家出了一个皇后，四个侯爷，尚不说去病，你又贵为大司马大将军，一人之下，万人之上。亘古至今，未有比卫家更荣耀的人家了。有道是，‘盛极必衰’。我修炼不纯是为了长公主．乃是为避世而来。”

卫青道：“你这话我不敢苟同。皇上聪明睿智，对我恩宠有加，祸从何来？”

春月淡淡一笑说道：“我只是有这个预感，但愿如你所言，卫家能够与国同休，长盛不衰!”

这一说，让卫青抓住了把柄，笑嘻嘻地说道：“既然这样，你还避的什么世？请跟我一块儿回去。”

春月使劲摇了摇头：“除了避世之外，我还想成仙呢！你独自回去吧。”说毕，又转身闭目静坐，再也不说一句话。

卫青无奈，只好找到了她的师傅。老师傅听说大司马大将军到了，热情款待，还亲自出面动员春月还家，春月仍执意不从。双方正僵持不下，朝廷来了圣旨，言说南阳商民梅免、百政造反，要他率兵前去平叛。问及去病，使者言道：“邯郸商民辛森造反，大司马骠骑将军奉命平叛去了。”

圣命难违，卫青恋恋不舍地下了茅山，回到长安，经过一个多月的筹备，率领两万铁骑，浩浩荡荡杀向南阳。

第三十章　南阳起义　告缗引乱

南阳古称宛，早在四五十万年前，已结束了茹毛饮血的历史，使用打制石器，过着采集和渔猎生活。夏设九州，南阳属豫州之域。商代谓之“南阳”，有谢、楚、邓等国。西周时境内有申、吕、楚、鄀、蓼、邓等国。春秋大部人入楚，战国分属韩、魏。秦置南阳郡，为全国六大都城之一。由于它是陶朱公范蠡的故乡，故而，这里的商业、冶铁业十分发达。梅免的祖上便经营丝绸和冶铁而致富，到了梅免这一代，虽说衰落了，那资产也当在三千万缗以上。

梅免家道虽衰，出手却很大方，不说亲戚朋友，街坊邻居，就是一个陌路人，遇到困难找他，他也会慷慨解囊。

他志在游历和结交，把生意上的事，全撂给他的管家。

这管家是他一个表侄，叫个单兴，长得一表人才，写得一手好字，算得一笔好账。主人的财产明明是三千万，为了少纳“算缗”，他瞒报了一千二百万，并把那账做得严丝合缝。梅免本来就不大看重财帛，见他如此胡搞，正色说道：“单兴，咱要老老实实经商，堂堂正正做人，这算缗该是多少，咱就交多少。”

他嘻嘻一笑说道：“有道是‘十商九奸’，瞒报财产，并非咱一家，您何必要认这个真呢，难道嫌钱扎手不成？”

梅免不嫌钱扎手，随着社交活动的扩大，用钱的地方越来越多，便把瞒报“算缗”的事默认下来。

单兴一方面想方设法瞒报“算缗”，使主人的钱少损失一些儿；另一方面，变着法儿挖主人墙角，把主人的钱攫为己有。五年不到，他腰中的钱包鼓了起来，沿着白河两岸，置良田二百八十多亩。

他若是仅仅从钱上盘剥梅免，倒是情有可原，万不该把一双魔爪伸向他的表婶。

他表婶叫江英，是个卖艺的，模样儿百里挑一，三年前随父到南阳卖艺，遇上了连阴雨，艺卖不成，吃饭住宿便成了问题。黄鼠狼单咬病鸭子，父亲又染上了瘟疫，一命呜呼，停尸待葬，济生药房的老板找上门来，讨要药钱。客栈老板给江英母亲出了个主意，让她去求梅免。梅免倒也慷慨，送了她三十缗钱。

还了债务，埋葬了男人，母女俩两手空空，为生计之事犯了大难。客栈老板二次献计，他言道，梅免结婚十几年了，妻子未曾为他生下一男半女，倒不如将江英嫁过去，一来报恩，二来也解决了生计问题，一举两得。事到如今，确实没有比这再好的办法了。江英母亲满面欢喜地答应下来。梅免妻子虽说不会生育，但二人相当恩爱，并没有纳妾的意思，怎奈客栈老板铁了心要喝他的喜酒，一趟不行两趟，两趟不行三趟。整整跑了三四一十二趟，梅免方算答应下来，择了一个黄道吉日，把江英娶了过去。

江英已经十六岁，正是怀春的年龄，未曾上轿，便憧憬着美好的未来——所嫁的男人，出手如此大方，一定是一个风流倜傥的人物。谁知，他不只生得矮胖矮胖，那年纪比她的亡父还要大上几岁，她不免有些失望。

江英转念一想，自己也不过艺女一个，能嫁给南阳的二号富翁，也算是天大的幸事了！

若非单兴从中插了一杠，江英定会给梅免安安生生过一辈子，生儿育女。

单兴并不是没有女人，可那女人一脸麻子，还是一个红眼梢子，见了让人恶心！三里之隔，一年难得见上一面，有女人和没有女人一样。

他想女人，在女人中，模样儿赶上他小表婶的屈指可数！于是他便把心思下在江英身上，千方百计地讨好她，取悦她！觉着有了几分把握，购了一册《春宫图》献给江英。看得她怦然心动，在一个风雨交加的夜晚，将单兴召到卧室，成就了一番好事。

有了初一，能没有十五？自此，他俩三天两头约会。要想人不知，除非己莫为。这事传到了梅免耳里，他寻了一个借口，将单兴辞退。

这单兴在梅免府上干了六年，偌大一份家业由他一手执掌，要风就风，要雨就雨，威风八面。如今龟缩在家中，守着那二百八十亩地，心中那份失落，是常人难以想象到的。

他失落的不只是威风，还有女人。

他想他的情人，寝食不安。奶奶的，我一定要夺回我的江英！

梅免家大业大，朋友遍布四海，连官府都敬他几分，从他手中夺回江英，势必比登天还难！

正当单兴无计可施之时，朝廷颁布了《告缗法》。

他将双腿啪地一拍："有办法了！"

他知道梅免在郡署耳目众多，等夜幕降临以后，悄无声息地来到郡署，求见郡守。

郡守姓龚，叫龚让，与单兴很熟，也知道单兴被逐出梅府，有点不想见他。

单兴对通禀的书童说道："我这里有一件极大的秘密要禀告郡守，郡守实在没有空见我，我只有进京面奏皇上了，叫他莫要后悔！"

龚让见他话中有话，不得不见了，彼此寒暄了几句，开门见山地问道："单总管是无事不来，究竟有着什么事情，这么急于见我？"

单兴欲擒故纵道："听说朝廷颁布了个《告缗法》，有无此事？"

"有。"

"小民还听说，这《告缗法》颁布一个多月了，南阳冷如冰井，为此，龚大人还遭了朝廷使者一番训斥！"

龚让心中咯噔一下，这事他怎么知道？

不过他说的确实是实话。自《告缗法》颁布以后，全国搞得如火如荼，特别是邯郸，与南阳并称为全国六大都市，但它远没有南阳这么繁荣！《告缗法》颁布后，短短十几天，被告的达三十四家，抄没财产一亿八千万，而南阳，一家也没有，照这样下去，头上这顶乌纱怕是保不住了！

他轻叹一声说道："想不到南阳人如此憨厚，天送给一个发财的机会也不去发！"

单兴直言不讳地说道："我想发发这个财。"

龚让双目突地一亮："真的？"

"真的。"

龚让将凳子往单兴面前移了移，伸长脖子问道："你想告发谁？"

单兴笑了一笑说道："您别急，我且问您，是不是告发人可得抄没财产的一半？"

龚让连连点头。

单兴双掌突地一拍："那我告定了！"

"你想告发谁？"

单兴一字一顿地说道："梅——免！"

梅免是南阳的第二富豪，交游甚广，若能把梅免扳倒，老百姓就会群起响应，这《告缗法》还怕推行不下去吗？

他越想越高兴，又将凳子朝单兴跟前挪了挪，头顶着头问道："你估计梅免瞒报了多少?"

"一千二百万缗!"

龚让惊奇地叫道："好家伙，这可是一条大鱼!"当即升堂，将梅免锁拿归案。

不止梅免，还有他的妻子和小妾，那小妾便是江英。

龚让派了一个能干的书吏，前去梅免家清财，由单兴协助。因那账都是单兴做的，甚而连钱埋在什么地方，单兴也知道，一清一个准。

于是，一千五百万缗归了郡库，一千五百万缗入了单兴腰包，莫说平民百姓，连龚让也眼馋得直流涎水。

单兴倒也识趣，拿出二百万缗，一百万孝敬了龚让，一百万分给有关办案人员。龚让投桃报李，释放了江英。

这事轰动了南阳城，众人纷纷仿效，有仆告主的，也有仇人互告，朋友互告，邻里互告，一时间告发成风。短短十几天，抄没财产二亿八千万缗，比邯郸硬多了一个亿。

单兴骤然得了这一千多万缗钱，乐了一阵，乐过之后，他有些后怕起来，梅免的朋友那么多，会不会有人为他打抱不平?自己虽说跟着梅免学过三招两式，应付街上的混混子尚嫌不足，何况梅免的那些武林朋友?

他想搬家，搬到一个遥远的地方，隐名埋姓，过一个幸福的晚年。商之江英，江英深表赞同。

但他所得到的财产大都是实物和房产，真正的现款还不到三百万，已经花出去了二百万。要把这些实物和房产变成现金怕不是一时三刻的事。

一晃，一个多月过去了。这两天，他觉着左眼跳得特别厉害。古谚曰，"右眼跳财，左眼跳崖"，怕不是好兆头。

五福井有个拳师，自称打遍荆州无敌手。他以月俸一万缗的价格请来，为他护院。

这一日丑时，单兴正在梦中，被一阵铁器相撞之声惊醒，正要下床看个究竟，只听咣当一声，房门大开，一个黑塔似的汉子飞身来到床前，右手持刀，左手拎着一个血淋淋的人头。那头正是拳师的。

他，他，他不是人称丧门星的百政吗?单兴浑身打战，几不成语道："百……百……百……"

他本来想叫百叔，这还是跟着梅免叫的。百政是五朵山的山大王，梅免的结拜兄弟，他自然该叫百叔了。

百政将眼一瞪，厉声喝道："百什么百！我且问你，我的梅大哥哪里去了？"

"他，他被官府抓走了。"

"官府为什么要抓他？"

"说他瞒报'算缗'。"

"官府怎么知道他瞒报了'算缗'？"

"这，这小侄就不知道了。"

百政照着单兴白脸呸地吐了一口浓痰，骂道："你个忘恩负义的小子！当年，你流落街头，饥寒交迫，是你表叔收养了你，送你去南堂读书，把偌大一份家业交你一人管理，你反恩将仇报，图谋他的女人，图谋他的家业……"

他正数落着单兴，那被子突然竖了起来，朝他扑来，他猛然想起，我怎么把她给忘了！忙挺刀去刺，刺了个空。

江英舍了被子，赤身裸体跑出门去，一边跑一边喊："有刺客，有刺客！"

他纵身朝门外追去，见她是一个裸体，啐了一口骂道："好一个不要脸的女人！"反身入内，不见了单兴，东寻西寻，方从挂衣柜中寻到，一刀结果了他的狗命，枭下他的人头，连同拳师的在内，打了一个包裹，斜背在肩上，大踏步地走出卧房，来到院中。闻声而来的院丁，见是百政，谁敢上前阻拦，眼睁睁地看着他走出大门，消失在夜幕中。

百政循着原路，来到凯旋客栈的窗下，扭头看了一眼，确信无人跟踪，这才跳窗而入。

李春见百政安全归来，忙上前卸下包裹，欣喜地说道："成功了！"

百政叹了口气："漏了一个。"

李春道："可这里边，分明是两颗人头。"

"五福井的拳师，撞在了我的刀下。"

李春噢了一声道："漏掉的可是单兴？"

"非也。"

"是江英？"

"正是。"

李春唉了一声，没有再说什么。少顷，百政问道："弟兄们什么时候可以赶到南阳？"

"大概在明日酉时。"

“务必要赶在酉时三刻之前，要不，人家可要关闭城门了。”

李春点头说道：“这我知道。”

百政道：“你准备把弟兄们隐在何处？”

李春道：“井瞎子家隐蔽一百，唐文英家隐蔽一百，这个凯旋客栈再隐蔽一百。”

“好，好，咱们睡吧！”

李春道：“别急，明日什么时候动手？”

“三更一点。”百政说罢，倒头便睡。直睡到太阳晒住屁股，方爬了起来，洗涮已毕，对店家说道：“范掌柜，你想不想发一笔小财？”范掌柜笑回道：“想啊，做梦都在想。”

百政朝床下一指说道：“你看那床下是什么东西？”

范掌柜弯腰朝床下一看说道：“一个包裹。”

“你将包裹拿出来，看看那里包的是什么东西？”

范掌柜弯腰从床下拽出包裹，打开一看，啊的一声惊叫，一连倒退了四五步，惊魂未定地说道：“人头，你在哪里弄来的这玩意儿？”

“从单兴家中。”

“你把单兴杀了？”

“正是！”

“唉！”范掌柜长叹一声，“单兴虽说死有余辜，只是，那杀人可是要偿命的呀！”

百政嘿嘿一笑说道：“偿命怕啥！砍了头碗大一个疤，只是，我这头怕是没有那么容易砍的！”

范掌柜摇头说道：“百大侠不必过于自信，有道是‘人命关天’，还是逃命要紧。”

百政笑道：“你不必为我担心，我正在为不能入狱而发愁。这样吧，你速去郡署一趟，将我告发，一来领几个赏钱，二来也好将我送入狱中。”

范掌柜一脸怒容道：“你把我看成啥人了？”

“看成啥人了？”

“势利小人！”

百政摇了摇头说道：“我可没这个意思！”

范掌柜反问道：“没这个意思为什么要我告发你？”

百政微微一笑说道：“你误会了！”遂压低声音，将自己的计划，简略地给他讲了一遍。

范掌柜变怒为喜，笑哈哈地说道："如此说来，我可要去告发你了！"

他笑嘻嘻地说道："越快越好！"

送走了范掌柜，不到半个时辰，来了十几个如狼似虎的差役，将百政缉拿归案。

那龚让已在郡署大堂等候多时，见了百政，将惊堂木啪地一拍说道："下边跪的可是丧门星百政？"

百政回道："正是。"

"是你杀了单兴和王豹？"这王豹便是那拳师的大名。

百政又道："正是。"

"打入死牢！"龚让一声令下，几个差役一齐上前，将百政送到死牢，砸上长枷、脚镣。

等差役走后，他仔细将这牢房打量一遍，约有八尺见方，无窗。靠后墙打了一个草铺，上边放了一条棉被，大概是久没拆洗的缘故，硬邦邦的，散发出一种说不上来的气味。他一脚将被子踢到一旁，躺在草铺上呼呼大睡。直到送饭的进来，方将他叫醒，饭是发了霉的小米粥，他勉强喝了两口，倒头又睡。

外边渐渐黑了下来，那是透过门缝看到的。

外边又亮了，不用说，那是月亮升起来了。

"梆！"巡更的老头敲了一下梆子，沙哑着声音喊道，"一更喽！"

百政叹了口气："怎么才一更？"

他倒头又睡，可哪里睡得着？

什么叫度日如年？直到此时，他才尝到了度日如年的滋味！

随着三声梆响，那沙哑的声音又响了起来："三更喽！"

三更已经到了，一点还会远吗？

他坐起来，运了运气，单等那梆子一响，便要行动。

谢天谢地，外边的梆子终于响了，是一下："三更一点喽！"

他忽地站了起来，双手用力一分，将木枷挣断。尔后，双手抓住脚镣，使劲儿一扭，"嗨！"脚镣应声而断。

午夜，万籁俱静，这一声"嗨"非常刺耳，狱卒应声走了过来，厉声斥道："叫什么叫？"

他也不答话，斜着脖子，一肩将门撞倒。那狱卒来不及躲闪，竟被压在门下，仅仅露出一个人头。

他单脚跳上门板，向下踩了一踩厉声问道：“梅免关在什么地方？”

狱卒强忍着疼，龇牙咧嘴回道：“面北第二间。”

百政用力往下一踩，只听一声惨叫，狱卒口喷鲜血，到酆都城报到去了。

百政疾步来到关押梅免的地方，将门镣吊扭断，救出了梅免，又替他扭断脚镣。二人正要离开牢房，忽听一个囚犯叫道：“梅大侠，请救一救我们！”

话未落音，同室的几个囚犯一齐叫了起来。

梅免不忍丢下他们，对百政说道：“请您也救一救他们吧！”

百政道：“此时还顾不得他们，我得去接应李春！”

几个囚犯，以为他是一个遁词，一齐跪了下去。

百政将脚一跺说道：“嗨！诸位咋如此不相信人呢？我已和李春约好，三更一点进攻郡署，郡署若是能够攻开，莫说你们，所有的囚犯我一概要救的！”说毕，拽了一下梅免胳膊，当先窜出狱门。梅免迟疑了一下，也跟了出去。

攻打郡署的战斗已经打响，郡丁不是义军对手，四散逃窜。有一个正好撞在百政拳下，被他劈面一拳，打倒在地。

李春兴奋地喊道：“百大王，下一步怎么办？”

百政挥刀说道：“跟我来，杀向后署，捉拿狗官！”

李春应了一声“是”字，率部朝后署杀去。

龚让已经醒了，他是被喊杀声惊醒的。

他是一个文官，手无缚鸡之力。将门拉开一看，一个黑塔似的汉子率众杀了过来，忙关了大门，反身跑进内室，想找一个地方躲起来，无处可躲。

只听咣当一声，大门被人撞开。他一急之下，钻到床下，缩作一团。

那床下又非多么隐秘的地方，义军没费吹灰之力便找到了。李春转身向百政问道：“怎么处理？”

百政毫不迟疑地说道：“整了。”

梅免正要阻拦，李春手起刀落，把龚让砍为两段。

梅免叹了口气：“百政贤弟，这样一来，祸可是闯得有些大了！”

百政哈哈一笑道：“劫狱这祸还小吗？攻打郡署这祸还小吗？莫说二罪并罚，就是任择一罪，你我也是灭门之罪！横竖是死，何妨多杀几个，替天行道，为民除害！”

“这倒也是！”梅免突然想起了几个囚友，哎了一声说道：“我怎么把他们给忘了？”

百政道：“谁？”

“我那几个囚友。”

百政朝李春吩咐道：“你派几个弟兄，快去打开监狱，放了所有囚犯。”

李春刚一转身，百政又道：“且慢！”

梅免满面诧异地瞅着百政，不知他因何变卦。

百政面对梅免说道：“梅大哥，咱狱也劫了，人也杀了，下一步该怎么办？”

梅免摇首说道：“事起仓促，我还没有想呢！”

“我倒是想了。”

“你说下一步该怎么办？”

“下一步嘛，若是依我之意，咱占据宛城，招兵买马，杀到长安，夺了刘彻鸟位，你做天子，我做大司马，弟兄们都弄一个将军、太守当当！”

百政这一说，义军全欢呼起来。

事到如今，再也没有比这更好的法子了，梅免点了点头。

百政这才对李春说道：“兄弟可对囚犯讲，我们要扯旗造反，愿意留下跟我们干的，登记造册，发给服装兵器，不愿跟我们干的，决不强留，去吧！”

有道是，竖起招兵旗，便有吃粮将，加之这几年，朝廷连年对外用兵，沉重的徭役和苛捐杂税，压得百姓们喘不过气来；任用酷吏，百姓动辄犯法，家破人亡，早就憋了一肚子气，闻听有人造反，蜂拥而至，旬月之间，义军发展到四万多人。朝廷两次派兵镇压，均被打得落花流水。

卫青不知义军厉害，只觉着，匈奴那么厉害，都被我剿平了，何况区区一支乱贼！

他一到南阳城下，便叫公孙贺前去挑战。百政正要上前应战，李春说道：“杀鸡焉用牛刀！”拍马突出阵来，与公孙贺大战了六十个回合，渐感不支，回马便走，被公孙贺追上，生擒过来，拨马送回本阵。

百政见了，大喝一声，杀向官军，公孙贺欲回身再战。

公孙敖叫道：“大哥，你已立了一功，这一功就让给小弟吧。”一边说一边纵马跃出本阵，截住了百政。

百政见官军队里跑出一位将军，目如铜铃，面如锅底，那模样和自己颇有几分相似，连道了三声好好好，劈头一棍朝他砸去。这一招叫棒击泰山，公孙敖忙来了一招举火烧天，硬生生接了一棍，震得虎口欲裂，暗道了一声不好，我怕不是这黑汉的对手，有心收兵回营，又恐引人耻笑，硬着头皮应战。

卫青正在为他掠阵，见状大惊道：“想不到黑汉如此厉害，再不收兵，公孙将军就要吃亏！”忙命鸣金收兵。霎时，官军阵中，响起了呛啷啷的锣声。可那百政，仍没罢手之意。公孙敖有些急了，大声喝道：“黑汉，你懂不懂战场规矩？”

百政道：“什么规矩？”说着又攻了一招。

公孙敖不敢硬接，侧身闪过：“战场上的规矩，凡鸣金的锣声一响，双方都要收兵。”

百政道：“我不懂这个规矩。我只懂得如何斩了你的狗头！”把个公孙敖气得哇哇乱叫，战亦不能，退亦不能，不知如何是好。梅免将马鞭一挥说道：“杀呀！”

官军听到了鸣金的锣声，想的是如何收兵，没想到义军来了这么一招，军心大乱。义军乘势掩杀过去，杀得官军落花流水，退兵四十余里，方才安营下寨。清点人马，伤亡了二千多人，丢失辎重无算。还有一个公孙敖，也落入义军之手。

公孙贺担心弟弟安全，欲要连夜去攻南阳，救出公孙敖。

卫青劝道：“贼兵初胜，士气正旺，我怕不是贼兵对手。倒不如遣一个机智的小校，去到宛城，与贼人交涉，互换俘虏，我想贼人会答应的。”

公孙贺想了一想，除此之外，确实没有比这再好的主意了，点头说道：“一切听从大将军安排。”

于是，卫青遣了一个机智的小校，连夜去宛城，面见梅免和百政，道明了来意。梅免、百政欣然而允，并就交换的时间、地点达成了一个详细的协议。

卫青刚刚遣走了小校，营门外走来一个英俊青年，非要面见卫青，说是有重要事情相报，军士便将这青年押进大帐。

那青年见了卫青，双膝一跪，自报家门：“贱妾姓江，名英，郦县人氏……”

卫青道：“慢，你明明为一男子，因何要称贱妾？”

那青年微微一笑，卸下头上青巾：“大将军看我是男是女？”

卫青低头一看，果然是一女子，遂又问道：“你既然是一女子，为何要女扮男装？”

“贱妾乃贼目的仇敌，不如此难以混出城来。”

卫青猛然想起，是了是了，她刚才自报姓名，说是叫个江英，怕就是梅免的那个小妾吧！关于江英之事，他未曾出征之前，已听有关人士讲过了，对于她的为人，很是不屑。

卫青面带讥讽地问道：“你可是梅免的小妾？”

江英不卑不亢道：“正是。”

卫青将案子啪地一拍道：“你可知罪？”

江英摇头说道：“贱妾不知，还请大将军明示！”

“三从四德尔可知晓？”

江英道：“贱妾知晓。”

“请道其详。”

“未嫁从父，既嫁从夫，夫死从子。”

“这是三从，四德呢？”

“妇德、妇言、妇容、妇功。”

卫青又将案子一拍：“哼，‘既嫁从夫’，你从了没有？背夫而淫，‘德’在哪里？你违背了‘三从四德’，论理当斩。这且不说，你还违背了春秋大义，与恶仆串通一气，告发本夫，以妇告夫，犯了大逆不道之罪！二罪并罚，该点你的天灯！”

他原以为这样一吓，定将江英吓个屁滚尿流，谁知，她一点儿也不害怕，反驳道：“您身为大将军，不能听风就风，听雨就雨，您说小女子背夫而淫，何人所见？至于与‘恶仆’串通一气，告发本夫之事，乃是因《告缗法》而起，《告缗法》若是有罪，小女甘愿领受春秋大义惩罚；《告缗法》若是无罪，小女子何罪之有？”

一席话，说得卫青张口结舌，许久方道：“你是否犯法，自有郡县官吏认定，爷不想跟你打嘴官司。爷只问你，你来见爷，究竟是何意？”

“小女子想为国家尽一点微薄之力。”

卫青鄙夷地看了江英一眼：“尔会上阵杀敌吗？”话一出唇，又后悔了，那江英卖艺人出身，若不会三招两式，她敢出来卖艺吗？

“上阵杀敌，小菜一碟，可小女子这次来，并非为着杀敌之事！”

“你为了什么？”

“劝降李春。”

卫青心头一喜：“你认识李春？”

“剥了皮认他骨头。”

“你说一说是如何认识李春的？”

“小女子和李春隔墙而居，自幼相互爱慕，暗定终身。可恨他父，嫌小女子是个艺人，棒打鸳鸯。”

卫青点头说道：“既是这样，我就命你前去劝降李春，事成之后，定有重赏。”

江英道：“小女子很想知道，小女子若是劝降了李春，大将军怎么奖赏小女子？”

卫青想了一想说道：“把奖赏单兴的那份财产全部归你。”

江英叩了一个响头说道：“多谢大将军，小女子斗胆问上一句，李春若是归汉，大将军将如何处置？”

卫青道：“待他不死也就够了！”

江英欲言又止。卫青将手一招，走来两个军丁，将江英引到关押李春的地方，不到一个时辰，江英传过话来，李春想见一见卫青。卫青欣然应允，二人密谈了半个时辰，越谈卫青越高兴，设宴相款。

交流人质活动进行得很顺利。

此后，又交战了几次，官军败多胜少，李春那里却迟迟不见行动。

卫青心急如焚，一边遣人向朝廷求援，一边命江英混进宛城，责问李春。

那李春不知公孙敖被俘，更不知要交换人质，一是急于活命，二是受女色所惑，方才答应投降，及至回到了宛城，见义军屡败官兵，又产生了动摇。

援军不失时机地赶到宛城，那领兵统帅乃是张骞，李陵担任副将，这李陵不是别人，乃李敢之侄，李广之孙。

李陵的武功，不在乃祖之下，只一阵，杀得义军落花流水。

翌日，百政亲自出阵，双方打成个平手。

李春见义军受挫，不再彷徨，用毒酒药死了梅免和百政，举城而降。武帝论功行赏，拜李陵、李春皆为校尉；凡随军将领爵升一级，赏帛百匹。

南阳刚平，颍川义军又起，询之原因，也因告缗而起。告缗不仅引发了十几地的农民起义，弄得商贾、富户人人自危，关门闭户，商业一片萧条。直到此时，武帝方才明白，行《告缗法》实为一个下策。但若将《告缗法》停下来，等于关闭了财源，这庞大的开支由何而来，武帝也难哪！

第三十一章　废除告缗　推行新法

《告缗法》的事，公孙弘也在琢磨，他知道《告缗法》要砸锅，身为百官之首的丞相，应该有一个应急的方案。他想了许久，想到一个人，名叫桑弘羊，年方二十五岁，是洛阳大商人之子。一席长谈，公孙弘发现他是一个理财奇才，便叫他就理财的方略，写了一份奏折，代呈武帝。

刚好这一夜，武帝事情不多，就着烛火，看了起来。他不看则已，一看就是两个多时辰。卫子夫见他时而蹙眉，时而微笑，一会儿点点头，一会儿又咬着嘴唇若有所思，不敢惊动他，吩咐宫女铺好卧榻，放好罗帐。过了半晌，武帝仍没有安寝之意，她走上前去，笑嘻嘻地说道："陛下，天不早了，明日还要早朝，快安歇吧。"

武帝没有理她，继续阅读下去，又过了半个时辰，方才站了起来，高声喊道："郝秋何在?"郝秋是一个小黄门，今日该他当值，应了一声，立马走了进来，躬身问道："皇上有何吩咐?"

武帝道："快把桑弘羊给朕召来!"

郝秋愕然问道："桑弘羊，做什么的?"

武帝这才想起，桑弘羊是做什么的，连自己也不曾知道，叫郝秋上哪里去找?

稍顿，忽然想起，这奏折是丞相代呈的，丞相一定知道桑弘羊在什么地方，大声说道："去问丞相，这人是他推荐的，他一定知道桑弘羊在什么地方!"

郝秋奉旨而行，约有两个时辰，方将桑弘羊召来，见武帝趴在御案上睡着了，不忍惊动，默默地立在一旁，桑弘羊则坐在大厅之中。

樵楼上的更鼓敲了四下，将武帝惊醒，睁眼一看，见郝秋站在身边，迫不及待地问道："桑弘羊呢，找到没有?"

郝秋躬身回道："找到了。"

"在什么地方?"

"大厅之中。"

武帝霍然起身，大步来到大厅。桑弘羊见了，忙匍匐于地，三呼万岁。武帝双手将他搀起，命郝秋为他看座，而后在他对面坐了下来。武帝将桑弘羊仔细打量一遍问道："咱俩好像见过？"

桑弘羊双手一拱说道："启奏陛下，十三年前，您在长乐宫宣室召见过小臣。"

"十三年前，十三年前你才多大呀？"

"小臣十二岁。"

武帝忽然想起，十三年前一个午后，闲聊之中，韩嫣说道，从洛阳来了一个小神童，十二岁，算起账来，比算盘还快还准，武帝似信非信，便命韩嫣将这一小童召进皇宫，当面试之，果如韩嫣所言。武帝颇感诧异，于是召来太卜，令他给这个小童出题，太卜是宫廷中卜算事物吉凶的专职官，并负责测算日月运行周期，以定历法，所以，对于算学之道，应该是比较精深的。谁知太卜连出数题，无一不被小童应声破解。于是太卜用推算圆周率来难他，他竟然一口气算到了五六位上。太卜不敢再出题了，对武帝奏道："此乃神童，臣痴长六十，执卜算之术四十余载，确实不及此童！"

武帝闻言，龙颜大喜，竟破例地将这个黄口小儿留在身边，赐封侍中，随侍左右。

他毕竟还是一个娃娃，一天不见老娘，便哭起了鼻子，弄得一脸鼻涕，更有甚者，伴驾久了，要么尿到裤裆，要么随地而溺，有两次还溺到了殿角。武帝要他伴驾，一不能献策，二不能写赋，三不能像东方朔那样逗乐，对他渐生厌恶之意，赐他三万缗钱，打发他回了老家。想不到十几年后，他竟出落得一表人才。武帝心中十分欢悦，满面微笑说道："卿何时进京的，还尿裤裆不？"

桑弘羊双颊微微一红说道："陛下真会开玩笑，那是十几年前的事了，臣今年已经二十五岁了，还能尿裤裆不成？至于何时进京，屈指数来，已经三年多了！"

"卿这几年在做什么？"

桑弘羊回道："微臣自被陛下免职之后，回到洛阳，随父经商，三年前被推荐到大司农颜大人手下，任一名书吏。"

"你的奏章，朕已经仔仔细细读过了，朕对'均输''平准'二策最为欣赏，连夜将你召来，就是想听一听你更详细的意见。"

一个小小的书吏，能够受到皇帝的召见并询问治国之策，这份殊荣，一般人很难得到，桑弘羊得到了，他强压住内心的激动，对武帝做了详细的解释：“各郡国每年要向京城输送贡物，因路途有远有近，各种贡物价值有贵有贱，所以，常常是东西运到京城的费用，比贡物本身的价值还高，这不是很不划算的事吗？”

武帝微笑着点头道：“说下去。”

“所谓‘均输’，就是以地方应运往中央的贡赋为底数，由政府直接管理的一种地区之间的贸易经营方式。具体办法是：在各地设均输官，各郡国应该交纳的贡物，一律按当地价格，折合成当地的土特产，交给均输官，均输官收取的贡物中央不一定需要，故而不一定要送往京城，而是看其他的地方哪里需要这种物品，就将其输送到哪个地方去，这样贡物必定能卖个好价钱！然后用钱再采购京城需要的物品运来。原来长途运输或转运，给商人提供了好多赚钱的机会，若是实行均输法，政府可以从中获取大笔利润，也调节了各地区之间的需求。”

武帝频频颔首道：“这真是一个好办法，朕决定实行。‘平准法’呢？请卿再详细说一说。”

“所谓‘平准’，就是在长安和其他主要城市设置掌握物价的官吏，利用均输官储存起来的物资，根据市场上的物价，市场上缺乏某种物品的时候，此物必定昂贵，这时可以抛出这种物品，既可获利，又能平抑物价。反之，市上某种物品太多，此物必然价格下降。这时便可大量收购此物，一则可使物价回升，二则又可留待这种东西价格上涨时再卖出获利。”

武帝击案说道：“好主意，这样一来，朕的财源就会滚滚而来！”

他拍了拍桑弘羊肩膀说道：“桑弘羊，朕决定废除《告缗法》，推行‘均输’和‘平准’，委卿为治粟都尉，领大农丞，这可是为朝廷理财的高级官员啊！今后，朕要是没钱花了，可就全是你的责任喽！”

桑弘羊一听此言，不由兴奋得心口咚咚乱跳。他之所以写下这篇奏章，又想尽办法接近公孙弘，拜托他向皇上进言，就是为了施展自己的抱负。别看他当年仅在宫中待了三个月，但他就是从那时候看到了什么叫权力，什么叫富贵。他越是懂事，就越是不甘心，被那几泡尿冲走自己的光明前程。他暗暗下了决心，要凭自己才华，取回那失之交臂的一切。今天，终于如愿以偿了，他怎能不激动万分呢？连忙跪倒，深深地叩拜道：“陛下万岁，万万岁！”

桑弘羊走马上任，带着手下一拨子人，推行“均输”和“平准”。他奏请武帝，设置了大农都丞数十名，分管各郡国的物资收购和转运。又在京城设“委府”，将各地运来的物资存放其中。视市价的贵贱，决定何时出售或是购进。他在此项差事中，充分发挥了他从小培养起来的经商才能；兢兢业业，每日到市上去调查物价涨落情况，又是“均输”，又是“平准”，虽说声望尚不足以压倒张汤，却已经有了平分秋色之势。张汤坐不住了。

张汤十分高看自己，他以为对于解决国库空虚的难题，非己莫属，可没想到半路上杀出个理财高手桑弘羊。又是“均输”，又是“平准”，硬把他的《告缗法》压了下去。张汤对于捞取钱财、中饱私囊并不感兴趣，但对于个人声望和权势却特别在乎，怎容得桑弘羊这个黄口小儿的功劳盖过自己？有心寻他一个过错，打入死牢，怎奈，皇上正宠着桑弘羊，桑弘羊又处事极为谨慎，急切间无从下手！

这一日，张汤随武帝狩猎，从山洼里窜出一头白鹿，武帝忙张弓搭箭，只听“嗖”的一声，那鹿应声而倒。武帝废了他的《告缗法》，有心加以安慰，便将白鹿赏给了张汤。

张汤得了白鹿，拿回家中，一家人美餐了一顿，鹿皮呢，最好做一件大衣。

不，白鹿十分罕见，除了皇家苑林，其他地方很难见到，好钢要用到刀刃上。

什么是刀刃？前几天和皇上闲聊，他说到货币混乱，想搞一个改革。

货币混乱由来已久。大汉立国，不仅允许郡国铸造货币，民间私自铸币也不禁止。这不仅给富商大贾提供了从中发财的机会，一些诸侯也因有权铸币而迅速发展起来，对中央政权造成了威胁。若是来一个币制改革，把铸币权收归中央，一来解决了货币混乱，二来解除了地方诸侯对中央的威胁。这样的改革并不是没有搞过，但因私自铸币得利甚厚，虽重刑也禁止不了。若是废除铸币，改用皮币，特别是白鹿币，因为白鹿只有皇家苑林才有，一来容易垄断，二来也很难仿造。但一下拿出这么多白鹿皮实在困难。

他轻轻摇了摇头。

这样可不可以呢？先少做一些，只用于王侯宗室朝见皇帝、祭祀祖先时使用。王侯宗室，朝见皇帝、祭祀祖先，通常是献上一块苍璧，用黄绸为垫。自今之后，让他们改用皮币为垫，一块皮币的价值按四十万缗计算。每个列侯一年朝见皇帝、祭祀祖先各一次，可收八十万缗，一百个列侯便是八千万缗，且不说宗室，这真是一个为朝廷敛钱的好办法！

为了这个发明，他激动得一夜未眠，桑弘羊呀桑弘羊，论为朝廷敛钱，你娃子还嫩了点。

翌日早朝，他将自己的想法详细地禀报了武帝，武帝也认为这是一个敛财的好办法，正欲颁诏推行，刚好大司农颜异在场，顺便问道："颜爱卿，你觉得张汤的办法怎么样？"

颜异最初只是一个济南的亭长，因为清廉正直，逐渐升到大司农的高位，位列九卿。他上任不到半年，还不知道张汤的厉害，如实回道："皮币古已有之，并非张大人的发明。再说，现今王侯朝贺、祭祖时所敬献的苍璧，只值数千钱，而一张皮垫却值四十万，价值相差如此之巨，未免本末倒置极不相称。"

张汤双手一拱说道："颜大人两眼不能只盯着几个钱。敬献苍璧，以黄绸为垫，这规定起自什么时候？起自大汉初建，那时候国家穷，连将相都乘着牛车。如今是什么年代？天下太平，国富民强，敬献苍璧，若再用黄绸坐垫，不是显得太寒酸了吗？"

颜异正要反驳，被公孙弘踢了踢脚跟，遂缄口不言。

皮币的事，就这么定了下来。

下殿的时候，张汤狠狠地瞪了颜异一眼。

张汤与颜异本来就有些矛盾，起因还是《告缗法》。武帝废除《告缗法》，固然源于南阳、邯郸、颍川等地的农民起义，但身为大司农的颜异，也有一份功劳，他曾两次在武帝面前痛陈《告缗法》之弊。张汤耳目众多，没多久便知道了。他恨透了颜异。这一次，这个颜异，竟当着武帝和百官的面反对实行白鹿皮币，揭自己的疮疤！他真想将颜异一刀宰了。于是，便告诉爪牙，密切关注着颜异动向，鸡蛋里挑出个骨头来。

事隔不到一月，汤一爱吏，名叫鲁谒居，使人诣阙上书，诬告颜异。张汤是负有纠察百官、肃正纲纪职任的御史大夫，武帝自然将这案子发给他审理。

颜大司农犯了什么过错呢？说来既可笑又可悲。

白鹿皮币的诏令下达后，经武帝首肯，一张白鹿币，一尺见方，在上边绘上彩画，价值四十万缗。票面数额这么大的货币，一般人怎么用得起，市场上根本无法流通。所以，制造者的用意是非常清楚的，无非是想出一个花招，让那些王侯贵族们在朝见皇帝、祭祀祖先时，再强行收他们一份附加税罢了。这一居心，王侯们肚如明镜一般。

正因为他们肚如明镜一般，碰到一块，少不得要议论议论。某一次，几个王侯正在议论这事，让颜异撞上了，问及他对此事的看法，他张了张嘴，又合上了，终于什么也没有说。就这么一个微小的动作，竟然被鲁谒居的弟弟瞧见，立即报告了鲁谒居。

经过一番强词夺理的审问，张汤上奏说："关于白鹿皮币一事，颜异该说的话已经说了，既然皇上决定实行，身为九卿，应该身体力行才是，反而心怀不满，一肚子的诽谤情绪，其罪甚大，应该处死！"

武帝不分青红皂白，居然准奏。

一个九卿大员，就因为嘴角微微一动，便被认为是腹诽心谤，处以死刑。秦朝苛律，诽谤加诛，至文帝时已将此法除去，哪知张汤，不但规复秦制，还要将腹诽二字，指作颜异之罪，平白地把他杀死，岂非惨闻！试想当时这班大臣，还有何人再敢违忤张汤，轻生试法呢？

张汤一心想盖过桑弘羊，说动武帝，又行三法：

> （一）商民所有舟车，悉数课税。（二）禁民间铸造铁器、煮盐酿酒，所有盐铁各区，及可酿酒等处，均收为官业，设官专卖。（三）令郡县销半两钱，改铸三铢钱，质轻值重。

在这三法之中，武帝最为看重的是盐铁专卖。为行此法，遂引进计吏二人，居中用事：一个叫东郭咸阳，原是齐地盐商；一个叫孔仅，原是南阳铁商，并为大农丞，管领盐铁。钱帛流水般地流向朝廷，武帝对张汤越发器重，百官只知有张汤，不知有公孙弘。

公孙弘年过七十才拜相封侯，早已是古稀之翁，发疏齿摇，步履蹒跚，见皇上重用张汤，干脆来个足不出户，就是参加朝议，武帝不点他的将，他也从不发言。总算做了几年太平丞相，老死家中。

公孙弘一死，最高兴的要数张汤了，他总觉着这丞相非他莫属，武帝也有意拜他为相。

偏在这个时候，跑出来个不怕死的汲黯，面奏武帝，说张汤"内怀奸诈，欺君罔上，外挟贼吏，结党为私，不能为相"！

武帝怒道："朕观张汤忠正清廉，可以为相，有敢谏阻者斩！"

汲黯硬着脖子说道："皇上就是斩了微臣，微臣还是要说，张汤不宜为相。"

武帝冷哼一声，喝令武士，将汲黯拿下，押出午门，开刀问斩。

武士蜂拥而上，将汲黯免冠卸袍，五花大绑。

卫青素来敬重汲黯，见状，忙跪倒在地，叩头说道："陛下，汲黯生性耿直，口无遮拦，虽然胡言乱语，罪不至死，还请陛下法外开恩！"

众臣见卫青为汲黯讲情，一齐跪了下去，为汲黯求情。汲黯并不领情，大声说道："我不是胡言乱语。我再说一遍，张汤内怀奸诈，欺君罔上，外挟贼吏，结党为私，不能为相！"

武帝残暴，并不糊涂，见汲黯以死相谏，心有所动，又见卫青及满朝文武为汲黯求情，暗自思道，我要拜张汤为相，无一位大臣响应。我说要杀汲黯，除张汤之外，一齐为他求情，可见人心的向背！这汲黯不能杀，口中却道："汲黯，你若同意，朕拜张汤为相，朕立马赦你无罪；反之明年此时便是你的忌日！二者请你择一！"

汲黯道："臣愿意死。"

武帝道："你不后悔？"

汲黯朗声回道："人固有一死，或重于泰山，或轻于鸿毛，汲黯反对拜张汤为相，乃是为了社稷，为社稷而死，重于泰山，虽死犹荣，何悔之有？"

司马迁大受感动，将这话在心中默念两遍。

武帝也是大受感动，喟然叹道："人不畏死，乃何以死惧之！"

东方朔闻言，忙对武士说道："还不快快为汲大人松绑！"

武士忙将汲黯身上的绳索尽行除去。满朝文武这才松了一口气，发出会心的一笑。

武帝把面转向张汤，满面歉疚地说道："张爱卿，今日之事你也看到了，治狱是你的强项，你还好好地做你的御史大夫，至于丞相嘛，我看……"

他将双目从众大臣脸上一一扫过，忽然朝乐安侯李蔡一指说道："你不必躲避，这丞相非你李蔡莫属！"

李蔡是李广堂弟，是个庸才，却是一个福将，李广与匈奴大小百战，立功无数，却未得到侯封。他只打了一仗，得了个安乐侯。武帝正是看中了他这两点，既然是个庸才，不会威胁到皇权，又是个福将，会给大汉带来好运。

李蔡闻听拜他为相，有心推辞，却又不敢，勉强上任，未及三月，因坐盗景帝园田，下狱论罪，惶恐自杀。

武帝选来选去，选中武疆侯庄青翟。

庄青翟本来是太皇太后一党，太皇太后死后，武帝将其免职，闲居家中，王太后欲干政，他为了打击太后一党，启用庄青翟为太仆。青翟生性宽厚，习的又是黄老之术，与世无争，武帝选相，要的就是庸才，抑或是与世无争，唯唯诺诺之人，他没有拜张汤为相，固然因为汲黯死谏所致，但内心深处，认为张汤有才，是个角刺人物，不敢大用，与之不无关系。张汤不知，总觉着是汲黯坏了他的好事，恨不得一刀将他砍翻，意欲设计陷害，但汲黯忠正无私，就好像茅缸的石头——又臭又硬，一时无可下手，权且耐心待着。

统一货币，此点子出自张汤，武帝便交张汤办理，所铸的三铢钱，质轻价重，容易伪造，奸商各思牟利，往往犯法私铸。有司虽奏请改造五铢钱，但私铸仍然不绝，楚地一带，私钱尤多，官府屡禁不止。朝廷为此事甚为头疼。张汤灵机一动，暗自思道，我何不借机将汲黯排挤出京，尔后再寻他一个错处，一杀了之？他主意已决，面见武帝奏道：“私造钱币，源自楚地，淮阳尤甚，非一朝廷大员出任太守，此风难煞！”

武帝问道：“依爱卿看来，朝中大臣，何人出任淮阳太守较为合适？”

“左内史汲黯。”

武帝何等聪明，一听此言，便知他有意排挤汲黯，一个九卿大员，反倒出任一个小小的太守，实有贬黜之嫌！贬就贬吧，谁叫你屡屡忤旨，不听朕言。他嘿嘿一笑说道：“张爱卿所奏，正合朕意。”

汲黯接旨之后，心甚不平，我汲黯做过帝师，位列九卿，在朝中奔走了几十年，没有功劳也有苦劳，怎么说贬就贬了呢？他气鼓鼓地入宫面帝：“启奏陛下，臣已衰朽，年老多病，不堪出任郡治，情愿乞为中郎，出入禁闼，补阙拾遗，或尚得少贡愚忱，效忠万一。”

武帝笑回道：“君果薄视淮阳吗？现因淮阳吏民，两不相安，所以借重君名，前去处治呢，多则一年，少则三月，即当召君还朝，君尽去无虑！”

汲黯无话可说，只好应命，谢别出朝。当有一班故友，前来饯行，黯不过虚于周旋。唯见大行李息与他是儿女亲家，也曾到来，不觉触着一桩心事，唯因大众在座，不便与言。待息去后，特往息家回拜，摒人与语道：“黯被徙外郡，不得预议朝政，但思御史大夫张汤，内怀奸诈，欺君罔上，外挟贼吏，结党为非，公位列九卿，若不早为揭发，一旦汤败，恐公亦不免同罪了！”

李息本来是个模棱人物，怎敢出头劾汤？不过表面上乐得应允，说了一声领教，便算敷衍过去。黯乃告辞而往，自去就任。汤之本意，并非将汲黯挤出朝堂，便算了事。他意在除掉汲黯，召来鲁谒居，如此这般交代一番，谒居领命而去，扮作一个算命先生，潜伏淮阳。

汲黯一到住所，便着手查禁私铸钱币一事，行文属县，凡私铸钱币者，务必在七日之内，到县自首，交出铸具，并私铸之币，违者处死。

汲黯大名，朝野皆知，私铸者畏之如虎，令行之日，纷纷赴县自首。唯有蛮子营那个地霸，名叫季安，仗着妻舅在京为吏，拒不执行郡令，只不过将铸币之事由公开转入地下，其妾黄莺欲要告发，被她毒打一顿，关入一间黑屋。

黄莺家居宛县黄墁亭，有一邻人，名叫李天命，长黄莺一岁，二人自小互相爱慕，暗定终身。孰料，黄莺去县城赶会，被季安瞧见。他见黄莺美貌，托人前来提亲，纳她为妾。季安的恶名，县人尽知，黄莺父亲岂肯答应！季安便将莺父拘入家中，严刑拷打，莺父受刑不过，一纸婚书，将黄莺许配季安。婚倒是结了，同床异梦。闻听郡守下令，禁铸私币，季安顶风而行，黄莺暗自欢喜，谎称回家探母，约上天命，去县署告发。不料，走漏了风声，季安率领一帮爪牙，赶到黄墁亭，天命越窗而逃，仅仅抓到一个黄莺。

季安有一家奴，暗恋着黄莺，更深夜静，打开黑屋，放走了黄莺。

天命逃走之后，邀了一帮子朋友，来救黄莺，中途与黄莺相遇，一起来到淮阳，击响了郡署门前的堂鼓。其时，雄鸡已经报晓，汲黯整冠穿履，来到堂上，听黄莺将是非曲直讲了一遍，带上合署差役，径奔蛮子营。季安见黄莺逃去，自知情况不妙，正在转移铸具等物，被汲黯逮个正着，除铸具以外，抄没私币五千三百八十余万缗，铜、铁二十余万斤。

人赃俱获，汲黯朱笔一挥，将季安问了斩刑，暂押南监，待秋后处决。黄莺告发有功，赏钱五十万缗，耕田千亩，允她择夫另嫁。

这消息顷刻之间传遍了淮阳城，鲁谒居哈哈一笑说道："这磨道里的马蹄印，终于让我找到了！"欲要返京告发汲黯，忽又想道，不妥，不妥！我是张汤爱吏，张汤素与汲黯不合，由我出面告发汲黯，无私也有私，得换一个人，最好是一个淮阳人！为此，他游说了几个淮阳人，一个个摇头说道："汲大人乃堂堂太守，来自京城，又是帝师，作为一个淮阳的老百姓，谁敢在他头上动土？"

鲁谒居不甘心，我就不相信，九十余万淮阳人，没有一个敢吃螃蟹的！

功夫不负有心人，这个人终于被他找到了。

这个人叫鲁双林。

淮阳有个习惯，大凡得了儿孙，特别是头生（胎），十二天那日，要宴请宾朋，俗称吃喜面。

鲁双林的表兄，得了一个孙儿，还是个双胞胎，自然要吃喜面喽。鲁双林应邀而至，邻村的酒缸和他同席。这酒缸不是人名，是绰号，酒缸酒缸，顾名思义，能喝酒的意思。

鲁双林不善饮酒，只象征性地喝了一点，轮到酒缸过关的时候，非要和他来二十四枚。他不干，酒缸说看不起他，为此争吵起来，越吵越凶，酒缸扑面一拳，双林被打了一个青眼窝。

双林回到家中，儿子书胜见他左眼青着，少不得问道："爹，你那眼是咋了？"

双林便将事情的来龙去脉，给书胜说了一遍。儿子勃然大怒，立马要找酒缸算账，被双林拦住了。

双林喝了几杯酒，挨了打心情不好，早早上床安歇去了。书胜等父亲睡熟，携了一把解腕尖刀，去找酒缸，话不投机，打了起来。书胜拔出尖刀，当胸捅去，只听一声惨叫，酒缸双手捂着胸口，蹲在地上，脸色苍白。酒缸妻子忙遣人去请郎中，郎中还没赶到，酒缸便一命呜呼。书胜见闯了大祸，弃刀而逃。

酒缸妻子，见死了男人，忙去郡署击鼓喊冤。

汲黯发签一道，将鲁书胜拘到淮阳。书胜倒也慷慨，对杀人之事供认不讳。汲黯又是朱笔一挥，将书胜判了斩刑。

鲁谒居举着一个算命招子，上书"神算鲁"三个拳大黑字，来到鲁双林门外，将门啪啪一拍喊道："有人吗，讨口水喝。"

门吱呀一声开了，鲁双林满面悲伤地走了出来，将他让进院子，舀了瓢水，递给他。

他接过水瓢，却不去喝水，双目将鲁双林仔细地打量一遍："兄弟，在下有一言如鲠在喉，不知当讲不当讲？"

鲁双林道："但讲无妨。"

"我观兄弟面白得像涂粉却无光泽，怕是家中要，要，要……"他算"要"不出来了。

鲁双林催促道："要什么？"

鲁谒居叹了口气："容在下冒昧，兄弟家中怕是要死人呢！"

鲁双林猛然一惊："大哥你是……"

鲁谒居指了指招子："算命的。"

鲁双林忙道了一声："失敬了！"搬过一条长凳，让鲁谒居坐下。他长叹一声说道："先生说得很对，不瞒您说，我儿书胜，犯了杀人之罪，命是保不住了，但不知当在何日受刑？我也好前去收尸。"

鲁谒居摇头说道："你不必如此悲观，你儿怕是死不了了。"

鲁双林闻言，双目突地一亮："为什么？"

鲁谒居点着自己的鼻尖说道："因为遇上了我！"

鲁双林又惊又喜道："先生能救我儿不死？"

鲁谒居轻轻点了点头。

鲁双林忙将谒居让到客厅，叫出妻子，为谒居备酒。

二人饮了三盏，双林方才问道："先生有什么办法救我儿不死？"

鲁谒居将嘴一擦说道："你先别问在下用什么法子救你儿不死，在下问你，你敢不敢告汲黯的御状？"

鲁双林叹口气道："我儿杀人，千真万确，汲大人并未冤枉我儿，我告什么御状？"

鲁谒居道："谁说汲黯不曾冤了你儿？"

鲁双林反问道："他怎么冤？"

鲁谒居道："兄弟看没看过《春秋决狱》？"

鲁双林道："听说过，但没看过。"

"你应该看一看。"

"为什么？"

"那是一本有关决狱的书。书中的话，对你儿子有利。"

鲁双林迫不及待地问道："什么话，能告诉我吗？"

"当然可以！"

鲁谒居一字一顿地说道："书中说，要敬尊敬贤，尊者受辱，不尊者要挺身而出，就是因此致人于死也不算犯法。"

鲁双林二目突地一亮："《春秋决狱》真这么讲？"

鲁谒居点了点头。

鲁双林仍有些不放心："照先生这么说，我鲁双林受辱，儿子为我出气，杀了人也不犯法？"

鲁谒居点头说道："正是！"

鲁双林忽地一下站起来："我儿有救了！我儿死不了了！"狂呼着跑出院子，引来数百名围观者。

"疯了，书胜他爹高兴疯了！"双林妻号啕大哭道，"这可怎么办呀？"

鲁谒居急中生智，拎了一桶凉水，当头朝鲁双林浇去。

鲁双林愣了片刻，满面怒容道："你为什么浇我？"

谒居朝双林妻努了努嘴，双林妻拽住双林胳膊，将他拽回屋去，等换了一身干衣服出来，双林判若两人，连声向谒居道谢。

谒居双手抱拳说道："不必客气，还是说一说告御状的事吧！"

鲁双林道："正是，正是。"

谒居道："汲黯做过帝师，你一人去告，分量有些不够，最好再邀一人。"

"谁？"

"季安之妻毕建。"

"季安私自铸币，罪当弃市，她还告什么御状？"

鲁谒居叹道："兄弟有所不知，那季安固然当死，黄莺呢？黄莺是他小妾，夫是天，妻是地，黄莺以妾告夫，也就是以下犯上，违背了《春秋决狱》，同样也该斩首。那汲黯不仅不杀她，还赏她钱田，允她择夫另嫁，还不该告他吗？"

鲁双林连连点头道："该，该！我这就去邀上毕建一块儿进京。"

武帝接了鲁双林及毕建的诉状，匆匆览了一遍，发给张汤处理。

张汤自是热心办理，遣人将鲁书胜及季安的卷宗调到京城，细细看了一遍，改判道："鲁书胜为尊贤而杀人，实乃大孝之人，无罪释放；季安顶风造币，维持原判，斩立决；黄莺身为季安小妾，夫有罪，理应隐之，却去告发，犯了大不敬之罪，斩立决；毕建身为季安之妻，夫有罪而隐，真贤人也，抄没黄莺所得家产，一概赏建。"

至于那个汲黯，按张汤之意，办案不依《春秋决狱》，也该问一个斩立决。但他毕竟做过帝师，揣摩皇上之意，不会要他性命。想了一想，判他一个发配西域之罪。

武帝果然还在记着师生之情，看了张汤奏折，全部维持原判，唯在发配西域四字之下，画一横线，批注道："汲黯年已衰朽，将填沟壑，可否法外开恩，改配代郡。"

张汤不敢违背圣意，将汲黯发配代郡。那两个公差，一为黄盛，一为张燕，和鲁谒居之弟鲁谒柱，是好朋友。于是，谒居便遣谒柱游说二公差，各送五十金，要他二人在押送途中，将汲黯结果，二公差满口应允。

行至抱犊山中，但见那里山陡如剑，古木参天，路断人稀，实乃杀人的好去处。

二公差借口休息，怕汲黯乘机而逃，将他绑在树上，历数其反汤之罪，举起水火棍，劈头打了下去。

黄盛扬起水火棍，正要将汲黯结果，从树上飞下一颗石子，直奔他的右手臂，只听啊的一声惨叫，手背被石子击中，生疼生疼，往外浸血。

他抱臂朝树上望去，尖声叫道："是谁如此缺德？暗箭伤人！"

话未落音，树上跳下一中年汉子，年届五旬，面目黝黑，短小精悍，黄盛失声叫道："你，你，你是郭大侠？"

他这一喊，莫说张燕，连汲黯也吃了一惊，举目细瞅，此人与通缉令上的郭解一般无二。

郭解微微一笑说道："诸位既是认识在下，在下无须藏头露尾，在下正是郭解。"

黄盛与张燕对望了一眼，双双向郭解深作一揖说道："不知您是郭大侠，失敬，失敬！"

汲黯看不下去，高声骂道："身为公差，见了天子要犯，不仅不上前拘捕，反而百般讨好，就不怕王法治尔的罪吗？"

黄盛、张燕惧怕郭解，但不惧怕汲黯，你汲黯是个什么东西？是我俩手中的一个囚犯，爷叫你三更死，你便活不过天明！听了汲黯的话，二人回骂道："糟老头子，这里有你说话的地方吗？再不闭嘴，敲烂你的狗头！"说着真的将水火棍扬了起来。

郭解将二公差喝退，和颜悦色地说道："汲大人，你怎么如此不知好歹？二公差要你性命，是我将你救下，你不仅未道半个谢字，反而要二公差抓我，是何道理？"

汲黯沉声说道："不错，你固然救了我的性命，这是私，在下没齿难忘！但你又是朝廷要犯，人人得而诛之，在下岂能因私而废公？"

郭解哈的一声笑道："你真是憨得可爱，怪不得朝廷不能容你！正因为你憨得可爱，言人之所不敢言，我郭解才不惜跋涉近三千里，暗中相护。不管你如何待我，我一定将你安安全全地护送到代郡。"

说毕，转脸瞧着二公差，以命令的口吻说道："还不快快替汲大人松绑，好早些儿上路！"

二公差不敢违抗，乖乖地释了汲黯，正欲上路，汲黯回头看着郭解说道："请你不要跟着我！"

郭解笑道："我不跟着你，他们会杀你的！"

汲黯沉着脸说道："我宁愿死于二公差之手，也不要你相护。"

"为什么?"

"关于你的通缉令，是我在内史任上所下，我未能将你捉拿归案，已属失职，今儿反要受你卵翼，我像遭了奸污一般！你走吧，走得越远越好！"

话说到这个份上，郭解不能不走了。但他又怕，怕走了以后，二公差会取汲黯性命，想了一想说道："二公差听着，在下和汲大人的对话，你二位也听到了，像他这样的好官，在大汉朝万不挑一，迟早，朝廷还要起用的。你们竟然受了奸人蛊惑，贪图几个臭钱，谋杀他，良心何在？有道是盗亦有道，难道你们做公差的，连我这个'贼'都不如吗?"

说得二公差羞愧无语。

郭解继续说道："过了抱犊山，便是一马平川，我不宜再抛头露面，请你二位对汲大人好生照顾，勿生他念！若不听劝，我不只取尔等性命，还要杀尔等全家。尔等好好盘算盘算，是性命重要，还是金钱重要！"

二公差齐声回道："当然是性命重要了！"

郭解点了点头："明白人无须多言。在下告辞了！"

说毕，又向汲黯行了一礼，纵身一跃，如飞鸟一般，隐入茂密的树叶之间："尔等快行，在下要在这树上再歇息片刻。"听那声音，似在云中一般。

二公差又敬又怕，望空而拜："郭大侠尽管放心，我二人一定会善待汲大人，告辞了。"

说毕，押着汲黯，径奔代郡，一路上再也没有难为过他。交割过文书，返回京都，见了鲁谒柱，二人一脸歉意地说道："鲁兄，小弟无能，有负重托。"

鲁谒柱一脸惊疑地说道："怎么，没有将汲老头弄死?"

二公差轻叹一声，将郭解相护之事说了一遍。鲁谒柱忙将这话还报谒居，谒居又还报张汤，张汤咬牙切齿地说道："郭解，你别狂，我身为御史大夫，真要下功夫，难道还抓不住你一个小小的毛贼?"

话刚落音，又来了一位爰吏，对张汤说道："汲黯出任淮阳太守之时，回拜大行李息，二人密商了许久，汲黯要李息寻机弹劾于您，李息满口答应。昨晚，李天命托人来见李息，说你这般袒护季安之妻并鲁书胜，乃是受了两家厚礼。李息闻言大怒，要来人回去，让天命写一封告发文书，直接送给他，来人欣然离去。"

张汤似信非信道："你这消息可靠吗?"

爱吏回道：“十分可靠。”

张汤仍是有些不信：“李息本是一个模棱人物，他为何要与我作对？”

爱吏道：“你别忘了，李息与汲黯可是儿女亲家！”

张汤恍然大悟，切齿说道：“这个李息，看我……”话到嘴边，又吞了回去，双目转向鲁谒居：“谒居，你说此事该当何处？”

谒居道：“俗谚不俗，‘先下手为强，后下手遭殃’，大人尽管放心，此事小人自会处理，不劳大人费神！”

张汤轻轻拍了拍鲁谒居肩膀，点了点头，没有说话。

第三十二章　多行不义　必将自毙

鲁谒居回到家中，挑灯夜战，写就劾书一封，放入告奸密瓶。

这告奸密瓶，乃张汤所创，瓮大颈长，那颈只能塞下一根指头。那时的劾书，多为白帛所书，一旦入内，万难再倒出来。每隔三日，将瓶打碎，方可取出内中劾书，呈与武帝。武帝见了谒居劾书，书李息十大罪状，第一罪便是与汲黯一块诽谤朝廷；第二罪，勾结郭解，行刺武帝……武帝十分恼怒，将原书发出，命张汤查问。

张汤得了上谕，立马将李息拘捕到案。那李息为人虽说圆滑，于法甚是精通，他知道，这十大罪状，莫说全部招认，就是招认一件，也是灭族之罪，抵死不招。

张汤为刑官多年，再硬的汉子，到了他的手中，也是服服帖帖，要什么招什么，你李息，岂能例外！他冷笑一声，喝令对李息用刑。初上来，只是一些普通刑法，又是掺，又是夹，又是打，李息咬紧牙关，硬挺了过去。

张汤听了狱吏汇报，微微一笑说道："想不到他还是一个硬汉呢！"

说罢忽地把脸一沉："上脑箍。"

这脑箍，也是一种刑具，行刑时，在囚犯头上套一铁箍，箍乃粗铁丝所制，无限制地拧紧铁箍，箍得你哭爹叫娘。为此，李息昏死过去两次，还是不招。

张汤恼了，大叫道："上老二！"

老二者，乃×也。头为老大，×为老二。这老二乃枣木所制。比真正的老二要细，长达三尺。

行刑人得令，忙将李息扒去裤子，将老二照着他的肛门，使劲往里捅。这哪里是在用刑，这分明是在羞辱人，作为一个九卿大员，被人羞辱到如此地步，活着还有什么意义？

李息大叫一声："你们不要捅了，我招，我什么都招！"

他这一招，还有命吗？照张汤之意，判他个灭族之罪，武帝念他征讨匈奴，立过大功，改判为枭首。

杀了李息，武帝有些后悔了。这李息对人，向来是以和为贵，颇似公孙丞相，朕欲要大用，也曾婉转相告。他老母谢世，朕曾赐书致哀，书曰：“德比孟母”。他对朕感激涕零，怎会忽生刺朕之念！

越思越想，越觉着不对劲，朝会之后，叫住张汤，板着脸问道：“李息勾结郭解，究系何人详知情实？原书中不载姓名，可曾查出否？”

汤明知告发李息，乃鲁谒居所为，岂能如实相告？只得佯装惊疑，半晌方才答道：“这当是李息故人，与息有怨，所以告发隐情。”

武帝张了张嘴又合上了。

他朝张汤轻轻挥了挥手。张汤慌忙趋出，经风一吹，身上冷飕飕的，方知刚才出了一身冷汗。

张汤回到府中，忙命人去召谒居，商议对策。那人去而复归，言说谒居卧病在床，不能过府。

谒居本乃张汤爱吏，又为他连立两功，除去两个劲敌。闻报，张汤乘一小轿，亲去探问。

谒居见长官到了，欲要下床见礼，被张汤按住双肩：“你我情同手足，何须行此俗礼!”

说毕，朝床沿上一坐，握住谒居双手，关切地问道：“我观你十分痛苦，到底患了何病?”

谒居忍痛回道：“两足。不知为甚，两足红肿，痛得叫人难以忍受。”

张汤掀开被子，抱一足入怀，轻轻为他抚摩。许久，方将这一足放下，抱起另一足。一介小吏乃得主司这般优待，实属罕见，把个鲁谒居感动得热泪盈眶，喃声说道：“大人不必如此，小人消受不起。”

张汤放下臭足，回到府中，延医为谒居诊治，一切费用，自有张汤负担。

怎奈，那足越来越肿，谚曰，‘男怕穿靴，女怕戴帽’，也就是说，男怕足肿，女怕头肿。过了半旬，鲁谒居一命呜呼。谒居无子，只有一双父母及弟谒柱同居长安，家中也没有什么积蓄，一切丧葬，概由张汤出资料理。

鲁谒居既死，张汤亦喜亦悲：喜的是，李息之事，乃谒居告发，谒居一死，死无招对，再也不怕皇上查问了；悲的是，如此一个爱吏，正当壮年，忽然谢世，失一膀臂耳!

正当张汤亦悲亦喜之时，忽从赵国奏上一书，内称张汤身为大臣，竟替府吏鲁谒居亲为揉足，若非与为大奸，何至如此狎昵，应请从速严究云云。

这封奏书，乃是赵王彭祖所上。赵王为人，素性阴险，令人不测。从前主父偃受金，亦由他闻风弹劾，致偃伏诛。自张汤首倡新法，实行盐铁专卖，无论各郡各国，所有铁器，均归朝廷专卖。赵地多铁，向有一项大税款，得入赵王私囊，至是凭空丢去，赵王如何甘心！故每与铁官争持。张汤曾遣鲁谒居，赴赵查究，迫赵王交出铁榷，不得再行占据。赵王因此怨汤，并恨及谒居，暗中遣人入都，密探两人过恶。可巧谒居生病，汤为之摩足，事为侦探所闻，还报赵王。赵王遂乘隙入奏，严词纠弹。

为属吏揉足，这本不是一个什么过错，战国吴起，遇一老兵有病，背生恶疮，俗称达背疮，亲为其吮吸脓血，被传为爱兵佳话。但那武帝，疑心甚重，最怕上司与下属关系亲近，做出不轨之事，危及皇权，接了赵王劾书，想也不想，便将来书发交廷尉。

时任廷尉赵禹，也是一个酷吏，接旨后当即遣吏拘捕谒居，质问虚实，偏是谒居已死，无从逮问。便将鲁谒柱带至廷中，恶言恫吓，谒柱不肯实供，暂系导官。

也是张汤该败，因事去导官署中，由御史中丞江充作陪。正行走间，被谒柱瞧见，飞跑过来，扑地一跪，恳声说道："请大人救我！"张汤见谒柱面目憔悴，不免心酸，有心将他搀起，又恐江充横生枝节，心中怨道，鲁谒柱啊鲁谒柱，你怎么如此不通事理，我为案中首犯，这案乃是冲着我来，我若无事，你还会有事吗？再说，那江充当面问我，识不识得你鲁谒柱？我答不识，此时我若与你相认，岂不是自打耳光？想到这里，佯装惊讶道："尔是何人？本官面生得很！"

谒柱仰着泪脸道："我是谒柱呀，和大人见过几面的，大人怎么忘了？"

张汤摇头说道："什么野猪、家猪，我说不认识，就不认识，快去舂你的米吧！"说毕，昂首而去。

江充紧随其后，走了一程，回目一瞥，见那谒柱，怒容满面，手指张汤之背，好像在骂着什么。那江充也是一个酷吏，素来与张汤不和，见状暗喜道，张汤，张汤，你死期到了！

送走了张汤，挨至天黑，命人将鲁谒柱带到官署，江充亲自审问。

"鲁谒柱，你说实话，你可真的认识张汤张大人？"

鲁谒柱正在记恨着张汤，恨声说道："他去我家最少六次，我哥的丧事又是他一手操办，扒了皮我也认识他的骨头！"

"他为你哥摩足之事可曾有得？"

"确有其事！"

“他为什么对你哥这么好?”

“这……”鲁谒柱不肯实言了。

江充并不生气，循循善诱道：“今日之事，乃你亲身经历，我无须多言，但由此可见张汤的为人了！你为他坐监受苦，他身为御史大夫，放你出狱，还不是一句话，他却不肯说。不说也罢，反而装腔作势，不肯与你相认，这样的人，你何苦还要护他？倒不如实话实说，朝廷念你有发贼之功，法外开恩，放你一条活路。”

这话入情入理，说得谒柱频频点头，便将张汤与鲁谒居如何构陷李息，如何谋杀汲黯等事，和盘端了出来。江充命他就他所言，上书告发张汤，谒柱欣然而允。武帝正因李息一案，怀疑未释，一见此书，当即命江充查究。江充既经奉命究治，乐得假公济私，将御史大夫府的属吏拘捕了三四个，又查得张汤其他违法之事四件。

复奏尚未呈上，忽又出了一桩盗案，乃是孝文帝的园陵，所有瘗钱被人盗去。汉之法律，盗园陵一捧土，处以斩刑，如今失去的，何止是一捧土，是瘗钱，是所有的瘗钱，多达数十万。

事关重大，丞相庄青翟坐不住了，按照汉律，少说也得判他一个失察之罪。

汉时，丞相、太尉、御史大夫，并称三公。是时不设太尉，实际上只剩二公了。问我庄青翟一个失察之罪，你张汤也脱不了干系！他也是一番好意，邀请张汤，一同入朝谢罪。

汤与青翟，乃是面上交好，暗中很加妒忌。当即想就一计，佯为允诺，及至见了武帝，却是兀立朝班，毫无举动。青翟瞅汤数眼，汤假装不见，青翟不得已自行谢罪：“启奏陛下，孝文皇园陵的瘗钱被盗，臣难辞其咎，请陛下严惩!”

武帝没好气地说道：“此刻还不是追查责任的时候，你速速遣人，查缉盗犯，早日缉拿归案。”

青翟叩头说道：“罪臣遵旨。”

他未及起身，武帝忽又说道：“查案非你所长，还是交给御史大夫去办吧!”

张汤闻言，暗自喜道，我那事怕是没有问题了，若是有，皇上就不会把查缉瘗钱的案子交给我办了！遂高声应道：“臣遵旨!”

退朝以后，汤阴召御史，要他通过此案，劾去丞相。

御史问道："瘗钱被盗，丞相到底负有多大责任？"

张汤道："庄青翟既为丞相，应四时巡视园陵，瘗钱被盗，青翟却未知为何人所盗，十分责任，少说有三。"

御史点头称是。

此事极为机密，不知因甚，泄漏出去，为相府三长史所闻，慌忙报知青翟，替他设计，先发制汤。

三长史为谁？

第一人就是后厅泼水的朱买臣。买臣发迹，有赖于严助，且同为侍中，雅相友善。那时，张汤不过做个小吏，在买臣前趋承奔走。及汤为廷尉，害死严助，买臣失一好友，少不得怨恨张汤。偏汤官运亨通，超迁至御史大夫，甚得武帝宠爱，每遇丞相调任，或当告假时候，辄由汤摄行相事。买臣蹭蹬仕途，反为丞相门下的役使，有时与汤相见，只好低头参谒。汤故意踞坐，一些不加礼貌，因此买臣衔恨越深，恨不得一口吞了张汤。还有一个王朝，曾做过右内史，一个边通，也做过济南相，俱因失官复起，权任相府长史。张汤对朱买臣尚且如此傲慢，何况他二人呢！三人谈起张汤，无不恨得咬牙切齿，正要寻张汤一个过失，弹劾于他。想不到他竟如此不知趣，自己身在火中，生死未卜，反要图谋相位，真真可笑。

三长史通过一番密议，一块来见庄青翟。朱买臣当先说道："丞相，下官得一消息，不利于丞相，不知当讲不当讲？"

青翟道："你我情同手足，听到了不利于我的话，应当及早告知才对，何来当讲不当讲？"

朱买臣道："汤阴召御史要他拿瘗钱被盗之事，弹劾于你。"

青翟欲言又止。

买臣又道："张汤与公定约，面主谢罪，旋即负约，今又欲借园陵之事倾公，公若不早图，相位即被汤夺去了。"

青翟一脸惊慌道："如弟所言，我该当何处？"

买臣道："为公计划，请即发汤阴事，先坐汤罪，方足免忧。"

青翟叹道："此法固良，但那张汤虽说可恶，一不贪财，二不爱色，有何阴事可发？"

边通朗声说道："谁说他不贪财，下官手中，便有他贪财的一条证据！"

青翟转忧为喜道："请道其详。"

边通道："齐地有一商人，叫作田信，通过鲁谒居，与张汤拉上关系，初次见面，送张汤千金。此后，朝廷每有举措，汤便告知田信，譬如盐铁专卖一事，田信囤盐数百万斤，闻听朝廷要搞专卖，尽数抛出；再如铸币一事，田信所铸私币，少说也有一亿万缗，闻听朝廷要禁私币，低于市场之价的一半抛出，换得五万金。为答谢张汤，信拿出万金送给张汤。”

青翟喜道：“有这两档子事，张汤死定了。”当即入宫，面奏武帝。武帝便召汤入宫问道：“朝廷每有举措，如何商人早得闻知，莫非有人泄露不成？”

张汤与田信勾结，泄密之事，也是有的，收受田信贿赂，也是有的，但远没有边通讲的那么多，自以为做得天衣无缝，况那穿针引线的鲁谒居也已死去，无从对质，佯为诧异道：“大约有人泄露，亦未可知。陛下若要查清此事，尽管交与小臣，十日之内，管查它一个水落石出。”

武帝见他如此虚伪，面有不悦，挥了挥手，令其退去。

张汤前脚出宫，江充后脚便到，向武帝奏道：“张汤与鲁谒居果有大奸，先是通统做谋，谋杀汲黯，后又构陷李息至死；并与奸商田信狼狈为奸等等。”双方夹攻，不愁武帝不怒，将御案一击吼道：“可恼！”

江充小心问道：“张汤之事，到底该当何处？还请陛下明示为盼！”

武帝略一思索说道：“将张汤逮捕起来，严加审问，一旦招供定案，处以斩刑。”

江充谢恩而出，立马将张汤逮捕，押入大狱。

张汤躺在囚室内，百感交集。他在这里究竟给多少王公大臣定罪处决，连他自己都记不清了。他突然想起一个人来，这个人便是李广，打了那么多仗，立了那么多功，到死也未曾得到侯封，究其原因，杀人太多，有伤阴骘。李广杀的是敌兵，尚且有伤阴骘，我杀的是汉官，是汉民。其中，有该死的，也有不该死的，但大都是不该死的，譬如淮南王刘安、衡山王刘赐二案，杀人多达五万余人，这百分之九十九都是不该死的！

他看到了一摊血。不，是十摊、百摊、千摊、万摊。

不，那分明是一条血河，里边漂浮着成千上万的人头。

这人头怎么活了，变成一群活生生的人，怒吼着朝他扑来。“张汤，还我命来！”李息挥舞着宝剑朝他杀来，吓得他屁滚尿流，躲进皇宫。冷不防又冒出一个陈阿娇，一把揪住他的领子，大骂道：“张汤，你个狗娘养的，说老娘搞巫蛊有罪，老娘该诛，可老娘的几百宫女何罪？”说毕，照着他的脸颊左右开弓，一连扇他十八个耳光，打得他眼冒金星。

他好不容易挣脱出来，又被严助瞧见，严助大吼一声道：“狗官哪里逃！”

他转身急逃，又被雷被挡住去路，雷被大骂道："张汤老狗，你曲解春秋大义，害我性命，拿命来吧！"说着，当胸一剑。他将身子一偏，躲过了这致命的一击，夺路而逃。

"张汤，你还认得王爷不？"

张汤闻声止步，抬头一看，见是两个王爷，一名刘安，一名刘赐，当道而立。张汤忙施了一礼道："不知王爷驾到，有失远迎，罪过，罪过！"

二王冷哼一声："尔休要花言巧语！我数万生灵，尽丧尔的刀下，这账，今日该算了！"

张汤见势不妙，欲要逃命，数万野鬼，披头散发，张牙舞爪，手持刀枪，嚯嚯地叫着朝他围来。包围圈越来越小，刘安咬牙切齿地骂道："张汤，你的死期到了！"说毕，当胸一枪刺去。他欲要躲闪，背后又来一枪，这一枪是刘赐刺的，洞穿后胸，他不由发出一声惊叫，醒来，乃是南柯一梦，回忆起梦中情景，心口犹突突地跳个不停：难道我的大限到了？

他正在胡思乱想，忽听狱卒叫道："快坐起，江大人来了！"

张汤暗自思道：江充一定是来审我的。

他想起了自己审人的情况，被审者大都怕死，向他苦苦哀求，这样，不仅不能引起他的同情，反倒会刺激他的虐杀欲。他可不想满足自己后继者同样的阴暗欲望！他在拼命地鼓起全部的意志和勇气，想让自己死得慷慨一些。所以当年轻的江充带着书吏，神气活现地走进囚室，与他隔着桌案相对坐下时，他表现出了极大的沉静和沉着，竟使江充都感到了一种莫名其妙的精神压力，不敢和张汤的目光对视。

审问案子，按理应该由审问官发问，张汤来个反客为主，笑嘻嘻地瞅着江充，缓缓地说道："江充，你执法时间不长，运气挺好的。你第一次充当主审官，就能审理像我这样的高官重臣，这真是连我都要羡慕的莫大荣幸啊！你已经把我所谓的罪证都准备好了吗？那么咱们就开始吧！"

江充年轻，并不是一个善茬儿，他不想让张汤牵着鼻子走，将案子啪地一拍喝道："闭起你的臭嘴！你是囚犯，你是囚犯你懂吗？我问什么，你只能答什么，多说一个字，我撕烂你的嘴！"

张汤耸了耸肩，面上现出一丝轻蔑的微笑。

江充故意装出一副老成持重的样子，把案卷翻了一翻问道："鲁谒居是个没有品级的小吏，你张汤身为三公，竟然为他揉脚，难道不说明其中必有大奸吗？"说毕，双目直直地盯着张汤，看他如何回答。

张汤微微一笑回道："体恤下属，本是为官者值得称美之处。古代有个吴起，你知道吗？他曾为士兵吮吸过达背疮，此着还胜鄙人一筹呢？他若是有大奸，鄙人便有大奸，他若无大奸，鄙人也无大奸！我倒想问一问，赵王刘彭祖，远在千里之外，似鄙人为鲁谒居揉脚此等小事，他是如何知晓的？"

把江充问了个倒噎气。

江充是个酷吏，更是一个无赖，被张汤问住，恼羞成怒，故伎重演，又将书案一拍，喝道："你只管说你给鲁谒居揉足，有无此事？至于赵王如何知晓，不干你事，多问无益！"

见他一副色厉内荏的样子，张汤便十二分地瞧不起他，连连摇手道："好，鄙人不问，鄙人不问，鄙人实话实说，鄙人给鲁谒居揉足，确有其事，该定什么罪，你便定什么罪。"

江充差点被他气昏了头，强忍住气，将鲁谒柱的供词，念了一遍，方又问道："你张汤身为御史大夫，主管刑狱，你却知法犯法，指使鲁谒居陷害汲黯和李息，该当何罪？"

张汤又是微微一笑说道："鲁谒居已死，他弟弟的供词岂能当作证据？"

江充又是一怔，心想，遇到这个张汤，可真是黄鹂儿垒窝——麻缠了！为了掩饰自己的窘迫之相，又将书案啪地一拍喝道："你不要依仗自己久执律法，巧言善辩，就敢在本官面前强词夺理！这里还有你勾结商人田信的证据，你难道也不承认吗？"

说到田信，又要扯到鲁谒居，张汤虽说向田信泄漏过几次国家有关经济政策的机密，但与田信，从无来往，索性一赖到底："田信，田信是谁呀？我咋耳生得很！要不要我和他对一对质？"

把个江充气得暴跳如雷。张汤招了招手道："你坐下，咱好好说。问案要戒急戒躁，更不宜动怒，有理走遍天下，无理寸步难行，恼什么恼！"

江充彻底服输了，论斗嘴，他斗不过张汤，论沉着，他还沉不过张汤，把张汤的另外几大罪状读了一遍，也不再问张汤是否承认，便大声叫道："张汤，你执法犯法，罪在不赦，早些儿签字画押，免受皮肉之苦！就是你受得了皮肉之苦，那羞辱之苦，你受得了吗？譬如'上老二'！"

张汤突然大笑起来："江充呀江充，你这么几句话才是真正说到了点子上！好好好，真是后生可畏！你刚刚执法，手段已经相当老辣，张汤不愁后继无人了！请你稍候片刻，容汤写几个字带给皇上。"

他已经同意伏法，就这么一个小小的要求，岂有不允之理？江充朝狱卒招了招手说道："笔墨伺候！"那狱卒不敢怠慢，不一刻儿，便将笔墨帛砚寻齐，摆到书案之上。

张汤从容坐下，研好墨，铺好帛，想了一想，提笔写道："臣汤无尺寸之功，起刀笔吏，幸蒙陛下过宠，忝位三公，无自塞责，然谋陷汤者，乃赵王、江充及三长史也。臣汤临死上闻！"

写毕，意犹未尽，复提笔写道："江充、三长史说臣，勾结商人田信，出卖朝廷机密，收得厚报万金。皇上可突发羽林军，搜查江充、三长史府邸，再与臣家中所抄得的财产比较，就可知道臣有冤无冤了！"

江充阅毕，头上直冒冷汗。

张汤微微一笑说道："你怕了？"

江充反问道："皇上会信你的话吗？"

张汤道："皇上会信我的话。"

"为什么？"

"我做官虽酷，完全是为了社稷，若无我之酷，难显皇上之慈，皇上之威！而且，在我所杀的人中，有不少是皇上要杀又无法杀的，假借我之手！我为皇上出了这么大的力，皇上岂能忘之！自今之后，怕是再也没有像我这样的酷吏，为他分忧解愁了！"

"我呢？"

"你的锋芒过于外露，怕也不得善终呢！"

"我这一次会死吗？"

"那就看你有没有胆量把我的遗书呈给皇上！"

江充脖子一歪道："你说我会不会呈？"

张汤道："你不会呈。"

江充道："既然你知道我不会呈，写它何来？"

张汤道："以求心安。"

江充哈哈一笑说道："你这不是自己骗自己吗？我有一个不情之求，你若答应，我立马就将你的遗书呈上去，叫你大仇得报，死可瞑目！"

张汤知道他想说什么。他想说，把我的名字删了吧。他一定会这样说！面上却不动声色地说道："请讲！"

江充没有说话，用指头照着自己的名字点了一点。张汤当即抓起毛笔，将江充二字尽皆圈去。

张汤既然将江充的名字写上，又这么轻而易举地圈去，何苦呢？

张汤有张汤的打算，是的，论说仇人，首发者虽为赵王，但真正将自己置于死地的是三长史，若非田信一案，单凭为鲁谒居揉足，抑或是构陷汲黯与李息二事，皇上是不会将自己置于死地的。因为这两个案件，都是经过御批的，我若有错，皇上也有错，可皇上什么时候承认自己有错？

但若只写三长史，不写江充，江充若是向三长史讨好，不把自己的遗书呈给皇上，这仇还怎么报？只有这样，把江充也扯上，尔后再圈去，叫他觉着自己卖给他一个天大的人情，就不会横生枝节了。兵书上叫什么来着？叫欲擒故纵！江充果然上当，见张汤毫不迟疑地将自己的名字删去，很感谢，又用指头戳了戳赵王二字，说道："这赵王只是说大人为鲁谒居揉足，恐有大奸，而揉足之事，却又存在，皇上不会因此而治他的罪吧？"

看，江充在替张汤出主意了。

张汤故意思索一番，提笔又将"赵王"圈去。

江充点着遗书说道："这么一圈，不是显得有些脏了吗？"

张汤点了点头，提起笔来，工工整整地将遗书抄了一遍，抛笔说道："江大人，请你千万莫辜负了死人！"

江充知道他这话是什么意思，拍着胸脯说道："张大人尽管放心，这书下官一定呈给皇上！"

张汤双手抱拳道："多谢了，请拿宝剑来！"

江充慌忙拔出宝剑，双手捧给张汤。张汤接过宝剑，照着喉管，拼命一挥，扑地倒地，一命呜呼。

江充见张汤已死，乃执汤书还报武帝。武帝阅过张汤遗书，对江充说道："卿速去张汤府中一趟，清点一下他的财产，如实奏来。"

江充奉诏，不敢怠慢，驱车来到张汤家中，见张汤老母及兄弟子侄，环集悲号，上前劝道："人死不能复生，还是早日入土为安，但不知是薄葬呢，还是厚葬呢？"

汤弟答道："汤乃吾等长兄，平日对吾等十分看顾，欲以厚葬！"

汤母大声驳道："不可！"

众人愕然。

汤母继续说道："汤身为大臣，坐被恶言，终致自杀，还用什么厚葬呢？"

说毕，命汤弟前去买得薄棺一具，将汤装殓，也没做什么寿衣，只用牛车一乘，载棺而葬，棺外无椁，就土埋讫。

及至清点张汤钱财，家产不过五百金，三长史之说，不攻自破。

江充回宫，将清点财产情况及所见所闻如实禀告武帝。

武帝大受感动，喟然叹道："不是这样的母亲，生不出这样的儿子啊！"

江充本来就不是个东西，他把张汤遗书转呈武帝，自然得罪了三长史，一不做二不休，索性参他一本，劾去三长史，免得与我江充作对。想到这里，轻叹一声说道："张汤执法过严，树敌过多，才有今日之祸。陛下不必自责。他临死所言三长史之事，陛下倒是不可不查个明白。"

武帝道："三长史为官，不说多么廉洁，但绝对称不上贪官，查也白查。"

江充道："张汤受命于陛下，专门督察贵戚重臣，他的话大概不会错的！"

武帝沉吟良久，慢吞吞地吐出四个字来："那就查吧！"

江充奉旨之后，带领羽林军，将三长史的宅邸分别包围起来，掘地三尺，不管哪一家的财产，都在张汤的十倍以上，谁贪谁廉，昭然若揭！武帝一怒之下，喝令将三长史一齐推出斩首，也不管什么秋后不秋后了。

司马相如闻言，忙进宫进谏，结结巴巴地说道："陛……陛下，您向来爱……爱，爱惜人……人……人才。前时您已斩……斩了个严……严助，近又斩……斩了个张……张汤，现又要斩……斩……斩三长……长，长史，三长史统……统乃人之俊……俊杰，人才若是斩……斩……斩得多了，谁还帮您治……治……治理天……天下！"

武帝闷了许久，仰头说道："大汉这么多人，不愁没有人才。打个比方说，人才就像一堆粪，用它肥田，它便是宝，不用它肥田，它便是一堆粪，臭烘烘的一堆废物！大汉缺粪吗？不缺粪，只要不缺粪，就不缺人才。故而，你不要为朕担忧！"

这话说得刻薄之极，让人心寒。拼死拼活地干了这么多年，却原是一堆臭粪。不，你若不是一个人才，连臭粪都当不上！朝臣各自憋了一口气，却又不敢发作，眼睁睁地看着武帝将三长史推上了断头台。

庄青翟见武帝杀了三长史，心中害怕，饮药自尽。消息报给武帝，武帝面无表情地说道："知道了！"当即又任一相——太子太傅赵周，遗职由太子少傅石德递补，石庆则荣升为御史大夫。

第三十三章　去病中毒　危在旦夕

为张汤一案，连诛五位大臣，武帝嘴上没说什么，心中却十分难受，整日里郁郁寡欢，子夫怕他愁出病来，暗自将东方朔召进宫来，对他说道：“皇上一连二十几日，愁眉不展，饮食大减，怕是要闷出病来，请先生想一办法，逗皇上开心。”

东方朔道：“这有何难，皇上喜欢歌舞，给他演一场歌舞不就行了？”

子夫道：“这玩意儿本宫已经试过了，引不起他的兴趣。”

“角抵！”东方朔双掌一拍道，“弄场角抵，皇上一定开心！”

子夫摇头说道：“不行啊，这方法本宫也已试过了。”

“这！”东方朔手拍脑门，凝思片刻，头一仰说道，“这样吧，娘娘可安排一场百戏，臣也献上一折，保管叫皇上高兴。”

子夫双目惊诧地盯着东方朔：“你也会百戏？”

东方朔笑道：“娘娘尽管放心，凉不了场。”

说毕，凑近子夫耳朵，小声嘀咕一番。

子夫微现不快，瞬间即逝，点头说道：“有先生压轴，本宫也就放心了！”

武帝听说东方朔要亲自献百戏，似信非信，他本不想看，因为有东方朔的戏，勉强来了。锣鼓一响，东方朔缓步登场，他本来滑稽，擦了个白眼窝，越发显得滑稽可笑。

他自报家门，一口奶奶腔（简称奶腔）：“我叫啰唆，啰是啰唆的啰，唆是啰唆的唆。”

说到这里，口音为之一变，瓮声瓮气（简称瓮腔）地说道：“你这不是屁话吗？说了半天等于没说。”

奶腔道：“没说我也要说，要不咋叫个啰唆呢？”

瓮腔道：“你口口声声说你叫个啰唆，我倒想知道你怎么个啰唆法。”

奶腔道：“你想知道我怎么个啰唆法？”

瓮腔道：“正是。”

奶腔道：“那我就告诉你。”

瓮腔嗯了一声，点了点头。

奶腔道："那我就郑重地告诉你。"

瓮腔（对观众）："嘀，他真够啰唆了！"

奶腔："这算什么，这仅仅是开了个头。其实，我说话倒还不怎么啰唆，关键是写信，人家一句话写完的事，该到我能写一百句。"

瓮腔："如此说来，你就给我写封信，看到底啰唆到什么程度。"

奶腔："我凭什么给你写呀，咱一不沾亲，二不带故。要写也只能给我老婆写。"

瓮腔："那好，你就给你老婆写吧！"

奶腔："写信得有个由头，没有由头怎么写？"

瓮腔："由头，由头！由头是这样的，你生活在很久以前。"

奶腔："好，我就生活在很久以前。"

瓮腔："那时天下还没统一，有许多国家。"

奶腔："就算有许多国家。"

瓮腔："你自以为满腹经纶，你自以为可以出仕为官了，于是就出门去到各国游说。可是在外游了一年多了，也没有一个国王宠信你，看看离乡时间不短了，怕家里惦念，就给家里人写封绢书。这由头行吗？"

奶腔："这由头很好，我开始修书了。"

瓮腔："修吧！"

奶腔："我这样写道：昔日写信啰里啰唆，今日写信简短截说：这次出国游说，结果不过有二，一是得到国君宠幸重用，二是得不到国君宠幸重用。如果得幸，那么咱家的大丫头、二丫头、三丫头、四丫头、五丫头、六丫头、七丫头、八丫头、九丫头、十丫头，就不要叫大丫头、二丫头、三丫头、四丫头、五丫头、六丫头、七丫头、八丫头、九丫头、十丫头了，要改称为大小姐、二小姐、三小姐、四小姐、五小姐、六小姐、七小姐、八小姐、九小姐、十小姐；那么咱家的大小子、二小子、三小子、四小子、五小子、六小子、七小子、八小子、九小子、十小子呢，也不要叫大小子、二小子、三小子、四小子、五小子、六小子、七小子、八小子、九小子、十小子了，要改称为大少爷、二少爷、三少爷、四少爷、五少爷、六少爷、七少爷、八少爷、九少爷、十少爷。如果一旦外游不能得宠居官，那么大丫头、二丫头、三丫头、四丫头、五丫头、六丫头、七丫头、八丫头、九丫头、十丫头，就不能改称大小姐、二小姐、三小姐、四小姐、五小姐、六小姐、七小姐、八小姐、九小姐、十小姐了，还仍然叫大丫头、二丫头、三丫头、四丫头、五丫头、六丫头、七丫头、八丫头、九丫头、十丫头；那么大小子、二小子、三小子、四小子、五小子、六小子、七小子、八小子、九小子、十小子呢，当然也不能再称大少爷、二少爷、三少爷、四少爷、五少爷、六少爷、七少爷、八少爷、九少爷、十少爷了，就只好还仍然叫大小子、二小子、三小子、四小子、五小子、六小子、七小子、八小子、九小子、十小子了……”由于故事的本身啰唆，更显出了东方朔的伶牙俐齿的天赋，他吐字清晰，声音脆生，回转快捷，令全场人连声喝彩。

汉武帝也笑得前仰后合，连声赞道：“东方先生果然是伶牙俐齿好口才，唇枪舌剑自本色哟！”

接下来是歌舞，九个宫女，身着薄如蝉翼的绿丝长裙粉墨登场，且歌且舞。

少顷，一白衣女子盘旋出场，站在绿衣女子中间，正好面对武帝。

这女子武帝未曾见过，看年纪也不过十七八岁。绿衣女子扬臂甩袖，左穿右行，前旋后转，慢悠悠地跳起舞来。片刻之后，白衣女子轻启朱唇，振动歌喉，边歌边舞。那歌是清音曼艳，逸韵铿锵；那舞是轻婉柔和，翩跹婆娑。武帝听那歌词，原来是古代的《摽有梅》：

摽有梅，
其实七兮。
求我庶士，
迨其吉兮。

摽有梅，
其实三兮。
求我庶士，
迨其今兮。

摽有梅，
顷筐塈之。
求我庶士。
迨其谓之。

卫子夫从旁凑趣，故意问武帝："这个歌女色艺如何？"

武帝依旧目不转睛，反问子夫道："她是哪里人氏？叫什么名字？"

子夫回道："她姓王名明月，至于哪里人氏，东方先生想必知晓。"

"东方先生？这王明月是东方先生引进宫的？"

子夫回道："正是。"

武帝正要唤东方朔一问究竟，乐曲终止，歌舞也就停了下来。王明月发着娇喘，对着武帝弯腰施礼，莺啼燕语般地叫了一声："万岁！"

武帝闻声为之一动，有道是"知夫莫如妻"，子夫微微一笑，对穿宫太监说道："起驾鸳鸾殿。"

鸳鸾殿位于未央宫内，并不是它有什么特殊之处，只因这名字取得好，鸳者鸳鸯，意喻夫妻；鸾者，传说凤凰一类的鸟，因而，常有人把鸾凤并称。子夫把御驾移往这里，还有一层深意，当年，她进宫之时，便被武帝安排在这里，她虽然移居昭阳殿多年，仍然十分留恋这个地方。

一进入鸳鸾殿，武帝便急不可耐，宠幸了王明月。事毕武帝见帛单上一处落红，又惊又喜，道："卿竟是一处子？"

武帝咂了一下嘴。

明月忽有所悟："陛下怀疑臣妾不是一个处子？"

武帝轻轻点了点头道："朕并非平白无故怀疑卿，卿是东方先生荐来的，而东方先生又是一个大色鬼，老婆一年一换。卿长得这么美，朕真闹不明白，东方先生何以将卿放过？"

明月娇笑道："陛下真想知道？"

武帝道："朕真想知道。"

明月故作忸态道："这话有些自夸的味道，臣妾不好意思说。"

武帝道："咱谁跟谁呀？伸手摸住肋巴骨，有什么不好意思呢？"

"那臣妾就说了。"

"卿说吧。"

"东方先生说，臣妾长得太美，他消受不了，皇上高大英俊，又是个情种……"说到这里，明月自己倒咯咯地笑了起来。

武帝腾身又上，将明月压在身下，将刚才的情景，又演示了一遍，直累得热汗蒸腾，气喘吁吁。

他仰面四叉地躺在床上，双手交叉，枕在脑后，歇息了片刻问道："东方先生果真这么说？"

她道："果真这么说。"

他道："卿这话朕总是有些怀疑。"

她道："为什么？"

"东方先生见了长得好的女人，连脚都抬不起来，怎么会想到朕呢？"

明月嗨了一声道："臣妾不是已经说过了吗？对于臣妾，东方先生消受不了。"

"为什么？卿是老虎？"

"臣妾不是老虎，但臣妾肩上担着几十万人的性命。"

武帝一脸诧异道："卿的话把朕给说糊涂了！"

明月笑嘻嘻道："臣妾该打，臣妾没有把话说清楚。臣妾问陛下，临淄您知道不？"

武帝笑回道："你这个妞啊，真是傻得可爱，临淄是一个大郡，与长安、洛阳、南阳、成都、邯郸并称为全国六大都市，朕能不知道？"

明月点了点头："陛下对临淄这么熟悉，临淄去年连遭二灾之事，陛下也可知晓？"

武帝道："临淄去年遭哪二灾？"

"夏水秋蝗，庄稼收成不及常年的五分之一，数十万人嗷嗷待哺。乞求官府开仓赈灾，官府置之不理。听说东方先生是您的宠臣，又有些好色，乡亲们几经商议，把臣妾献给东方先生，求他在陛下面前，为临淄百姓美言几句。东方先生骤见臣妾，双眼突地一亮，乃至听臣妾道明来意，眼色又灰暗下来，想了一阵，断然说道：'我不能纳你为妾。'我问为什么。他道：'你肩上担着几十万人的性命，我消受不起。等我寻一个机会，将你荐之皇上，你自己向皇上说吧。"

说到这里，忙挺身跪在武帝面前，叩了三个响头，方才说道："臣妾冒死乞求陛下，请陛下大发慈悲，救一救临淄百姓！"说到这里，双目一酸，滴下几滴美人泪来。

武帝正爱着明月，见她说得可怜，一边为她拭泪，一边说道："爱卿不必悲伤，朕明日便降旨一道，命东方先生速去临淄放粮，救我临淄百姓！"

明月匍匐于地，三呼万岁。

第二日早朝，武帝当殿宣布，命东方朔携粮三十万石，前去临淄放粮。明月感激不尽，这一夜分外温存，直睡到辰时三刻方才起床。穿宫太监小心翼翼地说道："陛下，大司马骠骑将军他，他被人刺伤了。"

武帝正在穿履，闻言大惊道："你说什么？"

穿宫太监又将刚才的话复述一遍。

"伤得怎么样？"

穿宫太监摇了摇头："不大清楚。"

"刺客呢，抓到了吗？"

"没有。"

武帝霍然起身，大声唤道："摆驾大将军府！"

穿宫太监试探着问道："这早膳……"

武帝把眼一瞪："少吃一顿饿不死！"

卫青听说圣驾到了，暂将悲痛收住，率领着一家大小到府门口迎接圣驾。霍去病的床前只留下一个金娥。

武帝疾步来到病榻前，俯下身子，轻声唤道："去病，去病，朕来看你来了！"

霍去病慢慢睁开双眼，见是武帝，面上现出一片惊喜，嚅动着嘴唇说道："陛下，恕臣无状，不能向陛下行君臣大礼了！"

武帝忙道："咱君臣之间，何须如此俗气！"

霍去病轻叹一声说道："臣辜负了陛下厚望，臣怕是再也不能为陛下奔走效力了！"说着，两颗豆大的泪珠夺眶而出。

武帝安慰道："哪能呢，哪能一受伤就想到了死？"

去病苦笑一声道："臣这伤很重，乃毒剑所伤，听郎中说，那伤已侵入到内脏去了。臣若不是想见陛下一面，怕是早已不行了！"

武帝武断地说道："朕不让你死，朕这就召御医为你治病！"

说毕，转身对随侍太监说道："还不快去请御医！"

剑毒已入内脏，御医能行吗？连武帝自己也犯了迟疑。

他突然想起一个人来，那个人叫李少君。

武帝和少君相识，也不过数月前的事情。夏六月，酷暑难当，他带着司马相如、韩说及一班羽林军去老界岭避暑。一天，见一老方士，生得仙风道骨，坐在门前一块大青石上，盘腿打坐，身边放一酒葫芦。武帝每次由此路过，均见此老者端坐那里，闭目垂睛，到了第六日，忽大雨滂沱，雨过之后，武帝又路过那里，但那青石上四处皆湿，唯有此人坐过的地方是干的。

武帝大惊，疑心遇到了神仙，忙令韩说去请。

韩说疾步来到老方士面前，躬身说道："我家主人，有请仙长。"

老方士立起身来，将拂尘一摆，扬长而去。

司马相如见老方士如此高傲，竟敢连当今天子也不放在眼里，越想越气，贴着狗监杨德意耳朵嘀咕几句。杨德意迟疑片刻，方将狗绳松开，那狗箭一般朝老方士扑去。

皇上的猎犬，自是不同一般，高大威猛，立个竖比常人高出一头，若是被它追上，岂能有老方士的好果子吃！

武帝恼此人无礼，明知德意放出了猎犬，也不制止。

老方士正行走间，忽觉身后有些异样，猛然转身。猎犬狂吠一声，朝他扑来，老方士将拂尘轻轻甩了几甩，那条猎犬汪汪地叫着跑了。这一下，把在场的人都惊呆了。

第二天，武帝去龙潭沟游玩。

龙潭沟全长四十多里，在约六里的沟段内，形成梯式瀑布群。大小瀑布七十三个，仅瀑面宽达五丈以上的就有十九个。一瀑一潭，落差最高的达十五丈，最低的也有六丈；最大的龙潭水面约有半个校场那么大，一般的潭水面也有十丈见方，水深一至三丈。夏秋旺水季节，峡谷内银练直挂，碧花横飞，飘洒悬漫谷间，云蒸霞蔚，令人叫绝。更加瀑水恢宏，弥崖转石，吼声如雷，震撼山谷，令人生出"风景这边独好"的感慨。

游罢龙潭沟，已是未牌时分，胡乱吃了几口食物，顺沟而下，行至梭子潭，与老方士相遇。

那老方士身挎布囊，手持拂尘和酒葫芦，一边走一边喝酒，一边唱着不知名的山歌：

糊涂糊涂度年岁，
糊涂醒来糊涂睡。
糊涂不觉天又明，
复问糊涂理心肺。
明明白白又糊涂，
糊涂饮酒糊涂醉。
世人难得不糊涂，
唯我糊涂有真味。

韩说最先瞅见了老方士，用手一指，惊喜地说道："老方士，那不是老方士?"

武帝循着韩说手臂望去，果然是那位老方士，忙道："快走!"

老方士见武帝一行加快了脚步，料是为己而来，折身而返。武帝有些急了，冲韩说说道："叫住他，快，快叫住他。"

韩说高声喊道："仙长，请等一等!"

老方士扭头说道："缘不到，缘不到!"说毕，转身又走。韩说回头看了武帝一眼，似是在征求他的意见。

武帝朝前一指道："追上他!"

韩说闻言，拔足朝老方士追去，在相距不到一丈远的地方，老方士纵身一跃，跃到梭子潭中。

这潭是七十二个潭中最深的一个，潭形两端尖，仿佛是一个织布用的梭子，水面有一亩半大，水墨黑发绿。相传很久以前，在与龙潭沟对应的白果树村，有一户人家，生了一个女儿，长得天仙一般，取名云仙。这一日云仙端了一盆衣服在小河里洗，突然从上游飘下来一颗红桃，云仙把它捞起，吃下肚去。自那以后，肚子一天天大起来，家里发现后，觉得丢脸，就把云仙赶出家门。云仙走到一个叫独岭的潭边，腹部突然疼了起来，就躺在地上，一连生下九条小龙。每条龙生下来后，都向母亲磕一个头，钻入潭中，云仙也随即死去。九条龙慢慢长大，开始分居。九龙中最小的一条龙叫梭子，只身来到了龙潭沟，由此这潭叫梭子潭。梭子性情暴躁，爱洁成癖，凡入潭中洗澡的人，一概吃掉，弄得人们莫说洗澡，连手都不敢洗。而那老方士竟然跳入潭中，还会有命吗?

众人正在为老方士担心，老方士从水里钻了出来，浮水而坐，稳如泰山。把个武帝看得目瞪口呆，连呼神仙。

武帝见那老方士神通如此广大，把做天子的架子放到一旁，大声喊道："那一仙长，朕乃当朝天子，爱好神仙之术，十几年前曾与西王母会过一面，还吃过她的仙桃呢！朕如此说，乃是告诉仙长，朕并非一个凡夫俗子，请仙长上潭一见!"

老方士闻言，微闭双目，掐指念叨一番，开眼说道："陛下确实不是一个凡夫俗子，乃上界赤脚大仙所转。今日乃黑煞神当值，你我不宜相见。明日午牌时分，我当去老界岭叩拜。"

武帝还要说些什么，老方士转过身去，以手代桨，划到对岸，登岸而去。

到了翌日，武帝沐浴净身，什么事也不干，坐等老方士。

到了午牌时分，老方士飘然而至。武帝降阶而迎，邀他上座，欢谈了半个时辰，少不得要问老方士姓名，老方士自称，俗名李少君，法号无上真人。

武帝见这老方士平易近人，便将话题切入他最关心的问题："请问真人，人如何可以成为神仙？"

老方士答了四个字："祭祀灶君。"

武帝一愣，复又问道："灶君乃一司灶之神，祭祀他何以成为神仙？"

老方士道："别看那灶君是一小神，他是上天派到人间的使者，祭祀他就可以驱使鬼神；驱使鬼神，就可以把丹砂化成黄金；如果服食，就可以增加年寿，然后才能见到蓬莱山上的神仙；见了之后再去泰山封禅，就能长生不死，黄帝就是这样。我在海上遨游，曾见到过安期生，他给我一个巨枣，有饭碗一般大。安期生是有名的神仙，常去蓬莱。有缘分的人，他就接见；没有缘分的人，他就隐形而去。"

说得武帝频频点头。

午饭是在老界岭吃的，全由山珍做成。御医史成，年已九十余岁，时也在座。老方士盯着他看了一阵，用手一指说道："你小名叫个居儿。"

史成吃了一惊，满面诧异道："真人缘何知老朽小名。"

武帝心中的惊奇不亚于史成，观面相，你李少君也不过六十几岁，因何知道史成小名？

老方士微微一笑，对史成说道："我不只知你小名，我还知道你这额头上的疤痕因何而来。"

史成道："因何而来？"

"始皇帝驾崩之时，我约你祖父去终南山打猎，你哭着要撵。到山上，为捡拾一只中箭的野兔，跌在一块小石上，磕破了额头，由此落下了这个伤疤，我说的可是实情？"

史成频频颔首说道："真人说的一点儿不假！"

司马相如见老方士说得玄乎，止不住问道："请问真……真人，您今年贵庚几……几何？"

武帝暗道，这话问得好，就是司马相如不问，朕也是要问的。武帝双目直直地盯着老方士，看他如何回答。

老方士见问他年龄，反问道："商鞅变法，你可曾听说过？"

商鞅变法是秦国由弱转强的一个转折点，没有商鞅变法，就不会有强秦的出现，更不可能由秦来统一天下。此等历史常识问题，司马相如缘何不知？他结结巴巴回道：“在下听……听说过。”

老方士道：“听说过就好。”

他呷了一口酒又道：“变法之令未曾颁布之前，恐民不信，商鞅命人，取三丈之木，立于咸阳城之南门，使吏守之，令曰：‘有能徙此木于北门者，予以十金。’百姓观者甚众，皆自思道，这木不过百斤来重，徙之甚易，不知官府何以要以重金奖之，莫非其中有诈？无敢徙者。鞅曰：‘民莫肯徙，岂嫌金少耶？’复改令，添至五十金。众人愈疑，试想，古之定产，家有十金，便是中产之家。徙一根木头，价值五十金，孰不疑之？”

他又将话顿住，呷了一口酒，面向司马相如问道：“这一大人，此后的情景你可知晓？”

司马相如道：“在下知……知晓。”

老方士道：“请道其详。”

司马相如道：“正当众人惊……惊疑不定之……之时，站出来一介书……书生。”司马相如将话顿住，对司马迁说道：“我……我，我是一个结……结巴。下边的话，你，你代我说……说吧！”

司马迁也不推辞，朗声说道：“那书生说道：‘秦法素无重赏，今忽有此令，必有计议。纵不能得五十金，亦岂无薄赏！’遂荷其木，径至北门立之。百姓从而观者如堵，吏奔告商鞅，鞅召书生至，奖之曰，‘尔真良民也，能从吾令。’随取五十金与之，曰：‘吾终不失信于尔民矣。’市人互相传说，皆言左庶长令出必行，预相诫谕……”

老方士将手一摆说道：“且住！我且问你，那一书生，你知乃是何人？”

司马迁道：“史书没有记载。”

老方士哈哈一笑道：“那书生就是老朽。”

众人闻言，皆大吃一惊，你瞅瞅我，我瞅瞅你。司马迁打破了沉默：“如真人所言，你今年怕是有二百多岁了？”

老方士既不点头，也不摇头。

“他一定是一个活神仙！”不管别人怎么认为，武帝是这样认为的。

武帝将回忆的闸门关闭起来，对随侍太监说道：“快请无上真人，他是活神仙，神仙是有办法起死回生的！”

约有半个时辰，李少君骑着快马，赶到了卫大将军府，武帝忙迎了上去，一把抓住他的手，将他带到霍去病的榻旁。

此时，霍去病已经昏迷过去。武帝满面忧伤地说道：“真人，去病中了毒伤，危及内脏，你一定要设法将他救活！”

李少君见武帝如此心急，不免有些心虚，装模作样地将伤口察看一遍，叹了声道：“伤口已经发乌，怕是很难救了。不过，我倒有办法让他多活几日。”

武帝迫不及待地问道：“什么办法？”

“我这里有三粒药丸，每一丸可以延长他六十日。”老方士一边说一边从怀里掏出一个小盒，取出一颗枣大的黑色药丸，掰开，揉成苞谷粒大小的颗粒，服侍霍去病吃下。不一刻儿，去病的疼便止住了，他坚持着下榻叩谢武帝和老方士，被他俩给按住了。

武帝见此药如此奏效，转忧为喜，对老方士说道：“把药丸交给朕，您速去再炼一些儿拿来。”

老方士摇了摇头：“此药五十年才能炼成一粒。我八十岁开始冶炼，至今也只炼得三粒。来不及了！”他又摇了摇头。

武帝听了老方士的话，有些失望，朝他轻轻挥了挥手，示意退下。

老方士没有退，双手一拱说道：“启奏陛下，山人有一言相问，如鲠在喉，不知当问否。”

武帝道：“请讲。”

“山人听说，陛下明日要斩杀一批要犯？”

武帝道：“正是。”

“这内中可有一个原是临淄的郡守？”

武帝点了点头。

“这郡守可是叫刘湛？”

武帝又点了点头。

老方士双掌一拍道：“这就对了！”

武帝满面诧异地盯着老方士。老方士嘿嘿一笑说道：“事情是这样的。昨天夜里，老朽做了一个梦，梦见安期生来到老朽榻前，忙下床叩拜。安期生说，临淄郡守的前身，乃是他老人家的一个药童，贪恋人间富贵，私自下凡，由县中小吏，爬上了郡守的高位，为官清廉，爱民如子……”

武帝正宠着明月，自然恼着刘湛，愤然插话道：“什么爱民如子？若是真的爱民如子，临淄连遭二灾，为何不报？坐等百姓毙命！”

老方士心中骂道，他为什么不报，还不是你刘彻好大喜功，张口闭口莺歌燕舞！全国若是一片莺歌燕舞，唯有临淄饿殍遍野，他这郡守还干得成吗？

但老方士未敢说出声来，嘻嘻一笑说道：“陛下不必动怒，那刘湛有灾不报，确实有些不该，山人也曾拿这话问过安期生。安期生说，不是那刘湛不报，是他不让报。”

武帝满面诧异地问道：“为什么？”

“那临淄一连三年，年年丰收，仓满囤流。粮食多了，老百姓便不怎么珍惜，红薯烂到地里也不去刨。更有甚者，把面烙成一个大锅盔当小孩子的坐垫使用。这事不知怎的传到了太白金星耳里，他有些将信将疑，变作一个白胡子老头到临淄察看，果有此种现象。他便返回天宫，如实禀报了玉帝。玉帝降旨一道，让临淄先水后蝗，家无存粮，尝一尝饥饿的滋味。既然玉帝让临淄百姓尝一尝饥饿的滋味，岂可逆天而行……”

武帝点头说道：“原来如此！”

老方士乘机劝道：“此事既然怪不得刘湛，还请陛下法外开恩！”

武帝避而不答，反问道：“如真人所言，那刘湛乃安期生的药童是也不是？”

老方士不知他缘何有此一问，只得回道：“正是。”

武帝道：“那刘湛既然是安期生的药童，见安期生一定不是难事？”

老方士心中咯噔一下，他问这话是什么意思，难道他要遣刘湛去找安期生？是与不是，事情发展到这种地步，只得点头嗯了一声。

果如老方士所料，武帝不单单要刘湛去找安期生，还要他务必将安期生请到长安。

这一来老方士犯了愁肠，但又不好拒绝，满口应允下来。忽又转了一念，安期生有无此人，尚在两可之间，叫刘湛哪里去找？若是找不到安期生，岂不要露了马脚！这马脚若是一露，刘湛还会有命吗？刘湛既死，武帝岂能容我李少君独生！看起来，这朝中的荣华富贵贪不得！倒不如来个鞋底抹油，溜之大吉！

怎么溜？逃跑吗？必然引起武帝愤怒，来一个全国通缉，怕是死无葬身之地！

倒不如寻一个借口，譬如说，伴刘湛一块去找安期生，尔后再设法溜之，不留痕迹，找一个地方隐居起来，安享天年！

对，就是这么一个主意。

老方士主意既决，满面带笑道：“山人多年没有见到安期生了，极愿伴刘湛同去，还望陛下成全。”

武帝想也不想，便答应了，赐他黄金千斤，并书赦旨一道。

第三十四章　武帝求仙　迷信方术

老方士手持圣旨，飞马来到北寺狱中。狱官见圣旨到了，忙大开狱门，摆设香案，跪迎圣旨。老方士开旨读道：

奉天承运，皇帝诏曰：查前临淄郡守刘湛，百姓遭灾，隐而不报，理应严惩。但在任之时，尚能兴修水利，造福于民，死罪免去。着其伴无上真人，前去蓬莱仙岛，迎接仙人安期生。钦此！

狱官接过圣旨，查验无误，方将刘湛去了枷锁，交给老方士。

门外候了一辆马车，车内端坐一位老叟，年已九十余岁，白发苍苍，见老方士携着刘湛出来，忙将车帘掀开，低声说道："快上车！"

刘湛上得车来，朝老者深施一礼，正要说几句道谢的话，被老者摇手止住了。

蹄声嘚嘚，车轮隆隆，穿过安门，沿着忠义大街，来到庐家霸，驶进一座大宅院内。

车夫打开车帘，把老者搀了下来，继之是老方士和刘湛。三人进入室内。室内坐了一个美艳少妇，见了刘湛，忙迎了上去，亲昵地叫了一声："湛哥！"再无声息，却是泪如泉涌。

刘湛双手抓住少妇玉手，深情地说道："琪妹！"双目一酸，掉下一大滴晶莹的泪珠。

这原是一对夫妻。

老者小声斥道："琪儿，湛儿安全归来，应当高兴才是，哭什么哭？"

刘湛率先应道："是啊，我大难不死，我们应当感到高兴才是，哭什么哭？"他一边说，一边为琪儿拭泪。

老者一声令下，男奴女婢进进出出，不一刻儿，便拾掇出一大桌子美酒佳肴。

几经推让，老方士坐了上席，老者作陪，刘湛夫妇打横儿坐了。

老者笑问刘湛道："湛儿大难不死，你可知托了何人的福？"

刘湛不加思索道："当然是二舅爷了。二舅爷乃皇上的御医，若非二舅爷出面，何人能有如此大的神通！"

噢，这老者原来是老御医史成！

史成连连摇手道："错矣，错矣！救湛儿不死者，乃是此人矣！"说着用手朝老方士一指。

刘湛忙离席跪地，口称："请恩公受下官一拜！"

老方士连道不敢当，双手将他搀起。刘湛心中升起两个疑团：我与老方士素不相识，他为何救我性命？二舅爷身为御医，尚且不能救我，他一个普普通通的老方士，缘何有如此大的能耐？

他不便问，也不好意思问。直到和妻子睡了一夜，方明白过来。

琪儿叫刘琪，和刘湛是姨表兄妹，刘湛入狱后，刘琪带上一百根金条，一千万缗现款，到长安求她二舅爷，二舅爷却是束手无策。

也是天不灭湛，李少君找上门来。少君的父亲与史成乃是同窗好友，多年没有往来了。

这少君天资聪慧，却不大喜欢读书，十八岁的时候，为了谋生，跟着深泽侯赵修做随从。赵修好神仙，养了三个巫汉，他闲暇无事，便向巫汉请教巫术。那巫汉见他出手大方，也乐于教他。等到二十七八岁的时候，赵修突患中风，一命呜呼。他便离开深泽侯府，浪迹江湖。他故意隐瞒自己的年龄和身世，声称自己有"长生不老"的秘方，广为结交王侯。他一直没有结婚，人们听说他能驱使鬼神，使人不死，就赠送他金钱财宝，请他赐福，所以他拥有足够的财产。一般人见他毫无收入而生活优裕，弄不清费用来源，认为跟鬼神有关。又不知道他的来路，也就越发相信，争着对他侍奉。他这一次进京，乃是因为长了一个小疮，求史成医治，撞上了刘琪，见了这么多金条和现款，双目为之一亮，半真半假地说道："刘琪贤侄，你若是舍得把这一千万缗钱和一百根金条送给在下，在下保你夫君不死。"

刘琪正在为救不出男人而发愁，闻言，赶忙应道："叔父若能救拙夫不死。除了这一千万缗钱和一百根金条之外，再送您一百匹细绢。"

少君大喜道："但愿贤侄不要反悔！"

刘琪正要指天发誓，史成笑阻道："琪儿不必发誓，你少君叔乃是和你闹着玩的。你没有想一想，二舅爷好赖也是一个御医，与皇上形影不离，尚且救不了湛儿，他李少君乃一介草民，如何救得了？"

李少君哈哈一笑说道："史伯父也未免小瞧了侄儿，若是救不出刘湛，把我的名字倒着写。不过……"他嘿嘿一笑说道："真要救刘湛不死，还得依仗伯父帮忙！"

史成道："我怕是帮不了。"

少君道："你帮得了。"

"那就请你明说吧！"

"请你打听一下，今年皇上去什么地方避暑，另外，把皇上的行止，早一天设法告知我。"

史成道："这个容易。"

于是，武帝的行止，尽在少君掌握之中，他便从容准备，使出种种手段，引诱武帝就范。

"这李少君真是一个了不起的人物！"刘湛喟然叹道。

翌日，在玫瑰色的晨曦中，李少君和刘湛踏上了去蓬莱的道路。这一日，来到一个叫肥城的地方，十字街口，被人围得水泄不通，他们少不得停车问道："围这么多人做甚？"

围观者答道："内有一仙长，擅长画鱼。这鱼若是被猫儿瞧见，呼呼吼叫着上前去抓。"

少君微微一笑，说道："这老幺，怎么跑到这里来了？狗剩，你看着行李，我和刘大人挤进去看看。"

狗剩是他的车夫，也是他一个挂边亲戚。

少君朝刘湛招了招手，一前一后跳下马车，趔着膀子挤进人圈，照着画鱼者的肩头，轻轻拍了一掌。画鱼者抬头一看，见是李少君，忙道："大哥暂候片刻，待小弟把这幅鱼画完，再去一叙。"

他三下五除二，将鱼画完，收起笔墨颜料，随着少君，来到一家酒店，临窗而坐。

少君点了八个菜，一壶酒，边吃边聊。

"幺弟十几年未见，竟还是这等不长进，靠画鱼为生！"少君挖苦道。

幺弟也不计较，哈哈一笑说道："画鱼有什么不好？实话跟老兄说，这宗买卖，弄得好了，一天尚能进几十金呢！"

少君一脸鄙夷地说道："几十金算什么？你的本领并不在愚兄之下，应该到京城去发展，有道是'学成文武艺，货卖帝王家'，货卖帝王家你懂吗！"

幺弟一脸惊诧道："皇上也信巫术？"

“信，比一般老百姓还信。”

“为什么?”

“皇上也是人，却拥有比常人多得多的东西，数不尽的金钱财宝，数不尽的娇娃美妾，还有这金碧辉煌的宫殿，他怕失去这些东西，故而比常人更怕死!”

幺弟噢了一声，正要说些什么，小肚子微微有些作疼，说了声对不起，双手抱肚，径奔茅厕。

刘湛乘机问道：“真人，这幺弟姓甚名谁，是个干什么的?”

少君回道：“他姓李名少翁，生下来便长了一头白发，故名李少翁。又因他弟兄七人，他为幺，故又称他李老幺。是我一个本家兄弟，也曾在深泽侯府做过随从，学得一些巫术的皮毛。因调戏侯府的一个女婢，被逐出侯府。在外边游荡了几年，巫术大进，竟能为人下神看病，治死了人，亡命他乡，十几年没有消息，不想在这里撞见。”

刘湛点了点头：“如真人所言，他的巫术也不怎么样，所画的纸鱼，猫为什么那么喜爱?”

少君微微一笑：“不说也罢，说透了一文不值。”

他越是不说，刘湛越想知道，经再三追问，少君方道出了内中秘密：把鱼头晒干磨粉，混入颜料或墨水中，画出的鱼，便略带腥味，猫闻到后，自然要去抓了。不知道的人，还认为他画鱼可以通神呢!

刘湛恍然大悟，怪不得巫术能够骗人，能够长盛不衰，自有它一定的道理!想到这里，他一脸殷切地瞅着少君：“真人，我想做您徒弟，请您千万不要推辞!”

少君摇头说道：“若论你的资质，学巫倒是块好料。只是，你为官已久，怕是扑不下身子，受不得磨难。”

刘湛见少君拒绝，欲待再求，少翁归来，就着刚才未说完的话题，又说了下去。

少翁呷了口酒问道：“如兄所言，皇上既然比常人更怕死，您为什么不去京城发展，来一个货卖帝王家呢?”

少君哈哈一笑，摸出圣旨，在少翁脸前晃了一晃说道：“你看这是什么?”

少翁接过一看，大吃一惊：“您，您已经卖给帝王家了!”

少君轻轻颔首。

少翁朝刘湛一指：“这位想必就是刘湛刘大人了?”

刘湛双手抱拳道："下官已是一介草民，大人不敢当。"

少翁把脸转向少君："请问大哥，您是怎么货卖帝王家的？"

少君微微一笑，便将事情根由，一五一十地讲了一遍，把个少翁听得频频点头，伸出拇指赞道："大哥您真行！"

少君轻叹一声："幺弟休要谬奖，为兄捅出天大一个窟窿，还不知如何去补。"

"什么窟窿？"

"幺弟难道真的相信，这世上有安期生此人吗？"

少翁摇头。

"就是果有此人，也不可能活到一千岁，叫我何处去寻？"

少翁一脸担忧地问道："那您打算怎么办？"

"退隐山林。"

"这倒是一个好办法。"

少君又叹道："不过，我又不想就这么不声不响地隐去。如果这样，皇上岂不要怀疑我是一个骗子吗？"

"这倒也是。"

"我倒有一个主意。"

"什么主意？"

"你替我物色一个人。"

少翁道："什么样人？"

少君道："胆大善谎。"

少翁道："这好办。我手中就有现成的一个。"

少君喜道："快领来让我一见。"

少翁道："好。"遂起身离店。

约有顿饭工夫，李少翁领来一个儒生，身长九尺，生得白白净净。少君不免有些失望。这能像一个泼皮吗？少翁就像他肚中的蛔虫，咧嘴一笑，对儒生说道："请你自报家门，并说出一两件值得一说的事情。"

儒生朗声说道："在下姓郭，名魁，字伟业，人送外号'晕胆大'，三年前，张员外的后花园闹鬼，还死了两个花工，此后再也没人敢进。在下喝了三碗老酒，独自一人，住到花庵之中，睡到半夜，一阵凉风把在下惊醒，举目一瞧，榻边站了一个白衣女子。那女子满面怒容地对在下说道：'你为何占我闺床？'在下大声回道：'胡说，这明明是花工所睡之榻，缘何成了你的闺床？’她冷笑一声道：‘你这人胆子还不小呢，竟敢和我顶嘴！’在下道：‘你算老几，连阎王在下也不曾放在眼里！’她又是一声冷笑：‘你别狂，待我给你变个模样，叫你看看，你便知道我是老几了！’说着，双手照娇脸上一抹拉，变了，变成了一个面目狰狞的吊死鬼。我哈哈一笑道：‘你会变，难道我不会变吗？’我转过身去，摸出一张阎王的面具朝头上一戴，转身说道：‘你看我是谁？’她尖叫一声：‘你是阎王！’扑通往地上一跪，磕头如捣蒜，连声呼道：‘阎王饶命，阎王饶命。’在下这一招得手，便神气起来，大声问道：‘你是何方死鬼，为什么要在张员外家的花园胡闹？’她战战兢兢回道：‘小女子有冤。’在下问道：‘什么冤？’吊死鬼回道：‘小女子原是张员外家的女婢，三月前给张员外送水，他抱住小女子强行求欢，被主母瞧见，硬说小女子勾引她的男人，将小女子毒打一顿。小女子有冤无处申，有苦无处诉，一根麻绳上了吊。’在下道：‘如此说来，确实是你家主母做得不对。但你人已经死了，闹也无益！’吊死鬼咬牙切齿道：‘怎么无益，我要闹他个人心惶惶，家破人亡！’在下笑道：‘你就是闹他个家破人亡对你何益？依在下之见，倒不如你放他一马，在下叫他请几个仙长，给你做一个隆重的道场，超度你的亡灵，你好早日投胎，投一个富贵人家。’吊死鬼道：‘这倒是一个办法，只是小女子阳间，尚有一位瞎母，一个幼弟，无依无靠，小女子舍他们不下。’在下道：‘这个好办。在下让张员外，送你老母一百金，再治个一百亩地，不就得了！’吊死鬼道：‘若能如此，小女子感激不尽。拜托了！’说毕，化作一阵清风而去。第二天一大早，在下便找到张员外，将吊死鬼的要求细叙一遍，张员外一一照办，自此后花园平安无事。”

听了他这一番自我介绍，少君打心底叫道，这不正是我所要找的那个人吗？说谎的本领，并不在我李少君之下！当即斟了一杯酒，双手捧给郭魁。

郭魁一饮而尽。

“坐，请坐！”少君热情相邀。

酒足饭饱之后，少君问道：“幺弟，你在何处下榻？”

少翁回道：“双龙客栈。”

“那里可否雅静？”

“雅静。”

“走，我和湛儿也去那里安歇。”

“郭魁呢？”少翁问道。

“一同前去。”说毕，率先跳上马车，继之是少翁、郭魁和刘湛。狗剩甩了一个响鞭，那马扬开四蹄，霎时便来到了双龙客栈，狗剩从车上搬下两口大箱子，放在少君的客房。

少君又点了几个小菜，两壶老酒，边喝边聊，慢慢切入了正题。

少君道："郭贤弟，你的胆子是够大的，敢和鬼斗，老朽十分钦佩。老朽想让你给某人带个口信，不知你敢不敢？"

郭魁一脸不屑地说道："这个人是老虎？"

"非也。"

"是豹子。"

"非也。"

"既不是老虎，又不是豹子，他是一个什么？"

"他是一条龙！"

郭魁啊了一声："你所说的这个人，难道是当今皇上不成？"

少君二目直直地盯着郭魁："你怕了？"

郭魁将胸脯啪啪一拍道："我怕过谁来？"意犹未尽，补充道："皇上咋了？皇上也是人，脱了裤子和咱一个样！"

少君伸出拇指赞道："好，好样的，老朽再敬你三杯。"

三杯酒下肚，郭魁的脸红得像鸡冠子："请问仙长，您让在下捎一个什么信？"

"你就说老朽死了，死在高里山。"

"这样说皇上信吗？"

少君打开箱子，取出黄绫圣旨一道，递给郭魁。郭魁粗粗地浏览一遍，折成方块，塞到怀中："您要在下什么时候动身？"

少君笑道："别急。既然老朽死于高里山，高里山是个什么样子，不能不见。"

少翁当即应道："说得也是。"

翌日晨，四人同乘一辆马车，去了高里山，游玩了三天之后，找了一个小客栈落足。少君把郭魁叫到跟前，对他说道："我这里有五十金，权作你的路费。待你从长安归来，另有重赏，少不得让你做一个小富翁。"

郭魁接过五十金，心中大喜，谢过了少君，将金收好，复又问道："但不知在下从长安归来后，去何地寻找仙长？"

少君道："就在这个客栈。"

郭魁欢天喜地下了高里山，径奔长安。武帝自遣出李少君之后，两个多月没有消息，正在挂念，听说郭魁求见，忙在长乐宫宣室殿召见了他。他原说进皇宫顶多像进县署一般，只不过那门楼稍高一些而已。谁知，经过了五道门岗，岗岗都要搜身，特别是最后一岗，乃百步长廊，长廊两侧，各站了百名羽林军，两刀交叉过顶，组成一道刀廊。在传旨太监的前导下，他硬着头皮钻进刀廊，提心吊胆地朝前走着，上得金殿，见一中年汉子，身穿绣衣，威严地坐在锦礅之上，料想那必是汉天子，忙匍匐于地，三呼万岁。

汉天子将手一招，开门见山地问道："卿可知无上真人的消息?"

郭魁嚅声说道："草民正为此事而来。"

"无上真人现在何处?"

"无上真人死了。"

武帝闻言，大吃一惊："你说什么?"

郭魁略微抬高了一下声音回道："无上真人他老人家，归天了!"

"不!"武帝猛地一拍御案吼道，"他不会死！他是半仙之体怎么会死?"

此言一出，把郭魁吓得屙了一裤裆，良久，见武帝并未再说什么，方知，他那话不是冲着自己而来，硬着头皮回道："启奏陛下，无上真人确实死了。"

"死在哪里?"

"死在高里山。"

"因何而死?"

"死于车祸。"

"有何为凭?"

"有圣旨在此。"郭魁哆嗦着手从怀里摸出圣旨，高举过顶。

当值太监接了圣旨，转呈武帝。武帝看过之后，朝郭魁摆了摆手，示意他退下。郭魁出殿之后，只觉着身上冰凉冰凉，方知出了一身冷汗，但这汗什么时候出的，却不知道了，他暗自叹道，这五十金挣得实在不易，皇上那一掌，差点儿把我的苦胆震破。

长安，他是一刻也不愿多待，出了皇宫，来到景元客栈，骑上来驹，星夜赶回高里山，见了少君，说起长安之行，仍是心有余悸。少君少不得将他好生安慰了一番，又送他五十金。

这一晚，少君置席一桌，为郭魁压惊，说了许多恭维话。几杯酒下肚，郭魁又恢复了常态，将胸脯啪啪一拍："奶奶的，那皇宫也不过如此，真人若有什么信还要捎，尽管说。"

少君抿嘴一笑，什么也没说，只是劝酒。

他带着郭魁去肥城来赌，逛妓院。

不止郭魁，还有李少翁和刘湛。

光阴似箭，转眼两月有余，少君向郭魁摊牌了："郭贤弟，今有一事，恐怕又要劳驾你了。"

"什么事？"郭魁问道。

"送一封书。"

"送哪里？"

"长安。"

郭魁啊了一声道："该不是又要送给皇上吧？"

少君含笑回道："正是。"

郭魁将头摇得像个拨浪鼓："在下不去，在下说什么也不去了！"

少君嘿嘿一笑说道："你我初次相见之时，说得云天雾地，连吊死鬼都不在你的话下，如今却惧怕起人来！"

郭魁狡辩道："您所要在下见的，不是一般人，乃是一个皇帝！"

少君模仿着郭魁的声音说道："皇上咋了，皇上也是人！"

郭魁满面通红地说道："您不要挖苦我，那书在下给您送去不就得了！只是，与皇帝老儿打交道，这风险实在有些太大。您让在下送书不难，但那赏钱，怕是要再添一些了。"

少君道："那是自然。"

郭魁道："添多少？"

少君道："上一次是一百金，这一次给你一百二十金咋样？"

郭魁道："少。"

"一百三呢？"

"少。"

"一百四呢？"

"少。"

……

少君十金十金地往上添，添到二百金的时候，郭魁还说少。

少君道："不少了郭魁，二百金，那是两户中产人家的家业呀！"

郭魁嘿嘿一笑说道："二百就二百吧！书呢？您什么时候修？"

少君道："老朽已经修好了。"说罢，从怀中摸出一块帛绢，递给郭魁。郭魁将书读了一遍，惊喜地问道："李画师也去呀？"

少君更正道："他不是画师，他是茅山的仙长。"

郭魁讨好地说道："对，对，您这书上写得明明白白，少翁兄乃茅山的仙长，您的师弟。"

少君点了点头说道："就应该这么说嘛。"

郭魁道："您让在下什么时候动身？"

少君道："别急，老朽还有话交代。你见了皇上之后，你就说，你在蓬莱见到了我，还有一个老仙长，鹤发童颜，和我同行，我尊称他为安师叔。尔后再将我的书双手呈上。皇上看了我的书，必定要问李少翁，你便见机行事！"

郭魁频频颔首。

少君将双手一拍："兄弟，该动身了。"

话刚落音，少翁从套房走了出来，满头银发，身着灰色长袍，腰悬棠溪宝剑，手拿拂尘，俨然一副传说中仙翁模样。

二人告别了少君和刘湛，径奔长安，仍旧宿于景元客栈，二人商定，由郭魁来打头阵。未及动身，大将军府传来噩耗，霍去病死了，死在武帝怀里。

霍去病弥留之际，枕着武帝臂弯，断断续续说道："臣霍去病，蒙受皇恩，十七岁从军，虽仅历六载，已身经百战，竟从未有过败绩，这定是托陛下之神威护佑，莫非是上天遣臣替陛下扫平大漠南北？今单于远遁，臣已尽职责。臣此时死去，莫非也是天意？唯有两事，割舍不下。郎中令李敢父子，皆国之良将，臣年轻气盛，心胸狭窄，竟然将李敢射杀，陛下虽说为臣掩盖过去，但臣心中，十分内疚。臣听说李敢有一侄儿，名叫李陵，有乃祖之风，请陛下量才重用，以补臣过；臣之幼弟霍光，少年老成，为人恭谨，望陛下看臣薄面，酌情任用！"

说毕，将头一歪，一命呜呼，年仅二十三岁。

武帝扯开嗓子，大声唤道："去病，去病！你醒醒，你醒醒呀！"

他双手托着霍去病脑袋，泪如雨下道："去病，你的遗言，朕句句照办。朕这就降旨两道，迁李陵为骑都尉，驻防酒泉、张掖；封霍光为奉车都尉、光禄大夫，随侍朕之左右。"

说毕，将去病遗体，轻轻放到榻上，挥泪宣布："朕要在自己百年之后的陵寝茂陵之侧，为霍去病修建陵墓，让他永远陪伴着朕，再也不分离！"

此旨一出，慌坏了有司，征调了近十万民夫，日夜为霍去病赶造陵墓，数十日即告竣工。武帝亲往验看，见一大片临时移栽来的树木之中，掩映着形似祁连山的霍去病墓。墓前，一座马踏匈奴石像，形神毕肖。这才点头认可。

霍去病安葬之日，武帝别出心裁，令被安置在陇西、北地等五郡的匈奴人，一律身穿黑甲，列队为霍去病送葬。

这一天，从长安到茂陵，近百里的路途，竟然全被操胡语的匈奴人排满了。当然，也有自发前来送葬的老百姓近一百万人，可谓空前。

霍去病的死，给武帝带来了很大的震动，他亲眼看着自己的爱将被死亡之神，夺去了魂魄。除了怀念霍去病之外，诱发了他对死亡的恐惧。他不由得想起了李少君，连他那样的半仙之体尚且逃不脱死亡的命运，这世上到底有没有神仙，有没有登仙不老之术？

正当他陷入困惑之境，郭魁来了，开言便道："启奏陛下，无上真人没死。"

武帝闻言，惊喜交加，大声问道："他在哪里？"

"在蓬莱。"郭魁强装镇静地回道。

"卿怎么知道？"

"小民亲眼见到的。"郭魁唯恐武帝不信，补充道，"上个月，臣游蓬莱，有三个身穿长袍的男子，在小民前边不紧不慢地走着，内中一人，无论是从背影，还是走路的姿势，都极像死于车祸的无上真人，试着叫了一声，那人猛然回首，真是无上真人。吓得小民三魂走了两魂，惊叫一声，转身就跑，一脚踩空，跌下山涧，昏死过去。等小民醒来，已是第二日黎明，那三个男子，坐在小民身旁，内中一个便是无上真人。小民又是一声惊叫，二次昏迷过去。也不知过了多久，大概是巳牌时分吧，小民又醒了过来，无上真人和另外一个较为年轻的男人不见了，只剩下一个姓安的，字期生……"

武帝十分羡慕地说道："卿真有福，竟然遇上了安期生。那安期生都说了些什么？"

郭魁见武帝如此动问，知道自己已经取得了他的信任，暗自欢喜，想不到一个堂堂的大汉天子，竟是如此好哄！遂娓娓讲道："那安期生说，无上真人没有死，那次车祸，他脱去的仅仅是肉身，俗称尸解。刘湛也没有死，刘湛已拜无上真人为师，列入了仙班。话未落音，无上真人不知从什么地方钻了出来，身后还站着刘湛。他交给小民一封书，叫小民务必呈给陛下。"一边说，一边从贴身衣袋里掏出一方黄绸，高举过顶。

当值太监取了黄绸，一层层展开，内包帛绢一块，一尺见方，上边写着文字，双手呈给武帝。武帝小声读道："臣无上真人，启奏陛下，心诚金石开，黄砂可以炼成金，安期生也可以请到，西王母在向您招手，仙道渺渺，有志者事竟成！臣有一位师弟，名叫少翁，或许能助陛下一臂之力。"

听到"少翁"二字，郭魁失声叫道："嗨，差了！"

武帝愕然问道："卿差了什么？"

郭魁道："小民将行之时，无上真人要小民邀上他的师弟李少翁，一块儿面圣。小民怎么把这事给忘了！"

武帝道："卿不必自责，朕来问你，那李少翁现在何处？"

"第一洞天。"

武帝反问道："第一洞天？"他猛然想起："这第一洞天不是在洛阳王屋山吗？"

郭魁连声附和道："陛下说得极是。"

王屋山武帝并不陌生，还是他在做太子时，随着父皇景帝去那里游历过一次。那里是方术圣地。那里之所以成为方术圣地，源于一个传说。

远古以前，盘古开天辟地，女娲造生人类，人类拥立黄帝，作为四方主宰，可是，常常有臣民起来造反，南方的蚩尤就是其中的一个。蚩尤是炎帝的后代，长着人的身子，牛的蹄子，有四只眼睛六只手，铜头铁额，毛发如戟。他吃石头，吃铁片，又善于制造各种兵器，更擅长呼风唤雨，驱妖驭怪。他不服黄帝的统治，率领南方的苗民，浩浩荡荡向中原杀过来。黄帝仓促应战，九战九败，不得已求助于西王母，也就是王母娘娘。他斋戒三日、香沐三日，登上了王屋山，来到了琼林台。这台上有一级，高二丈，下有二级，高三丈，四方壁立，恰似一个天造地设的祭坛。黄帝便在台上摆设祭品，向西王母祭拜一番，面西而跪，一跪便是三日，西王母大为感动，浮现空中，降授九鼎神丹经阴符策。黄帝稽首再拜，回去后即运用神策布战，与蚩尤战于涿鹿。九天九夜，血流成河，蚩尤战败被俘，黄帝亲手将他斩杀，抛首于大荒之中，自此天下太平。饮水思源，黄帝感念西王母恩德，再次登临王屋山，焚香祭拜。不一会儿，西方天空传来阵阵香气，黄帝抬头望去，只见空中千骑万乘，皆穿五彩羽衣，手持珠幢锦伞，霓旌降节，翩然而至。其中一只青鸟，飞到黄帝面前，声音清澈地说："阿母降矣！"

话音刚落，西王母来到眼前。娘娘头戴金冠，身穿金黄羽衣。黄帝纳头便拜，千谢万谢，献上酒食。娘娘笑道："天仙不饥不渴，不食人间烟火。今后如若供奉上界神仙，只需择吉日，筑道场、设净席、布香灯瓜果而已。"语毕，冲天而去，天乐嘹亮，响彻云霄，这一天是八月十五日。

从此，这里草木葱郁，山泉甘甜，天地灵气，尽萃于此，成为三十六洞天神仙集会之地。后世方士，更是把这里视为圣地。每到八月十五日，四方方士云集于此，考校功行仙籍，得道者，即可进入洞天。

这传说景帝深信不疑，很想看一看洞天的模样，寻了半天，也没寻到，问及老方士，老方士说，这洞天确实存在，他的师祖宏大仙长曾在那里畅游过一次。好不容易找到宏大仙长，他倒是一口承认，自己游过洞天，但具体情况，闭口不谈。经景帝一再追问，才说道，他出洞之时，仙长嘱道："出去之后，慎勿轻传。"

是时，窦婴伴驾在侧，含笑反驳道："仙长嘱您，慎勿轻传，这话固然不错，但传给当今皇上，也算轻传吗？"

宏大仙长无奈，把畅游洞天之事讲了一遍。

那是一个八月十五的朝会之日，经过考评，宏大仙长名列第一。到了五更之初，宏大神明澄朗，忽闻岩际传出仙钟乐声。俄顷，岩下飞出天鸡数只，一声接一声啼鸣报晓。宏大随着天鸡，拾级而下，来到一处悬崖。天鸡俯身冲下，宏大也觉气血充沛，临崖而立，俯身万仞，丝毫不惊，纵身一跃，落在一个石座上。座右有一巨石，高数十丈，中间有个洞。宏大探身进去，侧身穿过一段石梯，忽见天日明朗，别具一番世界。

这里的一切，都是那么瑰丽，那么秀美，言语难以描绘。宏大便信步漫游，来到一副葛藤织就的天梯前，攀缘而上。来到峰顶，黄河、嵩山、昆仑山，尽入眼底，仙风拂襟，白鹤环舞，宏大只觉心旷神怡，飘飘欲仙。

宏大盘桓多时，转身向别处游去。走仙人桥，来到踩云洞。只见青溪万仞，碧洞千门。又听烟萝嘶风，溪水淙淙。宏大顺着溪水走下去，来到一处悬崖下。崖上，一道瀑布从天而降，宏大叹道："好大的瀑布！"

话音未落，瀑布里面传出莺歌般的声音："谁在说话呀？"

宏大闻声而入，猛见洞中重重叠叠，竟是金玉之殿，金童玉女，穿梭往来，日月辉映，星辰列布。宏大脱口赞道："此真王者之居也！"

金童玉女，闻声止步，一齐朝宏大俯首行礼。人群中，走出一位长者，朗声笑道："你真是得道之人啊！此处正是西王母之宫，故称王屋山。你此番仙游，也是道缘所至。出去之后，慎勿轻传。"

听他这么一讲，景帝越发动了畅游第一洞天的念头。宏大仙长被逼无奈，择了一个月明星稀的夜晚，带着景帝一行，来到昔日跳崖之处，俯身崖下，果然是陡如剑刃，高达数十丈，看得他目眩头晕，不由自主地倒退两步。恰在这时，一片乌云飞来，遮住了月亮，霎时，狂风大作，刮得人睁不开眼睛。宏大大声说道：“陛下，仙缘未到，快下山吧！”说毕，不由分说，架起景帝跌跌撞撞下了王屋山。

武帝将回忆的翅膀收了回来，对郭魁说道：“李少翁既然在王屋山落脚，朕命卿驾着高车驷马，将他迎到京都。”

郭魁叩首回道：“臣遵旨。”

前后不到半月，郭魁去而复归，身后还跟了一个老方士，武帝传旨上殿，那老方士见了武帝，单腿朝地上一跪，口称：“山野之人李少翁，参见我主万岁，万万岁！”

武帝俯首望去，见那少翁眉发皆白，却是面如孩童，知是一个非凡人物，忙命宦者看座。

少翁谢过圣恩，才落座。

武帝笑问道：“仙长高寿几何？”

少翁双手抱拳回道：“山人一百九十八岁了。”

这话武帝竟然信了。

他能不信吗？少翁虽说是少君师弟，但从眉发上看，怕是还要年长少君几岁呢！而少君已经二百多岁了。武帝转而问道：“仙长如此高寿，一定是法力无边了。无上真人的一粒药丸可使人延长性命六十日，但不知仙长有无此种药丸？”

少翁回道：“臣虽说无此药丸，但臣能使死人复现，臣还会炼制不死之药。”

武帝将信将疑，正要再问，一宫女匆匆来报：“启奏陛下，王夫人她，她怕是不行了。”

武帝闻报，对少翁报之歉疚的一笑：“对不起，朕的夫人病危，朕得去看看她，请仙长到馆驿中暂住几日。”说毕，匆匆去了鸳鸾殿。

王夫人见武帝来了，挣扎着要下榻行礼，武帝按住了她瘦削的双肩，柔声说道：“爱妃身体欠佳，这礼也就免了吧。”说毕，将被子又往上拽了拽，盖住王夫人玉一般的胸脯。

“爱妃，药吃过了吗？”武帝关切地问道。

王美人轻叹一声：“药石对臣妾怕是无用了，臣妾一吃就呕，把苦胆汁儿都吐了出来，臣妾怕是再也不能服侍陛下了！”一边说一边流泪，说到最后竟嘤嘤地哭了起来。

武帝一边为她擦泪，一边劝道："爱妃不必伤心，朕拥有天下，天下不乏好郎中，朕一定把他们召来，为爱妃治病。"

他正要下诏，忽然想起了李少翁，那李少翁既然有法儿使死人复现，能无法儿治好王夫人的病吗？当即口授一诏，宣李少翁进宫。

宫监受命之后，不敢怠慢，飞马来到少翁落脚的馆驿，却是晚了一步。李少翁走了，去了什么地方，守门人当然不知道。

王夫人这病，是产后所得，极难治愈。

王夫人死后，武帝一直萎靡不振，他心中不仅有对王夫人的思念，还有对死亡的恐惧。一个人好端端的怎么说死就死了呢！霍去病活了二十三岁，王夫人更小，虚岁十九。

他不想死。他拥有整个河山，拥有天下，两腿若是一蹬，这一切都将化为乌有。

他盼望出一个神仙，为他解决死的困惑，使他长生不老。

神仙虽说没有盼到，盼到了两个方士，李少君道术高超，已是半仙之体，却不肯留在长安！

李少翁这人也不错，是李少君的师弟，来一个不辞而别。为什么？这是为什么？

他百思不得其解。

这答案有四个人知道。第一个便是李少翁。

少翁受了少君蛊惑，来到长安，向武帝胡乱吹嘘一番，说他能使死人复现。他之所以要这么说，因他结识了一个小盗，模样儿与霍去病极似，而霍去病又是武帝爱将，若是把话头引到霍去病头上，略施小计，让武帝见到霍去病，他必然对自己更加信赖，可乘机骗他一笔钱花。谁知，王蕊儿病危，王蕊儿若是一死，武帝定然思念，若是要他让王蕊儿复现，岂不要露了马脚！三十六计，走为上策。李少君见少翁这么快归来，且是两手空空，少不得询问原因，少翁如实相告。

少君叹了口气道："此乃天意，回来也好。好在，为兄手中有的是黄白之物，吃穿不愁。你就随着为兄乐几年吧！"

自此，他兄弟二人，当然也包括刘湛，遍访名山大川和六大都会。这一日，来到洛阳，见王城花园热闹非凡，遂动了赏花的念头，三人一同步入花园。在园子的西北部有一大片菊花，三人正看得有趣，走来一位老者，年约五十余岁，却是眉目有神，面色红润，头戴方士冠，身着方士袍，腰悬长剑，斜背一只钱褡裢，径直走到高坡之上，立定脚跟，先用双手合着搓了几搓，高举过顶，拍了几掌，双掌分开，口中咕咕哝哝，也不知念了几句什么。群蝶竞相朝他飞来，好似苍蝇逐臭，左右飞舞。满园赏花之人，都觉得奇怪，纷纷朝他涌来。

刘湛也要去。少君笑劝道："徒儿不必去凑这个热闹，这一招，叫空掌招蝶法，为师也会。"

刘湛似信非信道："老师既然也会，何不亮上一手，让徒儿开开眼界。"

少君道："为师缺少一种东西。"

刘湛道："什么东西？"

"花蜜，一种特制的花蜜。"少君见刘湛不懂，详细解释道，"待到春暖花开的时候，搜集各式各样的花蕊，在阴处晾干，再放到夜露下漂七夜，加蜂蜜拌匀。待到群蝶飞舞时，将一双手心涂上花蜜，站在高坡上，先用双手合掌搓几搓，再拍掌招蝶。群蝶闻到奇香，纷纷飞来，左右飞舞，极为奇妙，驱而不散。"

刘湛恍然大悟。

三人正要移往别处，少翁突然说道："大哥，这招蝶之人，小弟觉着面熟。"

少君朝招蝶之人打量了两眼，凝眉说道："我也觉得面熟，但一时又想不起来。"

少翁道："我想起来了，他是栾冲的栾大。"

他这一说，少君也想起来了，将手一招："走，到跟前看看。"

对于他们仨的到来，栾大不曾留意，随意挥动着巴掌，那蝶儿自然也随着他的巴掌飞舞。

"喂，各位施主，你们有谁能将这群蝶儿驱散，山人赏他十金。"

话刚落音，人群中走出一个青年，两个少年，挥舞着双手，驱赶蝶儿，累得满头大汗，果真是驱而不散。

栾大笑嘻嘻地说道："您三位不要赶了，实话告诉你们，山人乃蝶王转世，这些蝶儿都是山人的兵，没有山人的命令它们敢走吗？"

这话，众人竟然信了，内有一人问道："你既然是蝶王转世，来此做甚？"

栾大暗自道了一声问得好！信口诌道："山人前身，乃长安娘娘祠的蝶王。娘娘祠你们知道不？内中塑的是王母娘娘，故称娘娘祠。祠中遍植花草，内中有十几棵牡丹花，高达五尺有余，花如果盘，山人慕名而来，还带着数百个徒子徒孙，满祠里乱飞，乱屙，惹恼了王母娘娘，将我开除仙籍，贬到人间，做一方士。山人为赎前衍，欲要重修娘娘祠，特到贵地化缘。不知各位施主，可肯施舍一二？”说毕，将方士袍上撩，静等施舍。

众人见他是有仙缘的人，纷纷解囊，顷刻收了三缗多铜钱。栾大一边向众人致谢，一边收拾铜钱，冷不防被人照着肩头拍了一掌：“好一个骗钱高手！竟然到洛阳来了，欺我洛阳无人吗！”

栾大吃了一惊，抬头一看，见是少君兄弟，方将心放下肚去，小声问道：“你兄弟俩因何来到了此地？”

少君道：“此非谈话之地，请到客栈一叙。”说毕，引着栾大，来到恒大客栈，点了三荤三素，端到卧室，边吃边聊。少君遂将刘湛如何犯法，自己为救刘湛，如何扮作老方士，如何取得武帝信任等情形仔细讲了一遍，把个栾大听得目瞪口呆，许久方道：“少君兄真是一个干家！”

少君饮了一樽酒道：“贤弟不必谬赞愚兄，贤弟眼一眨便是见识，那脑瓜胜愚兄十倍，快说一说你这几年的经历吧！”

栾大苦笑一声道：“小弟没有什么好谈的。早几年，老母在堂，脱不开身，仨月前来到了洛阳，被一女子给绊住了，这女子体弱多病，还有两个吃白食的哥哥，弄得愚弟焦头烂额。”

少君笑道：“在愚兄眼中，你并非贪色之人，莫非这女子长得不比寻常？”

栾大回道：“要说她的模样，世上难寻。”

少翁有些不信，问道：“难道那女子长得比皇上的王蕊儿还要漂亮？”

“我没见过王蕊儿，但听见过王蕊儿的人说，她二人的容貌极其相似，但王蕊儿与我结识的这位女子相比，还少了几分妩媚呢！”

一听说这女子与王蕊儿相貌相同，少翁来了兴趣，催促道：“栾贤弟，能不能带愚兄三人去见识见识这位奇女子？”

栾大慨然应允：“这有何难！”说毕，将樽中的酒一饮而尽，站起身来，带着少君兄弟及刘湛朝城南走去，一边走一边聊，使他们仨对奇女子的身世有了一个简单的了解。

这女子姓李，乳名莲儿，其祖原籍河北李家庄，经商发了大财，搬到洛阳来住，盖了一百多间瓦房，养了几十匹骡马，在洛阳称不上大富，却也吃穿不愁。陈胜、吴广造反那当儿，抢走了她家的骡马，烧了她家的房子，自此，家道日衰，连宅地也卖掉了，到了莲儿的父母，尚能做一个小买卖维持生计，莲儿出生那年，又在城墙根盖了六间草房。莲儿十二岁那年，父母俱亡，只剩下兄妹三人相依为命，生活的重担落到了长兄李延年的肩上，谁知，这李延年不成器，不愿老老实实地守着小门面做生意，而是喜欢摆弄各种弦管之器。说来也怪，不管什么样的乐器，只要在他手上摆弄几下，便能奏出乐来。时间稍长，还能变旧调出新声。俗语不俗，“大姐做鞋，二姐有样”，做长兄的既然不务正业，做弟弟的岂能苦守门面！

弟弟叫李广利，既没他大哥那么心灵手巧，对吹拉弹唱也没什么兴趣，只能攀攀杠子，扔扔石锁，被一过路拳师瞧见，觉着竖子可教，传他几招拳术，打起架来，二三十人近他不得。

莲儿很有几分像她大哥，也喜欢摆弄弦管之器，特别是那副嗓子，唱起曲儿来既悦耳，又动听。

兄妹仨不事生产，坐吃山空，很快就将家产踢腾光了，连他们爹在周公庙前挣下的那个店铺也廉价盘了出去。

店铺没了，再没有一文钱的进项。但他们还要活，还要吃饭，没奈何，李延年只好带着莲儿，下酒馆为酒客们演唱几支俚曲，好歹挣几个钱糊口。

那坐酒馆的，大多都是粗人，有几个懂得李延年乐曲的玄妙之处？他们所感兴趣的，是莲儿那张漂亮的脸蛋，纤纤细腰，和顾盼生情的媚眼儿，少不得对她动手动脚，抠抠她的腰窝，在脸蛋上或白臀上拧上一把，等等。李延年装作没有看见，照常弹他的琴，吹他的埙。

日子一久，李氏兄妹在洛阳城南的名声渐渐大了起来，附近几个酒馆，竞相聘他兄妹去酒馆里演唱。他兄妹不管去到哪家酒馆，哪家酒馆的生意立马红火起来，一日大概有二百钱的收入，不只顾住了一家的吃穿，还略有节余，李广利便拿着这节余的钱，去酒馆喝酒，打发时光。

当然，李广利的酒钱不全是来自哥哥和妹妹，心情好的时候，跑到街上卖卖艺什么的，或多或少，也挣了几个。

日子渐渐好了起来，李延年的心也跟着野起来，他想娶媳妇。不只他，还有他的弟弟，两个媳妇娶到家中，少说也得二百多缗钱。更别说妹妹，妹妹已经十六岁了，得找婆家，找婆家能不要陪送？钱啊，要命的钱啊！

为了多攒几个钱，李延年将心一横，在自己家里开了一个曲馆，兼做皮肉生意。莲儿既是演员，又是妓女。

开张不到半年光景，栾大来了。

栾大是慕名而来。

栾大一到洛阳，便听到有人谈论，说李莲儿长得如何如何好，那曲儿唱得如何如何妙。

他素来好色，听了这些议论，岂有不动心之理！经人指点，来到了李莲儿的曲馆。那曲馆的门楣上方，挑了一面绘着桃花图案的粉色小旗。门框上倚着一位姑娘，那姑娘漆黑的头发梳成高高的螺盘髻，竟然不戴一枚珠钿，却插满了姹紫嫣红的野花，愈衬得她的脸庞花儿一般鲜活动人……

栾大咽了一口口水，暗自说道："这一位一定是李莲儿了！"

莲儿也看到了栾大，一脸媚笑地迎了上来，语如莺啼道："哟，是仙长呀，哪一阵风把您给吹来了，请，屋里请！"一边说一边挽住他的右胳膊。

栾大云游四方，什么样的女人没有见过，但从未见过这么漂亮、这么妩媚的女人，他浑身燥热，血管暴胀，双手搂住莲儿，照着她的娇脸儿吻了几口。

莲儿娇笑道："你这人，好生性急，待会儿我不全是你的吗？何必如此猴急！"

栾大一想也是，放开莲儿，手挽手来到了莲儿的卧房。

他万万没有想到，莲儿小小年纪，对房中之事竟如此内行，如此善战！足足折腾了一个时辰，方才息兵罢战。莲儿依偎在他的身上，柔声问道："仙长贵姓，法号怎么称呼？"

他拨弄着她的秀发道："山人姓栾，因兄弟中排行第一，人称之为栾大。法号么……"

他顿了一顿道："叫个乐通真人，乐是快乐的乐，通是通天的通。"

莲儿复又问道："真人现居何方仙洞？"

"第一洞天。"

"真人有何法术？"

"山人擅长炼丹，丹你懂吗？那是不死之药！吃了会成仙的。"

莲儿叹口气道："神仙离我太远，我想的是钱，我想的是如何给我两个哥哥娶上媳妇。"

栾大笑道："钱你不必发愁，只要你把我伺候得舒坦，我能空手取钱。"

"真的吗？"

"真的！"

"那你这会儿就给我取一些钱出来。"

"别急，等见了你两个哥哥再说。"

莲儿一骨碌爬了起来，穿上衣服，将栾大领到客厅，欢声喊道：“大哥、二哥，贵客到了，快出来吧！”

话刚落音，延年、广利从各自的卧房中走了出来，朝栾大打量一眼，见只不过是一个方士而已，并没有什么特别之处，不免有些失望。

莲儿笑对二位哥哥说道：“你们别小看了这位仙长，他会空手取钱呢！”

广利斜睨着栾大，一脸不信任地问道：“你真的会空手取钱？”

栾大点了点头。

广利道：“那你就为我取一些钱出来，也好让我兄妹开一开眼界。”

栾大道了一声好字，手执拂尘，向东西南北四个方向挥舞了一遍，然后闭目敛容，口中念念有词。李家兄妹看看他，又互相看了看，正不知他玩弄什么花样。忽然，铜钱如同落雨一般，从栾大的头顶上、袖筒里，“哗哗”滚落下来。李家兄妹大惊失色。李广利第一个扑上去，捡起一枚铜钱，拿到眼前，翻来覆去地看，又放到口中轻轻一咬，惊叫道：“乖乖，这钱是真的！”

栾大笑眯眯地问道：“怎么样，我没骗你们吧？”

李广利连连点头。

李延年却道：“这不过是魔术罢了，你骗得别人，骗不了我李延年！”

李广利反驳道：“你管他是不是魔术，这些钱少说也有八百文，够我半个月的酒钱啦！”

栾大哈哈一笑：“何止八百文！共是一千一百一十八文，不信你们收拢来数。”

正在满地捡钱的莲儿不由抬头笑道：“栾真人，你不该把钱数报得这么清楚，这岂不是告诉我们，钱是你事先准备好了的吗？”

栾大自知失口，狡辩道：“你知道什么，这些乃是从洛阳郡府库中偷出来的，你若不信，可以去报告郡守，叫他查对查对……”

李广利敲着手中的铜钱说道：“我也不去查对，你敢偷，我就敢花。最好再多给我偷一些出来，我好攒一攒娶花女。”

栾大道：“多偷几次倒也没有问题，但不能偷得过多，过多了容易让官府发现。这样吧，我一天给你们偷一次，一次一千一百一十八文。但有一条，莲儿不能再接客，这曲馆儿也给我关了！”

李家兄妹互相交换一下眼色，暗自算道，一天一千一百一十八文，十天便是一万一千一百八十文。一年呢，一年便是四十万八千零七十文，也就是四百零八缗更七十文，不上半年，娶媳妇、陪嫁妆的钱全有了。

这一算李家兄妹心中有了数，异口同声说道：“请仙长放心，我兄妹仨听您的!”

说毕，李广利跑到大门外边，将门楣上方那面粉色小旗一把扯了下来。

自此，莲儿不再卖唱，也不再接客，一门心思伺候栾大。而栾大呢，借口访友，天天往洛阳城里跑，专拣人多的地方钻，变着法儿弄钱……

少翁照着栾大肩头擂了一拳，不无羡慕地说道：“你真行！不过，我有个不情之求，望老弟务必成全!”

栾大笑道：“什么事，请讲。”

“我要借莲儿一用。”

栾大吃了一惊：“什么，你要借莲儿？这世上只有借钱借物，还没有听说借人的，且是一个女人!”

少翁笑嘻嘻地说道：“老弟有所不知，你听我说。”他贴着栾大耳根，小声嘀咕了一番。

栾大很不情愿地说道：“好，我借给你，时间不得超过一月。”

少翁心中暗道，撤兵不由将，一旦把莲儿借出来，什么时候归还，就由不得你栾大了！口中却道：“请老弟放心，我一定把莲儿按时归还。”

少翁来到长安，寻了一个偏僻客栈，将莲儿安顿下来之后，只身去见武帝，武帝又惊又喜，当即在未央宫偏殿召见了他，嗔怪道：“你为何不辞而别？”

少翁诳他道：“山人刚到驿馆，师父寻上门来，说是八月十五，乃是安期生的两千大寿，届时，将有数百神仙去蓬莱给他祝寿，我们不可不去！山人有心进宫向陛下辞行，时间太紧，再者，师父对山人言道，此乃仙机，不可预泄。故而，山人就没敢向陛下辞行，实在欠礼得很，还请陛下原谅。”说毕，深深作了一揖。

这话，武帝竟然信了，很是理解地说道：“仙长不必自责，国有国法，仙界亦有仙界的规矩，朕不怪你。只是，朕和王母娘娘梦中会过一次，安期生的寿辰，不知她老人家参加了没有？”

少翁道：“参加了。”

武帝一脸殷切地问道：“她有没有问到过朕的情况？”

少翁摇头说道：“没有，七八百位神仙相聚，王母娘娘又坐在首席，我们只能遥遥地望见，哪有说话的机会？”

他无意间一瞥，见武帝一脸失望，话锋一转说道："不过，老朽倒是与王母娘娘驾前一位叫婉凌华的仙女，说了一阵子话。"

武帝忙道："这婉凌华朕是认识的，朕上次与王母娘娘会见时，她也在侧，她亲自为朕拊五灵之石。她跟您说了些什么？"

"她说，你们的皇上，乃是有仙根之人。只是在尘世太久，迷住了灵性，但只要虔心修道，神仙就会降临，仙丹就会练成，吃了仙丹，就会长生不老，就会变作神仙。"

武帝听了大喜，赏少翁黄金百斤。

待少翁谢过圣恩，武帝忽又说道："仙长，您不是说，您能使死人复现吗？朕的王夫人，离朕而去已经一年了，朕对她甚是想念，食不甘味，仙长能否召她与朕一见？"

少翁信心百倍地说道："这有何难？"当即向武帝讨了一些王夫人生前喜欢穿的衣服，用的帷帐。事隔三天之后，方对武帝说道："陛下可以见到王夫人。"武帝闻听大喜，早早地用过晚膳，坐在宫中，直等到午夜时分，少翁姗姗而来，将他引到自己府中。府中有巨室，内中的摆设与鸳鸾殿一模一样。但见灯烛明亮，香烟缭绕，好像王夫人会随时从帷帐后款款走出，盈盈下拜似的。整个室内寂静无声，更使人觉得进入了一个超凡脱俗、万物寂灭的境界。武帝不由得渐渐有了一种恍恍惚惚的感觉。少翁叫他远远地站着，面对轻纱帷帐。少翁向一侧退去，口中念念有词，挥舞拂尘，开始作法。折腾了两个多时辰，困意袭来，武帝渐渐闭上双眼，忽听少翁大声说道："王夫人还不快快现身！"

武帝睁眼一瞧，轻纱帷帐后面，出现了一个窈窕的身影，皓齿明眸，肤如凝脂……

这不是朕的王夫人吗？武帝噌地一下站起来，忘情地叫了一声"爱妃"，向前迈出一大步，被少翁拽住了袖子，小声说道："陛下莫要冲动，惊了王夫人魂魄！"

武帝叹了一口气，退回一步，一脸痴情地瞅着王夫人。

王夫人款款向他走来，在轻纱帷帐后停了下来，含情脉脉地瞅着武帝。武帝再也忍不住了，冲上前去，揭开帷帐，伸开双臂，欲去搂王夫人。忽然一声响亮，灯火皆灭，伸手不见五指，等少翁重新点燃灯火时，王夫人消逝得无影无踪。武帝垂头丧气，连连叹息，随口吟道：

是耶非耶？

立而望之，

缘何姗姗其来迟！

李少翁使了“招魂术”，武帝佩服得五体投地，封少翁为文成将军，赏赐的金钱财宝不计其数。各地的方士，见武帝如此信任方术，为博得一官半职，便如过江之鲫，成群结队地涌入长安，有的说自己能炼成仙丹，有的说自己能找到安期生。武帝大喜，将这些方士分作两拨，一拨去炼仙丹，一拨去找安期生。按照武帝的意思，少翁也该去找安期生，少翁入宫是想享清福的，且是又有如花似玉的李莲儿做伴，不愿前往，骗武帝说：“心诚则灵，长安同样可以招至仙人。只是，未央宫地处闹世，仙人来往多有不便。最好在长安城西略偏僻的地方，盖一座宫殿。仙人自然会来。”

武帝求仙心切，当然照办，耗资十亿缗钱，建了一个聚仙宫，并在宫中绘塑了许多奇形怪状的神像，或称天神，或称地祇，或称泰一神，焚香供奉，把个皇宫搞得乌烟瘴气。司马相如看不下去了。

司马相如的消渴病，一日重似一日，没奈何辞官治病，他虽不为官，但对国家大事，仍旧十分关心。

他听说来了一位方士，在皇上面前装神弄鬼，让皇上见到了死去的王夫人，竟一下子封为将军。多少人在疆场拼杀一生也没当上将军。又听说这方士让武帝建造聚仙宫，画上神像，顶礼膜拜，以求长生不老，实在有些荒唐。他有心出面劝诫武帝，恐武帝不听，反招杀身之祸。想来想去，想到了东方朔头上。此人机智诙谐，素为皇上所重，让他出面，一定能说转皇上。主意已决，司马相如当即乘轿来到东方朔府中。不巧，东方朔微服逛街，不在府中。张丹见夫君好友来访，热情款待，并命人去街上寻找东方朔。

司马相如随手拿起东方朔新作《非有先生论》，阅读起来。

非有先生仕于吴，进不能称往古以厉主意，退不能扬君美以显其功，默默无言者三年矣。吴王怪而问之曰：“寡人获先人之功，寄于众贤之上，夙兴夜寐，未尝敢怠也。今先生率然高举，远集吴地，将以辅治寡人，诚窃嘉之。体不安席，食不甘味，目不视靡曼之色，耳不听钟鼓之音，虚心定志。欲闻流议者，三年于兹矣。今先生进无以辅治，退不扬主誉，窃不为先生取之也。盖怀能而不见，是不忠也，见而不行，主不明也。意者寡人殆不明乎……

司马相如正看着，忽听一个声音，高声叫道："司马兄，什么风把你给吹来了？"

司马相如猛一抬头，见是东方朔回来了，迎了上去。

彼此寒暄了几句，司马相如便直奔正题："庆父不死，鲁难未已，巫术不除，必成大患，请先生出面劝劝皇上。"

东方朔苦笑一声道："皇上的脾气，别人不知，司马兄还不知吗，他想做的事，谁能劝得转？"

司马相如笑道："贤弟不必推辞，皇上想做的事，别人劝转劝不转，我不敢说，你是劝得转的，而且，你已经劝转过几次，譬如偷猎者，皇上要杀，你不是把皇上劝转了吗。还有，皇上的乳母，本来要充军的，你一句话便把她留了下来。"

东方朔道："您说的这两件事，确有其事，但不能和巫术比，皇上怕死，皇上想成仙，想成仙就得依靠方士。而且那些方士，确实有一些独到之处，譬如，李少君竟能浮水而坐，稳如泰山。还有那个李少翁，竟然能使死人复现，他们使用的都是些什么邪术，我至今弄不明白。俗话不俗，旁观者清，当局者迷，连我们这些旁观者都弄不明白的事，皇上能弄明白吗？若是不把这些事情弄明白，就无法将他们的骗术揭破，不把他们的骗术揭破，就无法使皇上醒悟。"

司马相如点了点头道："你说得很有道理。李少君浮水而坐，奥妙何在，我不知道。但李少翁使死人复现一事，我曾经和司马迁在一块探讨过，他怀疑内中有诈，而复现的王夫人压根儿就不是一个鬼，是一个活人……"

东方朔恍然大悟："依司马兄之见，莫不是那李少翁，事先物色了一个与王夫人相貌相似的女子，藏在帷帐后边？"

司马相如轻轻点了点头。

东方朔兴奋地说道："是这样，一定是这样。只是长得像王夫人这么绝色的女子哪里去找？"

片刻沉默之后，司马相如说道："既然李少翁能够找到，我们也一定能够找到。但要寻到那位女子，恐怕要一些时日了。"

东方朔道："费一些时日也得找。"

司马相如道："依我看来，那女子找到找不到无碍大局。"

“为什么？”

“这世上本来就没有什么神仙，李少翁硬说有。皇上又不傻，天长日久，若是见不到神仙未免疑惑，这李少翁要么溜走，要么再想一个新的花招继续欺骗皇上。贤弟只须暗中遣几个心腹对李少翁严加看管，还怕没有好戏看？”

东方朔双掌一拍道：“好主意！”

送走了司马相如，东方朔当即遣了一位名叫方超的心腹家将，暗中监视李少翁。

果如司马相如所料，任凭武帝多么虔诚地祭祀，神仙却总不来见他。武帝有些急了，当面责问李少翁：“神仙什么时候才会见朕呀？”

少翁早就料到武帝有此一问，不慌不忙地回道：“快了。”

武帝复又问道：“快到什么时候？”

“昨夜，臣做了一个梦，安期生亲口对我说，他什么时候来见皇上，将有一天书赐示。”

武帝道：“天书在哪里？”

“天书在一黑牛腹中。”

武帝当即降旨一道，命在京的方士、阴阳先生全体出动，寻找黑牛。

东方朔既不是方士，又不是阴阳先生，武帝始终认为他是仙人，也让他加入了寻找黑牛的行列。

他奔波了一天，正要用晚膳，方超来报，麒麟街有一个叫卫胜的老者，靠为人代写书信、诉状谋生，黄昏时分，李少翁登门求见，送他十金，求得帛书一封，不知何意。

东方朔想了一想说道：“这个消息很重要，蛇怕是要出洞了。你继续盯着李少翁，速去速去。”

方超刚一抬腿，东方朔忽又问道：“那书用什么写成？”

“白帛。”

“多长？”

“一尺见方。”

遣走了方超，东方朔换了一件灰色长袍，举着一块算命招字，上书“神相李”三字，径奔麒麟街，敲响了卫胜的店门。

卫胜见有人敲门，以为是生意到了，忙将门打开，见是一位算命先生，眉头微微一皱问道：“你找谁？”

东方朔朝卫胜一指说道：“我找你。”

“找我做甚？”

“为你指点迷津。”

卫胜一脸不屑地回道：“我乃一个穷书生，为人写了几十年书信，眼看土就要埋住脖子了，何来迷津可指？”

东方朔道：“你不必如此自信，在下从你这门前经过，亲眼看到一股黑气，粗如水桶，冲天而起，这预示着房子的主人，将要大祸临头！”

卫胜一脸冷笑道：“你不必拿这话吓我，还是我那句老话，我乃一个穷书生，为人写了几十年书信，连口角也未曾与人拌过，何来大祸临头？”

东方朔道：“你平生未曾与人口角，这话在下也信，今日不同，你所写之书，冒犯了神灵。”

卫胜扑哧一声笑道：“你这话只可诳得了别人，岂能诳得了我！实话跟你说，我今日生意冷淡，只写了三封信。一封是代人写给儿子的；一封是代人写给夫君的；还有一封，是求书者口述，我记录，未曾有片语伤及神灵……”

东方朔摆手说道：“你不要说了，问题就出在第三封书上。你说你没有冒犯神灵，鬼也不信！”

卫胜又是一声冷笑：“我抄的书我能不知道？那上边若是有半句冒犯神灵的话，出门遭龙抓。”

东方朔道：“你先别慌着发誓，你最好将那封书的内容复述一遍，让在下听一听，论一个是非曲直。”

卫胜赌气地说道：“复述就复述，你给我好好听着！”

他高声诵道：“天灵灵，地灵灵，心有灵犀一点通；南海妙，西海妙，东海妙，东海妙，五湖四海任君遨；西王母，东王公，夫唱妇随，普度众生……”

东方朔高声叫道：“慢！西王母就是王母娘娘，乃玉皇大帝的正宫娘娘，你怎么把她和东王公扯到了一块？什么‘夫唱妇随，普度众生’？他们压根儿就不是一对！”

卫胜辩道：“你这只是一说，据我所知，西王母和东王公是夫妻，西王母掌管着女仙的仙籍，东王公则掌管着男仙的仙籍。”

这些本是无稽之谈，东方朔故意和卫胜争论了一阵后拂袖而去。回到府中，找出一块一尺见方的白帛，将卫胜诵的那段“神语”抄在上边，安然回到卧房，倒头大睡。

鸡叫三遍的时候，方超满头大汗地归来，向东方朔禀告道：“少翁骑一白马，进了终南山。山中有一石洞，内中养了一头黑牛，少翁将帛含着草料，让牛吃了下去，不知何意！”

东方朔肚如明镜，却不说破，赏了方超十金，嘱道：“此事务必要保密，不得再向第二个人提起。”

方超回道：“小人明白。”

东方朔目送着方超走出房门，穿好朝服，将昨晚写的那封帛书叠好，揣入怀中，径奔未央宫前殿。

不一刻儿，武帝登殿，接受百官朝拜。

拜毕，当值宫监将拂尘一摆，嘶哑着嗓子说道：“有本早奏，无本卷帘退朝！”

话刚落音，少翁出班叫道：“臣有本上奏。”

宫监面向武帝，以目征询他的意见。武帝将头轻轻点了一点，宫监会意，高声说道：“请讲。”

少翁奏道：“启奏陛下，昨夜，安期生给老朽托了一个梦，黑牛现身了。”

武帝又惊又喜，大声问道：“黑牛在什么地方？”

“黑牛在终南山一个大石洞内。”

武帝当即罢朝，率领文武百官，骑着高头大马，径奔终南山。路越走越陡，荆棘丛生，不得不弃马步行，气喘吁吁地来到一个大石洞内，内有一头黑牛，静静地站在那里，见来了这么多生人，也不觉得害怕。武帝忙命随驾屠夫，当场将牛杀死，开膛破肚，果然取出一白色帛书。武帝大喜，双手接过帛书，急不可耐地看了起来：“天灵灵，地灵灵，心有灵犀一点通……”看着看着，两道浓眉渐渐皱了起来，拧成了一个八字。众人不知何故，你瞅瞅我，我瞅瞅你。

东方朔慢慢从怀中摸出自己的帛书，慢慢地抖开，高声诵道：“天灵灵，地灵灵，心有灵犀一点通；南海妙，西海妙，五湖四海任君遨；西王母，东王公，夫唱妇随，普度众生……”

武帝先是一愣，他，他东方朔手中，怎么会有一份和朕一模一样的天书？

少翁也是一愣，那面由惑而惊，由惊而恐，由恐而惧，面如涂蜡，双腿打战。

武帝见状，恍然大悟，惊问东方朔道：“东方先生，这牛腹帛书莫非是伪造的不成？”

东方朔正色回道：“此书正是伪造的。”

武帝把脸转向少翁，双目剑一般地盯着他，沉声问道："东方先生的话可是真的！"

到了此时，少翁明知抵赖不过，扑通朝地上一跪，磕头如捣蒜："东方先生所言是实，小人罪该万死！请陛下念小人曾为王夫人招过亡魂这份情上，饶小人一条狗命！"

东方朔冷笑一声道："什么招魂？分明也是一个骗局！你一而再，再而三地戏弄皇上，国法难容！"

东方朔本来想说你一而再，再而三地欺骗皇上，话到口边，将欺骗二字，改为戏弄，意在激怒武帝。你皇帝不是自命不凡吗？竟三番两次遭人戏弄，脸面何在？

武帝果然被东方朔激怒，手指少翁，咬牙切齿地说道："你这个无耻之徒，竟敢戏弄到朕的头上！朕立马将你腰斩两节，枭首示众！"

东方朔朝随驾武士丢了一个眼色，那武士会意，抢步上前，拎住少翁头发，拦腰一刀，斩为两节，复又横脖子一刀，枭去首级，携回长安，挂在城门之上。

第三十五章　贪心不足　玩火自焚

莲儿正在少翁府中闷坐，女婢小翠跌跌撞撞地跑进屋来，结结巴巴地说道："启禀奶……奶奶，大事不……不好，将军爷他……他……他，他被皇上杀……杀了！"

这一声禀报，把莲儿吓得面如土色，颤声问道："你，你说的可是实情？"

小翠连连点头。

莲儿一屁股蹲在地上，双手抱着脚脖，号啕大哭起来。

二十几个院丁一齐涌进屋来，后边还跟着十几个女婢。小翠以为他们是听到了少翁的噩耗赶来劝莲儿的。谁知，他们进屋之后，哄抢起来。小翠大声喊道："你们这是干什么？"

莲儿不再哭了，站起身来，一边质问，一边上前阻拦，被一院丁推倒在地。

她哭着喊道："你们这些没肝没肺的奴才，文成将军待你们哪般不好？他尸骨未寒，你们便来抢他的东西！"

众人如何肯听，翻箱倒柜，初时只拿金钱财宝，到后来，连衣服也抢了起来。

小翠劝道："奶奶，这伙人铁了心要抢咱的，喊也无用，倒不如你把门把住，不放他们出去。奴婢这就去禀告官府。"

一哄抢者闻言，将抢来的金银，打进包袱，朝肩上一背，正要抢步出门，被莲儿、小翠双手拽住包袱，死活不肯放。

忽听一人大声说道："奶奶，命和钱比，哪个重要？"

莲儿举首一看，见是丁心，是护院院丁的首领，应道："当然是命重要了。"

丁心道："既然这样，你就该放了张云才是。"张云便是欲要出门的这个院丁。

"为什么？"

"我们要的仅是你的钱财，抄家的有可能要了你的性命，那抄家的怕是很快就要来了。”

小翠当先醒悟过来，对莲儿劝道：“奶奶，丁心说的倒是实话，趁着抄家的没来，咱赶快逃命去吧！”

莲儿将手松开，放走了张云，由小翠做伴，逃出了长安。来到一个叫梁凹的地方，饿得实在走不动了，敲响了路边一户农家的大门。开门的是一老妪，白发苍苍，脸皱得像核桃壳子，见是两个年轻女子，和颜悦色地问道：“闺女，你们找谁？”

小翠抢先答道：“我们是过路的，想寻碗水喝。”

老妪一脸慈祥地说道：“立了秋，喝凉水容易拉肚子，我给你们烧碗汤去。”

小翠觉着这老妪挺善良的，和莲儿交换了一下眼色，微微一笑说道：“大娘，我觉着您是个好人。不瞒您说，我这位小姐，回娘家路上遇上了歹人，钱被劫了，没钱吃饭，饿了一天肚子，能否找一些可以充饥的东西，施舍一下我们主仆？”

老妪道：“有有有！中午，我煮了半锅南瓜，吃了不到一半，我热一热给你们端来。”

小翠道：“不用了。我自己盛。”说毕，只身来到厨房，盛了一碗南瓜，端给莲儿，返身进去又盛了一碗。主仆二人狼吞虎咽，顷刻吃了个碗底朝天。等第二碗南瓜端来，莲儿吃了几口，觉得没滋没味，将碗推给小翠。

小翠也吃不下去，她虽说是一婢女，可莲儿从没拿她当婢女看待，食则同席，出则同车，这南瓜汤连个油星儿也没有，叫她如何吃得下去？

老妪见她一脸愁相，立马明白过来，笑劝道：“真吃不下去，就不要勉强。来，把碗给我！”

她一手端了一个碗，径直走进厨房。莲儿趁机将这房内房外打量一番，院墙是土打的，倒塌得不成样子，房是茅草房，竹竿椽子，房的前墙裂了半尺长的口子，房内的桌椅，少胳膊缺腿。观来观去，家中值钱的东西，唯有院中这棵老桐树了，约有一搂那么粗。暗自思道，这一家的老太太为人如此好，家境却是如此贫寒？到了晚上，也不会拿出像样的东西招待我们，倒不如趁着天还不算太黑，再赶一段路，若是幸运的话，也许能碰上一个富裕人家，讨口可口的饭吃。

主意已定，正要向老妪辞行，大门口进来一个男人，尖额歪鼻。不，不止一个男人，是两个，走在后边的那一个，手中提了一把明晃晃的斧子，进了院子，径奔老桐树。

老妪忽有所悟，冲出门来，指着拎斧的汉子，大声问道："二狗，你要做什么？"

二狗把脸转向歪鼻。

歪鼻不冷不热地回道："砍树。"

老妪道："这树长得好好的，你为什么要砍？"

二狗又把面转向歪鼻。

歪鼻道："我赌输了，把这树输给了二狗。"

老妪愤然说道："输了也是白输，别的事娘什么都依你，这树是娘亲手栽的，一共栽了两棵，那一棵给你爹做了棺材，这一棵是留给娘自己用的，人在树在，人亡树亡，谁敢动它一斧子，娘立马撞死树上！"

歪鼻见她做出一副拼命架子，并不退让，皱着眉头说道："你不要动不动就拿死威胁我。死吧，你给我死吧，我爹在阴曹地府挺孤单的，正好缺个伴！"

这一番话，把老妪噎了个半死，哇的一声哭道："你个不孝的东西，逼着叫娘死，娘就死给你看！"说毕，将头一低，奋力朝老桐树撞去。此时，院内已经来了三十几个围观者，小翠、莲儿也在其中，见状，双双上前，死死拽住老妪。

老妪一边挣扎，一边喊道："放开我，放开我！生了这么一个儿子，我还是死了好！"

她越叫，小翠和莲儿拽得越紧。

歪鼻骤然见跳出来两个女人，且是两个漂亮女人，眼睛突地一亮，口气也为之一变，柔声问道："你是何人？我咋没有见过？"

小翠抬头回道："过路的。"

"过路的怎么过到我家院子来了？"

小翠道："讨口饭吃。"话一出唇，便有些后悔了，我这不是自贬身份，承认自己是一个乞丐？有心反口，又怕越描越黑。

歪鼻貌丑，脑瓜还挺管用，听了小翠的话，立马想到，此二女长得如此漂亮，万里挑一，穿着绫罗绸缎，却是身无分文，靠行乞度日，怕是来路不正，倒不如设法将她二人留下，卖到烟花院中，捞一笔大钱。主意已决，笑对小翠主仆说道："在下一时糊涂，伤害了老娘，若非您二人出手相救，怕是再也见不到老娘了，请，屋里请。"

二狗见歪鼻变卦，生怕赌钱泡汤，大声问道："歪鼻，这树还砍不砍？"

歪鼻道："不砍了。"

"那赌钱怎么办？"

"三天以内还你。"歪鼻怕二狗不答应，又补充一句，"我的为人你还不知道？说是三天还你，决不拖你半天，若是拖你半天，加倍偿还。"

二狗无话可说，拎着斧子走了，围观者也相继离去。歪鼻将小翠主仆让到屋里，再三挽留，此时，天色已晚，她主仆二人身无分文，不说吃饭，连住宿也成了问题。主仆二人交换了一下眼色，决计不走了。

晚饭倒很丰盛，有酒有肉，吃着吃着，小翠觉着有些异样，头重脚轻，出溜到桌子底子。莲儿惊问道："小翠，你这是怎么了？"喊着喊着，连她自己也倒在地上。

老妪顿感不妙，指着歪鼻，大声责问道："你，你在这酒中做了手脚？"

歪鼻直言不讳地回道："是的，我在酒中下了迷药。"

"你下迷药做什么？"

"我想把她两个弄到新丰卖了，换几个钱，一是把赌债还了，二是将咱家房子翻修一下。"

"呸！"老妪照着歪鼻啐了一口骂道："你个黑心烂肝的东西，净干缺德事，老娘和你拼了！"一边说，一边摇摇晃晃地朝歪鼻扑去。歪鼻用力一推，将老妪推倒在地，额头磕在了桌角，涌出一股鲜血。那老妪不知是跌得太重，还是迷药起了作用，跌倒后再也没有爬起来。

歪鼻出去转了一圈，雇了一辆马车，将小翠、莲儿缚了手脚，扛到车上，径奔新丰。

栾大将莲儿借给少翁之时，原只说也不过个把月，谁知，这一借便是一年。栾大几次追李延年去催，每催一次，少翁总要给他个一二百金。有了这钱，延年便去寻花问柳，加之，人又长得漂亮，王亭长的女人竟然被他勾上了手。

谚曰："要想人不知，除非己莫为。"这事风言风语传到了王亭长耳里，王亭长借故访友，对女人说道，他这一次出去，少说也得七八天才能回来，叫她看紧门户。女人满口答应。

王小花不是浪荡女人，但作为一个女人，一个正常的女人，一个不满二十岁的女人，正处在如饥似渴的年龄，巴不得王亭长走，莫说七八天，七八年才好呢。送走了王亭长，立马叫女婢去唤李延年，摆了一桌子好菜，热了一壶好酒，盛情款待一番之后，干起了苟且之事。兴致正浓，王亭长闯了进来，将帐子一挑，照着李延年的屁股狠狠地击了一棒，李延年一声惊叫，见是王亭长，吓得魂飞天外，跳下床来，光着身子，朝门口跑去，被王亭长赶上，劈头一棒，打倒在地，妈呀妈呀地惨叫。

王亭长将李延年拖到卧房，喝令他跪下。这才把脸转向瑟瑟发抖的王小花，喝道："贱人，还不给我跪下！"

王小花不敢反抗，也没想到反抗，乖乖地跪了下去。

王亭长指着李延年怒问："淫人妻子，该当何罪？"

李延年嗫嚅着说道："该当……该当……"

王亭长将棒子一扬，厉声喝道："讲！"

李延年万般无奈，方将"斩"字吐了出来。吐出之后，立马又磕起头来："王亭长，小弟知罪，请你网开一面，饶小弟一条狗命，小弟没齿难忘。"

王亭长冷哼一声："饶你一命，倒也不难，但你得交出一样东西。"

李延年见有了转机，忙道："行，但不知你要小弟交出一样什么东西？"

"阳根！"

李延年啊了一声，哭丧着脸道："王亭长，这阳根是小弟的命根，小弟还要指望它传宗接代，能不能再换一样东西？"

王亭长道："我也想换一样东西，但就怕你不同意。"

李延年不加思索地回道："只要不要我的阳根，只要我家中有的，你要什么我给你什么。"

"真的吗？"

"真的！"

"我要你的人头！"

李延年又是一声惊叫。

阳根固然重要，但与头相比，孰轻孰重，莫说已到中年的李延年，就是三岁顽童，也能分辨出来，在王亭长的威逼下，他被迫交出了阳根。准确地说，不是他交出来的，是王亭长逼着王小花用剪刀剪下来的。

李延年没了是非根儿，又疼又羞，跌跌撞撞逃回家。栾大也不知从什么地方弄了一些金创药，给他敷上，刚刚在床上躺下，王亭长寻上门来，说王小花投水自尽，要拉李延年去吃官司。好说歹说，王亭长才松了口，但有一个条件，王小花是他花十二万钱买的，这笔款应由李延年来出，再加一万的安葬费。

李延年自知理亏，一一答应下来，但家中只有七万二千钱，没奈何写了一个四万九千的借契，月息四千九百。巨大的债务，压得李延年喘不过气来，左思右想，还得麻烦李少翁，于是，遣他的二弟广利，再次赴京。

李广利到京之后，径奔文成将军府，却见那大门之上，落了一把大铁锁，还贴了一张封条，暗自吃了一惊，忙找左邻右舍打听，方知李少翁已被腰斩，莲儿偕着一个女婢逃出了长安，不知去向。

他暗自忖道，妹妹既然没死，应该回家才对，如今活不见人，死不见尸，莫不是途中出了什么事？我得留心查访才是。这一日，来到十字街口一家酒店，门口挑着一个酒幌，上书四个大字："紫苑酒楼"。小二见客人上门，忙将他让进店内。他择一靠窗的位置坐了下来，自斟自饮。忽从门外进来两人，一派纨绔子弟模样，一边吃酒一边交谈，只听内中一个说道："新贵兄，人都说你消息灵通，聚仙楼新来了一个妓女，身材匀称，皓齿明眸，肤如凝脂，那模样儿比万岁爷的王夫人还胜一筹呢，不知你可曾听说？"

那个被称作新贵的青年，一脸得意地说道："我不只听说，我已经和她见过了，那妞儿不只模样儿长得好，身上特别地白，白得如同玉琢的一般，床上功夫更是了得！"

先说话的那个青年，照着新贵肩头上擂了一拳，说道："你这个新贵真不够朋友，哥吃一个蚂蚱都要给你留条腿，这么好的妞，你独自把着，连个信也不透。"

新贵笑道："田富，你错怪了小弟，小弟今天叫你来，就是为的这事。这不……"他拍了拍腰间说道，"小弟把钱都带来了，包你今日玩个够！"

田富嘿嘿一笑说道："难得贤弟一片好心，愚兄隔河作揖——承情不过！"说着真的朝新贵作了一揖。

因为想着那一女人，这酒如何喝得下去？二人屁股一拍，站起身来，径直奔聚仙楼。

李广利心中暗道，听这二人讲话，那妓女很像我的妹子，我不妨尾随而去，见识见识。想到此处，忙起身结了酒钱，不远不近地跟着，不一刻，便来到聚仙楼下。正要跟着那两个纨绔进去，忽又转了一个念头，这两人是嫖客，所嫖妓女，若不是我的妹子，倒还罢了；若是我的妹子，岂不尴尬？罢罢罢，倒不如在外边转悠一阵，等他们出来，再进去不迟。

他这一等，便是三个时辰，还没见两个纨绔出来，夜色越来越浓，下起了小雨，头皮一硬，走进了聚仙楼，被迎到接客厅里。老鸨指着接客厅那一拉溜儿靓女肖像，笑眯眯地说道：“老弟，这上边的女子，一个比一个漂亮，你尽管挑，挑中哪一个，言一声我给你安排！”

李广利抬头一看，内中有一女子，身材窈窕，衣服华丽，柳眉杏眼，粉颈朱唇，浅浅的两个酒窝，淡淡的一抹笑意，处处透出清纯，现出秀媚，恰似荷粉露垂，杏花烟润。这不是我的妹妹么！他差一点叫出声来。

老鸨见他二目直直地盯着那肖像，且面有异样，笑嘻嘻地说道：“你眼力不错，这女子本相，比这肖像还要漂亮，说句夸张的话，驴见不踢，狗见不咬，陪一个时辰二金，不知您愿不愿意消受？”

李广利本能地摇了摇头。老鸨以为他嫌价高，指了指小翠的肖像说道：“这一女子，名叫春燕，长得仅次于红霞，陪一个时辰，才一金，你就挑这个吧。”

李广利有些糊涂了，我的妹妹明明叫莲儿，怎么突然变成了红霞？难道她不是我的妹妹？

他又朝叫做红霞的肖像扫了一眼，不，她明明是我的妹子！

老鸨见他沉默不语，又一连向他介绍了三个，价格最低的那一个，陪一个时辰还不足百钱，皆未引起他的兴趣，遂对他产生了怀疑，难道他不是一个嫖客？脸一沉说道：“老弟，你是干什么的？”

“我……”李广利欲言又止。

老鸨愈发怀疑了，抬高嗓门道：“你到底是干什么的？”

李广利初不肯说，经老鸨再三盘问，方如实说道：“我是来寻人的。”

“寻谁？”

“我妹妹。”

“你妹妹叫什么名字？”

“莲儿。”

老鸨心中咯噔一下，这莲儿可是我的摇钱树，若是让他兄妹相认，生出什么枝节来，后悔莫及，倒不如我一口否认，少惹是非。遂摇头说道：“我这楼中，没有叫莲儿的。”

李广利指着那个标有红霞字样的肖像说道：“怎么没有？就是这一个。”

老鸨道：“你眼又不瞎，这一个肖像的下边，明明标着红霞，怎么说是莲儿呢？”

广利道：“我那妹妹极要脸面，落入风尘之后，不想以真名示人，也是有的。”他这话只说对了一半，莲儿在家，曾经操过几年皮肉生意，还在乎什么名节？倒是老鸨怕找麻烦，妓女入院之后，皆取一个花名。

做老鸨的，脸皮比城墙都厚，广利把话说到这个份上，她仍不肯改口，咬定这儿没有莲儿。广利也是一个泼皮出身，哪里肯信，提出非要见红霞一面，若是不是莲儿，立马走人。话不投机，双方打了起来，广利是练过武功的人，单枪匹马，竟将七八个院丁打得东倒西歪。

莲儿已经和两个纨绔结束了战斗，正脸对脸坐着闲聊，忽听院子里乒乒乓乓，打斗声、喝叫声响成一片，忙下楼瞧看，见内中一人，乃是她的二哥，忙大声喊道："二哥休得无礼！"

广利见莲儿出来，忙收拳说道："莲儿，并非二哥无礼，这老鸨实在可恶，我磨破了嘴唇，好话说尽，也不容我兄妹相见。"

莲儿把一双责问的秀目转向老鸨。

老鸨自知理屈，不只理屈问题，她还怕着莲儿，莲儿若是使起性来，莫说三天，就是一天不接客，她也要损失个几十金。

老鸨满面堆笑道："闺女，不是妈不想让你兄妹见面，你哥初来时，并没有说找你……算了，千错万错妈的错，妈这就摆酒为你二哥接风。"

有道是"抬手不打笑脸人"，老鸨既然认错，还有何话可说？

菜很丰盛，四荤四素。当然，酒是少不了的。莲儿不再接客，饭后，又陪着二哥闲聊起来。

广利叹了一口气说："妹子，少翁死了，断了咱的财路，大哥那里又急需钱，真愁死我了。"

莲儿不以为然道："不就几万钱吗？明日你走时，妹子给你。"

广利喜道："这我就放心了。不过，听栾大说，你生就的贵夫人命，久后要做皇后，如今流落妓院，怕是要误了你的前程呢！"

莲儿苦笑一声道："什么贵夫人不贵夫人。当务之急，是得把大哥的病治好，再给你找个媳妇，为咱老李家生个一男半女，也好对得起九泉之下的爹娘。"

广利道："当务之急，是把你赎出来，你若做了皇后，哥还怕讨不来媳妇吗？"

莲儿叹了一口气道："赎我谈何容易！那歪鼻将我卖到这里，明明是三百金，老鸨却硬说是三千金。三天前有一个骡马商人，看上了小妹，愿掏三千金赎我，老鸨不干，硬要六千金。"

广利恨声说道："这个可恶的老鸨，看我一刀把她宰了！"

莲儿忙道："此处非洛阳，哥哥千万莫要造次！"

二人直说到二更天，广利方才离去。他是带着六十缗钱走的，分别之时，莲儿嘱道："栾大诡计多端，家里的事多和他商量。"广利连连点头。

广利回到洛阳，将王亭长的债全部还清，尚余八缗多钱，有了这钱，他又神气起来，不是进赌场，便是逛妓院。

延年自从没了阳根，一是羞于见人，二是没了生的乐趣，吃了睡，睡了吃，连他酷爱的乐器也不摆弄了。栾大怕他憋出病来，劝他出门走走，他也不听。

这一日午后，他刚刚躺下，栾大醉醺醺地闯了进来，一把将他拽了起来，连道："好消息，好消息。"

延年懒洋洋地问道："什么消息？看把你喜的。"

"宫廷的乐师头儿死了！"

"他死不死与咱何干？"

"怎么没有关系？你的音乐造诣这么高，若是进了宫，必定受到皇上器重，你再寻个机会，把莲儿荐给皇上，凭莲儿的姿色，一定能得到皇上宠爱，皇上只要宠上了莲儿，你还怕没有官做吗？不止你，还有广利，少说也能弄个将军当当！"

延年的那张阴郁的脸庞渐渐舒展开来："如此说来，我兄弟二人也可出人头地了。"

栾大道："不只是出人头地，弄得好，我还要你大贵呢，说不定整个大汉的江山……"

他压低了声音，把个李延年只说得眉飞色舞："好，我听你的！只是，皇宫深似海，我怎样才能见到皇上呢？"

栾大信心十足道："这个你不用担心，我有一位朋友名叫史成，现正做着皇上的御医，我给他修一封书，由他出面举荐，当是不成问题。"

这书，不一刻便修好了，李延年将它贴身藏了，雇了一头毛驴，兴冲冲地来到长安，择了一个客栈住下，第二天一大早，精心梳妆一番，带着栾大之书，来到未央宫角门。角门侍卫，见他一身平民打扮，先自轻看了几分，黑丧着脸问道："干什么的？"

他赔着笑脸儿回道："寻一个人。"

"谁？"

"史成史御医。"

“他已经死了。”

这话犹如当头一棒，差一点把李延年击倒，摇摇晃晃回到客栈。掌柜见他面色有异，趋前问道：“客官不舒服？”

他摇了摇头。

掌柜复又问道：“那脸色为什么如此难看？”

延年长叹一声说道：“我千里迢迢来京，投一位在皇宫供职的朋友，不想那朋友已经死了。”

话到这里，本来就应该收场，偏那掌柜多嘴：“你那朋友叫什么名字？”

“史成。”

“他可是一个老御医？”

“正是。”

“他可是一个好人，只是他死得有些不值。”掌柜一脸惋惜地说道。

延年问道：“他因甚而死？”

掌柜长叹一声：“说起来话长。”

王夫人死后，武帝把三千宠爱，集到邢夫人身上，莫说年老色弛的卫子夫，就连如花似玉的尹婕妤他也很少光顾。

子夫出身贫寒，是一个没有多少贪欲的女人，且有四个孩子牵挂着，对床笫之事不再那么感兴趣，武帝来了她欢迎，武帝不来，她也不刻意地去想。尹婕妤不行，二十郎当岁，一天不做那事，就像失了魂儿。为这她去找过卫子夫，让她管一管皇上。

宫廷不比民间，想和哪个老婆睡觉，拉过来就睡。宫廷对皇帝睡女人有严格的规定。这规定来自周朝，《礼记·婚义》载：“古者天子后立六宫、三夫人、九嫔、二十七世妇、八十一御妻，以听天下之内治，以明章妇顺，故天下内和而家理。”据萧何丞相阐释，当时周王与后宫妻妾行房过夜，即按照月亮的圆缺盈亏进行。每月从朔日（初一）始，先由八十一御妻侍寝九个晚上，次由二十七世妇侍寝三晚，九嫔侍寝一晚，三夫人侍寝一晚，以上共十四晚。至第十五日为望日，月亮圆满之夜则由皇后侍寝。下半月先由皇后侍寝，再依次由三夫人、九嫔、二十七世妇、八十一御妻侍寝，到月底三十日，正好完成一个月的循环。

这套帝王御妻的程序，完全是古人按天人相应及尊卑等级观念构想出来的。古人认为月亮象征阴，也象征女性，故与月亮的盈亏相对应，按后宫尊卑依次进御。据说这种安排顺应天时，既能使帝王家庭生活和谐，又利于皇后妃嫔受孕怀胎，甚至能使国家风调雨顺，政通人和。

自萧何阐释之后，大汉的几代皇帝，严格遵照这套进御的程序。卫子夫若是拿出这套进御的规矩来责问武帝，武帝也不敢等闲视之，但子夫不想多事，也不敢多事。她已不是从前的卫子夫了，年届四旬，先后生育过四个儿女，姿色大不如前，额头、眼角增加了许多皱纹，皮肤变得粗糙，肌肤变得松弛，完全失去了弹性，像她这样的女人，已经无法引起武帝的兴趣，倒不如全身心地照顾好孩子，保住皇后宝座，愿已足矣！

尹婕妤见说不动子夫，决计单独行动，你刘彻喜欢邢夫人，不就是因为她长得苗条，长得俊吗？我设法让她变丑，看你还喜欢不喜欢？

为使邢夫人变丑，她设想了许多方案，又自个儿推翻。正当她无计可施之时，一个小人书帮了她的大忙。

那小人书乃海月所写，叫《情敌》，说的是洛阳冉营有一对同胞姐妹，姐姐叫金花，妹妹叫银花，原本都长得苗条而又漂亮，细论起来，金花的模样还胜银花一筹。十七岁那年，姐姐出嫁了，嫁给了洛阳丞为妻，过上了贵夫人的生活，饭来张口，衣来伸手。未几，爹娘谢世，金花将银花接到洛阳。银花生性勤快，家务活全由她一人包了。仨月过后，金花渐渐发胖起来。开始，她并没有感觉到什么，还自豪地认为，这是贵夫人的标志。谁知过了一段时间后，她意外地发现，男人的目光竟然由自己的身上转移到了银花身上。这时，她才感到问题的严重。

望着银花那苗条匀称的身段，她非常羡慕，并决心减肥。可是，一个人的生活习惯一旦形成，要在短时间内改变是很难的。

她减肥药没有少吃，减了两个多月，肥不只未减，反而胖了许多，脖子和腹部的赘肉使她的行动有些迟缓。她正在暗自懊丧，男人正式向她摊牌，说是要纳银花做妾。这事虽在她的意料之中，仍是有些吃惊，有心说个不字，事到如今，说不也无用，强装笑颜地答应下来。于是，洛阳丞便与银花正式拜堂成亲，男贪女爱，将金花晾到一旁。金花越想越气，做梦都在想惩治银花的法子。这一日，她去菜市场花了一百文买了二斤精肉。回到家里，拿出猪肉时才发现，在精肉中竟夹杂着一块足有一两重的肥肉。她气得破口大骂，拿起那块肥肉就往垃圾筐里丢，就在这时，这一块肥肉突然触发了她儿时的一个记忆，大舅是个郎中，别人家养的猪，喂两年才能长到一百七八十斤，他喂的猪，八九个月便长到了一百七八十斤。母亲向他取经，问了几次，他才道出了内中的秘密，原来，他给猪喂了一种催肥药。

想到这里，金花灵机一动，暗想，假使让银花吃这种药，把她催成一个难看的肥婆，我的男人就不会喜欢她了……

金花为自己这个想法狂喜不已，当即去舅舅家，让他给自己包了四付催肥药。假惺惺地对银花说：“银花，你对姐姐好姐知道，但你把姐给养懒了，也养胖了，再这样下去，姐怕是连路也走不动了。这样吧，自今之后，这家务活你给姐分一些出来，买菜做饭归姐，其他家务归你。”

银花不知她心藏奸计，不加思索地答应下来。

银花喜爱吃肉包子，金花一天给她蒸一锅，暗中将催肥药掺进肉馅。银花尽管感到包子味道有些怪，但她没有丝毫怀疑，一个多月后，银花果真变成了一个肥婆……

读过这部小人书之后，尹婕妤半夜没有睡着觉，金花可以用催肥药喂肥她的妹妹，我为什么不可以用这种药喂肥邢夫人呢？只是，金花有一个当郎中的舅舅，我尹婕妤没有。但当郎中的，普天之下，并非只有金花舅舅一人，仅皇宫就有十几位，特别那个史成，我曾有恩于他。三年前，他孙子杀了人，皇上要治他孙子的死罪，是我一夜枕头风，把皇上吹转过来，方使他孙子捡了一命。主意已决，乘武帝带着邢夫人狩猎之机，将史成召来，笑眯眯地问道：“杰娃现在跟着谁读书？”杰娃便是史成那个杀了人的孙子。

史成双手抱拳回道：“启禀娘娘，杰娃现在跟着董仲舒先生读书。”

尹婕妤喜道：“董仲舒先生的道德文章，无人可比，且又治学严谨，跟着他读书，将来必成大器。”

史成再次抱拳说道：“借娘娘金口，但愿犬孙久后能成为国家一个栋梁之材。”

二人说了一阵闲话，尹婕妤将话锋一转问道：“请问史爱卿，这世上有没有催肥药？”

史成不加思索道：“有。”

“那配方你知道不？”

史成笑道：“这是一个极平常的药方，臣焉能不知道！”

“知道就好！昨天我哥进宫，说我家养了一头猪，已经两年了，不到六十斤，我邻居皮老五，也养了一头猪，不足一年，二百五十斤。只知他喂了一种催肥药，问他如何配方，他不肯说。你能不能告诉我？”

史成也没有多想，慨然允道：“当然可以。”

尹婕妤便命宫女笔砚伺候，史成略一思索，挥笔开了一张催肥的处方。

宫女接过处方，双手呈给尹婕妤。

送走了史成，尹婕妤便命宫女出宫，照方抓药，一共抓了四付。

药到手了，下一步便是如何打通御厨。

经过一番了解，一个姓陈的御厨浮上水面。这陈御厨叫陈向北，不只贪财，还有些贪色。尹婕妤对症下药，为他准备三百黄金。

她秘密地将陈向北召到寝宫，指着案上的一堆黄金说道："陈御厨，这是三百金。我托你办个事，你若答应，这三百金全归你了。"

三百金，便是三百缗钱，陈向北身为御厨，月俸也不过一千五百钱，年俸呢？十八缗。这三百金，便是他十七年的俸禄，拿这笔钱置地，中等地也能置它个三十亩！

陈向北何时见过这么多钱？耀得他眼花缭乱。他尽管贪财，心里却很明白，尹婕妤既是出这么多钱托他办事，这事一定不是小事，没敢贸然答应。

他小心问道："娘娘，您到底有何事要托小人？不妨说出来让小人听一听。"

尹婕妤没有答话，只是朝随侍的宫女努了努嘴。那宫女进到内室，拎了一个包袱出来，朝案上咚地一放，双手打开，又是一堆黄灿灿的黄金。

尹婕妤朝宫女问道："给陈御厨报个数。"

宫女莺啼般地说道："这包袱的钱，也是三百金。"

尹婕妤把脸转向陈向北："陈御厨，我托你的事，应该能办了吧？"

望着这两堆黄金，陈向北的涎水差一点儿流了出来："我……"他吞吞吐吐说道，"平心而论，娘娘出这么大的价钱托小人办事，小人不应该推辞。小人斗胆问上一句，娘娘所托之事，是否和人命相关？"

尹婕妤回道："不与人命相关。"

陈向北有些困惑了："娘娘所托之事，既然和人命无关，何以要出这么大的价钱？"

"为了一口气。"

"您贵为婕妤，在宫中的地位，仅次于皇后，谁敢气着您？"

尹婕妤咬牙切齿地回道："邢夫人！"

陈向北心中咯噔一下，这邢夫人可是皇上的红人，在她头上动土，无疑是在老虎嘴里拔牙。

他摇了摇头说道："十分抱歉，这黄金小人无福消受。"

尹婕妤又朝宫女努了努嘴，那宫女进而复出，一包袱黄金带着响声，躺在案上。

又一个三百金！

陈向北咽了口涎水说道：“娘娘，你说，你到底要小人做什么吧？”

尹婕妤一字一顿道：“要你将邢夫人喂成一个肥婆！”

陈向北眨了眨眼皮说道：“娘娘这话小人不懂。”

尹婕妤得意地一笑，遂将自己的计谋和盘说给陈向北。

陈向北长出了一口气：“我还以为您要我毁她容貌呢！这好办。”

陈向北笑着走了。

他带着九百金走的，当然还有那四包催肥药。

第二天早晨，邢夫人点名要吃八宝粥，陈向北趁机掺拌了催肥药。此后，无论什么饭，他都要设法掺一些进去。

开始时，陈向北还不敢让邢夫人吃得太多，因为他毕竟第一次做这样的事，另外，他还不了解这种催肥药的性能，怕给她吃多了会出人命。当他看到，邢夫人第一次吃下去并没有什么不良反应时，他的胆子就大起来了。此后，他喂给邢夫人的催肥药剂量逐渐增大。几天过后，邢夫人就有了反应，她本来是一个非常活泼的女子，好跳好唱，不知为什么，这几天来，她感到自己特别懒，身上就像绑了一块石头一样，躺下去就不愿意起来，而且，一点力气都没有，浑身的骨节有一种酸痒的感觉，因此，每天早晨都懒得起床。经过一个多月的紧急“喂肥”，邢夫人的体重直线增加。原来不到九十斤的她，足足增加了四十多斤，原来的瓜子脸变成了圆脸，脖子和腹部出现了很多赘肉，苗条匀称的身段变得臃肿不堪。

对于急剧增加的体重，邢夫人感到很奇怪，怎么会突然胖了这么多呢？她想，很可能是吃得太好的原因。此后，她开始节食，可她吃得再少，她的体重仍然不断上涨，就连武帝也感到万分吃惊，私下里问邢夫人：“夫人，你是不是怀孕了？”

邢夫人摇头说道：“没有。臣妾的月事照常来，怎么可能怀孕呢？”武帝又道：“既然没有怀孕，为什么直胖不歇！怕是有什么病吧？”

尽管邢夫人知道自己没病，武帝硬是召来了御医，说来也巧，武帝原本要召史成的，偏遇史成身体不适，改成了汪御医，汪御医经过一番仔细诊断，断然说道：“没有怀孕。”

邢夫人道：“这个我知道。”

汪御医又道：“但这胖有些不大正常。”

邢夫人道："怎么个不正常法呢?"

汪御医道："自然发胖的肌肉会很结实，而娘娘的肌肉非常松弛，神志也非常萎靡，是不是吃了什么刺激肥胖的药物?"

邢夫人摇头说道："没有。近段时间虽说不大舒服，从没找人看过病，也没吃过什么药。"

"这就奇怪了。"汪御医想了一想说道，"这事恐怕出在饮食上。这样吧，明午御膳送来以后，您先别急着用，让小臣仔细察看一番。"

邢夫人满口答应。

汪御医又道："夫人平日最爱吃什么?"

邢夫人回道："灌汤包子。"

汪御医点了点头："明日中午，您还点这种包子。"

邢夫人又点了点头。

第二日中午，汪御医带了一笼灌汤包子进宫，邢夫人餐桌上也放了一笼，汪御医将邢夫人的灌汤包子挟了一个品尝，觉着有股异味。对邢夫人说道："娘娘尝一尝小臣带的包子。"

邢夫人便将汪御医带的包子挟出来吃了一个，觉着味道特别鲜美。

汪御医道："您再尝一尝您的包子。"

邢夫人便将陈向北送来的包子挟一个出来，吃下肚去，皱着眉头说道："这包子与你的包子相比，有些异味。"

汪御医点了点头说道："问题怕就出在这包子上。"

邢夫人道："不只包子，就是吃粥，粥中也有一种与包子相同的味道。"

汪御医道："如此说来，怕是有人在您的饮食上做了手脚。"

邢夫人皱着眉头说道："送饭的宫监，是我一个远房亲戚，他不会做手脚，问题要出就出在陈向北身上。"

汪御医道："娘娘这结论下得未免有些太早，依小臣之见，您设法把送饭的宫监支出去，换一个宫监送饭，饭中若是没有这种异味，说明问题就出在送饭的宫监身上。饭中若是还有这种异味，说明问题出在御厨陈向北身上。"

邢夫人表示同意，借口要接母亲进京，支走了送饭的宫监，但人换了，饭的味道依旧。按照邢夫人的意思，立马禀告武帝，把陈向北抓起来。汪御医连道："莫急，这饭食虽有异味，但并不敢断定，您增肥的原因，就是因饭而起。为谨慎之见，还得做一个试验。"

邢夫人急道："什么试验?"

“弄一条瘦狗，养在您的宫中，凡陈向北做的饭，您全喂了这狗，等一月之后，看这狗肥瘦如何，再作断定。”

邢夫人点头应允。

她果然弄了一条瘦狗，养在宫中，一个月后，这狗的体重，硬生生增了十斤。邢夫人不再犹豫，将自己的试验和疑窦如实禀告了武帝。武帝冲冲大怒，将陈向北抓了起来。经过一番严刑拷打，陈向北供出了尹婕好，尹婕好又供出了史成，武帝下令，将尹婕好赐死，将史成、陈向北枭首示众。

第三十六章　为觅佳人　建阙造阁

史御医死了，李延年进宫的路也被堵住了，在长安玩了几天，决计打道回乡。行至新丰，忽然想到，我的莲妹就在聚仙楼接客，一年多没有见面了，我何不趁机去瞧一瞧她？于是，调转驴头，径奔聚仙楼。

小翠正斜倚在门框上，斜睨着街上的行人，寻找着猎物。寻了一个多时辰，一个也没寻着。正有些懊丧，李延年来了。

他是牵着毛驴来的，一边走一边朝街两旁张望。这倒像一个嫖客。小翠脸上一喜，疾步迎了上去，双手把延年拦住，甜甜地叫了一声："大哥留步。"一脸柔情地瞅着他。

李延年正走着，见蹿出来一个花枝招展的少女，挡住去路，却不认识，迟疑了片刻问道："您是？"

小翠嗲声嗲气地回道："我叫春燕，聚仙楼的，大哥若是看得起小妹，请到楼上稍坐片刻。"

一听到"聚仙楼"三字，延年二目突地一亮："聚仙楼？你可认得聚仙楼上的莲儿？不，不叫莲儿，叫红霞！"

小翠喜道："您认识我红霞姐姐呀？她可是普天下少有的美人儿，不过，她这会儿正在陪客，倒不如让小妹陪您一会，包您满意。"一边说，一边去夺延年手中的驴缰绳。

延年忙道："你别误会，我是红霞的大哥，我是来看红霞的。"

小翠将手收回，打量了延年一番，果然和莲儿相像，与两月前来看莲儿的那个李广利，简直是一个模子脱出来的一样。脸微微一红："你是延年大哥？"

延年回道："正是。"

小翠福了一福道："不知大哥驾到，有失远迎。大哥请。"

延年右手前伸道："请妹妹在前带路。"

小翠在前，延年在后，一踏进聚仙楼大门，便跑过来一位小厮，牵了延年的毛驴，径奔后院。

小翠将延年引到客厅，两人边喝茶边聊。李延年这才知道，妹妹正在接待一位尊贵的客人。这客人姓刘，名唤刘屈氂，乃中山靖王刘胜的儿子。这刘胜是武帝的亲哥哥，说起他，国人无人不知，无人不晓。他一生酷爱声色犬马，特别是色，他玩了多少女人无人知晓，但他的嫔妃多达八十一人，则是尽人皆知的事实。这些嫔妃为他生了一百二十一个儿子，一百一十三个女儿。刘屈氂在弟兄中排行二十九。那时的王位，实行的是嫡长子继承制，刘胜死后，由嫡长子刘昌继承王位。那时正赶上武帝推行“推恩令”，于是刘昌便把封地分作一百二十一份，自留一份，其余分给弟弟。刘屈氂理所当然地分得了一份，过上了优裕的生活。

这刘屈氂聪明伶俐，事母至孝，母患重风，在病榻上一躺便是三年，这三年中间，他衣不解带，守候在母亲床头，端吃端喝，擦尿刮屎。被举为孝廉，做了三年县令，考绩全州第一，迁官大司农丞。由于爹爹的遗传，他自小十分好色，一因没有爹爹的王号，二因没有爹爹那么多钱帛，三因有着做官的野心，只娶了一妻二妾，但那妓院，却没有少逛。不过他逛妓院的时候，总要乔装打扮一番，从不以真面目示人。也是合该李延年发迹，也是莲儿长得过于美貌，他这一次嫖娼，竟把真名实姓告诉了莲儿。当然，他这样做的结果，受益的还是自己，一来，莲儿对他侍奉得更加周到；二来嫖资大大地打了折扣，不及常人的十分之一，且是，他出多出少，老鸨从没放过一个闲屁。

听小翠讲了刘屈氂的来头，李延年很为妹妹高兴，他突发奇想，刘屈氂身为皇上亲侄，又官居大司农丞，让他出面把我荐给皇上，不愁皇上不用！

他为自己这一想法兴奋不已。

他盼莲儿，如盼甘露一般。

直盼到日上三竿，莲儿方懒洋洋地爬起床来。闻听大哥来了，忙道了一声请字，小翠将延年引到楼上。

别的妓女一人一室，唯独莲儿一室一厅。那厅里坐着一个男人，二十七八岁年纪，宽额深目，正在悠闲地嗑着瓜子。

这一定是刘屈氂无疑了！

李延年一边想着一边走上前去，朝刘屈氂双腿一跪，口称：“小民李延年，叩见刘大人！”

刘屈氂倒也谦恭，连连摆手说道：“此地非公堂官府，不必行此大礼，李兄，快快请起。”

一声李兄，把李延年喊得心花怒放，他身为皇亲，竟然和我称兄道弟，我进宫的事，想来他不会袖手旁观！

他又朝刘屈氂叩了一个响头，方爬将起来。

刘屈氂指了指对面的凳子，和颜悦色地说道："李兄请坐。"

李延年坐下又起来，一脸媚态道："有刘大人在此，哪有小人的座位？小人还是站着好。"

莲儿笑着说道："大哥不必客气，刘大人既然让你坐，你就坐吧。"

李延年抱拳一拱道："小人无礼了！"遂坐了下去。

三人一边嗑着瓜子，一边说着闲话。李延年有意把话题引到史御医身上："唉，小人无福，小人千里迢迢来京寻史御医，不想他已经死了。"说毕，又叹了一口气。

刘屈氂见他话中有话，问道："李兄可认识史御医？"

"小人不认识。"

"那你找他做甚？"

"小民想做一宫廷乐臣，没有门路，刚好小民的一个朋友认识他，便给他修了一封书，请他向皇上引荐一下。"

刘屈氂摇了摇头："你想得未免太天真了，做乐臣的非得是宦官，宦官你懂吗？"

李延年道："我懂。"

"既然你懂，为什么还要去当乐臣？"

"我已经自行阉割了。"

刘屈氂、莲儿闻言大吃一惊。莲儿张了张嘴，没有说出声来，李延年的话，可是明明白白传到刘屈氂耳中。

"李延年，你疯了？割掉那玩意儿，你连祖坟都不能去祭扫！还怎么在世上做人？"

这话，正是莲儿要说的。

李延年却平静地说道："我别无所长，平生只爱吹拉弹唱。可久居市井间，总觉曲高和寡，难以穷其奥妙。所以，我一则也想像您一样，到皇帝面前，去讨点儿荣华富贵。二则嘛，音韵声律，唯有宫中才是高手云集之处。奈何宫廷全是宦官，我不割掉这个碍事的玩意儿，如何进得宫去？"

刘屈氂点了点头："既然这样，我一定设法成全你。只是，我这次出京，乃是奉旨去淮南查办盐铁，少说也得仨月时间，怕误了你的前程。我有一友，复姓东方，名朔，喜爱音乐，他在皇上面前，说一不二，你可带上我的书信，前去见他，他一定会热心帮忙。”

莲儿听了这话，忙唤来一个小厮，令他笔砚伺候。不消片刻，书已修成。延年得了这书，喜滋滋地返回长安，叩开了东方朔的大门。东方朔看过刘屈氂荐书，又问了一些乐理方面的知识，二人越谈越投机，大有相见恨晚之意。第二天，他正要将李延年荐给武帝，黄河从濮阳县决口，冲破南岸的瓠子堤。直奔东南，注入钜野泽，兖州以南，一片汪洋。大水再向东南，流入大海。武帝将汲黯官复原职，征调民夫十万，归他节制，限期堵塞黄河。谁知，河未堵住，汲黯却命丧水中。武帝接连又派了两位治水大吏，决口仍然没有堵上。韩他奏了一本，要他祭祀大禹，也许能免除水患，他欣然而允。大禹庙建在鼎湖宫，距长安也不过一百余里。于是，择了一个黄道吉日，带着几个亲信大臣和一队羽林军前往鼎湖宫。

谁知，吉日不吉。走到半路，下起了瓢泼大雨，躲又没处躲，一行人变成了落汤鸡。皇帝的龙体何等的尊贵，哪受得了雨水的侵犯？因此，武帝到了鼎湖宫后就病倒了，一入睡便做梦，梦见王夫人笑眯眯地朝他走来。他忽地爬了起来，拉住王夫人双手，无比激动地说道：“夫人，你让朕想得好苦。坐，请坐！”他将王夫人按坐在龙榻上，自手而臂，自脸而胸，摸住了那两个诱人的小山包，轻声说道：“请夫人宽衣。”王夫人撒娇似的说道：“我不，我要陛下为我宽衣。”武帝笑回道：“好，好，朕为你宽衣。”

忽然，只听见王夫人翁声翁气地说道：“谁是你的爱妃，老朽是李少翁，是你屈杀的那个李少翁！”

他举目一瞧，果真是李少翁，吓得出了一身冷汗：“仙长，朕确实屈杀了你，为这事，朕一直后悔得要死，朕向你赔礼道歉！”说毕，深深作了一揖。

李少翁冷笑一声道：“一条人命就值这么一个揖吗？”

武帝战战兢兢地问道：“依你说你要朕怎么样？”

李少翁恶声恶气地说道：“我要你死！”一边说一边挥拳朝武帝打去。

武帝疾退两步，高声喊道：“快来救驾！”

恰遇韩说当值，一个箭步蹿了进来，见武帝躺在病榻之上，屋内并无他人。正疑惑间，武帝醒了过来，一脸沮丧地说道：“韩爱卿，快去召太子来见，朕怕是不行了。”

韩说劝道：“人吃的是五谷杂粮，哪有不害病的道理？一害病就想到了死，未免太悲观了吧！臣已遣人去了长乐宫，御医这会儿恐怕就要到了。”

武帝摇头说道："御医治不好朕这病。"

韩说道："为什么？"

"朕错杀了神仙，神仙怪罪于朕，降灾于朕，一般御医是治不好的！"

"御医治不好，咱可以找方士。臣这就遣人去寻方士。"韩说说毕，躬身退了出去，不消半日，找来二十几位方士。

御医也赶来了。

御医也罢，方士也罢，治了七八天，武帝的病一点儿不见轻，反而有些加重了。武帝愈发认定，他的病是因杀死了李少翁而致，没治了。

正当武帝心灰意冷之时，宫监进来禀报："启奏陛下，有一巫汉，是上郡人，名叫龙祥，自称能治好皇上的病。"

前后来给武帝看过病的方士，一共二十八位，武帝对这些人已不抱什么希望，摇了摇头说："巫汉和方士，全都一个样子。朕是得罪了神仙，他能治得好吗？"

宫监回道："这个巫汉和方士不一样，他的法术不是练出来的。"

武帝感到有些奇怪，问道："他的法术是怎么得来的？"

宫监道："他早先并不会法术，平平常常一个人，自从得了一场大病，神君附体之后，他便有了一套独特的法术，能驱妖除魔。"

武帝觉着新鲜，他尽管有些不大相信方术了，但对于鬼神，还是敬畏的，忙道了一声有请。

不一刻，龙祥在侍卫的引导下走了进来。武帝举目一瞧，只见他头戴高冠，高冠后面带着两条长及脚踝的飘带。头发没有束起来，全部披散在背上，两道眉毛长及耳鬓，眼睛炯炯有神。嘴角上长着两根竖起的硬毛，胡子飘在胸前。身上穿着一件宽松的白色长袍，袖口宽达三尺有余，袍子上绘有许多稀奇古怪的文字。手中托着一个手掌大小的碧绿色的盒子，脚蹬厚底靴，靴子上绣满了云朵。

武帝见他打扮得如此奇特，不由得肃然起敬，高声说道："还不快为仙师看座。"

宫监忙搬过来一只锦凳，放到龙祥面前。

龙祥也不谢恩，大模大样地坐在武帝面前。武帝也不以为意，开门见山地问道："仙师，朕的病能治吗？"

龙祥信心十足地回道："能治。"

武帝喜道："那就请仙师为朕施治吧！"

龙祥道："别急。陛下的病不比常人，乃是因为错杀了李少翁，少翁道行未满，不能位列仙班，魂无所归，哭诉于天帝，天帝才降灾于您。要想治好陛下的病，陛下必得给李少翁建一庙宇，使他魂有所归，再虔诚地祭祀一番，以求得他的谅解。尔后，本仙再略施小术，陛下龙体即可康复。"

武帝见龙祥说中了"病根"，愈发认定龙祥的法术高强，一脸虔诚地说道："仙师的话，朕句句照办，只是，建一庙宇，非百日难以完工。朝中有多少大事，等朕亲理，朕这病可不敢拖至百日。"

龙祥略一思索说道："陛下这话也是实话，这样吧。那庙先慢慢建，在庙未曾建成之前，陛下可在鼎湖宫为少翁设一牌位，不就可以在宫中直接祭祀少翁了吗？"

武帝亦觉可行，一边降旨为少翁建庙，一边在鼎湖宫为少翁设一牌位，摆上全副供香，双膝跪在牌位前边，重重地磕了三个响头，说了一些请他恕罪的话。

祭祀过少翁之后，龙祥开始向武帝施法。他不用焚香，也不用祭桌，只身立于武帝面前，将手中的小盒子托高到与武帝的脸部相齐的位置。

龙祥一脸温和地对武帝说道："陛下放轻松些，要做到心无杂念，专一祈神，这神便是天帝。陛下请闭上眼。"

武帝很听话地将眼闭上，努力排除心中的杂念。

龙祥对着小盒子吹了口气，然后默默地念了句咒语。

那只碧绿的小盒子在龙祥的咒语之下，慢慢地自动启开了一道缝。同时，一股十分轻柔的气体从里面飘了出来，经过武帝的面部而渐渐散去。

武帝突然闻到一股十分清香的味道，沁入心肺，顿觉身上一阵轻松，精神倍爽，似乎身上的病已经除去了。

龙祥又念了一句咒语，小盒子轻轻闭上了缝隙，又恢复了原样："陛下可以睁开眼睛了。"

武帝依言将双眼睁开。

龙祥笑微微地问道："陛下的病已经好了，不知陛下感觉到了没有？"

武帝半是雨淋受凉，半是心病作怪，心病大于受凉，又吃了那么多药，如今听仙师说自己病好了，便觉着真的好了。连声说道："好了。朕也觉着朕的病好了。"

龙祥进宫为武帝看病，本就是奔着富贵而来，却故意说道："既然陛下龙体康复，鄙人也该告辞了。"

武帝既然把他看作了神君代言人，如何肯放？将他带回长安，在北宫建一寿宫，内塑神君，张羽旗，设供具，朝夕供奉。

武帝一心想见到神仙，少不得向龙祥问道："朕可不可以见到神仙？"

龙祥满口应道："可以。"

"怎么见？"

龙祥骗他道："等我问一问神君。"

武帝忙命人摆设香案。龙祥坐在香案一侧，对武帝说道："请皇上焚香叩头。"武帝一一照办。随驾宫监立在旁边，肃静无声。忽听龙祥一声狂叫，浑身抖个不停，念念有词道："天灵灵，地灵灵，吾乃神君下天空，大汉天子听吾言，神仙不是不好见，只缘在高不在低。"

武帝有些不放心，问道："请问神君，神仙朕是否能够见到？"

龙祥抖动着嘴唇回道："能够见到的。"

"什么地方？"

"地方在高不在低。"

听了这话，武帝兴奋不已，遍观京师，发现城门楼和长乐宫前殿、未央宫前殿虽然巍峨高大，但神仙大概不会屈尊到这些"低"处来。"在高不在低"当然是越高越好，因为神仙行止都是在极高极高的空中的。他立即下令，在未央宫里再造一座柏梁台，要高出长安城里所有的建筑，自己要在高台上会见神仙。

武帝一声令下，百官雷厉风行，元鼎二年正月，一座高耸入云的柏梁台建成了。

柏梁台位于未央宫北阙的西侧，高二十丈，二十四根一抱多粗的铜柱参天矗立，台上平铺木板，木板上建尖顶翘檐亭式楼阁，楼阁梁架均用珍贵的香柏木，香闻数十里。柏梁台南侧，用木板镶砌成坡式阶梯，供人上下。尖顶部位，置一昂首展翅的铜凤凰，柏梁台因此又称凤阙。

台建成之后，下了一场大雪，滴水成冰，位于半空的柏梁台，更是冷风嗖嗖，寒气逼人。神仙大概也怕冷，柏梁台盖起来两个多月也没来和武帝见面。

要见神仙，不只心诚，还要沐浴静身，不沾女色。前两条武帝倒也做得到，唯有第三条，难坏了武帝，他有一个怪癖，三天不睡女人，浑身发痒、褪皮。这一等便是两个多月，武帝再也忍不住，即使神仙不见，也不能亏了自己。当夜便召幸了邢夫人。邢夫人通过半年多的减肥，收效倒也不小，但身段远不如以前那么苗条，武帝有些失望。失望之后，又想起了另一嗜好，看裸舞，听淫乐。东方朔便不失时机地向他推荐了李延年。

李延年经过一番精心准备，来到皇宫，在乐工伴奏下调弄弦管，将琴瑟筝箫、笙竽笛埙一一演奏了一遍。

武帝把着酒樽，侧耳倾听，一副聚精会神的模样，延年见了，心中暗喜，趋前一步说道："陛下，臣不只精通乐器，对歌舞也略知一二，趁此月圆之夜，为陛下歌上一曲如何？"

武帝正在兴头上，哪有不允之理，当即回道："可。"

延年躬身而退，待他重新出场，头上插着金步摇钗子，身穿白色长裙，脚蹬软底绣鞋，手舞香帕，袅袅婷婷地来到武帝面前。

武帝二目突地一亮，好一个俏丽的女子！

东方朔附耳问道："此女子陛下可曾见过？"

武帝摇了摇头。

东方朔笑说道："您是见过的。"

武帝又摇了摇头。

东方朔道："陛下且别摇头，您再仔细看上一看。"

武帝果然举目，将那舞女仔细打量一遍，一脸惊诧地问道："他莫不是那个乐师李延年？"

东方朔回道："正是。"

武帝喜道："又一个韩嫣出世，朕……"

君臣二人正小声谈论着李延年，李延年展开歌喉，边歌边舞，那嗓音略略有些沙哑，与宫中歌伎相比，却是别具一番风味。

他唱的是《诗经》中第一首《关雎》。

关关雎鸠，
在河之洲。
窈窕淑女，
君子好逑。

参差荇菜，
左右流之。
窈窕淑女，

寤寐求之。

求之不得，
寤寐思服。
悠哉悠哉，
辗转反侧。

参差荇菜，
左右采之。
窈窕淑女，
琴瑟友之。

参差荇菜，
左右芼之。
窈窕淑女，
钟鼓乐之。

歌声一落，武帝便拊掌赞道："唱得好！再来一曲。"

延年深作一揖说道："陛下想听什么？"

武帝略一思索说道："古代流传下来的雅乐，朕倒是听了不少。卿来自民间，能不能把民间一些俚俗小调，给朕唱上一曲？"

一说到俚俗小调，延年当即想到了栾大为他编写的《北方有佳人》。这词是围绕着莲儿做的。按栾大的计谋，第一步，李延年进宫，等得到武帝信任后，再走第二步，也就是荐妹进宫。凭莲儿的姿色，进宫后一定能得到皇上宠爱，等她得到皇上的宠爱后即走第三步，举荐栾大，三人拧成一股绳对付武帝。再设法使莲儿怀孕生子，再设法将这子立为太子，一步一步夺得汉家江山。谁知，这第一步刚刚迈出，第二步的机会便来了，我何不两步并作一步行，提前把莲妹荐给皇上。

想到这里，延年强压欢喜，故作女儿之态，福了一福，压着嗓子说道："启禀陛下，小奴潜心研究的，都是古代流传下来的雅乐，不会俚俗小调。不过，小奴倒是于梦中得了一曲，可以唱给陛下听听。"

武帝更觉新奇："噢？梦中得曲，想必不同凡响，你快唱给朕听听！"

李延年道了声遵旨，袖子一甩，款款地跳起舞来，一边舞一边唱：

北方有佳人，
绝世而独立。
一顾倾人城，
再顾倾人国。
宁不知倾城与倾国，
佳人难再得！

歌词夸张，旋律优美，末尾二句经数次重复，由高亢转低回，余音袅袅，韵味无穷。简直把武帝听得呆了。

他轻叹一声说道："唱得太好了，太迷人了。这歌只应天上有，人间能得几次闻？李延年，朕封你为协律丞。"

李延年连忙谢恩："小奴谢过龙恩，吾皇万岁，万万岁！"

武帝二目直直地盯着延年，显然他是喜欢上延年了，但心中并没忘记那个北方佳人："李延年，你曲中所唱的这北方佳人，朕由歌词联想，一定是一位风华正茂的绝代佳人！可这样的佳人要到哪里去找呢？"

李延年笑嘻嘻地说道："回陛下，小臣依稀记得，小臣得曲的那个地方，好像和传说中的西王母的墉宫相似。"

"西王母？"武帝眼睛又是一亮，他想起了他的母亲，也想起了自己，他母亲得梦，生下了他这个大汉天子；他自己得梦，得了个卫子夫，让他满意了这许多年，可惜如今已人老珠黄了。该不是王母娘娘又给自己送了个美人来吧？越想越高兴，一本正经地说道："李延年，你既然能梦见这样的佳人，说明你与佳人有缘，朕委你为选美使者，为朕选上一位这样的佳人，时限三月，若是选得出来，朕重重赏你，若是选不出来，朕定斩不饶！"

李延年道了声"谨遵圣命"，欲要告退。武帝色眯眯地瞅着他，柔声说道："且慢，朕还想就乐理方面，与卿好好谈谈。"

东方朔何等聪明，从武帝的眼神中，已经读懂他要干什么，朝宫监和乐师们挥了挥手，悄然退出。偌大一个舞厅，只剩下武帝和李延年。

武帝一把牵住李延年纤手，向歌厅后边走去，那里设有龙榻帷帐，是武帝临时下榻处。

事后，武帝说道："卿若为朕寻得那位梦中仙女，朕赏你黄金千斤，细绢千匹。"

李延年谢过了武帝，马不停蹄，来到新丰。栾大一来恋着莲儿，二来住在新丰距京城较近，便于和延年联络，于是同广利商量，搬到新丰来住。

当夜，在那盏昏黄的油灯下，一壶酒，两碟小菜，李氏三兄妹和栾大凑到了一起，边喝边聊。

李延年呷了一口酒，兴高采烈地说道："想不到皇上对我的音乐那么入迷，金口玉言，封我为协律丞。"

李广利一蹦老高："这太好了，咱老李家出了你这么一个大官，以后可以扬眉吐气地做人了，莲妹也不用倚门卖笑了。"

李延年摆了摆手，示意广利坐下："好事还在后边呢，我看皇上高兴，把第二步棋也一并走了。我给皇上唱了那首《佳人歌》，龙颜大喜，迫不及待地要见到莲妹，还封了我个选美使者，限我三月之内找到莲妹，许我如果找到了莲妹，赏我黄金千斤，细绢千匹。"

李广利又跳了起来："这一下，咱家可是发了大财了，以后和人赌钱的时候，再不用小里小气，几文几文地来，要赌就赌大的，上十金百金地去赌!"

李延年瞪了广利一眼："你就知道赌，赌，就不想想要当个将军什么的!"他见广利没有吱声，话锋一转说道，"不说这些了。当务之急，是如何赎出莲妹。"

说到赎人之事，李广利立马蔫了下来，叹了一口气说道："赎莲妹出来，谈何容易，莲妹的身价本来是三百金，老鸨硬要六千金，你我弟兄仨，就是把骨头搓成扣卖也凑不够这个数。"

听了这话，莲儿、延年一齐叹息起来。屋子里的空气，变得沉闷起来。

栾大拊掌大笑道："看你兄妹仨这个熊样，屁大点个事，愁得像天立马就要塌下来一般。来来来，喝酒。"

他端起酒樽，一饮而尽。

栾大自玩了那个弄钱的魔术，延年对他另眼相看。特别是他设计的这几步棋，第一步已经实现，第二步也即将实现，对他佩服得五体投地。见他如此沉着，定是有了什么鬼主意，也端起了酒樽，在酒桌上说道："广利、莲妹，端杯，喝!"

莲儿又是一声长叹："此举关系着小妹前途，进一步可贵为皇妃，退一步则终身青楼，小妹实在喝不下去。"

栾大笑道："莲妹不必发愁，大哥自有办法让你脱离青楼，钱嘛，不需花上一文。"

莲儿、广利似信非信，异口同声问道："真的吗？"

栾大使劲点了点头。

广利端起酒樽，对莲儿说道："莲妹，栾大哥既是这么说了，咱喝，喝他个一醉方休。"

咣咣咣，一片碰杯之声。

三樽酒下肚，李广利又沉不住气了，高声说道："栾大哥，你知道小弟这心中憋不住半句话。酒已喝到这般时候，你该把你的妙计说给大家，免得大家猜闷葫芦儿，这酒喝到肚中也不畅快！"

栾大又饮了一樽酒方道："我说，我这就说，我且问你，你大哥官居何职？"

"协律丞、选美使者。"

"既然是选美使者，那聚仙楼可不可去？"

"当然可以去。"

"他若选中了莲妹，老鸨敢不敢阻拦？"

"有圣旨在，他怕是不敢阻拦的。"

栾大将酒桌啪地一拍："这就对了！"

此一番对话，不只广利，连延年和莲儿也是恍然大悟。延年又端起一樽酒，高声说道："喝！"

莲儿将酒樽端起又放下，忧心忡忡地说道："若是我大哥一人前去聚仙楼选美，虽有圣旨在手，老鸨怕是不信；若是带上羽林军，我为娼之事，岂不要露馅？皇上再贪色，也不会娶一个青楼女子为妃，更莫说当皇后了！"

此言一出，延年、广利发了愁，四目一齐盯着栾大。

栾大嘿嘿一笑说道："这有何难？广利弟结交了那么多狐朋狗友，从内中选几个出来，冒充一下羽林军不就得了？"

广利鼓掌说道："好主意。"

太阳刚刚露脸。

七八个"羽林军"簇拥着一位锦衣使者，来到了聚仙楼前，老鸨闻报，忙疾步出迎，但见那侍者，面白无须，头戴花帽，象简乌靴，腰悬带紫金鱼，好生面熟，但一时又想不起在哪里见过。

忽听一个大胡子"羽林军"厉声喝道："你这个老鸨，好生无礼，还不快快摆设香案，迎接圣旨！”

老鸨闻言，忙折身进院，摆设香案，绿席遮天，红毡铺地。

锦衣使者迈着八字步，来到香案之后，展开圣旨，尖声尖气地读道：“奉天承运，皇帝诏曰：古者天子立六宫、九嫔、二十七世妇、八十一御妻。而朕只有皇后一人、夫人三人，不合古训，特命协律丞李延年为选美使者，凡被选中者，立马送京，任何人不得以任何理由阻拦，违者严加惩处！”

一听到李延年三字，老鸨立马想起，怪不得他如此面熟，原来是红霞长兄到了。爬起身来，笑嘻嘻地问道：“延年贤侄……”

“大胡子羽林”厉声斥道：“大胆，李公公已被朝廷委为协律丞、选美使者，那名字能是你一个老鸨随便叫的?”

老鸨连忙赔礼说道：“老奴错了，老奴不知延……”当即改口道，“老奴不知李公公已荣升为协律丞。只是，老奴斗胆问李公公一句，李公公奉命选美，怎么选到老奴这聚仙楼来了?”

“大胡子羽林”抢先答道：“这还用问吗?因为你这聚仙楼里乃美女荟萃之地。”

老鸨点头说道：“美女荟萃倒也不假，只是，既入吾楼，已是残花败柳，怕是已经失去了做妃做嫔的资格。”

李延年回道：“当今天子与别的天子不同，注重的是才貌，其他不计。”

老鸨摇头说道：“你这话老奴有些不信，庄稼汉娶个媳妇，当夜还要看什么落红。何况当今天子?”

李延年无言以对。倒是大胡子机灵，呛啷一声拔出腰中宝剑，喝道：“我看你是活得不耐烦了，爷奉命给皇上选美，皇上能没有交代?我们是听你的还是听皇上的?再敢胡搅蛮缠，爷这宝剑无情！”

这一吓唬，老鸨也不敢多言，李延年叫她干什么，她便干什么。将楼中所有妓女，集中到楼下的空地，听任李延年挑选。按延年之意，只挑一个莲儿即可，可是小翠拉着莲儿手哭着不放，莲儿也哭，哭着对李延年说道：“大哥，小翠是因小妹才落入青楼，您就救救她吧。”

于是，李延年又把小翠挑了出来。

戏本就该到此收场，谁知又蹦出来一个艺名叫红艳的妓女，冲着“大胡子羽林”大声唤道：“卫律哥，您也救救我吧！”

“大胡子羽林”举目仔细一瞧，喊她的这位女子，面熟得很，却又叫不出名字。

红艳有些急了："卫律哥，我是你西隔壁的香子。"

她这一说，"大胡子羽林"想起来了，转身对李延年说道："延年哥，不，李公公，这香子是我堂妹，您把她也选了吧。"

李延年一来觉着香子的相貌一般，二来，此行目的乃是为了莲妹，莲妹既已救出，不愿再找麻烦，但又不想驳卫律面子，迟疑了片刻说道："也好。"

香子听了这话，一脸欣喜地跑出队列，可马上又被老鸨拽了回去，遂带着哭腔喊道："卫律哥……"

卫律大跨一步，指着老鸨斥道："你为什么要拽她回去？"

莲儿是老鸨的摇钱树，选走了莲儿，像剜了老鸨心头肉一般，又选走了小翠，好似割心割肝，因为惧怕卫律手中的宝剑，没敢吱声。这一次，又要选她的香子，香子相貌虽说一般，但性格外向，床上的工夫十分了得，凡是嫖过她的人，没有一个不满意的。香子若是一走，这聚仙楼岂不要垮台？而且，她觉着，选美得有一定条件，首先是美，香子美吗？不美！这不是在选美，这分明是在徇私！于是大着胆子回道："我觉着香子长得不美，不应入选。"

卫律厉声斥道："美不美是你说了算，还是李公公说了算？"

"当然是李公公了。"

"既然是李公公说了算，你还胡搅蛮缠的什么？"

到了此时，老鸨索性豁出去了，反驳道："我不是胡搅蛮缠，我觉着你们在拿选美做幌子，行徇私之实。实话告诉你，今日除莲儿之外，再多带走一人，我去京城告你的御状！"说毕，大跨两步，拽住了小翠胳膊。

小翠一边挣扎，一边哀求莲儿："莲姐……"

莲儿泪眼巴巴地瞅着李延年，李延年瞅瞅小翠，又瞅瞅老鸨，拿不定主意。

卫律大声说道："李公公，咱有选美的圣旨在手，难道还怕她一个老鸨不成？"

李延年终于下了决心，对老鸨说道："你给我立马放了小翠，敢道半个不字，我要了你的狗命！"

老鸨哪里肯听，卫律抢前一步，照着老鸨脸颊左右开弓，足足扇了她十八个耳光。

做老鸨的，有几个善茬儿？脸都被扇肿了，仍是不肯放了小翠，还破口骂道："大胡子，你龟孙打吧，老娘只要还有一口气，你就休想带走我的春燕和红艳！”

做老鸨的不是善茬儿，卫律难道就是善茬儿吗？他原本就是一个胡人，自小流落洛阳，干着杀人越货的勾当，一年前一个叫常兴的族兄，由洛阳县令转任新丰县令，听说新丰难治，便物色了几个亲朋，做他的打手，卫律荣幸入选，跟着常兴，来到新丰。不料，那常兴只做了半年县令，因为一件案子，触犯了江充，丧命狱中。于是，卫律便在新丰城游荡，结识了一批无赖。他原本在洛阳时，就认识李广利，如今，因李广利，又傍上了李延年，而李延年的官职，尚在常兴之上，有李延年撑腰，连羽林军都敢冒充，还有什么事情不敢办呢？而你，不就是一个妓院老鸨吗？竟敢骂到我的头上，越想越气，噼噼啪啪又是十几个耳光，恨犹未解，照着她的小腹狠狠踢了一脚，老鸨一声惨叫，丢了小翠，双手抱腹，蹲在地上。李延年乘机抢了小翠和香子，扬长而去。

一行人回到住地，栾大、广利早已整治了一大桌子酒菜，为他们接风。吃酒中间，栾大少不得问及聚仙楼之行的情况，李延年绘声绘色地讲了一遍，还特地将卫律赞扬了一番。

栾大越听，眉头拧得越紧，简直要拧出墨汁来，李延年一脸诧异地问道：“栾大哥，你这是怎么了！”

栾大长叹一声：“你闯了大祸了！”

李延年一脸不解地问道：“此话怎讲？”

栾大道：“那老鸨是不是问，‘你选美怎么选到我这妓院来了’？”

李延年点了点头。

栾大道：“那老鸨是不是说，‘既入吾楼，已是残花败柳，怕是已经失去了做妃做嫔的资格’？”

李延年又点了点头。

栾大复又问道：“那老鸨是不是说，‘你们是在拿选美做幌子，行徇私之实’？”

李延年回道：“正是。”

栾大道：“通过这三问，说明老鸨已经对你们产生了怀疑。若是仅仅把莲儿带回，那老鸨见你圣旨在手，莲儿又确实长得漂亮，也许不会再说什么。可你，不只带回了莲儿，连小翠、香子也一并带了回来，拆了她的台子，又将她毒打一顿，她岂能善罢甘休！”

李延年不以为然道：“我有圣旨在手，她能把我怎样？”

“她告你的御状。”

“我奉旨选美，她告我又该怎样？”

栾大有些生气了：“李延年，你别满不在乎，那老鸨若是告你，少说也有三罪。”

“哪三罪？”

“其一，你雇人冒充羽林军；其二，选美选到青楼来了，有损圣威；其三，以选美为名，行徇私之实。莫说三罪，就是任择一罪，你也犯了灭族之罪！”

延年心中咯噔一下，我的妈呀，照栾大这么一说，我这项上的人头怕是保不住了。

莲儿心中也很害怕，面带乞求道：“栾大哥，我大哥已经闯下大祸，埋怨也无用，您该想一个补救法子才是！”

众人皆以期待的目光瞅着栾大。栾大略一思索，将酒樽朝桌子上狠狠一礅：“有道是，‘量小非君子，无毒不丈夫’，倒不如将那个老鸨……”他将手往下一劈，做了个杀人的动作。

卫律忽地站了起来，高声说道：“不就杀一个人吗？小菜一碟！我去。”

李延年伸出拇指赞道：“卫贤弟，好样的！愚兄敬你一樽。”

卫律端起酒樽，一饮而尽，转身出了房门。那老鸨正躺在床上呻吟，见卫律闯了进来，欲要起身躲避，被卫律扬手一剑，斩断喉管。

卫律杀了老鸨，这一去一来，还不到一个时辰，众人又是吃惊，又是敬佩，轮番向他敬酒。卫律醉眼蒙眬地说道：“我不要喝酒，我要香子。”

广利与延年交换了一个眼色：“成全他吧！”

延年点了点头。

广利忙唤过香子，嘱道：“卫律是我的好兄弟，跟着我弟兄俩，不怕没有发迹的那一天，你就好好地侍奉他吧。”

香子红着脸说道：“谨从二哥指教！”

广利租赁的这家院子，虽说有些破烂，房子倒也不少，足有九间。于是指派了一间，让香子和卫律去住。

送走了香子和卫律，小翠打了个哈欠说道：“莲姐，咱也该安歇了吧？”

莲儿正要答应，忽听栾大轻轻地咳嗽一声。暗自骂道，我真浑，我和栾大，已经两个月没有那个了吧？我若和小翠同榻，岂不要急坏他！若是和他同榻，小翠呢？小翠对我可谓是赤胆忠心，她要和我同榻，我怎好意思拒绝？

莲儿无意间一瞥，瞥见李广利正以色眯眯的目光瞅着小翠，暗自喜道，好了。因为家贫，我二哥二十五岁了，尚是单身。小翠呢？小翠年方二八，也是孤身一人，若是将她俩撮合成夫妻，岂不是天设的一对，地造的一双？越想越高兴，嘿嘿一笑说道："小翠，不是姐不愿意和你同榻，有道是，'男大当婚，女大当嫁'，你不能跟着姐过一辈子。我的二哥，你也不陌生，模样儿称不上多俊，但也是魁魁梧梧一条汉子，且练就了一身好功夫，二三十人近他不得，岂是久居人下之人？依姐之意，你不妨与我二哥结为连理，咱来个亲上加亲。"

老实说，小翠并没有看上李广利，但又觉着，莲儿是自己的故主，且是眼看就要做皇妃了。还有那个李延年，身居协律丞，也算朝中的官员，做他的弟媳，也不算辱没了自己。脸微微一红说道："莲姐既是姐姐，更是主人，小妹一切听从姐姐安排。"

莲儿乐滋滋地喊道："二哥，还不快快带新嫂子前去安歇！"

支走了广利和小翠，莲儿挽住栾大胳膊："栾大哥，咱也该安歇去了！"

众人见了，忙起身告辞，延年一人赏他们十金，将他们送到大门外边，方才折回。

广利和小翠，睡得安生，起来的也早，双双下厨，炒好了菜，烧好了饭，一一将他们叫起，吃罢，已是巳时二刻。

送走了卫律和香子，栾大、李氏兄妹，再加上小翠，席地而坐，就如何送莲儿进宫，各抒己见。

李广利率先言道："皇上既是那么喜欢莲妹，直接送进宫去，不就得了？"

延年亦道："我也是这么个意思。"

栾大摇头晃脑地说道："不可，不可也。无论什么东西，得来的太容易，就不大珍惜。何况，莲儿是个人，不能让皇上那么轻而易举地得到，要把他的胃口吊足……"他压低了声音，说得众人频频点头。

李延年依计而行，等到黄昏，大摇大摆地来到了长乐宫，直接谒见武帝。武帝迫不及待地问道："北方佳人可曾寻到？"

李延年笑嘻嘻地说道："人倒没有寻到，却有了几分眉目。"

武帝噢了一声道："已经有了几分眉目？"

李延年点了点头。

武帝追问道："能不能说得详细一点？"

李延年嘻嘻一笑说道："当然可以。"他是有备而来，说起谎来，就像喝水那么顺畅。他说道：“昨夜，奴才正睡得香甜，忽然被人叫醒，举目一瞧，乃是一个青衣童子，长得非常英俊。奴才一惊而起，问道：‘汝是何人？’那童子回道：‘你不必问我是何人？我带你去一个地方，你敢不敢去？’奴才道：‘我堂堂一条汉子，还怕你一个黄口小儿把我拐卖了不成？’那童子笑道：‘你倒不必担心，请随我来。’一出大门，他停住脚，摸出两块香帕，摊在地上，对奴才说道：‘我引你去的那个地方，距此地数千里，不是徒步可以去得了的。请站在香帕上。’奴才以为他在玩什么游戏，笑嘻嘻地踏上香帕。那童子说道：‘请闭上双眼，没有我的命令，不能睁开。否则，要跌你个粉身碎骨。’奴才仍是笑嘻嘻地回道：‘谨遵汝命。’依言闭上了双眼。也不知怎么搞的，奴才双脚一踏上香帕，便忽悠悠地飘了起来，飘到天空，化作两片白云，托着奴才，朝北方飞去，只听得耳旁风声呼呼，那速度奴才觉着比响箭还要快上十倍、百倍。奴才这才知道，他并非和奴才做什么游戏，心中十分害怕。好在是，大约飞行了一刻来钟，速度明显慢了下来，渐渐下落，落在墉宫的院中。但那时奴才并不知道这就是墉宫，及至那青衣童子轻声说道：‘可以睁眼了。’奴才这才把双眼睁开，好家伙，这墉宫不只巍峨高大，装修得十分华丽。用翠鸟的羽毛和麒麟的细毫编成门帘，用青琉璃制成宫扇，床的材料是青色的火齐玉，上面还挂着用浮金、软玉雕出来的磬。浮金就是一种色泽是黄的，而重量却很轻，能浮在水面上的金。而轻玉就是质地美好洁白而又很轻的一种美玉。这里的绣品精美绝伦，有的绣着霞光，有的绣着藻龙，有的绣着云烟。这里的丝织品也绝妙无比，有的织着游动的龙，有的织着云中的凤，有的织着翻飞的大雁，看得奴才眼花缭乱。忽有一种异香，扑鼻而来。奴才循着香气望去，只见案上点燃了一种香，这种香和平常的香并没有什么两样，但燃烧的气味特别香。据青衣童子说，这种香叫荃蘼，烧小米那么大一点，香味三月不绝，听得奴才直流涎水。一黄衣女子翩翩而至，柔声说道：‘娘娘来矣，还不快快接驾！’话刚落音，只听环佩叮咚，众美女簇拥着一位绝色丽人，从帷帐后款步走了出来。她头戴金冠，身穿金黄羽衣，年约三十岁，周身散发着异香。

“奴才正在偷觑那位丽人，忽听黄衣女子叫道：‘李公公，还不快快参拜王母娘娘！’奴才心头一慌，扑地拜倒在地，口称‘小奴李延年参见王母娘娘。’王母娘娘说道：‘李公公平身。’奴才再拜而起，立在一侧，目送王母娘娘在宝座上坐下，复又跪地，三拜九叩。娘娘再次说道：‘李公公平身。’奴才刚站直身子，只听她莺声说道：‘李公公，那日梦中，命许飞琼教你的那

《佳人歌》，你练得怎么样了？’奴才躬身回道：‘小奴已经练会了。’娘娘道：‘那你就唱唱。’奴才回了一声遵命，展开宽大的袖子，且歌且舞：‘北方有佳人，绝世而独立……

“奴才声情并茂，舞姿优美，引来一片掌声。王母娘娘喜滋滋地说道：‘李公公，你的歌舞天赋不错，再让许飞琼教你一首仙歌怎样？奴才慌忙拜辞道：‘不，奴才不愿再学。’王母娘娘一脸困惑道：‘怎么，仙歌不好吗？’奴才回道：‘不，仙人唱的歌哪能不好呢？’王母娘娘追问道：‘既然这样，你为什么不愿学？’奴才叹了口气回道：‘娘娘有所不知，为那首《佳人歌》，惹出一个大麻烦。’娘娘道：‘什么麻烦？’奴才如实回道：‘前不久，大汉天子召奴才歌舞，奴才唱了这首歌。想不到大汉天子竟然对歌中的女子产生了爱意，封奴才为选美使者，命令奴才，三月之内若是选不来一个像北方佳人那样的美女，定斩不饶！”

听到这里，武帝呼的一声站起来，大声责道：“李延年啊李延年，你怎么在王母娘娘面前告起朕的状来了？”

李延年嘿嘿一笑说道：“陛下不必责臣，臣若是不在王母娘娘面前告皇上的状，还引不出那个‘北方佳人’呢！”

武帝坐了下来，沉着脸问道：“王母娘娘怎么说？”

延年道：“王母娘娘说，‘你们的皇上，我是见过的，英俊潇洒，风流倜傥，一般女子，确也配不上。’这样吧，美你不用选了，你火速回京，转告你们皇上，他若真想得到北方佳人，我可以成全他。不过，得有两个条件……”

武帝迫不及待地问道：“哪两个条件？”

延年曲指说道：“陛下的未央宫，虽有后宫八区，但那都是俗人居住过的地方，不配再让仙人居住，您得再建一宫，取名招仙阁，这是一。”

武帝道：“这个容易，请说第二个条件。”

“为了表示诚意，陛下需在宫中设一王母娘娘牌位，亲自焚香祈祷。”

武帝笑道：“这个更容易。”

一道圣旨下去，不消半年，一座偌大的招仙阁便建成了，宫中的装饰和摆设，尽可能地仿照墉宫。

武帝时时刻刻关注着招仙阁工程的进展，工程刚一竣工，便迫不及待地在阁中设立了王母娘娘的牌位，亲自焚香祈祷。第二天一早，李延年便向武帝报告，说王母娘娘托梦，三日后仙女将降临招仙阁。

武帝被这消息弄得心神不宁，度日如年。时间已经过去了三日，还没见仙女露面。武帝召来李延年，劈面责道："卿说三日后仙女当降临招仙阁，今日已经是第四日了，怎么还没见仙女露面？"

延年笑嘻嘻地回道："奴才说三日后，仙女要降临招仙阁，并不是说第三日降临招仙阁，陛下半年都等了，还在乎这一两天？"

武帝一想也是，只好说："今晚你不妨再问一问王母娘娘，那仙女何日才能与朕相会？给朕一个准确信儿，免得朕牵肠挂肚。"

第三十七章 妖人合谋 蒙蔽圣聪

李延年今日特别高兴。不只延年，广利、莲儿、小翠和栾大也很高兴。特别是栾大，此事是他一手策划，开局很好。下一步……

栾大一脸淫邪地望着莲儿：“下一步就看你的了。”

莲儿谦虚地一笑：“我已是一枝残花败柳，怕是引不起皇上兴趣，令你们失望呢!”

栾大一脸严肃地说道：“莲妹，你不必自谦。处子虽好，大都不谙风情。皇上的后宫，美女如云，少说也有五千，这内中难道还缺少处子吗？不是缺少处子，也不是缺少美貌，而是缺少对付男人的招数。莲妹，你的手段，别人不知，我栾大还能不知道吗？”

莲儿脸皮再厚，当着她两个哥哥的面这样说她，那脸微微一红，捏紧粉拳，照定栾大肩头狠狠擂了两拳，娇斥道：“你，你，看你说的算啥话？”

栾大并不理睬，自顾自地说道：“当然，是否处子，对一个未婚女子来说，是十分重要的，她的男人，特别是做皇帝的男人，不可能去宠爱一个本来属于他的，却被别人破了身的女人!”

他故意将话顿住，观察莲儿的表情，那一脸的笑靥荡然无存。微微一笑说道：“莲妹不必害怕，哥自有一个主意，虽不能还你处子之身，也叫皇上觉着你是一个处子。”

莲儿闻言大喜，迫不及待地说道：“栾大哥既是有这么好的法子，还不快快说出来。”

“好，我说。我这就说。我若是再不说，非把莲妹急坏不可。”

栾大嘿嘿一笑向莲儿问道：“女人的落红像什么？”

这一问，把莲儿给问住了。她第一次失身的时候，处于迷糊状态。那是一个酷热的夏天，兄妹二人在春草酒馆卖唱，这个兄当然是指李延年了。她唱了一段《四季调》后，一个肥头大耳的客人把延年叫到后院。工夫不大，延年才返回来，塞给她一只金灿灿的戒指，小声对她说道：“戴上吧，这是梁亭长送给你的。他这会儿正在后院饮酒，想叫你去陪一陪。”她也没有多想，便来到后院，小屋里只有梁亭长一人，酒是好酒，十年陈酿，她不会饮酒，梁亭长让得非常实在，盛情难却，便饮了一樽，只觉得头重脚轻，连房子都在旋转，有些站立不稳了。梁亭长忙走上前来，将她扶住，轻声说道："头晕吧，要不要我扶你进去睡一会？"她点了点头。梁亭长便把她扶到内室，那里边有一只竹床，她身子一歪，便倒在竹床上昏昏欲睡。迷迷糊糊地觉得，有人在扒她的衣服，喃声说道："梁亭长，别，别这样！"想把他推开，使尽了吃奶的力气也没推动，顷刻被他扒了个精光，大山一样的身子压在她娇嫩的身上，暗道了一声完了，痛苦地闭上双眼，屈辱的泪水喷泉一般地涌了出来。她哭着哭着睡着了。等她一觉醒来，已是掌灯时分，匆匆穿上衣服，随大哥回到家里，哪里还看什么落红？故而，栾大问她落红像什么，她答不出来。

不光莲儿答不出来，延年和广利夫妇也答不出来。栾大笑道："你们都是过来人，连落红像什么都答不出来，枉在尘世上走这一遭。把耳朵竖起来，我告诉你们落红像什么，它像一个鸡心。"

广利一脸不服气地说道："知道有什么用？落红已经失去了，咱总不能再造一个出来。"

栾大双掌一拍道："对，咱正是要造一个出来。"

广利似信非信："怎么造？"

"买一条小鲫鱼，母的，把鱼鳔掏出来，洗干净带回家，在鱼鳔里灌上鸡血，新婚之夜，将鱼鳔弄破在帛绢上，便是一片鸡心形的血迹。"

广利道："这好办！我这就上街去买鲫鱼和鸡子，但不知莲妹何日出嫁？"

栾大略一思索回道："皇上的胃口已经被我们吊了起来，莲妹应该下凡了。至于什么时候下凡，我得掐算一下。"

他半闭双目，掐着指头，喃喃有词。忽地将双目一睁："明日便是黄道吉日。"

栾大的话便是圣旨，大家焉有不听之理。第二天一大早，李延年跑进未央宫，无比激动地说道："陛下，好消息，好消息！"

武帝已经料到他要说什么，心中那份激动，并不亚于李延年。噌的一声跳起来问道："该不是西王母又给你托梦了吧？"

李延年连连点头道："陛下圣明！"

武帝尽管已经料到，仍有些迫不及待地问道："仙女什么时候与朕相会？"

"今夜子时。"

"当真？"

“当真！”

这一日，武帝坐卧不安，天一擦黑，便移驾招仙阁。在御榻前坐定，命御厨备下了一桌丰盛酒肴。李延年向武帝奉上酒樽，轻声说道：“陛下且在此静候仙女，臣告退了。”

武帝轻轻挥了挥手，李延年便与随从们退出屋去。

时间好像故意与武帝作对，走得很慢，为消磨时光，更是为了抑制烦躁，武帝不停地饮酒，渐渐有了几分醉意。

忽从窗外飘来一阵悠扬的音乐，一个略显沙哑的声音，伴着音乐唱道：

北方有佳人，
绝世而独立。
……

武帝精神为之一振，正听得入神，无意间一瞥，瞥见门口飘飘忽忽进来一个女子。但见她披着一层薄薄绡纱，白嫩的肌肤隐约可见，柳眉杏眼，粉颊朱唇，浅浅的两个酒窝，淡淡地一抹笑意，果真是天姿国色！把武帝看得呆了。

女子飘到武帝面前，盈盈下拜。武帝一把将她揽到怀中，动情地说道：“朕可把您盼来了！”一边说一边将两片热唇扑向她的小嘴。

她微张娇口，朝那一条热舌大胆地迎了上去，四唇相贴，两条鲜红的舌头，蛇一样地缠绕在一起。

一阵缠绵之后，他将手伸向了她的衣裙，一件件剥了下来，只剩下一个软玉一般的胴体。她下意识地双手交叉，护在胸前。他柔声说道：“不必这样，将手拿开。”

她不敢违抗，乖乖地将胳膊移开。

她睡过无数男人，但叫男人面对面地欣赏自己的裸体，还是第一次。武帝欣赏了一番之后，方伸出一双手来，在她裸体上耕耘。

武帝突然咦了一声：“你要生贵子的！”

她没敢应腔，只是微微地一笑。

他摆弄着她乳头上的那两根毫毛，满面生辉地说道：“《相书秘籍》云：‘女人乳头上生毫毛，主生贵子’。这毫毛，你不只生了一根，是两根。不，加上那一只乳头上的，是四根！”

……

武帝淫心大动，本要腾身而上，内中发急，匆匆如厕去了。莲儿暗喜，栾大果然高明，若不是他让大哥事先在酒中掺进少许巴豆，这儿会皇上怕是已经爬在自己身上了，那鱼鳔还起什么作用？

莲儿趁武帝如厕之机，寻出鱼鳔，将鱼鳔弄破在一条帛巾上，那血果真如一个漂亮的鸡心。

武帝出恭归来，迫不及待地要做那事。莲儿满面乞求地说道："陛下，我怕，把蜡烛吹了好不好？"

武帝笑了笑："听你的。"一边说一边吹灭蜡烛，这才腾身而上……

武帝年届四旬一二，正当壮年。他身为皇帝，后宫佳丽，少说也有五千，什么样的美女没有见过？

他的可悲之处，就在于他是皇帝。后宫佳丽，全是从民间选出来的良家女子。挑的是容貌美丽、品行端正、货真价实的处女。所以，武帝阅女子无数，女子只阅过他一人。这些人论相貌无可挑剔，可论起床上功夫，简直是白痴。以至于武帝幸来幸去，那面孔虽说在不断变化，滋味儿却是一个样。

李莲儿则不然。她从小随哥哥卖唱为生，轻歌曼舞自不待言，深颦浅笑，也是恰到好处，加上她天生丽质，色艺双绝。更有一宗，是后宫女子无法比拟的。她为生活所迫，以卖笑卖身为生，加上又在聚仙楼混了一年多，什么样的男人没经历过？什么样的把戏没玩过？所以，她年纪虽不大，床上功夫却已堪称炉火纯青。任凭是什么样的男人，她都可轻而易举，将其伺候得欲醉欲痴，欲死欲活！

武帝也是男人，贪色成性，床上功夫自是高人一筹，与莲儿堪堪匹对，时而如雄狮搏兔，狂叫腾跃；时而似蛟龙戏水，柔动徐摇。待到尽兴，已是一个时辰有余。然后将莲儿搂进怀中，喁喁地说着私话。

"卿是哪路神仙？"

莲儿扑哧一声笑道："臣妾哪是什么神仙？臣妾是李延年的亲妹妹。"

武帝又惊又喜，佯骂道："好一个李延年，竟敢对朕装神弄鬼，看朕明天怎么治他。"

莲儿撒娇道："陛下千万别生臣妾大哥的气，他不过是想逗陛下开开心，要治就治臣妾吧！"

武帝照她脸上拧了一把："你当朕不敢治你呢？"

“您怎么治我？”

“就这样治！”武帝一翻身，又压在她的身上。

窗外的音乐还在响，那歌还在唱：“北方有佳人，绝世而独立……”

帛绢上有一鸡心形的鸡血。武帝直到第二天早晨才看到，他忘情地将莲儿搂进怀中：“想不到你还是个处女呢！”说毕，将李延年召到招仙阁，故意绷着脸斥责道：“好你个李延年，装神弄鬼，竟然以你妹子冒充仙女，该当何罪？”

李延年心中并不害怕，昨夜，武帝与莲儿交欢之时，他就守在窗外，督率乐工，拼命演奏，直累得一个个腮帮酸痛，嘴唇肿胀，若非他从中助兴，武帝与莲儿也许早就罢战息兵。且是，武帝与莲儿三番两次地鏖战，足以说明他已喜欢上莲儿了，既然喜欢上莲儿，还会怪他的罪吗？

心中这么想，却故意装出一副愁眉苦脸的样子谢罪道：“陛下，小臣为求神女下凡与陛下相会，天天在家焚香祈祷，无奈人神相隔，小臣虽心有至诚，无法达于上界。小臣恐陛下候得心焦，才将妹妹滥竽充数。还请陛下念小臣一片忠心，饶恕小臣欺君之罪！”

武帝笑嘻嘻地说道：“朕恕你无罪。其实，你那点鬼把戏，朕早已看破，朕觉着你既然有胆量跟朕玩把戏，所荐之女必然不差。果如朕之所料，你妹不只天生丽质，如同仙人，床上功夫更是十分了得……”

莲儿满面通红，伸出柔软无骨的仙掌，掩住武帝嘴巴，娇嗔道：“陛下怎能将此话说给臣妾哥哥？岂不羞煞人也！”

武帝掰开她的手，拈须大笑道：“好，朕不说了。”继而将脸一肃，沉声说道：“李莲儿、李延年听封。”

莲儿、延年忙一齐跪在圣前，洗耳恭听。

武帝一字一顿地说道：“封李莲儿为夫人，秩比婕妤，位于皇后之下，百妃之上。”

莲儿忙叩头谢恩。

武帝挥了挥手：“爱妃平身。”待她谢恩而起，继续封道，“迁封李延年为协律都尉，秩比九卿。”

好家伙，这一封，我不也成了二千石的大员吗？与九卿平起平坐。把个李延年高兴得手舞足蹈。武帝知他高兴过分，也不为怪，笑眯眯地瞅着他。

倒是一个随驾宫监，趋至身旁，弯腰附耳，小声说道：“大人还不谢恩？”

他这才清醒过来，忙叩了三个响头：“谢陛下，陛下万岁，万岁，万万岁！”

武帝将手轻轻一挥：“爱卿平身。”

延年再拜而起，立在武帝身旁。

武帝转身笑对莲儿：“爱妃，朕昨夜恍恍惚惚听你言道，你有一弟，名唤广利，膀大腰圆，习得一身好武艺，是也不是？”

莲儿莺声回道：“正是。”

武帝略一思索道：“朕欲封他一个将军，无奈，那将军都是一刀一枪博出来的。这样吧，朕暂封他一个郎中，等有了机会，再封将军。”

莲儿乖巧，忙扭身跪地，三叩之后，莺声说道：“臣妾代二哥李广利谢过圣恩！”

武帝瞅着莲儿，笑嘻嘻地问道：“朕待夫人如何？”

莲儿笑眯眯地回道：“恩比天高。”

“你该怎么谢朕？”

“臣妾别无他能，只有娇身一躯，尽心尽意地伺候陛下。”

武帝满意地点了点头，复又说道：“朕再卖给夫人一个人情，夫人将如何谢朕？”

莲儿笑容满面道：“什么人情？”

“前不久，抄得尹婕妤宝宅一座，连花园在内，占地八亩，朕想把它赐给你的两个哥哥。”

莲儿、延年一齐跪了下去。

武帝笑对莲儿：“这一次你该怎么谢朕？”

莲儿起誓般地回道：“臣妾下辈子还做皇上的妃子。不，不只下辈，生生世世做皇上的妃子！”

从招仙阁归来，不消半日，李延年便将家搬到了尹婕妤的宝宅。这宅位于皂河东岸，距西安门也不过二里之地，垂柳成行，风景优美，李延年甭提有多满意了。

饮水思源，这一场富贵，固然来自莲妹，但若没有栾大的精心策划，绝对是不行的。故而，李氏兄妹把栾大像天神一样供奉起来，就连小翠，也成了栾大的泄欲对象，广利也没敢道半个不字。口中不说，并非心中不气，私下里几次对延年说道：“我真想把他赶走。”

延年劝道：“不妥，这样做不妥。一是栾大有恩于你我兄妹，二是栾大的志向并不是混吃混喝，而是想把莲妹嫁给皇上，伺机进宫，把莲妹推上皇后宝座，尔后夺取汉家江山。”

广利道：“他的志向既然这么高，前次莲妹回来省亲，谈起荐他进宫之事，他却连道别急，别急，是何道理？”

延年眉头微微一皱回道：“这倒是一个谜。”

稍顿，又说道：“这样吧，咱今晚炒几个菜，与栾大好好喝它几杯，慢慢套一套他的话。”

广利道：“这倒是个主意。”

三杯酒下肚，广利便憋不住了，向栾大问道：“栾兄，你那个宏大的计划不准备实现了？”

栾大停杯问道：“什么计划？”

“就是夺取汉家江山的计划。”

栾大呷了一口酒道：“这是你我兄弟的终极目标，岂肯轻易舍弃？”

广利道：“既然不肯轻易舍去，为什么莲妹要荐你进宫，你却没有答应？”

栾大微微一笑说道：“这你就不知道了。老兄既然不急于进宫，自然有不急于进宫的道理。”

“什么道理？”

“皇上正宠着龙祥，我进宫之后，只能排在他的后边，何时才有出头之日？这是其一。其二呢，我若让莲妹荐我进宫，岂不暴露了咱们之间的关系？关系一旦暴露，我若再为莲妹说话，就不那么灵了。要荐，也只能换个人荐。”

这话不是没有道理，广利出于私心，一刻也不想让栾大待在家中。想了一想问道：“如此说来，你那第三步棋已经变成了死棋？”

栾大道：“非也！我已找到了法子。”

李广利急切切地问：“什么法子？”

栾大压低声音，将他的法子讲了一遍。众人连道：“好计。”

龙祥本来就是一个势利小人，见李莲儿受宠，延年成了皇帝红人，正要设法和延年套套近乎，不想延年倒抢先一步，邀他去府中赴宴，又惊又喜。未及申牌，便乘轿来到李延年家中。延年闻报，疾步出迎，携手而进，推他坐了首席。栾大居东，延年居西，广利打横儿坐了。

四人边吃边聊，很是投机。栾大故意把话题移到观相方面。龙祥微微一笑：“栾兄既是精于相术，不妨将老弟观上一观，也好指点迷津。”

栾大点头说道：“龙兄既然这么信得过我，我就为你观上一观。但我有个特点，从不会取媚于人，有吉言吉，有凶言凶。是吉龙兄也别高兴，是凶龙兄也不必烦恼，伤了彼此和气。”

龙祥连道：“那是自然。”

栾大这才注目龙祥，观了足有半刻来钟，不发一言。龙祥忍不住问道：“是吉是凶？”

栾大叹了一口气道：“主凶。”

“何以见得？”

栾大指着龙祥命宫说道：“你命宫泛黑，如黑风吹云，且又黑脉侵目。”

龙祥道：“何以命宫泛黑，五脉侵目就不好？”

栾大道：“你不必发急，听我慢慢讲给你听，为人看相，只能看人外貌，这是非常浅显的。高明的相术家，既重外貌，更重于气色。大凡气色，乃是五脏六腑的余精，在外叫色，在内叫气，有气而无色，有色而无气，这些都是气色不佳，主凶。色为苗，气为根，凡是看根都先看苗，在内者事还未遇，在外者事情已过，鲜明者正旺，淡色者已散。所以想要商谋大事，就在谋宫看。

“六气之说，是《许负相术》的重要内容。何为六气？其一为青龙之气，其色如绛缯蚕明。绛缯，指的是气色如紫线乱盘，它的颜色非常鲜明。蚕明，指的是像老蚕一样光明。蚕将老，自额而明，然后通到浑身；人将发，自准而明，然后发于各个部位。所以，紫色如果出现于三天而从子宫发出，必生贵子；如果是从官禄财星发出，必会升官；如果是从阴骘蚕囊发出，必会发财。”“六气者，除青龙之气外，尚有五气。“一为勾陈之气，其色如黑风吹云，预示败业分离。”“一为玄武之气，其色如早晨的烟雾，预示噩梦和死亡。”“一为朱雀之气，其色如晚霞映水，预示着将因口舌而使官运遭灾。”“一为腾蛇之气，其色如草火烧成灰，预示着盗贼和火灾。”“一为白虎之气，其色如凝脂涂油，预示着将要得病和穿孝衣。”“六气之中，唯独勾陈、玄武两气最凶。如这两气从天门发出，缠在子宫里，必使孩子受损伤；缠在福德准头上，必然败业；缠在命宫上，又侵犯了四门五窍，必遭天诛之灾。何为四门？指的是乾、坎、艮、震这四门；何为五窍？指的是耳、目、口、舌、鼻的孔窍。综上所述，你犯了两大忌，那勾陈之气不只缠在命宫上，且又侵犯了四门五窍，岂能不遭天诛之灾？”

栾大讲得口吐白沫，龙祥仍是将信将疑，摇头说道：“你不必危言耸听，我身为巫师，又是神君化身，莫说没有过错，就是有了过错，皇上也不会拿我怎么样!"

栾大冷笑一声道:"谁说你没有过错?依老朽看来,你至少犯下了三件滔天大罪,千刀万剐也不为过!"

龙祥也来了气,沉声说道:"愿闻其详。"

栾大道了声好字,扳着指头说道:"那少翁伪造牛腹天书,明明是个骗子,皇上将他杀了,罪有应得,你却为他鸣冤叫屈,此罪一也。"

龙祥欲待要辩,想了一想,改口说道:"请说第二件。"

"你借为皇上治病为名,故弄玄虚,欺骗皇上,此罪二也。"

龙祥终于忍不住了,辩道:"你说我故弄玄虚,可有什么凭证?"

"当然有了。"栾大一边说一边从怀中摸出一个紫色盒子,笑吟吟地说道,"老朽这盒,与你那盒颜色不同,却也会自动启开。"一边说一边轻轻地按动盒下机关,那盒果真自动启开一道缝儿,冒出一缕轻烟。

龙祥见他的机关被栾大识破,强词夺理道:"你这只盒子虽然也会冒烟,但这烟没有香气,不能治病。"

栾大道:"让这盒子冒香气还不容易?只需找郎中讨几服可以清热的草药即可。"

龙祥没词了,额头上直冒虚汗,但又不愿认输:"你说我至少犯了三件滔天大罪,请问那第三件又是什么?"

"你先不要问我!你只给我说一说,神君是一个什么玩意?"

龙祥道:"这还用问?神君是一个神。"

"不,她不是神,是一个淫妇!"

龙祥愤然说道:"你不管怎么辱骂我都行,但不能辱骂神君!"

栾大也不争辩,起身入室,抱了一捆书简出来,抽出一简说道:"这书你可读过?"

龙祥凑上去一看,只见那上边刻着三个大字:神仙谱。栾大将这个书简放下,又抽一简,递给龙祥。龙祥展读之:"神君者,长陵人也。姓田,俗名倩儿。自幼聪慧,貌若西子。家极贫。年十五,父母双亡,自卖自身,得钱十二万二千缗。父母得以安葬。余钱十二万一千九百九十二缗,为兄买妻一,置地一百亩,草房一座。田家得以不绝。年十八,死于难产,兄嫂感其恩,奉若神明,供于内室。于是,乡间的许多善男信女,纷纷前往叩拜。臧儿(当今皇上外婆)微时,嫁到长陵,屡屡前去祈祷,生了一个皇后,一个丞相。河西战役之前,霍去病将行之时,前去神君庙里祈祷,神君见他英气勃勃，气度不凡，触动一腔情肠，现出真身，并刻意修饰一番，与去病相会，去病正色说道：‘我听说神君道德高尚，才来顶礼膜拜，你倒一副女儿之态，与凡人何异？实在令我失望。’说毕，拂袖而去。”

栾大一脸揶揄地问道：“龙兄，神君是一个什么玩意，你这会儿该清楚了吧？你怂恿一个堂堂的大汉天子，去拜一个淫妇。莫说三罪并罚，就是任择一罪，你还有命吗？”

他见龙祥双腿打战，不停地擦汗，知道抓住了病根，放缓了口气说道：“你已出尽了风头，钱也捞得不少了。为兄计，莫若急流勇退，方是上策。”

龙祥哭丧着脸道：“我何不想来一个急流勇退，可退得下去吗？”

栾大道：“何以退不下去？”

龙祥道：“我亲口对皇上说过，神仙是能见到的，只缘在高不在低，为此，皇上盖了个柏梁台，耗资一亿多。柏梁台已经盖起一年多了，还没让皇上见到神仙，他会让我走吗？”

“这倒也是。”栾大略一思索说道，“只要你真心急流勇退，我这里倒有一个现成的法子。”

龙祥喜问道：“什么法子？”

“皇上不是正宠着李夫人吗？我这就叫延年弟进宫，转告夫人，让她务必把皇上……”他压低了声音。

龙祥频频点头：“好，好主意，我这就回家，候你的信儿。”

栾大举杯说道：“来，为咱们的精诚合作干杯！”

龙祥举杯应道：“干杯！”

咣咣咣，一片碰杯之声。直喝到鼓打三更方散。

第二天一大早，乘武帝上朝之机，李延年来到招仙阁，把栾大的计谋，和盘端给了莲儿。莲儿微微一笑说道：“这个容易。”

用过晚膳，莲儿双手攀着武帝脖子，娇滴滴地说道：“陛下，自臣妾入宫以来，您将臣妾藏在后宫，大门不出，二门不迈，臣妾好烦。您今儿横竖无事可做，不如陪臣妾出去散散心吧！”

武帝正宠着莲儿，焉有不允之理？二人携手来到院中。也是上天有意成全，今晚的天空特别蓝，月亮也特别亮，月光像水似的倾洒下来，给宫院涂上了一层光明、淡雅、柔和的色彩。莲儿很夸张地说道：“啊，多好的月夜呀！”

她突然转身，又一次搂住武帝脖子，撒娇道：“陛下，臣妾想去一个地方，好好地赏一赏月。”

武帝也不在意，笑问道：“什么地方？”

“柏梁台。”

武帝摇头说道：“不可！”

“为什么不可？”

“那是朕准备了与神仙相会的地方，岂是闲人随便上的？”

莲儿扭动着娇躯道：“不，臣妾要上，臣妾要上的！再说，臣妾也不是闲人，臣妾是陛下的夫人，有道是妇随夫贵，陛下能上得，臣妾为什么上不得？”

武帝被缠无奈，食指一勾，照她鼻尖上轻轻一刮说道：“你真是个小赖皮，朕答应你，只此一回，下不为例，记住了没有？”

莲儿的愿望得到了满足，还有什么不答应呢？笑嘻嘻地回道：“记住了。”

皇帝去一个地方，不像我们这些凡人，腿一撩便可动身，要经过一番布置呢。

不消一刻，一切准备就绪，莲儿扶着武帝，登上了巍峨的柏梁台。

柏梁台真高啊！明月繁星，蓝天白云，夜风习习，远近宫阙沐浴在月光中，缥缈如神话中的琼楼玉宇。月景虽美，莲儿无心观赏，她此行目的，是将武帝绊在台上，陪她饮酒，最好饮醉，好做那事。故而，随着武帝赞叹了几声月景，话锋一转说道：“陛下，如此美景，您不觉得缺少点什么？”

武帝兴致很高，一边赏月一边问道：“爱妃觉着缺少点什么？”

“酒！”

“对，赏月是不应该离开酒的。快传宫监，送酒上来。”

不大会儿工夫，酒菜已送上台来，二人举杯啜饮。莲儿乘武帝不备，用小指指甲剜了一指甲催情药弹到武帝杯中。

武帝本来好色，心情好，催情药又从中推波助澜，喝下药不消半刻，便有了要做那事的冲动。

莲儿见时机成熟，慢慢靠到他的身上，轻轻地吻他的脸颊。

她将小嘴一撇道：“神仙虽然好，但虚无缥缈，几人得见？倒是那衣可以御寒，食可以充饥，男欢女爱，其乐无穷。放着眼前现成的快乐不享，去想那些虚无缥缈的东西，臣妾以为不可取也！”

武帝见小美人动了气，满脸赔笑道：“好好好，还是爱妃说得对。”

莲儿扑哧一声笑了，忙起身为武帝宽衣解带。二人足足折腾了一个多时辰，方互相搀扶着走下柏梁台。所幸，今日并非三六九朝王见驾之日，可以睡一个懒觉。

武帝一觉睡到辰时三刻，未及用膳，龙祥求见。龙祥是神君使者，不能不见。

那龙祥平日见了武帝，甚是谦恭，今日却面带异常。

武帝惊问道："龙爱卿，你这是怎么了？"

龙祥避而不答，反问道："陛下，您昨夜可是登过柏梁台？"

武帝一脸惊诧地问道："朕登柏梁台是在夜里，只有几个宫监知道，你怎么会知道呢？"

龙祥面带怒容道："陛下莫管臣如何知道，陛下只管回臣的话，昨夜您登没登柏梁台？"

武帝如实回道："登了。"

"不只登了，您还在上边行云布雨，折腾了一个多时辰。"

武帝愈发诧异了："这事，你又是怎么知道的？"

"唉！"龙祥轻轻摇了摇头，"陛下呀陛下，让臣怎么说呢？柏梁台本是与神仙相会之地，何等神圣？陛下竟然在上边行云布雨，亵渎神灵，惹得神君冲冲大怒，托梦于臣，言说此地已污，神仙不会再来了。这且不说，他还说，柏梁台既污，她和臣的缘分也就尽了，陛下呀，神君这一走，臣这巫师也就干不成了，臣拿什么养家糊口？呜呜呜……"他竟当着武帝的面号啕大哭起来。

武帝又悔又恨，狠狠地瞪了莲儿一眼。这一切本在莲儿预料之中，却装作很害怕的样子，离座跪地，痛哭流涕地说道："陛下，千错万错，错在臣妾，臣妾愿意以死来报陛下。"一边说一边起身，以裙裾遮面，向房柱上碰去。

在武帝的数千佳丽之中，论貌，李莲儿称不上第一，但床上功夫却是无人可比。武帝岂能舍得让她去死？

武帝一跃而起，双手抱住莲儿："爱妃，昨夜之事，责不在爱妃，你不必愧疚。"

莲儿一边挣扎，一边哭道："陛下不必拿话安慰我，莲儿坏了陛下大事，莲儿罪该万死，还是让莲儿死了好！"

武帝和颜悦色劝道："朕不是已经说过了，昨夜之事，责不在你，就是在你，朕也舍不得让你去死。乖乖，听话，你乖乖地给朕坐下。"

莲儿倒也听话，乖乖地回到座位上，仍是嘤嘤地哭个不停。武帝正要替她擦泪，忽然想起了站在一旁的龙祥，一脸不悦道："神君走了，你变成了凡夫一个，还不快走，待在宫中做什么？"

龙祥诚惶诚恐道："小民是应该走的，但小民尚有一言，要启奏陛下。"

武帝板着脸道："讲。"

"您待小民，恩重如山，小民却未能为您引来神仙，深以为憾。小民不久前碰到一人，名叫栾大，是少君的师兄，道术亦在少君之上，经常与神仙往来，陛下若能把他请进宫来，还怕见不到神仙吗？"

武帝脸上，顿时有了笑容，急切切地问道："这人现在何处？"

"就在长安城中。"

"具体在什么地方？"

龙祥摇了摇头。

武帝面现不悦道："这么大一个长安城，你叫朕哪里去找？"

不知什么时候，莲儿已停止了抽泣，插言道："陛下此话差矣，陛下身为大汉天子，拥有四海，莫说寻一个人，就是寻一只蚂蚁，也并非难事。"

武帝忽有所悟，手拍脑门说道："是了，是了，朕有办法了。"当即召来秉笔宫监，口授一诏，宫监记录下来，送到御书房中。不消半个时辰，用黄纸誊写了一百余张，张贴到长安城大街小巷，题为"寻活神仙栾大"。

这一切，尽在栾大预料之中。为了再次吊足武帝胃口，他躲在李延年家中，七天未曾露面。

到了第八天早晨，他觉着，把武帝的胃口已经吊得差不多了，方对李氏兄弟说道："我该出山了，请把那个叫卫律的叫来。"

卫律虽说是个无赖，却颇具眼力，自李延年做了协律丞之后，他便断定，这李家兄妹，迟早必要飞黄腾达，我何不攀附凤尾？不愁没有出头的那一天，加之，老家又不在新丰，无甚可恋，李家兄妹进宫之后，他便也携妻来到长安，赁了三间茅屋，定居下来。

这茅屋距李延年的府邸，不足二里，闻听栾大叫他，卫律一溜小跑赶来。

一见面，栾大便笑吟吟地问道："卫律，"寻活神仙栾大"那张皇榜，你可看到？"

卫律点头哈腰道："看到了。"

"那皇榜怎么说？"

"皇榜说，有知栾大下落，报一信者，赏钱三万缗。"

“那你咋不去报呢？”

卫律瞥了一眼延年：“这事，小弟曾和延年兄商量过，他不让报。”

栾大赞许地说道：“你倒是一个守信的君子，仅凭这一点，这场富贵非你莫属！”

卫律强压欢喜，试探着问道：“什么富贵？”

栾大道：“你这会儿上街，见那皇榜，尽管揭下，看榜之人必定问你，你为什么要撕皇榜？你就说你知道活神仙消息，看榜之人若问活神仙现在何处，你就说在高升客栈。这样一来，你那三万赏钱不就到手了吗？”

卫律摇头说道：“这赏钱我不敢领。”

“为什么？”

“你明明不在高升客栈呀。”

栾大扑哧一声笑道：“你这人咋这么傻呢？我这会儿是不在高升客栈，可我有两条腿呀。”

卫律这才醒悟过来，嘿嘿一笑说道：“我真是一个大傻瓜，咋没想到人还会走呢？多谢了！”

说毕，朝栾大深作一揖，大踏步地朝门外走去。

栾大朝延年、广利拱了拱手说道：“我也该动身了。”

高升客栈，也在皂河东岸，距李延年府邸，也不过一里之路，盏酒工夫，便来到了。

这客栈有些偏僻，客人不多，老板对栾大甚是热情，刚刚将他安顿下来，卫律领着一个宦官、五六个羽林军赶来。客栈老板还以为出了什么事情，吓得两腿打战，结结巴巴地问道：“请问公公，你们有何贵干？”

宦官道：“我们来寻一个人。”

“谁？”

“活神仙栾大。”

那时住宿，凭的是钱，故而客栈老板根本不知道他的栈中住着一个什么栾大。为了少惹麻烦，双手一摊道：“我这店中，根本没有住什么栾大。”

宦官把脸转向卫律，卫律趋前一步说道：“掌柜，你不用害怕，栾大身怀异术，皇上慕名而召，并没有别的意思。”

掌柜暗道，我既然话已出口，说栾大不在这里，岂能轻易改口？满面赔笑道：“我也知道你们没有别的意思，但栾大确实不在店中。”

卫律将眼一瞪说道：“你这人，敬酒不吃吃罚酒。我明明看见，栾大住在你的客栈，为什么瞪着两眼说瞎话？”

掌柜有些心虚，他的店中住了几十个客人，内中有没有栾大，他并不知晓，见卫律说得有鼻子有眼，不敢再持己见。嘿嘿一笑说道：“鄙店客人太多，我也照顾不过来，大爷既然看见栾大住进鄙店，我这就给你找一找看。”

说毕，挨门挨房地问了一遍，竟没有一人承认是栾大。

卫律固执地说道：“我这两眼不瞎，我明明看见栾大住进了这个客栈，决不会错的，你敢让我亲自查一查吗？”

掌柜理直气壮地回道：“有什么不敢？”

在掌柜的带领下，卫律挨房查了起来。查到第二十七房的时候，卫律惊叫一声：“栾大，我终于找到你了。”

宦官和羽林军听到叫声，立马跑了过来。

栾大使劲摇了摇头回道：“你认错人了吧？鄙人不叫栾大。”

卫律道：“你就叫栾大，你瞒得了别人，岂能瞒得了我？”

栾大一脸惊讶道：“我和你并不相识呀！”

卫律道：“你不必装迷糊，去年五月初五，我找你观相，你说道，我有失子之痛。我将你大骂一顿，未出十日，我那刚满十周岁的儿子，去皂河洗澡，一猛子下去，再也没有出来。”说到此处，两眼微微有些泛红。

到了此时，栾大不好再瞒，长叹一声说道：“山人正是栾大，但不知你苦苦找山人为甚？”

卫律道：“不是小人苦苦找你，乃是皇上要召你进宫，与你同享荣华富贵。”

栾大道：“山人是一个与神仙交往的人，并不希冀尘世间的荣华富贵，请你见了皇上，切勿不要说出山人的行踪。”

卫律使劲摇了摇头，手指宦官说道：“你可识得此人？”

栾大朝宦官望了一眼，将头摇了一摇。

卫律笑道：“你既然不认得，我就详细地告诉你，他叫郝秋，官拜小黄门，是皇上的心腹宫监。你要我日哄皇上，他第一个就不会答应。”

栾大将郝秋打量一番，将信将疑道：“你果真是郝秋郝公公？”

郝秋满脸微笑地点了点头。

栾大长叹一声：“如此说来，山人只有去宫中一趟了。”

郝秋闻言，忙叫赶进来一辆大使车，载着栾大，径奔招仙阁。武帝正与莲儿对弈，闻报，忙推棋而起，连道了两声有请。片刻之后，栾大身着长袍，手执拂尘，大模大样地走进阁来，见了武帝竟然不拜，拱了拱手说道："方外之人栾大，见过陛下。"

武帝身为大汉天子，来拜见他的人，无不卑躬屈膝，哪里见过这等傲慢嘴脸？可人就是这么怪，武帝不但不生栾大的气，反觉着他既然这么傲慢，必定身怀异术，满面带笑道："先生请坐。"

栾大也不谦让，武帝仍在站着，他居然一屁股坐了下来，端起案上水杯，一饮而尽。郝秋明明见他空着杯子，恨他倨傲无礼，也不上前续水。

武帝轻声斥道："郝秋，还不快快给先生续水！"

郝秋无奈，走上前去，也不端杯，将壶拎得老高，居高临下，像撒尿一般，弄得热水飞溅。

武帝狠狠瞪了郝秋一眼，他这才忙将水杯端起，轻轻斟了一杯，放到案上。

"先生，听说您和李少君先生是师兄弟？"武帝赔着小心问道。

栾大略略点了点头。

武帝无话找话道："据少君先生称，他已二百多岁了，不知先生高寿几何？"

栾大啜了一口热水道："山人也不知道自己年寿几何，山人依稀记得，周安王二十一年，山人自齐入秦，途经卫国，见路边几个小孩正在玩尿泥，内有一孩，生得天庭饱满，地阁方圆，乃贵人之相，问其姓名，名唤公孙鞅，山人的眉头不由皱了起来，对公孙鞅说道：'我有事要找你的父亲，可否带我一见？'公孙鞅道了声可字，带山人见了他的父亲，山人直言不讳地说道：'公孙大夫，吾观贤子之面，当为大贵，然其名讳不祥，鞅者，殃也，前边又冠一孙字，恐其不得善终，还将祸及子孙。依山人之见，莫如改为公孙惠，不知大夫意下如何？'那公孙大夫，也就是公孙鞅之父，不听山人之言，他言道：'此子之名，乃卫侯所赐，岂能轻改？'话不投机，山人拂袖而去。三十四年后公孙鞅果然大贵，封为列侯，食邑十五城，周七百余里，因他食邑在商，故名商鞅，亦号商君。周显王三十二年，支持商鞅变法的秦孝公驾崩，其子驷即位，是为惠文公，听信谗言，要将商鞅一家灭族。山人那时正在秦国游历，得了消息，夤夜告之于鞅，鞅大惧，牵一幼孙，扑地跪地泣道：'吾对秦忠心耿耿，反招杀身之祸。吾死不足惜，吾之香烟恐要因吾而绝矣，愧对列祖列宗。此乃吾孙，名唤公孙青，托之于先生，青儿若因先生而生，给先生立一生牌，世代供奉。’山人见他说得可怜，慨然而允，牵了公孙青，夤夜逃去。后因惠文公追捕甚紧，山人将公孙青寄养于周之王城洛阳，易姓为李……”

说到这里，李莲儿突然问道：“先生，您说您将公孙青寄养于洛阳，可知寄养在洛阳什么地方？”

栾大不加思索道：“洛阳南城墙根儿。”

“那房主叫什么名字？”

“叫李世平。”

“您当时是什么打扮？”

“就是今天这身打扮。”

李莲儿趋前几步，撩衣而跪，口称：“恩公在上，请受莲儿一拜！”说毕，一连磕了三个响头。事出突然，武帝吃了一惊。

栾大也装作一副吃惊的样子：“娘娘，您这话从何而起？”

李莲儿一脸激动地说道：“我便是公孙青的九世玄孙李莲儿，我家世世代代供奉着您的牌位，自从记事那年起，逢年过节，我便要随着父母参拜您的神位，不想今日在此见到恩公。”

栾大咦了一声道：“怪不得在下见了娘娘觉着十分面熟，娘娘长得很像公孙青，特别是下颏和鼻子。”

武帝终于明白了，原来莲儿是商鞅的后人，栾大则是莲儿的恩人。若以此推算，栾大的年龄，当在三百岁左右，能活到三百岁的人，也算半仙之体了。这样一想，对栾大愈发敬重。双手抱拳说道：“先生既是夫人恩公，自然也是朕的恩公了，请受朕一拜。”说毕，弯腰一揖。

一个天子，竟然对方士下拜，而这方士居然受了，连句谦让的话也没有，把个郝秋气得，真想上去掴他几个耳光。

武帝拜过栾大，重新落座，满面带笑道：“先生乃半仙之体，少不得要与神仙往来，不知先生最熟悉的是哪路神仙？”

“安期生、羡门。”

“可曾谈到过朕？”

“不只谈到过，他们还让在下给陛下捎几句话。”

神仙竟然知道自己，且有话要给自己说，幸莫大于此，武帝殷切切地问道：“他们都说了些什么？”

“他们说，黄金可以炼成，黄河决口可以堵塞，神仙可以见到，长生不死之药也可以得到……”

黄金武帝倒不是怎么稀罕，身为大汉皇帝，还缺黄金吗？黄河决口虽说关系着一千多万人的生命财产，但它终究没有直接威胁到自己生命，可管也可不管。命呢？只有一条，霍去病死了，王夫人也死了，死时都是二十出头，人的生命竟如此脆弱，每死一个人，对他便是一个沉重的打击，他怕死。一听说神仙可以见到，长生不死之药也可以得到，眼睛突地一亮：“这太好了，请先生速去把神仙请来，朕要向他面讨不死之药。”

栾大摇了摇头反问道：“神仙能是那么容易请的吗？”

武帝一脸愕然道：“难道请他们还有什么条件？”

“当然有。”

“什么条件？”

栾大端起水杯，一饮而尽，擦了擦嘴说道：“陛下对神仙可谓一往情深，为了见到神仙，也请了不少方士，可至今未能与神仙见面，知道为什么吗？”

武帝道：“为什么？”

“原因有三。”栾大不紧不慢地说道，“神仙在高不在低，这话固然不错，可别忘了，神仙还喜静不喜闹。陛下把招仙台，也就是柏梁台盖在未央宫北阙，位于长安城的闹市区，神仙怎么会光临呢？”

武帝一想也对，忙道：“依先生之见，招仙台当盖在什么地方？”

“盖在甘泉宫内。在下半月前从甘泉宫路过，甘泉宫的上空布满了五彩之气。而且，那甘泉官远离京都二百余里，有甘泉涌出，若是加以扩建，定是一个休养的好地方。”

武帝轻轻颔首说道：“就依先生之见。”

栾大道：“这招仙台不能低于柏梁台。”

武帝道：“这是自然。”

栾大道：“神仙不食五谷杂粮，不饮凡水，陛下要想成为神仙，必得改变饮食。怎么改变，依在下之见，陛下可在招仙台上塑一铜神，让他手托银盘，承接雨露，一来可供陛下饮用，二来以此水为引，做成丸药，常年服用，自可身轻如羽，好让神仙度您。”

武帝道：“这个也好办，请说另两因。”

栾大道：“这第二因吗？您脊梁的正中间，有一块蚕豆大的蝇子屎，蝇子乃不洁之物，怎能背着蝇子屎上天？”

武帝吃了一惊，脱口说道："好神呀，朕这背上有颗蝇子屎，先生也能看见！既然这颗蝇子屎有碍朕之仙途，请先生说一个破解的法儿。"

栾大道："这个好办。在下有一种膏药，贴到蝇子屎上，只消三天，蝇子屎就会自行消去。"一边说，一边从怀中摸出一张膏药，单手递给武帝。

武帝接过膏药，复又问道："招仙台建在闹市区，是朕不能成仙的第一个原因；蝇子屎不洁有碍朕之仙途，此乃朕不能成仙的第二个原因，那第三个原因又是什么？还请先生明示。"

"这第三个原因嘛……"栾大欲言又止。

武帝催促道："先生有话，但讲无妨，不必吞吞吐吐。"

栾大犹豫片刻，复又说道："此事有关社稷，请陛下屏退左右，在下方敢直言。"

武帝朝郝秋及两个宫女挥了挥手，示意他们退下。栾大方才说道："请问陛下，陛下若是成神成仙之后，这大汉的锦绣江山，当交何人执掌？"

武帝不加思索道："这还用问吗？朕若成神成仙之后，汉之锦绣江山，当然交太子执掌了！"

栾大轻轻摇了摇头说道："恕在下直言，太子既非天子之相，又非长寿之相。"

武帝道："依先生之见，朕成神成仙后，这锦绣江山当交何人执掌？"

栾大朝莲儿一指，没有说话。

武帝一脸惊诧地指着莲儿问道："她？先生差矣，汉家规矩，皇帝传子不传弟，连弟都不传，怎能传给外姓？何况还是一个女流之辈！"

栾大微微一笑说道："陛下误会了，在下的意思，并非要您传位于夫人，是传给她的儿子。"

武帝一脸惊诧道："儿子？夫人入宫一年有余，并未为朕生下一男半女，哪来的儿子？"

栾大笑指莲儿说道："这儿子就在她的肚中。"

武帝哈的一声笑了，手指栾大说道："先生又差了，夫人莫说未有身孕，就是有，有道是隔皮不识货，你怎么就敢断定她定要为朕生一个儿子呢？"

莲儿趋前两步，贴着武帝耳朵小声嘀咕几句，大意是说，臣妾的月事照理七天前就该来了，至今未来，莫非真的怀上了孩子？这话栾大虽说没有听见，但他心如明镜一般，而且，根据怀孕日期推算，莲儿怀的是一男孩。就算不是，也可以通过药物改变，若非有此两点，杀了他，他也不敢指着莲儿肚子说，这儿子就在她的肚中。

武帝听了莲儿的话，又惊又喜，但对于栾大的话，却是似信非信：“先生你凭什么断定，夫人生的一定是一个儿子？”

栾大嘿嘿一笑道：“凭什么？凭的是《许负相法》，书中云‘乳生毫毛，必生贵子’。”

武帝又是吃了一惊，他……夫人乳生毫毛，乃闺中极大秘密，居然也被他瞧了出来，可见道行不浅。满脸带笑道：“依先生所言，夫人当为朕生一贵子，若果真生一贵子，朕定传位于他。只是，孩子尚未生下，朕怎么传？”

栾大沉吟片刻说道：“这倒也是。不过，如此一来，陛下成神成仙的进程，可要向后推迟九个月了。”

武帝一脸无奈地说道：“推迟就推迟吧。反正，那招仙台，也不是三五个月就可以建得起来的。”

栾大见武帝上了他的圈套，暗自喜道：皇帝身为九五之尊，原只说何等高贵，何等神秘，想不到竟然如此好骗，比骗三岁小孩还要容易。听说他的长女刘妍，年已十七，长得花朵儿一般，若能据为己妻，岂不是天大的造化！应该据为己妻，我的莲儿，被你霸去，数月不得一见，你睡我的莲儿，我就睡你的闺女。想到此处，微微一笑说道：“启奏陛下，在下尚有一言相告。”

武帝把栾大看成了活神仙，见他有言相告，忙满脸赔笑道：“请讲。”

栾大正色说道：“神仙从来不求人，只有人求神仙。陛下如果想把他们请来，以求不死之药，仅仅建一个招仙台，去一颗蝇子屎，抑或是改立一下太子，远远不够。必须让派出的使者身份高贵起来，还要成为陛下的亲属，只有这样，神仙才肯和使者见面。”

栾大早已把武帝折服得五体投地，他的话焉能不听！

武帝哈哈一笑说道：“朕身为天子，拥有四海，想使一个人高贵起来，如同拾芥。”

栾大道：“陛下怎样打算让在下高贵起来？”

武帝避而不答，嘿嘿一笑说道：“先生听封。”

若照常人，听到“听封”二字，立马跪了下去。栾大不然，面无表情地站着，并没有下跪的意思。武帝也不计较，金口微张，吐出九个字来：“朕封先生为五利将军。”

汉之将军，大都是一刀一枪博出来的，武帝对莲儿那么宠爱，爱屋及乌，也仅仅封了她二哥李广利一个郎中。这一下，你栾大该满足了吧？

栾大的胃口大着呢，一个将军头衔焉能使他满足？他慢吞吞地说道：“陛下也太小看了神仙，大汉的将军不敢说多如牛毛，少说也有一百多人，仅仅一个将军，便使人的身份高贵起来，陛下有那么多将军，还需要在下为陛下去请神仙吗？”

武帝一想也是，又叫了一声先生听封，加封栾大为天士将军、地士将军、大通将军。一人身兼四将军，亘古未见，这一下，你栾大总该满意了吧？

栾大照旧站着，面无表情。

莲儿看在眼里，急在心里，忙向他丢了一个眼色，他视而不见。

武帝狠了狠心，又加封栾大为乐通侯，食邑二千户，赐一处上等府第，奴仆千人。封毕，殷切切地瞅着栾大，总道这样一来，他再也没有不谢恩的道理。

栾大志不在此，岂能轻易谢恩？

武帝一脸困惑道：“栾先生，你为什么还不谢恩？”

栾大一脸不悦道：“看来陛下并未明白，是人求神仙，并非神仙求人的道理。”

武帝道：“朕已封你身兼四将军并乐通侯，还不足以使你的身份高贵起来？”

栾大道：“在下已经说过了，不妨再说一遍，神仙希望他的使者，不仅仅为将为侯，还要成为陛下亲属。在下过去与神仙交往，之所以未能将神仙请到长安，也未能讨得不死之药，皆因身份卑微。如陛下能让在下成为您的女婿，神仙就再也不会嫌弃在下，在下定能将神仙请到长安，抑或是讨来不死之药。”

此言一出，把莲儿吓了一大跳，栾大呀栾大，你也太过分了，竟敢张口向皇上要他的掌上明珠！他若是一恼，问你个蔑视君王之罪，一刀把你杀了，岂不前功尽弃！想到这里，不由向武帝乜了一眼，还好，他并没有生气，只是两眉微皱，一脸沉思的样子。栾大等不及了，一脸不悦，冷冷说道：“陛下，在下刚才的话等于没说。在下不能成为您的娇婿，神仙就会不高兴，神仙若是不高兴，岂肯来长安见您？更莫说赐您长生不死之药了！您若不想成神成仙倒也罢了，若是想成神成仙，只有另请高明了。在下告辞了！”

武帝见栾大要走，急不择言，脱口说道：“先生莫急，朕答应你，朕答应把朕的阳石公主刘妍嫁给你。”说毕，长长地叹了一口气。

这样一来，栾大高兴了，诡谲地一笑，双腿跪地，高声说道：“臣谢过皇上！啊！不，小婿谢过岳父大人，岳父大人万岁万岁万万岁！”

莲儿长出了一口气，捂着狂跳的胸口，暗道了一声：我的妈呀，吓死我了！

第三十八章　癫狂妖人　攫宠骗色

送走了栾大，武帝即命起驾，径奔昭阳殿。他已有半年多没有驾幸昭阳殿了，不由生出几分生疏的感觉。生疏也得进，此行关乎着长女的婚事。中国人的婚事，自古以来，依的就是父母之命，媒妁之言，自己不只是刘妍父亲，且还是皇帝，对于刘妍的婚事，更当一言九鼎，无须找卫子夫商量，但作为一个父亲，不可能面对面地对女儿讲，我将你许配给栾大了。而且，宫中风言风语，都道是刘妍在暗恋着她的表弟——公孙敬声，那公孙敬声乃公孙贺与卫君孺的长子，小刘妍一岁。若是当面顶撞起自己来，如何收场？

卫子夫并不知武帝此行要干什么，但作为一个女人，男人大驾光临，自当十二分地欢迎，率领宫监、宫女，迎到大门以外，跪成一字长蛇。武帝双手搀起子夫，携手进了昭阳殿，晚膳也是在昭阳殿用的。有道是，“久别胜新婚”。子夫尽管有些老，那是对年轻的宫妃而言，就她的实际年龄来说，还不足三十八岁，岂能算老？就是真的老了，也不可怕，老有老的滋味，比起后宫那些不谙风情的娇娃，受用的多了。况且，此行有事求她。于是，武帝便奋起龙马精神，拼命地在她身上折腾，累得自己气喘吁吁。

他喘息了一阵，将子夫再次揽到怀中，轻声说道：“子夫，朕给妍儿寻了一个郎君。”

子夫吃了一惊，妍儿暗恋着公孙敬声，你又不是不知道，干吗还要乱许人家呢？

这话，子夫没敢说出口来，但也不敢不接武帝的话茬儿，小心问道：“您给妍儿寻了一个什么样的郎君？姓甚名谁？”

“他叫栾大。”

“栾大？”子夫眨了眨眼睛，努力在脑海中搜索着这个名字。

武帝道：“这个栾大，你肯定不认识，是个方士。”

子夫略显不满道：“陛下贵为皇帝，妍儿乃千金之躯，岂能去嫁一个方士？”

武帝道：“皇后有所不知，这栾大法力无边，简直是个活神仙。”

子夫道："臣妾倒想听一听，他怎么个法力无边？"

武帝道："朕年年求仙，神仙却不肯露面，不知何因。那栾大一见面便找出了病根，却原是朕这背上的蝇子屎在作怪，朕这背上的蝇子屎，非有肌肤之亲，如何知道？这是一；其二，李夫人双乳生了四根毫毛，居然也被他知道了，你说他的道行大不大？"

子夫虽说将信将疑，也不敢驳他，顺着武帝的话说道："他的道行真是够大了。只是，您贵为皇帝，他是一个方士，怕有些门不当户不对。"

武帝笑回道："这个你不必多虑，朕已封栾大为乐通侯，兼五利将军、天士将军、地士将军、大通将军。身兼四将军的，亘古至今，你可见过？与这样的人结亲，若是称不上门当户对，天底下再也没有门当户对的人家了！"

这一说，子夫没词了。

她忽然想起了公孙敬声，我何不拿他挡上一挡？微微一笑说道："陛下，妍儿自小与公孙敬声在一块儿玩耍，相亲相爱，只是没有把话挑明。现在突然要她嫁给栾大，恐怕转不过弯来。"

武帝不耐烦地说道："有什么转不过弯来？儿女婚姻，历来是父母作主，朕既为父亲更为皇帝，难道还作不了妍儿的主？"

子夫连连摇手道："不，不！臣妾不是那个意思。臣妾……臣妾……"

她突然灵机一动："臣妾尚不知栾大多大年纪，怎么给妍儿说呀？"

武帝道："若论他的实际年龄，恐怕有三百岁了……"

子夫扑哧一声笑道："陛下开什么玩笑，人哪能活到三百岁呀？"

武帝一本正经道："谁和你开玩笑，那栾大确确切切是三百岁了。"

子夫仍是有些不信。

武帝问道："商鞅你可听说过？"

子夫道："听说过。"

"他若是活到今日，该是多大岁数了？"

"但不知商鞅生于何年？"

"生于周安王十二年。"

子夫掐指算了一阵说道："商鞅若是活到今日，当有二百七十余岁了。"

"商鞅还在玩尿泥的时候，栾大已经开始云游四海了，你说他有多大岁数？"

"如此说来，他应当有三百岁了。只是，商鞅还在玩尿泥的时候，栾大已经开始云游四海了，这话陛下是听谁说的？"

“听栾大自己说的。”

“他的话可信吗?”

武帝面现愠色:“你是不是觉着,朕受了栾大愚弄?”

子夫忙道:“不,不!臣妾绝对没有那个意思。臣妾是说……”

“你别说了。”武帝打断子夫的话,“当务之急,朕要寻求真仙,而栾大正是朕要寻找真仙的牵线者和搭桥人。栾大需要高贵的身份,需要成为皇亲,以便和神仙往来,朕自然要满足他,否则寻求真仙的事就吹了,你懂吗?好啦,就这么定了,你告诉妍儿,帮她准备准备,近日成亲。”武帝说完,扭过身子,送给子夫一个脊梁。不一刻,便鼾声大作,进入梦乡。

子夫一夜未眠。

等武帝上朝之后,子夫硬着头皮将刘妍召来,长叹一声说道:“妍儿,母后想给你说个事。”

刘妍不知娘要说什么,笑嘻嘻地回道:“娘有话尽管说,妍儿洗耳恭听。”

看到她这副天真无邪的样子,子夫实在不愿把栾大的事往外说。可不说又不行。她绕了一个弯儿说道:“妍儿,你今年该有十七岁了吧?”

刘妍娇声说道:“整十七岁,怎么?娘问这个干什么?”

子夫抚弄着刘妍秀发说道:“有道是,‘男大当婚,女大当嫁’,妍儿不能老待在皇家,应该考虑考虑你的婚姻大事了。”

刘妍何曾没有考虑过自己的婚姻大事?我爱敬声,敬声也爱我,只是羞于向父母提出罢了。但我多次在母后面前流露出对敬声的好感,我相信我的母后不会傻到连这一点都看不到的地步。三天前,敬声亲口对我说,他已正式向他的父亲提出,要娶我为妻,他的父亲满口答应,要寻一个机会,向父皇求亲,莫不是敬声的父亲已经向父皇求过亲了?要不,母后怎会如此问我?是了,一定是这样。

刘妍巴不得这会儿就嫁给公孙敬声,却搂住子夫脖子,娇声娇气地说道:“我不嫁,我这一辈子也不嫁人,我要伺候母后一辈子。”

子夫苦笑一声道:“你不想嫁人,这事由不得你,也由不得娘啊!”

俗谚不俗,“锣鼓听声,听话听音”,问题远没有自己想得那么乐观。刘妍不再撒娇,试探着问道:“母后这话,孩儿有些不大明白。”

子夫长叹一声说道:“儿啊,实不相瞒,你的父皇将你许配给了栾大。”

刘妍吃了一惊:“栾大?栾大是干什么的?”

“他是一个活神仙。”子夫遂将栾大的情况,给刘妍仔细讲了一遍。刘妍不为所动，反大声嚷道：“他是一个骗子，母后没有想一想，一个人哪能活到三百岁？”

子夫解释道：“他是一个活神仙。”

刘妍道：“既然是一个神仙，还要什么富贵，娶什么妻子？他是一个骗子，不折不扣的骗子。女儿弄不明白，那栾大的骗术并不高明，何以把父皇骗得团团转？这是为什么，为什么？”

子夫道：“妍儿且莫把话说得那么绝对，那栾大若没一些儿本领的话，岂能隔衣看到你父皇背上的蝇子屎和李夫人乳上的毫毛？”

刘妍哑口无言，但她实在不愿嫁给栾大，固执地说道：“母后就是说得天花乱坠，孩儿也认定栾大是个骗子，即使他是一个神仙，孩儿爱的是公孙敬声，除敬声之外，谁也不嫁！”说毕，头也不回地走了。

刘妍回到自己的房间，伏在枕上，整整哭了两个时辰，饭也不吃。一宫女小声劝道：“公主，光哭不是办法，依奴婢之见，莫如找一下卫大将军，请他想想办法。”

刘妍一想也是，舅舅卫青，是父皇驾前第一员大将，为征讨匈奴，立下了汗马功劳，父皇对他言听计从，我何不找一找他？当即收住了眼泪，悄悄地找到官监李贵，要了一辆马车，径直去了卫府，见了卫媪和卫青，哇的一声哭道：“姥姥！舅舅！快救救我！”

卫媪见刘妍哭得如此伤心，不知发生了什么事情，惊问道：“妍儿，出了什么事了？”

刘妍抽抽泣泣，把父皇将自己许配栾大的话说了一遍。把个卫媪气得浑身乱抖，以手杖击地，连声说道：“造孽啊，造孽啊！为了自己成仙，竟然舍弃亲生女儿，还算人吗？”

她把脸转向卫青：“青儿，你是大司马大将军，能眼睁睁地看着妍儿叫栾大那畜生糟蹋了？”

卫青别看贵为大司马大将军，但他从小为奴，天生逆来顺受，委曲求全惯了，摇头叹道：“这是皇帝的家事，外戚岂能插手？再说，现在的皇上已非几年前的皇上了，别人的话他是听不进去的。”

卫媪道：“别人的话皇上听不进去，难道连他姐姐平阳长公主的话也听不进去吗？你叫平阳长公主回去一趟，劝一劝皇上，叫他收回成命。”

卫青又摇了摇头说道：“不行呐，皇上满脑子神仙神仙，谁也劝不转他的。”

刘妍来到卫府，满指望让舅舅出面，帮助她摆脱栾大，怎奈皇权如天，舅舅也无能为力，她绝望了，跺着脚喊道：“这辈子为何要生在帝王家？我生不如死，还不如死了好！”一边喊一边朝柱子撞去。

卫青一把将刘妍抱住：“妍儿别急，舅舅倒有一个办法，也不知行不行。”

卫媪急道：“什么办法？还不快说。”

卫青道：“东方朔先生，你们也是知道的，机智诙谐，皇上对他甚是器重，呼之先生而不名。我想请他去做皇上说客，这事也许会有转机。”

卫媪喜道：“这倒是一个人选。”当即催卫青动身。卫青不敢耽搁，忙置了一份厚礼，只身一人前去拜访东方朔。

对于卫青的战功和为人，东方朔甚是敬重，闻听卫青来访，一反常态，趿拉着鞋迎了出来。几句寒暄过后，卫青直言不讳地说道：“东方先生，常言道，‘无事不登三宝殿’，小弟今有一事相求，请您千万别驳小弟面子。”

东方朔嘿嘿一笑：“将军身为大司马大将军，一人之下，万人之上，能让您犯难的事，不是天塌，便是地陷，愚兄怕是也无能为力了。”

卫青苦笑一声道：“小弟今日求您之事，并非天塌，也非地陷，乃是为着甥女刘妍而来。”

“公主怎么了？”

“皇上把公主许配给了方士栾大。”

东方朔吃了一惊：“这怎么成？那栾大少说也有五十多岁，可以做公主的爷爷呢！”

卫青道：“正因为这样，小弟才想请您出山，劝一劝皇上，让他收回成命。”

东方朔沉吟良久道：“栾大这人，愚兄早就认识，是一个赌棍。没想到二十几年没见，变成了一个方士，浑身上下满是妖气，愚兄若能阻止他与公主成亲，定是一件大功德。但皇上被其所惑，愚兄的话他不一定听得进去。”

卫青道：“先生千万不要推辞，且将死马当成活马医，事若成，乃是妍儿造化，不止妍儿感谢您，皇后和小弟，也将没齿难忘！”

东方朔叹了一口气道：“大将军既然把话说到这个份上，愚兄还有何话可说？愚兄明日进宫，成与不成，全靠公主的造化了。”

东方朔有个毛病，非朝王见驾之日，大都睡到日头晒到屁股。这一日，他特地起了个大早，穿戴整齐，正要进宫面圣，司马相如登门造访，说是司马谈死了，邀他一块前去吊孝。他和司马谈并无深交，但和司马谈的儿子司马迁过往甚密，自是不好推辞，也就没有打算推辞。

吊孝归来，留司马相如用过午膳，已是未牌三刻，估摸着皇上已经午休起来，乘坐一顶软轿，来到内宫，下得轿来，经过未央宫大殿，径直朝昭阳殿走来。昭阳殿左侧是武帝的正式寝宫，右侧则是卫子夫的寝宫。东方朔是武帝的近臣，长年出入内宫，宫监们几乎没有他不认识的，故而，走了一路，打了一路招呼。

“先生好！”

“彼此彼此。”

“先生进宫何干？”

“晋见皇上。”

“皇上不在昭阳殿。”

“在什么地方？”

“招仙阁。”

东方朔暗骂了一声我真浑，皇上正宠着李夫人，早已把皇后晾在一旁，昭阳殿里能找得到吗？当即调头，径奔招仙阁，果然找了个正着。皇上正在和一个尖嘴猴腮的人对弈，这人年约五十开外，身佩五枚金印，金灿灿耀人眼目，稍微一动，便叮当作响。不用问，这一定是栾大了。除了栾大之外，尚有李莲儿、李延年、韩说、郝秋、苏文、常融及数十名宫监宫女。

众人见东方朔来了，纷纷和他打着招呼，连武帝也很客气地向东方朔点了点头。唯有栾大，那眼朝东方朔翻了两翻，端坐不动，一脸傲气。

东方朔暗自骂了一声，好大的架子，我今日非要挫一挫你的威风。

刚好，二人已结束了对弈，武帝输了。栾大一脸得意地说道：“陛下，小婿的棋下得怎么样？”

论年龄，若是以三百岁计算，栾大长了武帝二百五十余岁；且不说三百岁，就按五十余岁来算，也长了武帝将近十岁，却自称小婿，听了让人恶心。

东方朔有意挫他面子，冷不丁地叫道：“栾大，你让我好找！”

栾大骤然一惊，他能不惊吗？当年，赌技欠佳，几乎是逢赌必输，欠了一屁股赌债，他和东方朔赌过一次，只是觉着面熟，却想不起是谁。误以为是债主找上门来，若在此时，向自己讨要赌债，岂不颜面丢尽？三十六计，赖为上策。翻了翻眼皮说道：“足下是谁？我怎么不认识？”

李延年忙上前说道：“这位是太中大夫兼给事中东方朔大人。”

栾大倒吸了一口凉气，乖乖，我怎么让这位瘟神给缠上了？今日不把他斗败，很难再在朝廷立足，但要把他斗败，谈何容易？

他搜肠刮肚地想，那主意还真让他给想出来了。

他哈哈一笑，调侃道："噢，我想起来了，你就是那位在蟠桃会上，偷吃了王母娘娘蟠桃的东方朔呀？"说毕，一脸得意地瞅着东方朔，这茬儿看他怎么接？

东方朔想也不想，朗声回道："正是在下。"

栾大暗道了一声接得好，下边看我怎么戏弄你。舔了舔嘴唇，笑嘻嘻地说道："五百年前，王母娘娘的蟠桃会，我忝居末座。东方先生不得邀请，私自潜入宴会，偷桃被捉，狼狈之极。至今思来，历历在目。"

东方朔暗自骂了一句，王八蛋，你竟敢戏弄到老子头上，老子岂能饶你！面上却装出十分友好的样子，朝栾大招了招手，示意他站起来。

栾大不知他要干什么，稍稍迟疑一下，站了起来。东方朔笑眯眯地说道："请附耳上来。"

东方朔贴着栾大耳朵，轻声说道："你刚才的话有些不实。"

"哪句话不实？"

东方朔明是耳语，却用周围都能听得见的声音说道："你说你忝居末位，这句话就不实。蟠桃宴上确实有你，但你当时不过是一条趴在桌子底下啃骨头的狗，什么时候投胎变成人了？"

听了这话，郝秋哈的一声笑出声来，忽觉不妥，忙又将嘴掩住，左右看了看，都在窃窃发笑。

当然，也有没有笑的，一个是栾大，再一个便是李延年。栾大面如猪肝，无言以对。李延年赶忙出来圆场："栾将军不要生气，东方先生最喜开玩笑，连皇上都不和他计较的。"

栾大的脸色逐渐平静下来，又重浮现起一层傲慢的笑容，自我解嘲地说道："他没有开玩笑。我原以为他已不记得前世之事，看来东方朔的记性还不错。我的前世确实是二郎神驾前那条神犬，此事无人知道，没想到今天竟被故人说破。"

栾大如此高超的应变能力，让东方朔感到吃惊，正想再寻一个突破口，将他赌徒的嘴脸揭穿。谁知，栾大尽管狂傲，颇有自知之明，他知道自己不是东方朔对手，此处非久留之地，趁着东方朔未曾发起进攻之前，溜之大吉。

他双手抱拳，对武帝说道："陛下，有一故人，与小婿约定，酉牌时分，前来造访小婿，恕小婿不能奉陪，告辞了！"

武帝正宠着栾大，满脸带笑道："贤婿有客尽管去会，不必客气。"

他目送着栾大，直到看不到栾大的影子，才收回目光，自言自语道："怪不得他有那么大的神通，原来他是二郎神驾前的神犬呀！"

东方朔愣了一愣，糟糕，我原本要戏弄栾大，偏偏给他帮了一个大忙，反使皇上相信，那栾大压根儿就不是一个凡人。如此一来，这话就不好劝了。

他正在暗自后悔，武帝敲了敲棋盘喊道："东方先生，咱俩杀一盘吧！"

他哦了一声："陛下，您说什么？"

郝秋代答道："陛下说，要和您杀一盘呢！"

东方朔忙端带撩袍，面对武帝坐了下来，因他心不在焉，一连杀了三盘，盘盘皆北。将棋一推说道："陛下，臣不和您杀了，臣想和您说说话。"

武帝笑微微地说道："今下午，朕和栾大杀了三盘，又和你杀了三盘，真该歇一歇了，有什么话你就说吧。"

东方朔斟字酌句地说道："陛下，臣实话实说，臣以前确实认识栾大将军。"

武帝笑道："这个朕知道。"

"陛下是如何知道的？"

"从你两个刚才的对话听出来的。"

"陛下误会了，臣刚才和栾大的那番舌战，纯属信口开河，臣没有参加过蟠桃宴，栾大也不是什么神犬，他是一个赌徒，一个无赖……"

武帝连连摇手道："先生不要说了，在朕的记忆中，先生从不肯背后说人是非，今日怎么说起栾大来没完没了？你二人都是神仙一类的人物，应该互相补台，不应该拆台嘛！"

东方朔使劲摇了摇头道："臣不是神仙，是个凡人。"

武帝笑驳道："先生不必自谦，先生不是神仙，岂能去蟠桃大会上偷仙桃。"

东方朔苦笑一声道："那是栾大无中生有，陛下也信？"

武帝道："不只栾大，十几年前，东都小矮人不也是指控先生偷过蟠桃大会上的桃子吗？"

这一来，东方朔浑身是嘴也说不清了，只有苦笑的份儿："唉唉唉，让臣怎么说呢？"

武帝道："先生最好什么也不要说。朕知道先生是个活神仙，朕自以为待先生不薄，朕最大志向是成神成仙，先生理应帮朕，可先生不肯，朕好不容易找到一个栾大，先生若是把他气跑了，朕拿先生试问！”

东方朔哈哈一笑说道：“陛下说臣是神仙，臣就承认是神仙，依陛下看来，臣今年多大岁数了？”

“当在五百岁以上。”

“何以见得？”

“五百年前，王母娘娘摆设蟠桃宴，先生去偷仙桃，据此推断，先生当在五百岁以上。”

“您看臣像五百岁的人吗？”

“不像。”

“像多大？”

“五十三四。”

“陛下初次见臣的时候，臣像多大？”

“三十出头。”

“臣那时像不像一个年轻人？”

“像。”

“如今呢？”

“老相出来了。说了也不怕先生见怪，那脸皮皱得像核桃壳子，鬓发也有些花白了。”

东方朔点了点头：“陛下所说极是，臣也明显感觉自己老了。二十几年，臣由一个风华正茂的青年，变成一个小老头。臣既然是神仙，为什么还会老呢？臣既然和常人一样地老，又怎能活到五百岁呢？”

“这……”武帝若有所思。

东方朔抬高声音说道：“陛下，臣郑重地再说一遍，臣不是什么神仙，栾大也不是什么神犬，他根本引不来什么神仙，也求不来什么长生不死之药，想成仙可以另辟蹊径，不必拿自己的亲生闺女去讨好栾大！”说毕，站起身来，扬长而去。

武帝呆呆地望着东方朔背影，喃喃自语道：“朕如此相信栾大，难道相信错了吗？”

东方朔向武帝进谏的时候，莲儿就坐在武帝下首。她恨东方朔：你东方朔与栾大前世无仇，近世无冤，不该在皇上面前说三道四，有心戗他几句，又怕引火烧身。连栾大都不是东方朔对手，我能行吗？

东方朔一走，她不愿再保持沉默，而且也不能再保持沉默，从武帝的话中可以听出，武帝已经对栾大产生了怀疑。若是不把皇上的疑虑解除，栾大与刘妍的婚事就要泡汤。婚事倒是次要的，问题的关键，栾大若是失去了皇上的信任，这官就做不成了。官若是做不成，里应外合夺取汉家最高权力的计划就很难实现。

为了保证实现这一计划，她不得不亲自出马，微微一笑问道：“陛下，您刚才说什么？”

武帝长叹一声道：“朕不知道是该相信东方先生呢，还是该相信栾将军？也就是说，栾将军到底是一个骗子呢，还是一个身怀异术的方士？”

莲儿嘻嘻一笑说道：“似陛下这等英明的君主，不说绝后，至少也是空前，这么丁点大一件小事，能难得住您呀？依臣妾看来，陛下早已成竹在胸，有意考一考臣妾。是不是这样？”

“是啊，我总以为自己英明盖世，竟被这么一丁点儿事情难住了，岂不让人耻笑？我何不来一个顺水推舟，听一听夫人意见，若是说得对，我就采纳，说得不对，只当她没说。”于是，汉武帝哈哈一笑，点着莲儿鼻尖说道：“知朕者，夫人也。既然夫人看穿了朕的把戏，朕便考一考你，朕到底是应该相信东方先生，还是应该相信栾将军？”

莲儿笑道：“陛下也别考臣妾，臣妾知道，陛下谁也不相信，就相信自己的眼睛。栾大如果没有一定道行的话，他能隔衣看见陛下脊梁上的蝇子屎吗？还有臣妾这……”

她顿住不说。李延年心领神会，忙朝众人挥了挥手，随众人一齐退去。莲儿方继续说道：“臣妾这乳上的毫毛，得见者除陛下之外，也就是几个随侍的宫女，栾将军如何知道？而他居然一语道了出来。臣妾家中，还世代设着他的神位，他到底是一个什么人，您心中不比臣妾还要清楚吗？”

一席话说得武帝频频点头，彻底解除了对栾大的怀疑。经莲儿撺掇，武帝把刘妍和栾大的婚事，定在了三月十六。

婚期一天天逼近，刘妍整日以泪洗面。她也想到过死，却又舍不下她的公孙敬声。三番五次捎信，也不知是敬声没有收到，还是怎的，始终没有露面。直到三月十四日晚，当她几乎绝望之时，敬声来了。她一头扑到敬声怀里，一边哭一边拍打着他的双肩：“你为什么到今天才来？你难道不爱我吗？”

敬声朝她脸颊上轻轻吻了一口说道：“好姐姐，我对你的心你还不知道吗？我爱你，爱得发疯。接到你的信，当即就要进宫看你，却被我父亲拦住，他害怕皇上，不敢让我和你幽会，将我锁在屋里。今天，若不是卫青舅舅邀他出去狩猎，我还跑不出来呢！”

刘妍不再哭，一脸歉意地说道：“好弟弟，姐姐错怪了你，不知你肯原谅姐姐不？”

敬声道：“咱伸手摸住肋巴骨，谁跟谁呀？不要说原谅的话。”说毕，俯身又朝刘妍热唇上吻去。四片热唇粘在一起，咂咂有声。

一阵狂吻之后，刘妍呢喃着说道：“敬声弟，你想不想娶姐为妻，生生世世永不分离？”

公孙敬声轻叹一声回道：“小弟当然愿意了，只是，你已名花有主，小弟想也白搭。”

“不白搭。”

“姐有什么办法？”

“咱俩私奔。”

公孙敬声又是一声轻叹：“私奔之事，我何曾没有想过？你父贵为天子，咱能跑出他的手心吗？”

这一说，刘妍的泪又流出来了，公孙敬声一边为她擦泪，一边劝道：“我倒有一个办法，不知可不可行？”

刘妍忙收住了眼泪，迫不及待地问道：“什么法儿？”

敬声将嘴凑到刘妍耳边……

送走了公孙敬声，刘妍来到子夫房间，对子夫说道：“母后，孩儿明天就要出嫁了，在未曾出嫁之前，想见一见父皇。”

对于刘妍的婚事，子夫很是不满，但武帝一意孤行，她有什么办法？唯有屈从而已。于是，苦口婆心地劝说女儿，女儿却不肯听，不是以被蒙头，便是把脸扭向一旁。今日，她主动找上门来，子夫又惊又喜：“妍儿想通了？”

刘妍道：“母后不必多问，您只管把孩儿的话传给父皇，他若是愿意见孩儿一面，倒还罢了。若是不愿意见，孩儿宁死也不会嫁给栾大。”

子夫连连点头：“好，母后听妍儿的。”当即命人备轿，径奔招仙阁。莲儿听说皇后驾到，慌忙起身出迎。

按照宫规，皇妃见了皇后，如同大臣见了皇帝一样，得行三拜九叩大礼。子夫自知出身卑贱，对此不大讲究，何况，莲儿又是武帝宠妃，未等她跪下，忙伸手阻拦。莲儿就腿搓绳，将大礼免去，只是福了一福。二人携手，来到武帝面前。武帝见后妃的关系如此融洽，高兴得合不拢嘴。等子夫道明来意，武帝二话未说，便命启驾。

晚膳是在昭阳殿用的，刘妍平日滴酒不沾，今日破例饮了三樽，一张娇脸儿红得像鸡冠子。子夫劝道：“妍儿，你不能再喝了，再喝要醉的。”

刘妍固执地说道：“不，我要喝，我这心里憋气。”说着又抓起了酒樽。

刘妍的话明显是冲着武帝来的，子夫原以为，武帝听了这话，一定会勃然大怒。作为一个皇帝，至高无上，不容任何人冒犯，何况冒犯者还是一个小字辈！

子夫错了。武帝虽说把刘妍许了栾大，过后也十分后悔。怎奈，自己身为皇帝，一言九鼎，若是改口，岂不惹人耻笑？但他内心深处，觉着对不起女儿，莫说女儿只是说了一声憋气，就是挖苦他几句，他也能够容忍。

他笑眯眯地看着刘妍又喝了三樽，方才说道：“妍儿，你叫父皇来，难道是要父皇看你喝酒的吗？”

刘妍将酒樽啪地朝桌子上一放，睁着一双醉眼回道：“不，女儿有话说。”

武帝道：“什么话？”

“女儿听说，那栾大根本不是什么神仙，而是一个赌棍，一个大骗子！”

武帝反问道：“女儿这话听谁说的？”

刘妍打了一个酒嗝说道：“父皇莫管女儿这话源于何处，女儿只问父皇一句话，那栾大到底是一个什么样的人？”

武帝回道：“父皇不敢说栾大就是神仙，但至少说他不是一个凡人。”

刘妍道：“何以见得？”

武帝道：“他若是一个凡人，能活到三百岁？”

刘妍道：“父皇怎么知道那栾大活了三百岁？”

武帝道：“父皇是从栾大的谈话中推测出来的。”

刘妍道：“栾大的话可信吗？”

武帝道：“父皇还有佐证。”

刘妍道：“什么佐证？”

武帝道：“救人的佐证。”唯恐刘妍不信，补充道，“栾大所救之人，是你莲儿皇娘的九世高祖，如今你皇娘的家中还供奉着栾大的牌位呢！”

刘妍摇了摇头说道：“这话孩儿不信。莫说一个佐证，就是十个，孩儿也不相信一个人能活到三百岁！”

武帝今天的心情特别好，听了刘妍的话，也不计较，哈哈一笑说道：“好好好，你不相信一个人能活到三百岁，父皇也不和你争辩，但父皇还有两条佐证，可以证明栾大不是凡人。”

刘妍道："请父皇明示。"

武帝道："父皇背上，长了一个蚕豆大的蝇子屎，你做闺女的都不一定知道，栾大一眼便看了出来。这是一，其二，你莲儿皇娘，乳生四根毫毛，这是闺中的极大秘密，居然也被栾大说破。"

刘妍打鼻子里哼了一声。

武帝道："怎么，你不相信父皇的话？"

刘妍道："不是孩儿不相信父皇的话，孩儿觉着这事情有些蹊跷。"

武帝道："怎么个蹊跷法？"

刘妍道："能证明栾大活了三百岁的是李莲儿，能证明栾大身怀异术的还是李莲儿，这内中怕是有什么勾当吧？"

武帝正宠着李莲儿，岂容他人说短道长？霍地一下站起来，指着刘妍，高声斥道："大胆，那莲儿是你叫的吗？"

子夫见武帝动怒，忙打圆场道："陛下，刘妍年纪小，口无遮拦，您别和她一般见识。"一边说一边给刘妍使眼色，示意她向武帝赔个礼。

刘妍倒也听话，朝武帝福了一福说道："父皇，孩儿错了，孩儿不该对莲儿皇娘说短道长。但孩儿有一个小小的请求，请父皇务必答应。"

武帝黑着脸道："你有什么要求尽管说，只要父皇能办得到，父皇一定满足你。"

刘妍点了点头说道："谚曰：'眼见为实，耳听为虚'。父皇说栾大身怀异术，孩儿没有亲见，心中未免有些不踏实。能否请他在孩儿面前露上一手，果真有一些神通，孩儿便甘心情愿地嫁他为妻。"

这要求不算过分，武帝不假思索答应下来。

栾大闻听刘妍要考他的异术，哈哈大笑道："小菜一碟。"

翌日午，武帝带着栾大、李莲儿及一班宫监，来到昭阳殿中。

不知是何动机，将要动身之时，武帝遣人召来了东方朔，命他和自己一道，观看栾大的异术。

尽管这是演给刘妍看的，但刘妍是皇家女儿，金枝玉叶，岂能轻易抛头露面？沉思再三，武帝想出一个变通之计，把舞台设在刘妍窗前。

栾大一身方士装束，随手从衣袖中掏出两枚石头磨成的棋子，平放在手中，环场一周道："诸位都看到了吧？在下手中，乃是两枚极平常的石棋子，在下可以让它俩互相打架，拉都拉不开。"

李莲儿笑嘻嘻地说道："栾将军，你那棋子能不能叫我观一观？"

栾大道："当然可以。"双手将棋子捧给莲儿，莲儿接过棋子，把玩了一阵，递给武帝："陛下，果真是两枚极普通的石棋子。"

武帝将棋子翻来覆去看了三遍，还给栾大，笑嘻嘻地说道："请吧。"

栾大点了点头，开始表演，也不知使的是什么手法，但见两枚棋子直往一处乱碰，用手拉开，一松手，就又碰在一起，叮叮当当，真像打架一般。把个武帝和随驾宫监，看得目瞪口呆。

窗内，卫子夫轻轻碰了碰刘妍，小声说道："妍儿，看来此人真有些神通。"

刘妍不语。

栾大朝窗内瞟了一眼，尽管他什么也没看到，但他断定，窗内的那一佳丽，心情定然不会平静。轻咳一声，收起棋子，抱拳一周说道："诸位不必惊讶，此乃雕虫小技。在下还有一术，是安期生亲授，乃神仙聚会时做耍的游戏，不知诸位要不要看一看？"

众人轰然应曰："愿意。"

征得了武帝同意，栾大把早已准备好的数十杆小旗，命宫监分插在窗前空地。他两手合掌，口中念念有词。众人屏住气息看他施法，连大气都不敢出。

片刻工夫，栾大突然睁开眼睛，将拂尘一挥，大喝一声"起！"

话音刚落，数十杆小旗拔地而起，在半空中自相撞击。院内众人看此情景，惊愕万分，连声说道："神了，神了！"武帝也是见所未见，闻所未闻，禁不住失声喝彩："好！"

窗内，卫子夫与刘妍也看得目瞪口呆。卫子夫撞了撞刘妍右肘说道："妍儿，此人神通如此广大，做他妻子，也不算辱没了你。"

刘妍脸色为之一变："母后，孩儿的心事您老人家不是不知。孩儿再说一遍，孩儿爱的是敬声弟弟，除敬声之外，谁也不嫁！"

子夫摇了摇头："妍儿，这就是你的不对了。你亲口对你父皇说道，让栾大在你面前露上一手，果真有一些神通，便甘心情愿地嫁栾大为妻。如今，栾大不只露了一手，是两手，你不可出尔反尔！"

说得刘妍无言以对，吭哧了许久，扑通朝子夫一跪，泪水涟涟地说道："母后，孩儿幼稚，孩儿也太小瞧了栾大。论人品，栾大尖嘴猴腮，不像人形；论年龄，他可以做孩儿爷爷，孩儿实在不愿和他同床共枕，还请母后为孩儿想想办法。"

子夫长叹一声说道：“妍儿，不是母后不肯为你着想，你父皇的为人，别人不知，你还不知道吗？他刚愎自用，把自个儿的脸看得比盆子还大，何况事关他的仙途，经今午这一番折腾，栾大在他心中的地位，怕是又增高了许多。想要叫他退婚，势比登天还难。”

刘妍恨声说道：“父皇只想着自己如何成神成仙，全不顾女儿死活，女儿干脆死给他看。”

子夫忙道：“妍儿不可胡思乱想，做父母的，哪有不疼爱自己儿女的？你父皇也是万不得已。”

这话刘妍听不进去，哭着回到自己房间，搬了一条高凳，放在梁下，朝上边一站，将白绫投到梁上，打了一个活结，朝着公孙敬声住宅的方向，拜了三拜：“敬声弟，姐先走一步了，但愿来世，姐不再托生于帝王之家，咱做一对好夫妻！”说毕，又哭。她哭着将头伸进环中，一脚将凳踢翻……等她醒来的时候，屋子里站了十几个人，除了母后、宫女之外，还有四个御医。母后的眼哭得像红核桃，不用问一定是她踢倒凳子的声音惊动了母后，才把她从鬼门关抢了回来。

武帝狩猎归来，听说女儿差点寻了短见，正要过来安慰一番。李莲儿轻叹一声说道：“唉，俗话不俗，‘只有狠心儿女，没有狠心爹娘’。妍儿以死抗婚，剥尽了陛下面皮，陛下反要去看她，真是难得！”

说到“面皮”二字，武帝心头一震。朕贵为天子，主宰着天下六千万生灵，朕叫他生则生，朕叫他死则死，谁敢道半个不字？如今，朕的亲生女儿竟敢以死抗婚，向朕挑战，朕若是向她屈服，允她退婚，岂不在百官面前，丢尽了面子？而且，那栾大法力无边，你刘妍又不是没有见识过。嫁他为妻，乃是你的造化，你竟不知好歹，以命相赌，做出此等愚蠢之事！

他越想越气，不只打消了去看刘妍的念头，反传旨一道，命卫子夫速来招仙阁见驾。

子夫不知武帝召她做甚，接旨之后，急急忙忙赶进招仙阁，被武帝训斥一番。

“你呀！你呀！刘妍真是被你惯坏了，竟敢以死要挟朕！那栾大法力无边，赛过神仙，能嫁他为妻，乃是刘妍的造化！她不知好歹，以死相抗。如此胡闹，简直就是打朕的耳光。朕这脸非金非银，却比金银金贵，岂能容人随便打的？你回去转告刘妍，朕意既决，决不更改，叫她做好出嫁的准备，生是栾家人，死是栾家鬼。

卫子夫心中就是有一百个不愿意，也不敢反驳。回到昭阳殿，将武帝的话原原本本说给了刘妍。刘妍已经死了一次，不想再死，一直哭到天明，被两个宫女连推带拉，弄上了迎亲的轿子，一路上吹吹打打，抬进乐通侯府。天地也拜了，洞房也入了，刘妍就是不许栾大碰她身子。

看着美艳艳、娇滴滴的爱妻，却是无福消受，栾大又气又怒，照着刘妍的姣面恶狠狠地掴了一耳光，骂道："你父皇只要神仙不要女儿，把你嫁给老子，你就是老子名正言顺的老婆，哪有老婆不许男人睡的道理？脱，乖乖地把衣裳给老子脱掉！"

刘妍怒目相向，回骂道："本公主就是不脱，你能把本公主怎么样？"

栾大冷笑一声："一个大男人，若是制服不了一个臭娘们，还算一个男人吗？"

他抢步上前，连打带撕，顷刻儿将刘妍身上的衣服剥了个精光，露出一尊白净、细腻、光滑的胴体。他使劲咽了一口涎水，将她抱到床上，迫不及待地朝她身上压去。可怜一个金枝玉叶，似一朵含苞待放的花蕾，硬是被一个五十多岁的老骗子给糟蹋了！

第三十九章　二通西域　折戟大宛

栾大得到了满足，像猪一般地哼哼，自顾自地睡去，顷刻便响起了如雷的鼾声。刘妍真想一刀把他宰了，可惜没有杀人的凶器！栾大早防着这一手，把洞房内足以致人死命的东西，一概收藏起来，且派了两个女婢，日夜守候在洞房之中。刘妍没辙了，唯有抽泣而已。

这一切，武帝无从知道，也不想知道，他正在为自己的杰作偷偷地乐呢！女儿虽然任性，终究还是屈从了朕，做了栾大妻子。这样一来，栾大提出的几个条件，基本得到了满足。那栾大不只高贵起来，且成了朕的女婿，神仙再也没有不见他的道理！只要能把神仙请到，求到不死之药，朕便可超越生死大限，达到不朽。他越想越高兴，竟然一点睡意也没有。

睡在他身边的李莲儿，比他还要高兴。栾大真是不简单，料事如神，谋划的事情一件件得以实现，照此下去，这皇后的桂冠迟早要戴到自己头上。不只皇后的桂冠，连大汉江山，迟早也是我李家兄妹的。不过，为了不使武帝生疑，她一直假装着熟睡。三更之后，武帝再也躺不住了，呼地一下坐了起来。

李莲儿装作刚被惊醒的样子问道："陛下怎么了？"

"朕心中高兴。"

"陛下做好梦了？"

"非也。"

"那到底为了什么？"

"朕终于架成了一座最可靠的交通仙界的桥梁，那就是朕的女婿！"

"陛下说的是栾大吧！"

"正是。"

"那栾大法力广大，如今又成了陛下女婿，只要陛下厚待他，他必定会竭尽全力，为陛下效力，求得长生不死之药。只是，陛下一旦成仙之后，臣妾怎么办？还有臣妾这肚中的孩子！"

武帝眨了眨眼道："朕渡你上天。"

莲儿轻叹一声道："仙凡相隔，怕是渡不上去。"

武帝信心十足道："怎么渡不上去？古人有谚，'一人得道，鸡犬升天'。连鸡犬都能升天，何况人呢？"

莲儿微微一笑说道："经陛下这么一说，臣妾也就放心了。睡吧，陛下。"

武帝笑了一笑，双手搂住莲儿，安然入睡。

光阴似箭，转眼已到来年，那时的历法，以十月为岁首。莲儿虽说受宠于武帝，但并未忘掉栾大，隔三岔五，总要和栾大幽会一次。栾大作为武帝特别宠信的方士和女婿，贵极一时，他可以在任何时候，自由出入皇宫禁地，甚至在武帝已经休息时，也可随时求见。故而，若想与莲儿幽会，并非难事。

这一日，乘武帝狩猎之机，二人又鬼混在一块。莲儿虽说已经有了九个多月身孕，但做爱的欲望一点儿未减。一阵云雨过后，她依偎在栾大怀里，微喘着说道："栾大哥，我怕。"

栾大轻轻抚摸着她的肚子问道："你怕什么？"

"我怕我这肚中并非一个男娃。"

栾大十分肯定地说道："一定是男娃。"

"为什么？"

"你读没读过《轩辕黄帝简生后嗣论》？"

莲儿道："我没有读过。"

栾大道："《轩辕黄帝简生后嗣论》开宗明义写道：'大凡生男生女，皆由妇人，取其天医、福德、生气，自十三岁至四十九岁，何年何月，阴阳有自然配合之道，男女有自然胎月之候'，你今年芳龄二十一岁，按《轩辕黄帝简生后嗣论》，正月、三月受孕当生男，其余十月当生女。故而，我要你控制受孕日期，就是此理。此外，在你未曾怀孕之前，我已让你服下和经之药、还童之丹，暖你的子宫；怀孕之后，我又让你弓弦系腰，雄黄系身，此乃转女成男之法，由此三法相配，你生男无疑。"

莲儿照他肩头擂了一拳，笑赞道："你龟孙真有两下，怪不得我分娩在即，你还这么沉得住气！"

二人又嬉闹一阵，栾大方才起床出宫。是夜，莲儿分娩，果真生了一个男婴，却是又瘦又小，脖子细长，一点儿也不像武帝，倒有几分似栾大，武帝尽管心中不悦，碍于莲儿颜面，故意装出一副很高兴的样子，将婴儿取名刘髆。

刘髆一岁的时候，吾丘寿王来报，甘泉宫的扩建，已经竣工。

武帝一脸欣喜地问道："那招仙台呢？"

吾丘寿王回道："当然也包括在内。"

武帝连道好好好。择了一个黄道吉日，带着数十个心腹大臣，浩浩荡荡，开赴甘泉宫。这心腹大臣之中，自然少不了栾大。

甘泉宫原本就是一个离宫，位于甘泉苑内的甘泉山上，宫墙周长达十九里，宫内原有紫殿、赤阙等殿阙，穷极奢丽。再经扩建，又增修了前殿、明光宫、招仙台等建筑。前殿建在甘泉宫的中央偏前部位，巍峨壮观，装饰华美，外有浮柱架设飞榱，檐角飞翘；内有金链悬挂玉璧，晶莹剔透。金铺玉户，闪闪发亮，绫帷罗帐富丽堂皇。明光宫锦房绣屋，别致玲珑。内住燕、赵之地十五岁以上、二十岁以下的美女二千人，脂粉香传数十里。

武帝素来对女人特感兴趣，但为了成仙，暂将色字放在一旁，绕过明光宫，径奔招仙台，在栾大等人的陪同下，沿着玉石台阶一步一喘，十步一歇，爬了半个时辰，才爬到顶端，扶着栏杆，往下一望，不由得一阵眩晕，赶紧往后退了两步。招仙台下的一切都变得那么渺小。走动着的人，就像蚂蚁在蠕动似的。蓝天上漂浮的白云，似乎伸手可及。

武帝稍息片刻，走到台中央，仰天看看那手托银盘的铜铸神像，哈哈大笑，用手拍了拍神像脚趾头，扭头对栾大说道："这云中甘露，朕明日就可以品尝了吧？"

栾大点了点头道："甘露虽好，还得以药物佐之，只要陛下坚持饮用，日久必见奇效。"

武帝走近栏杆，凭栏远眺，只觉心旷神怡，感叹道："朕还未曾见到神仙，已尝到一点神仙滋味了！"

栾大正要接话，忽见武帝朝天际一指问道："诸位爱卿，你们看那像什么？"

众人循着他的手指望去，见是一朵白云飘忽而来，天高风急，云形变幻，谁也说不出那到底像是什么。不待众人回答，武帝自己说道："像一匹马，一匹天马！"

众人再看那朵白云，翻卷奔腾，果真有些像一批振鬃奋飞的白色骏马，不由发出一阵赞叹。

武帝轻叹一声："它若是一匹真的天马多好，朕乘它遨游九霄，该是何等惬意之事啊！怎奈，世间事不尽如人意的甚多，朕只能望空兴叹了！"

话刚落音，韩说趋前奏道："启奏陛下，人世间确实有天马。"

武帝先是一愣，继之哈哈大笑说道："韩爱卿，你在安慰朕呢！"

韩说一脸严肃道："人世间确有天马。"

武帝道："卿怎么知道？"

"臣听张骞说的。"

"张骞？"武帝猛然想起，"我启用张骞，命他二次出使西域，至今一年有余，怎么还不回来？"

张骞得以出使西域，乃是由乌孙而起。

乌孙是一国名，位于匈奴西部，向为匈奴属国，国王名叫昆莫，昆莫得以复国，仰仗匈奴，及至匈奴为卫青、霍去病所败，渐生二心。非但乌孙，就是西域一带，前时奉匈奴为共主，至此亦皆解体，各有异心。

武帝探闻此事，乃复欲通道西域，更起张骞为中郎将，令他西行。张骞入朝献议道："陛下欲遣臣西往，最好是先结乌孙，络之金帛，使其居前浑邪王故地，令断匈奴右臂，且与其和亲，羁縻勿绝，将见乌孙以西，如大夏等国，亦必闻风归命，尽为外臣了。"

武帝素好虚名，只要能使夷人称臣，子女玉帛，俱所不惜。当即准奏，拨给张骞随从三百余人，马六百匹，牛羊万头，金二千万两，帛二千万匹，令他前往乌孙。昆莫闻报，遣使收了礼品，却不愿与汉和亲，同拒匈奴。张骞强压怒火，向昆莫说道："天子赐王厚仪，王若不愿和亲，尽请还赐便了。"昆莫舍不得这些金帛牛羊，赔笑答道："天使勿急，事关社稷，您容寡人与百官商议一下。"

乌孙与汉，相距万里，向无往来，百官不知汉之强弱，且恐与汉联合，益令匈奴生忿，招来寇患，所以聚议数日，仍无定论。

就中尚有一段隐情，更令昆莫左右为难，不能有为。昆莫有十余子，太子早死，临终时曾泣请昆莫，愿立己子岑陬为嗣，昆莫怜之，面允所请。偏有中子，官拜大禄，强健善将，驻守边疆，闻得太子病殁，忙遣使赴都，请求父王，立己为太子。令使去而复归，对大禄说道："大王已立岑陬为嗣。"大禄大愤，欲要率部往攻岑陬。昆莫得知此信，急分万余骑与岑陬，使他出御大禄。自集万余骑为卫，防备不测。国中分作三部，如何能治？且因昆莫年老，越觉颓靡不振，姑息偷安。

张骞在乌孙住了月余，方探得内情，知待在乌孙终无可为，乃别遣副使，分往大宛、康居、大月氏、大夏等国，传谕汉朝威德。各副使去了半年，携番使归来复命。张骞数了一数，共计三十五国，依次为：

婼羌国、楼兰国（后易名鄯善）、且末国、小宛国、戎卢国、渠勒国、于阗国、皮山国、乌秅国、西夜国、蒲犁国、依耐国、无雷国、难兜国、康居国、大宛国、桃槐国、休循国、莎车国、姑墨国、温宿国、龟兹国、尉犁国、危须国、焉耆国、蒲类国、孤胡国、郁立师国、单桓国、大月氏国、精绝国、罽宾国、扜弥国、尉头国、安息国。

各国番使在乌孙休息三日，便由张骞带着，东来长安。行前昆莫亲来送行，并遣他的少子随张骞出使大汉，共计三十六国。

武帝闻听张骞归来，很是欢喜，在未央宫前殿盛情接见。这些来自万里以外的异邦客人，不只服装语言异于大汉，相貌更与汉民不同，高鼻梁、蓝眼睛。在张骞的前导下，一个个前走后倒，撅腚猫腰，有板有眼，行三拜九叩大礼，但他们毕竟初学，显得有些笨拙、滑稽，逗得武帝差一点笑出声来。

等他们叩拜已毕，武帝方才想起，这些番使叩拜之时，口里发出不同的声音，有的似鸟叫，有的似狼嚎，有的叽里咕噜，有的呜里哇啦，不知是何意思。笑嘻嘻地问道："张爱卿，这些番使，向朕叩拜之时，都说了些什么？"

张骞躬身奏道："启奏陛下，他们说他们奉本国国王之命，祝福大汉天子万寿无疆！"

武帝听了很是高兴，忙对张骞说道："卿告诉各国使者，朕也祝他们的国王千岁千千岁。朕还要请他们在长安城游览观光！"

张骞点了点头，以不同的语言，将武帝的话译给了番使，引得他们振臂高呼，但呼的什么武帝一句也没听清，只是微笑着点了点头。

宴席十分丰盛，烤全羊，外加洛阳粉蒸肉、南阳糊辣鸡、颍川烤鹌鹑、黄河红鲤鱼。甚而连鲍鱼，猴头、燕窝也上去了。遗憾的是这群异邦客人，那兴趣全在大鱼大肉上，只吃得嘴角流油，肚子滚圆。

宴席结束后，稍事休息，张骞便带着他们去逛大汉的京城，领略一下上国的风光。外国人哪里见过这么雄伟壮丽的都城宫殿，这么繁荣富庶的街市商肆？一个个目瞪口呆，赞叹不已："这不是城市，简直是天堂！"

说到天堂，武帝决定带领众番使游观柏梁台。

这一天是个晴天。武帝身穿龙袍，头戴冕旒，亲自作导，率领众番使登上了柏梁台。

李延年先他一步，率领宫廷乐队，在柏梁台上吹奏迎宾曲，直累得一个个腮帮酸痛，嘴唇肿胀。

这些异国客人孤陋寡闻，何曾听过这么美妙的曲子，见过这样高大的建筑？再次纷纷跪在武帝面前，用不同的语言祝福大汉天子万寿无疆。

这一跪，跪得武帝笑逐颜开，他的虚荣心得到了满足。他的志向便是征服天下，万国来朝，目前虽说只有三十六国，他相信，匈奴早晚也会拜倒在他的脚下。

他越想越高兴，朗声说道："诸位平身！诸位只是看了朕的柏梁台便这么激动，朕若是让你们看了招仙台，你们……不，不……"

他好生后悔，朕这招仙台乃是朕与神仙秘密会见的地方，岂能容这些高鼻子踏足！

他满面悔意地看了张骞一眼，张骞何等聪明，岂能不知其意？笑着答道："陛下莫怕，这些人不懂大汉语。"

武帝这才放下心来，继续讲道："诸位既然来到长安，就请诸位多走走，多看看，我大汉的国门是敞开的，热忱欢迎八方宾客。请诸位回国以后，多多宣传大汉文明，转达朕对各国臣民的敬意。今天，诸位朋友游观柏梁台，实是一件盛事，朕特赐每人黄金五十斤，帛绢五十匹，以资纪念。"说毕，把双眼移向张骞。

张骞轻咳一声，叽里咕噜地讲了一阵，当然游招仙台的事他没有说。

众番使听了张骞的翻译，欢呼雀跃，不少人跷起大拇指，称赞大汉天子的盛情和慷慨。而后，纷纷走出楼阁，凭栏四望，八百里秦川和长安城全景尽收眼底，苍茫、辽阔、雄伟、壮丽。他们欢呼，他们陶醉，"啊！""哦！"的惊叹声随着清风白云，传得很远很远。

众番使在长安玩得很开心，流连忘返。武帝要的不是这一群番使，乃是他们所代表的国家，几经劝说，并赐以重金，方将他们一一礼送出国。

送走了众番，已是深秋天气，武帝猛然想起了天马，忙将张骞召进宫中，劈头便问："爱卿两番出使西域，可曾见到过天马？"

张骞老老实实回道："臣见过天马。"

"什么样子？"

"身长丈二，背高八尺，通身红亮，没有一根杂毛。奔跑起来，如流星闪电一般，出汗如血，流沫如赭，故名天马，又名汗血马。"

武帝脱口赞道："这样的马，真是世所罕见，但不知出在何地？"

"出在大宛。"

“如此说来，还得辛苦爱卿一趟了。”

张骞道：“陛下之意，莫不是要臣去大宛向您讨一匹天马回来？”

武帝道：“正是。”

张骞摇了摇头说：“怕是不行。”

武帝道：“为什么？”

张骞道：“此马乃大宛国宝，大宛国王将这种马，藏在远离国都的贰师城，平时轻易不让外人看见。康居国用了一个三斤重的金马，才换回了一匹真马。”

武帝道：“那咱也用一个金马去换，纯金的，六斤重，比康居的重一倍。”

“这……”张骞沉吟片刻，方才回道：“如此说来，臣只有去试一试了。”

谁料，张骞出宫之后，整装待发，突患脑出血，不治而亡。武帝念他两番出使西域，劳苦功高，亲往祭奠，与甘父不期而遇，灵机一动，暗道：“甘父曾随张骞出使过西域，道路熟悉，我何不遣他西行一趟，”当即降旨一道，迁甘父为中郎将，率领五十人的使者团，携黄金千斤，帛绢千匹，桃、杏核两筐，金马一个，骆驼四十匹，浩浩荡荡开往大宛。晓行夜宿，整整走了百日，来到西域第一重镇楼兰，这个有一万多人口的大国，地处今天被称为罗布泊的盐泽之畔。其土地多为盐碱，耕地十不居一，只能依赖向邻国购买粮食。前时，张骞两次出使西域，楼兰王曾遣使献玉，随张骞入朝。事为匈奴侦知，将楼兰王大骂一顿，让他与汉绝交。楼兰王不敢不听，故而，甘父一行来到楼兰，楼兰王躲避不见，反使部属殴打汉使，劫夺财物。甘父死战得脱，逃到酒泉，哭诉于骑都尉李陵。李陵率精骑一千，在甘父的前导下奇袭楼兰，破楼兰国都，楼兰王逃入车师避难。李陵跟踪入车师，逼车师交出楼兰王，车师不听。李陵佯装退兵，车师君臣与楼兰王举杯庆贺，冷不防被李陵杀了个回马枪，将车师王并楼兰王，押回长安，所失财物全部追回。

甘父谢过李陵，继续西行，途经乌孙。乌孙前时，也曾遣使献马，随张骞入朝，俄而来使归国，报称汉朝强大，乌孙王昆莫，方悔从前，不用骞言。更闻汉兵连破楼兰、车师，心中害怕，及甘父到来，亲自出城相迎，待以上宾之礼。席间，再三申言，愿遵旧约，与汉和亲。

甘父别了昆莫，率领众人，又西行十余日，来到了大宛。

甘父对大宛并不陌生，他随张骞第一次出使西域，逃脱匈奴的控制后，第一站就是大宛，受到了热情款待，由国王毋寡出面，宴请了他们两次。辞行的时候，赐马两匹，还派了两名向导。若是没有大宛国的帮助，他们不可能那么顺利地到大月氏。

此行，与上一次大不相同。上一次为匈奴所拘，好不容易逃了出来，一路上提心吊胆，连吃饭饮水都成问题，九死一生，方才来到大宛，衣衫不整，又黑又瘦，哪像大汉使者，倒像两个叫花子。

这一次，带着庞大的使团，乌孙国又刻意巴结，所经之地，皆受到了热情款待，吃喝不愁，又有向导引路，悠哉地来到了大宛。大宛人虽说与匈奴不同，早已过上了定居的日子，住上了砖石砌成的房屋，以农业为生，但他们的农业与大汉相去甚远，且莫说手工业了，何时见过如此鲜亮的衣服，漂亮的头盔？于是成群结队，追着撵着来看这些异邦客人。

消息不胫而走，传到了大宛王庭，毋寡忙命驾前大臣，将甘父一行迎到王庭。毋寡没想到，这汉使的头儿，居然就是前时的甘父，一脸欣喜地说道："哟，竟然是你，老朋友了，坐，请上坐。"

甘父向他施了一礼，方才落座。毋寡的侍从，端上来一个大盘子，盘子里放着西瓜、石榴和葡萄，招待甘父。这些东西，甘父从未见过，更不知如何食用。

毋寡见他迟迟不肯动手，忽有所悟，指着这些东西，一一介绍道："这最大的，青皮绿纹的，叫西瓜；这拳头大的，红皮儿咧着嘴的，叫石榴；这小的，紫色一串串的，叫葡萄。这些东西，是我们大宛的特产，好吃得很啊，来，尝一尝，尝一尝。"说毕，捏了一个葡萄，送到口中。甘父不再迟疑，也捏了一个葡萄，送到口中，觉得酸中带甜，甜中带酸，果然好吃的很。

吃了三个葡萄之后，毋寡拿了一个石榴，双手一掰，掰作两半，露出红色、粉色、白色相间的籽粒，晶莹玲珑，像珍珠，似翡翠，吃到口中，汁浓味甜，清凉爽口。

西瓜那么大，怎么吃呀？毋寡命侍从取刀切开，一瓣一瓣，瓤红籽黑，像是工艺品。毋寡拿了一瓣，轻轻咬了一口。甘父依葫芦画瓢，也咬了一口，呀，瓜瓤像糖，像蜜，滑进喉咙，直甜到心里。

啊，世界竟有这样好吃的瓜果，甘父大开眼界，啧啧称奇。

二人一边吃着瓜果，一边闲聊，聊着聊着，聊到了张骞，甘父一脸悲伤地说道："他已经升天了。"

听了这话，毋寡突然问道："听昧蔡讲，大汉的桃、杏也很好吃，不知它们的味道可及得上我们的西瓜、葡萄？"昧蔡是毋寡二弟，官拜左贤王，前次，曾受毋寡之遣，随张骞入朝长安。

甘父笑道："桃、杏和西瓜、葡萄各有各的味道，我实在说不出它们的优劣。不过，我这次来，奉大汉皇帝之命，给贵国带了两筐桃、杏的核子，俗话说：桃三杏四梨五年，想吃白果一百年，三五年之后，贵国就可吃到大汉的桃、杏了。"

毋寡喜道："好，太好了。不过，听说贵国的丝绸，鲜润光滑，软亮轻柔，还有着精美的图案，做成的衣服，如同仙衣，可惜，寡人生在万里之外的异邦，无福享受。"

甘父道："大王不必叹息，我这次出使贵国，特意为您带来了帛绢千匹，在这千匹帛绢之中，丝绸十居六七。"

此言一出，把个毋寡高兴得差点蹦了起来，伸出大拇指连声叫好。

甘父见毋寡如此高兴，乘机说道："启奏大王，大汉皇帝派我出使贵国，一来向大王问候，二来建立永久的通商关系，三来还有一个小小的请求……"

说到小小的请求，甘父有意把话顿住，观察毋寡的反应。

毋寡的脸上骤地罩上一片阴云：汉朝远在万里之外，国富民强，物产丰富，还会对我这个小小的大宛有什么请求？难道又是约自己出兵，夹击匈奴吗？匈奴虽说没有大汉强大，但与我毗邻，想灭我大宛比掐死一个蚂蚁还容易。这事万万不能答应。

甘父见了他这副表情，心中咯噔一下，只好硬着头皮说道："大汉皇帝听说贵国的天马雄骏异常，非常羡慕，因此，特令我带来一匹用纯金铸就的金马，及黄金千斤、帛绢千匹，和贵国交换，恳切地希望大王能答应大汉皇帝的请求！"

说毕，将手一挥，令随从将金马及各种礼品抬上大殿。毋寡何曾见过这么多宝物？振鬣欲飞的金马、金灿灿的黄金、鲜亮柔软的丝绸……直看得两眼发直，涎水直流，半晌说不出话来。甘父与随从，交换一下眼色，发出会心的一笑。

"大王，"甘父再拜说道，"换马的事……"

毋寡点了点头说道："大汉乃上邦大国，寡人素来敬重，莫说带了这么多礼物，就是不带，寡人也应该双手把马献上。只是，这天马乃大宛国宝，寡人须向王公大臣们通报一声。明天便可回复大使。"

甘父见他答应换马，先自喜了三分，岂在乎一日时间，双手一揖说道："多谢大王。我等这就去驿馆休息，静候大王佳音。只是，未成交之前，这些礼物我等暂且带走。明天见。"

送走了甘父，大宛王一声令下，数十个王公大臣，齐集王庭，商议换马一事。

毋寡倒是看中了大汉的礼物，力主换马。他先将大汉的礼品，如数家珍地背了一遍，又特意将金马的成色和做工绘声绘色地描述了一番，然后说道：“汗血马虽是我们的国宝，但在一万匹以上，而且它们还可以繁殖，而汉朝皇帝拿来交换的金马，却是用极为罕见的赤金铸成，且不说尚有千斤黄金、千匹帛绢！寡人之意，答应汉使请求，也就是说同意换马，这样一来，既可交好汉朝，又可与他们互通有无，做一番大生意。诸位意下如何？”

这事若在汉国，皇帝发表了倾向性意见，不说满殿附和之声，至少说不会群起反对，就是反对，也是无用。大宛不比大汉，他们每逢大事，必须王族要员全体表决，多数同意才能定夺，国王的意见遭到否决，也是常有的，这不，蝉封第一个站了起来。

蝉封是毋寡三弟，官拜右贤王，年轻气盛。当年，康居来换天马，他就坚决反对。毋寡力排众议，满足了康居要求，结果，使天马在康居得到繁殖，已达百余匹了。前不久，康居为讨好大月氏，送了大月氏两匹，照此下去，汗血马还有什么价值可言？

他清了清嗓子说道：“金马、帛绢固然都是好东西，但它们饥不可以食，乏不可以代步，称不上国宝，而我们的天马，普天之下独一无二，确确切切是我们的国宝，岂肯轻易予人？”

话刚落音，将军煎靡站了起来，大声说道：“我赞成右贤王的主张，天马是我大宛的国宝，不能和大汉交换。我听说汉人素来狡猾，贪得无厌，他们见我们的天马雄骏，必然一再索取，我们以有限的天马，很难满足他们无穷之欲望。所以。我们不能答应他们，要使他们趁早绝了念头。”

他这一说，立马又有十几人响应。毋寡没有想到，事情会弄成这样一个局面。他突然想起一个人，大声问道：“左贤王呢？左贤王今日怎么没有到会？”

他所说的左贤王，就是前时曾出使过大汉的那个昧蔡，此人不只出使过大汉，还出使过匈奴，西域三十六国，他几乎跑了个遍，但他最推崇的便是大汉，若是他在场，定会支持寡人的意见。可惜，他发了一夜高烧，不能到会。

毋寡明知自已受到孤立，但既然已经答应了汉使，不好就此作罢，微微一笑说道：“你们只知其一，不知其二，只顾眼前，不计后果。不错，天马确实是我们的国宝，但你们别忘了，普天之下，没有哪一个国家的力量，可以和大汉抗衡，我们若是拒绝了他们的要求，必然引起他们的震怒，说不定还要发兵攻打我们呢，到那时，悔之晚矣！”

蝉封嘿嘿一笑说道：“大王不要拿这话吓人，我且问你，大汉距大宛多远？”

“万里之遥。”

“走一趟大概需要多长时间？”

“大概半年吧。”

“您说的是数人或数十人，若是大部队行动，又带着辎重，自汉至大宛，半年时间恐怕还不够呢。不说大汉与我隔着可怕的盐泽大漠，草木不生，水源匮乏，就是有水，又咸又苦，不能饮用，大部队根本无法到达这里。”

毋寡不无担心地说道：“他们若是绕道呢？”

蝉封道：“怎么绕？绕道走沙漠之北，那里有匈奴的军队，他敢绕吗？走沙漠之南，既无水，又无草，千里无人烟，他绕得成吗？”

反对换马的那一帮王公大臣互相望了望，发出会心的一笑。

毋寡也觉着他们言之有理，却是舍不下那个精致的金马，也舍不下那么多黄金和帛绢，轻叹一声说道：“说心里话，寡人并非惧怕大汉来攻，寡人实在太喜欢大汉的那些金马和帛绢。”说到这里，他咂了咂嘴：“你们知道那是一个什么样的马呀？是纯金铸的马，足有六斤重，金灿灿耀人双眼，还有那些丝绸，鲜亮柔软，光滑如肤！”

蝉封笑道：“若是为了那些金马和丝绸，大王不必担心。”

毋寡一脸不解道：“难道你有办法，让汉使把金马留下？”

蝉封道：“有。”

“什么办法？”

“强迫。”

毋寡怔了一怔，不无担忧地说道：“这合适吗？”

蝉封道：“有什么不合适？是他们自己送上门来的，不留白不留。”

毋寡犹豫一会，终于同意了。

第二天早朝，甘父带着随从，早早来到王庭，参拜完毕后问道：“大王，吾皇欲与大王换马一事，议得怎么样了？”

毋寡歉意地一笑：“对不起，我大宛国国小势弱，物资匮乏，哪里有什么宝马良驹？即使有，那也只不过是一些劣等马匹而已，怎可献给大汉皇帝？”

他顿了顿继续说道，“再说，大汉富甲四海，地大物博，难道还缺一匹马吗？”

甘父一听，大出意料之外，二目直直地盯着毋寡，冷冷地说道：“这么说，你们是存心要驳我大汉皇帝的面子了？”

蝉封抢先回道：“不是我们有意要驳你们大汉皇帝的面子，是你们大汉皇帝不该强人所难。譬如说我，听说你们大汉皇帝有一李夫人，长得貌若天仙，我十分仰慕，想拿一些东西去换她做我的老婆，你们大汉皇帝愿意吗？”

甘父万万没有想到，这个弹丸小国，竟敢对大汉如此无礼，将脸唰地一沉，大喝一声说道：“大胆，大汉皇帝是你可以随便羞辱的吗？”

蝉封将脸一仰，强词夺理道：“要说羞辱，是你们先羞辱了我们。”

甘父道：“我们怎么羞辱了你们？”

蝉封道：“天马是我大宛国宝，岂能用来交换？”

甘父道：“既然天马是你们的国宝，不能用来交换，请问，康居的天马，难道是从天上掉下来的不成？”

蝉封翻了翻眼皮，抵赖道：“我没有听说，康居有什么天马，即使有，康居是康居，大汉是大汉，风马牛不相及，有没有天马，与你何干？”

“你，你……”甘父气急反笑，“你竟敢如此藐视大汉？我警告你，我大汉不是面捏的，谁触犯了大汉，谁就要付出沉重的代价，匈奴如是，楼兰、车师更如是，你大宛是不是要步一步他们的后尘，尝一尝兵临城下的滋味？”

蝉封嬉皮笑脸地回道：“你不要拿话恫吓我们，我们是吃饭长大的，不是被人吓大的！我们很想尝一尝兵临城下的滋味，但就怕大汉不能使我们如愿！”

甘父连道两个好字，将手一挥，对随从说道：“把咱们的东西带走！”

蝉封大喝一声说道：“且慢，人可以走，东西得给我们留下！”

甘父冷声问道：“凭什么要把我们的东西给你们留下？”

蝉封道：“不凭什么，就凭我们大宛国的规矩。”

“什么规矩？”

“客人送礼上门，是不能再带回去的。作为主人，却有权拒绝客人的请求，这就叫客不压主。”

甘父气愤填膺，暗自骂道，自己的不给，人家的硬要，这算哪门子的赖皮规矩？他想狠狠掴蝉封几个耳光，不行，有道是‘强龙不压地头蛇’，他们是有备而为，看样子，今天是很难带着金马、帛绢走出这王庭了。就是带不走，也不能便宜了这帮龟孙！

他的脑瓜，旋风般地转动起来。

他忽然有了主意。假装无奈，长叹一声说道："既然你们有这么一个规矩，那就入乡随俗吧！"

说毕，从檀香盒中取出那个金马，顿时，光芒四射，引来大宛人一片惊叹之声。

甘父高举着金马，环场一周，得意扬扬地问道："这个金马怎么样？"

大宛人齐声叫："好。"

甘父冷笑一声："好，老子叫你好！"一边说，一边恶狠狠地朝石柱上摔去。一声响亮，金马已经身首异处。他顺手抄起一枝铁烛台，刨地般一阵乱砸……

砸过金马之后，他又打响了火镰，将帛绢点燃。

蝉封欲要上前扑火，被他一拳打倒在地。蝉封爬将起来，手指甘父："你，你竟敢殴打本王，本王和你拼了！"说着又扑了上来。

他不是甘父对手，不到三个回合，又被甘父打翻在地，摔得头破血流，仍是不肯服输，二次爬了起来，扑向甘父。

蝉封在大宛，素来勇悍，王公大臣之中，有半数以上受到过他的凌辱，大都袖手旁观，暗自为甘父喝彩。

当然，他也有自己的朋友。

煎靡便是一个。他暴喝一声，朝甘父扑来。

不只煎靡，反对换马的那十几个王公大臣，一齐出手，围攻甘父。

甘父的随从欲要上前相助，被他喝退了："我今天倒想独个儿斗一斗这群番奴，让他们知道知道大汉的厉害！"举手投足之间，又打倒了四个番将。

武士们看不下去了，一个个抽刀在手，杀向甘父。毋寡怕闹出人命，将众武士喝退。

当蝉封第三次被甘父打倒的时候，那一帮王公大臣有些怵了，欲战不能，欲罢不能。毋寡见状，大声喝道："煎靡，王庭禁地，岂能是你们相殴的地方？还不快给寡人退下！"

甘父没有了对手。

甘父打出了大汉的威风，打出了大汉的尊严，众目睽睽之下，带着五十名随从，昂首出了王庭。

一出王庭，他有些后怕。他不知道，他将蝉封打得那么狼狈，大宛国那群王八蛋如何还能放过自己！

他更害怕，蝉封说动毋寡，向他复仇，斩草除根！

于是，一出王庭，便飞身上马，连驿馆都未回，向正东而去。

他料得不差，那毋寡果然被蝉封说动，遣将军煎靡，率领五百勇士，穷追下来。直追到第二天午时，方才追上。

郁成国是大宛的属国，也是大汉通往大宛的必经之地，大小不过与大汉国的一个集镇相似，却是水源丰富，半农半牧，有着坚固的城堡。

郁成国的情况，甘父并不是不知，按照常理，他不会在郁成国落脚，他偏偏去了郁成国，何也？

事起仓促，他们离开大宛国的时候，既未准备粮食，也未装载饮水，而郁成国与乌孙国，相距数百里，中间隔着盐泽大漠，没有水和食物怎么能行？

他们前脚进了郁成国，煎靡后脚便到。

若照煎靡之意，将汉使包围起来，杀他个人仰马翻。郁成王劝道："甘父乃汉朝枭将，随从使者，亦都身怀绝技，硬打硬拼不是办法，倒不如……"

煎靡点头同意。

甘父不知煎靡已入郁成，加之郁成王热情挽留，便在郁成住了下来。睡至三更，被一阵浓烈的烟味呛醒，爬将起来，摸到门后，门被反锁着。他拉了几下没有拉开，运力于足，照着门扉狠命踹去，只听咣的一声，连门带框倒在地上。

他脚尖一点，箭一般掠了出去。

黑暗中，蹿出一群大宛兵，将他团团包围起来。他尽管勇敢，赤手空拳，如何是这群大宛兵的对手？死于乱刀之下。

随行的汉使，不是被大火吞噬，便是为大宛兵所杀，唯有一个叫张三的小伙，一身鲜血逃了出去，抢得一匹坐骑，直奔乌孙。

是时，昆莫已死，岑陬做了国王。问明情况之后，恨声说道："大宛可恶！"派了两位医术精湛的郎中，为张三诊治。怎奈，那张三伤势太重，不治而亡。

昆莫厚葬了张三，遣使者星夜驰赴酒泉，将甘父等人被害的消息报告了李陵。

李陵闻报大吃一惊，遣使骑快马直奔长安，武帝得到消息已是两个月之后，也就是说距离甘父西行，已有一年之久。

"什么？都被杀了？"看着悲痛而又小心翼翼的报告人，武帝瞪大眼睛问，似乎是不大相信。

是啊，莫说武帝，就是任换一人，他会相信吗？自张骞通西域，司马相如开通西南夷以来，大汉使者，无论出使何方，皆受到对待上国之礼遇，即使像匈奴这样的敌对国，也没敢动过汉使一根毫毛，更不要说斩尽杀绝了，是可忍，孰不可忍！武帝一拍御案站了起来："速传三公九卿及各位将军进宫议事！"

待众卿到齐之后，武帝一脸盛怒地说道："众位爱卿，一年之前，朕遣中郎将甘父，携黄金千斤，帛绢千匹，纯金马一个，前往大宛，换取他们的汗血马，可是……"

武帝二目喷火，他说："换与不换，那是他大宛王的自由，他不该斩杀朕的使臣。所有的人啊，一个也不剩！这是对我大汉国的蔑视，对我大汉国的污辱，对我大汉国的挑衅！我大汉国何时受过这等污辱？朕决定出兵大宛，为甘父报仇，为大汉雪耻，众卿以为如何？"

丞相赵周，以及韩说、吾丘寿王、李延年、李广利齐声回道："陛下圣明！"

听了这话，武帝心中甚是舒坦，含笑问道："众卿既然同意朕出兵大宛，但不知所需多少兵马？"

吾丘寿王双手一拱回道："启奏陛下，大宛国小力弱，他敢与我大汉为敌，无非是依仗距我大汉路途遥远，不利于用兵才得如此嚣张。依臣之意，只需选派精兵三千，破大宛易如反掌。"

武帝击案说道："好，此言正合朕意！"

是啊，去年楼兰、车师作怪，李陵只用一千兵，便将楼兰、车师二王，俘虏来京。大宛的地盘虽说大于楼兰、车师，三千兵足矣。

卫青却不这么看，几次欲说又止。

这一切全被武帝看在眼里，暗自思道，卫青是汉军的最高统帅，又是战功赫赫的老将，这么大的事，应该听一听他的意见，他若是愿意挂帅西征，是再好也不过了。于是微微一笑问道："卫大将军，西征大宛一事，卿怎么看？"

卫青见武帝点了自己将，不得不说了："启奏陛下，臣以为大宛不可征。"

武帝万万没有想到他会说出这样的话，心中十分不快，冷声问道："为什么？"

"大宛国远在万里之外，不只要横跨几个国家，还要跨越盐泽大漠，辎重粮草极难运输，没有辎重粮草做保障，士卒生存已是困难，且不说还要面临以逸待劳、熟悉环境的敌军了。”

武帝武断地说道：“这不是理由！当年，朕命卿和霍去病率军西征匈奴，浑邪王、休屠王盘踞在河西一带，距大汉数千里，那里山地起伏，河川纵横，道路崎岖，亦有大漠相隔，且是敌军数倍于我，又善于在沙漠地区作战，不是照样被我大汉打败了吗？”

“这……”卫青不是无话可说，他想说，那场战役有些侥幸，如此一说，岂不是自贬功绩？他还想说，出征匈奴，乃是匈奴入侵引起，汉军志在保卫大汉疆土，属于义战，而这次征讨大宛，仅为一匹骏马，不合用兵之道。但如此一说，必然引起武帝更大不快，甚而动怒。

武帝见卫青久久不语，以为他理屈词穷了，微微一笑说道：“卫大将军，你还不到四十岁，正值壮年，不应如此萎靡，要振作起来，再立新功，还朕一个生龙活虎的卫大将军！”

卫青苦笑一声，不置可否。

武帝继续说道：“大宛乃一弹丸小国，莫说打他，就是听一听卿的威名，也会吓得屁滚尿流！”

卫青想：乖乖，说了半天，莫不是想要我率兵去攻大宛？不，不行。大宛不比匈奴，也不比车师和楼兰，皇上又如此轻敌，必败无疑，我不能去趟这个浑水，坏了一世英名。主意已决，卫青使劲摇了摇头说道：“陛下过奖了。陛下欲征大宛，臣理应挺身而出，为陛下分忧，怎奈，臣不久前得了一种怪病，一闻鸣镝之声，便心悸耳鸣，臣……”

武帝没有料到他会推辞，脸色越来越阴，阴得像要拧出水来。将御案啪地一拍吼道：“卫青，你别以为，你不出山，这大宛就不能征了。你错了，朕这朝中，能征的战将并非你卫青一人！你走吧，你这就给朕走。朕就不信，一个小小的大宛，竟然拿不下来！”

卫青满脸通红，深作一揖说道：“臣惹怒陛下，罪该万死。臣暂且告退！”说毕，躬身而退。

武帝扫视丹墀下的一班武将，余怒未消地问道：“诸位爱卿，谁愿意为朕去夺取汗血马？”

丹墀下寂静无声。武帝二次又问了一遍，仍是无人应腔，气得他又将御案啪地一拍，大声斥道：“你们这是怎么了，难道离了卫青，你们都不会打仗了吗？”

寂静，寂静得如同死人一般。武帝更加生气了，正要再次发作。

司马相如出班奏道："启奏陛……陛下，臣举荐一……一人，可征大……大宛。"

武帝如同溺水的孩童，骤然发现了一块救命木板，二目顿时放出光来："卿所举何人?"

司马相如结结巴巴地回道："骑都尉李陵。"

武帝二目又是一亮，李陵？这李陵可是个人才，飞将军李广之后，霍去病将死之时，曾竭力向朕推荐过他，朕将他破格委为骑都尉，驻防酒泉、张掖，他曾率兵一千，奇袭车师、楼兰，连俘二君，押解来京，若用他挂帅西征大宛，胜利指日可待！

他正要降旨拜李陵为将，栾大晃悠悠地走上殿来，朝武帝拜了一拜说道："陛下，小婿今日身体不舒，躺在床上，似睡非睡，忽有一白发老翁，对小婿说道，你快快起来上殿，皇上遇到了犯难事。小婿问道，皇上英明果断，还有什么事情用得上他犯难呢？老翁道，有。小婿道，什么事？老翁道，西征大宛一事。小婿道，大宛乃一弹丸小国，灭它如扒鸡笼，值得犯难吗？老翁道，值得。小婿道，为什么？老翁道，大将军卫青，久不闻鸣镝之声，产生了怯敌之心，不愿再上阵拼杀。小婿道，这，这就有些难办了。大汉国虽有战将千员……"

栾大突然把话打住，卫青乃大汉国第一功臣，位高权重，又是皇后亲弟，谁敢在人前道他半个不字！如今，我在朝堂上，公然对他抨击，已属不该，若再把矛头指向这班武将，岂不要把自己引到与众武将对立的位置？不能，不能树敌太多！

他舔了舔嘴唇，话锋一转说道："白发老翁对小婿说道，大汉国战将千员，任选一位，也可做西征大宛的统帅。但用兵之道，贵在一个奇字，只有用奇才，才能立奇功。"

一番话说得武帝频频点头。是啊，当年启用霍去病，率领骑兵一万，由陇西郡出发，孤军深入沙漠，寻找匈奴主力，那时去病才刚刚十九岁，朝中不少大臣，出面反对，朕不为所动，结果呢？把十万匈奴大军打得人仰马翻，连休屠王祭天用的金人，也成了汉军的战利品。如此看来，上天莫不是要给朕降一个像霍去病那样的奇才出来？

武帝二目殷殷地瞅着栾大，栾大又舔了舔嘴唇说道："白发老翁告诉小婿，郎中李广利，便是一位奇才，若是命他领兵出征，定然大吉大利，大获全胜！"

"李广利！他不是李夫人的胞兄吗？"

栾大道："正是。"

武帝尽管敢于大胆起用新人，对于李广利，却有些犹豫，吞吞吐吐地说道："李广利没有带过一天兵，让他统兵西征大宛，怕是有些不大合适吧？"

栾大道："这不是小婿的意思，这是白发老翁的意思。白发老翁自报家门，说他便是安期生。"

一说到安期生，武帝不再犹豫。他一生向往神仙，崇拜神仙，神仙为他指点迷津，还有什么可犹豫的呢？

他挺了挺身子，轻咳一声叫道："李广利听封。"

此刻的李广利，恨透了栾大：你明明知道我没打过一场仗，没读过一本兵书，却要装神弄鬼，向皇帝举荐我，岂不是赶鸭子上架！但当着武帝的面，又不好发火，听到听封二字，忙出班跪了下去。

武帝声音洪亮地说道："朕拜卿为中郎将，率铁骑三千，步兵三……"他本想说率步兵三千，话到唇边，突然觉着有些少，想说一万吧，三字已经出口，索性将错就错，改为三万。轻咳一声继续说道："朕命你率骑兵三千，步兵三万，代朕讨伐大宛，为甘父报仇，为大汉雪耻。这次出师，只许胜，不许败，回来时，一定要给朕带回贰师城的汗血马。"

说到汗血马三字，武帝突然来了灵感，改口道："朕封卿为贰师将军，择日启程，届时，朕在覆盎门外为卿饯行！"

李广利心中尽管一百个不乐意，还得叩头谢恩。

第四十章　庸将险招　死中求生

退朝以后，朝臣们鱼贯而出，李广利走到栾大跟前，狠狠地剜了他一眼，拂袖而去。这一切，全被李延年看到眼中，冲着栾大歉意地一笑说道："广利是个粗人，栾兄且莫介意。"

栾大微微一笑说道："延年弟不必担心，你看我像那小肚鸡肠之人吗？"

李延年摇头说道："不是，绝对不是。不过……"他扫了一圈，见同僚们已经走远，方才说道，"栾兄，莫说广利对您不满，连小弟我也有些想不通，广利有几斤几两，您又不是不清楚，却偏要荐他做西征大宛的统帅，这仗要是打砸了，皇上能饶得了他吗？您不是要他去做将军，您是要他去送死！"

栾大嘿嘿一笑说道："延年弟言重了。依愚兄看来，广利的斤两，并不比当年的卫青差。卫青当年，曾与人为奴，我们的广利，还不曾卑贱到这种地步。你担心广利未读兵书，不识阵法，卫青他识吗？卫青凭什么拜将，不就因为他有一个好姐姐卫子夫吗？而我们的莲儿，受宠的程度，并不比当年的卫子夫差。至于仗吗，好打得很，那大宛根本不是我大汉的对手！你没想一想，骑都尉李陵仅用一千兵，便把车师、楼兰打得落花流水。这一次出征，皇上为广利配备了三万多精兵，霍去病那么受武帝器重，皇上命他远征匈奴之时，才给他配备了一万骑兵。"

他顿了顿，继续说道："你放心，我已经掐算好了，广利这一次远征大宛，必将稳操胜券，凯歌而旋。皇上已经有些厌恶卫青了，广利第一旦凯旋，必将取卫青而代之。皇上之所以未敢轻易易储，完全是碍于卫青的面子，卫青官拜大司马大将军，手握重兵，皇上不能不对他有所顾忌。我们的广利，一旦取代了卫青，便为皇上解除了后顾之忧，髆儿做太子之事，便指日可待了。这太子距那皇帝，也就是一步之遥。髆儿一旦做了皇帝，你便是大汉的国舅，到了那时，这大汉国还不是咱兄弟俩说了算！"

一席话，说得延年心花怒放，当即赶回家去，把栾大的话，一字不漏地道给广利。广利转忧为喜，积极筹备西征之事，经他力荐，卫律得以随军西征，拜为校尉。

一切准备就绪之后，广利择日而行，到这一天，只见他顶盔贯甲，跨马提刀，身前一面写着“贰师将军”名号的大旗，迎风招展，倒也威风凛凛。武帝满意地点了点头，亲自斟酒一杯，赐予广利。广利竟然没有下马，抱拳说道：“臣军务在身，不能行君臣大礼了，敬请陛下原谅。”说这话的时候，心口咚咚咚乱跳，偷偷瞟了栾大一眼，暗自说道：“栾大呀栾大，当日卫青、霍去病出征之时，皇上为他们饯行，赐酒的时候，他们可是跪接的呀，如今你不让我下马，皇上若是怪罪下来，可比害眼厉害得多！不，皇上不会怪罪的，皇上的脉让栾大摸准了，栾大为我兄妹谋划的事情，一步一步地得以实现——莲妹进宫，受到皇上宠幸，喜生贵子，哥哥每天陪伴在皇上左右，宠信无比，我得以出仕贰师将军……这一切全是栾大一手安排，听他的话没错。”

听栾大的话果然没错，武帝见广利不肯下马接酒，不但不怒，反觉着这才像一个真正的将军。

他想起了一件往事，这事是他的父皇亲口告诉他的。

文帝后元六年，匈奴大军犯边，乃以宗正刘礼为将军，驻军霸上，以兹侯徐厉为将军，驻军棘门，以河内太守周亚夫为将军，驻军细柳，以备匈奴。一日，文帝前去慰劳军队，至霸上及棘门军，长驱而入，将军以下都骑马出来迎送。俄而至细柳军，军队士吏皆被甲执锐，严阵以待。天子先驱至，不得入。先驱曰：“天子且至。”军门都尉曰：“将军令曰，军中但闻将军令，不闻天子之诏。”少顷，天子至，又不得入。于是天子遣使者持虎符诏亚夫：“朕要慰劳军队。”亚夫便传令打开壁门，正言告天子从属：“周将军约定，军中不得飞马驱驰。”天子闻言，轻轻颔首，持辔徐行。至中营，亚夫抱拳一揖，对先驱说道：“介胄之士不拜，请以军礼相见。”先驱还报天子，天子为之改容，手扶车前横木，表示敬意，遣使去向亚夫道谢：“皇帝敬劳将军。”成礼而去。既出军门，群臣议论纷纷，指责亚夫。天子曰：“嗟乎，此真将军矣！刚才霸上、棘门的军队，若儿戏耳，其将固可袭而虏也。至于亚夫，可得而犯邪！”月余后，匈奴归去，三军皆罢，拜亚夫为中尉。文帝将崩时，告诫太子刘启：“国有兵燹，可令亚夫将军。”

三年后，吴王刘濞发动七国叛乱，刘启想起父皇遗言，拜亚夫为太尉，率军平叛，历时三月，叛乃平，国赖以安。

武帝将飞出去的思绪收了回来，满面赞许地瞅着李广利：“卿莫不是上天赐予朕的周亚夫吗？”当即又赐酒三樽，李广利遵栾大之嘱，敬过天地之后，方才将酒饮下，别了武帝，率领三千铁骑，三万步兵，浩浩荡荡地踏上了西征的道路。

李广利出兵，是在夏末秋初。原想在敦煌一带补足粮草。可没想到，就在秋收之前，敦煌一带发生了罕见的大蝗灾。蝗虫铺天盖地而来，很快吃完了地里的庄稼。大军因缺粮少草困守敦煌。李广利万般无奈，急将蝗虫肆虐，军粮无着的情况上报长安，请求延缓出征日期。武帝急于得到汗血马，哪管什么军粮不军粮？还道李广利畏战，下了一道严令：命他即日兵出阳关，延误军期者斩。至于军粮，沿途向西域各国筹集，有拒绝交粮的，一律视为大宛同盟，破其城，灭其族，粮食物资，统统充作军用。

李广利接旨后，又惊又怕，忙驱动大军西行，扑向大漠。

大漠的天气，气温反差很大，白天，气温高得可以脱掉一层皮，晚上则又冷得牙齿打战。还常常遇到沙暴，许多将士葬身在流沙之下。

沙暴固然可怕，但最可怕的还不是沙暴，是人，是作为三军之帅的李广利。

李广利是无赖出身，不懂带兵，更不知爱惜士卒。他只知道要行军速度，对那些掉队的士卒，非打即骂，甚而斩头示众，杀一儆百。

沙漠中行军，最关键的是水。此次出征的将士，大多没到过玉门关外，全无在沙漠中求生的经验和技能。而李广利作为全军统帅，毫无绝地求生的心理准备。他只知道催促前进，连有计划地使用食物和饮水都不懂，以致饮水过早地消失殆尽。没有食物，尚可坚持五七日，没有水，连两日都坚持不下去，渴急了的将士，不得不用尿解渴，但由于没有饮水，尿也少得可怜。不，是一滴也没有了。

没有了尿，改饮马血，马一天天少下去。当他们走出大漠之时，出征将士已是十去三四。战马呢？战马损失更惨，十不剩一了。

走出沙漠，也非坦途。大军进入了更可怕的盐泽地。这是一个游移的咸水湖。其水面随着季节和岁月变迁，不断盈缩和移动，使一大片广袤无垠的大地，变成了寸草不生的盐碱荒滩。盐碱滩上，大大小小的盐碱块板结在地上，坚硬锋利不亚锋刃，令人马难以下脚。尽管这样，毕竟能见到一些水，这些水虽说是咸的，但总比尿强，将士们饱饮一顿，又将皮囊灌满，一瘸一拐地继续前行。

好不容易过了盐泽，来到有人烟城堡的地方，又遭到了沿途一些西域小国的抵制。这些小国之所以还敢抵制大汉的军队，原是上次李陵破楼兰、车师之后，耀武于乌孙国，是在天山北路，这次李广利大军行走的是天山南路的路线。大军若走天山北路，绕道乌孙国去大宛，那就得多走几千里地，而天山南路的西域小国没见过大汉军队，却常受匈奴的控制。这些小国害怕得罪匈奴，便联合起来抵制汉军，关闭城门，坚壁清野。李广利无奈，便命令将士，对沿途的小国发动进攻。好在，沿途小国城邑的军事力量并不强，倒也被他攻下了几个。每攻下一个，便饱掠一番。也有攻不下的，绕道而去，饥一顿饱一顿的，总算是到达了大宛的属国郁成，清点人马，只剩下七千人了。

李广利倒吸了一口凉气，郁成王杀了甘父，岂不料到汉军必来报仇？既然料到了，必要加固城防，早做准备。汉军远道而来，疲惫不堪，怎是郁成兵的对手？

他有些怯阵了。

不战而退，皇上会答应吗？绝不会答应！

这仗一定要打，还只能胜，不能败。事情到了这种地步，李广利也不得不动起脑子来了。他将汉军驻扎在距郁成国都七十里的地方，一边命士兵原地休息，一边召卫律等将领进帐，商议对策。

他心中尽管有些发怵，表面上却相当平静，环视了一圈众将说道："我们历经两个多月的跋涉，好不容易来到郁成，这一仗只许胜，不许败，大家有没有信心？"

卫律率先应道："有信心。"

广利满意地点了点头，把目光移向军正邱七，邱七也是李广利的哥们儿，是在长安相识的，乃军伍出身，若论带兵打仗，较之卫律，远胜一筹，故而，李广利很想听一听他的意见。

邱七双手抱拳道："回将军，卑职也以为，打下郁成没有多大问题。只是，我军远来，士卒疲惫，就像一支强有力的弓，虽然射出了一支强有力的箭。可是，这箭若是飞得太远，恐怕连薄绸也穿不透。末将以为，这仗不能操之过急，得让士兵好好休整一番。"

卫律立即反驳道："休整？缺粮缺草，拿什么休整？况且，我们就在郁成王眼皮底下，他会让我们休整吗？"

邱七不甘示弱，反唇相讥道："以你之见，难道此刻就去攻打郁成？"

卫律道："对，越快越好！"

邱七道："你这是飞蛾扑火！"

卫律道："这不叫飞蛾扑火，这叫破釜沉舟。"

邱七道："我们的身后，并非绝地，这舟怎么破？"

卫律道："谁说不是绝地？"

邱七道："我们的身后一马平川，岂能称得上绝地？"

卫律道："虽是一马平川，咱回得去吗？朝廷让咱回吗？进则生，不进则死！"

邱七正要再辩，李广利摆了摆手："卫将军说得对，进则生，不进则死！这郁成一定要打，晚打不如早打，为什么这样说呢？"他环视一周又说道，"我们的粮食顶多可食三日，三日之内，若是打不下郁成，得不到粮草的补充，军心必要大乱，到那时，我军将不战自溃，所以说，我说晚打不如早打，我命令！"

他挺了挺胸，众将的神色也为之严肃起来。

李广利又重复了一句："我命令，亥时三刻出发，径奔郁成，搞它个突然袭击！"

卫律及众将军齐声应和，唯有校尉王恢，一言不发。此王恢非马邑之战之王恢，长安人士，也曾随张骞出使过匈奴，穿越沙漠之时，为李广利斩杀落伍士卒一事，意见相左，被李广利骂了个狗血淋头。他明明知道，广利此行不可为，你没想想，亥时三刻出发，赶到郁成，正好天亮，还怎么奇袭？而且，军营距郁成才七十里，一路上烧杀抢掠，郁成王怕是早已得了消息，这会儿正在严阵以待呢！

他不想说，说了李广利也不会听。攻打郁成之事，就这样定了下来。

正如王恢所料，汉军一踏进郁成国土，便为郁成王所知，他自杀死甘父之后，已经料到汉军必来报复，因而早就加固城池，养兵练战，且在汉军必经之地，设下哨站，布下暗探。当暗探将汉军虚实上报郁成王时，他还有些不大相信。七千人马？我郁成国虽小，也有五千铁骑，三万步兵，区区七千人马，又远道而来，岂能是我对手？当即调兵遣将，去城外十里铺一带埋伏。

寅时三刻，汉军行到十里铺，天已麻麻亮。六十里急行军，把将士们累得气喘吁吁，汗透内衣，照这个样子，即使赶到郁成城下，哪还有攻城的力气？是略休片刻，还是继续前进？正当李广利举棋不定之时，一小丘后边，突地跃起一个郁成号兵："嘟嘟嘟……"

一阵刺耳的牛角号刚刚响起，田野里、树林里，蹿出来三万多郁成兵，呐喊着朝汉军扑来。

汉军压根儿就没有想到郁成国会在此布下伏兵，毫无心理准备，一个个大惊失色，匆忙应战，顷刻之间，被郁成国的士兵冲得七零八落，一败涂地。

幸亏军中有个王恢，惊而不慌，召集部伍，用武刚车围成一个小阵地，将郁成兵挡在阵外。

一方要攻，一方坚守。相持了八九个时辰。

一张黑色的夜幕，自天而降，顷刻把大地罩了个严严实实。经过一番痛苦的抉择，李广利把诸将召在一块，满面凄凉地说道："我们的将士又伤亡了四千多人！"

说到这里，两行混浊的泪水，夺眶而去。

他抬了抬手，却没有去擦，听任泪水在脸上流淌。

他哽咽着继续说道："即使这四千多人不死，我们也不是郁成兵的对手。我们连小小的郁成都斗不过，岂能斗得过大宛？"

他将话收住，二目又将与会的诸将扫了一遍，久久没有说话。

沉默，沉默得有些可怕。卫律试探着问道："将军，您的意思是……？"

李广利叹了一口气："若照我的意思，咱不如突围回汉，留得青山在，不怕没柴烧！"

事已至此，诸将能有何话可说？唯有突围而已！

说到突围，卫律又来了劲，极愿充当先锋。李广利点头应允，当即抽调五百强健军卒，交卫律指挥。

郁成王料到汉军要突围，将重兵集结在汉军的东面。也是天不灭汉，将要突围的时候，李广利突然来了灵感。郁成王阴险残暴，他会让我突围吗？他如果重兵集结在我的归路上怎么办？倒不如来一个围魏救赵：直扑郁成国都！

这是一步险棋。不说卫律，连王恢也捏了一把冷汗。李广利不怕，奶奶的，这打仗就像赌博，连赌注都不敢下，何时才能赢大钱？

这一步棋他走对了，向西突围的时候，果然没有遇到什么阻力，兵不血刃，占据了郁成的国都，饱掠一番，弃城东归。这一仗，确实打得漂亮，为此，李广利高兴了四五天。但当他接近汉境的时候，那心便沉了下来：三万三千人马随我西征，连大宛的边儿都还没有挨着，就死得只剩两千人了。出发时，众将士个个身强力壮，盔明甲亮，撤军时一个个身体虚弱，或多或少都有伤在身，这个样子回去，皇上能饶得了我吗？越想越是后怕，行至敦煌，两条腿再也抬不动了，经与卫律、邱七合计，由卫律先行进京，向皇上禀报战败的经过。他自己打定主意，率队在后面慢慢跟进。

卫律得令之后，马不停蹄地赶回长安。他打算先见一见延年，打听一下情况，再进宫面圣。谁知，延年去宫中赴宴去了。

他一边饮酒，一边等着延年，直等到午牌时分，还没见延年回来，不免有些焦躁起来。

李府的管家笑吟吟地走了进来，双手抱拳说道："抱歉得很，我家老爷，怕是不能回来陪您了。"

他满面不悦道："为什么？"

管家道："卫大将军凯旋，皇上在未央宫后殿设宴为他洗尘，我家老爷奉命作陪。"

卫律皱着眉头儿说道："凯旋？卫大将军从什么地方凯旋？"

"从东越凯旋。"

"东越怎么了？"

"东越反叛朝廷。"

"他为什么要反叛朝廷？"

"这话还得从南越说起。"管家端起一樽酒，一口气灌下肚去，擦了擦嘴，将卫律的酒樽加满，又自斟一杯，方将话匣打开："南越王赵胡，曾遣太子婴齐，入长安宿卫，一住数年。婴齐本有娇妻幼子，未曾一并入都。那时婴齐也不过二十几岁年纪，正值壮年，贪色成性，岂可一直无妇？为解燃眉之急，沉溺妓院，彻夜不归。但作为一个太子，终不是长久之计，他反复权衡，决计再寻一房妻子。不少人贪图他的富贵，荐女上门，内中不乏大家闺秀，他一个也没有看中，反倒有一个樛氏，本乃邯郸人氏，早年在京都为娼，因勾上了安国少季，被他用重金赎出，藏之金屋，事为少季夫人侦知，一顿乱棒，将樛氏赶出家门。合该樛氏与婴齐有缘，二人在街头相遇，一见钟情，结为夫妇。未几生下一男，取名为兴。一年后又生一男，取名为次公。

"光阴似箭，转眼已过十七个年头，赵胡突患中风，不能下床行走，忙遣使至京，请归婴齐，武帝允其所请，遣婴齐归国省亲，樛氏母子，自在随行之列。

"婴齐归国不久，赵胡一命呜呼，婴齐当即嗣位，上书报闻，且请令樛氏为皇后，赵兴为太子，武帝也即依议，但常遣使征他入朝。婴齐恐再被羁留，不肯应召，只遣次公入侍，自与樛氏整日淫乐。乐极生悲，死于樛氏肚皮之上。太子赵兴继立为主，奉其母樛氏为王太后。偏武帝得了此信，又要召他母子一同入朝，当下御殿择使，即有谏议大夫终军，自请效劳，且面奏道：‘臣愿受长缨，羁南越王于阙下。’”

“武帝见终军年少气豪，很是欢喜，当即降旨一道，命他率领勇士魏臣等，出使南越。将行之时，查得安国少季，与樛太后相善，奏明武帝，想让他一同前往，武帝满口应允。”

卫律哎了一声道：“你说的这个终军，表字可叫子云？”

管家道：“正是。”

卫律道：“这个人我是认识的，济南人氏，聪慧异常，人称神童，年未弱冠，便选为博士弟子，步行入关。关吏给予一繻，终军问有何用？关吏回道，这是出入关门的证券，将来汝要出关，仍可用此繻为证。终军慨然道，大丈夫西游，终不复传还！一面说，一面弃繻自去。果然不到两年，官拜谒者。出使郡国，建旄出关，关吏惊诧道，这就是弃繻生，不料他竟践了前言！终军也不与多说，待至事毕还都，奏对甚合上意，迁官谏议大夫。由他出面游说南越，南越必当举国来归。”

管家使劲摇了摇头：“您也太高看了终军，画上的大枣，中看不中吃。到了紧要关头，连个女人都不如。”

卫律一脸惊诧道：“请道其详。”

管家将酒饮了半樽，继续说道：“终军一行，到了南越，受到热情款待，谈及内附一事，赵兴满口答应。终军正要归汉复命，冷不丁跳出来一个吕嘉，反对内附。这吕嘉为南越相国，历相三朝，权高望重，赵兴不免犹豫起来，入禀太后，请她定夺。太后当即出殿，召见汉使。两眼瞟去，早已瞧见那少年姘夫，当下引近座前，详问一番。安国少季即将朝廷意旨，简述一遍，樛太后一边听一边点头。转脸对赵兴说：‘我南越原本就是秦土，秦灭汉继，早就应该归汉，这还有什么可犹豫的呢？速速上表汉廷，愿比内地诸侯，三岁一朝。’赵兴遵嘱而行。终军得表，遣从吏飞报长安。武帝复诏奖勉，且赐南越相吕嘉银印，及内史、中尉、太傅等印，余听自置，终军等人，留使镇抚。

“吕嘉虽受汉印，心中却存怨恨，托疾不朝，暗蓄阴兵，图谋造反。事为樛太后侦知，商之终军，设下鸿门大宴，由汉使出面，逮捕吕嘉，终军并无异议。酒过三巡，太后见终军迟迟不肯动手，顾语吕嘉：‘南越内属，利国利民，相君独以为不便，究属何意？问得吕嘉满头大汗，无言以对。樛太后以目示终军，终军朝门口指了一指，连连摇头。樛太后忽有所悟：是了是了，那吕嘉之弟，现为将军，在宫外领兵环卫，弄不好激起兵变。继而一想，环卫外宫之军，乃我儿之禁卫军，岂能听命于嘉弟？若把吕嘉除掉，嘉弟再勇，也不过无蛇之头，我怕他何来？二次以目示意，终军因担心嘉弟，终不敢下手。樛太后不免着急起来，忽见吕嘉起身欲走，大喝一声，‘且慢’！一边说一边拔剑在手，朝吕嘉刺去。嘉虽为文职，终是男子，一个妇道人家，如何刺得中他？亡命出宫。樛太后抛剑叹道：‘坏我大事者，必此人也！’”

卫律听得义愤填膺，切齿骂道：“这个终军，果不如一个妇道人家，真是可恶！后来呢，那吕嘉岂肯善罢甘休？”

管家点了点头，继续讲道：“那吕嘉归家之后，召来几位心腹大将，泣声说道：‘你我弟兄，险些不得相见了。’众将惊问其故。吕嘉回道：‘樛后原本汉人，在汉之时，已与汉使安国少季私通，如今大权在握，欲拿我南越献大汉，取媚汉帝，我极言不可，淫后恼羞成怒，亲自拿剑刺我，若非我跑得快，已成酆都之鬼！’说毕，号啕大哭起来。

“众人见吕嘉哭得伤心，一齐劝道：‘相国不必悲痛，悲痛也无用。相国若是信得过我们，我们这就起兵，杀了淫后、汉使和昏王，奉你为主。”

“吕嘉转悲为喜：‘承蒙诸位弟兄如此看得起我，我还有何话可说？唯有感激而已。淫后可杀，汉使可杀，王不可杀。再者，我也不愿落一个弑主篡位的恶名。’众人道：‘相国此话差矣，昏王固不可杀。但杀了昏王亲母，昏王岂能与我等善罢甘休？有道是，斩草不除根，久后必复生。’吕嘉见众人说得有理，点头说道：‘就依诸位之见。’说毕，命众将各自回去，调集所部，到相府相聚，悄无声息，杀进王宫。樛太后与安国少季，并坐私谈，急切无从逃避。吕嘉兄弟，持刀进来，一刀一个，劈倒在地。赵兴得了消息，急出宫制止，哪里还制止得住？叛兵蜂拥而上，将他砍为两半。终军、魏臣，更是在劫难逃，一并做了泉下之鬼。那终军也不过二十几岁，惨遭此祸，唉！”

卫律道：“你不必为终军叹息，他罪有应得。”

他忽然想起了吕嘉：“那吕嘉呢？是不是南面称尊去了？”

管家道：“那吕嘉倒也有自知之明，没敢称尊，把婴齐的长子，术阳侯建德拥戴出来，自己仍为相国。”

“皇上闻吕嘉造反，残杀汉使，拍案而起，颁诏发罪人从军，且调集舟师十万，会讨南越。卫大将军主动请缨，率兵二万，出桂阳，下湟水；卫尉路博德为楼船将军，出豫章，下横浦，故归义、越侯两人，同出零陵，一名严，为戈船将军，一名甲，为下濑将军，又使越人驰义侯遗，带领巴蜀罪人，发夜郎兵，下牂牁江，同至番禺会齐。番禺就是南越郡城，北有寻狭石门诸险，统被路博德捣破，直扑番禺。卫大将军部下多罪人，沿途逃散，只有千余人至石门，与博德相会。两军同路并进，到了番禺城下，博德攻东南，卫大将军攻西北，博德想夺首功，麾着部众，奋力猛扑。越相吕嘉，督兵死守，坚拒不退；卫大将军却从容不迫，但在西北角上，虚设旗鼓，遥张声势。一面遣人射书入城，劝令出降。城中已是垂危，又闻卫大将军立营西北，将要夹攻，急得守将仓皇失措，往往缒城夜出，奔降卫大将军。卫大将军好言抚慰，各赐印绶，令他还城相招。适博德攻城不下，焦躁异常，督令部兵纵火烧城，东南一带，烟焰冲霄，西北兵民，都已魂飞天外，闻得出降免死，并有封赏的消息，踊跃出城，争向卫大将军处投降。吕嘉见势不妙，乘夜逃出，亡命海岛。及博德破城直入，卫大将军早进西北门，安坐府中。”

“博德费了许多气力，反让卫大将军先入，很不甘心，便欲往捕南越君相，再图建功。卫大将军笑语博德道：‘君连日攻城，劳疲已甚，尽可少休！南越君相，便可擒到，请君勿忧。’博德似信非信。过了一两日，果由越司马苏弘，捕到建德，越郎都稽，捕到吕嘉。经卫大将军讯验属实，立命处斩。当即飞章奏捷，保举苏弘为海常侯，都稽为临蔡侯，且奏章中亦备述博德功劳。博德始知卫大将军善抚降人，用夷制夷，智略高出一筹，也觉自愧弗如了。”

“是时，皇上正在东巡，将往缑氏。行至左邑桐乡，正值南越捷报到来，甚是欣慰，便命桐乡为闻喜县。再行至汲县中新乡，又闻得吕嘉捕诛，因在中新乡添置获嘉县。且传谕南军，将南越王的人头送往长安，挂在北城门上，析南越地作为南海、苍梧、郁林、合浦、交趾、九真、日南、珠崖、儋耳九郡，诏卫大将军班师还朝。”

卫律一脸不解道：“那卫大将军既已班师还朝，如何又去平定东越？南越既平，东越势不如南越，必定胆战心惊，何以还敢反叛朝廷？”

管家道：“你这话问得好。你即使不问，我也要讲的。皇上发兵征讨南越之时，东越王余善尝拟从征，上书自效，当即发卒八千人，愿听楼船将军节制。楼船将军路博德，到了番禺之后，却未见余善一兵一卒，遂致书诘问，回说是兵至揭阳，为海中风波所阻。及番禺已破，询及降人，才知余善通使南越，阴持两端。少不得又致书诘问，余善害怕，拜将军驺力为吞汉将军，自称武帝，扯旗反汉。皇上得报，忙命卫大将军，折兵东越，与博德分击余善。一月乃平，灭其国，迁其民……”

管家正讲得口吐白沫，李延年一摇三晃地走了进来。管家与卫律忙上前将延年扶住，按坐凳上，一左一右，分站两旁，一个为延年擦嘴，一个为延年捶背。

“酒，酒!”

管家见延年要酒，灵机一动，向女婢讨了一碗醋，双手递给延年，延年一饮而尽。

也许是醋的作用，延年慢慢清醒过来。他瞥见了卫律，吃了一惊问道：“卫律，你不是随广利西征去了？何时转回京城？”

卫律回道：“刚刚。”

“胜败如何？”

“打了败仗。”

李延年噌地一下跳了起来：“什么？你们打了败仗？”

卫律轻轻点了点头，遂将西征的经过，简略地复述一遍。

李延年一屁股坐在凳子上，许久说不出话来。

他能说什么呢？南越、东越，少说也有五百万人口，地势险峻，汉兵一发，未及半年，国除为郡。大宛呢？大宛满打满算，也不过六十几万人口，相当于中国一个小郡，动用了三千铁骑，三万步兵，连个边儿都没挨着，便败下阵来，且败得如此之惨，怎么向皇上交代？

他忽然想起了栾大。

栾大鬼点子极多，他会有办法的。

“走!”他霍然长身，“找栾大去!”

栾大也没有什么高招。

栾大说，要救广利不死，唯有莲儿一人。于是，趁武帝上朝之机，栾大、延年双双溜进招仙阁，与莲儿商议对策。

平日，武帝下朝归来，莲儿风一般地迎了出去，围着他作憨作娇。今日下朝，屁影儿没见，敲她房门，门内一边应腔，一边好像在收拾着什么东西。只听砰的一声，似有瓷器落地摔碎的声音。

武帝有些急了，一把将门推开，只见莲儿慌慌张张地打扫地上的积水及水杯片儿。

武帝微微皱了皱眉：“这是你干的活吗？”

“臣妾……”莲儿抬起头，一脸泪痕地瞅着武帝。

武帝一脸惊诧地问道：“你怎么哭了？”

“我，我没有哭。”莲儿极口否认，那泪不由自主地流了下来。

武帝一把拉过莲儿，揽在怀中，一边为她拭泪，一边问道："出什么事了？"

莲儿回道："没什么事！"

"没什么事你为什么要哭？"

"臣妾……"莲儿欲言又止。

武帝见她不肯相告，换了个话题问道："你刚才在做什么？为什么不肯给朕开门？"

"臣妾刚才在写一封信。"话一出口，便后悔了，"不，臣妾刚才在喝水。"

武帝有些不信，抬头朝书案上扫了一眼，只见那上边的砚台储满了墨汁，毛笔也像是刚刚用过，唯独没见帛。是了，是了，她莫不是把写了字的帛藏了起来？对了，一定是藏了起来！她为什么要藏帛呢？难道那上边写了一些见不得人的东西？一定是写了一些见不得人的东西，否则，不至于听见我敲门，便如此惊惶，连水杯都打碎了。

武帝越想越是生疑，沉着脸问道："信呢？"

她故意装迷："什么信？"

"就是你刚才写的信。"

"陛下何以断定，臣妾刚才写信了？"

"你自己讲的。"

"那是臣妾说错了。"

"你不要狡辩，快把信拿出来吧！"

莲儿见瞒他不住，吞吞吐吐说道："这……这信是臣妾写着玩的，陛下还是不看的好。"

"不，朕要看，朕一定要看！"

莲儿装作一脸无奈的样子，从抽屉里拿出一张写满字的帛，双手捧给武帝。

武帝将帛展开，轻声读道："陛下，臣妾也不知哪世修来的福气，得以为夫人。陛下对臣妾，宠爱有加，臣妾每天就像生活在天堂里一般。爱屋及乌，臣妾两个不成器的哥哥，一个得以官拜协律都尉，一个得以做西征大宛的统帅，此天高地厚之恩，臣妾没齿难忘，连做梦都在想着如何报答。孰料，这恩未曾报上半分，反给陛下带来了一个天大的麻烦。

"臣妾二哥，奉命西征，倒也打过一个漂亮仗，最终还是败归。按照军法，理应处斩……”武帝收回目光，向莲儿问道：“夫人怎么知道你二哥打了败仗？”

莲儿苦笑一声说道：“陛下还是先把信看完再说。”

武帝继续读道：“李广利固然该杀，可他毕竟是臣妾亲哥，臣妾岂能见死不救？臣妾若是为他求情，照陛下对臣妾的宠爱，没有不允之理。这样一来，岂不是因私害公？因私害公之事，臣妾不愿陛下为也。但臣妾又不愿眼睁睁地看着活蹦乱跳的二哥被人斩杀。左想右想，倒不如一死干净。

“祝陛下万寿无疆，愿陛下再找一个称心如意的好夫人！果真如此，臣妾在九泉之下也就瞑目了！臣妾泣血再拜。”

读到最后，武帝眼中闪动着泪花，多好的一位夫人，一位通情达理的夫人！他二次将莲儿揽在怀中，吻了一口说道：“夫人，你不要想得太多，胜败乃兵家常事，军法不会因为你二哥打了一次败仗就杀他的人头！”

莲儿试探着说道：“可臣妾二哥，败得有些惨。”

“惨到什么程度？”

“惨到，惨到……”莲儿实在不愿回答，却又不得不回答，声如蝇嗡道，“惨到只剩下两千将士了。”

“什么？只剩两千人了，这和全军覆没又有什么两样？”武帝脸色铁青，近似咆哮的声音吼道。

莲儿扑通一跪，一连叩了三个响头，每叩一个，便万分自责地叫道：“臣妾该死！”

这一磕，把武帝的心磕软了，放缓了口气说道：“这事与夫人无关，你自责什么？”

莲儿长叹一声说道：“怎的无关？该杀者，乃臣妾的亲哥哥。”说毕，仰起泪脸，可怜兮兮地瞅着武帝。

武帝也是一声长叹：“他不该败得这么惨！”说毕，轻轻摇了摇头。

他忽然想起了什么，盯着莲儿问道：“李广利打了败仗，这事你怎么知道？”

莲儿战战兢兢回道：“是卫校尉告诉臣妾的。”

“哪个卫校尉？”

“就是随臣妾二哥西征的那个卫律。”

“他人在何处？”

“在驿馆候旨。”

“传他进宫见驾。”

卫律见皇上有诏，一溜小跑跑进招仙阁，见了武帝，扑通一跪，颤声说道：“罪臣卫律，参见陛下。”

武帝一脸严肃地说道：“卫律，你把贰师将军西征的情况，如实给朕奏来！”

卫律诚惶诚恐地回道：“回陛下，罪臣这里有一份贰师将军的奏折，那上边讲得十分详细，请陛下一阅。”说毕，掏出奏折，双手高举过顶。

武帝趋前三步，接了奏折，展而读之：

“罪臣此次领兵，深入大漠，方才知道事情并非罪臣想象的那样简单，浩浩沙漠，两千里没有人烟，将士们不是死于沙暴，便是为水所困，先是以尿解渴，继之杀马饮血。强行越过沙漠，又到盐泽，大大小小的盐碱块板结在地，坚硬锋利不亚于锋刃，令人马难以下脚。加之粮草供应不足，将士们常常是勒紧裤带，饿着肚子走路。沿途各国，原本就受匈奴控制，见我军如此狼狈，更不放在眼里，或闭门不纳，或出兵骚扰，更莫说供应粮草了。我们且战且走，行至郁成，清点人马，所剩不过七千……”

武帝读着读着，火气又上来了，击案骂道：“没用的东西！沙漠、盐泽如此厉害，当年怎么没有困住霍去病？分明是自己不会带兵。似此等之将，留在世上，是大汉的耻辱！”

武帝发了一通火后，继续读道：“罪臣抖擞精神，率领这七千人马，去攻郁成，不料想中了郁成埋伏，又战死了四千多人。罪臣等人亦遭困十里铺。也是天不灭汉，罪臣突来灵感，采用围魏救赵之术，强行西突，并一举攻下郁成国都，但罪臣自忖，靠这二千多人马，实难与郁成兵长期相持下去，进军大宛，更是无望。罪臣斗胆自作主张，退军回玉门关内，敬请陛下训示！”

武帝打鼻子里哼了一声：“什么训示？按法当斩！”

他故意把话顿住，移目莲儿，观察她脸上的变化。莲儿脸色苍白，摇摇欲倒。

武帝轻叹一声：“爱妃不必害怕，看你之面，朕赦他不死也就罢了。”

莲儿闻言，又惊又喜，推金山倒玉柱般地拜了下去：“谢主隆恩！”

武帝道：“爱妃请起，朕还有话要说。”龙颜为之一肃，对卫律说道，“快去转告贰师将军，叫他好好在玉门关外给朕待着，有胆敢进玉门关一步者，杀无赦!”

卫律听了这话，连忙爬了起来，昼夜不停地报信去了。途中与李广利相遇，将皇上的话，点滴不漏地讲了一遍。只要有莲妹在，皇上就不会杀他，再气也不会杀他，这一点信心，李广利还是有的，但他没有料到，武帝会把他拒在玉门关外，是对他的惩罚，还是不愿放弃汗血马，要他戴罪立功？他猜不透。

就是猜得透，皇上要他驻军玉门关外，他敢不驻吗？当即传令一道，后队变前队，兵开玉门关。

第四十一章　好大喜功　多方用兵

莲儿的心情，并不比李广利轻松。她没打过仗，但她知道战争是残酷的，风险极大。这风险，她希望别人去冒，不希望她的二哥去冒。要使二哥不冒这个险，最有效的办法便是停止战争。而西征大宛的目的，为的是一匹汗血马。该死的马！她脱口说道："陛下，不就一匹马吗？犯得着兴师动众？"

武帝见她问得幼稚可笑，笑问道："爱妃知道朕要的是一匹什么马吗？"

"天马。"

武帝道："既称天马，想必定能腾云登天？"

莲儿轻摇玉首说道："未必。"

武帝道："何以见得？"

莲儿道："那天马若是能腾云登天，大宛国君臣早就自己骑着它上天去了，还苦守着大宛做什么？"

这，这么浅显的道理，武帝竟然没有想过。他吭哧了许久，说道："即使这天马不能上天，朕也要得到它。"

"为什么？"

武帝反问道："古人以五百金买千里马死骨一事你可听说？"

莲儿道："臣妾未曾听说。"

武帝道："爱妃既然没有听说，朕就讲给你听。"

他轻咳一声，绘声绘色讲道："古有一君，非常喜欢马，特别是千里马，曾以千金付于涓人，嘱他务必买一匹千里马回来。涓人受命出都，奔跑近两个月，莫说买千里马，连千里马是什么样子也没见到。这一日，他漫步于邯郸，见一匹死马，横卧街头，观者无不叹息。涓人问其故，答曰：'此马生时，日行千里，今死，是以惜之。'涓人乃以五百金买其骨，橐负而归。君大怒曰：'此死骨何用，而废弃吾多金耶！'涓人答曰：'所以费五百金者，为千里马之骨故也。此奇事，人将竞传，必曰，死马且得重价，况活马乎？马今至矣。不到一年，得千里之马三匹。'"

讲到这里，他顿了顿道："那涓人之志，难道仅仅是一橐马骨吗？"

莲儿道："非也。"

"他志在什么?"

"志在得到千里马。"

武帝赞许地点了点头："答得好。朕再问你，朕不惜动用几万兵马，去打大宛，难道也仅仅为的是一匹汗血马吗?"

莲儿道："不是。"

"是什么?"

"是征服大宛，不，不只大宛，是整个西域。"

武帝双手把莲儿抱了起来，就地转了三圈，放回原地，极口赞道："知朕者，爱妃也。"

莲儿受到了赞扬，立马高兴起来，卖弄似的说道："臣妾不只知道皇上为什么非要得到汗血马，臣妾还知道，您为什么不让臣妾二哥入关。"

武帝眯缝着笑眼道："为了什么?"

"要他戴罪立功，再征大宛!"

武帝喜道："正是这样。"

"不过……"莲儿欲言又止。

"夫人有话，但讲无妨。"

"臣妾二哥辜负了陛下厚望，陛下不但不加罪于他，还要他二次带兵，去征大宛，以雪前耻，臣妾兄妹感激涕零。但臣妾觉着，臣妾二哥，并非做将做帅的料，要征大宛，陛下还是另选他人吧!"

武帝笑回道："谁说你二哥不是做将的料?你看，围魏救赵这一招，他用得多好?两千多将士，残兵败将，竟然反败为胜，一举攻下敌国国都!此等勇气此等智慧，不亚当年孙膑。至于兵败一事，责不全在你的二哥，是朕低估了大宛，一来出兵太少，二来军需不继。朕这一次，给你二哥多派一些兵，多发一些粮草，保管他旗开得胜!"

莲儿喜道："陛下打算给臣妾二哥派多少兵?"

武帝正要回答，穿宫太监来报："启奏陛下，赵丞相求见。"

武帝的眉头微微皱了一下说道："传他觐见。"

不一刻儿，一位矮矮胖胖的汉子走了进来，跪倒在地，口称："小臣赵周参见陛下。"

武帝摆了摆手道："赵爱卿平身，这里是朕的内宫，你不必拘礼。"

"谢皇上。"赵周站起身来。

武帝朝穿宫太监丢了一个眼色，穿宫太监忙搬来一个锦墩，放在赵周身后。

莲儿一直在想，这人我怎么没有见过？噢，想起来了，他是新任的丞相，他的前任叫庄青翟，因儿子擅杀奴婢而入狱。这丞相，按照常理不应由他来当，只因他有几分奴性，皇上才硬要他来当。作为一个丞相，一人之下，万人之上，应该有几分官相，可他硬是没有，武帝命他坐下说话，他诚惶诚恐道："小臣不敢。"武帝不再勉强，开言说道："赵爱卿，你找朕有事吗？"

赵周毕恭毕敬地回道："启奏陛下，辽东郡都尉涉何被卫右渠所杀！'"

武帝一听这话，拈须大笑道："好！好！朕终于有了出兵朝鲜的借口！"

莲儿一脸困惑地问道："朝鲜？朝鲜这名字咋这么生呢？"

武帝因为有了出兵朝鲜的借口，心中高兴，耐心地说道："夫人有所不知，朝鲜是一个国家，在列阳以东，海北山以南，战国时属燕。但朝鲜的历史，可以上溯到上古时期。朝鲜与中国的交往，则始于周朝。

"据史书记载，因周武王伐商纣王取得胜利以后，便把商纣王的叔父箕子从监狱中放出来，给他恢复了自由。但是，作为商朝的遗臣，箕子的心中别是一番滋味，感到这是一种耻辱。便带了商朝遗民男女五千远离家乡，东行到朝鲜，居住下来，并且建立了政权，即人们常说的箕子朝鲜。箕子从家乡离开时，带了许多有关诗书礼乐和医药卜筮的书籍，定居下来以后即开始以诗书礼乐来教化人民，在当地耕田种地，植桑养蚕，男耕女织。原在朝鲜的土著人，也都受了箕子的教化，接受箕子的领导，很快就发展为一个较大的国家，于是箕子一切按商朝旧制立法，立风俗，固人情，那里的下设政权机构以及服装修饰，几乎全部和商朝一样。

"箕子朝鲜传四十余世，秦始皇统一中国，修筑长城，一直修到辽东。朝鲜在辽东郡界外，当时在位的朝鲜王名叫箕否，他怕秦朝攻打朝鲜，便表示服从秦朝的统治，但始终不肯去咸阳朝见秦始皇。

"我大汉建立以后，高祖爷重新修整辽东原有的边塞城堡，东边以溟水为界，溟水以东为朝鲜，以西属我大汉。后来燕王卢绾反叛逃入匈奴，燕人卫满率一千多人东巡时也渡过溟水，投降了朝鲜王箕准。朝鲜王拜卫满为博士，封给他一百多里的土地，让他为朝鲜防守西部边界。但卫满是个有野心的人，他广泛招诱汉朝的逃亡者，暗中加强力量，以德报怨，将朝鲜王箕准赶到韩地，自立为王，建都王险城，即卫氏朝鲜。箕准亦在韩地建都，号为韩王。

"惠帝爷时，辽东太守与卫满约定：卫氏朝鲜为大汉属国，确保大汉边塞不受北部蛮夷部族侵扰，但蛮夷部族的首领要朝见大汉天子，卫氏不得阻拦。

“卫氏朝鲜政权一方面臣属大汉，一方面用军事力量征服周边的部族，没多长时间，统治地域已扩大到方圆数千里。卫满死后，传位于子，再传位至其孙卫右渠。卫右渠当权后，从没朝见过朕。这不说，真番一带的小君长国想来大汉朝见朕，都被卫右渠阻挡住了。朕万般无奈，遣辽东都尉涉何为使者，前往朝鲜，责备卫右渠。但卫右渠也是夜郎自大，以为自己的实力很强，仍不肯来朝见朕。涉何行前，曾向朕夸下海口，要让卫右渠内附大汉。此时见卫右渠如此强硬，不由大失所望，带着忐忑不安的心情离开了王险城。行至浿水时，将奉命护送他的一个朝鲜小王，生擒过来，投入浿水。卫右渠以牙还牙，出兵辽东，杀了涉何。朕早有征讨卫氏朝鲜之意，苦于没有借口，这一下有了，为时不久，朝鲜国将要划回大汉的版图。哈哈哈哈!”

他大笑一阵之后，降旨一道：“西征大宛之事，暂放一放，全力以赴，对付朝鲜。令大将军卫青率兵五万从齐地出发，渡过渤海，由水路进攻朝鲜，令骑将军公孙敖率兵三万，出辽东郡，从陆路讨伐朝鲜。”

兵未及发，卫青突患中风，半身不遂，万般无奈，武帝改派游击将军韩说取代卫青。

卫右渠听说汉朝大军来征，急忙调动军队在险要处扼守抵御。汉朝游击将军韩说率部进攻朝鲜，先选派一支由辽东人组成的部队持勇渡过浿水，但没走多远就被朝鲜守军打败往回跑。韩说一怒之下，斩了辽东部队的首领，全军震恐。大部队渡过浿水之后，又命大军直扑朝鲜都城王险城，途中遭朝鲜军的顽强抵抗。

正当此时，骑将军公孙敖欲得头功，先率七千人上了岸，直达王险城下。卫右渠以逸待劳，率精兵一万，冲出城去，把汉军打得七零八落，公孙敖也逃到了山中，费了十多天的劲，才把散兵集中起来，后边的大军到达后，公孙敖却不敢再轻易攻城，在远离王险城的一个大镇驻扎下来。

与此同时，韩说军突破了朝鲜军防线，把汉军推进到王险城的西北面。公孙敖见了，忙将部队拉到了王险城城南。汉朝的水陆两军把王险城全面包围，两军相约同时发动进攻。卫右渠见汉军势大，不敢出城作战，下令死守城池。

汉军一连几个月，竟然不能攻下平壤。韩说乃韩嫣之弟，常侍武帝左右，偶尔也带过一次兵，从没独立作战，更不说建什么大功了，故而未得侯封。这一次武帝让他出征朝鲜，有意让他立功，不只让他独当一面，还把燕代之地强劲剽悍的士卒让他统领。韩说立功的欲望也很强烈，一味主张猛打猛攻，速战速决。而公孙敖是个老资格的将军，对孙吴兵法略知一些皮毛。孙子说："用兵是一种诡诈的行为。"但汉武帝每次用兵不见有什么诡诈，只是声势浩大。故而在多数情况下，虽说取得了胜利，但自己的损失也非常之大，这一次进攻朝鲜便是明证。有的人，跌一次跤便学乖了，有的人跌十次跤也学不乖，公孙敖便是前者，他不想再硬打硬拼了。他主张对王险城围而不攻，避免损失，以强大的军事逼迫朝鲜军投降。由于这两位将军的作战部署不能统一，韩说攻城，公孙敖不予配合，所以王险城久而不能下。汉武帝在长安见战争久久不能结束，意识到这其中一定是发生了什么问题，于是派小黄门苏文前往监军，并授权他便宜从事。

苏文是韩嫣好友，因韩嫣之荐才得以出任小黄门，对韩嫣自然感激，而韩说又是韩嫣亲弟。

苏文赴朝之后，径至韩说军中，讯问原因。

韩说说："朝鲜早该攻下来了，之所以没攻下来，是骑将军不与我期约攻城，并与城中有联络，如果不把骑将军法办，恐怕要成为大害。不仅是骑将军反叛，有可能他要与朝鲜共灭我军。"

苏文偏听偏信，遂用书符召公孙敖来游击将军营中商议军事。

公孙敖不知是计，一召便至，未曾落座。苏文将酒樽砰地一摔，屏风后蹿出来十几个带刀军汉，一齐朝公孙敖扑来。公孙敖虽说勇猛，双手难抵四拳，被众军汉砍翻在地，一命呜呼。其军遂为韩说所并。

韩说一人统帅两军，全力攻城，仍然急切不能攻下，但王险城已是岌岌可危。朝鲜的丞相、将军相约杀了卫右渠，开门投降。捷报传到长安，武帝又喜又气，气的是他二人竟敢擅杀大将；喜的是朝鲜得以平定，遂将朝鲜一分为四，设置乐浪、临屯、玄菟、真番四个郡，朝鲜由此划入中国版图。

韩说、苏文自以为平了朝鲜，有功于国，武帝会像当年迎接卫青那样迎接他们，封他们为侯。不只他们，还应该恩及他们的儿子，当年卫青，三个儿子不是全部封了侯吗？

他们错了。等待他们的，不是欢迎的队伍，而是一顿臭骂。

武帝将御案啪地一拍，怒目斥道："韩说、苏文，你二人狗胆不小！竟敢擅杀大将！"

"你们知道公孙敖是一个什么样的人吗？他是朕早年的骑士，也曾几次随卫大将军讨伐匈奴，屡立战功。像这样的人你们也敢杀，真是狗胆包天，胆大妄为。”

“若照军法，擅杀大将，理应处以斩刑！”

武帝把话顿住，二目剑一般地盯着韩说、苏文。苏文跟随武帝这么多年，从没见他发过这么大脾气，闻听一个斩字，双腿一屈，倒在地上。黄门郎常融，看了武帝一眼，见武帝点了点头，心领神会，忙走下阶去，将苏文半抱半坐，掐住他的人中穴。

韩说也很害怕，但他毕竟统帅过三军，双腿一曲，跪了下去，磕头如捣蒜：“小臣该死，但念小臣远征朝鲜，出生入死，恳请陛下法外开恩，饶小臣一条小命！”

武帝见他说得可怜，轻叹一声说道：“你既已认错，朕就法外开恩，饶你二人两条小命！”

韩说忙叩头谢恩。

武帝面目一肃，说道：“别慌，朕还没有把话说完呢！”

韩说不知武帝要说什么，怀着忐忑不安的心情瞅着他。

苏文慢悠悠地苏醒过来，与韩说并肩而跪。

武帝的目光自苏文移向韩说，沉着脸说道：“人死不能复活，但朕要厚葬公孙敖，朕命你二人，一人出钱三千万，交付死者家属。这是第一个条件。”

三千万，韩说倒可以承受，韩嫣生前，从武帝那里得到了不少赏赐，所以，他敢用金丸打鸟，死后，给韩说留下了一份偌大的遗产。苏文在小黄门位上，虽说收了不少礼，但要他一下子拿出三千万，实在有些困难，为了保命，咬了咬牙认了下来。

武帝见他俩没有异议，继续说道：“其二，公孙敖出殡那日，你二人要披麻戴孝，为他拽灵。”

这个条件，虽说有损颜面，但皇上已经说出口来，不接受也得接受。心中暗道，千万别再蹦出个其三来。

武帝说过其二之后，将手一摆，他二人忙叩头谢恩，一脸死灰地走下殿去。

此事由韩说而起，韩说深感对不起苏文，代他垫了一千万。苏文只出了两千万，便像割心割肝，对武帝心生怨恨。

出殡那天，韩说、苏文果真披麻戴孝，来到灵前，挽起白绫，为公孙敖拽灵，前行不到百余步，蹿出来两个青年，一为卫伉，一为公孙敬声，这敬声不是别人，乃是公孙贺的长子，公孙敖的侄子，他和卫伉各自手中拿了一个驴面具，走上前去，不由分说，套在韩说和苏文的头上。

韩说是武帝的宠臣，又曾统帅过千军万马，何时受过这等侮辱？气得满脸乌青，抓下驴面具，掷到地上。苏文见了，依葫芦画瓢，也将驴面具扯了下来。这一来，惹恼了卫伉和公孙敬声，各自将暗藏的匕首拔了出来，朝韩说和苏文刺去。苏文一边躲闪，一边求饶。韩说则不然，丢了白绫，赤手与卫伉相斗。这一斗更糟，引来了卫府的十几个家丁，一齐上前，等公孙贺闻讯赶来，韩说已被卫伉刺死。苏文乘着混乱，逃回宫去，哭诉于武帝。

武帝拍案说道："反了，这简直是反了！"当即传旨，命羽林军前去捉拿卫伉和公孙敬声。

由于卫青正在病中，平阳长公主并没有把公孙敖的死讯告诉他。这一次不行了，他的长子被抓，不能不告诉他。谁知这一告诉，卫青张着嘴啊了一声，一口气没上来，倒地而亡。平阳长公主又是后悔，又是难过，伏尸大哭，谁劝也不中，直到卫子夫闻讯赶来，才将她劝了起来。

弟弟挺尸在屋，侄子又为皇上所抓。卫子夫几经权衡，赶回招仙阁，为卫伉和公孙敬声求情，泣不成声，连头都磕出血来。到底是夫妻，又曾一度集三千宠爱于子夫一身，武帝沉吟良久，法外开恩，将卫伉、公孙敬声的死罪免去，各人重责四十大板。

对于卫青。武帝也有明确态度，允他陪葬茂陵，谥曰烈侯。其墓在茂陵的东北侧，墓冢筑成塞北的庐山状，以纪念卫青攻伐匈奴时曾跨越庐山，纵横驰骋。

出殡之日，礼如霍去病，王公大臣和三军将士皆送葬。原本说得好好的，武帝要亲临祭奠，左等右等没有露面，忽有中黄门驰马来报，皇上贵体欠安，由他代皇上进行祭奠。子夫嘴上没说，心里却感觉：武帝开始冷淡卫氏外戚了。

时隔半月，武帝突然驱车茂陵，祭奠卫青，并下诏一道，大司马大将军由卫伉承袭。还将自己的两个宝贝女儿刘媚、刘娟下嫁卫伉和卫伐。子夫又惊又喜，不知武帝因何又对卫家热乎起来。

清风明月，武帝独自漫步在御花园里，百花经风一吹，频频颔首，似是向他点头致意。武帝爱色是出了名的。爱色之人，没有不爱花的，在百花之中，他最爱的是芍药花，又大又美。

咦，眼前这朵芍药花，怎么长这么大，好似一个洗脸盆子！

他一步步朝它走去，走得很慢、很轻，似是怕惊醒了它的美梦。

他把眼凑近花蕊，花蕊有毛，嘀，这朵花是雄的。话未出口，那花蕊上长了层茸毛，正感到有些奇怪，那花将头摆了一摆，变出一个人头来，一张英俊的国字脸上卧着一双浓眉。这，这不是卫青吗？

武帝又惊又喜：“卫青，你不是死了吗？怎么又活了？”

卫青并不答话，身子直往上长，露出了胳膊腿儿。直到武帝二次相问，这才没头没脑丢了一句：“我是来向您讨债的！”

“债，什么债？”弄得武帝一头雾水。

卫青伸出两个指头。这两个指头忽地变成两把利剑，直插武帝胸膛。武帝大叫一声，乃是南柯一梦。

明知是梦，心中惊悸不已。忙命穿宫太监，夤夜去请东方朔。东方朔听了他的梦，暗自思道：讨债，什么债？两根指头好懂，乃是说武帝欠了他两笔债，欠了他两笔什么债呢？东方朔低眉敛目，搜肠刮肚地想。

他忽然想起一件往事，刘妍嫁了栾大之后，卫子夫担心再蹦出来一个张大、王大什么的，将他召进昭阳殿，直言不讳地说道：“本宫不想让刘妍之事再出，想早一些儿给媚儿，娟儿找一个婆家，我有两个侄儿，长的叫卫伉，次的叫卫伐，与二公主媚儿、三公主娟儿年龄相仿，自小在一块儿玩耍，可谓情深意切，请东方先生玉成此事。”他满口答应下来，乘伴驾之机，一脸认真地说道：“陛下，您知道狗馋了干什么？”

武帝微笑着摇了摇头：“朕不知道，还请先生明示。”

“吃屎！”

“什么，吃屎？”

“对，狗馋吃屎。”东方朔仍是一脸认真地说道，“陛下，臣还想问你一个事。”

“什么事？”

“人馋了干什么？”

“这……”武帝二次摇了摇头。

“人馋了说媒。”

武帝哈的一声笑道：“有趣，狗馋了吃屎，人馋了说媒。东方先生问这话有何用意？”

东方朔笑道：“臣有些馋了。”

武帝道：“馋了你就说媒呗。”

东方朔道：“臣正有此意，且是已经物色了两个媒点。”

“谁？”

“卫伉和卫伐。”

“这不是卫大将军的两个儿子吗？”

“正是。”

“这一次你可是有酒喝了。”

东方朔诡谲地一笑道：“这就看陛下了。”

武帝点着自己的鼻尖道：“看朕？”

东方朔道：“正是。”

武帝道：“看朕什么呀？”

东方朔反问道：“陛下的二公主今年多大了？”

“十七岁。”

“三公主呢？”

“十六岁。”

“陛下大婚时年庚几何？”

“十六岁。”

“陛下身为男子，十六岁已经大婚，两位公主……”

武帝何等聪明，没容东方朔把话说完，便哈哈一笑说道：“先生不必说了，先生原来是在打朕两位公主的算盘呢！”

东方朔深作一揖道：“陛下圣明！这媒……”

“朕应了。”

东方朔哈哈大笑道：“这一来，臣可要解解馋了。”

武帝道：“朕让你喝个一醉方休。”当即传旨一道，大宴伺候。

若照东方朔之意，趁热打铁，合一合八字，过一过文定。武帝倒也同意，因西征大宛一事，卫青与武帝意见相左，加之，栾大和莲儿又从中捣鬼。武帝便把女儿的婚事搁置下来。

栾大和莲儿之所以捣鬼，是因为他们志在夺取皇后的宝座，皇上若是同时将两个女儿下嫁卫伉和卫伐，无疑是在卫子夫的后冠上又加了一道光环。不能，绝对不能，他们挖空心思，阻挠此事。

想到这里，东方朔冷哼了一声，暗自说道，我一定要玉成此事。

武帝不知东方朔因甚而哼，一脸诧异地瞅着东方朔：“先生这是怎么了？”

“我没怎么呀。”东方朔一脸不解地说道。

武帝道：“你刚才冷哼什么？”

“我……”东方朔方知失口，满面赔笑道，“臣想起一件气人的事。”

“什么事？”

“陛下未召臣之前，卫大将军也给臣托了一个梦。”

武帝噢了一声道：“卫青也给先生托了一个梦？”

东方朔轻轻点了点头。

“他怎么说？”

“他说陛下欠他两笔账。”

武帝一脸关切地问道：“什么账？”

“他说陛下已经答应将两位公主嫁给他的两个儿子，为什么迟迟不肯兑现？臣说，你先别说皇上，你只说一说你的两个儿子配不配做帝婿。他道，配。臣道，既然配，你自己去找皇上，找我做甚？他道，你是大媒呀，你喝过我的谢媒酒。说得我无言以对。他得理不让人，非要拉臣和他一道来见陛下，臣不肯，他便照臣面上啐了一口。臣冷哼一声道，姓卫的，你别以为我东方朔软弱可欺，你的血是红的，我的血难道是白的吗？一边说一边拔出宝剑。正在这时，司马迁不知从什么地方钻了出来，将我俩拉开，不想他真的找您去了！”

这话武帝竟然信了，沉吟良久道：“朕是有负大将军！”略顿又道，“请先生去卫府一趟，让他们合一合八字，若是媚儿与卫伉、娟儿与卫伐的八字相合，就过一过文定，择日为他们完婚。”

其实，那八字，卫子夫早已为他们合过了，只是走走过场而已。

过了文定之后，武帝猛然想起，卫伉、卫伐虽说已封为侯，但在朝中并未担任什么职务，认真说来，乃是平民一个，我的女儿岂能嫁给一个平民？

什么平民？这封官拜爵大权就在朕手中攥着，朕想叫他为官，他便为官，朕想叫他为民，他便是民。遂降旨一道：“卫伉子袭父职，官拜大司马大将军；卫伐为郎中令。”

嫁过两个女儿之后，武帝正想好好休息几日，漠南传来急报，匈奴杀我县令，掳走边民二千，惹得武帝大怒，当即命驻守漠南的浚稽将军赵破奴，率领两万人马，去打匈奴。

那赵破奴在汉廷也算一位老将军了，前时曾随卫青两次讨伐匈奴，立下大功，得以封为浞野侯。若照常理，匈奴并非他的对手，只因他麻痹轻敌，中了匈奴埋伏，弄了个全军覆没，害怕回汉后小命不保，索性降了匈奴。

消息传到长安，武帝怒发冲冠，切齿骂道：“奶奶的，赵破奴可恶，朕立马遣兵去攻匈奴，抓住赵破奴，扒皮抽筋！”

谁知，睡了一夜，他又变卦了。有人说，这个变卦，来自莲儿的枕头风。

这话谬矣。

莲儿确实不想让武帝出兵匈奴，根在她的二哥。

李广利被晾在玉门关外，已经一年多了，几次遣人潜入长安，求告莲儿，要她设法说动皇上，要么让他撤兵回都，要么增加兵力，再度去征大宛。

莲儿尽管受宠于武帝，但她知道，在一些大事上，武帝并不听她的，且对后宫干政十分厌恶。但那李广利毕竟是她的亲哥哥，不能不管。

二月十九，是莲儿的生日。莲儿亲自下厨，整置了十八盘武帝喜欢吃的菜，届时，还把李延年请了来。

连李延年在内，一共是三个人，却放了四双筷子。

武帝少不得问道：“不是三个人吗，怎么放了四双筷子？”

莲儿慌忙回道：“那一双是臣妾二哥的，臣妾自记事时起，每年过生日都少不了臣妾二哥，这一次他虽然不能光临，也应该有他一个位置。”

武帝眉头微微一皱，这个李莲儿，醉翁之意不在酒，你只想着为你二哥求情，你就没想一想你二哥那德性，朕给了他那么多人马去打大宛，犹如探囊取物，他却损兵折将，无功而返。真是太令人生气了！

李莲儿见武帝面色有异，忙离席跪地，向武帝请罪：“臣妾二哥实在有些不争气，自今日始，臣妾与他一刀两断，永不提及！”

武帝道：“你不必这样说，有道是，是亲割不断。朕把你的二哥挡在玉门关外，只是想让他认真反思一下，一旦时机成熟，也好戴罪立功。”

延年慌忙跪了下去，与莲儿一道，代广利向陛下谢恩。

武帝将手一招，二人一同爬了起来。

兄妹二人变着法儿讨好武帝。武帝的龙眉渐渐舒展开来，那酒一连饮了十几樽。

莲儿借口如厕，遣宫女将栾大召进宫来。

栾大见了武帝，开门见山地问道：“陛下，小婿听说您要出兵匈奴？”

武帝轻轻点了点头。

栾大道：“小婿以为，就匈奴和西域来说，应该先讨伐西域。”

因他是神仙的使者，武帝不敢怠慢，一脸真诚地问道：“为什么？”

“匈奴早已被我大汉赶到了漠北，即使我大汉再把匈奴所占据的地区夺到手，那里地域广大，人烟稀少，不容易控制，而且也没有什么政治上、经济上的重大意义。但西域就不同了，西域的地域虽然也广大，但那里人烟稠密，国家众多，得到西域一是容易控制，二是可以通过西域向西方扩大政治、经济的影响，三是还可以得到天马，若是得到了天马，陛下还怕不能升天吗？”

武帝最热衷的是当神仙，其次才是他的江山，听了栾大一番诡言，连连颔首道：“贤婿说得极是，应该先打大宛。”

武帝出尔反尔，引起大臣不满，纷纷上书，要求武帝先去征伐匈奴，重振大汉雄风。

武帝不听，并为此斩杀了一个叫邓光的大臣。这一下，朝中大臣再也不敢上书了。

向大宛出兵，武帝以为不能再失败。

他认真总结了上一次出兵大宛的教训，觉着这事也不能全怪李广利，一是出兵太少，二是军需不继。

为了解决兵源，武帝下令，赦免了正在服刑的囚徒，调集边塞骑兵，同时还从各郡国招募了大量的地痞流氓，统统增派到敦煌李广利的军中。

兵源解决之后，接下来便是粮草问题。他也知道，饿着肚子是没法打仗的。于是，武帝别出心裁，凡犯罪或逃亡的官吏，以及赘婿、商人包括那些原属商人户籍的人，一人备粮十石，草两万斤，前往军前效力。

粮草解决之后，接下来便是运输问题，武帝下令，从各郡国征调牛十万头，马三万匹，驴、驼各一万五千头。专为征讨大军运输粮草，道为之塞。

为了再次西征大宛能够万无一失，不到一年时间，在敦煌一带，集结了一支多达十八万余人的庞大军队。

此时的汉朝已全部进入西征的状态中了，街头巷尾，人们议论的都是西征大宛。汉武帝这次看来也是花了很大心思，志在必得了。第一次出征大宛，将官中真正懂军事的，只有王恢一人。这一次，他一下子派了五十六位，较为有名的有上官桀、赵始成、李哆。就这，他仍有些放心不下，将出使过西域的官吏召进未央宫，寻策问计。

汉武帝高傲自大，在用兵问题上，从没征求过下级官吏的意见，这是第一次，也是最后一次。

官吏们见皇上如此高看自己，便把自己掌握的情况毫无保留地说了出来。这一说，说出来一个重大发现。

大宛国的国都叫贵山城，因为大宛人不会掘井，城内自然没有水井，吃水要靠城外那些山川河流解决。若是派人把那些河流改道，使它们不再通过贵山城，日子久了，城中人没有水吃，岂不要不战自降？武帝为这一奇想感到十分高兴，他马上派出一些善于治水的水工，前往敦煌，随军行动。

虽说武帝不肯出击匈奴，但他也不是完全忽略了匈奴，为了排除匈奴人对西征大宛的干扰，武帝又特意下令，命吾丘寿王率军两万，驻守漠南。

当然，在准备这一切的同时，汉武帝并没有忘记天马。这场战争本就是因天马而起，他当然忘不了这个了。他信心百倍，认为这次出征肯定会大获全胜，于是专门派了两个善于驯马的能手，赐了官名，一个叫执马校尉，一个叫驱马校尉，随军前往大宛，专待大军攻陷大宛后护送天马回朝，他好骑上它飘飘然去见神仙。

一切安排就绪之后，武帝觉着万无一失，这才派人传旨给李广利，命他即刻出征。

李广利见武帝给他增派了这么多的兵马粮草，又惊又喜，只要赌资雄厚，还怕翻不过本吗？为了翻本，他改任赵始成为军正，有模有样地训练起士卒来，只训得人强马壮，犹如利箭在弦一般，单等着皇上的出征诏书了。

这诏书不失时机地传到了敦煌，引得人欢马叫。李广利更是趾高气扬，意气风发，他点了三万精兵，交赵始成指挥，浩浩荡荡地踏上了再次西征的路程。

这一次，李广利今非昔比，途中再不会忍饥挨饿，他的三万兵马在前行，后面是五万步兵，加之运送军粮的士卒，一共是十八万，蜿蜒二十几里。昔日傲慢不驯的沿途小国，见汉朝军队气势宏大，闻风丧胆，哪里还敢抵抗？西征军路过哪个国家，那个国家就大开城门，出城迎接，并主动拿出粮草供汉军之需。

西征大军一路通行无阻，唯有轮台国不知厉害，竟然据城抗拒。

李广利命令前锋部队攻打轮台城。但轮台王率兵固守城池，攻了三四天，也没把轮台城攻下。李广利大怒，遂命赵始成率军继续西行，他自己亲率后军去攻打轮台。轮台国本来兵力不多，依仗城池坚固才敢做顽强抵抗，先已被赵始成打得有些支撑不住，又遭到汉军后军的猛烈进攻，很快就被攻陷，轮台王被俘。

李广利怒其抗拒汉朝大军，公然挡路，于是下令将轮台王及轮台城中的男女老少，一律格杀，血洗其城，夷灭其国。

西征军血洗轮台城的消息，很快在西域各国传开，无不震惊害怕，一片恐怖之云，笼罩在西域上空，见了汉军，出迎唯恐不及，哪还再敢抵抗？赵始成的部队疾风般地扑向郁成。原本说要在郁成一带，打上一场恶仗，谁知，那郁成王闻听汉军到了，吓得屁滚尿流，举国西迁大宛。

大宛王毋寡听说汉军打来，心中惊慌，亏他早已做了准备，大宛国也有相当的兵力抵御汉军。大宛王一边向邻国康居求救；一边率军迎击汉军，想趁汉军远来，兵士疲惫，立足未稳之机先发制人，一举击溃汉军。

毋寡错了。

他错误地估计了形势，这次来到大宛国的汉军并不疲惫，充足的军粮和沿途小国的招待，使汉军个个精神饱满，斗志旺盛。赵始成见大宛兵攻来，忙命部队站稳阵脚，拿出强弓硬弩。刹那之间，汉军所发之箭急如雨下。大宛兵虽然凶悍，但武器落后，凭着血肉之躯，如何能抵挡得住这些利箭？倒下了一地死尸，毋寡见状，心中大骇，忙招呼没死的兵士，逃回城中。

赵始成正指挥着前军打扫战场，抓俘没来得及逃回城中的大宛兵，李广利带着后军赶到了，趁势把贵山城团团包围起来。

若照李广利之意，顷刻便要攻城，上官桀劝道："将军，《孙子兵法》云：'指导战争的法则是，使敌人举国完整地屈服是上策，击破敌国就差些；使敌人全军完整地降服是上策，击破敌人军旅就差些。因此，百战百胜，还不算高明中最高明的，不战而使敌人屈服，才算是高明中之最高明！'大宛国已成瓮中之鳖，不值得让士兵再去冒险，倒不如让那些随军治水工匠，切断城中的水源，大宛国不战自降。"

李广利尽管鲁莽，第一次西征的教训使他变得聪明起来，作为一个将军，可以不会武艺，但不可以不懂兵法。第一次西征，若是将带兵的换成卫青，绝不会是那种局面。故而，在闲居敦煌的那些日子里，读了不少兵书。听上官桀这么一说，立马点头赞同，依计而行，迅速将通往贵山城的水源切断。

大宛人不傻。

大宛人自李广利第一次西征，便已料到，汉军迟早还要攻打大宛，弄不好还会切断他们的水源，便预先在城外河床下，埋设了通向城内的引水管道。

正因为有了这些管道，水源尽管被汉军切断，城中照样有水，并未出现汉军所希望的那种局面。不说李广利，连水工们也感到诧异，经细心观察，发现了内中的奥妙，立马报告了李广利。

李广利连夜采取行动，指挥汉军，切断了水管。为了给大宛人造成难以恢复的破坏，又挖掘了一条新河道，堆砌起沙坝，迫使河流改道远离大宛城。大宛本是比较干旱的地方，断绝了水源，无疑是斩断了生命之源，大宛人立马陷入了将要干渴而死的绝境。大宛君臣的意志到了行将崩溃的边缘。

大宛君臣不想死，为此召开了十二次王族要员会议，每一次会议，都是吵得一塌糊涂。

正当毋寡束手无策之时，左贤王昧蔡站了出来，他说道："大汉所痛恨者，乃郁成王也。要保我军民不死，唯一的办法，便是献出郁成王。"

蝉封霍地一下站了起来："我反对，我坚决反对！"他慷慨激昂地讲道，"郁成王为什么要杀汉使？不还是奉了我们大王的命令？他为什么要奉我们大王的命令，不还是忠于我们大宛？如果出卖了郁成王，便是背信弃义。一旦落下背信弃义的恶名，哪个国家还敢跟我们交往？还敢做我们的属国？还愿意听命于我？昧蔡的办法，即算能解救大宛于一时，却使我们失去了做人的信义，岂不是生不如死？我认为，只能与汉军拼到底！"

煎靡立马附和道："我赞成，我举双手赞成！宁可站着死，决不跪着生，与汉军一拼到底！"

昧蔡反驳道："拼？你拿什么去拼？就敌我双方力量来说，汉军数倍于我，武器精良，斗志旺盛，而我军，刀钝戟劣，军心涣散，特别是水，没了水，生存都成了问题，还怎么去打仗？"

煎靡冷笑一声："你不必尽长他人志气，灭己威风，水算什么？我有办法解决！"

众人眼睛为之一亮，异口同声地问道："什么办法？"

煎靡诡谲地一笑："暂不奉告。"

一听说能解决水的问题，主战派又占上风，昧蔡一脸无奈地摇了摇头。

是夜三更，煎靡挑选了一百名勇士，头上各插一根鸡毛，悄悄从城头缒下，发一声喊，杀向汉军大营。李广利正做着大宛国投降的美梦，不曾有备，竟被这一百名大宛兵杀得落花流水。幸亏，煎靡志不在厮杀，而在掠人，掠到十几个大汉兵后，立马折回，被蝉封迎进城去。

煎靡掳到这十几个大汉兵后，强迫他们在城内掘井，不从者，剖腹剜心。

水的问题解决了，大宛军心为之一振，时不时还向汉军发几支冷箭，引得李广利暴跳如雷，不惜一切代价向贵山城发动了猛烈的进攻。每天，从早至暮，攻城的汉军，一波接着一波，轮番冲击各个城门。比城墙还高的移动箭楼上，飞矢如蝗，不停地向城内倾泻。城外四面的壕沟，几乎已被汉军的尸体填满了。冲撞城门的攻城锤凝满了死伤将士的鲜血，已经滑不留手了。然而，在李广利的严令之下，攻击仍然丝毫不敢懈怠。

城内的大宛兵，由于人数有限，不可能像汉军那样，轮番休息，而只能从早到晚，在城墙上苦熬苦斗，一个个精疲力尽，力不能挽弓，臂难以举剑，上下眼皮儿直打架，不少人因为打盹，一头栽到城下，再也没有起来。一时间流言四起：

贵山城保不住了。

贵山城迟早要被汉军攻破，轮台国的下场便是我们的下场。

说到轮台国，毋寡打了一个冷战。

他决计投降了。

他在王宫，召开了第十三次王族要员会议，一脸灰暗地说道："为了大宛社稷和大宛百姓，我想采纳昧蔡之策，把郁成王交给汉军。"

到了此时，蝉封也不敢再出面反对，主和派彻底压倒了主战派。

昧蔡奉毋寡之命，将郁成王绳捆索绑，押赴汉营。昧蔡见了李广利，学着汉朝的礼节，跪下乞求道："中郎将甘父，是郁成王诱杀的，将军上次西征。也是在攻击郁成时失利的，郁成王是您的仇人，我们把他交给您，任您处治。请求将军停止攻打我们的国都，我们愿意听从大汉天子意愿，献出汗血马，并世代遵大汉国为上国，年年向大汉国进贡。"

郁成王见昧蔡把诱杀甘父、抗拒汉军的罪名一股脑儿推到自己头上，十分不服，正要辩解几句。李广利圆睁二目，向他逼来，在距他两步之地站了下来，右手前伸，捏住郁成王下巴，往上抬了一抬问道："你就是郁成王？"

郁成王一脸惊悸地回道："本人正是郁成王。"

李广利冷哼一声道："什么郁成王，分明是郁成鬼！"

他顿了顿又道："你知罪吗？"

郁成王忙道："本王知罪，可本王是奉命而为呀！"

"什么奉命而为？你没长脑袋？连大宛王都不敢杀我大汉使者，你都敢杀，一个未留，你这是存心和我大汉作对。与我大汉作对绝没有好下场！"说末两句话的时候，不是在说，分明是在吼，连脸庞都有些变形。

他呛啷一声，拔剑在手，照着郁成王心窝，猛地扎了下去。拔剑的时候，那血溅出四五尺高。

昧蔡也算一个见过世面的人物，硬是被李广利的举动，吓得尿了一裤裆。

李广利收剑入鞘，转脸对昧蔡说道："我看你倒是个晓事的。郁成王说得对，他只是奉命而为。奉谁的命呢？当然是毋寡了。以此说来，毋寡才是我大汉的真正敌人。若想要我退兵不难，除了献出汗血马之外，还得答应我一个条件——献出毋寡的人头。否则，我便依照对待轮台国的办法对待你们!"

昧蔡硬着头皮回道："将军，您只要允我大宛投降，什么条件都可以答应，唯有要毋寡的人头，小臣不敢答应。"

李广利立眉棱目问道："为什么?"

"为……为……"昧蔡斜了一眼郁成王死尸，字斟句酌地回道："小臣有一事不明，斗胆请教一下将军，贵国是不是将弑君之罪，视为不可饶恕的罪孽?"

李广利心中无备，如实回道："正是。"

昧蔡心中暗喜，却不动声色地问道："将军可知那毋寡是小臣什么人?"

"他是你什么人?"

"他既是小臣的嫡亲兄长，更是小臣的君主。"

李广利忽有所悟，昧蔡绕来绕去，乃是不愿杀毋寡，待我吓他一吓。

他拔出宝剑，对着剑锋，吹了一口长气，直吹得那剑锋呜呜作响。

他目视剑锋，故作漫不经心的样子说道："这宝剑杀过一人之后，不知还可不可再杀一人?"

说得昧蔡毛骨悚然，脊梁沟里直冒冷汗。李广利视而不见，自顾自地说道："我大汉确实把弑君之罪看作不可饶恕的罪孽，但那些夷狄之邦可不可和我大汉比呢?"

他缓缓将头转向昧蔡，一字一顿地问道："左贤王，你说呢?"

昧蔡倒也乖巧，叩首回道："不可以，夷狄之邦怎可和上国相比?"

"既然这样，那毋寡的人头，你献不献呀?"

昧蔡慌不迭声地回道："献，献! 只是，此事干系重大，请将军容小臣回去和其他人商量一下!"

李广利道："好，我相信你，我给你三天时间。在这三天之内，我停止攻城。"

昧蔡千恩万谢地回了贵山城。

第四十二章　卖官鬻爵　敛钱助戈

毋寡听说昧蔡回来了，忙道了一声请字。昧蔡本来心事重重，见了毋寡，还得强装笑颜。

毋寡迫不及待地问道："二弟，请降之事如何？"

昧蔡苦笑一声说道："臣有辱使命。"

毋寡脸色为之一变："他……他们没有答应？"

"不是没有答应，李广利说，此事干系重大，他做不了主，须派人请示过汉天子之后方可定夺。"

毋寡长出了一口气，从大宛到长安，打一个来回，少说也得四个月时间，汉天子即使不准我降，经过这四个月的休养生息，我又可抵挡一阵子了，况且，那匈奴、康居，见我被汉军所围，岂能坐视不救？

尽管这样，他仍是放心不下，带着十几个侍卫，上城巡视去了。昧蔡回到自己的王府，召来了一帮子与他亲近的王公贵族，将李广利所提的条件讲了出来。这一帮子王公贵族，全是主和派，经过短暂的议论之后，一致同意，杀掉毋寡，用毋寡的人头来换取贵山城的安全。具体行动，由昧蔡统一指挥。

毕竟是自己亲哥哥，昧蔡不忍向毋寡下手，将指挥大权转交给一个叫肥田的贵族子弟。

这肥田原本就有些仇恨毋寡。这事还得从三年前说起。肥田与堂嫂私通，被堂兄告到了毋寡那里，毋寡当庭将肥田呵斥一顿，打了四十军棍……

肥田受命之后，挑选了五十名强壮家丁，夤夜杀进王宫，枭了毋寡人头。

按照常理，毋寡的人头到手之后，应该由昧蔡去献，可他害怕李广利手中的宝剑，便将这一重任，又转授了肥田。

肥田弑君盗嫂，人品极低，却是一个搞外交的好料，见了李广利，不似昧蔡那么胆小，唯命是从。

他也仿照汉朝的礼节，向李广利行了一个大礼，不卑不亢地说道："大宛国对抗天朝，责在毋寡，作为我们，是不想与天朝为敌的。现在遵将军之命，我们把毋寡杀了。如果将军不再攻打我们，我们将献出所有的汗血宝马，让将军挑选，并且献出粮食慰劳天朝大军。如果将军还要攻打我们，我们就将汗血宝马全部杀死，继续与汉朝拼死到底。何况，我们已经向康居国请了救兵，那时我们在城内，康居国大军在城外，里应外合，则对将军不利。”

李广利自恃兵强且众，自然不怕什么里应外合。但却害怕他们杀掉汗血马，果真如此，就算把大宛国夷为平地，也是无法回去向皇上交差。

他沉吟良久，对肥田说道：“本将军统帅十八万人马，比你贵山城的人口还多两倍，岂能怕你里应外合？至于那个康居国，一弹丸之地，我这十八万人马，一人尿一泡尿能把他淹死。不过，我看你们的左贤王昧蔡，是个晓事的角色，你们若肯立他为王，本将军就同意罢兵。当然，汗血马是非献不可！”

肥田见李广利同意罢兵。压在心头的一块石头落地，至于昧蔡，他说道：“这个将军不必担心，我大宛有个规矩，王位兄终弟及。左贤王乃毋寡的嫡亲二弟，我们理当立他为王。”

广利道：“这样更好，送客。”

肥田回城之后，果然将昧蔡扶上了王位，并如约献出了藏在贰师城的汗血马。李广利命随军前来的执马、驱马二校尉，从中挑选了上等良马数十匹，中等以上的雌雄马各两千匹。并与新大宛王昧蔡举行了结盟仪式。尔后，班师还朝。当然，将行之时，并没有忘记让昧蔡犒军，除了饱餐一顿之外，得粮十二万石。至于毋寡的人头，早已遣人持驰长安，悬于北阙。

李广利二次西征期间，汉武帝放手办了两件大事，一是卖官鬻爵，二是实行酎金制度。

汉武帝二次西征，动员了十八万人的兵马，尽管他将内中的部分负担，转嫁到了有罪的官吏，以及赘婿、商人那里，所需军需仍然相当庞大，且不说他还要募兵驻防漠南，驻防南越、西南夷，驻防全国各地，弄得他捉襟见肘。

作为一位聪明能干的皇帝，刘彻不会因财政上的困难就愁眉不展，更不会停止“外事扩张”，但除了敛钱以外，再也没其他更好的办法。

直接向百姓增税，加大搜刮力度，不失为一个办法，但不是唯一的办法，更不是好办法。征南越、征朝鲜，他倒是向百姓增了一些税，结果呢？弄得怨声载道，颍川、邯郸、临淄、南阳等几个大郡，带头造反，为平叛，耗去了近亿缗资财，得不偿失！

增税不是办法，卖官呢？中国这么大，有钱的不在少数。名利二字密不可分，大凡有了名都要贪利，有了利便要贪名，特别那些商人，汉朝对他们有着严格的规定，连绢衣都不让穿，且莫说做官了，故而，低人一等，官爵对他们应该有相当大的吸引力的。

对，卖官鬻爵倒是一个办法！

卖官鬻爵并非汉武帝首创。早在汉高祖刘邦时代，就把卖官鬻爵作为一种敛财的手段。

汉国初建，在统计人口时，如果犯罪逃亡的罪犯交给国家一定的财物，便可将所犯之罪一笔勾销，将他编入良民册。这样，罪犯得以脱罪，国家也可以获利，一举两得。

汉惠帝时，国家下令根据犯罪的轻重可以缴纳买爵的钱以赎罪。如果能买爵三十级，就可以免除死罪。当时爵秩的单位每级二千钱，小民买爵，国家鬻爵，这是买爵与赎罪的结合，国家既可获利，卖一些空头名衔，何乐而不为？

汉文帝时，国家规定，买到一定爵位的人可以享受免役的特权，规定五大夫以上的爵秩都可以免除徭役。

汉景帝即位后，也知卖官鬻爵有好处，于是重新修正卖爵令。为了鼓励鬻爵，便把爵位的价格削减了许多，并且规定再犯的刑徒也可以输粟免除罪名。

综而观之，汉高祖刘邦卖爵，有其齐民序列的意义；汉惠帝卖爵，是为了减刑法；汉文帝、景帝卖爵，其意义在于实边，加强边防区的防御能力，而经济意义在其次。

汉武帝刘彻拿出卖官鬻爵的手段，则与他的先皇们明显不同，他没有别的意思，纯粹是经济目的，旨在解决财政上出现的危机。为此，他亲自主持了有史以来最大的一次卖爵朝会，设置了新的武功爵，共有十七级。

自第八级以下的爵位可以自由买卖，第九级以上则专用以奖励军功。

卖爵朝会之后，不少人拿着钱和物来买官当，没钱的竟然揭皮当当也要买，大概是这些人以为当了官后还能把本钱捞回来吧！富户商人对买爵更是积极，特别是在长安及其他大城市中的少年，都想花钱买个郎官当当。不足三月，卖官鬻爵所得，竟达三十多亿缗。

当然，卖官鬻爵，并非一帆风顺，一开始便遭到部分大臣的激烈反对。闲居在家的董仲舒，给武帝上了一个万言书，书中对武帝进行了指责：“卖官鬻爵，以货贿而见亲，以吏治腐败为代价，以一时之利益，损万年之社稷。”

武帝阅过之后，并不生气，微微一笑：“腐儒，腐儒也。何以见得，朕一卖官，便要‘以货贿而见亲’？殊不知，朕只叫人买官，但朕免官是不找钱的。只要多用几个酷吏，就可以杀去天下很多的官。且是，朕卖的多为武功爵位，多半是用于军事行动而不是用来管理百姓，这并没有什么坏处。”

这是武帝所办的第一件大事。

武帝所办的第二件大事，也是因财而起。

古人有谚，“匹夫无罪，怀璧其罪”。也就是说，这个人本来没有什么罪，但因他有宝物在身而不献于君主，就把他当作是有罪的人了。这种心理其实哪一朝帝王都有，汉武帝刘彻也不例外，特别是连年征伐扩张，国力不足，国家急需钱物的时候，刘彻就很自然地把有钱人视为罪人，恨其不能为国分忧。

因发动对西域的二次战争，需要上百亿缗钱，单靠那些有罪官臣、赘婿及商人贡献的那一些粮草是远远不够的，刘彻把敛钱的目光盯向了列侯，正想法跟列侯们要钱呢。那个牧羊人，也就是前时讨伐匈奴，曾捐出一半家私的卜式再出风头，他已由县令超任齐相，主动上书汉武帝，要求和自己的儿子们一起，率领齐国家乡几十个年轻人从军报效朝廷，征战大宛。

刘彻见了卜式的请战书，心中有了主意，马上下令大肆宣扬和表彰卜式，并封他为关内侯，赐金四十斤，田十顷，布告天下，风示百官。哪知人心向私，这种事并没有多少人响应，遂致武帝衔恨在心。正值秋祭在迩，又行尝酎礼，列侯例应贡金助祭，武帝借此泄愤，特嘱少府，收验贡金，遇有成色不足，即以大不敬之罪论罪，夺去侯爵，百有六人。就连丞相赵周，也被指控为知情不报而入狱。赵周不知刘彻为什么要发这么大的火，在狱中自杀。另升御史大夫石庆为丞相，召齐相卜式为御史大夫。

刘彻此举的目的，并不是整人，而是敛钱。他过去已设武功爵，目的就是让人花钱买爵位，现在这些列侯们失掉了爵位，没了封地，谁还不得赶快拿钱把爵买回来呢？当朝的武功爵有十七级，最高的级才是侯爵，也就是说列侯们必须买得十七级才能买回侯位，而每级爵价是两万钱，列侯必须花三十四万钱才能恢复侯爵之位。

果然，失侯的列侯都花钱买回爵位，经此一事，刘彻一举从列侯身上获得了几千万钱，加之卖官鬻爵所得，共四十亿。

这哪里是钱？分明是一把神尺，把西域三十六国丈进了大汉的版图。

不只是神尺，还是数十匹、数百匹，乃至数千匹雄骏的天马，奔跑如飞，流汗如血，驮着他遨游太空。武帝有些陶醉了，左手揽着莲儿，右手端着酒樽，轻啜慢饮。

莲儿比武帝还要高兴，二哥二次西征，所率兵马十八万，莫说打，就是吓，也要把大宛国吓个半死。所缺的是钱，有这四十亿钱做后盾，何愁灭不了大宛，带不回来天马？如此一来，在文武百官之中，除了卫青、霍去病，谁的战功能比得上我的二哥？比得上的人已经死了，山中无老虎，猴子称大王。这大将军的桂冠，非二哥莫属，只要二哥做了大将军，我还怕做不了皇后吗？我一旦做了皇后，我儿刘髆，便是当然的太子了。这刘家的江山……

她照着武帝的左脸颊儿轻轻吻了一口，语如莺啼道：“陛下，臣妾很久没有为陛下歌舞了，今夜是难得的良宵，臣妾请求陛下摆驾芝生殿，再传李延年率乐臣伺候，臣妾要向陛下献舞！”

武帝本来就宠着她，心中又很高兴，焉有不允之理？

芝生殿就是一个室内的花圃，环殿四周，遍植各种名贵的花草。其实，类似这样的花圃，各个内宫都有，只是那花的品种，远没有这里齐全罢了。

武帝早早地来到芝生殿中，居中坐下，他一边打量着周围的鲜花，一边啜饮着杯中美酒。李延年率领乐臣，已将《匏有苦叶》曲的过门演奏了三遍，还没见李莲儿出现，未免有些诧异，欠身伸颈向屏风后面探望。忽然，随着悠扬的乐曲，一个雪白的身影，出现在另一个方向的鲜花丛中，翩翩起舞，若隐若现。武帝的精神为之一振，不由自主地激动起来，脱口问道：“爱妃，怎么想到作此裸舞？”

李莲儿脸上露出迷人的微笑，并不回答，只是开始旋转，愈旋愈快。霎时间，周围鲜花的花瓣纷纷飞起，扑向李莲儿的“裸体”，好似穿了一件绚丽多彩的百花衣。

武帝几乎看呆了，直到李夫人舞到他面前，盈盈下拜之时，他才一把抓住李夫人：“朕刚才分明看见爱妃裸着身子，怎么一起舞，百花缤纷，都飞落到爱妃身上，为爱妃编织了一件‘百花衣’？”

李莲儿笑道：“陛下再仔细看看，臣妾真的是裸体吗？”

武帝举目仔细一看，李莲儿确实不是裸体，她那白嫩的胴体上，罩着一件丝质舞衣。那丝细软、光洁、透明，不凑到跟前细看，实在不易分辨。

武帝一脸惊诧地问道：“爱妃这身舞衣，真是精妙绝伦，但不知从何而来？”

李莲儿回道：“从乌孙国而来。”

武帝一脸茫然地问道："乌孙国？乌孙国何时贡过如此漂亮的舞衣？"

莲儿笑回道："乌孙国是没有进贡过如此漂亮的舞衣，但却进贡过吸花丝。"

"吸花丝？什么叫吸花丝？"

"顾名思义，吸花丝便是能吸花的丝。"

武帝终于想起来了："噢，朕想起来了，去年乌孙王给朕进贡了一斤透明的丝，说这丝叫吸花丝，不管什么花，一旦附在上面，便不会再掉落，朕觉着新鲜，便将它赐给了爱妃，不想爱妃把它织成这么漂亮的衣服。"

说到这里，武帝深情地瞅着莲儿："爱妃慧心巧手，后宫佳丽，无人能比。只是花殿空旷寒重，爱妃穿得如此单薄，小心着凉。"

李莲儿一脸妩媚地笑道："臣妾的一切，全是陛下给的。臣妾生为陛下人，死为陛下鬼。只要陛下高兴，臣妾便是受点风寒，又算得了什么？"说罢，不由自主地打了一个冷战。武帝见状，忙将她揽到怀里，万分心疼地说道："天已入冬，爱妃不可逞能，快随朕安歇去吧。"

莲儿要的便是这句话。

莲儿与武帝互相搀扶着走进卧房，老夫少妻各逞其能，将《房事秘籍》中记载的三十二种方法一一演习一遍，几度欲死欲仙。

古人云："乐极生悲。"

莲儿病了。郎中说是肺痨，是风邪入骨引起。

她不时地咳嗽，咳得连连咯血，眼看着一天天瘦弱下去，瘦得皮包骨头，不成人形。她知道自己在世的日子不会太久，渴望见一见亲人。

她的亲人不多，除了髆儿、皇上，再往下数便是延年和广利了，再有一个就是栾大。但她目前最想见的，便是她的大哥。招仙阁地面邪，想谁谁就到。这不，正想着李延年，李延年不失时机地赶进宫来，兄妹俩相见，不禁相对落泪。

许久，莲儿收泪问道："可有二哥消息？"

延年摇了摇头。

莲儿涕泣说道："莲儿怕是再也见不到二哥了。"

延年劝道："莲儿，你千万不要胡思乱想。你生就的皇后命，你不当上皇后，老天爷是不会让你死的！至于你二哥的事，也无须你操心。你没有想一想，一个弹丸之国，征讨的人马达十七八万，焉有不胜之理？你二哥若是打败了大宛，带回了汗血马，必将受到皇上器重，少说也弄个大将军当当。只要你二哥做了大将军，还怕髆儿没有出头之日吗？……”

他觉着把话说得太露，忙抬头瞅了一圈，房中除他兄妹之外，再也没有第三个人。

莲儿轻叹一声道：“话倒是这么说，只可惜莲儿福小命薄，等不到那一天了。”说着说着，泪又流了出来。

延年咂了咂嘴道：“看看，不让你胡思乱想，你又胡思乱想起来。”

莲儿又咳嗽起来，咳了小半碗鲜血。她娇喘着说道：“不是小妹胡思乱想，小妹怕是真的不行了。”

说到这里，又咳了起来。

延年慌忙为莲儿捶背，只听莲儿继续说道：“为咱家的事，为了咱那个宏大计划，莲儿不谓不尽力了，妹死之后……”

李延年正要将她的话截断，宫女来报：“娘娘，栾将军看您来了。”

莲儿一脸欣喜地说道：“我正要找他呢，快请他进来。”

栾大闻声而入，身上仍是佩着五颗金印，走起路来，叮当作响。他径直来到榻前，握住莲儿娇手，一脸关切地问道：“莲妹，大哥不知你病了，没来看你，还请你多多原谅。”

莲儿轻叹一声道：“将死的人了，有什么好看的？”

栾大嗔道：“你咋能说这样的话？再说，神赋予你的使命，你还没有完成，神不会让你死的。”

莲儿苦笑一声说道：“你别拿神安慰我，我的病我自己知道，也就是三两天的阳寿。我这样急于见您，是有件事想向您讨教。咳咳咳！”

栾大尽管不知道她要说些什么，却很郑重地点了点头：“莲妹有话请讲。”

莲儿又咳了几声说道：“吾丘寿王从齐地弄回来一个艳物，把皇上给迷住了，十几天没登我的门边，但我深信，皇上还是爱着我的，听说我患了病，一定会来看我。我这副尊容，您也看到了，与往日判若两人，三分像人，七分像鬼，我怕吓着皇上。咳咳咳。”她又急剧地咳嗽起来。

李延年、栾大，争着为她捶背。

“人贵有自知之明。我是因容貌美丽，才能以卑贱的身份受到皇上的宠幸。我不想见皇上，也不想让皇上见到我的病容。我不让皇上看到我的病容，是想在我死后他还会留恋我的姿色，而关照我的儿子和两个哥哥。如果让他看到我现在这副模样，原来美好的印象也就全完了，说不定还会产生厌弃我的意思，哪里还会念及我的情分，关照我的儿子和两位兄长呢？栾大哥，您足智多谋，您说我这样想对吗？”

栾大沉吟片刻：“你这样想很对。你病成这种样子，还在为儿子和两位兄长打算，真让人感动。”

莲儿苦笑一声：“人之将死，其言也善。妹就依计而行了。”

话刚落音，宫女又报：“娘娘，皇上要驾临招仙阁。”

莲儿道：“什么时候？”

宫女回道：“现已启驾。”

莲儿瞅了瞅栾大，又瞅了瞅李延年：“您二位暂且回避一下。”

栾大、延年一齐点了点头，慌不迭地躲到屏风后边去了。不一刻，果见武帝脚步匆匆走了进来，径至榻前，俯身唤道：“爱妃，朕看你来了……”

他原以为，他这么一喊，李夫人必将长身而起，跪迎圣驾。谁知，她依然躺在床上，以锦被蒙头。

武帝大惑不解道：“爱妃，你这是怎么了？”

莲儿回道：“臣妾貌未修饰，难见至尊。”

武帝道：“你我谁跟谁呀，还用得着修饰吗？”

莲儿道：“皇上不要逼臣妾，臣妾实话实说，臣妾已经病得憔悴不堪，三分像人，七分像鬼，皇上看了会失望的。”

武帝道：“看爱妃把话说到哪里去了？你的病是因朕而得，朕为此心如刀绞，怎么会嫌弃你呢？”一边说，一边伸手揭被。

莲儿双手死死拽住被角，哀告道：“皇上，皇上不要再逼臣妾，臣妾求求皇上了。”

武帝见她如此固执，不由得软了下来，好言哄道：“爱妃，你不必任性，朕极想见你一面，你若使朕如愿，朕立马赐你千金。”

“臣妾已是将死之人，纵是金山，于臣妾何用？”

“爱妃的两位哥哥在朝为官，你难道不想让他们步步高升吗？你若能让朕再见一面，朕定赐给他们更高的官爵。”

莲儿回道：“皇上赏赐他们什么样的官爵，在于他们的功绩和才能，并不在于一个病妇的面子。”

“你……”

武帝为君已有二十几年，文武百官，献媚惟恐不及，谁敢拂他意愿？也不尽然，汲黯便是一个，但汲黯是谁呀？他是朕的老师，先帝旧臣。你李莲儿是谁呀？玩物一个，似这等玩物，朕的后宫，不下五千。你无非是漂亮一点，漂亮有什么用？哼！

他气鼓鼓地走了，把地踩得山响。莲儿隔被凄声叫道："陛下！"

声音并不高，却似磁石一般，把武帝的双脚给吸住了。

不，不只吸住了。准确地说，把他吸了回来。武帝惊喜地问道："爱妃，你终于肯让朕一睹芳容了？"

莲儿道："不，我意已决。还是那句老话，'貌未修饰，难见至尊。'"

武帝满面不悦道："你唤朕做什么？"

莲儿泣道："俗谚不俗，'一日夫妻百日恩'，陛下与我何止一日，是五年，臣妾将不久于人世了，臣妾再也不能侍奉陛下了，请陛下多保重！"

说得武帝心里酸溜溜的，轻叹一声："唉，谢谢爱妃！"他深情地望了一眼锦被，缓步而去。

栾大从屏风后蹦了出来，跑到榻前，揭开锦被，一脸兴奋地说道："莲妹，你太棒了！"

莲儿心中似刀剜一般。五年了，就是一块石头，也暖出了感情，她何尝不想和武帝见一面？她那么决绝地回绝武帝，全是为了儿子和两位兄长！故而，听了栾大的话，感到很反感，轻轻将手一挥："我想歇息一会，你们走吧！"

赶走了栾大和延年，号啕大哭起来。

此后，武帝又来探视过两次，她终究不肯让他见上一面。不到数日，红颜委蜕，玉骨销香，年仅二十四岁。武帝大为悲悼，以皇后之礼葬之，并命人在招仙阁绘画遗容。俗话说得好，日有所思，夜有所梦，武帝时常思念李夫人，遂致梦中恍惚，见李夫人赠予香草蘅芜，醒后尚有遗香，历久不散，因名卧室为遗芳梦室。每逢她的忌日，便要祭奠一番。

李夫人刚死那阵，栾大没有了内应，倒是忐忑不安了一阵，见武帝对莲儿如此执迷，故态复萌，照样地招摇撞骗，寻花问柳。寻着寻着寻到司马兴的头上，这司马兴乃新任太史令司马迁的族兄，在长安经商，家有一妾，长得如花似玉，与栾大勾搭成奸。司马兴万般无奈，哭诉于司马迁，把个司马迁气得火冒三丈，当即要找栾大理论，其妻咏梅劝道："老爷不可造次！"

"为什么？"

"栾大原本就是一个无赖，他会跟你讲理吗？"

"他不讲理还有皇上呢！"

"也不行。"

“这又为了什么?”

“常言道,‘一拃没有四指近’,那栾大不仅是帝婿,还是神仙使者呢,皇上能不向着他?”

司马迁恨声说道:“依你说来,这口气咱白白咽下不成?”

“这口气不能咽。”

司马迁叹道:“栾大你说不让找,皇上你又说不能见,这口恶气还怎么出?”

“有办法出!”

“怎么出?”

“找东方先生去,东方先生足智多谋,这口恶气,他一定会代您出的!”

司马迁右拳朝左手心猛地一砸:“我怎么把他给忘了呢?小轿伺候!”

第四十三章　恶报有时　福临良善

自李莲儿香消玉殒之后，武帝的情绪一直很低落，独自坐在书房或是寝宫的时候，李夫人的音容笑貌时常浮现在他眼前。有好几次，他都觉着李夫人就站在自己面前，对自己微笑，轻轻柔柔地叫着“皇上”，可是，当他激动地伸出手去拥抱她的时候，她却不见了。武帝自己也知道，那是自己的幻想，但他无法阻止自己对李夫人的思念。

这一日，正当他独坐在遗芳梦室，呆呆地望着李夫人遗像出神时，穿宫太监脚步轻轻地走了进来，用极低的声音说道：“陛下，东方先生求见。”

他一脸烦恼地说道：“不见。”

当那太监将要转身之时，他忽又问道：“你刚才说什么？”

“奴才说东方先生求见。”

武帝叹了口气，懒懒地说道：“请他进来吧。”

东方朔闻诏，晃晃悠悠走了进来，肩上还挎了一个小包袱，见了武帝，并未行君臣大礼，只是作了一揖。一因他是武帝宠臣，二因此地乃李夫人遗室，本来就不应行什么君臣大礼。谁料，那东方朔一转身，便朝李莲儿的遗像跪了下去，毕恭毕敬地叩了三个响头。

武帝大感诧异：“东方先生，朕记得你对朕说过这样一句话：‘女人是祸水’，特别是漂亮女人。”

东方朔老老实实地承认道：“正是。”

“夫人在世之时，你并没有表现出对她多么尊重。”

东方朔又点了点头。

“为什么她死后，你突然对她如此尊重起来了？”

东方朔将头一扬道：“她是臣的救命恩人。”

武帝愈感诧异：“恩人？他什么时候救过你的命？”

“昨夜。”

武帝哈的一声笑道：“大白天，你怎么说起梦话来了？夫人病逝已经三月有余，怎么可能救你性命？”

东方朔一脸认真地说道："这不是梦话。司马迁喜得娇女之事陛下可曾听说？"

"朕听说了。"

"昨晚，司马迁邀了几个朋友去喝喜酒，臣也在应邀之列，自亥时一刻，喝到子时三刻。臣归家之时，跌了一个跟头，灯笼也摔坏了，顿时一团漆黑，臣正在辨别方向，面前忽地闪出一条明晃晃的大道来，臣毫不犹豫地沿着那条大道走了下去，且是越走越快，如飞一般。"

"水，正前方突然一阵哗哗地流水声。臣清楚地记得，归家的路上没有河呀，莫不是遭到了鬼捂眼？"

"一想到鬼捂眼，臣倏地出了一身冷汗，想停下脚来，可两条腿却不听使唤。"

"扑通一声，臣和衣跳进河里，立马有两个鬼，按住了臣的脖子，直往水里边按，臣一边挣扎，一边喊道：'救命啊！'话音未落，岸上一女子高声说道：'先生莫慌，本宫来了！'也没见她如何下河，人已到了跟前，赶跑了两个野鬼，救了臣的小命。臣举目一瞧，这女子凤冠霞帔，柳眉杏眼，粉颊朱唇，浅浅的两个酒窝儿，那娇躯增之一分则太肥，减之一分则太弱，真可谓天姿国色。她，她不是李夫人吗？臣纳头便拜，谢她救命之恩。"

"她莺声说道：'先生不必拜谢，本宫救你是有条件的。'臣问什么条件？夫人答道，请先生转告皇上，王母娘娘又要设蟠桃宴了，这蟠桃宴三千年才得设一次，届时要请各路神仙参加，安期生也在应邀之列。陛下不欲成仙倒还罢了，若欲成仙，此次机会万万不可错过……"

听到这里，武帝再也忍耐不住，迫不及待地问道："王母娘娘的蟠桃大宴，并未邀朕，朕就是想参加，人仙相隔，如何参加得了？"

东方朔道："陛下别急，请听臣说，臣也拿这话问夫人，夫人说安期生有一神马，能够上天，届时，陛下只须拽住马尾巴，就可上天参加蟠桃大宴了。"

武帝道："朕和安期生非亲非故，他会让朕拽他的马尾巴吗？"

东方朔道："这话，臣也问过夫人，夫人说，找栾将军，栾将军是安期生徒孙，由他出面求安期生，安期生没有不允之理。"

武帝双掌一拍道："好办法，朕这就命栾将军刻日东行，去求安期生！"

东方朔慌忙拦阻道："且慢！"

"先生有何见告？"

“臣，臣想给陛下玩一个小魔术。”

武帝喜滋滋地说道：“那好哇，朕最喜欢魔术了。”

东方朔走到门外，卸下包袱，打将开来，却原是一捆小旗，分插在院子之中，他仿着栾大模样，闭眼合掌，口中念念有词，然后将手一拍，喝了声“疾”字，立时便有微风徐徐吹来，越吹越大，十面小旗，拔地而起，在半空中互相撞击。

武帝惊喜地叫道：“东方先生，你怎么把栾将军这一手学来了？”

东方朔满面不屑地说道：“臣为什么要跟他学呀？”

“那你是从什么地方学来的？”

“臣是从一本书上学来的。”

“什么书？”

“《方士秘籍》。”

“这本书在哪里，能否让朕一观？”

东方朔伸手入怀，摸出一册帛书，疾步走到武帝跟前，双手将书献上。武帝接书在手，翻到目录上，小声读道：“一、使犬捕鼠法，二、预知鸡蛋雌雄法，三、使鸡变鹦鹉法，四、使鸡变凤凰法，五、阉猪阉牛不用刀秘法，六、令野外青蛙变哑法，七、使乌龟背上长毛法，八、顷刻开放莲花法，九、顷刻种瓜法，十、使群鼠集合法，十一、疯人变好法，十二、缢死回生法，十三、戒酒妙法，十四、除去口红印法，十五、转女为男法，十六、麻面变光法，十七、随意改换美人容貌法，十八、壮年常生新牙法，十九、口臭生香法，二十、使乳房充满魅力法，二十一、篮子提水法，二十二、墙上点灯法，二十三、刀枪不入法……一百零六、使旗子打架法，第七十三面。”

他忙翻到七十三面：“拿鸡血和针在一起磨好，再掺点磁石，涂在小旗的旗尖上，晒干，把它们放在一起，这些旗帜就会互相撞击了。用此法时，最好先学点觇风术。”

武帝举目对东方朔说道：“东方先生，请你把旗子拿来。”

东方朔遵命而行，武帝接过小旗，擎在手上，仔细看了看，果见那上边涂了一些粉粉，脸色为之一变，沉声问道：“先生可知，棋子互相打架，是何道理？”

东方朔指了指道书说：“也在道书上写着，陛下一看便知。”

武帝移目道书，低声读道：“一百零七、随意笑舞法，一百零八、使鸡蛋腾空法，一百零九、点灯不用油法，一百一十、白纸传书法……二百零四、使棋子互相打架法，第一百四十六面。”

哗啦哗啦。他翻到第一百四十六面，读道：“把磁石捣粉，掺上铁屑和鸡血，涂在棋子上，晒干，把它们放在一起，这些棋子就会互相打架，用此法时，最好学点障眼法。”

他啪地将书一合，抖动着嘴唇却没说出话来。

东方朔故意问道：“陛下，臣也把棋子带来了，要不要再演习一下？”

武帝铁青着脸道：“不必了。”

他自以为英明无比，却被栾大骗了，骗取了他的信任，骗走了他的女儿，还有金钱。自刘妍和栾大成婚后，武帝赏赐栾大的金银无数。他恨透了栾大，冲着随侍的太监吼道：“传朕的旨，立马将栾大抓获，斩首示众！”

那太监应了一声遵旨，起身欲走，东方朔唤道：“请等一等。”说毕，移目武帝，抱拳一揖道，“启奏陛下，依臣之见，那栾大您不能杀。”

武帝不知东方朔何以要为栾大求情，满面不解地瞅着他。

东方朔自顾自说道：“陛下，那栾大固然该杀，可是，陛下想过没有，那栾大自称神仙使者，又贵为侯爷，身兼四将，还是陛下的女婿，就这么把他杀了，怎么向文武百官和国人交代？”

“这……”这一点，武帝确实没有想到。愣了片刻说道：“他欺骗了朕，还不该杀吗？”

“他怎么欺骗了陛下？”

“他让旗子打架，装出一副神通广大的模样，骗得朕把亲生闺女嫁给了他。”

东方朔轻轻摇了摇头：“陛下这话臣不敢苟同。”

“为什么？”

东方朔道：“那栾大尽管欺骗了陛下，但旗子互相打架，却是千真万确，若因此斩了栾大，莫说栾大不服，国人也不会服的。”

武帝瞪着双眼道：“如此说来，朕就眼睁睁地看着让栾大逍遥法外了？”

东方朔道：“不，他应该千刀万剐！”

武帝道：“拿什么理由去剐？”

东方朔道：“您让他再表演一次，把他的嘴脸充分暴露出来，到那时……”

武帝满面惊喜地说道：“你不必说了，朕明白了。”当即传旨一道，命栾大进宫，当面吩咐道：“贤婿，李夫人托梦于朕，言说今年王母娘娘要召开蟠桃大会，你去见一见安期生，让他带朕一同前往。”

栾大笑回道：“让小婿去见安期生容易，但要他老人家带您去参加蟠桃宴有些难。”

武帝道：“不难不难。夫人告诉朕，说那安期生有匹神马，只要拽住马尾巴就可以上天了。”

“这……”栾大无话可说，只好点头同意。

他不知道武帝已经派人暗中跟踪，走了一路玩了一路，天天饮酒，夜夜宿娼，走了月余，方来到东海边上，画地为坛，拜祷一番，随后来到胶东，跟隐居此地的少君、刘湛聊了两天，而后折回长安。

跟踪之人把这一切看在眼里，抄在栾大前头，回京报告了武帝。武帝冷笑一声，当即派出士兵，守住长安城门，等栾大一到，便将他抓捕归案。这一切，栾大浑然不知，仍旧坐着他的豪华马车，口中哼着小曲儿，悠哉地进了霸城门。士兵冲上前去，不容分说，将他五花大绑，押解来见武帝。栾大尚要捏造安期生言语，辩解开脱。武帝唤出跟踪之人，把他的所作所为和盘端出，栾大情知露馅，赶忙跪地叩头，如小鸡啄米一般，口中连道：“小婿该死，小婿该死！请陛下看在公主面上，饶小婿一命。”

他不说小婿还好，一说小婿，武帝越发动怒，咬牙切齿地说道：“推出去斩了！不，如此杀他有些太便宜了他，把他剥皮抽筋！”

杀了栾大之后，他猛然想起了李少君。李少君可是一个真神仙，栾大一死，和安期生联系的线，只有靠他去续了，当即遣吾丘寿王去请李少君。那李少君不知从何处得了消息，先一天走脱，武帝还道吾丘寿王行动迟缓，误了他的好事，将吾丘寿王大骂一顿。

卫子夫听说武帝杀了栾大，且惊且喜，可是想到苦命的女儿刘妍，她的心像被钢针扎了一般，隐隐发痛。妍儿花一般的年龄，花一般的容貌，竟叫栾大那个畜生糟蹋了，这是什么世道？千不怪，万不怪，全怪那个想神仙想得发了疯的皇帝，为了自己成仙，全然不顾女儿终身，枉为人父！唉，妍儿年轻守寡，今后的日子可怎么过呀？不行，我得去见一见皇上，最好和他一块儿去看一看妍儿。

武帝心中也不好受，他迷信神仙，在栾大身上下的本钱最大，上的当也最大。他愈是痛恨栾大，愈是觉着对不住女儿，故而，当卫子夫提出要去看一看刘妍时，他满口答应。

栾大的府邸，坐落在建章门外，距未央宫也不过六七里的路程，两刻来钟便赶到了。

在车上，武帝的情绪很好，一下车，陡然罩上一脸阴云。子夫正感诧异，只听武帝粗声粗气地说道："把那两个字给朕铲了！"

子夫循着武帝手臂望去，门楣上两个斗大的字"栾府"映入眼帘，哦，原来他是在为这两个字生气呢！压在心头的一块石头一下落了地。

铲过"栾府"二字之后，武帝恨犹未解，口谕道："长安城不准再出现栾字！"

按照常理，圣驾光临，主人必将亲到大门以外迎候，武帝已经进了大门，还没见刘妍露面，未免有些不快。

卫子夫劝道："陛下，妍儿被那个畜生糟蹋得不成人样，心智也有些不清，您要多多原谅。"

一说到那个畜生，武帝脸上便显出几丝恨意，恨悔交加，欲说又止。

刘妍终于出来了，她是被两个女婢架出来的，见了父皇和母后，一不跪拜，二不请安，只是嘻嘻哈哈地笑着，口中念念有词，却是听得不大清楚，最后一句倒是听见了，玉皇大帝要娶她做老婆。

子夫见女儿衣裙不整，披头散发，面黄肌瘦，神情恍惚，胡言乱语，不禁心如刀割，凄然泪下，一把抱住刘妍："妍儿，娘对不住你！"

刘妍一边挣扎一边喊道："你别碰我，我还要急着去做玉皇大帝的老婆呢！"

这一说，子夫将她抱得更紧，且泣且诉道："妍儿，我是你娘，你难道连为娘也不认识了？"

刘妍斥道："你胡说什么，我是玉皇大帝的老婆，玉皇大帝的老婆还有娘？"

武帝见刘妍疯成这样，心里很不是滋味，讪讪地对子夫说道："卿留下开导开导她，朕回去了。"

其实，刘妍没疯，她恨武帝，是他断送了她的青春、她的爱情，使她年纪轻轻变成寡妇。恨不得咬他一口。她不想见武帝，但又不敢说出口来，只得采用装疯卖傻的办法，发泄对武帝的愤恨。武帝一走，她便紧紧抱住子夫，委屈、痛苦一齐涌上心头，大叫一声"娘——！"泪水像决了堤的黄河，奔腾不息。

子夫尽管已经失宠，但她毕竟还是皇后，后宫之主，有许多事情需要她来拍板解决，勉强陪刘妍住了三日，不得不回宫去了。

子夫一走，刘妍又变得孤单起来。她想找一个人陪陪自己，母后太忙，媚妹、娟妹倒不是很忙，但恋着各自的男人，坐不上片刻就想起身。敬声弟，敬声弟应该来看看我呀！

一想到公孙敬声，刘妍心中便涌出一阵莫名的冲动。在她所接触的同辈人中，她最喜欢的便是公孙敬声，他不只人长得帅，高高的个头，白白的脸庞，粗眉毛，大眼睛，眉宇间透出一种阳刚之气，那嘴巴也特别甜，不笑不说话，不喊妍姐不说话。她多么想嫁给他呀，夫妻恩爱，比翼双飞，生死不渝。没料想平空钻出个魔鬼栾大，瞎了眼的父皇迷信神仙，竟将自己的亲生闺女送给魔鬼，饱受凌辱！幸亏栾大死了，假若魔鬼不死，那么自己今生今世只能在火坑里煎熬，永无出头之日了。

魔鬼在世的时候，你敬声尚且偷偷地来看过姐姐两次，魔鬼一死，你反倒不来了，这是为什么？难道怕姐姐的晦气沾到你身上不成？

刘妍错怪了敬声。

在卫氏外戚中，武帝最喜欢的是两个人，一为霍嬗，也就是霍去病的儿子，再一位便是公孙敬声了。霍嬗太小，做不成官，公孙敬声已经二十一岁，正当精力充沛的时候，刚好长安令因病去职，武帝便把这一要职赏给了公孙敬声。也是公孙敬声时运不佳，上任没几天，长安城来了一位梅花大侠，只盗官府，不盗平民，每作一案，便留下一朵梅花。前不久，竟然盗到皇宫来了，惹得武帝冲冲大怒，限期破案，把个敬声忙得焦头烂额。

谢天谢地，梅花大侠患了中风，两个姘妇分赃不均，打得头破血流。刚好敬声巡逻至此，见两个女人打架，拘到县署经过一番严加审问，将梅花大侠供了出来，抓捕归案，引得龙颜大喜，亲赐御酒三樽，犒赏敬声。

三樽御酒下肚，敬声辞别武帝，原本应该回府休息，鬼使神差，竟然来到了栾府。

刘妍听说敬声到了，忙整妆出迎。宾主来到客厅，相向而坐。俗话不俗，酒壮色胆。敬声二目直直地凝视着刘妍，只见她绿衣粉裙，淡淡梳妆，脸上虽说缺乏先前那样的红润，眼睛也没有先前那样的明亮。但是婀娜的身姿、乌黑的长发、白皙的皮肤，以及粉颊上的酒窝，还像先前那样，没有变化。

刘妍见敬声凝视自己，脸微微一红，将头低了一低，喃声说道："臭老乞婆，有什么好看的！"

敬声摇头说道："什么老乞婆？您才二十二岁，正当人生风华正茂之时，何须自己作践自己！"

“我……”刘妍欲说又休，泪水似断了线的珠子直往下滚。

敬声忙起身为她擦泪，擦毕，张嘴欲吻。

刘妍将脸一偏：“别，别这样。”

敬声道：“你不愿做我妻子？”

“不，我不配！”

“为什么？”

“我的身子叫那个畜生弄脏了呀！”

敬声道：“那不是你的错，你在我心目中，还是先前的妍姐！”

刘妍猛地伸开双臂，紧紧地抱住敬声，泪如泉涌道：“敬声，我的好弟弟！”

两人亲热过后，刘妍依偎在敬声胸前，深情地说道：“敬声，你可要常来看我。”

敬声道：“我不只看你，我还要娶你做妻子呢！”

刘妍忧心忡忡道：“就怕父皇不会答应。”

敬声信心十足道：“他会答应的。”

“为什么？”

“他有愧于你呀！”

“这倒也是。”刘妍又往敬声胸前靠了靠，轻声说道，“我等着你。”

敬声道：“今晚就回去求我的老爹，让他出面向三姨父求亲。”

刘妍轻轻摇了摇头说道：“两个老将直接对面不好，最好找一个会说话的红媒。”

敬声道：“你这一说，我倒想起一个人来。”

“谁？”

“东方朔。”

刘妍啪地给了敬声一个吻后说：“我也想到了这个人，这真叫英雄所见略同。”

果如敬声所料，武帝自知有愧于刘妍，刘妍一日不成婚，他的心中就不得安宁，且是，敬声又素为自己所爱，这媒一说便成。

嫁过刘妍之后，武帝猛然想起，太子刘据，已经十六岁了。自己做太子时，十六岁那年，父皇为自己行了加冠礼，于是，便传旨大行，择日为太子举行了加冠礼，一切程序如旧。

太子既然行过了加冠礼，标志着他已长大成人，应该考虑他的婚事了。

按照礼制，太子正妻曰妃，嫔妾曰良娣和孺子，共三个等级。刘据纳婚次序，应该先妃后良娣再孺子。可是，太子妃暂无合适人选，武帝别出心裁，让刘据先纳一个姓史的女子为良娣，称史良娣。子夫觉着别扭，劝武帝道："据儿初婚，所娶当然是正妻，不称妃而称良娣，想来总是怪怪的。"

武帝瞪了子夫一眼："怪什么？太子妃将来就可能是皇后，史良娣她配吗？"

子夫不再言语。她知道，武帝除吾丘寿王弄来的那个齐女之外，又宠幸了一个乔姬，自己的身价大跌，这能怪谁呢？怪自己不该变老，有道是"色衰而爱弛，爱弛而恩绝"，只有认命罢了。

武帝一面贪恋女色，一面照旧迷信神仙。他虽说杀了少翁，活剥了栾大，只是说他不相信少翁和栾大，但他相信神仙，若非父皇梦见天降赤彘，母后梦见太阳入怀，自己能那么顺利地当上太子吗？还有那个李少君，分明就是一个半仙之体，但不知为甚，不愿和朕来往。哼，死了张屠夫，照样不吃带毛猪。朕离了你李少君，难道就没有别的办法得道成仙了吗？

有！那便是巡游和封禅。

巡游好办，最难办的是封禅。巡游只是多花几个钱的不是，封禅可没这么简单，能够封禅的帝王，必须具备两个条件，第一得有业绩，第二得有祥瑞出现。

中国最早进行封禅的当推无怀氏，继之是伏羲、神农、炎帝、黄帝、颛顼、帝喾、尧、舜、汤。但没有文字记载，只是传说而已。

春秋时，齐桓公想封禅，找管仲商量，管仲反问道："您凭什么封禅？"桓公回道："我九合诸侯，一匡天下，凭这个还不能封禅吗？"管仲道："大王九合诸侯，一匡天下，论业绩是可以封禅的，只是缺乏祥瑞。"

管仲顿了顿又道："前代王者封禅之时，嘉谷生，灵茅现，东海来了比目鱼，西海又得比翼鸟，不召而来的祥瑞事物有十五种。而现在呢，凤凰、麒麟不来，嘉谷不生，而蓬蒿等野草长得却很茂盛，在这种情况下而想封禅，是不是不可以呢？"齐桓公听了只好作罢。

中国历史上真正进行封禅，并有文字记载的是秦始皇。秦受命的符谶应是秦文公获黑龙，在功业上秦始皇统一六国，功高五帝，自然是最有资格进行封禅大典的了。

秦始皇二十八年，始皇东巡郡县，被征随从的齐鲁儒生、博士七十人，到了泰山脚下。临要封禅时，这些儒生对封禅的礼仪竟然都说不清楚，始皇一怒之下罢斥了他们，从南山清除车道，至山巅，立石，举行了封礼；又从山的北坡下来到梁父山，刻石记功，举行了禅礼。他用的都是原来秦国祭祀上帝的礼节。由于进行了保密，人们没有记下来。秦始皇在返回的路上遇大风雨，躲在大树下，便封此树为五大夫。

汉武帝萌生了封禅的念头是在李广利凯旋之后，始作俑者便是大名鼎鼎的司马相如。

司马相如原本不是佞臣，将死之时办了一件佞事。武帝去看他，他抓住武帝双手，满目深情地说道："陛下，应该进行封禅。"

武帝谦虚地一笑道："朕何尝不想封禅，怕是没有资格呢。"

相如道："谁说没有资格？陛下功高秦皇，秦皇也好，五帝也好，三皇也好，谁把疆土开到西南夷去了？谁把郡县建到沧海、交趾、儋耳去了？谁把匈奴赶到漠北去了？谁把将军封到贰师城去了？"

一连四个谁字，把武帝问得心花怒放，飘飘然起来。他强压欢喜道："依爱卿说来，朕勉强达到了封禅的第一个条件，祥瑞呢？没有祥瑞出现，朕还不是和齐桓公一样，有山不得封！"

司马相如信心十足道："董老夫子有一个著名论点，叫做天人感应。人间的善恶，天都知道，因善得善，因恶得恶。陛下创下这么大的伟绩，上天岂能看不到？祥瑞会出现的，一定会出现的！"

司马相如尽管死了，但他的预言却得以实现。甘泉宫宫监来报，甘泉宫长出一棵灵芝，武帝忙驱车去看。那甘泉宫的玉香殿里，果然生出一株灵芝，褐冠上布满了云状的花纹。武帝重赏了宫监，设宴相庆。宴还未散，后土祠的巫师飞马来报，在后土祠旁，发现一个怪鼎，武帝忙命运至甘泉宫，当神一般地供奉起来。

灵芝是祥瑞，这是不争的事实。怪鼎呢？若说怪鼎是祥瑞，怕是有些牵强。

不要紧，皇帝喜欢祥瑞，还愁找不出依据吗？没过多久，方士公孙卿来到了甘泉宫，绕着怪鼎转了一圈，宣布一个惊人的发现，说这是一个宝鼎，且振振有词地说道："远古时候的黄帝也曾在某年得过一尊宝鼎，那年冬至的时刻是'辛巳朔旦'，而今年的冬至日也是'辛巳朔旦'。黄帝因得宝鼎而得道成仙，飞升上天，以此相推，当今皇上也会成仙升天的。"

武帝听了这话，且惊且喜，立刻召见公孙卿，询问成仙升天之事。公孙卿大弄玄虚地说道："臣已故老师申公，常和神仙安期生来往，安期生送他一本《宝鼎神书》。书上说，‘汉朝的兴盛当在高祖皇帝的曾孙之时，到时宝鼎将会出世，天子要和神仙相会，同时要行封禅大典’。自古以来，行封禅大典的共有七十二位帝王，其中只有黄帝封禅泰山，封禅泰山后就成仙升天了。”

武帝掐着手指推算，自己正是高祖皇帝的曾孙，宝鼎已经出世，所缺者就是封禅泰山了。当即传旨一道，拜公孙卿为郎官，筹备封禅事宜。这一下可难坏了公孙卿，你别看他口口声声要封禅，但怎么个封法，却是一无所知。他去请教司马迁，司马迁遍查《尚书》《周官》《王制》诸书，可惜这些书上，或是语焉不详，或是根本无载；又去请教董仲舒，董仲舒也说不出个所以然来。没奈何，只得硬着头皮去见武帝，哭丧着脸说道：“臣学业浅薄，只知封禅，不知封禅大典当如何进行，请陛下遍召国中儒生，以共研之。”

正好东方舒在侧，拱手说道：“封禅泰山，乃天子与上天沟通之盛世，具体仪式，经书不载，正是表明，当由圣明天子亲自制定，而非为人臣者凭空想象。所以臣以为，陛下但管按照自己心意做去，自然上合天意，下顺民心。大可不必再征求他人之意见。”

武帝略一沉吟，点头说道：“先生所言，非无道理。依朕之意，应当这样……”

经过一番精心准备，武帝于元鼎六年，骑着汗血马，唱着《天马歌》，亲赴泰山行封禅大典。那歌为武帝所作，李延年谱曲，歌词曰：

天马徕，从西极，涉流沙，九夷服。
天马徕，出泉水，虎脊两，化若鬼。
天马徕，历无草，径千里，循东道。
天马徕，执徐时，将摇举，谁与期？
天马徕，开远门，竦予身，逝昆仑。
天马徕，龙之媒，游阊阖，观玉台。

皇上出行，地动天摇。是时，李广利已封大将军、海西侯，自然要随行的。此外，还有李延年、石庆、东方朔、霍光、吾丘寿王、卫伉、卫伐、江充、司马迁以及公孙贺父子。霍去病的儿子霍嬗承袭父亲侯位，才十三岁，武帝也命随行，封为奉车都尉。子夫、金娥和少儿都不明白武帝的心意，私下说：“皇帝封禅，偏要带一个孩子去干什么？”东方朔一语道破了天机，武帝喜爱死去的霍去病，带霍嬗随行，是希望去病在天之灵保佑他封禅顺利，早早成仙升天。

军将要行，齐人丁公拦道献书简，简名《管仲论禅》，简书上有这么一句话："古代先振兵释旅，然后封禅。"这话正合武帝之意，当即诏设十二部将军，调齐十八万人马，扈驾巡边。

军自长安出发，取道云阳北行，径出长城，登单于台，耀武扬威，遣卫律往告匈奴，传达御旨，谓泱泱大汉，地域广大，国力昌盛，粮丰钱富，东南、西南、西北，已经荡平，南越王人头已悬长安，把郡县建到交趾、朝鲜，把将军封到贰师城，单于能战，可与大汉天子，自来交锋；否则，便当臣服，何必亡匿漠北云云。时儿单于已死，其叔句黎湖单于继位，听了卫律之言，不禁怒起，喝令侍从，将卫律推出帐外，斩首示众。

卫律闻言，吓得魂飞天外，扑通朝地上一跪，连叫大王饶命，一边说一边叩头，把头都叩出一个血包。

第四十四章　封禅造宫　劳民伤财

武帝不知卫律已降了匈奴，在单于台待了十数日，不见回音，乃传令回銮。归途中路经黄帝陵，见有坟丘一座，高达三丈有余，丘前立有一碑，上书“黄帝之墓”四字，起疑道：“公孙爱卿，你说黄帝不死，升天成仙去了，怎么还有坟冢？”

随行的文武百官，一齐拿眼瞅着公孙卿，看他如何作答。

公孙卿是干什么的？是方士，更是骗子，早已料到武帝有此一问，不慌不忙回道：“陛下，黄帝升天，群臣思慕不已，因取衣冠为葬，故有是冢。”

武帝喟然叹道：“朕若上天，尔等亦可葬朕衣冠也。”说毕，即命设礼祭祀黄帝。他随手脱下金甲，悬挂于一棵柏树上，向着黄帝遗冢拜了三拜。后来，这株柏树长得高大壮实郁郁葱葱，被人称为挂甲柏。

冬去春来，东风解冻，武帝又动起了封禅的念头，于正月二十六日，启驾东巡，行至缑氏，望祭中岳嵩山。从官齐集山下，听得山中发声，恍似山呼万岁一般，忙遣人告知武帝。武帝也道业已听见，令祠官加增太室祠，以山下三百户为奉邑。封禅大军离开太室山，逶迤东进，不日到了泰山。当时正值早春。冬寒尚未退尽，草木尚未生长，山体裸露，巨石嶙峋，不宜行封禅大礼。武帝心甚怏怏，先将封禅搁下不提，改道海边巡游，去祭祀那里的天、地、日、月、兵、阳、阴及四时主等八神，并勒石以记之。

齐地方士，听说皇帝到了，争来献书，皆说海中居有神仙，武帝便命多备船只，使方士一并航海，往寻蓬莱巨人。且使公孙卿持节先行。

公孙卿先行到了东莱，立即报告了一个让人振奋的消息，说他在当地夜间，看到一位巨人，高约数丈，仙风道骨，鹤发童颜。他赶忙上前招呼巨人，巨人却不见了，只留下两个巨人的脚印。武帝大喜，亲至东莱察看，足迹尚依稀可认，只是有些类似兽蹄，将信将疑。这时偏有两个从臣启奏说，他们遇见一个老头，手中牵着一条白犬，说是欲见皇帝，言毕不见。

种种迹象表明，神仙确实存在，不由武帝不信，便命随行方士，或坐船下海，或骑马上山，四处寻找神仙。这样胡乱折腾了两个多月，连个神仙毛也没找到。他觉得扫兴和沮丧。转而一想，大概尚未封禅，神仙暂且不肯露面，因而调转头来，再回到泰山。

此时，正值孟夏四月，草木生发，万物昌盛，莺歌燕舞，繁花似锦，正是封禅的大好时机。封禅大军重驻泰山脚下，营垒密布，人声鼎沸。

封禅之日，武帝身着黄色祭服，头戴一块用十二块鹿皮缝合而成的黑色天子冕，在文武百官陪同下，兴高采烈地登上梁父山，举行禅礼。禅礼乃用祭祀太一（上帝）神的礼仪进行，在山腰辟一平地，置放桌子，桌上供四牲四禽四蔬四果，四牲为牛、羊、鹿、猪，四禽为鸡、鸭、鹅、雁，四蔬为芹、荼、薇、藕，四果为桃、梨、杏、梅，分别盛在檀木盘里。桌前一尊大香炉，香炉里香炷点燃，飘着青烟。八百名武士手持旌旗，恭然肃立。乐队奏响乐曲，武帝南向，跪地三拜，起身点燃三炷香，插在香炉里，禅礼便告结束。

继而到泰山东麓行封礼。那里又建起一座四方坛场，坛广一丈二尺，高九尺，坛上置放桌子，贡礼也是四牲四禽四蔬四果，行封礼，关键在于皇帝要把玉牒亲自埋在封坛的土里。玉牒是一块龙状玉石，上面刻字，说明行礼人的愿望。武帝渴望长生不死，玉牒上所刻自然是祈求神仙垂爱，让他早日成仙升天等语。

封礼结束，武帝兴犹未尽，突然提出要上泰山顶封天，封禅礼仪中，没有封天这一项，弄得百官面面相觑，不知说什么好。

什么也不要说，武帝是皇帝，皇帝想做的事，没有人阻挡得了的。东方朔趋前奏道："陛下要封天，这也算千古盛事，但不知要臣等做甚准备?"

武帝道："什么也不要做。诸卿皆在原地等候，臣只带奉车都尉一人也就够了。"说毕，带上霍嬗，朝泰山顶爬去。

皇帝何等尊贵？动一步不轿即车，当然也有骑马的时候，但极少。未曾爬上数里，便累得大汗淋淋，气喘吁吁。

霍嬗呢，一个十三岁的娃娃，娇生惯养，又在平地长大，起初新鲜，倒也能跟上武帝，走着走着，两条小腿又酸又累，一步一喘。

君臣二人，勉强走到半山腰，也就是当年秦始皇遇雨处，实在走不动了，随便在一个山包上扒拉一些土石，堆积起来。武帝面向大石堆，合手致礼，沙哑着嗓子诵道：

浩淼苍天，霞彩流溢。旭日融融，甘露泌泌。广袤大地，沃壤万里。五谷以滋生，六畜生以蕃息。朕其有幸，仰承天意。诚惶诚恐，伏谢皇天后土，恩沐大汉黎民，泽被大汉社稷。维斯时也，黄龙横空，状极绚丽，正阳龙体，穷天极地。其非天子之德行，著于天地之间乎？

朕以眇眇之身承至尊，兢兢也惧不任！维德菲薄，不明礼乐。唯事天地以忠，事父母以孝，立身以礼仪，抚民以仁义。遂至四海之内，莫不为郡县。四夷八荒，咸来贡职！是以封天禅地，以祈天地无极，天禄永得！

他诵得口吐白沫，唯一的听众，却歪在地上，呼呼大睡。武帝的眉头，皱得能拧出墨汁来，轻轻踢了踢霍嬗，将他唤醒，阴沉着脸走下山来。

霍嬗又惊又惧，加之刚才着了点凉，当晚便病倒了，发着高烧，说着胡话，御医煎的汤药还没来得及服用，竟然暴死了。

封禅、封天之后，武帝幼稚地认为，这一下，神仙可该出来见他了。一面派遣三十个士兵护送霍嬗灵柩回长安，一面再次启驾东巡，来到东海边上，仍是不见神仙踪影，他便产生了出海寻仙的念头。

不知道是根本就没有神仙，还是神仙不想见他，天天都刮着大风，海面上白浪滚滚，如同脱缰的野马。武帝头晕目眩，呕吐不已，脸色苍白。他却固执地认为："心诚一定能感动仙人。"他以最大的毅力坚持着。

几天后，武帝终于受不了了，不得不下令返航。

但他仍是心犹未甘，再往北行，巡视了辽西边塞。看来，这一次是无法见到神仙了，遂折向西，直到九原。然后南返，回到甘泉宫。

这次封禅、巡游历时六个月，行程一万八千里，耗费的钱财难以数计，半个天下的百姓被骚扰得不得安宁。结果连个神仙影子也没见到。武帝便对公孙卿产生了怀疑，将他召到跟前，当面责问道："世上到底有没有神仙？"

公孙卿道："神仙的事，听起来有点荒谬，可事实上是存在的。"

"既然存在，为什么不肯出来见朕？"

"神仙没有求您的事情，是您有求神仙的帮助，没有足够的时间，仙人是不会来的。"

"要多久时间，神仙才肯出来见朕？"

"少则三五年，多则一二十年。关键是心诚，用诚心去感动神仙，神仙自然会来的。"

"怎样做才能算心诚？"

“一要敬天敬仙，二是不懈地进行封禅。”

“几年进行一次封禅，方算不懈呢？”

“一年。”

武帝噢了一声道：“这一点朕能办到。”

此后，每逢孟春，武帝便去封禅泰山一次，每一次的费用，当在亿缗以上，全亏治粟都尉桑弘羊，职兼大农令，置平准官，操奇计赢，才得逐年搜括，供给武帝游资。武帝因他理财有方，赐爵左庶长，金二百斤。弘羊尝自诩为计财能手，谓民不加赋，国用自饶。独卜式斥他不务大体，专营小利。会因天气亢涝，暴雨如瀑，黄河又决两口，式上书武帝，谓不如烹死弘羊，涝乃得解。哪知武帝方宠信弘羊，怎肯把他加诛？

说到黄河决口，瓠子口最为严重。

瓠子河决，已十多年，水高数丈，如天河倒泄，方圆千里一片汪洋，无数的生命都漂浮水上，无数的良田、树木、村庄被淹没，深受其害的是中原沃野十六郡。武帝曾使汲黯前往堵塞，屡堵屡决，汲黯忧愤交加，病逝河旁。武帝又命汲黯弟往修河防，积久无成。此口不堵，百姓遭殃事小，近千万的赋税也打了水漂。武帝暗暗下定决心，堵住它，一定要堵住它。当即将伴驾封禅的十八万军队，尽数开到瓠子口，且不说又征发了十几万的百姓。一时间，瓠子口人山人海，车马行人川流不息，士兵、百姓，夜以继日地担土运石，大堤上下，水里泥里，人就像一群蚂蚁。可是尽管人们日夜忙碌，流了无数血汗，堵决工程却收效甚微。新筑的大堤，不时一片片地往水里倒塌，放荡不羁的黄河水，浩浩荡荡，像是从天上扑下来几百万拧着滚儿、打着旋儿、咆哮着的黄龙，依然冲向四野，冲向村庄。

汉武帝心急如焚，为了表示对河神的敬意，令侍卫牵来一匹白马，取来一对洁白的玉璧，投入大河的激流之中，自己则非常虔诚地跪在湿漉漉的黄河岸上，默默地祷祝，跪得腰酸腿疼，大水仍如万马奔腾，放荡不羁。汉武帝万般无奈，仰天长叹道：“河公啊河公，你为何没有仁爱恻隐之心？你不断地泛滥成灾，使我竭尽了思虑而无能为力，朕诚挚地请求您，赶快让黄河的水停止咆哮吧！”

公孙卿走上前来，小声对武帝说道：“埋怨不是办法。”

武帝道：“依卿之见该当如何？”

“用行动感动河公。”

“朕已投玉璧一双，白马一匹，卿还让朕投什么呀？”

“投人。”

“投人？”武帝反问道。

“对，投人。昔日，欧冶子铸剑不成，将妻许炉神，剑即铸成；后干将炼剑，见铁汁迟迟不出，也将爱妻许配炉神，并剪发、断指爪投入炉中，果然铁汁流出，宝剑大成，削铁如泥。由此看来，神仙也好色，何不选几个美女送给河公？”

话刚落音，跪在武帝身后的司马迁忽地站了起来。东方朔强行将他拉回原地，小声问道：“你要做什么？”

司马迁一脸怒气地说道：“公孙卿为得到皇上宠幸，竟献此阴损之策，我要面奏皇上，将公孙卿投入黄河，让他问一问河神，到底喜欢什么样的美色？”

东方朔附耳说道：“你这想法当年西门豹用过，倒也不错。不过，皇上独断专行惯了，岂肯听你的？弄不好连自己的小命也要搭上。”

司马迁余怒未消道：“搭上就搭上，为民而死重于泰山！”

“重于泰山也不能让你死。”

司马迁睁大一双惊奇的眼睛问道：“为什么？”

“你不是要修改历法吗？你不是还要写一部上溯远古、下迄当代的史书吗？这些都是有益当代、惠及后世的大功业呀！”

司马迁余怒未消道：“即是如此，也不能听任公孙卿胡乱献媚！”

东方朔诡谲地一笑道：“你放心，我自有办法。”

司马迁虽然知道他计谋多端，仍是放心不下，冷眼看着公孙卿进行表演。

公孙卿说动武帝，自任选美使者，忙活了半个多月，选来四个美女，让武帝把关，武帝一一认可之后，令其斋戒沐浴三日，择日献给河神。

三日时间，一眨眼便到了，仍没见东方朔有所行动，司马迁正要催他，他晃晃悠悠地来到武帝大帐，抱拳一揖说道：“恭喜陛下。”

武帝还道他前来要滑取笑，有点怪他不分时候，绷着脸道：“瓠子口一片汪洋，生灵涂炭，天不助朕，朕何喜之有？”

东方朔笑道：“瓠子口即刻便可堵上，岂不可喜？”

武帝一脸困惑道：“卿怎么知道瓠子口顷刻便可堵上？”

东方朔道：“因为有四美人相助呀。河神爱色，见了四美人必定要暗助陛下将瓠子口堵上。”

武帝道：“这倒也是。”

“不过……”东方朔欲说又罢，并轻轻叹了一口气。

武帝道：“先生因何叹息？”

东方朔道：“那四美人臣已目睹，果真是天姿国色，弃之河中实在可惜，倒不如以木美人代之，将四真美暗送皇宫，万岁既得四美，又为河神作美，还救了四条性命，俗言不俗，‘救人一命，胜造七级浮屠’，何况救四人乎？一举三善，万岁不可不为也！”

武帝脸上立马现出笑容：“先生此言甚善，只是以木美代真美，怕是河神要怪罪呢！”

东方朔连道：“无妨，无妨。”

武帝道：“何以无妨？”

东方朔道：“陛下祭祀天地的时候，所用四牲，活的乎，死的乎？”

“死的。”

东方朔又道：“祭过天地之后，那四牲是神吃乎，人吃乎？”

“当然是人了。”

东方朔双掌一拍道：“由此可见，人敬神只是敬个心意而已，真正得到实惠的还是人自己。”

武帝忽有所悟。

东方朔继续说道：“至于公孙卿所说的欧冶子、干将炼剑之事，依臣看来，那欧冶子只是给炉神许了一个空头人情，干将也不过是让炉神见了见其妻的头发和指甲而已，炉神便心满意足了。还是那句老话，人敬神只是敬个心意而已，仙凡相隔，人神怎能为夫妻？万岁也曾博览群书，可曾记得西门豹乎？”

武帝点头回道：“记得。”

东方朔道：“臣也记得。那西门豹为邺令之时，正赶上邺三老等人为河伯娶妇，豹说其妇不够美貌，乃将三巫及邺三老投入河中，让他们代为说项。臣观公孙卿先生的道术极高，陛下若不想以木美人代真美便罢，若想代之，可否也请公孙先生辛苦一趟，带着四个木美人去见河神，叙说陛下之诚。如罪之，可罪我东方朔。”

是时，公孙卿正好在侧，闻言大惊失色，伏地奏道：“臣年老体弱，文不如东方先生知多见广，武不如东方先生法术神功，还是请东方先生辛苦一趟吧！”

东方朔冷冷笑道：“公孙先生法高道广，号称半仙之体，率四木美人去见一见河神有甚不可？”

武帝多次受方士之惑，对方士似信非信，也想借此看一看公孙卿的神通，笑言道：“东方先生言之有理，公孙爱卿就不要推辞了。”

此言一出，把公孙卿吓得瘫倒在地，武帝见他如此害怕，厌恶地看了他一眼，拂袖而去。

翌日亥时，在黄河岸边，瓠子决口处，先杀四牲，也就是牛羊鹿猪祭天，武帝率领众大臣齐刷刷地跪在香案之后。

三通锣鼓响后，十方士皆着黄袍红帽，跳神舞祀天。鼓乐声中，一龙舟行于浊浪滔天之河中，将坐在一莲花盆里的公孙卿及四个身着彩帛的木制美人一一抛入河中，四木美人亦坐着莲花盆儿。它们在河中打了一会旋儿，为浪涛所吞。

武帝徐徐站起身来，对众位大臣说道：“诸位爱卿，河神已将四位美人收下，一定会暗助吾等堵塞决口，吾等要勉力为之。”说毕，亲自负石，向决口处抛去，众人见皇上如此，怎能不格外效劳？薪柴不足，济以竹石，好在天晴日久，河水低浅，竟得凭借众力，堵住决河。又上筑一宫，名曰：“宣防”，宫门正中立了一匾，上书武帝御笔：“宣防塞兮万福来。”

匾立之后，武帝又命从臣，在宣防宫内塑了一尊公孙卿像，坐东向西，对面是四美人像。

东方朔见此，苦笑一声，也没再谏。

治河归来，武帝越想越高兴，夜不能寐，赋词一首，这词经李延年谱曲，广为流唱。词曰：

瓠子决兮将奈何？晧晧旰旰兮闾殚为河！殚为河兮地不得宁，功无已时兮吾山平。吾山平兮钜野溢，鱼沸郁兮柏冬日。延弛兮离常流，蛟龙骋兮方远游。归旧川兮神哉沛，不封禅兮安知外！为我谓河伯兮何不仁，泛滥不止兮愁吾人！啮桑浮兮淮、泗满，久不反兮水维缓。

河汤汤兮激潺湲，北渡迂兮浚流难。搴长茭兮沉美玉，河伯许兮薪不属。薪不属兮卫人罪，烧萧条兮噫乎何以御水！颓林竹兮楗石菑，宣房塞兮万福来！

武帝意犹未尽，竟然生出了与民同乐的兴致，移驾上林苑的平乐观，观看角抵。行前，下旨一道："寡人得以治服黄河，上赖皇天大命，下赖兵士百姓，角抵之戏，寡人不敢独享，特以诏告天下，无论为官为民，为兵为商，皆可入平乐观欣赏角抵。"

到了是日，百姓扶老携幼，俱向上林苑涌来，万头攒动，尘语嚣嚣。

武帝携带齐女、李姬早早来到平乐观。自从上次游览昆明池后，武帝再没有携带子夫参加过公开的活动。他觉着她年龄大了，姿色衰了，比不上齐女和李姬更具活力和魅力。对此，子夫也习惯了，岁月不饶人，争宠又有何用？

角抵未时开始，平乐观前的台阶下，铺着红地毯，正中三把椅子，分别坐着武帝、齐女和李姬。两侧两张绣榻，分别坐着太子刘据和史良娣，史良娣怀中还抱了一个三岁大的儿子，名叫刘进。武帝与其他妃子所生的几个儿子，也分坐刘据与史良娣两侧，他们依次是刘闳，封齐王，乃王夫人所生；刘髆，封昌邑王，乃李夫人所生；刘旦、刘胥，分别封燕王和广陵王，乃齐女所生。文武百官和侍卫，分立两侧和稍远的地方。

一阵锣鼓声响过，跑上来两个赤裸着上身的彪形大汉，皆身着黑色短裤，腰系宽布带。两人分从两头跑上台来，拱手抱拳，各报姓名，然后进行角抵。

所谓角抵，实际上就是后世的摔跤和拳击，但不像摔跤和拳击，还有那么多讲究，可以拳击掌劈，也可以头顶角踢，还可以搂脖子、扳胳膊、抱腰使绊子。衡量胜负的标准只有一个，留在台上为胜，落到台下为败。

角抵是勇气的角逐，力量的展示。一对又一对的大力士轮番上台，经过一阵厮打，一场殴斗，败者灰溜溜地离去，胜者站在台上，高举双手，向皇帝和民众致意。围观者又是鼓掌，又是跺脚，发出阵阵狂呼。

武帝看得高兴，有几次带头叫好。天慢慢地黑了下来，人群中不知谁带头叫了一句"挑灯夜战"，万人响应。武帝微笑着点了点头。于是，便有人点燃火炬，插到台上，足有二十几根。正当决赛的时候，忽见东边天空红成一片，有人高喊："失火了！失火了！"刹那间，平乐观前大乱，呼儿唤女，喊爹叫娘，谁也不看角抵了，拥挤着，奔跑着，潮水似的，涌向直城门。

失火之地为柏梁台，正在直城门里，未央宫北阙的西侧。此台是武帝为会见神仙而精心建造的杰作，不知什么原因，那台突然起火。因为高崇，那火就像在天上燃烧，火苗翻卷，火星四溅，噼里啪啦作响，把半边天照得通红。

约莫烧了四个时辰，巍峨高大的柏梁台化为灰烬，武帝又是心疼，又是难过，两顿没有吃饭，越巫勇之闻之，忙进宫觐见武帝，启奏道："南方风俗，凡有火灾，须亟再建，而且要比焚毁的建筑更高大，方足镇压灾殃。"武帝一听又来了劲，立即颁旨一道，建造建章宫。

在长安城西上林苑中，原有一座建章宫，只是太旧太小，新建的建章官选用原建章宫地址，并沿用原建章宫宫名，其规模比原建章宫扩大了十几倍，继长乐宫和未央宫之后，成为长安最宏伟最侈靡的宫殿群。

建章宫占地广大，官墙周长三十里，宫内殿阁重重，千门万户。宫的正门（南门），叫阊阖，即天门。高三十丈，因椽子头上镶有玉璧，所以亦称璧门，东面为凤阙阁，高三十丈，因阙上有高达丈余的金凤而得名；西面为阁中苑，有方圆数十里的养虎圈。又有一座神明台，台高三十丈。上有九室，置九天，方士百人居其上；在阊阖门内之北，建有别风阙。高五十丈，其上装有风向标，用以辨别风从何方来；与别风阙遥遥相对的井干楼，用积木垒架百层而成，形如井栏，四角形或八角形，也高五十丈。各殿阁之间，都以辇道蜿蜒相连。辇道曲廊皆画以云气鸟兽等各种彩色图案；建章宫的前殿，俯视未央宫，其西建有广中殿，宽阔高大，可容纳万人；建章宫的北部，开凿一大池，称为太液池。池中筑起一台，高二十余丈。还按传说中的东海仙境，建有蓬莱、方丈、瀛洲、壶梁等四座仙山。太液池的北面，有石鱼，长三丈，高五尺，南岸有石鳖三只，长六尺。建章宫内又别造奇华殿，四海夷狄器服珍宝充之；琉璃、珠、玉、火浣布、切玉刀等奇珍异宝不可胜数。宫内还圈养大象、孔雀、狮子以及骏马等，奇禽怪兽，自古以来所未见者必备。宫中还挖有酒池，树以肉林，供美酒佳肴。

宫建成后，武帝仍感宫殿太少，又建桂宫、北宫、明光宫，每宫耗资皆在亿缗以上。

前次观赏角抵，因柏梁台失火，不欢而散。这四宫建成之后，武帝决定在建章宫再次举办一次角抵比赛，届时，诏令三百里以内的百姓，俱来观赏，美其名曰：君民同乐。

丞相石庆，年事已高，操劳过度，一命归天，武帝左选右选，选中了公孙贺。

公孙贺听了任命，吓出一身冷汗，跪在地上，涕泪交加地说道："臣本边鄙之人，以鞍马骑射而为官，才能实不能胜任丞相，恳请陛下收回成命。"

武帝一脸微笑道："这就怪了，丞相乃百官之首，此职谁不眼红？你倒辞职不干，少见少见！"一边说，一边示意宫监，将丞相印绶硬递给公孙贺。

公孙贺不肯接，一边叩头，一边乞求道："臣实在不胜其职，恳请陛下收回成命！"

武帝愈觉好笑，对宦监说道："扶起丞相。"说完，起身退朝。公孙贺起身欲追，被东方朔一把拽住袖子："皇上的脾气你还不知道吗？他要做的事，求也无益，且是正如皇上所说，丞相乃百官之首，许多人求之不得，你为何如此惧怕？"

公孙贺长叹一声说道："圣上贤明，吾不足以担当此任，恐负重责。"

公孙贺字子叔，北地郡义渠胡人。贺年少时为骑士，从军数有功，武帝为太子时，贺为舍人，武帝即位，迁为太仆。先后拜轻车将军、车骑将军，随卫青征伐匈奴有功，封南窌侯。妻子卫君孺，是卫子夫的大姐。公孙贺与武帝既是连襟，又是亲家，故而，对武帝知之颇深。他知道武帝热衷于提高皇权，亲自过问一切政事，丞相之职不过是聋子的耳朵——摆设。他扳着指头数过，武帝登基以来，先后任命过十一个丞相：卫绾、窦婴、许昌、田蚡、韩安国、薛泽、公孙弘、李蔡、庄青翟、赵周、石庆。他们都是有职无权，到头来，不是被罢官，就是被诛杀，像石庆、公孙弘那样得以善终的仅此二人。因此，他实在不想当丞相，以为那是个不祥之职。

当也得当，不当也得当。公孙贺迫不得已，硬着头皮当了丞相，抱定一条宗旨：少说多看，诸事听从武帝裁决。

公孙贺当丞相后，儿子敬声替补太仆之职。这样一来，父子二人并居公卿行列。

敬声仗着是武帝长婿，不似乃父，遇事敢作敢为，职内事他管，职外事他也管。风闻司马迁要编历书，越过乃父，上奏武帝，竟得武帝恩准，诏令照行。司马迁等人，经过一年多的忙乎，新历制成，取名太初历，连同说明一并上呈武帝。武帝手捧说明，认真地看了一遍：《太初历》较之旧历《颛顼历》相比，有着重大的进步。其一，新历法采用"八十一分法"，把每月的时间长度，从原先的二十九又九百四十分之四百九十九天，更准确地推定为二十九又八十一分之四十三天；其二，以正月为岁首，更准确地反映了农业季节，将更方便地配合农时；其三，十九年置七闰，第一次把二十四节气纳入历法，并以没有中气之月为闰月，使历书与农时季节更为适应；其四，推出一百三十五个月有二十三次交食同期的规律。

武帝阅过说明，又将《太初历》览了一遍，龙颜大喜："司马爱卿，《太初历》的诞生，功在当朝，利在千秋，朕立马颁行！"

话刚落音，群臣后面闪出一人，急急蹿行于阶下，伏地叩首道："启奏陛下，臣斗胆有一言相奏。"

武帝举目一瞅，见是吾丘寿王，微笑着说道："卿有何言相奏，快快讲来。"

吾丘寿王轻咳一声，清了清嗓子说道："启奏陛下，臣以为那《太初历》改十月为正月做一年之首，它不符合'五德终始'之说，如此有违天意，还望陛下三思而定夺！"

这话，不只文武大臣，连武帝都感到震惊。

按照五德终始的说法，凡是人类的活动，都和阴阳五行相通，并互为影响。所谓的五行，即是土、木、金、火、水五种物质，五行"相生相胜"，"相生"就是互相辅济，如木生火，火生土，土生金，金生水，水生木；"相胜"就是互相克损，为水胜火，火胜金，金胜木，木胜土，土胜水；"五德"就是五行的德性，即土德、木德、金德、火德、水德。五德不仅是相生相克的，而且是终而复始循环的。人间的每个王朝，都必定是得到五德中的一德，而根据所得之"德"，改正朔，易服色，定官名，协音律。譬如黄帝，得土德，颜色便尚黄，衣物、旌旗、车马均以黄色为尊。再如秦汉，得水德，颜色便尚黑，衣服、旌旗、车马均以黑色为贵，以建亥之月（十月）为岁首，你司马迁竟敢制造《太初历》，以正月为岁首，这还了得！

公孙敬声本是这次改历的倡导者，听了吾丘寿王的话，深感问题严重，心里像揣了二十五只小老鼠——百爪抓心。

东方朔是有名的机智鬼，又是司马迁的朋友，面对吾丘寿王的责难，他也是爱莫能助。

沉默，而这片刻的沉默，对于司马迁，对于那二十多位修历者来说，是多么的漫长和沉重呀！片刻之后，制定新历这些人可能作为历史与国家的功臣被世人刮目相看，甚至名垂青史，也可能成为大逆不道者，成为刀下之鬼，遗臭万年！而这一切，与其说取决于皇上的金口玉齿，倒不如说取决于此刻的司马迁，取决于司马迁怎样为自己，也是为同仁辩白，取决于这辩白有多少道理，这道理能不能征服翻手为云、覆手为雨的皇上！修历者及那些善良的大臣齐把目光投向司马迁，既是担心，又充满着期望。

司马迁向同仁们扫视了一眼，微笑了一下，似乎还点了点头，缓步走到吾丘寿王身边，说道："陛下，吾丘寿王之言不可取。"

武帝一脸肃容地说道："道其详。"

司马迁把面转向吾丘寿王，一字一顿地问道："吾丘寿王，我来问你，什么叫五德终始？"

吾丘寿王一脸不屑地回道："这还用考我吗？"

司马迁道："我正要考你。"

吾丘寿王道："既然这样，我就讲给你听。五德终始，亦称五德转移。是战国时期阴阳家邹衍的学说。具体讲，是指水、火、木、金、土五种物质德性相生相克和终而复始的循环变化，用来说明王朝兴替的原因，如夏、商、周三个时代的递嬗，夏为木德，商为金德，金克木而生商；再如，商为金德，周为火德，火克金而生周。还用我再说下去吗？"

司马迁郑重地点了点头。吾丘寿王不得不继续说了下去："秦为水德，周为火德，水克火而生秦。"

他顿口不说。

司马迁二目剑一般地盯着吾丘寿王："说呀，咋不说呢？"

吾丘寿王无话可说，按照五德终始，汉能克秦，具备的应该是土德。高祖刘邦出身于下层平民，不懂五德终始之说，加之匆忙建国，胡乱地承了秦制，尚黑，自称奉了水德，若据实而论，岂不是自打耳光？

司马迁有意地咳嗽一声，大声说道："你吾丘寿王不说，我代你说，汉能代秦，乃是以土克水之故，据此而论，我大汉奉的应是土德，尚黄。我的《太初历》，以正月为岁首，正是秉承了五德终始之说，错在哪里？"

文武群臣再次震惊。

吾丘寿王也为之一震，强压惊惶道："不管你怎么说，我大汉尚黑，奉的是水德，这可是高祖爷定下的规矩！"

司马迁反问道："高祖爷定的规矩就不可变吗？"

吾丘寿王一脸无赖地说道："祖宗之法不可变。"

司马迁又一次反问道："高祖爷时，我大汉对匈奴奉行的是和亲之策，到了当今圣上，改为征服之策，难道说当今圣上改错了吗？"

"这……"吾丘寿王无言以对。

司马迁穷追猛打，再次诘问道："高祖爷时，军队的最高统领是太尉，到了当今圣上，改为大司马大将军，难道说当今圣上又改错了吗？"

吾丘寿王理屈词穷，面如涂蜡。

东方朔长长地出了一口气，以赞许的目光瞅着司马迁。

武帝终于发话了："据此看来，《太初历》并不违背五德终始之说，朕意应当颁行天下。"

"陛下明断，愿陛下万岁，万岁，万万岁！"金銮殿上的文武百官一齐呼道。

武帝正要退朝，当值宫监附耳说道："启奏陛下，赵破奴将军在殿外候旨。"

武帝怔了一怔："赵破奴？赵破奴不是降了匈奴？他见朕做甚？"

第四十五章　枭雄无奈　悲歌千载

赵破奴确实降了匈奴，但不像卫律，甘愿做匈奴走狗。他在匈奴数载，未为匈奴出过一谋，划过一策。匈奴不知从何处得了消息，汉要大举攻伐，心中恐惧，新任单于且鞮侯，将赵破奴召到大帐，好言劝慰道："寡人知道你是一位忠臣，虽说降我，迫于无奈，寡人有心放你归国，不知你意下如何？"

赵破奴且惊且喜，抱拳一揖说道："单于若能放末将归国，此天高地厚之恩，末将没齿难忘。"

且鞮侯道："放你不难，寡人有几句话想让将军转奏汉天子。"

赵破奴道："什么话？"

且鞮侯道："汉天子不知听了何人之言，说我匈奴恨汉入骨，欲要出兵犯边。此乃大谬矣！我乃儿子，怎敢犯汉！汉天子是我丈人行呢。"

赵破奴道："我大汉对待番邦，向来宽宏大量，人不犯我，我不犯人。单于若是实心实意与大汉和好，请赐国书一封。"

且鞮侯道："那是自然。"当即修书一封，交给赵破奴。

武帝接过匈奴来书，仔细读了一遍，见他卑辞有礼，龙颜大喜，特遣中郎将苏武，持节北行，并带去细绢万匹，金钱无数。

武字少卿，为故平陵侯苏建次子，在朝为郎，此次受命出使，也知吉凶难卜，特与母妻亲友诀别，带同副中郎将张胜，属吏常惠，及兵役百余人，出都北去，径抵匈奴。见了且鞮侯单于，传达上意，出赠金帛。且鞮侯单于并非真欲和汉，不过借此缓兵，徐做后图。他见汉朝中计，且有金帛相赠，不由得倨傲起来，将苏武安置在破馆驿内，每饭所食，皆是冷奶冷肉，深冬腊月，帐内连个火也不生，苏武见事不可为，正欲辞匈归国，不料发生了一件反匈事件。

武帝首次北巡，耀兵单于台，遣卫律出责匈奴，时任单于呴犁湖一怒之下，要杀卫律，卫律心中害怕，跪地求饶，拣了一条狗命。因他本是胡人，又善于拍马迎奉，渐得呴犁湖信任，封为广灵王。律有从人虞常，虽然随律降胡，心中甚是不愿。适有浑邪王外甥缑王，前从浑邪王归汉，嗣与赵破奴同没胡中，意与虞常相同，两人遂为知己，意欲劫持新单于且鞮侯的母亲大阏氏一同归汉。凑巧来了副中郎将张胜，此人乃虞常旧友，虞常悄悄地找到张胜说："听说汉天子很恨卫律，我愿意除掉这个汉奸。我的母亲和弟弟都在汉朝，希望我有功后，汉朝能赏赐他们。"张胜志在邀功，不向苏武告知，竟应允了。也该苏武有此一劫，张胜刚刚送走虞常，且鞮侯单于出去打猎，缑王、虞常，以为有机可乘，招集党羽七十余人，即欲发难。偏有一人甘心卖友，竟去报告单于子弟，单于子弟立即兴师兜捕，缑王战死，虞常受擒。且鞮侯单于闻变驰归，令卫律严审此案。张胜这才感到有些害怕，详告苏武，武愕然道："事已到此，怎能免累？我若对簿虏庭，岂非辱国？不如早图自尽罢！"说着，拔出佩剑，横脖子抹去。亏得张胜、常惠把剑夺住，才得无恙。武只望虞常供词，不及张胜，哪知虞常熬刑不过，竟将张胜供出。卫律便将供词录示单于，单于大怒，意欲杀掉汉使。他的左伊秩訾劝阻道："彼若谋害单于，亦不过罪及死刑，今尚不至此，何若赦他一死，迫令投降？"单于点头应允，遣卫律前去追降苏武。

苏武一见卫律前来逼降，便对常惠等人说道："屈节辱命，就使得生，有何面目复归汉朝？"一面说，一面将剑拔出，向颈欲挥。卫律大惊，慌忙抱住苏武手，颈上已着剑锋，流血满身。急得卫律紧抱不放，命左右飞召郎中。郎中赶至，武已昏厥过去。郎中倒有妙术，令律释武置地，掘土为坎，下面放置不起火苗的火，把苏武放在坎上，用脚踩背，使得出血，待到恶血出尽，然后用药敷治，许久苏武方醒转过来。卫律命常惠好生照看苏武，自去返报单于，单于虽为番邦异族，倒也敬重英雄，朝夕遣人问候，但将张胜收系狱中。

经过一个多月的治疗，苏武痊愈，单于又命卫律前来劝降，苏武不从，卫律便借审讯虞常的机会，恐吓、威逼苏武。他当着苏武的面，杀了虞常，又对张胜说道："你是汉朝的使臣，不该参与谋杀单于大臣的事，你应当被处死。不过，单于有令，投降者免死。"说罢，举刀向张胜砍去。张胜贪生怕死，匍匐于地，口称愿降。卫律饶了张胜，回顾苏武道："副使有罪，君应连坐。"

苏武正色回道："本未同谋，又非亲属，何故连坐？"

卫律故伎重演，拿着对待张胜那一套，来对苏武。武冷笑数声："吾已将死置之度外，但愿砍得利索一些！"

卫律见苏武如此，只得把剑收住，和颜悦色说道："苏君气节，令律敬佩。律有一言，奉告苏君。律归降匈奴，受爵为王，拥众数万，马畜满山，富贵如此，苏君今日降，明日也与律相似，何必执拗成性，枉死他乡呢？”

苏武一脸不屑地瞅着卫律，一腔未应。

卫律继续劝道：“君肯因我归降，当与君结为兄弟；若不听我言，恐不能再见我面了。”

苏武忍无可忍，拍案斥律道：“卫律，你本是汉朝臣子，不顾恩义，背主叛亲，甘降夷狄，你有什么面目值得我见？”他顿了顿又道：“单于信任你，让你来裁决人的生死，你不但不平心持正，反欲挑唆两国相斗，坐观成败。你没有想一想，南越杀了汉使，被屠九郡，大宛王杀了汉使，头悬北阙，朝鲜杀了汉使，立时诛灭，现在只有匈奴还幸免。你明知我不肯降胡，多方胁迫，我死不大紧，恐匈奴从此要大祸临头了！”

这一席话，骂得卫律哑口无言，又不好擅杀苏武，只好返报单于。

单于听了卫律之言，对苏武大为赞叹，愈发想让苏武投降。怎样才能让苏武投降呢？他想起一个恶毒的主意，派人将苏武投到一个地窖当中。冰冷的地窖，空荡荡的，没有水，也没有一粒粮食。如果你苏武想吃东西，想活命，就得向我且鞮侯乞求，就得投降。而这正是苏武宁死也不愿去做的。他再度想到了死，但死能是那么容易吗？这里没有剑，没有绳子，没有毒酒……

死来得缓慢而痛苦。一天雪入窖中，足有半尺多厚。苏武吃雪嚼毡，硬是活了二十几天，单于认为苏武有神在暗中相助，便将他押送北海，让他牧羊。这羊全是公的，单于告诉他说：“等这羊产羔生乳那一天，方送你归国。”言外之意，叫他在这里流放一生。可怜苏武独居北海，荒无人烟，整日与羝羊为伴，粮食吃完了，掘野鼠，觅草根，作为食物，生死置之度外。却把汉节紧紧地握在手中，年复一年，日复一日，无论是或卧或起，从不离开，以致使节上的毛穗全掉光了，变成一根光棍。

武帝自遣发苏武后，许久不见复报，料知匈奴必有变故。及探闻消息，怒气冲天，欲要发兵报仇，拨拉来拨拉去，选中了贰师将军李广利，发兵三万，由广利带领，北击匈奴。天山一仗，打得匈奴右贤王丢盔弃甲，斩敌一万余级。李广利趾高气扬，率军南返。谁料，那右贤王竟是一个刚强的汉子，招集残部，仗着地形熟的优势，潜伏到汉军前头，几把汉军全歼。李广利在假司马赵充国的保护下，死战得脱。武帝那个气呀，气得真想狠狠地掴李广利几个耳光。

但他想到了一个人，一个女人，也就是李莲儿。他虽说没有亲口答应莲儿，要好好地照顾她的两个哥哥，但他太爱莲儿了，在他所宠幸的女人中，莲儿称不上最漂亮，但床上的功夫，却是无人可比，于是，便轻轻地挥了挥手。

李广利如遇大赦，慌忙叩了一个响头，退了出去。

望着渐去渐远的李广利，武帝突然想起一员战将，骑都尉李陵。他，他怎么还没有消息？

李广利西征大宛之时，武帝怕匈奴出兵捣乱，命李陵出兵居延。居延是汉朝北部边境的一个军事要塞，在西域都护府建立之前，这里是汉朝版图的最西北角。从地图上看去，万里长城在河西走廊的西部分成两个支线，一线继续向西北方向延伸，直抵西域，其顶端为玉门关，另一线则突然北上，循弱水直抵汉匈边境，其顶端就是居延。因为这里有两个大湖，故又称居延泽。如果把长城和弱水比作伸向大漠深处的脊椎和神经，那么居延泽，就是这条神经顶端的一对眼睛。这对眼睛那么深地嵌入匈奴腹地，比起它东边的武威要深入八百多里。

汉政府为了加强边防和内地的治安管理。在各郡的一些战略或交通要地设立了都尉，驻军镇守。都尉秩比二千石，较之郡太守要低。同时，在中央军中，也设立了各种都尉，如奉车都尉，骑都尉等。居延是张掖都尉的治所，负责统辖张掖一带士兵训练及边境安全。

天汉二年六月，武帝在遣李广利北伐的同时，又派出了三支军队，一支为因杅将军吾丘寿王，一支为强弩都尉路博德。再一支就是李陵。李陵的任务是为李广利押送辎重。这就意味着他只能跟在队伍的最后面，照料那些慢吞吞的粮草队伍。前面的骑兵在拼杀，在立功，而他李陵空有一身武艺，却只能眼睁睁地看着。他越想越不是滋味，星夜驰京，跪倒在金銮殿上，叩头于地："臣指挥的屯边士兵，都是从荆楚之地招募来的勇士和剑客，个个身怀绝技，力能扼虎，射必命中，我愿意自己组成一队，分击匈奴！"

武帝一愣："朕知道将领们都不愿意做别人的辅助，可是朕发兵太多，现在已经没有骑兵派给你了。"

这话李陵信吗？打死他他也不信，不是无骑兵可派，是皇上你对我李陵缺乏信任，不愿意给我一个杀敌的机会。不该呀，我李陵的身世，皇上还能不知道吗？我李陵不只是飞将军的孙子，还熟悉匈奴的情况，有着许多次与匈奴作战的经验。皇上的外甥霍去病，那么高傲，那么不可一世，也不敢不对我李陵刮目相看，将死之时，郑重地将我荐给了皇上。可皇上为什么还不信任我？为什么？这话在李陵喉咙管里打了几个滚儿，没敢说出口来，却是憋得满脸通红。他倔强地说道："陛下说没有骑兵可派，臣不用骑兵。臣不用骑兵就可以和匈奴开战。臣只需带着臣的五千步兵就可以踏破单于王庭！"

他这话有些狂傲，要知道，在沙漠中与匈奴作战，决定胜负的是骑兵，不是步兵。你李陵并非不知，还要说出这些不知高低的话来，皇上能饶得了你？谁料，汉武帝听了李陵的话，不但不怒，反而暗自嘉许，猛地朝御案上拍了一掌，高声说道："朕准卿之所奏。卿可自率荆楚壮士，九月出发，朕命路博德半路接应。"

李陵叩首而退，面见博德，自言上谕，博德不置可否。等李陵一走，他立马拟奏折一道，直达武帝。言道："现当秋令，匈奴马肥，未可轻战，不如使陵缓进，待至明春，出兵未迟。"

武帝览奏之后，还道李陵自悔前言，暗教路博德代为劝阻，心中十分不快。恰在这时，西河警报迭至，言说匈奴发兵两万，欲攻西河，武帝未加多想，便遣博德军开西河，以备匈奴。至于李陵，仍命他孤军北伐，倒要看一看他这五千步兵，是如何踏破匈奴王庭。

这一赌气不打紧，把李陵的五千汉兵，几乎全部喂了匈奴。

天汉二年九月初一，李陵率五千荆楚壮士，北出居延，向匈奴腹地纵深挺进。三十多天后，到达东浚稽山扎营。途中未遇一敌，不过将山川形势，展览一周，绘图加说，使骑士陈步乐，回长安奏闻。步乐见了武帝，将图呈上，且言陵能得志，武帝转怒为喜，赞道："好一个李陵，无愧飞将军矣！"

心中一喜，便产生了惜才之意，降旨两道：委陈步乐为中郎；命陈步乐返归陵营，召他还兵。陈步乐奉旨之后，马不停蹄，赶至居延，撞上一群散卒，足有四百余人，一个个丢盔卸甲，狼狈不堪，见了步乐哭拜马下。

步乐惊问道："你们这是怎么了？"

溃卒回道："败了。"

步乐问道："败了？怎么败的？"

溃卒道："一言难尽。"

就在陈步乐离开陵营的第二天，也就是天汉二年十月初三清晨，不知从何处钻出来三万匈奴骑兵，呐喊着朝汉军冲来。李陵急忙召集汉军，据险立营，先令弓箭手射往敌阵，千弩齐发，匈奴前驱，多半倒毙。陵驱兵杀出，击退众虏，斩首数千级，方收兵南还。不料，且鞮侯单于率兵赶来，足有十万之众，且尽为骑兵。李陵且战且走，大小数百战，杀死敌兵六千多名。匈奴自恃兵众，紧追不舍。陵引兵至大泽中，地多葭苇，被匈奴兵从后纵火，一时间烈焰腾腾，四面燃烧过来，汉军大惊。李陵观察一阵，命士兵先烧葭苇，免得延燃，慢慢退出大泽，南走山下。且鞮侯单于纵兵杀来，陵拼死再战，步斗林木间，又杀敌数千人。且发连臂弓射单于。单于惊走，顾语左右道："这是汉朝精兵，连战不疲，日夕引我南下，莫非另有埋伏不成？"左右谓单于道："我兵十万，追击汉军五千，若不能消灭，愈发令汉人轻视。况前边尚多山谷，等到了平原，仍不能胜，方可回兵。"单于以为然，复领兵追赶。陵且战且走，又杀敌三千。且鞮侯心中发怵，正欲退兵，适有汉军军候管敢，因违纪受校尉韩延年笞责，心中怨恨，竟去投降匈奴，报称汉兵并无后援，矢已将尽，只有李将军麾下，及校尉韩延年部曲五千人，若用精骑驰射，必破无疑。

听了管敢之言，单于仰天大笑道："天助我也！"当即选精骑八千，各持弓矢，绕出汉兵前面，遮道击射。并齐声大呼道："李陵、韩延年速降！"陵正入谷中，匈奴兵满布山上，四面聚射，箭如飞蝗。陵与延年驱军急走，见后面匈奴兵力追，只好发箭还射，且射且行。将到鞮汗山，五十万支箭射尽，敌尚未退。陵不禁叹息道："败了，死了！"乃检点士卒，尚有三千余人，唯手中各剩空弓，如何拒敌？随军尚有许多车辆，索性砍破车轮，截取车轴，充作兵器。此外，唯有短刀，并皆执着，奔入鞮汗山谷。匈奴兵又复追上，上山抛石，堵住前面谷口。天色已晚，汉军多被击死，不能前进，只能在谷中暂驻。陵穿着便衣，只身出望，不令左右随行，慨然说道："大丈夫当单身往取单于！"话虽如此，但一出营外，便见前后上下，统是敌人帐篷，自忖无从杀出，返身长叹道："此番真要败死了！"

是时，韩延年在侧，躬身劝道："将军以少击众，威震匈奴，目下天命不遂，何妨暂寻生路，将来还是可以设法回去的。试想浞野侯赵破奴，为虏所得，后来逃了回去，皇上仍然优待他，何况将军你呢？"

李陵心中一震，苦笑道："你不要多说，事到如今，我不战死，如何得为壮士？"

说毕，环视四周，长叹一声，复又说道："如果我们每人此刻手中有几十支箭，就完全可以脱险了。可是我们现在手无兵器，就只能眼睁睁地束手就擒。既然大家不愿去死，倒不如就此分散，各奔东西，若有人活着回去，可把我们的军情，详报天子。"

沉默，死一般的沉默。

李陵将手一挥，果断地说道："斩断所有旗帜，和财物一起掩埋起来。把剩余的干粮和冰块全分了。每人三斤干粮，一块冰。但愿这些东西能帮助你们活着回到居延泽。"

一个士兵低声抽泣起来。

岂止一个，几乎所有的士兵都抽泣起来。

李陵继续说道："不管是谁，假如他能活着回到大汉，我希望他不要忘了告诉人们，这里发生的一切。我们是如何和十万匈奴人作战的，那些士兵是如何死的！"

……

山峰无语。峡谷无语。黑夜无语。除了风之外，一切都在沉默中，一切都在沉默中进行。伤痕累累的旌旗被砍断了，落进士兵们刚刚用双手挖出的土坑里。

李陵率先跳上坐骑，继之是韩延年，再者是二十几个士兵，这些士兵都是李陵的心腹。

没有鼓声，那面曾经怒吼着催促他们冲锋和战斗的鼓，早已千疮百孔，喑哑无声。

李陵一马当先，杀出谷口。

杀出谷口又怎么样呢？遍地都是匈奴兵，他们引弓以待，面带敬畏和得意地瞅着他。

他们完全可以放箭。莫说一个李陵，就是十个、百个李陵，顷刻间便会变成一群刺猬。

李陵明白，这些匈奴兵并非无箭，也不是不会放箭，乃是想捉活的。他轻叹一声，举目前望，目光落在一杆飘扬的旗帜下面，那下面有一匈奴首领，骑在一匹大白马上，一脸笑意地瞅着他。

这不是且鞮侯单于么？

这人正是且鞮侯单于，他轻轻抬了抬手，围困的人墙，向里逼近了一步。

不止一步，是十数步。

不，我不能就这样被他们擒住！李陵猛然拔出腰间的长剑。

然而，还没等他把剑举起来，一支飞来的弓箭便射中了他的手腕，剑应声落地。

鲜血从手腕滴落，他用一只手狠狠拔出了那支箭，又挣扎着去摸腿上的绑带，那里插着一把匕首。他哆嗦着手举起了匕首。

这时，且鞮侯开了腔："李将军，如果你执意要死，本王将杀掉你手下所有被俘的士兵。"

李陵心头一震，这些士兵，全是他的心腹，比亲兄弟还亲，他不为自己，也该为他们考虑考虑。

他的手停住了。

风也停住了。

匕首从李陵手中掉落，这一次，它是自己落下去的。

悲乎惜乎，空有乃祖之勇，却无乃祖之节，一代枭将，就这么降了匈奴。

武帝并不知李陵降了匈奴，他只知李陵遣散了士兵，立下了必死的决心，这话是陈步乐说的。于是产生了一个奇特的想法，李陵死了没有，他应该死了！

当李陵投降匈奴的消息传到京都，武帝着实吃了一惊，他是应该死的，怎么没有死？

继之一脸的愤怒，当即降旨一道，将李陵的家人拘捕下狱。恨犹未解，翌日早朝，他不只将李陵生降的消息公布于众，还愤愤然说道："众位爱卿，你们倒是说说，这李陵究竟是什么东西？"

一阵骚动过后，便是无言的沉默。

其实，大家心里都很明白，李陵只有区区五千步兵，孤军深入敌后，行程超过李广利。不只李广利，连吾丘寿王和路博德也远远地被他甩在了后边。他几乎牵制了匈奴单于的全部军事力量，斩杀的敌军数目，是自己部队的三倍多，跟贰师将军、吾丘寿王和路博德相比，李陵的功劳，远远大于他的过失，况且，李陵身陷绝境，最后被俘，他投降的真实动机现在根本没搞清楚……

可是，事情的另一方面，大家也都明白，自古官场险恶。那李陵当殿请缨时，便已违抗圣命不肯做贰师将军李广利的后队，而李广利乃皇上宠妃李夫人之兄，皇上心中必然不乐。现在李陵已背汉降胡，皇上虽然没有说出自己的态度，但其神色已一目了然，如此一来，谁还敢替李陵说话？

然而，沉默是短暂的。因为作为人臣，当君主发问时，不回答是不行的，并且短暂的权衡后，他们已有了回答的思路。于是，表达心迹的大臣便争先恐后说了起来。

"启奏陛下，李陵祖上原本陇西莽夫，身受皇上隆恩才位居国将，被委以重任出兵打仗，没想到竟做出如此之事，真是罪该万死！”这话是贰师将军李广利说的。

“启奏陛下，李陵身为汉臣，报国不成便该自裁，舍生取义，如何能做出如此贪生怕死的勾当来？”这话是丞相公孙贺说的。

“启奏陛下，我原以为李陵是个大义凛然的伟丈夫，不料却是个小人！”这话是因杅将军吾丘寿王说的。

“启奏陛下，李陵祖父李广，纵有飞将军的空名，不也是最后落了个失道当斩的下场嘛。可见家传如此，不可委以重任。”这话是强弩将军路博德说的。

“启奏陛下，李陵之罪，罪恶昭彰，陛下当明确法纪，严惩才是。”这话是协律都尉李延年说的。

“启奏陛下，李陵之降，千刀万剐也不为过。因为这是我大汉的奇耻大辱！”这话是绣衣使者江充说的。

……

一个谒者走上前来：“禀皇上，中郎陈步乐畏罪自杀。”

满庭寂静。

武帝淡淡说道：“朕知道了。”他将目光自众臣脸上一一扫过：“诸位爱卿，陈步乐已经畏罪自杀，李陵该当何处？”

朝臣异口同声回道：“应当灭其九族！”

武帝满意地点了点头，忽见殿角还有两人，一为东方朔，一为司马迁，低头侍立，对李陵之事不着一词，仿佛心事重重的样子。武帝甚为不快，沉声问道：“东方先生，你以为李陵降胡之事该当何处？”

“阿嚏！”东方朔打了一个喷嚏说道：“启奏陛下，臣要出恭。”

若照往日，必定引来一阵哄堂大笑。今日不然，朝臣一个个表情肃然，正襟而立。

武帝摆了摆手，将脸转向司马迁：“太史令，你也是一言未发，朕想听一听你对李陵降胡一事的看法。”

到了此时，司马迁不能不说话了。

他走出班列，朝武帝深深鞠了一躬：“启奏陛下，既然陛下不弃臣下卑微，那么臣下就斗胆进一次外廷末议吧。但是恐怕臣的看法和诸位同僚不尽相同。如果臣下所说有什么谬误之处，还望各位和皇上多多包涵。”

武帝心中有点预感，他略显不悦地说道：“你说吧，朕倒要听听。”

司马迁清了清嗓子说道：“臣和李陵并不是至交。我们平素没有一起喝过酒，没有共同的志趣，也谈不上什么友谊。但据臣观察，这个人对老母极为孝顺，对人诚恳诚实，见财不眼红，取予都很有道理，谦虚谨慎，甘居人下，绝非见利忘义的小人。而且，他还随时准备为国献身赴难，因此在臣看来，他平时的操行修养，实有国士之风。现在就是这样一个人，不幸遭到兵败，那些待在战场之外，保全了自己的妻子儿女的人，却随声附和，夸大他的过失，实在令人痛心！”

武帝的脸色变得难看起来，司马迁全然不顾，侃侃而谈道：“况且，李陵率领的是不满五千的步兵，却深入到匈奴后方，挫败匈奴三万铁骑，使单于顾不得救死扶伤，调动十万兵马来围攻李陵。李陵垂饵虎口，横挑强胡，与单于连战十余日，辗转千里，杀敌之多，早已超过他所能做到的极限。就是古代名将也不过如此！”

至此，武帝仍不答言，脸色却完全阴沉下来，空气骤然紧张，巨大的未央宫里，刹那间寂静得掉根针也能听见。

有人为司马迁捏把汗，有人露出轻蔑表情，好像在说，一个小小的太史令，朝廷上哪有你发言的分儿？你竟然讲了这么多，且句句与皇上相忤，怕是活得不耐烦了吧！

司马迁也感觉到了危险在向他逼近，可是他在想就算天底下的人都在撒谎，做史官的决不能撒谎。见皇上不语，他继续说道：“现在，李陵虽然战败，身陷匈奴，但他不愿白白死去，想必还是想找适当的时机报效汉朝的。而他杀敌无数，功勋卓著，据臣看来，早已足以昭示天下了！”

“放肆！”武帝一拍御案站了起来。

他又坐了下去，铁青着脸说道：“朕知道李陵杀伤了不少匈奴人。”他冷笑道，“但这难道就能成为他兵败投敌的借口吗？那么那些同样杀伤大量敌人的将领呢？那些伤痕累累仍能突破重围回到汉朝的将领呢？他们难道没有功劳吗？他们难道不是功勋卓著？朕从未见过，有谁胆敢在大殿之上，在朕面前为一个可耻的降将大唱赞歌，简直是混淆是非，颠倒黑白，还不给朕跪下！”

听了这话，司马迁不得不跪了下去，但心中仍是有些愤愤不平，什么杀伤了大量敌人？什么伤痕累累？李广利不是，吾丘寿王、路博德更不是，他们受命之后，东西游弋了一阵，见李广利兵败，忙不迭地收兵回朝，这些人早就该杀，何来功勋可言？武帝见司马迁的嘴唇嗫动了一下，知他心中不服，厉声斥道："你还想为李陵辩护吗?"

司马迁本来就是一个倔汉子，听他这么一问，倔劲儿上来了，高声回道："回陛下，臣不敢为李陵辩护，但臣觉着，李陵之败，固然责在李陵，但贰师将军、因杅将军和强弩都尉也有着不可推卸的责任!"

此言一出，金殿上又发生了一阵不小的骚动，李广利欲要上前辩驳，似有人拽他袖子，扭头一看，见是江充。江充小声说道："将军不必着急。"李广利感激地点了点头，移目武帝。

武帝阴沉着脸，沉声问道："请你把话说明白一点。"

司马迁也豁出去了，一字一顿地说道："李陵孤军深入匈奴腹地，与二十倍于己的匈奴主力苦战了十七八天，没见一兵一卒的救兵。甚至李陵最后失败的地点，离边塞只有一百余里，一支骑兵赶到那里，不需半天路程。然而，没有一兵一卒……"

武帝的脸涨得通红，正要发作，江充大喝一声："大胆司马迁，你竟敢诽谤功臣名将，罪当千刀万剐!"说毕，面对武帝，撩袍而跪："启奏陛下，司马迁乃李陵同党，不杀不足以平民愤，请陛下圣裁!"

武帝何尝不想杀司马迁?司马迁的话，看似对着李广利、吾丘寿王、路博德他们，实是影射自己。李陵这个将领，不是我原先选定的，是他自己强要出头，才有今日之祸。至于救兵嘛，自己压根儿就没有打算给他派。你司马迁指责李广利，实是指责我，我何时受过这种指责?他愈想愈气，大声吼道："来人，将司马迁打入死牢!"

立马冲上来四个武士，将司马迁绳捆索绑，押下金殿。

第四十六章　舍生忘死　秉笔春秋

司马迁入狱之后，前来探监的只有两个人：东方朔和任安。任安是他儿时好友，现正做着益州刺史，也是一副热心肠，上下为司马迁打点，使他免去了不少皮肉之苦。东方朔则为他弄来了竹简和笔墨，使他得以继续从事《太史公书》的写作。

《太史公书》是一部浩瀚巨著，上溯远古，下迄当今，内分十二本纪、十表、八书、三十世家、七十列传，共一百三十卷，煌煌近百万言。此书的创意，来自司马谈，并搜集了上千万字的资料，司马迁接任太史令后，继续从事资料的搜集工作，去伪存真，去粗取精，于太初三年开始写作，现已写到《苏秦列传》。

当他的狼毫笔在竹简上沙沙作响的时候，牢门洞开，李延年带着一群狱卒来到了牢房。狱卒们打着灯笼，使这间牢房第一次这么明亮，刺得司马迁闭上眼睛不敢睁开，也不想睁开。狱卒们还端来了一席色香味俱佳的酒菜，飘动的热气和香味在牢房内环绕。

灯和菜摆好后，狱卒们出去了，房内只剩下了李延年和司马迁。司马迁始终端坐于墙角，闭着眼睛，房内所发生的一切似乎与他无关。

李延年轻盈盈地走向司马迁，满脸堆笑道："太史公，您受委屈了！"

见司马迁不理会他，干咳一声说道："我知道你一向看不起我，看不起我们这些内官。可我们舍身入宫，是有不得已的苦衷！"说到这里，竟然挤出几滴眼泪。

他擦了一把泪脸说道："不管你是否看得起我，我对你的为人，是由衷地敬仰的。你一生心地善良，做事光明磊落，又才华横溢。作为史家，你不畏权势，秉笔直书，人称董狐之笔。一年前那件事，你也是本着一腔热血，为李陵说了些别人不敢说的话。大人的才学，我很佩服，大人的人品，也令我感动。今晚特备几个小菜，为太史令大人浇浇愁肠。来，请大人赏个脸，我陪你畅饮三樽。"

司马迁眼也未睁回道："谢谢都尉大人，我这几日肠胃不好，不能进食腥荦。况且，我如今喉咙干燥，滴酒不沾。李大人，这牢狱之地，不敢屈您的尊驾，请赶快离开这污秽是非之地吧！”

他虽说下了逐客令，李延年仍是赖着不走，嘿嘿一笑说道：“看司马大人把话说到哪里去了？这地方，您能来，我李延年何等人也，敢说什么屈尊秽驾，我是真心敬仰大人才来的呢！大人，您写的《太史公书》，皇上已经阅过了。”

司马迁忽地睁开眼睛，急切切地反问道：“皇上阅过了？”

《太史公书》，也就是我们现在所读到的《史记》，乃是司马迁父子两代的精血所聚，他可以不要自己的性命，不能不要这套书。他入狱以后，家产被抄，当然也包括这部写了一半的书，所幸，屋中还留了一个副本，被妻子女儿秘密地保存下来。尽管这样，他对《太史公书》的命运还是很关心的，万一，江充他们把它毁掉了怎么办？看来这部书江充没敢毁，但落到皇上手中，也不是好兆头……

司马迁正想着心事，只听李延年继续说道：“皇上读了大人的《太史公书》之后，很是赞扬了一番。”他轻轻拍了拍头说道：“说什么来着？噢，想起来了，皇上说您这部《太史公书》，乃是无韵之《离骚》！”

司马迁心头一喜，暗道了一声谢天谢地！

“不过……”

一听到不过二字，司马迁心头一紧，皇上，皇上难道对此书不大满意？

李延年就像他肚中蛔虫，轻轻颔首道：“皇上确实对《太史公书》不大满意，比如《孝景本纪》那篇，皇上对开头那段就很不满意。”

开头说什么来着？司马迁微闭二目，极力回忆着，并小声诵道：“孝景皇帝者，孝文之中子也。母窦太后。孝文在代时，前后有三男，及窦太后得幸，前后死，及三子更死，故孝景得立。”

延年双掌一拍道：“对，就是这一段。孝景皇帝乃当今圣上的父亲，尽管你说的没错，可事是死的，人是活的，这段家史你就是不改也完全可以略而隐之嘛！照你这个说法，要是窦太后不得幸，三个异母兄弟不死去，孝景不就当不了皇太子吗？还有《项羽本纪》上高祖对项羽说的那段话，就是‘吾与项羽均北面受命怀王，曰：约为兄弟，吾翁即尔翁，必欲烹尔翁，则幸分我一杯羹’那段，圣上也说要你删去，看皇上的意思，你笔下委婉一些，他还不至于要对你处以极刑，以后，你照旧还当你的太史令。另外呢……”

又一个转折，司马迁不动声色，听他继续放屁。

“另外，我李延年与大人毕竟同僚多年，虽然交往不多，彼此无冤无仇，恳请大人将我的名字从《佞幸传》中剔去，即使不能剔去，也请您加以修改，最好美言几句，鄙人必将感激不尽，在皇上面前，倾力为您美言开脱……”

司马迁实在忍耐不住，冷笑一声，打断了李延年的话：“李大人，写史讲一个真字，提倡的是秉笔直书，本朝除韩嫣之外，能得到皇上如此宠爱的，舍你无复他人，称你为一个佞臣，再恰当不过了，岂能轻易删去？至于美言几句嘛，那叫篡改历史，迁更不敢从命。”

李延年见求情无望，也变了脸皮，恐吓道：“你别迂腐，我在皇上眼中的地位你也清楚，说你几句坏话可比害眼厉害得多。孰得孰失，请你好好斟酌一下！”

司马迁铿锵地说道：“我不需斟酌，大不了一死。人固有一死，或重于泰山，或轻于鸿毛，为修史而死，虽死犹荣！”

“好，你敬酒不吃吃罚酒，不知厉害，不怕酷刑，走着瞧吧！”

李延年摔门而去。

他见了武帝，少不得将司马迁恶毒地攻击了一番。孰料，武帝的心情已经平静下来，对于李陵事件，正在反思，岂能听他谗言？

武帝是一个暴君，但不是一个昏君，至少说还不完全是。司马迁入狱后，北边要塞不断有报传来，说匈奴骑兵骚扰我边境地区，尽管没有大规模进攻，但这种来无踪、去无影的侵扰更让人觉得难缠。要塞驻防的汉将纷纷要求朝廷出兵教训教训匈奴。

出兵教训匈奴？武帝又何尝不想？可是，派谁？出多少兵？能打胜吗？军需供给从哪出？……今非昔比了。

想到打匈奴，自然想到了那以五千挡十万的猛将李陵。李陵的案子已经过去一年多了，太史令司马迁也被关进监牢一年多了，至今也定不出一个罪名。司马迁是他亲自下令关进大狱的，身为皇上，他需要一言九鼎，绝不可以自己反悔。可是，当他一个人静下来想这事的时候，便常有一种愧疚的感情涌上心头，挥之不去。那李陵和司马迁，一武一文，是大汉当今不可多得的人才，如果他们真的有罪，惩处他们当然不足惋惜，可是，平心而论，他们罪在哪里？……细细想来，当初并不是没有富余的兵力派给李陵，路博德这老家伙不愿做后应，也心生奸诈去坑李陵。李陵陷入绝境时，路博德和李广利又迟迟不发援兵，李陵是明明派人去求过援的，没有援兵，孤军血战，敌众我寡，深入敌后……皇上的安排就没有失误吗？这不明摆着是置李陵于死地吗？说他已投降了，可后来得知，这一消息是听一个匈奴人讲的，匈奴人的话可靠吗？事情过去将近两年了，还没有李陵的任何消息，如果他真降了，这样的虎将，怎会默默无闻？——武帝越想越心虚，越想越内疚……只见他突然睁大了眼睛，又闪现出他那惯常的处事果断、临变不惊的风采，喊道：“郝秋！”

郝秋跑步而入：“奴才在。”

“传旨，重葬中郎陈步乐，并为其竖一巨碑！”

“遵旨！”郝秋正要下殿传旨，又被武帝喊住：“还有，犒赏从匈奴逃回来的原李陵部下的四百余将校步卒。”

看着郝秋走下金殿，武帝的心情轻松了不少，再想起李陵时，便少了些许负疚。至于李陵本人，如果他真的没有投降，一定要想办法把他救回来。

如何救回李陵，他一连设想了几个方案，又自个儿推翻。

战争，只有战争，除此以外别无良方。

五天以后，他向匈奴发起了一次大规模的战争。此战出动兵马近三十万，共分四路，分别由贰师将军李广利、强弩都尉路博德、游击将军韩说、因杅将军吾丘寿王率领。四将辞别武帝时，武帝独将吾丘寿王留下，悄悄对他说道：“李陵是一个难得的将才，当年败没，确有难言之隐。你若能深入匈奴迎他回来，朕给你记一大功！”

吾丘寿王拍着胸脯说道：“臣一定不辱使命。”

李广利率六万骑兵、七万步兵，由朔方出发进入匈奴，路博德率一万余人作为后应。余吾水一仗，广利损兵折将，若非路博德率兵赶来，几将全军覆没，心中害怕，班师回朝。

韩说率步兵六万，由五原出发，带着粮草辎重，雄心勃勃地奔到塞外兜了老大一圈子，连一个胡人的影子都没见到，没奈何，只得班师南归。

吾丘寿王出雁门关不久，撞上了匈奴右贤王，三战皆北，莫说迎接李陵，就是想抓到一个匈奴兵打听一下消息也不可能。可这样回去又怕皇上怪罪，恰在这时，一支商旅同向而行，而这支商旅是从匈奴返回的。吾丘寿王灵机一动，欲知山中事，须问打柴人，我何不向商旅打探一下有关李陵的消息？

商旅中果然有人知道李陵的消息。不，不是李陵，是李都尉，商旅说，他们在匈奴曾听说有个叫李都尉的，是从汉朝投降过来的，这人很受单于器重，他正在给匈奴练兵。吾丘寿王想，这李都尉，很可能就是都尉李陵，是与不是，现在也没办法进一步查实。

四路兵马回朝后，一一向武帝汇报了自己的战况，虽说掩去了战败的事实，但出动这么多兵马，劳而无功，武帝心中自然有些不大高兴。

他想到了卫青，想起了霍去病和李广，还有那个以五千挡十万的猛将李陵，这几位将军，任挑一位，比之古代那些名将，毫不逊色。遗憾的是，卫青死了，霍去病、李广也死了。李陵虽说没死，却是身陷匈奴。

说到匈奴，他突然想起自己给吾丘寿王下的那道特殊使命，移目问道："因杅将军，此番出征，可否听到李陵这厮的消息？"

吾丘寿王料到皇上必要有此一问，早就想好了对策。他不敢将消息的来源据实而奏，怕皇上说他无能。他说道："臣遵旨去迎李陵，半道上抓到一个匈奴兵，还是一个小头目呢！这头目说李陵已降匈奴，单于对他十分宠信，他也甘愿为单于效力，替单于训练士卒，使匈奴兵的作战能力跃了几个台阶，正因为如此，臣和各位将军，才不敢深入胡人之中。"

武帝愈听愈气，切齿说道："传旨，夷李陵三族！"

可怜李家世代忠烈，竟落得如此结局！

夷过李陵三族之后，武帝余怒未消，他想起了百般为李陵开罪的司马迁，降旨一道："咨尔司马迁，廷议大胆妄言，为叛臣李陵开脱，蓄意影射贰师将军，罪涉诬罔，处腰斩之刑，钦此！"

汉时处决死犯，全在秋后，在坐等行刑的日子里，司马迁并没有忘记他的史书，他知道自己的时日已经不多了，通宵达旦地写作，累得吐血。

这一日深夜，司马迁写完《刺客列传》，困意袭来，伏在案上小憩。突然听到有人低声叫道："子长弟醒醒！"

子长？入狱二年多来，叫我子长的只有两个人，一个是任安，一个是东方朔，但他们探监皆在白天，不可能深更半夜来看我，这是谁呢？他猛然睁开双眼，不由吃了一惊，啊，蒙面人！他差点叫出声来。

蒙面人小声说道："子长弟不必惊怕，我是你郭解兄。"

司马迁暗道了一声惭愧，应该想到他是郭解，除了郭解之外，谁敢有这个胆量和皇上做对，前来劫狱，谁又能有这等本事，闯进皇家监狱？两行热泪夺眶而出。

郭解劝道："贤弟莫哭，我这就救你出狱。"一边说一边弯腰去除司马迁脚上的铁链。

司马迁连连摆手道："郭兄不必造次，小弟不打算逃命。"

郭解一脸诧异道："为什么？难道怕连累我郭解吗？"

司马迁道："也不全是。"

"那到底为了什么？"

"我的《太史公书》已经写了一半多了，我若是这么一逃，成了钦犯，书还怎么写？"

郭解道："怎么不能写？我把你带到一个极为隐蔽的地方，你还照样写你的《太史公书》。"

司马迁连连摇头道："非也，即使你把小弟带到一个极为隐蔽的地方，这书也无法写。"

"为什么？"

"资料呢？"司马迁朝屋角一指，"你救得了我司马迁的性命，救不了这些资料。没有这些资料，如何写书？俗话不俗，'巧媳妇难为无米之炊'。"

郭解满面困惑道："难道说写书比命还重要？"

司马迁重重地点了点头。

郭解欲待再劝，猛听得外面有多人大声喊道："莫走了劫狱的强盗！"

郭解大惊，朝牢门外望去，只见火光照耀得透亮，但他虽惊慌，却仍舍不得丢下司马迁就走。还是司马迁催他道："快走，你死在这里无益。你让我把书写完，比救了我还好。"话没说完，牢门已被人堵住了。

原来，郭解寻到司马迁这间牢房的时候，看守司马迁的禁卒，凑巧拉屎去了，回来走进牢房，就听得牢里有人说话，知道是劫狱的来了。狱卒一个人胆小，不敢声张，悄悄地退出来，报知狱头，吓得狱头屁滚尿流，火速传齐守狱的兵卒，前来捉拿郭解。郭解见司马迁无逃命之意，也不好勉强，道了声贤弟保重，掣出背上单刀，大呼一声："我乃郭解，挡我者死！"冲出牢门。那些兵卒，谁人没有听说过天下第一侠的大名？况且又没多大的能力，见了郭解那把雪亮的单刀舞动起来，映着火光，照得各人眼花缭乱，躲闪唯恐不及，谁还敢上前阻拦？郭解冲到空处，一跃上了房檐，更无人能上房追赶，得以顺利逃脱。

狱头见走了郭解，加意防范，好不容易等到天明，立马去报告廷尉。廷尉也觉着事态重大，将此事直达朝庭。

武帝听了廷尉的报告，着实吃了一惊，好家伙，郭解劫狱竟劫到京城来了，这还了得？当即传旨一道，通缉郭解，有抓到郭解者，赏三千金。

司马迁呢？

从当时的情况看，司马迁只要愿意，逃跑绝对没有问题，而他甘愿坐牢，可见是一个正人君子！像这样的人，在大汉并不多，特别是他的文才，当今天下无人能比，杀之，确实可惜。不杀呢，自己明明下诏，要将他处以腰斩之刑，如何向天下人交代？难呐！

正当武帝骑虎难下之时，廷尉杜周商同桑弘羊拟了一道新法令，判处死罪的人可以改判不死，其条件是，或者交纳五十万钱赎金，或者受腐刑。

武帝二目猛地一亮，这法令如果得以实施，司马迁只需交纳五十万钱便可保住性命，当即道了一声准字。谁料，司马迁一贫如洗，东拼西凑，凑了还不到五万钱。东方朔倒也慷慨，倾其所有，送来了十五万。任安呢，任安不算太富，也不算太穷，凑个二三十万，想来也不成问题，可他远在益州任上，远水解不了近渴。

三天，一晃便过去了。司马迁的夫人，哭着来到大牢，满面泪水地对司马迁说道："云儿他爹，我对不住您。五十万呀，要命的五十万呀！"一边说一边号啕大哭起来。

云儿，是可马迁的长女司马云。

司马迁一边为夫人拭泪，一边劝道："夫人不必哭，大不了一死，二十年后又是一条好汉。"

他这一说，夫人哭得更痛了："不，您不能死，妾和云儿不要您死！"

他轻叹一声说道："不死倒也可以，只是怕要辱没祖先了！"

夫人闻言一喜："什么法子可以使您不死？"

"我……你容为夫好好想想。"

夫人不便再问。但她已经隐隐约约意识到了，难道他，他要受腐刑?!

司马迁从夫人的眼神中读出了她的担心，苦笑一声说道："咱出不起赎金，又想写书，除了受腐刑之外，还能有什么更好的法子？"

尽管夫人已经隐隐猜中，但这话从司马迁口中说出，仍是吃了一惊，脱口说道："不，您不能受腐刑，您在写到《佞幸列传》时，亲口对妾说过，'太上不辱先，其次不辱身，其次不辱理色，其次不辱辞令，其次诎体受辱，其次易服受辱，其次关木索被捶楚受辱，其次剔毛发婴金铁受辱，其次毁肌肤断肢体受辱，最下腐刑，极矣！'"

话已出口，司马夫人又有些后悔了，这不是逼着自己的丈夫去死吗？她以忐忑不安的眼神瞅着司马迁。

司马迁长叹一声说道："夫人说得极是，作史的人，本就该把生死置之度外，并且我已经受了那么多的痛苦折磨，其实，离死并不远了，还是死了好。”

司马夫人翕动着嘴唇，许久说不出话来。

她好生后悔，是自己把男人逼上了死路，她想劝他，这话又不知从何说起。想着想着，两行热泪便夺眶而出。司马迁反过来安慰她道：“云儿她娘，你不必难受，我记得我跟你说过这么一句话，‘人固有一死，或重于泰山，或轻于鸿毛’。为夫是为进谏而死，死于社稷，重于泰山，你应该感到高兴才是！”

司马夫人终于哭出声来：“云儿她爹，我不要你死，今晚才是最后的时限，我再多走几处，无论如何也要弄钱把你赎出来！”

她走了，头也不回地走了。

她一连去了六家，依然两手空空。

正当她几乎绝望之时，杜周来了，杜周乃是当朝廷尉，又是她的同乡，自小对她十分爱慕，他言道，只要她愿意和他上床，他借她三十万赎金。她横了横心，随他来到杜府，满足了他那卑鄙的要求，谁知，那杜周得寸进尺，竟要她做自己的小妾，不如此，半文钱也不肯出。她又羞又愤，碰死在杜周家中。

司马迁在狱中左等右等，不见爱妻前来送饭，伏在书案上假寐，蒙眬之中，一个双鬓斑白的老者向他走来，他举目一瞅，乃是老父到了，忙上前叩头问安。老父绷着脸道：“迁儿，我听说你选择了死？”司马迁轻轻点了点头。老者道：“人世上死是最容易的事情，只有懦夫才会这样做。”司马迁道：“孩儿不是一般的死，是为进谏而死，孩儿的死重于泰山。”老者道：“进谏而死就重于泰山了吗？否！你眼下的责任不是去死，是如何把《太史公书》写下去，传之千秋万代！”司马迁将老者的话默念了一遍，只听老者继续说道：“迁儿，你不能就这么去死，你要活下去，要忍受人世间最大的痛苦活下去！古往今来，有多少人为了某一认定的事业隐忍苟活啊！迁儿不闻，孔子困厄而作《春秋》，屈原被放逐乃赋《离骚》，左丘失明方有《国语》，孙子断足愤书兵法。再看看西伯、李斯、韩信、周勃等人，哪一个没有受过人身侮辱？临难一死，固然爽快，忍辱，更加英勇。只要活着为了理想，为了战斗，就是一生屈辱，又算得了什么？”

司马迁忽地直起身子，自言自语道：“我不能就这么去死，我要生！”

他果然没有死。

从监狱出来，他尽管丧失了一些做男人的基本特征：阳物没有了，胡子没有了，说起话来尖声尖气。但却变得更加坚强，更加自信，也更像一个男子汉。

他把自己关进屋子里，没日没夜地写作，对古往今来的帝王将相、贵妃夫人，忠奸善恶者，进行褒贬，进行鞭挞。写到心酸处，抽泣不已，热泪打湿了竹简；写到愤怒时，举拳砸案；写到快意时，发出一阵阵笑声。

经过一年多的拼搏，书脱稿了，他自己改了一遍，又请东方朔改了一遍。其实，东方朔什么也没改，只是建议他将书易名《史记》，他欣然接受了。书成之后，抱石投江。东方朔亲往祭奠，守墓三月，挂印归里。

这期间，朝廷发生了几件大事，最大的莫过于巫蛊之祸。

说起巫蛊之祸，还得从江充说起。

这一日，江充正在甘泉宫外巡察，发现一辆马车竟敢在武帝专用的驿道上驰行，按照汉津，这是犯上行为。江充立马将马车喝住，仔细盘问起来，却原是太子刘据的家使，奉命去甘泉宫，向皇上请安。江充素来看不起太子，便将家使抓了起来。太子据得知此信，慌忙遣人说情叫充不可上奏。偏充置之不理，竟去报告武帝。武帝喜说道：“人臣应该如此！”遂迁升充为水衡都尉。

江充超迁之后，见武帝年届六旬，恐晏驾之后，太子登基，找他复仇，便要设法陷害太子。一来太子为人谨慎，二来皇后健在，三因公孙贺父子、卫伉等一班人员拱卫着太子，一时难以下手。也是合该皇后失宠，武帝出巡河间，见天空弥漫着一股青紫气，询之方士，方士曰：“青紫气主女色，此地必有奇女子。”武帝便遣人查访，果有一个赵家少女，容貌出众，艳丽绝伦，美中不足之处，这赵女患有怪病，两手拳曲，任你如何使力，就是掰解不开。武帝好奇，自去抚摸赵女的双手，略一用劲，说来也怪，赵女的手掌竟然伸展开了，掌中还握着一只小小的玉钩。武帝很为惊异，载入后车，将她带回。既入宫中，便即召幸。老夫得着少妇，如何不喜？当即特辟一室，使她居住，号为钩弋宫，称赵女为钩弋夫人。过了年余，钩弋夫人有娠，十四个月后生了一子，取名弗陵。这时，武帝已经六十多岁了，老来得子，欣喜难禁。武帝听说，远古尧帝之母庆都，怀孕十四个月而生尧帝。钩弋子也是如此，因称钩弋宫门为尧母门。

武帝老蚌生珠，他的孙子史皇孙刘进刚刚大婚，刘进妻子姓王名翁须。皇孙妻妾没有名号，通常称家人子。

刘进大婚，武帝正专注于钩弋夫人和钩弋子，没有到场。

武帝虽说御女有术，毕竟是六十多岁的老人了，到了征和三年，病已上身，耳目不灵，精神俱疲。这一日午后，正在建章宫闲居，恍惚见一男子，带剑进来，忙喝令左右拿下。左右环集捕拿，并无踪迹，都觉诧异得很。偏武帝说是明明看见，怒责门吏失察，笞死了七八人。又发三辅骑士，大搜上林，穷索不获。再把都门关住，挨户缉查，闹得全城不安，始终拿不住真犯，只好罢休。武帝暗想，如此搜索，尚无形影，莫非妖魔鬼怪不成？积疑生嫌，遂闹出一场巫蛊重案，祸及深宫。

自从武帝信用方士，辗转引进，无论男女巫觋，但有门路可钻，便得出入宫廷。就是故家贵戚，亦多有巫觋往来，所以长安城中，几变做了鬼迷世界。丞相公孙贺夫人，系卫皇后的姐姐，其子敬声，仗着是后甥帝婿，骄淫无度。公孙贺初登相位，战战兢兢，只恐犯法，及过了三五年，诸事顺手，渐渐放胆，凡敬声所为，亦无心过问。敬声竟擅用北军钱一千九百余万，为江充告发，捕系狱中。恰巧这时，皇宫的一颗鸡蛋大的夜明珠被盗，盗贼竟然留下姓名，自称郭解。公孙贺救子心切，上殿面君，跪奏道：“启奏陛下，郭解之名，不知陛下可否记得？”

武帝道：“此人乃江洋大盗，杀朕贡马，身上还有数条人命，前年，司马迁险些被他劫走，昨夜，又盗朕之夜明珠一颗，朕恨不得生食其肉！”

公孙贺道：“此人武功高强，屡捕不获，实乃我大汉国心腹大患。”

武帝点了点头道：“丞相所言极是。”

公孙贺深作一揖道：“臣斗胆恳请陛下，臣若捕得郭解，可否网开一面，赦臣儿不死？”

一来武帝正恨着郭解，二来公孙敬声好歹是他女婿，他也不想让敬声死，不假思索回道：“朕允卿之所请。”

听了这话，公孙贺叩头谢恩，屁颠屁颠地回到相府，召集吏役，限他们十天之内，将郭解捉拿归案，逾期一日，重责三十大板，逾期十日，杀无赦。这些吏役俱都认识郭解，不过因郭解疏财好友，暗中用情，任令漏网。此次奉了相命，不得不用心查捕，也是郭解命该将绝，为暗器所伤，隐于全兴客栈，那客栈的老板娘，乃古城淫贼杜兴小妾，当即密报了吏役，将郭解缉拿归案。

公孙贺将郭解押进死牢，严加看管。继而奏告武帝，武帝回答说：“朕见夜明珠，即赦免公孙敬声。”公孙贺不敢多言，只得严审郭解，郭解何等样人？岂能轻易就范。

正当公孙贺一筹莫展之时，江充找上门来，自告奋勇说道："我有办法让郭解供出夜明珠下落。"公孙贺不假思索地说道："既然这样，这案子就交你来审吧！"

江充求之不得。

第四十七章　巫蛊之劫　祸乱皇家

吱咛咛。牢门洞开，江充在前，狱卒在后，带着酒菜，前来探监。郭解自入狱以来，还未曾有人探监，心头猛地一喜。举目一瞅，见来人身材魁岸，相貌堂堂，却又不识，不便开口，只是二目直直地瞅着来人。

江充抱拳一揖说道："在下江充，久闻郭大侠大名，无缘得见，今特备薄酒些许，与大侠压惊，请大侠切勿推辞。"

江充？这名字有些耳熟。是了是了，他是当今皇上面前的红人，连太子都不曾放到眼里，怎么对我一个身陷囹圄之人如此客气？不免生出几分警觉。

江充何等样人？察言观色，心如明镜一般。嘿嘿一笑说道："大侠不必多疑，鄙人自小对行侠之人便十分仰慕，八岁那年，背着干粮，欲要去轵县投您为师，被家人追上，硬生生拽了回去。侠未得做，但行侠之心，未减分毫……"

郭解眉头微微一皱说道："我这人喜欢干脆，你不必多说，你给我送酒送菜，莫不是要我供出夜明珠的下落？"

江充道："也不全是。"

郭解道："到底为了什么？"

江充嘻嘻一笑说道："您别急。我来问您，您可知公孙丞相为什么要花这么大的力气抓捕您？"

郭解道："莫不是为了夜明珠？"

江充道："非也。"

郭解道："那是为了什么？"

"他的儿子公孙敬声犯了法，下在狱里，他向皇上打了保票，要抓你赎他的儿子。"

郭解破口骂道："这个老混账！"

江充见时机成熟，命狱卒摆好酒菜，挥手让其退去。他亲自斟了一樽酒，双手捧给郭解："请郭大侠用下这樽酒，鄙人还有话要说。"

郭解接过酒樽，一饮而尽，擦了擦嘴道："有什么话，你说吧。"

江充笑微微说道："您别急，请再饮一樽，再说不迟。"

郭解又饮了一樽，江充才挑拨性地说道："郭大侠，公孙贺老贼如此待您，这仇不能不报！"

郭解切齿说道："报，这仇我一定要报。只是……"他叹了口气，"我身陷图圄，报仇谈何容易？"

江充又是一笑说道："您别担心，只要您愿意报仇，机会总是有的。"

"你，你敢放我出狱？"

"放你出狱并不是不可能，但报仇不一定非要在狱外。"

郭解大惑不解道："在什么地方？"

"在狱内。"

郭解苦笑一声："江大人，你真会开玩笑。"

江充道："鄙人不是开玩笑。"

"不是开玩笑，你让我蹲在狱中如何杀人？"

"借刀杀人。"

郭解反问一句："你要我借刀杀人？"

"对！"江允重重地点了点头。

郭解道："你让我借何人的刀呀？"

"皇上。"

郭解吃了一惊："皇上？"

他使劲摇了摇头。

江充趋前两步，压低声音说道："大侠有所不知，皇上已经六十多岁了，百病缠身，他怕死，又很迷信，总想着有人背地诅咒他。眼下，不管是谁，只要沾上巫蛊二字，就别想活命。大侠只需给皇上上一道奏折，说是公孙贺父子在搞巫蛊，管教他父子必死无疑。"

他自以为得计，谁料郭解不吃他这一套，听了他的话，沉声回道："我郭解可以杀人，但决不栽赃陷害人。此事，郭解不屑为也。"

江充见他一口拒绝，恐吓道："你若听我的话，按我说的去做，我立马放你出狱。你若执迷不悟，可是死路一条！"

郭解冷笑一声回道："既然被抓，就没打算活着出去。"

江充欲待再劝，郭解大声说道："道不同不与相谋，你给我出去！"

江充冷哼一声道："好吧，你既然敬酒不吃吃罚酒，咱走着瞧。"

他愤然转身，出了牢房，回到府中。原来想通过郭解，扳倒公孙贺父子。

只要能斗倒了公孙贺父子，卫伉兄弟、皇后、太子便不在话下，谁知……

他正在独自生着闷气，门吏匆匆而入：“禀老爷，郭解的三弟子冯小宝求见。”

一听说是郭解的弟子，江充没好气地说道：“不见!”

那门吏刚一转身，忽听江充叫道：“且慢。”

门吏霍然转过身来。

江充换了一副面孔，对门吏说道：“就说我客厅有请，去吧。”

冯小宝来到客厅，刚刚坐下，江充满面春风地走了进来，少不得寒暄一番，分宾主而坐。

江充双手抱拳说道：“冯大侠光临寒舍，蓬荜生辉，不知可有什么赐教?”

冯小宝双手将拳一抱回道：“有道是，‘无事不登贵地’，在下冒昧来访，乃是为着恩师而来。”

江充轻轻摇了摇头说道：“我刚从尊师处归来，不谈他也罢。”

冯小宝也不答话，从怀中摸出一张礼单，双手献给江充。

江充举目一瞧，乃是一个很丰厚的礼单：金千斤，白璧一双。暗道了一声乖乖，出手这么阔绰！口中却道：“冯大侠，有道是‘无功不受禄’。这么厚的礼，我消受不起。”

冯小宝道：“大人不必推辞。大人若能救出在下恩师，在下还要重谢呢!”

江充道：“救你师父不难，怕的是你不肯和我配合。”

冯小宝道：“大人此话诧异，只要能救在下恩师不死，就是用在下脑袋来换，在下决不皱一下眉头，何来不肯配合的话?”

江充击掌说道：“好，有冯大侠这句话，我也就放心了。”遂将公孙敬声如何挪用北军军费，如何下狱，公孙贺为救儿子，如何严逼吏役等情说了一遍。冯小宝切齿骂道：“奶奶的，看我不宰了他公孙贺!”

江充见把冯小宝的火激了起来，进一步挑唆道：“大侠恩师因公孙贺而入狱，要想救你恩师不死，必得扳倒公孙贺。要扳倒公孙贺，最好在巫蛊上做点文章。”说到这里，突然把话顿住。

冯小宝急切切地问道：“大人咋不说了，请往下说呀!”

江充故意叹了一口气道：“事涉帝婿，我怕您没有这个胆量。”

冯小宝急道：“莫说事涉帝婿，就是事涉皇上，在下也不怕，你说吧，你要在下做什么?”

江充笑嘻嘻地说道：“我要你上书皇上，就说公孙贺父子搞巫蛊，诅咒皇上，你敢吗？”

冯小宝咬着嘴唇说道：“有什么不敢？”

江充脱口赞道：“好样的！来，我说你写。”当即命下人笔砚伺候。口述道：

罪臣冯小宝，冒昧上书皇上。臣随师郭解，在京行窃数年，屡屡出入宫禁。臣发现，丞相公孙贺父子，私通女巫，用巫蛊诅咒皇上，咒语恶毒，什么“刘彻早死”“刘彻天打雷劈”“刘彻不得好死”等等，且削制木人，刻上咒语，埋在未央宫内……

书写好之后，通过江充之手，呈给武帝。武帝越读越气，拍案吼道：“传朕的旨，将公孙贺夷三族。”这样一来，不仅公孙贺父子，连阳石公主也在被夷之列。一天之内，卫皇后失去四位亲人：大姐卫君孺、姐夫公孙贺、长女阳石公主、女婿公孙敬声，痛不欲生，恨不得活剥了江充，武帝却愈发器重江充，赐他金千斤，细绢千匹，并在钩弋宫设宴，为江充庆功。

涿郡太守刘屈氂，见江充深受帝宠，送其金五百斤。江充笑而纳之，乘伴驾之机，对武帝说道：“丞相乃百官之首，不可久缺。”

武帝道：“朕亦有是想。但朕遍观满朝文武，适宜做丞相的实在不曾发现。”

江充道：“刘屈氂这人怎样？”

武帝一脸欣喜道：“这倒是一个做丞相的料。”但又恐相权过重，效法高祖，分设左右两相。右相一时乏人，先命屈氂为左丞相，加封澎侯。

刘屈氂当上了左相，对江充感激涕零。江充见如此轻而易举地除掉了公孙贺父子，心中狂喜，连夜召见冯小宝，盛情款待了一番说道：“皇上对你十分满意，特赐你细绢千匹，还要委你做绣衣使者呢！”

冯小宝强压欢喜问道：“绣衣使者为何官职？”

江充道：“是钦差大臣，负责督察贵戚近臣，必要时可以越过丞相，直接捕人和审人。”

冯小宝吐了吐舌头说道：“这么厉害！”

江充道：“故而，皇上很看重这个位置，纵观满朝文武，委任此职的仅你我二人，你我可要好好为皇上效力呀！”

冯小宝心存感激道：“那是自然。”

江充道："如今便有一个为皇上效力的好机会，但不知你愿不愿效力？"

冯小宝道："我愿意。"

江充前后左右看了一遍，方才说道："皇上新近得了一个妃子，封为钩弋夫人。夫人怀孕十四个月方生下一个儿子，取名刘弗陵，而远古的帝尧也是十四个月才得出生。皇上把这个儿子看成尧帝一类人物，特改钩弋宫为尧母门，其意很明显，百年之后，要传位于刘弗陵。但要传位于弗陵，就得除掉太子刘据。要除掉刘据，不能不剪除他的羽翼。公孙贺死了，公孙敬声死了，太子的最大羽翼便是大司马大将军卫伉。大侠若再给皇上上一封书，说卫伉在搞巫蛊，皇上便可借此除掉卫伉，如此一来，皇上就会越发器重你，只要皇上器重，这官还怕不能升吗？"

冯小宝摇头说道："这书我不能上。"

"为什么？"

"俗话不俗，'盗亦有道'，我们这些行侠之人，讲的是侠义二字，岂能干这不仁不义之事？"

江充笑道："可事实上你已经干过了。"

"我……"

"你上书说公孙贺父子搞巫蛊，害得他家破人亡，已经违背了侠义之道，再违一次又有何妨？"

冯小宝道："可那是为了救我恩师。"

江充道："这一次仍是为了救你恩师。"

冯小宝一脸困惑道："陷害卫伉，与救我恩师何干？"

江充反问道："你可知公孙贺是卫伉什么人？"

"卫伉的大姨父。"

"卫君孺呢？"

"卫伉的大姨妈。"

江充冷笑一声道："你一封书杀了卫伉的姨父姨母，卫伉岂能和你善罢甘休？况且他手中又握着全国的兵权！"

冯小宝打了一个冷战，欲言又止。

江充拍了拍冯小宝肩膀说道："有道是，'先下手为强，后下手遭殃'，这书你还是上的好。"

冯小宝默想许久，仰脸说道："好，我听你的。"

自夷了公孙贺三族之后，武帝心神不宁，脑海中老盘旋着巫蛊二字。一日昼寝，梦见木头人蹦蹦跳跳，猛击他的头部和胸口，不由吓出一身冷汗，醒来心惊肉跳，似失魂魄。于是便携带娇妃钩弋夫人和刘弗陵住到了甘泉宫。未及三日，江充呈上一封奏章，内附冯小宝的帛书，检举大司马大将军卫伉、阴安侯卫不疑、发干侯卫登大逆不道，三兄弟合谋在甘泉宫驰道埋设木偶，诅咒皇上。

武帝对此将信将疑，暗自思道，自己对卫氏外戚不薄，他们何必跟自己过不去？然而，冯小宝言之凿凿，连埋木偶的地点都说得一清二楚，又岂能有假？他没有急于定论，立即召来刘屈氂，吩咐道："你去甘泉宫正南三里外，有三株杨树的地方，挖开驰道，看有些什么东西。即刻回话。"

刘屈氂点头哈腰道："遵旨。"约有半个时辰，去而复归，怀中抱了一捆木偶。

武帝拿起木偶察看，一个个怪模怪样，面目狰狞，头部心口和四肢扎的尽是钢针，后背所写皆是诅咒武帝早死、暴死之类的文字。武帝越看越气，脸色由黄变红，由红变白，由白变青，两眼冒火，拍案吼道："传朕的旨，将卫伉夷三族。慢。"他顿了顿复又说道，"平阳长公主免死，搬回曹府，闭门思过。刘娟、刘娟赐死，各赏薄棺一口，葬之龙首原下。余之，枭首西市，暴尸三日。"

一道圣旨，给卫氏带来了灭门之灾，除平阳长公主免死和卫登潜逃以外，一百二十一口惨遭杀害。卫子夫犹如万箭穿心，欲喊无声，欲哭无泪，她的身心近乎崩溃了，昏昏睡去，一天一夜没有醒来。

太子刘据和史良娣前来看望母后，见她昏睡，没有打扰她，返回博望苑太子宫。刘据已经三十八岁，当太子已经二十多年了。他和史良娣共有三个儿子和一个女儿，长子刘进，史称史皇孙，次子刘序，三子刘光，女儿刘晖。刘进已二十岁了，娶王氏女，刚生一个儿子，取名刘询。

刘询的出生并没有给博望苑带来什么欢乐，因为巫蛊的幽灵正在四处游荡，前景暗淡，人心惶惶。刘据曾派遣家使前往甘泉宫向武帝报喜，武帝并未因得曾孙而有丝毫高兴，闭门不见，家使怏怏而返。

武帝自灭卫氏满门以后，身体一天不如一天，常做噩梦。江充唯恐武帝晏驾，加紧了谋害太子的活动。他素来与小黄门苏文、中黄门常融二人相善，便唆使他们构陷太子。太子尝进谒母后，移日乃出，苏文即向武帝进谗道："太子终日在宫，想是与宫人有私。"武帝不答，特拨给东宫妇女二百人。太子心知有异，仔细探察，才知为苏文所谗。卫皇后气愤不过，鼓动太子上书父皇辩冤，请诛谗贼。刘据不想烦扰父皇，说：“自己无过，何畏人言？”武帝有疾，使常融往召太子，融当即返报，谓太子闻皇上有疾，面有喜色。及太子入省，面带泪痕，勉强笑语。武帝察出真情，始知常融作伪，遂将融推出斩首。

江充连施两计，均未见效，暗自思道：“老头子还算精明，一般计策哄他不过。要置太子于死地，看来还得用巫蛊，巫蛊是道迷魂汤，老头子喝了准迷糊。想到此处，江充将水杯朝案上一蹾，径自去了甘泉宫。恰巧武帝又做了一个噩梦，不，这叫梦魇，俗称鬼压胸，一个张牙舞爪的魔鬼径直压到他的身上，立马感到呼吸困难，四肢不能动弹。他又惊又惧，拼命挣扎，无济于事。直到江充来谒，宫监将他唤醒，这才解除了梦魇。江充听武帝讲过了梦魇，乘机说道：“这肯定是巫蛊在作祟！臣近日认识一个胡巫叫檀何，极善望气，灵验得很呢！”

武帝忙道：“他望气望见了什么，说了什么？”

江充答道：“他说皇宫中巫蛊气旺盛，若不早除，陛下龙体难愈。”

说到巫蛊，武帝果然迷糊了。他立命江充入长安皇宫究治，并派因杆将军吾丘寿王、御史章戆充当江充的助手，檀何随之同行。

江充手持诏旨，率众入宫，随地搜掘，别处尚属有限，独皇后、太子两宫中，掘出木人最多。太子处更有帛书，语多悖逆。其实，宫中挖出木人，全是江充暗教檀何现埋现掘，帛书也是他们随身带来。

江充得了这些木人和帛书，洋洋得意，说要以此为据，上报皇上。

太子并未埋藏木人，凭空发现，且惊且惧，忙召少傅石德，向他问计。石德也恐坐罪，进谏道：“前丞相父子与三位公主及卫伉等，皆因巫蛊被诛，今江充同檀何，至东宫掘出木人，必要暗地陷害，殿下无从辩明，唯有一死。为今日计，不如收捕江充，穷治奸诈，还许有生理。”

听了石德之言，太子愕然说道：“江充系奉旨而为，怎能擅加捕拘？”

石德道：“皇上养病甘泉，不能理事，奸臣才敢这般妄为，若不从速举发，岂不蹈亡秦太子扶苏之覆辙吗？”

太子经他这么一劝，也顾不得什么好歹，当即矫旨一道，征调武士，往捕江充。江充未有防备，竟被拿下。胡巫檀何，一并被缚，只因杆将军吾丘寿王有些膂力，便与武士格斗，毕竟寡不敌众，伤重而亡。苏文、章戆，乘隙逃往甘泉官。

江充、檀何被押到东宫，见了太子，匍匐在地，叩头出血，连称死罪。

太子见了江充，气得眼中冒火，戟指怒骂道："奸贼，诬陷公孙丞相，尚未快意，乃复欲构陷我父子吗？"骂毕，即喝令斩了江充，并令将檀何驱至上林，用火烧死。

苏文、章赣，入奔甘泉宫，上气不接下气地向武帝报告说："太……太子造……造反了，绣衣使……使者江充和胡……胡巫檀何被太子抓……抓起来了。"

武帝倒还沉得住气，不动声色问道："皇宫挖出木偶了没有？"

苏文回道："挖出来了，足有三百个。"

章赣补充道："还有帛书，文字悖逆。"

武帝沉思一会儿说道："太子因宫内挖掘出木偶和帛书，定然迁怒于江充，故而生变。朕当召问太子，太子来了，情况便知。"当即命小黄门王弼前往长安，宣召刘据。

王弼和苏文是好友，将行之时，苏文使眼色，已经解意，又恐为太子所诛，竟到宫外避匿两日，乃还报武帝："太子谋反属实，已经杀了江充和檀何，不肯前来见陛下，且欲将奴才斩首，奴才只得逃归。"

武帝听了这般言语，不由勃然大怒："小子，果真反了！反了！"正要诏令丞相刘屈氂发兵拘捕太子，可巧丞相府中的长史前来告变。武帝问道："太子谋反，丞相作何举动？"

长史随口答道："丞相因事关重大，正拟秘密发兵。"

武帝手拍龙案，愤然道："狗屁，太子谋反，人人皆知，还有什么秘密？你回去转告丞相，独不闻周公诛管蔡吗？"他当即口授一诏，由侍臣笔录后，盖上大印，交给长史带回。

刘据捕杀江充、檀何之时，长安城里大乱，刘屈氂不明底细，急于逃命，失落印绶。丞相无印，便不能发号施令，若叫皇帝知道，杀头之罪。正惶急呢，忽见长史到来，持示御旨。刘屈氂急忙展视御旨，内云：

捕斩反者，自有赏罚！当以牛车为橹，毋接短兵，多杀伤士众！紧闭城门，毋令反者得出，至要至嘱！

屈氂看毕，才问明长史往报情形。其实长史往报，也并非由屈氂差遣，就是对答武帝，亦属随机应命。及向屈氂说明，屈氂少不得将他赞扬一番，即将御旨颁示出去。未几，又有诏令传至，凡附近县将士，尽归丞相调遣。

刘屈氂的胆子，一下子壮了起来，擂鼓升堂，调集兵马，往捕太子。

太子见把事情闹大了，一不做二不休，矫诏一道，调集长乐宫、未央宫和太子宫的卫士，赦免部分囚徒，打开武库，发给兵械，以抗击刘屈氂。并宣告百官，说是皇上病危，奸臣作乱，应该速讨云云。百官也毫无头绪，辨不清谁真谁假，但听得都城里面，喊杀声震天动地。太子与丞相督兵交战，杀了三日三夜，还是胜负未分。至第四日始有人传道，御驾已到建章宫，才知太子矫旨起兵，于是胆大的相助丞相，同讨太子。就是民间亦云太子造反，不敢趋附。太子部下死一个少一个，丞相麾下死一个反多一个。武库一带，变作战场，血流成渠。太子渐渐不支，忙乘车至北军门外，唤出新任护军使者任安，给他赤节，令发兵相助。任安系司马迁乡友，也曾做过大将军卫青门客并益州刺史，故而与太子相识，当面只好受节，再拜趋入，闭门不出。太子无法，再驱迫市人当兵，又战了两昼夜，兵残将尽，一败涂地，石德亦为乱军所杀。太子见势不妙，匆忙引了儿子刘进和刘序，南走覆盎门。城门早就关闭，无法出城，恰遇司直田仁，田仁见他父子仓皇，生了恻隐之心，不忍加害，打开城门，放之逃命。刘屈氂率兵追到，查知田仁擅放太子，便要将其处斩。暴胜之刚任御史大夫，在屈氂侧，趋前一步劝道："田仁官为二千石，有罪当奏明皇上，不宜擅戮。"屈氂乃止，自去详报武帝。武帝大怒："田仁纵放反贼，丞相诛之，法也，暴胜之怎敢阻拦?"立命腰斩田仁，暴胜之惶惧自杀。

太子父子三人逃出覆盎门，没敢回博望苑跟亲人告别，快马加鞭，慌不择路，直向东方驰去。

在武帝眼中，太子先搞巫蛊，继又谋反，自是怒不可遏。他命刘屈氂率兵包围博望苑，将太子宫的人一概抓捕，投入监狱。就连和太子交往的宾客，也一并收审。其实，审与不审是一样的，因为他们和太子都有关系，依法当坐死罪。因此，史良娣、刘光、刘晖、王氏、陈掌以及少儿，还有宾客、宫监、宫女等，共五百多口人，皆被斩首。没有人敢收葬他们，尸体被运到渭河滩，倾倒在那里，听任野狗、老鹰吞食，惨状目不忍睹。

皇曾孙刘询是唯一的幸存者。他当时出生才三个月，也被关进监狱。行刑的那一天，他被廷尉邴吉抱出去喂奶了，得免一死。后来，汉昭帝刘弗陵驾崩无嗣，即位的刘髆之子昌邑王刘贺荒淫无道被废，霍去病之弟，重臣霍光遂将刘询扶上皇帝的宝座，他就是汉宣帝。

太子逃亡，其母犹在。你我三十八年夫妻，竟也搞巫蛊诅咒朕，甚而支持太子谋反，实在可恶可恨！武帝愈想愈气，立命宗正刘长乐、执金吾刘敢，前往昭阳殿，收取皇后的玺绶。也就是说，要把她废为庶人了。

子夫显得很平静，没有哭泣，没有悲伤，静静地坐着，一言不发。这些日子，她想了很多很多，最后归结到一点，就是荣华富贵如过眼烟云，不值得留恋。天下是皇帝的天下，所有的皇帝都是无情无义的，翻手为云，覆手为雨，贪婪、自私、暴戾、冷酷，视官民如草芥，后妃为玩物，没有人性，没有感情。虎毒尚不食子，可皇帝连亲生儿女都恣意杀戮！她非常后悔当了皇后，这使得她的多少亲人枉送了性命！母亲卫媪死了，姐姐君孺、少儿死了，女儿刘妍、刘媚、刘娟死了，侄儿卫伉、卫伐死了，儿媳史良娣、孙子刘光、孙女刘晖、孙媳王氏死了，儿子刘据和孙子刘进、刘序虽然逃亡，恐怕也是难免一死的。罪孽，罪孽！假如自己不是皇后，还会出现这样的惨事吗？

刘长乐和刘敢宣布了武帝的口谕，子夫努嘴示意两个宫女，把皇后的玺绶，连同那顶凤冠，一并交了出去。

当夜，子夫用一根黑色丝绳轻扎银发，穿着从入宫起就带在身边的粗布衣裙，黑鞋白袜，投缳毙命。当年她在延年殿投缳自尽，却被春月、秋花救了。而今，她在昭阳殿投缳自尽，如愿以偿，默默地死了。

武帝听说子夫自杀身亡，心头一震，脸上却没有任何表示。他要保持皇帝的尊严，死了就死了吧，不必大惊小怪。

卫子夫投缳自尽，太子并不知道，就是知道又有什么办法？他正在亡命路上，哪里还敢回来收尸呀？倒是李贵，虽说早已不做宫监了，念及主仆一场，自备薄棺一口，将子夫葬于凹凹庄。

太子刘据在逃，使得武帝寝食不安，他一面命追查太子的党羽，或坐诛，或灭族；一面命屯兵长安各个城门，以防太子卷土重来。事实上，武帝是过高地估计了太子的力量，刘据顾及性命尚且不暇，哪里还能卷土重来呢？

刘据和两个儿子拼命逃命，一直逃到湖县泉鸠，藏匿于一穷人家中。武帝因为没有抓到太子，暴怒异常。群臣不敢进谏，独壶关三老令狐茂上书道：

> 臣闻父者犹天，母者犹地，子犹万物也。故天平地安，阴阳和调，物乃茂成；父慈母爱，室家得中，子乃孝顺。……今皇太子为汉嫡嗣，承万世之业，体祖宗之重，亲则皇帝之宗子也。江充，布衣之人，闾阎之隶臣耳，陛下显而用之，衔至尊之命，以迫蹙皇太

> 子。造饰奸诈，群邪错谬，是以亲戚之路鬲塞不通。太子进则不得上见，退则困于乱臣，独冤结而无告，不忍愤愤之心，起杀江充，恐惧逋逃，子盗父兵，以救难自免耳。臣窃以为无邪心。……往者，江充谗杀丞相父子，天下莫不闻，今又构衅皇宫，激怒陛下，陛下不察，即举大兵而求之，三公自将，智者不敢言，辩士不敢说，臣窃痛之！愿陛下宽心慰意，少察所亲，毋患太子之非，亟罢甲兵，无令太子久亡，致堕奸人狡计。臣不胜惓惓，谨待罪建章阙，昧死上闻！

武帝得书，稍有感悟。忽然接到报告，说太子父子三人藏匿在湖县泉鸠里，拟召故旧，聚合起事。武帝又生怒火，命刘屈氂率兵一万前往抓捕。

第四十八章　轮台悔诏　煌煌罪己

刘屈氂率领大军，日夜兼程，来到泉鸠里，将太子住所团团围住。太子自知难逃厄运，投缳自杀。刘进和刘序据门拒捕，被官军杀死。刘屈氂飞章上奏，武帝许久没有说出一句话。

汉朝皇家内乱，巫蛊之祸尚未收场，北方的匈奴大举入侵，寇五原，掠酒泉，气焰嚣张。武帝不得不又一次对匈奴用兵，仍以贰师将军李广利为大将，率兵十万从五原出击，另以御史大夫商丘成率兵二万，重合侯马通率兵四万，分别从西河和酒泉出击。

李广利启程前夕，刘屈氂在相府设宴为他饯行，李延年作陪。

广利兄弟与屈氂的交往，乃由其妹李莲儿引起。李莲儿在聚仙楼为妓之时，刘屈氂是她的嫖客，日久生情。李延年得以入仕朝廷，便是他帮的忙。前不久，李广利的长女又嫁了刘屈氂的独生儿子，亲上加亲。

三樽酒下肚，李延年便打开了话匣："太子是国家的储君，不可久缺。皇上一共有六个儿子，刘闳早夭，刘据冤死，刘胥、刘旦心术不正，弗陵还是个襁褓中的娃娃。这太子怕是非咱髆儿莫属了。"

李广利、刘屈氂立马附和道："应该是这样。"

延年道："俗谚不俗，'小曲好唱口难开'。髆儿的事得有一人向皇上进言呀!"

广利道："我是个武将，这样的言怕是不大好进。"

他把脸转向刘屈氂："丞相老兄，位高权重，一人之下，万人之上。且又在平息太子之乱中立下了大功，这个言若由丞相老兄来进，皇上不会不听。"

刘屈氂轻轻颔首说道："广利弟的话不是没有道理，我这就寻一个机会，把这个言进上去。听与不听，那就看髆儿的造化了。"

延年不迭声说道："听的，皇上一定会听的。来，为髆儿的前程干杯!"

咣咣咣。

就在此时，一个家人端着热水进来，把刘屈氂和李延年兄弟吓了一跳。

刘屈氂起身，照着家人就是两个耳光，厉声喝问道："你说，你听到了什么?”

家人捂着脸，结结巴巴地说道：“小人确实什么也没听见啊……”

刘屈氂将脸一沉骂道：“王八蛋，你再敢不声不响地进进出出，小心我打断你的双腿!”

直到李延年代为求情，他才喝令那家人快滚。

这名家人，名叫桑弘礼，是搜粟都尉桑弘羊的本家兄弟。刘屈氂反应过度，令他深为恼恨，就跑到桑弘羊面前，诉说冤苦。桑弘羊安慰他道：“私下议论立储之事，乃是死罪。怎奈皇上目前正器重着刘屈氂和李广利，报仇之事不可操之过急。他们既然议到立储之事，不会就此罢手，你回去后继续观察，有什么新的情况立马告我。”

李广利不知有人暗算于他，带着他的十万人马，兴高采烈地踏上了北去的征途，车辚辚、马萧萧，旌旗舞动……

这时的匈奴单于，换上了狐鹿姑，他很敬重先前被俘的李陵，要将自己的女儿赐嫁给他。李陵初时不肯答应，当他得知自己家属被武帝诛杀后，又气又愤，痛饮了三壶酒，闯进了天王李绪大帐，杀了李绪，又冲着南方，叩了三个响头，决绝地站了起来。

他投降了匈奴，做了单于爱婿，官拜右校王。

有李陵为匈奴出谋划策，汉朝的仗打得很艰难。刘屈氂的夫人也和武帝一样，十分迷信。为了祈祷亲家李广利作战顺利，也为了让昌邑王刘髆得到太子之位，请了巫师在家里作法。桑弘羊从桑弘礼口中得知此事，立即密告武帝。武帝久久无语，巫蛊，该死的巫蛊，人们为什么对它乐此不疲?为巫蛊朕杀了公孙丞相，杀了爱将卫青的全家，杀了三个女儿，还逼反了儿子，你刘屈氂并非不知，为何还要搞?但是，臣子私下议论立储之事，乃是大逆不道，你刘屈氂身为丞相，岂能不知?不是不知，你是胆大妄为。刘髆体弱多病，你却要立他为太子，分明是有野心。说到野心，他不由得想到这次平叛。刘屈氂与太子作战，为什么那么卖力?竟杀得死尸堵塞了街道!原来，他是想除掉太子，拥立昌邑王!

武帝越想越有气，大声喝道：“来人，传左丞相刘屈氂来未央宫见驾!”刘屈氂听得皇上宣召，还以为要与自己商量什么军国大事，打定了主意，要趁此机会，向武帝提一提立昌邑王为太子的事。他兴冲冲地赶到甘泉宫，行过君臣大礼后问道：“陛下召臣，可有什么吩咐?”

武帝二目阴阴地瞅着他，瞅得他毛骨悚然。

“前方战事如何？”武帝冷声问道。

原来为着此事。刘屈氂悬在心口上的石头落地。朗声回道：“回陛下，贰师将军七战四胜，兵已开进范夫人城。”

“匈奴一方主帅是谁？”

“单于狐鹿姑。”

“何人为将？”

“李陵、卫律。”

武帝愤然说道：“这不是汉人打汉人吗？”

刘屈氂小声应道：“正是。”

武帝把眼一瞪：“正是个屁！当年若非李广利坐视不救，李陵何以身陷敌手？若非吾丘寿王敷衍塞责，必能将李陵救回，又何致今日与我大汉国为敌？”

刘屈氂出了一身冷汗，坏了，皇上对李广利心存不满，这昌邑王做太子之事怕是要泡汤呢！不，也许皇上只是一句气话，皇上若是真的对李广利心存不满，这十万军队，岂能交他掌握？

他的心情稍微平静了一些，忽听武帝大声问道：“近来，你老婆在家做什么？”

刘屈氂吃了一惊，我自担任左丞相以来，几乎天天和皇上相见，他从来问过我的家事，今日突然问起我的老婆来，是何用意？但皇上既然问了，又不敢不回答。笑嘻嘻地回道：“她一个妇道人家，能做些什么？相夫教子呗。”

“什么相夫教子？分明是在搞巫蛊，在请巫师，在设祭坛，在做法事！”

刘屈氂双腿一屈，跪倒在地，叩头说道：“她哪敢搞巫蛊呀！是臣见陛下心神不宁，便让妻子设坛为陛下祈祷，求天神保佑陛下……绝，绝无恶意啊！”

武帝发出可怕的笑声：“你夫妇真的是为了朕吗？好，就算是为了朕，你和李延年兄弟，密谋拥立昌邑王为储君，又怎么说？”

“太子之位空悬，臣深恐不利安定天下民心，不利国脉延续……昌邑王聪明贤达，敦厚仁慈，颇有帝王之风，所以臣才……”

武帝拍案斥道：“你不要说了，妄议立储，本是大逆不道，你的老婆又搞什么巫蛊，有臣如此，要你何用？来人，把刘屈氂摘去相冠，拉到东市，腰斩三截！”

斩了刘屈氂，武帝恨犹未解，下令逮捕李延年及李广利全家。

广利有一家人，名唤李立，因事外出，得以漏网，逃至范夫人城，哭诉于广利。广利又惊又惧，欲要撤军回都，向皇上请罪，适有邱七在侧，趋前进言道："将军若得立大功，还可入朝自赎，赦免全家；否则匆匆归国，同去受罪，要想再来此地，恐不可复得了！"

李广利仔细一想，觉着邱七之言颇有道理，乃挥军北进，行至郅居水，中了匈奴埋伏，前有大河挡道，后有十万匈奴伏兵，眼见得死在目前，自思侥幸得脱，也是一死，不若投降匈奴，还可求生。主见已定，便即下马请降。匈奴兵把他拥去，使见狐鹿姑单于，途中与李陵相遇，仇人相见，分外眼红。李陵拔剑在手，切齿骂道："奸贼，你害得我李陵好苦！"

李广利正要开口求饶，李陵手起刀落，将他斜肩劈为两半。

武帝不知广利已死，只知他已降了匈奴，将延年及广利妻女，押赴东市，一一开刀问斩。

武帝一度威镇四海的功名破灭了，心中不免有些苍凉之感。巫蛊之祸已经延续了好几年，但始终没有查出个究竟。他逐渐明白皇后卫子夫和太子刘据，还有公孙贺、卫伉、卫不疑的巫蛊案似乎弄错了。那么所谓的太子谋反案自然也是冤枉了。他心里这么想，嘴上可从没这么说，因为皇帝从来圣明，说话、办事不会有错。即使错了，也不能轻易认错。

这时，看管高祖庙的郎官田千秋上书，略言巫蛊纯属捏造，子虚乌有，太子诛杀江充，不得已而为之，本意并不是要谋反；儿子要弄父亲的兵器，其罪不过挨鞭笞，天子的儿子有了过错，误杀了人，这又能定个什么罪？田千秋特别声明，这些话是他在梦中听一位白发老人讲的，所以转告皇上，不敢隐瞒。

田千秋的奏书算是刺到了武帝的要害处。他恍然大悟，自悔耳蔽目迷，枉杀了儿孙。他立即召见了田千秋。千秋身长八尺，相貌堂堂，语及太子冤情，声泪俱下。武帝也为凄然道："父子之间的事，别人是很难弄清楚的，只有卿才明白朕对太子的感情是多么深厚！卿所梦见的那位白发老人其实就是高祖皇帝的神灵啊！是他老人家令卿来辅佐朕的。"

说毕，口授一诏，拜田千秋为大鸿胪，诏令夷江充、冯小宝三族，把苏文、王弼推至横桥上面，绑上桥柱，纵火烧死。又命人在长安城修一座思子宫，在湖县建一座归来望思之台。意思是召唤刘据的魂灵归来，看望一下日夜思念的父亲。

卫子夫呢？太子既然无罪，子夫何罪？将她移葬茂陵！

移葬茂陵也无不可，钩弋夫人呢？若是立钩弋子为太子，钩弋夫人便是当然的皇后，百年之后又将何处？

思来想去，派了几十个人，将子夫的坟冢加高了十几丈，并在冢前竖碑一道，上书："卫氏子夫之墓。"

还有一个卫青，为大汉国立下了汗马功劳，却落了个灭族的下场，实在愧对于他。恰在这时，田千秋来报，颍川郡守将卫登拘捕归案。武帝喜道："好，好！"又口授一诏，赦卫登无罪，官复原职。

直到此时，他才长长地出了口气，失眠症不治而愈。

他刚刚睡了半个月香觉，有司来报，关东流民举义，众达三十二万。他正要遣兵镇压，燕、赵、楚、齐警报迭至，齐有徐勃，楚有段中，赵有坚卢，燕有范主，各率众万人举义，攻城邑，取库兵，释死罪，杀官吏，民趋之若鹜。武帝闹不明白，老百姓为何选择此时造反，且一反便成燎原之势？

其实，他应该明白。自他即位以来，无休无止的征战、巡游、封禅，没完没了的宫室建筑，加上苛刻残酷的法律，特别是征战一项，武帝在位五十五年，战争持续了四十余年，用兵少则数万，多则六十万人，军费动辄数十亿，军功赏赐黄金一次数十万斤，全来源于百姓。其实，连年对外战争，不仅仅是浪费几个钱，"父战死于前，子斗伤于后，女子乘亭鄣，孤儿号于道，老母寡妇饮泣巷哭，遥设虚祭，想魂乎万里之外……"人民已经无法正常生活，只得铤而走险了。

武帝向来说一不二，专横跋扈，岂容有人在太岁头上动土？当即招募并组建三十万大军，分作五路，分别由卫登、霍光、上官桀、商丘成、马通率领，经过近一年的征伐，义军乃平。武帝又高兴起来。他一高兴便动起了巡游的念头。征和四年，他东巡至东莱海边，传说海中有仙岛，岛上有神仙，正拟登舟出发，海上风暴起，浪如山立，惊得武帝倒退数步，自知不便浮海，但在海滨住了十余日，启跸言归。道出钜定，行亲耕礼，还至泰山，再行封禅，并没有出现任何灵异的征兆。至此，他成仙升天的美梦彻底破灭了。

封禅礼毕，武帝心灰意冷地召见群臣，说："朕即位以来，所为狂悖，徒使天下愁苦，追悔无及。从今以后，事有伤害百姓，悉当罢废，不得再行。"

大鸿胪田千秋乘机进言道："方士竞言神仙，迄今全无效验，可见是虚糜廪禄，应该罢遣。"

武帝点头说道："卿说得极是，朕当照行。"红红火火几十年的方士们，耷拉着脑袋，灰溜溜地离去。

武帝回到长安，遂拜田千秋为丞相，封富民侯。许多人不理解，嘀咕道："田千秋一无能耐，二无功劳，只不过说了几句投合皇帝心意的话，就由郎官拜相封侯，未免太快了吧！"

这些人只知其一，不知其二，太子的死，对匈奴用兵的失败，以及声势庞大的农民起义，使武帝逐渐认识到，自己所为狂悖，再这样下去，就有重蹈亡秦覆辙的危险。当务之急，是休养天下，缓和矛盾，安定民心，而田千秋的识见和他同出一辙，故而才肯重用田千秋。

桑弘羊不如田千秋，他没有摸透武帝的脉，正当武帝效法先祖，与民休息之时，反上了一份奏折，言称轮台东边，有水田五千余顷，可遣军屯田，设置都尉，再募健民垦荒，分筑亭障，借资战守，免致西域生心。这是一个很好的建议，武帝却不愿接受，反下诏悔过，书云：

> 前有司奏，欲益民赋三十助边用，是重困老弱孤独也。今又请遣卒田轮台；轮台西于车师千余里，前击车师，虽降其王，以辽远乏食，道死者尚数千人，况益西乎！……乃者贰师败，军士死略，悲痛离散常在朕心。今又请远田轮台，欲起亭隧，是扰劳天下，非所以优民也，朕不忍闻！当今务在禁苛暴，止擅赋，力本农，修马复令，以补缺毋乏武备而已。

自此以后，武帝不再对外用兵，就是从前种种嗜好，也一概戒绝。后人称为轮台悔诏，便是为此。未几，进桑弘羊为御史大夫，另任赵过为搜粟都尉。过作代田法，令民逐年易种，每耨草，必用土培根，根深能耐风旱，用力少，得谷多，民皆称便。此外，还发明了不少先进农具，而耧又最为著名。"三犁共一牛，一人将之，下种挽耧，皆取备焉，日种一顷。"这种三犁共一牛之耧，也称"三腿耧"，畎播三行，采光通风合理，是与畎垄间作的田制相配套的技术，这种技术的推广，为全国范围内大幅度提高农业生产率创造了必要的条件。

越一年，也就是征和五年，武帝志在革新，复下诏改元，不用什么祥瑞字样，但称为后元元年，驾幸甘泉，祀郊泰畤。及返回长安，田千秋因武帝连年诛罚，中外汹汹，特与御史以下诸官僚，借着上寿为名，劝武帝施德省罚，和神养老，游玩听音乐，颐养天年等语。武帝又复下诏道：

> 朕之不德，致召非彝。自左丞相与贰师阴谋逆乱，巫蛊之祸流及士大夫，朕日止一食者累月，乃何乐之足听？……且至今余巫未息，祸犹不止，阴贼侵身，远近为蛊，朕愧之甚，何寿之有？敬谢丞相、二千石，其各就馆。《书》曰：“无偏无党，王道荡荡。”幸毋复言！

堂堂皇帝，能够说出一个“愧”字，也算是很难得的了。

日月如梭，转眼已到盛夏，武帝又到甘泉宫避暑，钩弋夫人和刘弗陵随行。这年，他虚龄七十一岁，头发白了，牙齿掉了，老态龙钟，腿和脚都不怎么灵便了。他终于意识到自己老了，所谓长生不老是根本不可能的，因此要考虑安排后事了。恰在这时，刘髆一命归阴。老来丧子，武帝心中很不是滋味。

这日卯时，武帝高卧未起，忽听得一声异响，才从梦中惊寤，披衣出视，见有二人打架，一是金日磾，一是马何罗。

说起日磾，还得从匈奴休屠王说起，日磾乃休屠王太子。休屠王被昆邪王所杀，金日磾随昆邪王降汉，在皇宫中喂马。他身材魁梧，容貌威严，喂马精心，受到武帝赏识，被拜为马监，迁侍中驸马都尉。日磾生有两子，并为武帝弄儿，束发垂髫，楚楚可爱，常在武帝背后，戏弄上颈。日磾在前，瞋目怒视。二子且走且啼道：“阿翁恨我！”武帝责问日磾：“汝何故恨我儿?”日磾不便多言，只好趋出，唯心中很觉可忧。果然长男渐壮，调戏宫人，日磾一怒之下，将他勒死。武帝不知何因，怒责日磾。日磾叩头见血，说明情况，武帝方转怒为哀，自此之后，对日磾愈发信任了。

日磾有一女，貌若桃花，武帝甚为喜爱，欲纳为王妃。按说，女儿进宫，便有生下皇子的机会，一般人求之不得，日磾却放着现成国丈不当，硬顶着不肯奉诏。武帝虽说碰了一鼻子灰，老大不高兴，可对日磾越发信赖了。

马何罗在武帝眼中的地位，虽说赶不上金日磾，但对他也算很器重，二十几岁的年纪便委为侍中仆射。

武帝见两个爱将打架，正拟呵斥，那日磾早朗声急呼道：“陛下不可靠近，马何罗欲刺陛下！”一边说，一边将马何罗紧紧抱住，用尽平生气力，将马何罗扳倒，投掷殿下。殿前宿卫，一拥而上，缚住马何罗，经武帝面审，马何罗才供出行刺内幕。

马何罗系重合侯马通长兄，通与江充相善，积极参与了谋害太子的活动，武帝不知，反而封他为侯。其弟安成，也被擢为北军都尉。自武帝为太子建台建宫，他便知武帝后悔了。特别是武帝灭了江充三族之后，他更是胆战心惊，自忖迟早要为武帝所杀，倒不如下手杀了武帝，另立一帝，变祸为福。马何罗深表赞同，仗着自己出入宫禁之便，屡思行刺，只因金日磾时刻随着，未便下手。适日磾患有小恙，仰卧直宿处，何罗自幸得机，遂与二弟马通、三弟安成，私下商定，自己入刺武帝，嘱两弟矫诏发兵，作为外应。本拟黄夜起事，因殿内宿卫严密，捱至清晨，方得怀着利刃，从外趋入。可巧日磾病已好转，早起如厕，偶觉心神不宁，折回殿中，方才坐定，见何罗抢步进来，当即起问："何罗，你要做什么?"何罗闻问色变，自思骑虎难下，还想闯进武帝寝门，偏偏手忙脚乱，误触宝瑟，坠地有声，怀中利刃竟致失落。日磾心中一惊，抢步上前，抱住何罗。何罗不得脱身，被日磾摔翻在地。

武帝审问明白，忙命奉车都尉霍光与骑都尉上官桀，往拿马通、马安成。两马正在宫外候着，接应何罗，不料两都尉引众突出，欲奔无路，束手就擒，并交廷尉严办。依谋反律，一并斩首，夷其三族。

虽说三马遭斩，但武帝遭此一吓，一下子病倒了，心绪不宁，常做噩梦。他已经感到死神正向他招手，立储之事，迫在眉睫，而这个储只能立刘弗陵。弗陵体伟资聪，堪可为储，只是年才八岁，其母钩弋夫人，也才二十几岁，将来子得为帝，必思干政，恐不免为吕后第二。想来想去，只有先择一大臣，交付托孤重任，眼前只有霍光、金日磾两人，忠厚老成，可属大事。然而金日磾毕竟是匈奴人，未足服众，不如授意霍光，也好叫他有个准备。

主意已决，武帝命画师画了一幅图，赐予霍光，霍光回家，展开一览，见是周公怀抱幼小的周成王，接受诸侯朝拜的画，即揣知武帝微意，图既不便奉还，且受了再说。

武帝见霍光受图退去，当然欣慰。

选择好托孤大臣，武帝还想着要消除母后干预朝政的隐患。他晚年只宠爱钩弋夫人，可是为了大汉江山，他要忍痛割爱了。钩弋夫人尚在梦中，夜以继日地守候在武帝病榻旁，亲自喂药喂水。

也许是药的作用，也许是回光返照，一觉醒来，武帝觉着浑身轻松了许多。睁开双眼，目光定定地瞅着钩弋夫人。

钩弋夫人忙俯身问道："陛下可否有话要对妾说?"

武帝深情地说道："朕好久没听爱妃唱歌了，能否再给朕唱一首听听?"

钩弋夫人忙道："陛下想听什么?"

武帝略一思索道："就唱一唱《秋风辞》吧！"

《秋风辞》为武帝所作，作于元鼎四年，这是一首声情并茂的歌。那时他或许已经意识到人生的沧桑，既想乘风离去，又深恋着割舍不下的佳人。歌写好后，李延年立马将它谱上曲子，在宫中传唱，所以钩弋夫人十分熟悉。她轻展歌喉，如莺啼般地唱道：

秋风起兮白云飞，
草木黄落兮雁南归。

武帝不由得也用沙哑的嗓音和唱起来：

兰有秀兮菊有芳，
怀佳人兮不能忘。
泛楼船兮济汾河，
横中流兮扬素波。

钩弋夫人唱着唱着，二目有些湿润，泪水在眼眶中打滚，歌声越发有些沙哑：

箫鼓鸣兮发棹歌，
欢乐极兮哀情多。
少壮几时兮奈老何！

辞终曲尽，武帝和钩弋夫人仍沉浸在苍凉凄怆的情绪里，相对无语。武帝率先打破沉默，握住钩弋夫人的手，拉到跟前，轻声问道："弋儿，你今年几岁了？"

钩弋夫人回道："臣妾今年二十五岁了。"

武帝轻叹一声说道："二十五岁正是人生最美好的时代，无忧无虑。"

他闭上双目："朕二十五岁在做什么呢？"

他嘴角掠过一丝笑影："朕二十五岁时，贪玩得很呀，一有暇便带着卫青、韩嫣他们去终南山游猎，彻夜不归！"

说到卫青、韩嫣，武帝一脸的忧伤："唉，他二人都比朕年轻，想不到却舍朕而去。朕怕是也不行了！”

钩弋夫人忙道：“看陛下说到哪里去了！陛下是皇帝，是天之骄子，陛下永远也不会死！”也许是感到死字不大吉利，改口道：“陛下永远万寿无疆，寿比南山！”

武帝苦笑一声道：“不，人是会死的，只是死法有些不同。司马迁有句名言，‘人固有一死，或重于泰山，或轻于鸿毛。’朕不敢说重于泰山，但愿不为后世唾骂，也就心满意足了！”

钩弋夫人又道：“不会的，陛下一生英明伟大，征伐四夷，拓土扬威，五帝也好，三皇也好，谁把疆土开到西南夷去了？谁把郡县建到苍海、交趾、儋耳去了！谁把将军封到贰师城去了？且不说……”

武帝笑阻道：“你什么时候也学会奉承人了？你这话朕好像听人说过？是的，是听人说过。对，是听东方朔说过。”说到东方朔，他的目光又暗淡下来，半月前得到一个很不好的消息，东方朔也升天去了。

东方朔是不该死的，他是神仙，神仙是不会死的，可他竟然死了！

连神仙都死了，我还能活得久吗？武帝倏地打了一个冷战。

我不能再探讨这些问题了，得书归正传。他突然睁大了眼睛，含笑问道：“朕如果死了，你愿意不愿意陪朕去呢？”

钩弋夫人以为他是一句玩话，信口应道：“臣妾愿意！”

“真的吗？”武帝的声音有些发颤，二目直勾勾地盯着钩弋夫人。

钩弋夫人吃了一惊。她知道这不是玩笑，惶声问道：“陛下，陛下是说让弋儿殉葬？”

武帝郑重地点了点头。

钩弋夫人慌乱地说道：“臣妾倒是愿意陪陛下一块儿去，可是陵儿呢？他还不到八岁啊……”

武帝的目光突然变得冷冰刺人，沉声说道：“你原来心中并没有朕，你不愿意和朕一起死，那么，你就先去死吧！来人呐！”

几个侍卫应声而入。

武帝手指钩弋夫人，大声说道：“把她拉出去用白绫勒死！”

侍卫们面面相觑。

武帝怒道：“尔等想抗旨不遵吗？”

侍卫无奈，架起钩弋夫人，向门外走去。

钩弋夫人一边走一边回顾，珠泪盈眶，越显娇怜，武帝也觉可怜，扬声催促道："去去，汝休想再活了！"

等把钩弋夫人拉出寝殿，武帝再也控制不住心中的悲哀，哇地吐了三口鲜血，昏倒在床。御医抢救了一刻多钟，方将他救转。

他气若游丝道："传奉车都尉霍光，侍中驸马都尉金日磾进殿！"

不一刻，霍光、金日磾汗流浃背地赶进宫来，叩头说道："臣参见万岁！"

武帝强打精神道："两位爱卿，朕杀了钩弋夫人，外人有无异议？"

霍光答道："人言陛下将立少子，如何先杀彼母？"

武帝喟然叹道："庸愚无识，何知朕意？从来国家生故，多由主少母壮所致，汝等独不闻吕后故事吗？"

霍光叩头说道："陛下圣明，非臣等所及！"

武帝猛咳了几声，复又唤道："霍爱卿，朕赐画与你，你可知朕的意思？"

霍光道："臣知。"

"什么意思？"

"立少主刘弗陵为太子。"

武帝道："还有呢？"

霍光回道："要臣效法周公，辅佐幼主。只是臣生性愚钝，难负大任，不若改任金日磾。"

金日磾慌忙辞道："臣是外国人，若辅幼主，会使外国人轻视大汉，而且，臣各方面皆不如霍光。"

武帝喘着气道："汝二人生性忠纯，朕所深知，俱当听朕顾命。"

霍光、金日磾辞出。武帝闭目休息一阵，忽又想到了丞相田千秋、御史大夫桑弘羊、太仆上官桀，皆可亲信，亦当令他们辅政。当即命侍臣起草诏令，当日颁出：立刘弗陵为太子，进霍光为大司马大将军，金日磾为车骑将军，上官桀为左将军，加上丞相田千秋和御史大夫桑弘羊，以霍光为首，五人共同辅政。

武帝办完最后一件大事，含笑辞世，终年七十一岁。